陳伯适 著

文史哲學集成

漢易之風華再現：惠棟易學研究（上）

文史哲出版社印行

國家圖書館出版品預行編目資料

漢易之風華再現：惠棟易學研究 ／ 陳伯
适著. -- 初版. -- 臺北市：文史哲, 民 97.
10 印刷
　　頁：　公分. （文史哲學集成；508）
參考書目：頁
ISBN 978-957-549-658-6 (全套：平裝)

1.(清)惠棟 – 學術思想　– 哲學 2.易經 –
研究與考訂

121.17　　　　　　　　　　95003212

文史哲學集成　508

漢易之風華再現：惠棟易學研究

著　　者：陳　　　伯　　　适
出 版 者：文　史　哲　出　版　社
http://www.lapen.com.tw
登記證字號：行政院新聞局版臺業字五三三七號
發 行 人：彭　　　正　　　雄
發 行 所：文　史　哲　出　版　社
印 刷 者：文　史　哲　出　版　社
臺北市羅斯福路一段七十二巷四號
郵政劃撥帳號：一六一八○一七五
電話 886-2-23511028 ・ 傳真 886-2-23965656

全二冊平裝新臺幣一四○○元

中華民國九十七年（2008）十月 BOD 初版二刷

漢易之風華再現
——惠棟易學研究

目 次

參考書目

附　件

圖表目錄

第一章　易學發展與惠棟學術概況

第一節　緒論

「治學以治經爲本，治經以治易爲極歸」，[1]歷代治經者，肯定《易經》是群經之首，爲百學之所宗。蓋《易》道淵深，包羅眾義，爲治學之津梁。《四庫提要》言，「《易》之爲書，推天道以明人事」，[2]《易》文珠璣，實窮極天地變化之道，而歸本於人事。它察時變之造化，發天道之義蘊，鉤深致遠，窮理盡性，上則足以治國平天下，通萬民之情，定天下之業；下則足以修身養志，成智立德，自強不息，厚德以載物。《易》理致用廣被，實爲恆久之至道，不刊之鴻教。

《周易》這部古老浩典，從最初的卜筮天書，轉化爲多元的文化瑰寶，在各個朝代，不論是對文學、哲學、科學、政治、社會、宗教、考古等歷史文化的各個領域，都起了深刻彌遠的影響。原始的《周易》，發展到了漢代，以象數之學見長。漢代的學術，繼承先秦以來的陰陽五行學說，結合天文地理等科學知識，發展出一套規模龐大的天人感應思想，《周易》也就成爲宣達天人相應的方法與最佳工具。漢代易學家開展出以占驗禨祥爲主的《易》象系統，藉由卦爻象位與陰陽、五行、八宮、世應、納甲、爻辰、卦氣等方面的配合，呈現出與自然科學結合的易學特色，並融合戰國以來諸子元氣、生剋、宇宙觀、天道觀等思想，建立其物質傾向的宇宙論及天人感應的世界圖式，將人與自然的關係，作最

---

[1] 見徐芹庭《易經研究》，臺北：五洲出版社，1997 年 6 月初版，頁 2。

[2] 見《四庫全書總目提要・經部一・易類一》云：「故《易》之爲書，推天道以明人事者也。《左傳》所記諸占，蓋猶太卜之遺法，漢儒言象數，去古未遠也。」（見臺北：臺灣商務印書館，1968 年 3 月臺 1 版，頁 2。）（後文引《四庫提要》文，皆本此臺灣商務印書館版本，故僅註明頁碼，餘不再予註明。）

大程度的類比與聯結，表現在孟、京卦氣之學和《易緯乾鑿度》等讖緯之說下，成為漢代易學思想的主流。

漢代「經學至鄭君一變」，[3]鄭玄（西元 127-200 年）「括囊大典，網羅眾家，刪裁繁誣，刊改漏失」，[4]樹立東漢以來的漢學大幟；在象數《易》推衍不止，越演越繁的世風下，鄭玄博學宏通，融合今古文以注《易》，使之溝合為一。鄭學由盛，漢學是衰，[5]尤其繁富複雜的象數《易》，終為玄學時代的義理學派所取代。魏晉時期，鄭《易》間或流通，而王弼（西元 226-249 年）所屬的老莊玄言解《易》的義理派易學大盛於江南，取得定於一尊的地位，歷經隋唐而不衰；唐太宗時孔穎達（西元 574-648 年）等人撰注《周易正義》，集講疏之大成，亦以王、韓《易》注為宗，而鄭氏所屬的象數易學，已然中絕。[6]但間復有李鼎祚著《周易集解》，知「天象遠而難尋，人事近而易習」，集漢魏三十餘家言，「刊輔嗣之野文，補康成之逸象」，歸宗於象數範疇。[7]宋代易學，有周敦頤、張橫渠、二程子、朱子諸儒，融合佛道之義理於儒學之中，以理學釋《易》，成為宋《易》之主流。元明時期，沿襲宋代理學講《易》，以程、朱易學為主，兼用王、孔注疏。有清一代，承宋明理學之遺緒，卻難抵儒者大倡經世、考據之學。乾嘉時期，以惠棟、戴震為首的學風，高舉漢學旗幟，對理學進行批判與揚棄，打破宋明以後理學的思想箝制，營造拔宋纛而立漢幟的局面，[8]形成「乾嘉以來，家家許、鄭，人人賈、馬」的燦然中天之

3　見皮錫瑞《經學歷史》，臺北：藝文印書館，1996 年 8 月初版 3 刷，頁 154。

4　見范曄《後漢書・張曹鄭列傳》，卷三十五。引自北京：中華書局《二十四史・後漢書》版本，1997 年 11 月第 1 版，頁 1213。（後文引用各斷代史，皆本此中華書局二十四史版本，故不予另注引文出處所本。）

5　皮錫瑞認為經學的發展，「蓋以漢時經有數家，家有數說，學者莫知所從；鄭君兼通今古文，溝合為一；於是經生皆從鄭氏，不必更求各家。鄭學之盛在此，漢學之衰亦在此。」鄭玄以後，經學就失去了漢學的原味。（見皮錫瑞《經學歷史》，頁 146。）

6　長孫無忌《隋書・經籍志》云：「至隋，王注盛行，鄭學浸微，今殆絕矣。」（引自北京：中華書局本，頁 913。）

7　括弧引文見李鼎祚《周易集解・自序》，臺北：臺灣商務印書館，1996 年 12 月臺 1 版 2 次印刷，頁 2。

8　皮錫瑞《經學歷史》提到：「雍、乾以後，古書漸出，經義大明。惠、戴諸儒，為漢學大宗，已盡棄宋詮，獨標漢幟矣。」（見皮錫瑞《經學歷史》，頁 343。）是乾嘉

盛況，[9]走向對傳統學術的全面整理和總結。

　　惠棟（西元 1697-1758 年）身置乾嘉學風形成鼎盛之際，其治經以漢學爲宗，發揮漢儒遺說，致力於科學精神的考證與徵實，章太炎先生認爲「其成學箸系統者」，「吳始惠棟，其學好博而尊聞」，[10]以復興漢代經學爲職志，故清代樸學之風，其影響之深自不待言。至於他尊漢的治學態度，雖有流於拘執墨守之弊，但「純粹漢學」，則洵足以當之。在易學的成就上，上承清初黃宗羲（西元 1610-1695 年）、黃宗炎（西元 1616-1686 年）、毛奇齡（西元 1623-1716 年）及胡渭（西元 1633-1714 年）等人對宋儒易學圖象的批評，執力推原漢代易學；下開張惠言（西元 1716-1802 年）、焦循（西元 1763-1820 年）、李道平等人對漢代象數之學的重視。惠氏復原漢學於《易》，在清代著實具有中堅之地位。然而，其治《易》之功，歷來褒貶不一，似乎未能與毛奇齡、胡渭、張惠言、焦循等儒共居翹楚的地位，乃至今日哲學史、經學史論著叢刊，種種易學專論，以及清代學術研究的有關研究論文，相對較少針對惠棟易學作主題探討，[11]其治《易》的成就，未能享有同時代儒者之尊。究其本因，除了歷來學者

時期，惠、戴二人爲復興漢學的巨擘。

[9] 見梁啓超《清代學術概論》，臺北：臺灣中華書局，1989 年 6 月 11 版，頁 53。

[10] 見章太炎《章氏叢書·檢論·清儒》，卷四。臺北：世界書局，1982 年 4 月再版，頁 23。

[11] 歷來針對惠棟學術作探討之重要論著，主要有：耿志宏著《惠棟之經學研究》（臺北：國立政治大學中國文學研究所碩士論文，1984 年 5 月），針對惠棟經學方面的著述作全面性、概括性的討論。江弘遠著《惠棟易例研究》（臺北：國立臺北師範大學國文研究所碩士論文，1988 年 5 月），選擇惠棟《易例》一書作爲研究主題，作全面性地精詳審覈，偏重於惠棟《易例》中九十目的考辨，發個人之見，可以作爲研究惠氏易學之重要參考。孫劍秋著《清代吳派經學研究》（臺北：國立政治大學中國文學研究所博士論文，1992 年 12 月）與《易理新研》（臺北：臺灣學生書局，1997 年 12 月初版），針對惠棟諸《易》著作賅要的評論，對於細節內容方面，則非其論著之必要。李開著《惠棟評傳》（江蘇：南京大學出版社，1997 年 7 月第 1 版第 1 刷），闡發惠棟在《尚書》學、《詩經》學、《三禮》學、《春秋》學、《易》漢學、《論語》學、史學、語言文字學等方面的成就，致力於爲惠氏易學作合理的辨說，有關惠氏治《易》的得失，未見公允的體現。黃順益《惠棟、戴震與乾嘉學術研究》（臺北：國立中山大學中國文學系博士論文，1999 年 6 月），主要論述惠棟之學成歷程、治學方法與學術成就等內容，對於實質的易學方面則少論及。其它短篇小文，數量不多，且易學方面之涉及，亦未詳贍。

批評其惟漢是好、考證不精外，[12]重要的是他本在還原漢《易》之說，而漢《易》又本偏重於象數之學，又象數之學，一般被視爲經學的末流，同讖緯般敝陋，且哲學性、啓發性低，所以相對不被重視。其實，仔細端詳惠氏易學，未必僅見象數，義理方面亦有可觀之處，或許放心斟酌，可以見其芳香。至若象數之學，未嘗不是治《易》之大方，排斥與否，全在治學之態度，雖似不易理懂，或有造作附會，但廓清迷茫，基礎入門，步步涉入後，仍可海闊天空，知之並未艱難。況乎象數之學，乃至還原最初的占卜實用之學，本質上仍屬一種知識的建構；以象數推用於卜占，相信天地之間，未知的吉凶禍福，有其規律可循，可透過一定的方法測知，也就是藉由隱含於卦象、卦爻辭的變化推理模式中，推演詮釋人事。這樣的從知識建構的角度出發，以象數之理來觀照《周易》，本身仍有高度的邏輯建構之特性，也摻有科學性的意涵，可惜的是，一般人常常視之爲離經背道，神祕而迷信，高度不可取，可以視而不見，甚至棄之如敝屣。其實，個人認爲藉著卦象變化模式的思考方法，當中存在某種邏輯推演與理性之分析，以及保有寶貴的文化內涵，經過卦象推演，也能使人們從迷信的窠臼中，孕育出豐富的人文思考智慧，所以，何嘗不是一條可以開闢之道路！並且，實際理解惠棟易學，可以強烈地感受到他本於科學考證的精神，試圖以漢《易》爲本，考索建立的邏輯思路，加上當中也有義理的闡發，故在易學的內涵上，亦有豐富的展現。

　　漢代尊尚象數易學，然從王弼有鑒於漢儒用象過盛，忽略了《周易》本身的「言意」主體意義，所以倡言「明象」，「掃象」之風由是生焉；魏晉與宋明易學，或從本體援老學入《易》，論辯有無，競談言意，或以理氣太極，窮究河洛，論述分殊。典籍散佚，漢《易》衰竭，千百年來，難成明白清晰的脈絡，今日能見漢代易學的詳略輪廓，必因清代樸學家窮其精力對漢《易》的宗崇與推闡之有功。惠棟爲清代考證學派之巨擘，其先世代傳經術，棟受家學，益爲發揚。其治學「以博聞強記爲入門，以尊古守家法爲究竟」，[13]也就是在詁詮經典上，以「尊尚古學」爲志。[14]

---

[12] 是否真是考證不精，見仁見智，不能以偏概全。
[13] 見梁啓超《清代學術概論》，頁23。

戴震＜題惠定宇先生授經圖＞稱誦其治學功業，肯定其推明故訓，闡發義理的明經之道：

> 蓋先生之學，直上追漢經師授受欲墜未墜薀蘊積久之業，而以授吳之賢俊後學，俾斯事逸而復興。……夫所謂理義，苟可以舍經而空憑胸臆，將人人鑿得之，奚有於經學之云乎哉！……故訓明則古經明，古經明則賢人聖人之理義明，而我心之所同然者，乃因之而明。賢人聖人之理義非它，存乎典章制度者是也。松崖先生之為經也，欲學者事於漢經師之故訓，以博稽三古典章制度，由是推求理義，確有據依。[15]

另外，錢大昕也贊說：

---

[14] 惠棟於＜學福齋集序＞云：「明於古今貫天人之理，此儒林之業也。余弱冠即知遵尚古學，年大來，兼涉獵于菀術，反覆覃求，于古與今之際，頗有省悟。」又認為唐宋以之訓詁注釋不足為憑，認為「漢遠於周，而唐又遠於漢，宜其說之不能盡通也，說宋以後乎？」（引自惠棟《松崖文鈔》，卷二，台北：新文豐出版公司《叢書集成續編》第一九一輯，影印《聚學軒叢書》本，1989 年 7 月台 1 版，頁 54。）清代朱克敬同阮元提到：「棟少喜讀經，長益窮力研索，尤好古義。九經三史，非唐以前傳注不觀。考證詳博，辨說謹嚴。乾隆以後為徵學者，以棟為大宗，時號為惠九經。」（見《清代傳記叢刊》第十三冊，《儒林集傳錄存·儒林瑣記》，臺北：明文書局，1986 年元月 10 日 1 版，頁 12。）知棟以古今為是非之標的，是好古義為真。本論著引《周易述》、《易例》、《易漢學》、《明堂大道錄》等典籍之本文，均以台北：廣文書局影印學海堂皇清經解本《周易述》、南菁書院皇清經解續編本《易例》、南菁書院皇清經解續編本《易漢學》、南菁書院皇清經解續編本《明堂大道錄》。因此，文中所引前列諸書，均以廣文書局輯本《惠氏易學》為版本（廣文書局輯本《惠氏易學》，所輯包括前列諸書，1971 年元月初版，1981 年八月再版）。另外，《周易古義》等《九經古義》，以及《新本鄭氏周易》，採用台北：台灣商務印書館《景印文淵閣四庫全書》本。《禘說》用台北：新文豐出版公司《叢書集成新編》第三十五輯，影印經訓堂叢書本，1985 年元月初版。《周易本義辨證》採用上海：上海古籍出版社《續修四庫全書》編纂委員會編《續修四庫全書·經部·易類》第二十一輯，據北京大學圖書館藏惠氏紅豆齋抄本影印原書版。《松崖文鈔》二卷引自台北：新文豐出版公司《叢書集成續編》第一九一輯，影印聚學軒叢書本，1989 年 7 月台 1 版。《松崖筆記》三卷與《九曜齋筆記》三卷，均引自新文豐出版公司《叢書集成續編》第二十輯，影印聚學軒叢書本，1989 年 7 月台 1 版。後文所引諸書，不予另注引出處，僅標明書名與頁數。

[15] 見戴震《戴東原集》，卷十一，＜題惠定宇先生授經圖＞。引自《戴震全書》第六冊，《戴東原集·戴震雜錄·題惠定宇先生授經圖》，安徽：黃山書社，1995 年 10 月 1 版 1 刷 1，頁 505。

予嘗論宋元以來，說經之書，盈屋充棟，高者蔑棄古訓，自誇心
得；下者勦襲人言，以為己有；儒林之名，徒為空疏藏拙之地。
獨惠氏世守古學，而先生所得尤深。擬諸漢儒，當在何邵公、服
子慎之閒，馬融、趙岐輩不能及也。[16]

又云：

漢學之絕者千有五百餘年，至是而燦然復章矣。[17]

惠棟之治經，肯定詁訓明然後古經明，古經明而後理義彰，推求理義，
必由博稽詳考功夫上著手不可。其以經義訓詁為能事，考證名物典章，
以弘揚漢學為職志，故漢學復章而能自成一系統者，始於惠氏，並非浪
得虛名。

　　惠氏畢生精力，多數花在治《易》方面，力圖重返漢《易》的本來
面目；採集自漢魏諸家《易》說，使學者「疏其源而導其流」，窺見漢儒
解《易》之門徑，摒棄宋儒以來說《易》者穿鑿附會，空談象數、圖書
之說，一一原本漢儒，以荀爽、虞翻等《易》論為主，融會其說，推闡
古義，一字一句，具有淵源，故「不可謂非一代之儒者宗也」。[18]其治學
乃至治《易》，重視科學驗證的嚴謹本質，「授據博而考覈精，一字不肯
放過，亦一字不肯輕下」，[19]尤其在《易漢學》的撰著過程，更是「采掇
排次，稿凡五六易」，[20]而《周易述》一書，「歷三十年，四五易稿，猶未

---

[16] 見錢大昕《潛研堂文集・惠先生棟傳》，卷三九。引自《錢大昕全集》第九冊，《潛
　　研堂文集》，江蘇：江蘇古籍出版社，1997 年 12 月 1 版 1 刷，頁 662。

[17] 同前註。

[18] 括弧引自淩廷堪為江藩《周易述補》作敘之敘言，云：「惠君生千餘年後，奮然論
　　著，取荀、虞，旁及鄭氏、干氏、九家等義，且據劉向之說，以正班固之誤。蓋自
　　東漢至今，未析之大疑不傳之絕學，一旦皆疏其源而導其流，不可謂非一代之儒者
　　宗也。」文見《皇清經解》，卷一千一百六十六；收於臺北：鼎文書局，《胡渭惠棟
　　之易學》，＜周易述補敘＞，1975 年 4 月初版，頁 329。

[19] 見顧棟高《後漢書補註・序》云：「先生之授據博而考覈精，一字不肯放過，亦一
　　字不肯輕下，洵史志中絕無僅有之書。」高度肯定惠棟考證用字的精細謹慎。《後漢
　　書補註》二十四卷，為惠棟所著，乾隆十九年甲戌（西元 1754 年），顧棟高為之序，
　　序中署名「錫山同學顧棟高書」。

[20] 見王昶《春融堂集》，卷四十三，＜易漢學跋＞，頁 1。清嘉慶丁卯年（西元 1807
　　年）、戊辰年（西元 1808 年），塾南書舍刊本。

卒業」，[21]此等篤實的精神，足爲治學者所仿效。

　　粗覽其著，立論表述，反覆考辨，舉證詳實，不臆度空言，註明出處，明示來源，或直云某義某人云，大體不隱匿，剿竊他人之言。一般人或言其引用大量的緯書作爲考索漢《易》的資料，有失務實立場，事實上，仔細認識其用意，主要是引用當中的天文、曆法等自然科學的知識，或是卦氣說等兩漢普遍盛行的易學主張，而非置重於神學迷信之一方。[22]且《易緯》本是漢代易學思想之重要產物，也反映出漢代易學的主流思想，引用固無不當。惠氏博稽詳考的治《易》精神，基於其認識到彰明經文義理，必先從紮實的詁訓入手。這種治經態度與方法，可以視爲乾嘉時期的重要典範。

　　惠氏諸經熟治貫串，時尊「惠九經」，[23]尤邃於《易》，然歷來以其尊漢信古，不免有失，《四庫全書總目提要》評「其長在博，其短亦在於嗜博；其長在古，其短亦在於泥古」，[24]其缺失特別顯現於好以古字改經，臧庸難其刪改《周易集解》云：

> 惠氏之遵守古義，而發明之功為不可及，而好用古字，頓改前人面目，以致疑惑來者，亦非小失。[25]

其咎由古，因古改字，疑乎來者，不能視爲小缺點。雖是如此，然其矯正宋明理學空疏之病，專宗漢學的成就，故「海內人士無不重通經，通經無不知信古，其端自惠氏發之」，[26]流風所被，羽翼不絕，「成爲吳派的

---

[21] 見王昶《湖海文傳》，卷五十五，陳黃中撰〈惠字字先生墓誌銘〉，臺北：廣文書局，1968 年初版，頁 117。

[22] 李開在其《惠棟評傳》中，引證惠棟運用緯書論述漢《易》，主要是擷取其中自然科學的知識，所以提到：「緯書本來是漢代以神學迷信附會儒家經義的書，但其中包括部分天文曆法知識，惠棟考索漢學，大量引用緯書，主要是引用其中的自然科學知識。」（見李開《惠棟評傳》，江蘇：南京大學出版社，1997 年 7 月第 1 版，頁 192。）

[23] 見朱克敬《儒林集傳錄存・儒林瑣記》，頁 12。

[24] 見《四庫全書總目提要・經部六・春秋類四》，〈左傳補註六卷〉，臺北：臺灣商務印書館，1968 年 3 月臺 1 版，頁 75。

[25] 見臧庸《拜經日記》，〈私改周易集解〉條。收於《皇清經解》，卷一一七四；臺北：藝文印書館，《皇清經解》第 16 輯，頁 12473-12474。

[26] 見錢穆《中國近三百年學術史》（上冊），臺北：臺灣商務印書館，1968 年 4 月臺 4 版，頁 320。

開山，遂成不易之論」，[27]其時代學術之建樹，是不容小覷的。他專藉考證訓詁以整理古籍，保存古道之工作，有其時代意義與確定價值，也是不容抹殺的。功雖如此，後儒仍不免大加撻伐，無情指責，梁任公稱其「凡古必真，凡漢皆好」，「功罪參半」，尤其罪在致使「啓蒙時代之懷疑的精神，批評的態度，幾夭閼焉」；[28]也就是其壁壘森固、旗幟鮮明的「純粹漢學」的態度，造成膠固盲從、排斥異學的偏狹缺失，是否真是如此，而這樣的情形，是否也存在於治《易》之中？在勤考漢《易》的過程中，是否真的全然的睥睨、反對包括王弼的《易》注、孔穎達的《周易正義》，乃至宋明易學，其反對所持的標準與建構的思維若何？其考證的精神是否真如梁任公所言，破壞了科學精神的本質？這些都是值得去探索的。[29]

　　批評者，王引之益加嚴厲譏諷云：

　　　　惠定宇先生考古雖勤，而識不高，心不細，見異於今者則從之，
　　　　大都不論是非。[30]

又陳澧《東塾讀書記》也指陳：

　　　　惠氏好考經字，……而自伸其說，卒之乖舛疊見，豈能掩盡天下

---

[27] 見王家儉＜清代漢宋之爭的再檢討＞，中央研究院《中央研究院國際漢學會議論文集》，第三冊，1981 年 10 月 10 日，頁 521。

[28] 見梁啓超《清代學術概論》，頁 24-25。

[29] 梁啓超對惠棟易學，大致採負面的觀感，除了內文中所提之譏評之外，也曾說：「棟以善易名，其治易也，於鄭玄之所謂『爻辰』，虞翻之所謂『納甲』，荀諝之所謂『升降』，京房之所謂『世應』、『飛伏』與夫『六日七分』、『世軌』諸說，一一爲之疏通證明，……以吾觀之，此其矯誣，與陳摶之『河圖洛書』有何差別？然彼則因其宋人所誦習也而排之，此則因其爲漢人所倡道也而信之，可謂大不惑不解，然而當時之人蔽焉，輒以此相尚。」（見梁啓超《清代學術概論》，頁 24。）梁氏這番批評，研究者認爲未見公允；其實，爻辰、納甲、升降、世應、六日七分等，都不過是漢儒言《易》理爲曆法的一些不同的中介型態，惠氏一一加以考釋辨明，是功而非過，雖有偏袒漢儒之失，但整體來看，是藉由文獻資料的蒐尋，作爲考證的依據，不能不說是實事求是的研究方法。又如惠棟反對陳摶的「河圖洛書」，主要是基於從還原漢代易學的角度切入，說明其「河圖洛書」並非等同於或近似於《易‧繫辭上》「河圖」與「洛書」，以及《尚書‧洪範》所代表的「洛書」（《尚書‧洪範》所稱禹治洪水時，天帝賜予他《洪範九疇》的這則神話，劉歆認爲《洪範》就是「洛書」）。至於陳摶的說法，以及宋儒所造的納甲圖、周敦頤的太極圖等，其評論在於各說法不同於漢，並且考證了各說法的來源。因此，梁氏對惠氏的批諷似乎過於片面性。

[30] 見王引之《王文簡公文集》，卷四，＜與焦理堂先生書＞。

之目哉！[31]

惠氏窮其一生，校考纂著，形於筆墨，而易學浩典，付諸桑梓，真智識不高、不論是非？不法常典、自伸其說、掩人耳目？又怎有汪中等輩振臂高舉，稱誦其所治漢《易》，疏通證明，誠「千餘年不傳之絕學」？[32]反思惠氏在清代學術史上的地位，此等迥異的褒貶，耐人尋味，疏理真象，躍躍欲試，為本書立著的重要動機！

　　清代學術是國中學術思想的典型的鼎盛與再造時期，歷來學者都賦予各種不同的學術稱號，有所謂的考據學、考證學、徵實學、[33]乾嘉學、[34]樸學、[35]漢學等說法。[36]不管名稱如何，其學術本質是相同的，即以漢學

---

[31] 見陳澧《東塾讀書記》，卷四，〈易〉，北京：三聯書店，1998 年 6 月第 1 版第 1 刷，頁 81。

[32] 惠氏治《易》，尤對鄭玄的「爻辰」，虞翻的「納甲」，荀諝的「升降」，京房的「世應」、「飛伏」與「六日七分」、「世軌」諸說，一一為之疏通證明，故汪中肯定其為「千餘年不傳之絕學」。（汪中所言，轉引自梁啓超《清代學術概論》，頁 24。）

[33] 不論是考證學、考據學，或是徵實學，基本上是就治學的方法之角度作稱呼，意指研究古籍字義、歷代典章制度、名物象數、史實發展等等，能予一一考辨察覈，使之確鑿有據，徵實而不虛的一門學問。持此說者，諸如唐鑑《清學案小識》、梁啓超《清代學術概論》、林慶彰《中國文化新論・學術篇・明清考據學的發展》、馬積高《清代學術思想的變遷與文學》、來新夏《清代考據學述論》、鄭天挺《清史簡述》等。

[34] 以乾嘉之學為稱，乃從時代發展的縱的區隔上來說。由於清代乾嘉年間，大儒惠棟、戴震等人，以漢儒經注為宗，從小學入手，用訓詁考據方法治經，開創吳、皖二大學派，造就後學，大張旗幟，形成鼎盛學風，故名。持此說者，諸如馮友蘭《中國哲學史》、勞思光《中國哲學史》、于鵬翔《乾嘉學派成因論》、陳祖武《從清初的反理學思潮看乾嘉學派的形成》、周維衍《乾嘉學派的產生與文字獄無因果關係》、王俊義《清代的乾嘉學派》等等。

[35] 樸學乃學術的內容本質而言，《漢書・儒林傳》有所謂「吾始以尚書為樸學」，可見樸學指的是質樸不尚辭藻之學。民國期間，支偉成撰有《樸學大師列傳》，可以為此說之代表。

[36] 以漢學為名，是從與宋學相對的角度來說。江藩《經解入門・漢宋門戶異同》：「何謂漢學，許鄭諸儒之學。何謂宋學，程朱諸儒之學也。」曾國藩《曾文正公全集・歐陽生文集序》：「當乾隆中葉，海內魁儒畸士，崇尚鴻博，繁稱旁證。考核一字，累數千言不能休，別立幟志，名曰漢學。」故漢學即崇尚漢儒專重訓詁的治經方式，排斥宋明之學的束書不觀、游談無根，空論心性義理的流弊，乃標幟「漢學」，以與「宋學」相抗。清代力崇實學，以矯空疏的諸儒，尚稱自己是漢學家，如江藩《漢學師承記》，錢穆《中國近三百年學術史》、徐復觀《清代漢學衡論》，皆以漢學為尊。

爲宗，重視考據實證，反對空疏不實之說，也就是希望循著「以經學之實，濟理學之虛」的學術理想而邁進。因此，從學術方法與學術傾向的角度言，崇尚漢學在於以經典之實，代替空憑的胸臆；以客觀的實證，代替主觀的思辨，回復漢學原來的面目，使經世致用的實學，能夠代替無用的理學；因爲惟有重回漢代經學的時空情境，才能夠撥亂反正，移風易俗，並馴致於治平之用。

　　確定漢代經學的學風理想，並進一步追求通經致用的目的，而其經世之志的理想高度，未必每個治經者皆能達到，往往一些人只能把重心放在循著考據的途徑，透過故訓驗證的方式，以辨明古書的義理。惠棟就是如此，雖必未能夠達到致用的理想，卻能超越宋學末流的窠臼，開啓漢學研究的新天地。後人評述前人經學造詣與成就，仍無法擺脫以那仰之彌高的形上義理作爲是較高的價值尺度來作爲衡量標準，在這樣的形情下，以回復漢《易》——偏重於象數之學爲職志的惠棟自然不能獲得較高的肯定了。是否真的如此，或許仍需進一步詳細的通覽研究惠棟易學，排除以義理才是真價值的態度，才能獲得較爲公允客觀的認識。

　　惠棟易學思想的有關論著，目前可見者數量仍算不多，也不夠全面，與其爲乾嘉時期之大師的名份相比，似乎難以作聯繫。同時，在探討乾嘉學術時，各家所言，對惠棟之學大都採取負面評論，直指其非，至於其優點與貢獻之處，能爲表彰者則相形見絀。對待如斯，或因前人大師如王引之等儒，非議之評定在前，而先入爲主之見已成？或惠氏真無糟糠建樹可以洞燭？不論從學術史或易學史出發，皆當有予以公允對待的認識，因此詳細研究其著，瞭解其易學的實質內涵，以進一步作評斷。

　　本論著本著從歷史的角度來認識與論述惠棟的易學思想，並在主要的討論議題上，重視研究的系統性與全面性，採用蒐整歸納、分析考證、相對比較與集中主題等方式，期使本論著能獲得新的視野與更合理的詮釋面貌。另外，最後章節並透過當代詮釋學的概念，對惠氏易學作簡要的探述。

　　漢代諸家《易》說，史籍所載，浮光掠影，難窺全豹，歷來研究者根據歷代的蒐羅斟尋，以見其輪廓大綱。本論著以惠棟易學思想爲宗，並重於從惠氏復原漢《易》所闡述的漢《易》特質，力圖認識漢《易》

之本真，以瞭解惠氏對漢《易》的理解情形，予以檢討評論。希望能夠藉由對惠棟易學的全面爬疏，獲得下列的一些認識、釐清與有系統的見解：

一、認識惠棟易學思想內容，董理其易學所表現的主要特質，以及在義理與象數兩大方面的內涵。

二、藉由惠棟對漢《易》之考索，陳述漢魏諸家之思想內涵，認識漢魏易學家主張的關係。[37]掌握惠氏對漢代《易》家易學所持的觀點，作爲探尋漢人理解《易經》的本然特性，以及疏理漢代易學源流的重要參考。

三、確認惠棟易學對漢代易學的復原價值。

四、釐清有清一代易學的發展，惠棟易學在當中所扮演的角色、在清代易學史上的定位。

五、檢討惠棟治《易》的通盤得失，期能獲得客觀之允評。

第二節　易學發展概況

易學是藉由對《周易》的解釋形成和發展起來的。先秦文獻中，涉及《易》之內涵者，包括如甲骨文、金文中的《易》卦材料與筮法，乃至《左傳》等典籍的論述；到了戰國時代，《易傳》奠定了先秦易學的基礎。此外，晚近出土的各種材料，特別是 1973 年 12 月湖南長沙馬王堆出土的帛書《周易》，雖然學者對其成書年代說法紛歧，但學者普遍仍認爲大抵可以反映爲戰國後期或秦漢期間的易學系統。所以，易學的發展

---

[37] 例如，惠棟在其《易漢學》中考索鄭玄十二月爻辰圖，確認鄭玄與京房《易》都有共同的曆法基礎，他們所言的月建相同，十二月律也完全一致；同時與孟喜《易》、《易緯》亦有甚多相同共通之處，可以清楚地廓清鄭玄《易》對《易緯》、孟喜、京房《易》的繼承內容。考索京房與孟喜《易》，月建皆在十一月建子，都反映爲夏曆曆法，對應卦名四月爲乾、十月爲坤，二者亦皆相同。又考索荀爽《易》，可以發現其乾坤升降變化與京房八卦宮次的形成過程有許多共同之處，從二者邏輯上的共性，視荀爽《易》脫胎於京房《易》。這些異同與共通的情形，可以作爲諸家易學源流的重要參考。

可以追溯至先秦。漢代隨著經學的發展與確立，易學研究才成為一種專門的學問，[38]從易學發展的歷史縱線來看，特別選擇以漢代作為重要的起點，並且下接魏晉南北朝、隋唐、宋元明，乃至清代；以下簡要說明各時期的易學發展的概況。

一、漢代易學

　　漢代經學作為漢代社會的官方哲學，同時也標志著儒學從先秦子學一變而為具有統治地位的官方意識形態，使儒學成為了中國傳統文化的主流。

　　經學的確立對於傳統社會和傳統文化的發展具有十分重要的意義。五經博士的確立使得作為上古三代文獻滙編的論著成為社會公認的經典，自此以後，儒學的發展便採取了經學的形態。五經之所以成為經典，一方面因為它是上古三代文化傳統和文化經驗的凝結，另一方面在於儒家對於五經文化傳統的總結和闡釋。沒有儒家的經典詮釋，五經是不可能被社會視為經典的。在經學家的眼裡，五經已不是文獻資料的滙編，而是經過聖人的選擇、編排、刪改等制作的功夫而形成的萬世不變的經典。其次，儒家對經典的闡釋以及五經官方地位的確立，標幟著上古三代的文化傳統的命脈得以肯定與傳承，儒家所理解的社會歷史觀占據了傳統文化的主導地位。漢代經學的確立不僅在思想文化上總結與概括出傳統文化的價值觀、社會理想等基本觀念，而且還在社會政治方面正式確立了儒家文化觀的正統地位。自此以後，傳統社會的文化價值理念就以儒學為主導，傳統文化的發展也都延續漢代經學所確立的方向前進。

---

[38] 朱伯崑主編《易學基礎教程》即明白指出，「只有到了漢代，隨著經學的確立和發展，人們對《周易》的研究才成為一種專門的學問，於是產生了易學」。（是書，見北京：九州出版社，2004 年 10 月 1 版 4 刷，頁 129。）因此將易學的發展分期，以漢代為起點。這樣的分法，為一般學者較普遍採用的方式。當然，學者也有以先秦作為起點者，特別如高懷民著《先秦易學史》（台北：學者自印，1990 年 6 月 3 版。）一書，專論先秦易學；目前學者論述先秦易學，除了以傳統的文獻資料如《左傳》等作為依據外，也大量採用出土文獻作為該時期的重要內容。在這裡，簡述易學發展概況，仍從漢代說起。

儒學成為歷代社會的意識形態和人生哲學，儒學的價值理想成為古代中國人的人生追求的基本信念。

在易學發展的歷史長河中，主要可以劃分為象數與義理兩大流派。大體而言，漢代易學以象數派為主流，魏晉易學以義理派為宗，宋、元、明、清時期，則呈現象數與義理二者並行發展的局面。就易學本身而言，這種分化的本質，注重哲學性意義者，或是義理派的學者，常視之為形式與內容的區別，認為是圍繞著如何處理內容與形式的關係而形成的；象數學派把形式置於首位，以為義理盡在於象數之中，義理學派則置內容於首位，把象數看作是表現義理的一種工具，以為只要通過象數掌握了義理，可以「得意而忘象」。[39]「象數」是否只是一種「形式」的存在，個人認為它仍是一種純粹「內容」的呈現，只是「象數」與「義理」二者的內容不同，而形成了不同的「內容」而已。

漢代易學之所以形成象數派的主流，致力於編織卦氣圖式來講陰陽災異，主要是受到當時的以天人感應論為理論基礎的經學思潮的影響。魏晉義理派的易學掃落象數，不講陰陽災異而著眼於自然與名教之理，是適應了當時玄學思潮取代經學思潮的時代需要。宋、元、明、清時期，理學思潮為了與佛學思潮相抗衡，有人側重於利用易學的象數構造宇宙的體系，有人側重於發揮易學的義理，建立道德本體論的系統，因而象數與義理兩派易學都有了高度的發展。因此，易學的演變與時代思潮的推移以及中國哲學思想的發展有著同步進行的脈絡。

秦統一中國，以《易》為卜筮之書而不焚，在儒家經典中，因而相對保存較為完整，得以傳承不絕。《史記‧仲尼弟子列傳》云：

> 商瞿，魯人，字子木。少孔子二十九歲。孔子傳《易》於瞿，瞿傳楚人馯臂子弘，弘傳江東人矯子庸疵，疵傳燕人周子家豎，豎傳淳于人光子乘羽，羽傳齊人田子莊何，何傳東武人王子中同，同傳菑川人楊何。何元朔中以治《易》為漢中大夫。[40]

---

[39] 今人余敦康即視二者分別置重於形式或內容而作區別。見余敦康《內聖外王的貫通－北宋易學的現代闡釋》，上海：學林出版社，1997 年 1 月 1 版 1 刷，頁 453-454。
[40] 見《史記‧仲尼弟子列傳》，卷六十七，頁 2211。

孔子傳《易》於瞿，瞿傳楚人馯臂子弘，再傳矯疵子庸、周豎子家、光羽子乘、田何、王同、楊何等一系。漢興，田何以齊田徒杜陵，號杜田生，傳東武王同、洛陽周王孫、丁寬、齊服生，並皆著《易傳》。[41]要言《易》者多本自於丁寬，著《丁氏八篇》，或爲《易說》三萬言，《漢書·儒林傳》云：

> 丁寬字子襄，梁人也。初梁項生從田何受易時，寬爲項生，從者讀《易》精敏，材過項生，遂事何。學成，何謝寬，寬東歸，何謂門人曰：《易》以東矣！寬至雒陽，復從周王孫受古義，號《周氏傳》。景帝時，寬爲梁孝王將軍，距吳楚，號丁將軍，作《易說》三萬言，訓故舉大誼而已，今小章句是也。寬授同郡碭田王孫，王孫授施讎、孟喜、梁丘賀，繇是《易》有施、孟、梁、丘之學。[42]

是丁寬與王同、周王孫、服生、項生爲同學，而丁寬一系之施、孟、梁、丘之學，成爲今傳漢代易學源流之主要傳系。

漢代定儒學爲一尊，罷黜百家，善守傳統，政治與學術的交互影響下，學者重視師法與家法，白首窮經，實事求是，以解說章句爲宗旨，形成經學傳承的具體形式。「漢人無無師之學，訓詁句讀皆由口授」，[43]漢人傳經特重師法，並以口授方式爲之。至於師法與家法的實質內涵，皮錫瑞《經學歷史》云：

> 前漢重師法，後漢重家法。先有師法，而後能成一家之言。師法者，溯其源；家法者，衍其流也。師法、家法所以分者：如《易》有施、孟、梁丘之學，是師法；施家有張、彭之學，孟有翟、孟、白之學，梁丘有士孫、鄧、衡之學，是家法。家法從師法分出，而施、孟梁丘之師法又從田王孫一師分出者也。[44]

---

[41] 《漢書·藝文志》載王氏、周氏、服氏《易傳》各二篇，而丁氏則八篇。

[42] 文見《漢書·儒林傳》卷八十八。本傳載丁寬作《易說》三萬言，而《漢書·藝文志》則又有《丁氏八篇》，班固自注「名寬」，此八篇可能即是本傳中所記的《易說》，不見於《隋書·經籍志》。清馬國翰《玉函山房輯佚書》輯有《丁氏易傳》二卷。

[43] 見皮錫瑞《經學歷史》，台北：藝文印書館，1996 年 8 月初版 3 刷，頁 134。

[44] 見皮錫瑞《經學歷史》，頁 139。

又云：

> 漢時不修家法之戒，蓋極嚴矣。然師法別出家法，而家法又各分
> 顓家；如幹既分枝，枝又分枝，枝葉繁滋，浸失其本；又如子既
> 生孫，孫又生孫，雲礽曠遠，漸忘其祖。是末師而非往古，用後
> 說而舍先傳；微言大義之乖，即自源遠末分始矣。[45]

皮氏所言，師法爲溯其源者，而家法則爲衍其流者，至於何者爲源，何
者爲流，實在很釐清。事實上，師法與家法並無本質上的區別，只是相
對而言；師法指的是西漢初年經學確立過程中的諸位大師解經的基本觀
念，後來五經各立數家，數家經學又有不同的傳承，於是有不同的家法，
而家法就是來源於這些大師，守家法就是守這些大師的家法，所以重家
法必然重師法。

《漢書‧楚元王傳》云：

> 往者博士《書》有歐陽，《春秋》公羊，《易》則施、孟，然孝宣
> 皇帝猶復廣立穀梁《春秋》，梁丘《易》，大小夏侯《尚書》，義雖
> 相反，猶並置之。[46]

此爲西漢劉歆爭立古文經時，不同的家法的情形。到了漢章帝時，明確
地宣稱：

> 漢承暴秦，褒顯儒術，建立五經，為置博士。其後學者精進，雖
> 曰承師，亦別名家。孝宣皇帝以為去聖久遠，學不厭博，故遂立
> 大小夏侯《尚書》，後又立京氏《易》。至建武中，復置顏氏、嚴
> 氏《春秋》、大小戴《禮》博士。此皆所以扶進微學，尊廣道藝也。
> [47]

從漢代今文經學家自身來說，注重師法和家法是爲了證明自己學說的權
威性。彼此相互爭立博士，尚有功利之取向，其學說倘能召立爲博士，
不僅顯示自己經說的正統地位得到官方的承認，可以開宗立派，招收博
士弟子，培植自己的學術與政治勢力，而且博士學官可以視爲宦途顯赫

---

[45] 見皮錫瑞《經學歷史》，頁 140。
[46] 見《漢書‧楚元王傳》，卷三十六，頁 1971。
[47] 見《後漢書‧章帝紀》，卷三，頁 137-138。

的表現。因此，爭立家法成爲漢代經學發展的一大特色。在易學發展上，西漢易學來源於田何，而後有施、孟、梁丘三家易學，都立爲博士，相對田何來說，三家《易》可以說是家法，但是由於兩漢易學多從三家《易》中分化出來的，所以施、孟、梁丘也被稱爲兩漢易學的師法了。東漢初年確立今文十四博士，在《易》方面，除了施、孟、梁丘外，尚有京氏《易》，成爲今文經學的象徵與代表。與官方爲主的今文易學相抗衡者，則爲民間易學《古文易》，以費直、高相二家爲首，未立爲博士，費氏一系尤盛。兩漢今、古文《易》傳承世系略表如圖表 1-2-1、圖表 1-2-2：

圖表 1-2-1　田何一系今文易學

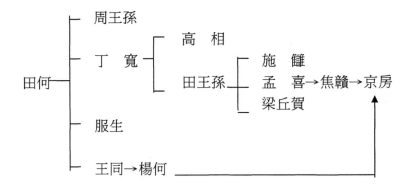

圖表 1-2- 2　費氏一系古文易學

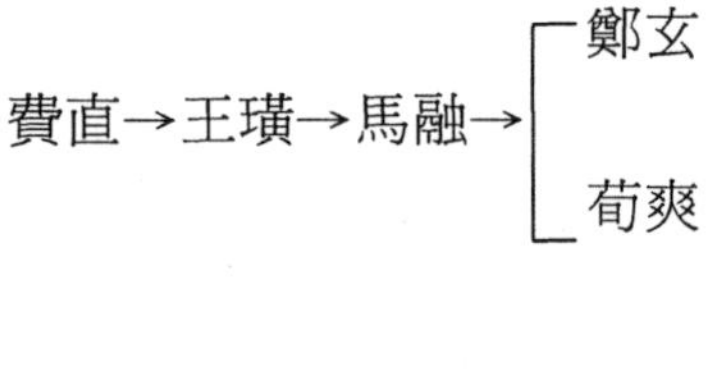

費直→王璜→馬融→┌鄭玄
　　　　　　　　　└荀爽

　　漢代易學家，繼承先秦易學的傳統，發展出象數與義理兩種不同的易學詮釋系統，[48]今文學家大致講論「卦氣」、「納甲」、「爻辰」等象數之說，其主要大家的傳承或是延續，大概從西漢的孟喜（約西元前 90-40 年前後）、京房（西元前 77-37 年）、《易緯》，乃至東漢的馬融（西元 77-166 年）、鄭玄（西元 127-200 年）、荀爽（西元 128-190 年）、虞翻（西元 146-233 年）、陸績（西元 187-219 年）等人所建構的象數主張。而古文學家則重於義理之闡發，特別是費直，治《易》不講卦氣或陰陽災變，而是以《易傳》文意解經，著重於義理之論述；馬融、鄭玄、荀爽等人皆本於費氏古文經學傳統，但專用其象數易例，本質上與費氏之學迥異而同歸於象數之範疇，這方面的議題，將在後面詳說。這裡仍要強調的是，義理之學並不因以象數爲典型而似不復存在於漢代，相對的，漢初易學注重義理，並且主要是闡發《周易》經傳的人道教訓之義，誠如司馬遷所言「《易》以道化」，[49]「《易》本隱以之顯」，[50]是視《易》爲講述思想理論之書。皮錫瑞也認爲，「賈董漢初大儒，其說《易》皆明白正大，主義理，切人事，不言陰陽術數，蓋得《易》之正傳，田何、楊叔之遺，猶可考見」；[51]就董仲舒本人引《易》說《易》的情形來看，宜屬於義理之學的路線。然而，正因董仲舒天人感應、陰陽災異之說的大力推闡，爲其後不久象數易學的興起而迅速發展，並爲躍居漢代易學的主流和官方地位提供了重

---

[48] 一般學者論述漢代之易學，大致分說象數與義理二派，亦有從風格或方法上來分，另列黃老派者。陳鼓應先生著有《易傳與道家思想》（北京：三聯書店，1996 年 7 月 1 版，1997 年 9 月 2 刷。），特別強調《易傳》的黃老色彩，乃至晚近發現的簡帛之易學思想中，亦多有歸類爲黃老者。漢代崇尚黃老之學，以黃老解《易》自不可免，爲當時易學思想闡述上的一種傾向。諸如嚴君平《道德經指歸》，於闡釋老子思想的過程中，並不完全恪守道家思想，往往對於儒家思想兼融並包，特別引用《周易》經傳之義，反映出儒道互補的傾向。又如嚴氏弟子揚雄，摹依《周易》經傳而作《太玄》，以老子的天道觀和陰陽變易思想與《周易》思想及五行觀相互結合，而建立其宇宙觀的思想體系。又如東漢後期的魏伯陽，其《周易參同契》，藉《周易》卦爻之象以闡發其丹道，特別以卦氣之說來解釋煉丹術。這些思想論著，或皆可視爲黃老派之易學。

[49] 見《史記・太史公自序》卷一百三十，頁 3297。

[50] 見《漢書・司馬相如傳》司馬相如贊曰：「司馬遷稱《春秋》推見至隱，《易》本隱以之顯。」（見《漢書・司馬相如傳》卷五十七下，頁 2609。）

[51] 見皮錫瑞《經學通論》，台北：臺灣商務印書館，1989 年 10 月臺 5 版，頁 18。

要契機。如果說孟喜、京房是漢代象數易學的開創者和奠基者，那麼在一定意義上應該承認，董仲舒是孟、京易學的不祧之祖。董學構成了漢代象數易學的觀念背景、思想基礎和理論依據。而且，董仲舒曾經明確概括《周易》的特點，認為「《易》本天地，故長於數」；[52]這對後來象數易學的興盛當有一定的推動作用。

漢代的經學，吸取秦漢之際的陰陽五行的思想，乃至天文、歷法、醫學等自然科學的內容，運用陰陽五行的宇宙圖式，根據天人合一的思維模式，對五經進行全面的闡釋。藉由運用陰陽五行的變化解釋政權的更迭，強調自然災異與政治的聯繫，並運用陰陽五行論證儒家的社會政治道德原則。在這些經典當中，《周易》的融攝最深。以《易》結合陰陽五行之象數易學，由西漢宣帝時期之孟喜揭開序幕；在此之前，易學上大體是守師法，明故訓，主義理，切人事，尚未明顯地分化為壁壘分明的象數與義理之學。不過在這經學的發展階段，一旦被立為官學，被奉為師法與家法，將可能萎縮經學闡釋的創造性，而經學的發展空間只能是抱殘守缺、拘於既定章句訓詁的傳承，無法發揮五經的微言大義，進而失去了思想發展的活力。

宣元時期，孟喜、京房將陰陽術數納入易學體系之中，建立了一種後世共認的以卦氣為核心為特色的漢代象數易學；這種卦氣之說，可以視為是陰陽術數的範疇下之產物。推究其學術的歷史背景，則是受董仲舒所領導的思想變革之影響。《漢書·五行志》指出：

> 漢興，承秦滅學之後，景武之世，董仲舒治《公羊春秋》，始推陰陽為儒者宗。[53]

董仲舒「罷黜百家，獨尊儒術」，援引陰陽術數來闡揚《公羊》的微言大義，將儒家的文化價值理想，納入陰陽家的世界圖式中，儒家各類經典的詮釋，皆群起效尤，形成一股不可逆轉的思潮。孟喜、京房的易學思想，也是這股強大學術思潮下的產物；透過陰陽五行之學，所建構出的

---

[52] 見董仲舒《春秋繁露·玉杯》。引自清蘇輿《春秋繁露義證》卷一，北京：中華書局，1996年9月北京1版2刷，頁36。

[53] 見《漢書·五行志》，卷二十七上，頁1317。

新的易學思想，帶有濃厚的符瑞與災異之色彩，成為孟、京易學的重要特色，也為漢代象數易學的主要奠基者。

　　哀平之際，由於政治的因素，帶引學術風氣的進一步改變。病入膏肓的衰弱政權，造就了讖緯風氣的甚囂塵上，《易緯》也就是這個時期的產物，成為漢代易學的重要一環。《易緯》同孟、京一樣強調卦氣之說，並使之更為完備，在漢代象數易學中佔有舉足輕重的地位，研究漢代的易學，自不能視之為糟糠，亦不能避而不言，不論在易學史上，或是儒家文化的歷史脈絡上，它仍能體現與代表某個時期的文化價值理想與思想面貌。

　　東漢初期，「宣布圖讖於天下」，讖緯神學充斥，這個時期的易學思想，仍繼承了孟、京與《易緯》的思路與內涵，藉由天文歷法等卦氣之說以占驗災異，遂行其政治影響的實踐功能，所以此時易學仍擺脫不了政治的束縛。然而，神學迷信的彌漫下，也帶引了理性自覺的揚起，光武時期的桓譚、章帝時的王充，即是典型代表，對思想界注入新的活力與血脈。在此同時，《易》為群經之首的地位也由此建立，班固《漢書・藝文志》認為《易》為六藝之原，《易》之價值地位抬頭，隨著時光的流轉，漸漸地掙脫了政治服務的掌控，陰陽災異的實用色彩消退，增長其理性的學術氛圍，鄭玄、荀爽、虞翻等易學大師由是生焉。光武、明、章諸帝，延續西漢天人感應、陰陽災異之說，卦氣說的易學思想一直獲得主流的認同。然而，從安帝至桓靈之際，這種以卦氣為主的象數之學，邁向新的歷程。《後漢書・儒林傳》云：

　　　自桓靈之間，君道秕僻，朝綱日陵，國隙屢啟，自中智以下，靡不審其崩離。[54]

東漢政權至此，必然面對崩潰之途，直接影響知識份子的動態，一些經學家脫離政治，隱居教授，閉門著述，專門從事學術性的經學活動，不再追求經世致用的學說；另外一些學者則拋棄那被視為正統經學中的天人感應、陰陽災異的陳腐理論，重新去思索與建構新的學說思想，學術上的「清議」活動由此開展。今古文經學的融合也在這時候產生，相對

---

[54] 見《後漢書・儒林傳》，卷七十九下，頁 2589。

地今文經的《京氏易》走向衰落，古文經學的《費氏易》起而代之，鄭玄與荀爽的易學即是典型的代表。鄭玄、荀爽致力於象數之學的常規研究，突破了孟、京易學和《易緯》的範式，創設了一系列新的義例，卻也帶動義理之學的萌芽。

鄭玄雜採《費氏易》以傳解經的訓詁經文之方式，並參用京氏爻辰之說，建構其專主爻辰解《易》之法。所以王應麟在其《周易鄭注》中云：

> 鄭注《詩》、《禮》中所引《易》義，皆用京氏學，與《易注》用費學不同。[55]

雜糅今古，特別以爻辰說作為解釋經文的主要著眼，也就是根據爻辰的象數主張來闡明經文義理，也隱隱將象數易學帶入終結的絕境，所以皮錫瑞在《經學歷史》中指出「鄭采今古文，不復分別，使兩漢家法亡不可考」，且「鄭學雖盛，而漢學終衰」，「鄭《易注》行而施、孟、梁丘、京之《易》不行矣」。[56]至於荀爽，與鄭氏同時，從匡救政局無力而轉隱漢濱，以論著《易傳》為事，大倡乾升坤降之說，並作為詮釋《周易》的普遍原則。[57]費氏易學以傳解經，而鄭、荀則同以解經作為出發點，只不過運用其建構之易例，作為釋經的普遍性方法，如此則將會面對難以全面圓說的困境，將可能加速象數易學衰退的命運，這是鄭、荀等人所始料未及的。因此，「荀爽的易學與鄭玄的易學同樣，以《傳》解《經》做得並不成功，矛盾抵牾之處甚多，無法自圓其說」，使「易學不斷陷入自相矛盾的窘境」，[58]最後激化了象數易學的沉寂與魏晉王弼為主的義理之學的掘起。

---

[55] 見《周易鄭注》。引自台北：新文豐出版公司《大易類聚初集》第一輯，據湖海樓叢書本排印，1983 年 10 月初版，頁 67。

[56] 見皮錫瑞《經學歷史》，頁 154。

[57] 惠棟在《易漢學》中特別指出荀爽之學以乾升坤降說為主旨，其後張惠言在《周易荀氏九家義》中，贊同惠棟之說，也認為「荀氏之義莫大乎陽升陰降」，且指出「乾升坤降，其義出於《乾鑿度》」。不論如何，荀氏這種象數之學，是西漢易學的延伸與改造。

[58] 括弧見余敦康《內聖外王的貫通－北宋易學的現代闡釋》，上海：學林出版社，1997年 1 月 1 版 1 刷，頁 488。

二、魏晉南北朝易學

　　魏晉時期之易學，主義理，並會通老莊以入《易》，一反漢《易》象數之說與繁瑣學風，主要之代表人物爲王弼與韓康伯。王弼（西元 226-249年）著《周易略例》、《周易注》，強烈批評漢代的象數易學，象數與義理的明顯分立由此爲著。王弼之前，並非無義理之說，只不過沒有過度的強調分野而不壁壘分明。以《易傳》爲例，雖仍不乏卜筮與象數的影子，卻已賦予高度的義理上的哲學意涵，所以象數與義理同時融攝而不悖，使後來的易學，不論是象數或是義理學派，都可在《易傳》中找到依止點。然而，王弼卻執意用義理之學來取代象數之學，指責漢代的象數學家「存象忘意」的根本錯誤，重新詮釋《周易》的體例與卦爻結構，將象數形式完全改造成表現義理的一種工具，恢復《易傳》中原有的卦義說。王弼認爲易學研究的目的在於「得意」，藉由「尋言以觀象」，「尋象以觀意」，於「得意」之後，當「忘言」、「忘象」，擺脫形式的束縛，以得其「意」之本身，所以「得意在忘象，得象在忘言」。這種「得意」之主張，主要在於對六十四卦卦義之掌握，並通過對六十四卦卦義之確認，把自然與名教的魏晉時期之玄學思想予以有機地結合起來，成就了那個時期易學在義理範疇上的新的詮釋內涵。

　　王弼新的易學詮釋型態，當追溯到其所處時代的學術思潮。魏晉時期以玄學爲盛，玄學思潮不同於經學思潮，它不強調天人感應、宇宙生成，並不憑藉陰陽術數以占驗祥瑞災異，其理論形態是一種以「有」與「無」爲基本範疇而構築的本體論哲學，並將傳統的天人之說轉化爲自然與名教的關係問題；現象之有不離本體之無，自然統攝名教，名教合乎自然。玄學思潮的重要特色，即是儒道兼綜，特別是透過《易》、《老》的會通，以處理有與無、儒與道、自然與名教的關係問題，並尋求新的思想價值。[59]王弼在這種與玄學思潮緊密聯繫在一起的學術環境下，建構

<hr>

[59] 劉劭《人物志・八觀》云：「《易》以感爲德，以謙爲道。《老子》以無爲德，以虛爲道。」阮籍《通老論》云：「道者，法自然而爲化，侯王能守之，萬物將自化。《易》謂之太極，《春秋》謂之元，《老子》謂之道。」魏晉學者藉由《易》、《老》的會通

起劃時代的義理之學，成爲代表易學史上的一個極爲重要的發展階段。

　　南北朝大抵經學對立，有「南學」與「北學」之分，南學以王弼之易學爲主，而北學則遵尚鄭玄易學；王氏之南學挾優勢之主流力量，「與鄭學枘鑿，亦與漢儒背馳」，「以致後世不得見鄭學之完全，並不得存漢學之什一」。[60]這個劃時代的易學演變，誠如宋代趙師秀所言，「輔嗣《易》行無漢學」，[61]王學對漢《易》的影響極爲深遠，在風行草偃下，彌漫著以義理學爲主流價值之氛圍，漢代象數之學由此旁落，傳述重挫，難以再見英華。

　　在王弼之前，王肅（西元 195-256 年）亦以義理爲尚，著有《周易注》今已亡佚，爲古文經學派之集大成者，論述文字簡明，而其釋《易》之主要特色在於重義理而輕象數。王弼之後，韓康伯（西元 332-380 年）作《繫辭傳》以補王弼之不足，與王注並收於唐代孔穎達《周易正義》中，後世並以王韓並稱；注重義理，排斥漢代象數之說，以老莊玄理釋《易》，強調「無」爲天地之本源。不同於王、韓之義理易學，亦有以佛教與易學雜糅而獨樹者，即南朝梁武帝蕭衍（西元 464-549 年）爲代表的易學，《隋志》記載其《易》著有《周易大義》、《周易繫辭義疏》、《周易講疏》諸作，以佛教義理比附《易》義，是一種有別於《易》、《老》會通的另一義理學說，可惜過早亡佚，而失去其應有的學術地位與發展潛力。

　　雖然王弼以降之義理學取代了傳統象數之學的地位，但象數易學並不因此而飛灰煙滅，魏晉時期仍有以象數解《易》者，如曹魏時期的管輅（西元 208-256 年）、東晉時期的郭璞（西元 276-324 年）、干寶（西元286-336 年）與孫盛（西元 302-373 年）等人，特別是干寶，有《周易注》、《周易宗塗》、《周易爻義》、《周易問難》、《周易玄品》等大量著作，可

與互補，以尋求新的思想價值。

60　見皮錫瑞《經學歷史》，台北:藝文印書館，1996 年初版三刷，頁 179。

61　見《清苑齋集補遺》＜秋夜偶成＞一詩。元代方回《瀛奎律髓》卷十五同輯趙氏此＜秋夜偶成＞詩文。惠棟於《易漢學》序文中特別引趙氏此一詩句，以批判王弼之失，認爲「王輔嗣以假象說《易》，根本黃老，而漢經師之義蕩然無復有存者矣」，王學之隆盛，可以說是漢學之最大浩劫。

惜今皆亡佚，部份佚文爲李鼎祚《周易集解》所輯錄。這個時期的象數之說，主要是繼承漢代的餘緒，推衍陰陽術數，但不主章句訓詁；反對老莊玄學解《易》的風尚，成爲與之抗衡的象數學派。

三、隋唐易學

　　義理派與象數派的爭論，一直貫串整個魏晉南北朝，然而王弼爲主的義理學派，則居於上風，到了隋朝統一，王學大盛，義理派成了主導之地位。這個時期的主要代表爲以欽定教科書爲著的孔穎達（西元574-648年）《周易正義》。唐太宗貞觀年間，孔穎達奉敕撰著《五經正義》，頒於學官，其《周易正義》採用王弼、韓康伯的《易》注，在「疏不破注」的前提下，對王、韓之注加以疏解，抒發孔氏對《周易》哲學的認識，拓展義理學的論述，並總結漢魏以來的經學研究成果。

　　南北朝學風紛亂，對立益甚，南北諸儒也都抱殘守缺，使諸家學說概梗，皆得以承繼，所以皮錫瑞指出「歷南北朝之大亂，異端雖熾，聖教不絕也」。[62]隋代入主以來，經學統一，南、北混學，不復有南、北學強烈對立之分。根據《隋書·經籍志》於《易》下云：

> 梁、陳，鄭玄、王弼二注，列於國學。齊代，唯傳鄭義。至隋，
> 王注盛行，鄭學浸微，今殆絕矣。[63]

隋代雖以王學爲盛，然鄭學之浸微，發展至此已成絕學，鄭學並不完全被排斥，因爲在此一時期的學術景況，無強烈之對立性，經學重在義疏，凡有利於經義之詮解者，皆可采用。因此，皮氏對隋唐的發展，作了極爲懇切的說明，認爲：

> 漢學重在明經，唐學重在疏注；當漢學已往，唐學未來，絕續之
> 交，諸儒倡為義疏之學，有功於後世甚大。[64]

面對時代的變易，古籍淪亡十不見一，欲存漢學於萬一，窺鄭玄諸儒之

---

[62] 見皮錫瑞《經學歷史》，頁 198。
[63] 見《隋書·經籍志》，卷三十二，頁 913。
[64] 見皮錫瑞《經學歷史》，頁 198。

藩籬，捨唐人義疏則難以徵實。以孔穎達《周易正義》之義疏，雖主以詳申王、韓之舊注，然在疏解的過程中，往往取漢代諸家之說，如《易緯》、《子夏傳》、京房，以及鄭玄等人之言，有選擇地吸收與接受象數之說，並無象數與義理分明的強烈之意識型態。又以陸德明《經典釋文》爲言，其釋《易》雖主南學王氏之說，然對漢儒諸家之說，援引不絕，爲後世復原漢《易》之重要來源。從隋唐至宋初，儒士謹守官書，學風保守而無特別偏立異議者，是學術統一相對最久的時代；雖然王氏所主的義理之學相對爲盛，而漢儒象數之說，也並不因此而受到壓制，相反地，在歷經長期的磨難所存下的漢學片段，視之爲珍寶，得以獲得重新的輯補與保存。

孔穎達《正義》在唐代具有絕對權威的地位，使罕傳的漢代象數易學益見旁落，幸因李鼎祚《周易集解》使此「絕學」得以存續。李氏以王、鄭相訟後之易學生態，「紛然淆亂，各脩局見，莫辨源流，天象遠而難尋，人事近而易習」，所以蒐采漢魏以降群賢之遺言，「刊輔嗣之野文，補康成之逸象」，[65]以探三聖之幽賾。明確表達其崇象數、黜義理的易學主張。主要采擷之《易》說，有子夏、孟喜、焦延壽、京房、馬融、鄭玄、荀爽、劉表、宋衷、王肅、王弼、何晏、虞翻、陸績、姚信、翟玄、韓康伯、向秀、王廙、張璠、干寶、蜀才、劉瓛、沈麟士、伏曼容、姚規、崔覲、虞氏、何妥、王凱沖、侯果、朱仰之、蔡景君、孔穎達、崔憬等三十五家，以及引《九家易》爲名之一家。其博采眾說，保存兩漢以迄唐代象數學說之一脈餘緒得以不絕，《四庫提要》特別稱誦其學術地位，「蓋王學既盛，漢《易》遂亡，千百年後學者得考見畫卦之本旨者，惟賴此書之存耳，是真可寶之古笈也」。[66]因此，李氏《集解》開啓了漢代易學研究的新紀元，爲研究漢代易學提供了極爲重要的材料。

唐代易學，受科舉與官學的影響，仍以義理之學爲主流，然而象數之學並未因此而大受排斥，以義理爲重之《易》說，也能普遍見其象數

---

[65] 引文見李鼎祚《周易集解·序》，台北：臺灣商務印書館，1968 年 12 月台 1 版 1 刷，1996 年 12 月 2 刷，頁 2。

[66] 此《四庫提要》文，引自臺灣商務印書館本李鼎祚《周易集解》前輯之《提要》，頁 2。

之迹，而較爲純粹的象數之作又能行焉，今傳陸氏《釋文》與李氏《集解》，於復原古義，最有大功。

四、宋元明易學

　　王應麟（西元 1223-1296 年）《困學紀聞》指出「自漢儒至於慶曆間，談經者守訓故而不鑿」，「至《三經義》行，視漢儒之學若土梗」，[67]認爲經學發展至宋仁宗慶曆年間才產生巨大的變化。仁宗以降之學風，治經的態度主要因經以明道，明道以知經，探究經義，發明經旨，對傳統的治經方法或內容，並不重視，特別是不信注疏，馴至疑經，遂成改經、刪經、移易經文以就己說之風。[68]這種學術風氣，主要受到科舉制度之影響；科舉取士，闡發經義，皆以發明新異，創爲新奇，標新以別異於古，以歆動試官，成爲一時之好尙，所以王安石名著《三經新義》，頒行天下，實教人捐棄古說，以從新義，皮錫瑞特別痛斥，「名爲明經取士，實爲荒經蔑古之最」。[69]是宋學之大盛，爲漢學之凋敝；雖在經學史上注入新的血脈，卻也阻斷了舊的氣息，漢、宋的鴻溝由此生焉，而此舊恨一直發展到清代，特別是乾嘉時期，成爲了新仇，這是宋人所始料未及的。

　　在易學的發展上，特別深受此一學風之影響，宋人不論在象數或義理之範疇上，大體不離「先天後天」、「河圖洛書」之說，亦有不涉諸說之純粹義理者。象數之學者，已脫離了傳統漢《易》之說，而是由陳摶（西元 871?-989 年）以降之圖說爲盛，故可以另作「圖書之學」爲名。因此，宋代易學可以粗分爲圖書與義理二說。

---

[67] 見王應麟《困學紀聞・經說》，卷八。引自翁元圻《翁注困學紀聞》，台北：台灣中華書局《四部備要》本，卷八，頁 40。

[68] 王應麟《困學紀聞・經說》卷八，引陸游之言云：「唐及國初，學者不敢議孔安國、鄭康成，況聖人乎！自慶曆後，諸儒發明經旨，非前人所及；然排《繫辭》、毀《周禮》，疑《孟子》，譏《書》之＜胤征＞、＜顧命＞，黜《詩》之序，不難於議經，況傳注乎！」此一時期經學之發展，並不重於從經傳本身爲出發，而重於個人意志之抒發。

[69] 見皮錫瑞《經學歷史》，頁 303。

　　圖書之學，爲華山道士陳摶首啓，其傳承情形如圖表 1-2-3 所示：

圖表 1-2-3　宋代圖書學派傳承表[70]

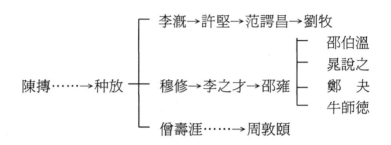

陳摶以其道教之詮釋內涵，融入《周易》之中，建立新的易學圖式，並發展出後來屬於宋代的重要易學特色－圖書之學，其主要核心包括「河圖」、「洛書」、「先天圖」、「後天圖」，以及「太極圖」。這些學說所反映出的，不論是形式或內容，皆異於漢代象數之學，與傳統易學大異其趣，以今日的哲學觀點來看，可以視爲突破傳統界圍的創造性詮釋。在「河圖」與「洛書」方面，以北宋中期之劉牧（西元 1011-1064 年）爲首，提出「圖九書十」之說，以「洛書」體現天地之數中陽奇和陰偶相配合的法則，而「河圖」則闡發八卦的來源，以及一年之間陰陽二氣消長的過程；朱熹（西元 1130-1200 年）《易學啓蒙》與《周易本義》中載錄二圖，使河洛說之傳佈與影響更爲久遠。「先天」、「後天」方面，則以邵雍（西

---

[70] 此傳承圖式參見劉瀚平《宋象數易學研究》，台北：五南圖書出版公司，1994 年 2 月初版 1 刷，頁 17。此傳承支系，亦有略異之說者，有以陳摶傳种放與西蜀隱者；在种放一系上，傳李漑與穆修，李漑後傳至劉牧，而穆修傳周惇頤與李之才二支系。至於西蜀隱者，則傳蔡元定，朱熹《易學啓蒙》、《周易本義》中備載。張其成《易經應用大百科》作此說，與前引小異。圖書之說的授受源流，主要是根據南宋朱震《漢上易傳》所述：「漢上陳摶，以先天圖傳种放，放傳穆修，修傳李之才，之才傳邵雍。放以河圖、洛書傳李漑，漑傳許堅，堅傳范諤昌，諤昌傳劉牧。修以太極圖傳周敦頤，敦頤傳程顥、程頤。」（見《漢上易傳》卷首。）又《宋史・朱震傳》所記略同。

元 1011-1077 年）易學爲代表，[71]認爲《周易》卦爻辭乃文王之《易》，屬於後天之學；而其一生重在建立先天易學，認爲伏羲氏之圖式，雖有卦無文，但盡備天地萬物之理，特別以「先天八卦圖」、「六十四卦次序圖」來解釋八卦乃至六十四卦的形成，並結合歷法知識說明季節變化與陰陽消長的過程，進一步說明國家社會的興衰起滅與世界的終始轉化，具有世界觀與宇宙論的意義。在「太極圖」方面，則本諸於周敦頤（西元 1017-1073 年），其圖說大致以道教的先天太極圖爲藍本，並參照陳摶的無極圖，以及禪宗思想的影響，[72]而成的一種新的易學論述內涵，視「無極」與「太極」爲宇宙萬物的本源，建立一套不同於以往的新穎之宇宙論體系，並對理學產生了深刻的影響。

　　宋代儒者以清新而別緻的圖式學說來闡釋易學，除了具備「象」的概念外，也重視「數」的運用，其圖式內容中，或以數示象，或以象寓數，或象數兼具，而全然脫出西漢易學那種強烈摻雜天文歷法的知識所普遍倡論之卦氣說，以及互體等易例的象數易學之窠臼；同時把易學概念引申推展到傳統易學之外的哲學領域，揭示大自然或宇宙本體的生成規律上，這樣的易學觀，與西漢注重占驗災變的講求實用之精神迥然相異。因此，宋代的圖書易學，在其建構的易學圖式中，常常包含著深弘豐厚的義理內蘊，這種義理的成分，也往往從屬於宋代理學之基本範疇，並不同於純粹的傳統易學所標幟的哲理，可以視爲理學所表述的重要觀點。故而，宋代的圖書易學，或稱爲另類的象數易學，但始終反映出濃郁的理學體系下之義理內涵，這是宋代易學所獨有的。

---

[71] 邵雍主要易學著作有《皇極經世書》與《伊川擊壤集》，而《皇極經世書》又包括《觀物內篇》與《觀物外篇》，其實質內容已不全，當中諸多圖式，多爲邵伯溫、蔡元定、朱熹等人所補述。

[72] 黃宗炎《圖學辨惑・太極圖辨》云：「《太極圖》者，創于河上公，傳自陳圖南名爲《无極圖》，乃方士修鍊之術也。與老莊之長生久視又其旁門岐路也。老莊以虛无爲宗，无事爲用，方士以逆成丹，多所造作，去致虛靜篤遠矣。周茂叔得之更爲《太極圖說》，則窮其本而反于老莊，可謂拾瓦礫而悟精蘊。但綴說于圖，合二途爲一門，其病生矣。……茂叔得圖于方士，得偈于釋心，証于老。」明白指出周子之《太極圖》，是儒、釋、老與仙道冒昧淆亂的結果。此外，《宋元學案・濂溪學案》、朱彝尊《曝書亭集》（卷五十八），以及《二程遺書》游定夫記程子語等諸書中，皆記周子之圖學，是兼容此諸家之學而成的。

　　在圖書易學外，專主義理之闡發者，大概可分爲以儒理論《易》者、以史事證《易》者，以及以心學解《易》者；[73]當然這樣的區分未必最爲適切，然而宋代易學家，其治《易》之內容，確實可以從這幾個傾向來論述。但已如前述，這個時代的義理學家，大體都融入了濃厚的理學思想的時代哲學特色。其發展的進程，北宋時期之名家，如胡瑗（西元993-1059 年）、歐陽修（西元 1007-1072 年）、李覯（西元 1009-1059 年）、司馬光（西元 1019-1086 年）、張載（西元 1020-1077 年）等人開其先路，至程頤（西元 1033-1107 年）的《周易程氏傳》，成就了某種學術的格局與勢力；南宋時期，經楊萬里（西元 1127-1208 年）、朱熹（西元 1130-1200年）、楊簡（西元 1141-1225 年）等人進一步的推闡發揮，義理學派儼然已具主導的地位，並且持續影響到元明兩代的易學發展。這種義理學派的易學思想，有一基本之特色，即以新興的儒理釋《易》，與王弼那種強烈的老莊玄學之氣韻有所不同，程頤於此奠定了基礎，樹立其因象明理、以理解《易》的方法與內容，其中心的議題即是一個「理」字，將「理」看成是宇宙天地萬物的本原和總則，並由朱熹進一步地開展，他站在理學的立場上，結合其對儒家哲理的領悟與發揮，來闡說《周易》的義理，成爲理學的宗師。程朱二家所延續的這條易學路線，代表著宋代義理學的主要傾向，並對後世產生深遠的影響。

　　此外，義理學上，亦有特別強調援史證《易》者，也就是透過歷代史事來推證《周易》的哲理，最具代表性者，如李光（西元 1078-1159年）與楊萬里，「大旨本程氏，而多引史傳以證之」，[74]以大量的歷代史實材料，尤其是統治者的德行與政治得失爲事例，來說明進退、存亡、治亂之道，闡明對當前政治社會的批判與不滿，賦予諷喻與規諫之情，並進一步參證《周易》經傳的內涵懿旨；將《周易》的論述重心安置在哲理與歷史經驗教訓的溝通基點上，並對後來之易學家的釋《易》方式，產生了極爲顯著的影響。又有專就心性解《易》者，如王宗傳的《童溪

---

[73] 一般研究宋代易學者，常作此種分類。張善文《象數與義理》即作此分。見張善文《象數與義理》，遼寧：遼寧教育出版社，1997 年 4 月 1 版 3 刷，頁 243。

[74] 見《四庫全書提要・誠齋易傳》。引自台北：台灣商務印書館《景印文淵閣四庫全書・經部・易類》，第十四冊，《誠齋易傳・提要》，頁 513。

易傳》，以及楊簡（西元 1141-1225 年）的《楊氏易傳》，[75]認爲《易》所以明人心之妙用，爲吾心所固有，《周易》這部聖典，更含有聖人對天地、自然萬物與人心的「先覺」；因此，這一系的義理之學，特別強調以人心爲主要論述內涵的易學思想，標幟出其獨有的義理特色。[76]

　　宋代的易學，大抵以義理爲盛，而在象數方面，則主要歸屬於圖書的範圍。也就是說，宋代易學的主要特色，以及對後人造成深遠的影響者，即爲其圖書易學。這個綿延七八百年的宋人圖書之說，「其大部分易圖，對於闡釋《周易》原旨，並無重大價值」，[77]然對在中國哲學史上，卻建立起龐大的體系與豐富的面向，並延續與影響後世的易學發展。尤其元明兩代，學者論《易》，大抵不脫宋儒窠臼。元代的易學，大多數的易學家在宋《易》的基礎上，發揮圖書，論述性理，在方法與內容上，基本上不出宋人的範圍。由於程朱理學地位的確立，取士用書皆主程朱，所以元代易學家也都以程朱爲宗。至於明代二百餘年間的易學發展，也大部分都跟在宋元之後，或繪易圖，或以《易》說「理」，尤其是萬曆以後，雜入心學、佛家禪偈，《周易》經傳本旨的闡發則乏人問津，所以皮錫瑞稱明代的經學發展，是個「極衰時代」。[78]

　　元明這個時期，能夠獨明古文，不囿於宋《易》之風者，則屬元陳應潤《周易爻變易縕》與明代姚士粦輯陸績《易解》。陳氏認爲「義理元

---

[75]　《四庫全書提要·楊氏易傳提要》指出「以心性說《易》者，始王宗傳及簡」，認爲王、簡二人爲從心性範疇論《易》之首見者，然而因爲如此，全然脫離《易》之原來質性，「遂流於恍惚虛无耳」。

[76]　《童溪易傳》云：「聖人本天地以作《易》，非有他也，故所以發明人心之妙用。人心之妙用，即天地之變化也；天地之變化，見於萬物成象成形之際，與夫雷霆風雨、日月寒暑之運動。人心之妙用，則爲可久可大之德業，其實皆无越乎自然之理而已矣。」（卷二十七）又云：「聖人憂世之心如此其深且至也，……發之於《易》故也。夫聖人之所有者安在乎？曰：此性之所見者是也。此性之所見，而伊尹之所謂『先覺』也。有是先覺，故以覺後覺爲已任，此聖人憂世之心也。然則見天下之賾、見天下之動，聖人之先覺其在茲乎？故《易》象與爻由是而立焉。然則聖人區區於立象與爻何也？曰：爲天下後世之言動設也。使天下後世言无過言，行无妄動，即是象與爻而有得焉。此則聖人作《易》之本心也。」（卷二十八）此二段話，可以深刻表明以心學論《易》者所表述的主要內涵。

[77]　見劉大鈞《周易概論》，四川：巴蜀書社，2004 年 5 月 1 版 1 刷，頁 133。

[78]　見皮錫瑞《經學歷史》，頁 317。

妙之談墮於老莊。先天諸圖,雜以《參同契》爐火之說,皆非《易》之本旨」,[79]力排宋《易》,以探求《周易》本來之真義。姚氏抄撮京房《易傳注》、李鼎祚《集解》諸書所引陸績之《易》說,雖未必搜討勤博,然掇拾叢殘,於元明《易》家中,尚稱翹然獨秀者。此外,來知德著《周易集注》,「師心自悟,暗與古會,足以卓然名一家者」,「皆由冥心力索,得其端倪,因而參互旁通,自成一說,當時推爲絕學」,[80]算是明代顯著而有成就之易學家。

五、清代易學

杭辛齋《學易筆談》對清代易學及其名家概況,作了極爲精簡的論述:

> 有清一代,經學之盛,遠過宋明;其治易學專家,如刁氏包(蒙吉)、李氏光地(厚庵)、胡氏(曉滄)、胡氏渭(朏明)、任氏啟運(翼聖)、惠氏奇(仲孫)、惠氏棟(定宇)、萬氏年淳(彈峰)、姚氏(配中)、張氏(乘槎)、彭氏(申甫)、皆能獨抒己見,各有心得。而顧亭林、毛大可、錢辛楣、王引之、江慎修、段懋堂、王蘭泉諸氏,雖不專治《易》,其音韻、訓詁、考據、於吾《易》亦多所發明。至若焦氏循(理堂)之《通釋》、紀氏大奎(慎齋)之《易問》與《觀易外編》,一則宗漢學,而能串合六十四卦之爻象,無一辭一字不相貫通;一則講宋學,而能闡發性理,與六十四卦之爻象變通化合,尤爲歷來講《易》家之所未有。端木國瑚(鶴田)後起,更治漢、宋於一爐,一一以經傳互證,無一辭一字之虛設,視焦、紀二氏爲更上一層,允足以殿全軍,而爲勝清一代易學之結束矣![81]

---

[79] 見陳應潤《四庫書總目提要·周易爻變易縕》。引自台北:台灣商務印書館《景印文淵閣四庫全書·經部·易類》,第二十七冊,《周易爻變易縕·提要》,頁2。
[80] 見錢基博《近百年湖南學風》,北京:中國人民大學出版社,2004年9月1版1刷,頁141-142。
[81] 見杭辛齋《學易筆談》,卷一,〈勝朝之易學〉,台北:廣文書局,1975年,頁12-13。

對清代易學大家作了概括性的分類介紹。又，張舜徽《清儒學記》則針對乾嘉時期的各學派作了議論：

> 余嘗考論清代學術，以為吳學最專，徽學最精，揚州之學最通。無吳、皖之專精，則清學不能盛；無揚州之通學，則清學不能大。然吳學專宗漢師遺說，屏棄其他不足數，其失也固。徽學實事求是，視乎固泥者有間矣，而但致詳於名物度數，不及稱取大義，其失也褊。揚州諸儒，承二派以起，始由專經匯為通學，中正無弊，最為近之。[82]

清代學術之發展，主要表現在乾嘉時期，劃分吳、皖與揚州學派，則各有所長。大抵主要的易學家，也都產生在這個時期。這個時期，以漢代象數之學為大宗，又有象數與義理兼綜者。易學發展到了清代，進入到一種回歸漢學、反省宋學的新的里程。

經過明代的衰微之後，清代的易學發展，進入另一個新的盛世。明王朝的覆滅，從教訓、刺激中帶來反省與革新，學術界也開啓新一波的發展企機，所以剝極生復，貞下起元，經學的在此歷史發展的軌跡上，再次昌明鼎盛，且駸駸復古之風，所以，「一時才俊之士，痛矯時文之陋，薄今愛古，棄虛崇實，挽回風氣，幡然一變」。[83]漢《易》就在這種環境下，又蓬勃發展起來。

在漢《易》逐漸萌芽的時候，清初仍以宋《易》據有主流的地位，並隨著漢《易》的復興，形成了漢宋之爭的局面。事實上，康熙、乾隆等主政者的治《易》態度，本著「兼收並采，不病異同」，「數百年分朋立異之見，至是而盡融」，[84]並且「於宋易漢易酌取其平，探羲文之奧蘊，以決王鄭之是非，千古易學，可自此更無異議矣」！[85]這種漢宋揉合的作法，使漢《易》的復萌在清代大放異采。

---

[82] 見張舜徽《清儒學記·揚州學記第八》，山東：齊魯書社，頁 378-379。

[83] 見皮錫瑞《經學歷史》，頁 328。

[84] 參見《四庫全書總目提要·周易折中》所云。《周易折中》為康熙命李光地采摭群言所編纂而成的，本著兼容並收的態度纂成御著。

[85] 參見《四庫全書總目提要·周易述義》所云。乾隆亦命傅恆等人撰《周易述義》，「所解皆融會群言，擷取精要，不條列姓名，亦不駁辯得失」，「大旨以切於實用為本」（同前書）；抉取諸說，而不全然偏用程朱之言。

　　漢《易》、宋《易》都有其自存的發展契機，形成清代易學的發展史上，漢宋之學百家爭鳴，長期並存的局面，粲然有成者不可勝數。綜觀有清兩百餘年，易學家人才輩出，論著斐然，根據《清史稿·藝文志》的記載，《易》有一百五十餘家，一千七百多卷。然而，真正能夠反映清代治《易》之主要特色者，仍表現在對兩漢與魏晉南北朝時代《易》著之輯錄、考證、校勘與整理，在易學發展史上呈現其卓越的成就與貢獻。

　　清初的易學，關於主述義理，或對宋《易》的承繼者，可以王夫之（西元 1619-1692 年）和李光地（西元 1642-1718 年）作為代表。王夫之《易》著浩繁，[86]其《周易考異》、《周易稗疏》重於對《周易》經傳之校勘與訓詁，而其《周易外傳》、《周易內傳》、《周易大象解》等主要論著，則重於義理之闡發。王夫之治《易》之主要特徵，「大略以乾坤並建為宗，錯綜合一為象，彖爻一致，四聖同揆為釋。占學一理，得失吉凶一道為義。占義不占利，勸戒君子，不瀆告小人為用。畏文、周、孔子之正訓，闢京房、陳摶、日者、黃冠之圖說為防」。[87]以「宗」、「象」、「釋」、「義」、「用」、「防」六者成為其建構《周易》核心思想的主體，特別又以「宗」、「象」為重。王氏透過易學以建構出一套深邃嚴密的哲學思想體系，然而其重義理之闡發，並不否定象數之用，主張以「錯綜合一」之「象」來說明「乾坤並建」之理，也就是將錯綜看作是乾坤並建的展開過程，不能離「象」而言理。[88]誠如《周易外傳》所言，「盈天下而皆象」，「彙

86　王夫之一生學術歲月，大都致力於治《易》的領域，撰《周易稗疏》、《周易考異》、《周易外傳》、《周易內傳》、《周易大象解》、《周易內傳發例》等專門論著，並有與易學相涉者，如《思問錄》、《張子正蒙注》、《讀四書大全說》、《尚書引義》、《莊子通》、《俟解》、《讀通鑑論》、《續春秋左氏傳博議》等。

87　見王夫之《周易內傳發例》。引自《船山全書》第一冊，湖南：長沙嶽麓書社，1998年 10 月 1 版 2 刷，頁 683。

88　王夫之於《周易內傳》開宗明義云：「《周易》之書，乾坤並建以為首，《易》之體也；六十二卦錯綜乎三〔十〕四象而交列焉，《易》之用。純乾純坤，未有《易》也，而相峙以並立，則《易》之道在，而立乎至足者，為《易》之資。屯蒙以下，或錯而幽明易其位，或綜而往復易其幾，互相易於六位之中，則天道變化、人事之通塞盡焉。」（引自《船山全書》第一冊，湖南：長沙嶽麓書社，1998 年 10 月 1 版 2 刷，頁 41。）是以乾坤十二陰陽，純然至足皆備而為體，六十二卦錯綜乎三十四象則為其用。雖在明義理，仍無法去象數而不言。

象以成《易》,舉《易》而皆象」,「無象外之道」,「《易》統會其理」,[89]
《周易》是對天下萬象的最高概括,藉由對萬象的認識,而通天下之理,
因此,「《易》即象」,[90]言《易》不離「象」,論理也不能免除「象數」。
另外,李光地致力於易學著述,[91]以宋學爲宗,推崇程朱,爲時期義理
學派與官方易學之重要代表。李氏奉敕編纂之《周易折中》,雖「歷代諸
儒敘述源流,講論指趣,其說皆不可廢」,[92]然諸家取捨,皆以程朱爲重,
以義理爲主,否定焦、京之象數易學,對漢易相對多有擱置不用,反而
對邵雍的易卦圖數,則仿朱子而多加吸收與推崇。《周易折中》標幟著宋
易在清代的發展高峰與沒落,至此之後,漢易的勢力逐漸掘起並續占上
風,一直到了乾嘉時期,漢易獨領風騷,而宋易則相對沈寂。

　　清初以義理述《易》之大家,除前述二者外,尚有孫奇逢《讀易大
旨》五卷、刁包《易酌》二十卷、陳夢雷《周易淺述》八卷、張英《易
經衷論》二卷、李塨《周易傳注》七卷、沈起元《周易孔義集說》二十
卷等皆有一定之影響力。發展到清代中、末期,較著名者如程廷祚的《程
氏易通》十卷、《大易擇言》三十六卷、《彖爻求是說》六卷、《易說辨正》
四卷、王心敬的《豐川易說》十卷、邊廷英的《周易通義》十六卷、吳
汝綸的《易說》二卷、馬其昶的《易費氏學》八卷、《周易敘錄》一卷、
丁晏《周易述傳》二卷等。這些易學家陳述之義理,大抵是循宋易之脈
絡。

　　學術的發展傾向,有其孕育形成的必然因素,在天崩地解的歷史變
動等錯綜因素的影響下,儒學的發展也產生了巨大的變化,從理學回歸
原始儒學的路線,尋求新的經世良方,成爲清初普遍的時代需要與趨向。
儒學的復歸,相對的是對程朱道學的懷疑與批判;清初學者如徐乾學、
朱彝尊、毛奇齡、黃宗羲等人,爲儒學正名,不外乎是要求與程朱之道

---

[89] 見《周易外傳》卷六。引自《船山全書》第一冊,湖南:長沙嶽麓書社,1998 年
　　10 月 1 版 2 刷,頁 1038-1039。

[90] 同前注,頁 1039。

[91] 李光地撰著《周易通論》、《周易觀象大旨》、《周易觀象》、《象彖拾遺》等作,並奉
　　敕主編《周易折中》,於清初易學思想領域,佔有一席之地。

[92] 見《御纂周易折中・凡例》。引自台北:台灣商務印書館《景印文淵閣四庫全書・
　　經部・易類》,第三十八冊,頁 12。

學區隔，普遍認為原始儒學所弘揚的經世精神，被空談義理的性理之學所取代，儒學完全喪失了以天下為己任的歷使命感和社會責任，儒學的「經天緯地」、「立功建業」精神不復存在。[93]經世致用的方法寄託於經學，形式上是從心性之學向原始儒學的回歸，關注於對傳統經學的重新審視和體認。在這種學術的認識與發展方向上，學者大力糾正「離經言道」的弊病，也同時致力於儒家經典的重振，導正宋明以來經學研究中的種種錯誤解讀。順此學術脈絡，經學研究日趨漢學化，經世的學風導向講求實證方法的文獻考證之樸實學風，而尊漢黜宋的以漢學獨幟之形式也儼然成俗。易學的發展，在這以漢學為尊的大洪流下，自然是以漢《易》為主，以復原漢《易》為任。

　　清代的漢《易》之學，除了重新闡發卦氣等象數之說外，特別重視以輯佚、校勘、考據等方法治《易》，排除漢人特有的迷信成分，提倡實事求是的樸學之風。這種樸學風氣下的易學，濫觴於清初顧炎武、黃氏兄弟、毛奇齡、胡渭等儒者之說，並浩蕩鼎沸於惠棟、戴震為首的乾嘉時期，一直延續到清代末期。

　　顧炎武（西元 1613-1682 年）主要《易》著為《易解》與《易言》，並在《日知錄》與有關作品中也可見其易學主張。大體而言，顧氏反對漢《易》象數之說的穿鑿附會，推崇程朱，但並不全然認同程朱之言，對宋易圖書學大肆批判，主以考據訓詁治《易》，處在這宋《易》向漢《易》過渡的時期，對於往後漢《易》之興起有開河之功。黃宗羲（西元 1610-1695 年）著《易學象數論》，針對「河圖洛書」、「先天卦位」、「納甲」、「納音」、「月建」、「卦氣」、「卦變」、「互卦」、「筮法」、「元包」、「潛虛」、「皇極數」、「六壬」、「太乙」、「遁甲」等等議題，作了批判、考證、訂訛與辨

93　見黃宗羲《南雷文案》云：「儒者之學，經天緯地。而後世乃以語錄為究竟，僅附答問一二條於伊洛門下，便厠身儒者之列，假其名以欺世。治財賦者，則目為聚斂；開闔扞邊者，則目為粗材；讀書作文者，則目為玩物喪志；當心政事者，則目為俗吏。徒以生民立極，天地立心，萬世開太平之闊論鈐束天下。一旦有大夫之憂，當報國之日，則蒙然張口，如坐云霧。世道以是潦倒泥腐。遂使尚論者以為立功建業，別是法門，而非儒者之所與也。」（《南雷文案》後集卷三，＜贈編修弁玉吳君墓志銘＞）黃宗羲認為真儒之學，在於能夠經天緯地、建功立業，而非紙上空談、蒙然張口，如坐雲霧之腐儒，儒學的本質於經世的精神。

僞，所涉之「象數」內容與所持之見解，不單堅守漢《易》之說，也直接肯定宋儒之說法，然而其治《易》之方法、態度與所持之見解，對後來漢易之發展有極大之影響。黃宗炎（西元 1616-1686 年），主要《易》著有《周易象辭》、《尋門條論》、《圖書辨惑》等作，對象數之學與圖書之學，進行有系統之分析與批判，否定「太極圖」爲周敦頤所作，對宋儒以來的一貫說法，造成重大之打擊，也爲後來主張漢學之易學家奠定了駁斥宋學之基礎。

另外，在黃宗炎之後，特別著力於易圖之考辨者，則爲毛奇齡與胡渭。毛奇齡（西元 1623-1716 年）著《仲氏易》、《推易始末》、《春秋占筮書》、《易小貼》、《易韻》、《河圖洛書原舛編》、《太極圖說遺議》等作，辨證圖書，力斥宋《易》，並發明荀、虞、干、侯諸家之學，對清代考據學或樸學之發展有極大之貢獻。胡渭（西元 1633-1714 年）著《易圖明辨》，可以視爲清初以來易圖辨僞之集大成者，其採集廣博，論難精審，爲學者所嘆服。針對「河圖」、「洛書」、「先後天之學」等圖學之說，進行有系統之批判，否定爲易學之傳統內涵。其治《易》的方法上，爲後來的考據學立下典範。

在樸學或考據學的發展歷程中，乾嘉學者的主要風格，在於最能執著於漢儒之說，特別是惠棟（西元 1691-1738 年），固守漢《易》之堡壘，建立了「唯漢是好」的主要特色，並開啓了清代漢學的全盛時期。在輯錄漢《易》方面，以惠棟爲名，繼王應麟之業，探求鄭玄遺文，增補遺漏，著《增補周易鄭注》一卷，並於其《易漢學》、《周易述》、《易例》、《周易古義》中，廣引漢魏《易》家之言，搜輯鉤稽，考校與推闡漢魏諸說，釐正古義，詁訓有據，成爲清代易學的重要代表，也是乾嘉學風的巨擘。[94]另外，張惠言（西元 1761-1802 年）繼惠棟之後，特別針對虞翻易學作大規模的輯錄與整理，有關虞氏之論著包括《周易虞氏義》、《虞氏消息》、《虞氏易事》、《虞氏易言》、《虞氏易候》、《虞氏易變表》等，另外又有《周易鄭氏注》、《周易荀氏九家義》、《易圖條辨》、《易緯略義》、《易義別錄》、《讀易札記》等作，是惠棟後繼之復原漢《易》之最有成

---

[94] 關於惠棟之易學，爲本論著研究探討之對象，在此僅作簡述，後文中將見其大觀。

者，所以阮元認為「自仲翔以來，綿綿延延千四百餘載，至今日而昭然復明，嗚呼，可謂盛矣」。[95]其易學成就，特別在探賾虞氏學上，搜集輯錄較惠棟更為全面而詳細。再之後，曾釗著《周易虞氏義箋》、李銳著《周易虞氏略例》、胡祥麟著《虞氏易消息圖說》，皆是針對虞氏學之闡釋與增補。[96]在這發展的過程中，尚有一人不能不特別提出，即著《雕菰樓易學三書》的焦循（西元 1763-1820 年），[97]採取「實測」、「天元術」以說明卦爻之運動，認為《周易》六十四卦三百八十四爻是運動的有機體，這個運動正如天體的運動一樣，可以由實測找到它的規律；至於天元術，即列代數方程中正負之相消，也就是《易》之「齊同」術。並且運用中國文字六書中之「轉注」、「假借」來考釋經文。在其數學理論的基礎上，經過類比推理的方法，創制了「旁通」、「時行」、「相錯」的釋《易》三術，譽為「鑿破混沌」、「石破天驚」，「直達聖人之旨」，[98]在易學史上，可以視為發前人未發之蘊，獨樹一幟，別開生面，誠然創新有成者。

　　乾嘉易學，漢宋對立嚴峻，而以漢《易》佔主導之地位，一直到了清代中葉以後，漢、宋從立對漸入融合之勢，其《易》家如沈夢蘭、丁晏、丁壽昌、俞樾等學者，皆具有此等傾向。此外，今文學派的崛起，秉持懷疑之精神，提出反傳統之易學觀，如姚際恆《易傳通論》、《古今偽書考》，崔述《文武周公通考》，以《易傳》非孔子所作，並對文王、周公與《周易》卦、爻的關係諸出不同於以往的大膽質問，給予後世在易學史上的新省思。

---

[95] 見張惠言《周易虞氏義》，阮元序言。

[96] 對漢易之闡釋，其後繼而有名者，除本文所指諸家外，尚有如吳翊寅著《易漢學考》、《易漢學師承表》、《周易消息升降爻例》等作；戴棠著《鄭氏爻辰補》；何秋濤著《周易爻辰申鄭義》；方申著《諸家易學別錄》、《虞氏易學彙編》、《周易互體詳述》、《周易卦變舉要》等作。惟諸家皆為漢易發展後期之餘緒。

[97] 焦循的易學三書，包括：《易通釋》二十卷，依《周易》經傳中之概念、術語、範疇與命題，加以會通，解釋其所提出之易學體制；《易章句》十二卷，依其易學體例，對《周易》經傳文句作簡明注釋；《易圖略》八卷，對《易通釋》中體例作進一步之提要與圖解，並批評漢易與宋易中象數派提出之解《易》體例。

[98] 見焦循撰，李一忻點校《易學三書》（上），北京：九州出版社，2003 年 12 月 1 版 1 刷，頁 10。

　　傳統的易學，在學術史的歷史長河中，各時期不論所抱持的立場或觀點爲何，它們所連結的是一種不斷的詮釋歷程，並在不同的詮釋立場上，樹立了個別的特色，擴大了易學的深度與廣度；不論是象數或是義理，都有其學術上的貢獻，也有其學術史上的主要地位，我們絕不能以現在的、個人的主觀認識，去作嚴苛的價值判準。乾嘉易學，承擔復漢的學術傾向之必然性，將泯滅一千多年的漢《易》，透過輯錄、整理與有系統的校勘、考證和論述的泣血工夫，得以重見天日，並且刺激易學研究在這一時期的彼此交鋒爭鳴，使學風活躍、論著繁盛，在易學史上足稱功垂隆盛。惠棟作爲乾嘉時期的漢《易》宗師，堅持其執著的學術立場，標幟出時代的獨特風味，在易學的發展上，當有其一定之崇高地地，在漢《易》的研究上，一直到今日，不得不受到他的影響與助益。

第三節　惠棟生平與學術概況

　　惠棟，字定宇，號松崖，江蘇吳縣東渚鎮人，因其地名關係，人稱小紅豆先生。[99]生於清康熙三十六年（西元 1697 年），卒於乾隆二十三年（西元 1758 年），享年六十二。畢生致力於漢學研究，專研漢《易》，專宗象數，爲乾嘉時期的一代宗師。

一、生平與學術養成概況

（一）一脈相承的書香門第

　　惠棟出生於儒學的官宦世家，一生學行，深受先人之影響。曾祖父

---

[99] 東渚西臨太湖，東接蘇州市中心，因惠氏家族聲名顯赫而改名紅豆村。惠棟先祖人稱老紅豆先生，先父爲紅豆先生，棟因而得小紅豆先生之名。先祖周惕栽種紅豆樹，使老而枯萎的樹轉而生意盎然，進而以相思紅豆遇知己，以相思子點化成雅潔悠遠、別具情趣的人文寄托，文人雅士，絡繹交遊，紅豆齋主人的雅名得盛傳，並得以被及子孫。

惠有聲，字樸菴，爲明末國子監貢生，與同鄉徐枋友善，開授九經傳徒於鄰里間，以《詩經》、《左氏春秋》尤專。儒學世家，由此而立傳統。

　　祖父惠周惕，原名恕，字元龍，一字硯溪，愛好自然，嚮往田園，澹泊名利，結交賓友，唱和詩文，以宅中紅豆樹得名，世稱紅豆先生。少年時期即受授家學，學習五經章句。年輕時期與江琬、徐枋、潘耒、石年、吳棫、李蜀才等等地區仕林時俊唱和詩文，「每讀史漢唐宋之文，愛其文筆馳騁，銳意欲效之，及爲制義，輒彷彿其氣象，摹擬其字句，自以爲古文類，或出示以示人，或持以應試，亦無不以古文許之也」，[100]嗜好古文，由文見道，以立不朽。尤其他從江琬學經史，得其精髓，「通其變，窮其神，極其理趣，而卓然自成一家，故其立言命意，皆有所本，即一字一句其根抵亦有所自來，非余小子所能窺見萬一者」。[101]與同村孝廉徐枋交遊，酷愛詩文，「搜集先生手書，裝之以俱，往往秋風獨夜，篝燈披覽」，「讀其書，想見其人，予于是冊不獨溯先生之風流，且于人世盛衰聚散之外，戚戚焉有桑梓霜露之悲」，[102]因其亡國喪家之痛，習染名節流風，對其愛好山野田園的情感養成不無影響。知己好友潘耒的偉岸人格，也予以潛移默化，樹立稟性，品德高尚，坦然耿介。康熙十七年（西元 1678 年），舉博學源儒科，丁憂，不與試。康熙二十三年（西元 1684 年）客遊京師，與浙江查慎行、常熟錢良擇、寶應喬崇烈等人聚會，查氏並爲其《崢嶸集》題序，其詩文中體現「世事已可料」，「忽思北堂親」，[103]頓然有歸鄉之情，在這重要的人生旅途中，已表述其生命的向度，充溢著歸隱於平凡的情性。直至康熙三十年（西元 1691 年）榜上進士，又經考入翰林院爲庶吉士，年紀已近知天命之歲。後又因不闇滿文國書，

---

[100] 見《硯溪先生遺稿》，卷下，＜歷科文錄序＞。

[101] 見《硯溪先生遺稿》，＜書堯峰文鈔後＞。

[102] 見《硯溪先生遺稿》，＜書徐昭法先生手札後＞。

[103] 括弧詩文引自惠周惕《崢嶸集》現存二篇逸詩。今存於《研溪先生遺稿》卷上。其一闋爲＜柬黃欽緒，時余將南遊＞：「世事已可料，問君歸不歸？莫將燕市酒，輕換故山薇。春色幾時至，梅花昨夜飛，一竿吾計決，先去拂魚磯。」另一闋爲＜江上煮魚＞：「倚棹清江濱，煮魚秋蓬底。忽思北堂親，白髮厭糠秕。空庖突不黔，誰爲致雙鯉。對此傷客心，投箸三嘆起。」二詩反映出惠周惕宦遊旅途中的懷鄉幽思，不被功名羈絆，充溢著歸隱於平凡的情性。

不能入選翰林院編修、檢討等要職，外調密雲知縣，善政可爲風表，卒於縣職。其作以《詩說》三卷稱著，並著錄於《四庫全書總目提要》，另著有《易傳問》二卷、《春秋問》五卷、《三禮問》六卷、《扶風惠世譜》二卷、《東籬草》、《陽山草堂集》、《研谿先生全集》十一卷、《北征集》一卷、《崢嶸集》二卷、《東中集》一卷、《紅豆集》一卷、《囈語集》一卷、《謫居集》一卷，以及《文集》一卷。今存《硯溪先生遺稿》二卷。所著除詩文外，仍在經學的家世傳統。

父親惠士奇（西元 1671-1741 年），字天牧，一字仲孺，晚年自號半農人，世稱紅豆先生。年幼即能工詩，十二歲以「柳未成陰夕照多」一句，而爲鄉里仕紳所驚佩。二十一歲爲諸生，孜孜矻矻，手不釋卷，博通九經、諸子，每能背誦，學能振瞶。康熙四十七年（西元 1708 年），鄉試第一，明年禮部會試，榜上進士，並進而爲翰林院庶吉士。康熙五十一年（西元 1712 年）授予翰林院編修。五十八年（西元 1719 年）獲特派祭告炎帝陵、舜帝陵之榮銜；明年主湖廣鄉試、督學廣東。雍正繼位（西元 1723 年），知其廉正，特令留任三年，並奉修鎮江城。乾隆元年（西元 1736 年）回調京都，明年以其品學兼優，破格擢拔爲補翰林院侍讀，再明年，以病歸老還鄉，乾隆六年（西元 1741 年）卒，得年七十一。先生一生清正，政績卓著，榮享三朝恩遇，清楊超曾評其行誼云，「迹公之行，其大端有四：曰持品端嚴，曰律身孝友，曰取士公明，曰居官廉勤」；[104]素勵志節，公明執事，非德不交，纖塵不污，足式典範。先生博通經史文學，不因宦途而費，其論著包括：在詩歌方面有《詠史詩》一卷、《南中集》一卷、《采蕁集》一卷；史論方面有《紅豆齋時術錄》一卷；天文樂律方面有《交食舉隅》一卷、《琴逐理數攷》四卷；經學方面有《易說》六卷、《禮說》十四卷、《春秋說》十五卷，　均收錄於《皇清經解》中。此外，尚有《歸耕集》一卷與《人海集》四卷待考。

惠氏儒士家風，自有傳統。棟爲半農先生之次子，自幼勤勉向學，家之藏書，無不誦讀徧熟，「自經、史、諸子、百家、雜說及釋、道二藏，

---

[104] 見楊超曾《翰林院侍讀學士惠公墓志銘》。引自《碑傳集》，台北：明文書局《清代傳記叢刊》本，1985 年 5 月初版，頁 554。

靡不穿穴」,「終日課徒自給,甑塵常滿,處之坦如。雅愛典籍,得一善本,傾囊弗惜,或借讀手鈔。校勘精審,於古書之真偽,瞭然若辨黑白」。[105]年二十,入吳江縣學,後改歸元和籍,補元和縣諸生,即遍通諸經,於漢唐說經諸家熟洽貫串。康熙五十九年(西元 1720 年)父親視學廣東,棟從之任所,與嶺南學子,論述學問,大有精進,其中粵中高才生蘇珥、羅天尺、何夢瑤、陳海六,時稱「惠門四子」,經常入署講論文藝,而學問該洽,四子皆自以為遠遠不及逮。雍正九年(西元 1731 年)鄉試,以用《漢書》為考官所黜,由是息意進取,澹泊仕途之志。[106]乾隆六年(西元 1741 年)遭父喪,陋巷屢空,仍不以貧廢禮。十五年(西元 1750 年),帝頒詔諭,薦舉經明行修之士,為兩江總督文端公尹繼善、文襄公黃廷桂同為推選,題有「博通經史,學有淵源」之語,而棟之於兩公,卻未有半面之識。[107]薦舉未成,其學術聲望未曾減損,往來宦達仕紳,莫不爭睹儒宗。乾隆十九年(西元 1754 年),棟因兩淮鹽運使盧見曾之仰慕,延聘作幕邗上,期間戮力於《周易》之撰述,夙興夜寐,宵衣旰食,惟病體交迫,乾隆二十三年(西元 1758 年)春,以疾篤而辭歸,同年五月頓筆辭世,享年六十二。

在此後期,棟致力於易學之作,《周易述》即其深憾未完成之遺作,遺稿由二子交盧氏於同年在揚州刻竣問世,而《易漢學》也是卒前數度易稿而傳予後學王昶者。其《易》作或多有疏漏空脫,以其未得卒業為大因,倘能多予時日,必當更臻完整。然其傳世諸作,已然標緻著乾嘉漢學的開展與全盛的重要階段,一代堅持自我理念的儒士,後學或多有批駁,然處於學術的時代脈絡,誠值得肯定與尊崇。

(二)家學風尚的傳繼光大

惠棟生長在蘇州這個襟江帶湖,山水秀麗,物華天寶,人文薈萃的

---

[105] 見江藩《漢學師承記》,北京:三聯書店,1998 年 6 月北京第 1 版第 1 刷,頁 30。
[106] 參見王昶《春融堂集》,卷五十五,<惠先生棟墓誌銘>。江藩《漢學師承記》,頁 30。
[107] 惠棟一生清貧,未有出仕,於經明行修之士的薦舉,會大學士九鄉索所著書,未及進而罷歸。雖是如此,其學問淵博,名被四方,其榮有焉。

環境，此一人傑地靈的盛況，從唐宋乃至明清，薪火相傳，未曾稍退，所謂「吳中盛文史，群彥今汪洋，方知大藩地，豈曰財賦強」，[108]即是如此。成就這一文化學術重鎮，或是這一文化學術重鎮的孕育與影響，惠棟是一位重要的代表。其學術養成，受其家學影響最邃，儒學世家，已賦予其畢生的職志，他於〈上制軍尹元長先生書〉中云：

> 棟少承家學，九經注疏龐涉大要，自先曾王父樸菴公以古義訓子弟，至棟四世，咸通漢學，以漢猶近古，去聖未遠故也。《詩》、《禮》毛、鄭，《公羊》何休，傳注具存；《尚書》、《左傳》，偽孔氏全採馬、王，杜元凱根本賈、服，唯《周易》一經，漢學全非。十五年前曾取資州李氏《易解》，反覆研求，恍然悟潔靜精微之旨，子游《禮運》、子思《中庸》，純是《易》理，乃知師法家傳，淵源有自。[109]

世代治經為本，疏通漢學，以古義授受，「師法家傳，淵源有自」，棟年少即承繼此一治經之道與家學傳統，畢生誦習專研，保存古義為志業。

家學通經之法，同漢代之家法，口授訓詁，由經師而為義辨，所以由先曾王父四世傳經以來，古義不廢，而棟更予光大紹繼，並期盼子孫傳之而毋隳。能夠繼承家學風尚，惠門子弟，皆以博學彊記為基礎，故「奮志力學，晨夕不輟，遂博通六藝、九經、諸子，及《史》、《漢》、《三國志》，皆能闇誦」。[110]棟生長於此藏書豐富的書香門第，也耳濡目染於長輩的勤勉奮學、廣涉博學之下，對於經學、史傳、子諸、天文、歷法、醫藥、道藏、讖諱之學，無不涉獵而能學殖深厚。

遵尚古義，為其家學之重要傳統，從曾祖父有聲時，即以古義訓弟子，所以其「弱冠即知遵尚古學」，[111]古學為是，因為古學離文本的時代較近，其本義的保存比較真確，離古愈遠，真實性愈滅。對於古書的訓

---

[108] 見韋應物〈郡齋雨中與諸文士燕集〉。引自台北：台灣商務印書館《景印文淵閣四庫全書・集部・總集類》，第一四二四冊，《全唐詩》，卷一八六，641。

[109] 見《松崖文鈔》，卷一。見載台北：新文豐出版社《叢書集成續編》第一九一冊，影聚學軒叢書本，1989 年 7 月台 1 版，頁 50-51。

[110] 見江藩《漢學師承記》，北京：三聯書店，1998 年 6 月第 1 版第 1 刷，頁 25-26。

[111] 見《松崖文鈔》卷二，〈學福齋集序〉，頁 54。

詁，鄭康成之箋註尚有偏失，更遑論唐宋以降，義理充斥、不求訓義的淆亂經典，失卻經典的本來面貌，這是後來者不論在詮釋或方法上的治經誤謬所在，此一論學以古今為是的準據，以漢為尊，汲汲於漢人經說的綴拾，這是得之於家學的治經傳統。

　　棟之學術奠基承於家學，論著中常有先人遺作的引用，如其在《易》著與《左傳》補註序言中嘗云：

> 棟曾王父樸菴先生，嘗閔漢《易》之不存也，取李氏《易集解》所載者，參眾說而為之傳。天崇之際，遭亂散佚；以其口說授王父，王父授之先君，先君於是成《易說》六卷。又嘗欲別傳漢經師說《易》之源流而未暇也。棟趨庭之際，習聞餘論，左右采獲。[112]

> 棟曾王父樸菴先生，幼通《左氏春秋》，至耄不衰；常因杜氏之未備者，作《補註》一卷，傳序相授，于今四世矣。……棟少習是書，長聞庭訓，每謂杜氏解經，頗多違誤，因刺取經傳，附以先世遺聞，廣為《補註》六卷。[113]

其學淵源總不離溯其先世，以家學出發，而其著作，多有傳述或增補家學；家學對其治學方法與治學的內容，影響最甚。《春秋》之學，意在追補先人之不足，而易學也是循先人之法，取先人之作，採擷增補，而為新作。尤其在注釋諸經，常引先人之說入注，諸如《九經古義》引「家君曰」凡二條；《春秋左傳補註》引「家君曰」凡八條，引「樸菴子惠子」或「子惠子」者凡五十五條；《漁洋山人精華錄訓纂》，凡例中提出採用「惠氏家集書目」者，祖父硯谿先生的論著《詩說》、《硯谿先生詩集》與《硯谿先生文集》，以及父親半農先生的論著《易說》、《禮說》、《琴笛理數攷》、《南中集》、《採薇集》、《人海集》與《紅豆齋時錄術》等。凡此，可以體現其學術所本，家學、先人之說不可偏廢。因此，徐世昌對惠氏家學作了言簡意賅的詮釋，「惠氏之學，以博聞強記為初基，以尊古

守家法爲究竟。其治經要旨純宗漢學，謂漢經師之說當與經並行。樸菴筆路藍縷，研谿半農繼之，益宏其業，至松崖而蔚爲大師」。[114]棟青出於藍而勝於藍，宏展家學，擴而爲清代漢學的標幟宗主，成就了清代學術的黃金歲月。

（三）士林好友的交遊勵學

　　惠棟世代士林，趨庭就教、論學交遊者眾，而棟尤有君子之德，以文會友，以友輔仁之情，因其學問之道、問學之懿，良師益友，相契之同好，自然趨之若鶩，切磋琢磨，教學相長，對其治學必當有所影響。

　　早期可以視爲刎頸之交的論學好友，主要爲徐夔、蘇珥、羅天尺、何夢瑤與陳海六等人。徐夔（1676-1725），字龍友，江蘇長洲人，年長棟二十一歲，能屬文，兼工詩歌，有聲藝林。惠士奇視學廣東期間，得以交遊。[115]棟注《漁洋山人精華錄訓纂》，採用了徐注《詠史小樂府》與《近體詩》中的立說作爲訓纂的材料，可見惠棟之論學多少與之或有習成或影響。何、羅、蘇、陳等惠門諸子，爲時期粵中的高才生，常入署與棟講論文藝，相處融洽，情感莫逆。何氏性長於詩，兼通音律算術，訓釋《律呂新書》，研究《律呂正義》八音協律和聲之用，述其大要，又著《算迪》一書，述梅氏之學，兼闡《數理精蘊》、《曆象考成》之旨，對此律曆，知其法要，學有專長；另精研邵氏之學，著有《皇極經世易知錄》。[116]羅氏長於詩賦，嘗爲惠士奇嘉許，表彰於諸生，徵博學鴻詞，

---

[114] 見徐世昌《清儒學案》，卷四十三，台北：世界書局，頁 1。

[115] 徐夔一生貧寒，不謁貴人，仕途未進。惠士奇視學廣東，邀居其署以終，享年五十。主要學能表現在詩歌，有箋注李義山詩，《王尚書士禎精華錄》，典核精實，並有《凌雪軒詩稿》，其女刻以行世。詳見曹允源、李根源《吳縣志》，卷六十八上，＜列傳＞六，江蘇：江蘇古籍出版社，1991 年，頁 1239。

[116] 何氏字報之，廣東南海人，與同里勞孝輿、吳士忠，順德羅天尺、蘇珥、陳世和、陳海六，番禺吳秋，一時並起，有「惠門八子」之目。雍正八年成進士，出宰粵西，治獄明慎，終奉天遼陽知州。除了內文所述論著外，尚有參以曹廷棟《琴學》，爲書一編；又有《菊芳園詩鈔》、《菊芳園文鈔》、《莊子故》、《醫碥傷寒論》、《三角輯要》、《移橙餘話》等作。有關傳記，參考《清史稿·列傳·文苑》，卷四百八十五，北京：中華書局，1998 年 1 月北京第 1 版，頁 13375。以及《清史·列傳·文苑》，卷 71，瀋陽：遼寧人民出版社，1993 年，頁 5846。

念母天年而不就，終老於居所。[117]蘇氏爲文擅序記，又工書法，有「南海明珠」之稱。[118]陳氏潛心宋五子書，玩索於圖書之學，講論《太極圖說》，並對惠士奇教授之《三禮》、《三傳》經術，大爲倡導，風氣成形之功不小。惠棟在此階段之學養，除有源自於家學外，好友們的激盪影響也不在話下，而這些人所學，又不限於一隅，對惠棟之博覽雜取、擴張學術之廣度有極大的幫助。

惠棟五十歲以後，更加勤於經術，[119]心繫學術發展脈動，論學尤密，從遊者亦眾，同輩後學，切蹉琢磨，勵進學業，堅持治經考索詁訓之法，專明漢學古義之好，引領風潮。同輩友人往來頻繁者，如顧棟高（西元1679-1759年），以窮經著書爲事，特詔舉爲經明行修之士，並授國子監司業，後辭官以經師授教爲職，獲高宗賜書以「傳經耆碩」之榮銜。篤好《春秋》之學，覃思泛濫，精力盡萃以成《春秋大事表》，對宋儒治《春秋》多有駁斥，又不信梅賾古文，作《尚書質疑》二卷，以及《毛詩類釋》二十一卷、《大儒粹語》二十八卷等鉅作；論著之特性，常采錄舊說，條理詳明，考證典核，引據賅洽，持議平允，闡論經義，謹嚴精細，多有發前人所未發者。顧氏爲一代經史大師，聲望崇隆，惠棟嘗以書成之《後漢書補注》示見，顧署「錫山同學弟顧棟高書」爲之序。二人交往，學術互動頻繁，惠棟之學力當受到影響。[120]

吳泰來，二家世交，其遂初園有藏書萬卷，尤多藏宋、元善本書，

---

[117] 羅氏略傳，見《清史稿・列傳・文苑》：「天尺，字履先。年十七，應學使試。士奇手錄其賦、詩示諸生，名大起。徵鴻博，念親老不就，以舉人終。雍正時修《一統志》，與孝興同纂《粵乘》。孝興忤俗，被口語，天尺力白之。所居里曰石湖，世以前有范石湖，因稱後石湖以別之云。」（卷四百八十五，頁13376。）其＜荔枝賦＞、＜珠江竹枝詞＞特有聲名。著有《五山林志》與《瘦量山房集》。

[118] 蘇珥，字瑞一，順德人，性脫略不羈，篤於學，詩有別趣，嗜酒，無日不飲，然德行執正，親喪而三年不飲，以序記之文爲長，惠士奇稱之爲「南海明珠」。舉鴻博，以母老，辭不試。乾隆初鄉舉，一試禮部，遂不出。不計功名，爲至孝之人。著有《宏簡錄》、《辨定筆山堂類書》、《前明登科入仕考》，皆已散佚；惟《安舟遺稿》傳於世。有關傳記見《清史稿・列傳・文苑》，卷四百八十五，頁13376。

[119] 見江藩《漢學師承記》，北京：三聯書店，1998年6月第1版第1刷，頁30。

[120] 有關顧氏傳記，參見《清史稿・列傳・儒林》，卷四百八十，頁13149-13150。以及支偉成《清代樸學大師列傳》，湖南：岳麓書社，1998年8月第1版第1刷，頁198。

此對惠棟在典籍的運用上有實質的助益。[121]又，沈彤（西元 1688-1752年），淳篤而無名士氣習，以窮經爲事，核先儒之異同而求其是，述作矜慎，不輕意下筆，進仕中挫，閉戶治經，矻矻終年，群經皆有撰述，尤邃於《三禮》。[122]其著《周官祿田考》，惠棟爲之作序，深許其學，肯定其「博考精思，心通源委」，[123]而棟著《古文尚書考》，沈亦爲之撰序，讚揚棟「淹通經史」，「能據真古文以辨後出者之僞」。[124]二人情感深厚，學術往來甚密，相互砥礪而有成。又，沈大成，聰穎過人，詩文專擅，壯年耽心經籍，「邃于經史，又旁通九宮、納甲、天文、樂律、九章諸術，故搜擇融洽，而無所不貫」；[125]晚年與惠棟一同作幕揚州，論學甚洽，遊處甚繁。棟爲其《學福齋集》撰序，深許其研《易》所得，考辨見識無慮者不乏數百條，「皆余四十年通俗窮經而得之者。沈君與余不啻重規而疊矩，以此見同志之有人，而吾道之不孤，爲可喜也」；[126]知二者易學見解規矩相同，持議相近，同類相聚，同道而不孤。[127]又陳黃中，棟卒爲撰墓誌銘，謂棟「病中以書抵余，拳拳論人才之升降」，二人交誼深厚。[128]此外，王曜菴、汪伯子、楊石漁等人，在惠棟的論著中，可以見其與諸子亦情誼深篤，學有往來，尤汪氏特愛搜羅古籍，與棟同好。[129]

---

[121] 吳氏字企晉，號竹嶼，江蘇長州人，乾隆二十五年進士，用內閣中書，乞病歸，後畢沅延主關中與大梁書院。著《淨名軒》、《硯山堂》等集。相關之傳記，參見《松崖文鈔》，卷二，＜吳母程太恭人八十壽序＞，頁 60。以及《清史稿・列傳・文苑》，卷四百八十五，頁 13381-13382。

[122] 沈氏字冠雲，一字果堂，吳江縣諸生，應博學宏詞科，不入選，而提薦敘九品銜，恥不仕。著《周官祿田考》三卷、《儀禮小疏》（書未全）、《尚書小疏》、《春秋左傳小疏》、《吳江縣志》、《震澤縣志》、《果堂集》十二卷、《氣穴考略》、《內經本論》等作。卒年六十五。（參見支偉成《清代樸學大師列傳》，頁 40；江藩《漢學師承記》，頁 37-39。）

[123] 見《松崖文鈔》，卷一，＜周官祿田考序＞，頁 47。

[124] 見《果堂集》，卷五，＜古文尚書考序＞，台灣：商務印書館《四庫全書》本，第1328 冊，頁 325。

[125] 見《松崖文鈔》，卷二，＜學福齋集序＞，頁 55。

[126] 見《松崖文鈔》，卷二，＜學福齋集序＞，頁 56。

[127] 沈氏，字學子，號沃田，江蘇華亭人。其傳記參見《大清全史・列傳・文苑》，卷七十二，頁 5901。

[128] 陳氏傳述，參見徐世昌《清儒學案》，卷 61，＜果堂學案＞，頁 28。

[129] 見《松崖文鈔》，卷一，＜太上感應篇注自序＞，頁 48；卷二，＜九僧詩序＞，頁

　　王昶，聰穎博學，超異過人，無所不窺，從棟遊，潛心經術，講求聲音訓詁之學，尤邃于《易》，與棟爲忘年之交，卒前將多次易稿之《易漢學》大作傳之，師徒朋友之情，由此貴見。[130]

　　王鳴盛（西元 1722-1798 年），個性儉約，無玩好之儲、聲色之奉，天資聰慧，才氣浩瀚，宦試常在前茅，卷帙每每在手，研誦窮日。與棟講授經義，嘗謂漢儒說經，必守家法，亦言師法；知訓詁必以漢儒爲宗，撰《尚書後案》二十卷，以鄭、馬爲主，不得已間采僞孔、王肅，而唐、宋諸儒之說概皆不取，專研二十餘年，自謂存古之功足與惠氏《周易述》相埒。又撰《十七史商榷》百卷，校勘本文，補正訛脫，詳考輿地、職官、典章、名物，審事迹之虛實，辨紀傳之異同，學術所本，務在考據求實，與惠氏同功。[131]

　　吳中七子之冠錢大昕（西元 1728-1804 年），閱覽群籍，綜貫六經，無不精通，凡經史文義、音韻、訓詁、歷代典章制度、官職、氏族、地理、金石、遼金國語、中西歷算之法，乃至壬遁太乙星命，莫不洞晰其是非。與惠棟、沈彤研治古經，博綜深究，交遊甚密。他在＜題惠松崖徵君授經圖＞中提到「我朝經術方昌明，天遣耇儒破迷悶。紅豆風流手澤貽，三世大師清望峻」，經術之所以得以昭昭於世，惠氏儒門使之，且云：

　　　　（棟）群書暗誦才翩翩，家法相承語諄諄。青紫拾芥何足云？樸

---

[130] 王昶，字德甫，號述庵，一字蘭泉，又字琴德，江蘇青浦人，學能淵博，嗜金石、邃于《易》，著述甚富，如《金石萃編》、《春融堂詩文集》、《明詞綜》、《國朝詞綜》、《群經揭橥》等等，未及一一載錄。以漢學爲表識，而專攻毀漢學者。可見其力主漢學之志。有關傳記，參見支偉成《清代樸學大師列傳》，頁 264-267；《清史·列傳》，卷二十六，＜大臣傳＞，頁 2020-2022。

[131] 王氏，字鳳喈，一字禮堂，別字西莊，江蘇嘉定人。年十七補諸生，屢試第一。鄉試，中副榜。乾隆十九年，以第二人及第，授編修。二十三年，以一等一名擢侍講學士。又充福建正考官、內閣學士兼禮部侍郎。後左遷光祿寺卿，遂歸隱不出，閉戶讀書，日夕探討。除《尚書後案》、《十七史商榷》名著外，尚有《蛾術編》一百卷，考辨詳明，援引博贍，考辨詳明。自束發至垂白，未嘗一日輟書。享年七十六。有關生平行誼，參見支偉成《清代樸學大師列傳》，頁 45-46；江藩《漢學師承記》，頁 49-51；以及《清史稿·列傳·儒林》，卷四百八十一，頁 13196-13197。

學千秋宜自奮。吾生亦有好古癖，問奇曾許摳衣進。廿年聚散等
浮漚，宿草青青老淚抆。展圖彷彿見平生，苦井長智幾時濬？[132]
可以看出二人得爲忘年之交，情誼深篤，表露無遺。錢氏論《易》，亦熟
於象數之說，多以闡發考索漢儒《易》說爲要，與惠氏治《易》質性相
近。二者教學相長，影響匪淺。[133]

　　旗幟互映的休寧戴震（西元 1723-1777 年），[134]這位後來學者們普遍
分吳皖二派、與棟齊名的皖派宗主，其學術與棟多有交集，甚至治學方
式深受棟之影響。戴氏小棟二十六歲，讀書好深湛之思，研精注疏，實
事求是，不主一家，推步、鐘律、音聲、文字之學，皆能得其全。乾隆
二十二年（西元 1757 年）結識惠棟於揚州，相知相惜，互表崇敬，棟執
震之手云，「昔亡友吳江沈冠雲嘗語余，休寧有戴某者，相與識之也久」，
慕愛之情，溢於言表。日後追唁棟，也予高度地誦讚，「自愧學無所就」，
而「莫之能闚測先生涯涘」，認爲「先生之學，直上追漢經師授受欲墜未
墜菴薀積久之業，而以授吳之賢俊後學，俾斯事逸而復興」，且自認故訓
與理義，「亦遠乎先生之教」，[135]肯定先生治學之法與治學之成就，並在
先生治學的影響下，也提出認同先生的治學之看法：

　　夫所謂理義，苟可以舍經而空凭胸臆，將人人鑿空得之，奚有於

---

[132] 同內文括弧見《潛研堂詩集》，卷十，<題惠松厓徵君授經圖>。引自《嘉定錢大
　　昕全集》，第十輯，江蘇：江蘇古籍出版社，1997 年 12 月第 1 版第 1 刷，頁 205。

[133] 錢氏字曉徵，一字辛楣，又號竹汀。嘉定人。生性穎悟，一目十行。年十五爲諸生，
　　乾隆十六年，召試舉人，以內閣中書補用；十九年爲進士，散館，授編修；二十三
　　年，大考翰林，以二等一名擢右贊善，尋遷侍讀。二十八年，大考一等三名擢侍講
　　學士，充日講起居注官。三十七年改補侍讀學士，擢詹事府少詹事，又命入直上書
　　房，授皇十二子書。三十八年，以丁外艱歸，奉諱家居，引疾不出。嘉慶九年卒，
　　年七十七。著作繁富，如《廿二史考異》、《十駕齋養新錄》、《金石文跋尾》、《經典
　　文字考異》等等不及備載。有關錢氏之生平論著、行誼事迹，《嘉定錢大昕全集》蒐
　　羅甚鉅，極具研究選用之價值。

[134] 戴氏，字慎修，一字東原，休寧人。就傅讀書，過目成誦，於十三經盡通。交於錢
　　大昕，稱誦「天下奇才」。曾爲四庫全書館纂修官，又授翰林院庶吉士。乾隆四十二
　　年卒於官，年五十五。

[135] 見括弧見戴震《東原文集》，卷十一，<題惠定宇先生授經圖>。引自《戴震全書》，
　　第六輯，安徽：黃山書社，1995 年 10 月第 1 版第 1 刷，頁 505。黃山書社是書，蒐
　　羅完整，爲研究戴氏學術之良本。

經學之云乎哉！惟空憑胸臆之卒無當於賢人聖人之理義，然後求
之古經。求之古經而遺文垂絕，今古縣隔也，然後求之故訓。故
訓明則古經明，古經明則賢人聖人之理義明，而我心之所同然者，
乃因之而明。賢人聖人之理義非它，存乎典章制度者是。[136]

由故訓以明古經，進而才能認識聖賢之義理。而明故訓，則必由聲音、
文字以推求，因此，「古訓非以求明義理，而義理不寓乎典章制度，勢必
流入異學曲說而不自知也」。惠戴二人，同持治經之道，必先明古訓，由
古訓方可推索古義；後世雖分立吳皖，然彼此論學，多有相契相同之見。

　　綜觀惠棟之同輩後進好友，皆為一時俊傑，博通群經，學有專精，
熙攘往來，相互惕勉，進德修業，日有進益。處於學術發展的重要時期，
承繼家學的儒教遺風，沈浸在做學問的論學氛圍下，又有同好的遊處激
勵，越發其追尋漢學之志，成就漢學燦然復彰之大業。

二、惠棟易學論著簡介

　　惠棟畢生治學，專主《周易》，為清代漢《易》之奠基者，以精通漢
《易》而聞名於當時。幾代傳《易》，祖父周惕著《易傳》，父士奇著《易
說》，皆宗漢《易》，詳於言象。惠棟遠紹曾祖，近承先君，繼家學傳統
而大放異采。因此，惠棟的學術成就，主要表現在其《周易》之學，而
其《周易》之學，又以復原漢《易》象數之說為主體，在易學發展史上，
除了可以代表清代象數易學之翹楚外，也可以視為獨特的漢《易》考據
學之代表。以下針對其主要易學論著分別作簡要介紹。

（一）《易漢學》

　　惠氏畢生致力於易學研究，主要在宏揚與恢復漢《易》的實質面貌，
認為漢《易》去古未遠，所以視漢《易》為傳世易學之圭臬。他在追述
與考索漢《易》，主要成果表現在其《易漢學》的論著中。惠氏於＜易漢
學自序＞中提到：

---

[136] 見《東原文集》卷十一，＜題惠定宇先生授經圖＞，頁505。

六經定於孔子，燼于秦漢。漢學之亡久矣，獨《詩》、《禮》、《公羊》猶存毛、鄭、何三家。《春秋》為杜氏所亂，《尚書》為偽孔氏所亂，《易經》為王氏所亂。……漢學雖亡而未盡亡也，惟王輔嗣以假象說《易》，根本黃老，而漢經師之義，蕩然無後有存者矣。……嘗閔漢《易》之不存也，……左右采獲，成書七卷，自孟長卿以下，五家之《易》，異流同源，其說略備。……上承先漢，存什一于千百，庶後之思漢學者，猶知取證，且使吾子孫無忘舊業云。[137]

漢代易學，最近古義，然王輔嗣專主義理，執意去象，惑亂《易經》本旨，漢代經師之義，也因此蕩然無存。惠氏有憂於此，而立志於復原漢《易》，蒐羅採擷，「掇拾緒論，以見大凡」，[138]著成專述漢《易》的《易漢學》。

惠氏在其自序中提及《易漢學》成書七卷，[139]而《四庫全書》、《皇清經解續編》均載有八卷。書內標有五十七個條目內容（包括圖式解說），分見於諸家之中，以明諸家易學之旨要。其中包括：孟長卿《易》上下二卷，條目有「卦氣圖說」、「消息」、「四正」、「十二消息」、「辟卦雜卦」、「推卦用事日」、「六十卦用事之月」、「十一月未濟、蹇、頤、中孚、復」、「十二月屯、睽、升、臨」、「正月小過、蒙、益、漸、泰」、「二月需、隨、晉、解、大壯」、「三月豫、訟、蠱、革、夬」、「四月旅、師、比、小畜、乾」、「五月大有、家人、井、咸、姤」、「六月鼎、豐、渙、履、遯」、「七月恆、節、同人、損、否」、「八月巽、萃、大畜、賁、觀」、「九月歸妹、无妄、明夷、困、剝」、「十月艮、既濟、噬嗑、大過、坤」、「唐一行開元大衍歷經」、「七十二候」與「漢儒傳六日七分學」等二十二個內容；虞仲翔《易》一卷，條目有「八卦納甲之圖」、「五位相得而各有合」、「周流六虛」、「乾為積善」、「虞氏逸象」與「孔文舉書」等六個內容；京君明《易》上下二卷，並附見干寶《易》，條目有「八卦六位圖」、

---

[137] 見《松崖文鈔》，卷一，＜易漢學自序＞，頁46。
[138] 見《四庫提要·易漢學》。引自台北：新文豐出版公司《大易類聚初集》第十八輯，1983年10月初版，頁63。
[139] 大陸復旦大學圖書館藏《易漢學》稿本為七卷；又上海圖書館藏清鈔本亦為七卷。

「八宮卦次圖」、「世應」、「飛伏」、「貴賤」、「爻等」、「貞悔」、「五行」、「占驗」、「京氏占風兩寒溫」、「蒙氣」、「世卦起月例」、「卦身考」、「以錢代蓍」與「火珠林」等十五個內容；鄭康成《易》一卷，條目有「十二月爻辰圖」、「爻辰所值二十八宿圖」、「鄭氏易」、「乾鑿度鄭氏注」、「易正義」、「附否泰所貞之辰異於他卦圖」等六個內容；荀慈明《易》一卷，條目有「乾升坤降」、「易尚時中說」、「九家逸象」與「荀氏學」等四個內容；以及末卷爲惠氏發明漢《易》之理，申辨宋儒之舛，條目有「辨河圖洛書」、「辨先天後天」、「辨兩儀四象」與「辨太極圖」等四個內容。「棟採輯遺聞，鉤稽考證，使學者得覈見漢儒之門徑」，[140]因此，該書可以視爲研究漢《易》之典要。

　　主要的刊本有《四庫全書》本，乾隆四十八年畢沅經訓堂叢書二十三種本，沈棕熹昭代叢書壬集本，柏筠堂刊本，南菁書院《續皇清經解》本。

（二）《周易述》[141]

　　惠氏畢生研究易學，疏解與發揮漢《易》，其所耗心力最多的撰著，則爲《周易述》一書。江藩《漢學師承記》中，特別提到該書的著作情形：

> （惠氏）專心經術，尤邃於《易》。謂宣尼作《十翼》，其微言大義，七十子之徒相傳，至漢猶有存者。自王弼興而漢學亡，幸傳其略於李鼎祚《集解》中。精覃三十年，引伸觸類，始得貫通其旨。乃撰《周易述》一編，專宗虞仲翔，參以荀、鄭諸家之義。約其旨為注，演其說為疏。[142]

他演義卦爻，主要以發揮虞翻與荀爽之主張，並參以鄭康成、宋咸、干寶諸家之說，加以融會、選輯而爲立論；花了數十年的時間，撰此大作，可惜並未全部完書。根據《四庫全書總目提要》所言：

其目錄凡四十卷，自一卷至二十一卷皆訓釋經文，二十二卷、二十三卷為《易微言》，皆雜鈔經典論《易》之語，二十四卷至四十卷凡載《易大義》、《易例》、《易法》、《易正譌》、《明堂大道錄》、《禘說》；六名皆有錄無書。其注疏尚闕下經十四卷及＜序卦＞、＜雜卦＞兩傳，蓋未完成之書。[143]

殫心其書，旁推校勘，書將成而疾革，因此闕了鼎卦至未濟等十五卦，以及＜序卦＞與＜雜卦＞二篇。至於所闕而未完成者，其後弟子予以補正：江藩作《周易述補》四卷，主要是依照惠氏所無，以其原書體例，賡續其書，補完所闕，不失家法；[144]另外，李林松亦作《周易述補》五卷，林氏援據博瞻，欲駕江氏而上之，惟文多有沿襲江氏而不易，且未必能夠如江氏謹守惠氏家法之一般。因此，補闕以江氏之著為後世所重。

　　至於卷數上的問題，《四庫提要》認為從二十四卷到四十卷所載的諸作，皆有名而無其內容，因此僅名《周易述》二十三卷，事實上著錄的二十三卷，包括注疏經傳的二十一卷，以及專以《易微言》為稱的第二十二卷與第二十三卷等兩卷。另外，關於《易大義》、《易例》、《易法》、《易正譌》、《明堂大道錄》與《禘說》等著作，並非「皆有錄無書」，今除了《易法》與《易正譌》外，餘四作皆有傳本問世，移後文再作介紹。有關刊本，有《四庫全書》本，乾隆二十三年德州盧見曾雅雨堂刻本，以及廣州學海堂《皇清經解》本。

　　惠氏《周易述》訓釋經傳之方式，採取注疏的結構，將六十四卦上下經文的考述與《易傳》分開，並以自注自疏的模式詁解。此種方式符合最初之古例，畢竟經傳原本就是各自分開的，直至兩漢時期，學者就便於閱讀傳誦，才開始有將經傳摻合的情形。

　　惠氏以漢儒《易》說的象數體系為主，作為詮釋《易》卦爻的依據，就連《易傳》的疏解也以象數為宗，大多採取虞翻、荀爽的說法，並在注疏的過程，援引古義，且時有改易經文，以漢儒說解中的古字，刪改

---

[143] 見《四庫全書總目提要‧周易述》。（引自台北：新文豐出版社《大易類聚初集》第十八冊本，1983 年 10 月初版，頁 531。）
[144] 有關江藩《周易述補》，版本可見《四庫全書》本、《續皇清經解》本。

王弼以來久沿的傳本,這是《周易述》的重要特色,也是歷來評論者直指的缺失所在。

(三)《易例》

《易例》上下二卷,是《周易述》後七書的第三種,鎔鑄舊說,考究漢儒之傳,以發明《易》之本例,《四庫全書總目提到》云:

> 凡九十類。其中有錄無書者十三類,原跋稱為未成之本,今考其書,非惟采摭未完,即門目尚未分,意棟欲鎔鑄舊說作為《易》例,先刱草本,采摭漢儒《易》說,隨手題識,筆之於冊,以儲作論之材,其標目有當為例,而立一類者,亦有不當為例,而立一類者,有一類為一例者,亦有一類為數例者。……然棟於諸經深窺古義,其所据摭,大抵老師宿儒專門授受之微旨,一字一句,具有淵源。[145]

該書爲惠氏草成之稿作,因此有體例分合上的不當,或有蕪雜之處,乃至列舉之《易》例,或有:未能明辨,有不當爲例者;一例叢出,併散見他處者;引證之文,有與易例無涉者;[146]所現缺失,固所難免,倘能「汰其蕪雜,存其菁英,因所錄而排比參稽之,猶可以見聖人作《易》之大綱,漢代傳經之崖略」。[147]對於研究與認識漢代易學,仍有其高度之參考價值;尤其「采集經師微言,多義蘊精深,所包甚廣,爲易學者不可不讀」。[148]

《易例》一書,今之傳本大抵有《四庫全書》本,乾隆中,周書昌貸園叢書初集本,式古居彙鈔本,阮刻《經解》本,張海鵬借月山房彙鈔第一集本,道光間錢熙祚指海第二集本,《續皇清經解》本,以及中國

---

[145] 見《四庫全書總目提要‧易例》。引自台北:新文豐出版社《大易類聚初集》第十七冊本,1983 年 10 月初版,頁 141。

[146] 參見耿志宏《惠棟之經學研究》,臺北:國立政治大學中國文學研究所碩士論文,1984 年 5 月,頁 71-74。

[147] 見《四庫全書總目提要‧易例》。引自台北:新文豐出版社《大易類聚初集》第十七冊本,1983 年 10 月初版,頁 141。

[148] 見李慈銘《越縵堂讀書記》,上海:上海書店出版社,2000 年六月第 1 版第 1 刷,頁 8。

科學院與山東圖書館藏清活字本。

（四）《易微言》

　　《易微言》上下二卷，學海堂《皇清經解》本列於《周易述》二十一卷之後。該書共有標題六十五個，主要在闡發與《易》有關命題的微言大義。上卷標題釋義有三十二個，包括：「元」、「體元」、「无」、「潛」、「隱」、「愛」、「微」、「三微」、「知微之顯」、「幾」、「虛」、「獨」、「蜀獨同義」、「始」、「素」、「深」、「初」、「本」、「至」、「要」、「約」、「極」、「一」、「致一」、「貫」、「一貫」、「忠恕」、「一貫之道」、「子」、「藏」、「心」與「養心」等命題。下卷標題釋義有三十三個，包括：「道」、「遠」、「玄」、「神」、「幽贊」、「幽明」、「妙」、「誠」、「仁」、「中」、「善」、「純」、「精」、「易簡」、「易」、「簡」[149]、「性命」、「性反之辨」、「三才」、「才」、「情」、「積」、「天地尚積」、「聖學尚積」、「孟子言積善」、「三五」、「乾元用九天下治」、「大」、「理」、「人心道心」、「誠獨之辨」、「生安之學」與「精一之辨」等命題。

　　惠氏易學以歸本漢《易》，專宗漢儒象數之說，因此，其治《易》以象數爲主；然而，《易微言》卻專言義理，詮釋各命題之大意，此書可以視爲其義理之說的重要代表作。所以，不可因其作列於專主象數而爲疏解《經》、《傳》等二十一卷之後，乃「他時藏事，則此爲當棄之糟粕」，[150]這對作者而言，並非是十分公允的對待。惠氏析理各條目，徵引諸子百家之說，內容十分豐富，可以作爲漢代學者普遍對這些論題所採之看法的重要參考依據。雖然惠氏並未有甚多的個人義理之闡發，但援引諸說爲疏，也已深刻地表達對自己對有關論題的看法。

（五）《易大義》

　　《四庫提要》所云《周易述》後七書中的《易大義》，即《易大誼》，

---

[149] 「簡」之釋義，內容闕空。

[150] 見《四庫全書總目提要·周易述》。（引自台北：新文豐出版社《大易類聚初集》第十八冊本，1983 年 10 月初版，頁 531。）

「義」、「誼」同義，[151]因此《叢書綜錄》名爲《易大誼》，《叢書集成初編》本即是，影自錢熙祚指海叢書本，而潘仕成海山仙館叢書本，則名爲《易大義》；浙江圖書館藏清鈔本，亦名爲《易大義》。名稱雖異，內容卻是相同。

　　關於《易大誼》的傳世情形，根據錢熙祚於書後＜跋＞云：

　　　　《大誼》未見刊本，此本題云：庚辰二月，[152]從家心庵假得江鐵君本鈔錄，列《中庸》全文，而以《易》解之。[153]

另外江藩＜跋＞云：

　　　　其《易大義》三卷目錄云：《中庸》二卷《禮運》一卷，闕。乾隆中葉以後，惠氏之學大行，未刻之《易例》、《明堂大道錄》、《禘說》、《易漢學》，好事者皆刊板流傳矣，惟《易大義》世无傳本。嘉慶二十三年春，客游南昌，陽城張孝廉子絜出此見示，為民庭先師手寫本，云係徐述卿學士所贈。藩手錄一帙，知非《易大義》，乃《中庸》注也。蓋徵君先作此注，其後欲著《易大義》，以推廣其說，當時著於目而實无其書。[154]

由此可見，《易大誼》與《易大義》同書，爲江聲手鈔傳世，內容爲惠氏對《中庸》之注解，呈現的是以《易》解《中庸》的氛圍，也是《易》與《中庸》會通的具體代表作。

　　惠氏深切體認《中庸》與《易》義相通，《中庸》中所呈現的哲理表述出《易》的內涵，對於《中庸》的理解，當然可以《易》理來詮釋，二者彼此會通。惠氏在書前「中庸」書名之下注云：

　　　　此仲尼微言也，子思傳其家學，著為此書，非明《易》不能通此書也。[155]

---

[151] 段玉裁《說文解字注》於「誼」字注云：「周時作誼，漢時作義，皆仁義字也。」（見段玉裁《說文解字注》，台北：黎明文化事業股份有限公司，1993 年 7 月 10 版，頁 94。）

[152] 庚辰年的二月即公元 1760 年二月。

[153] 見指海叢書本《易大誼》書後跋文。（引自台北：新文豐出版社《叢書集成新編》第十七冊本，1985 年元月初版，頁 40。）

[154] 同前註，頁 41。

[155] 同前註，頁 37。

高度肯定《中庸》與《易》的關係，釐析《中庸》的內容，吸收其中養料，必先對《易》理有透徹的瞭解，欲明《中庸》，先明《易》是絕對必要的門徑。因此，此一著作可以視爲惠氏會通《中庸》與《易》的主要內容。

（六）《周易本義辨證》

《周易》的經傳混同，兩漢時期的鄭玄論著中已見，鄭氏以＜彖＞、＜象＞合於經文之中，而魏晉時期，王弼又以＜文言＞附於乾坤二卦之後，經傳的膠著關係，一時間會有讓人以傳爲經的疑慮。惠氏以古爲宗，篤守古經象數特色的本來樣貌，堅決主張經歸經，傳歸傳，二者不宜混合，肯定朱子《周易本義》還原《周易》的本來蘊義，矯正宋儒一歸義理的偏狹認定，因此作《周易本義辨證》五卷，除了對《本義》復歸古義的讚揚外，也提出個人的指正與辨析。其於＜凡例＞中提到：

> 朱子作《本義》，乃依東萊呂氏所定之本，分為經二卷，傳十卷，而刪＜彖＞曰、＜象＞曰、＜文言＞曰諸後增之文，于是千餘年殽亂之言，釐然復正。明永樂中修大全，取朱卷次割裂附之《程傳》之下，後來士子又復去《程傳》不習，專習《本義》，坊間遂取大全之本刊《程傳》，宋又以程之次第，為朱之次第，相傳三百年來，無有更正之者。[156]

又云：

> 今《本義》經文，乃程《易》，非朱《易》也。程子從王弼本，朱子折中于晁、呂之說，經文一依古《易》。[157]

《周易》經傳淆亂千載，而朱子《本義》依呂祖謙本而使其次第復歸於舊，在經文版本上，程子《易》是依王弼之版本，而朱子則折衷晁公武與呂祖謙的古《易》版本，原始古籍得以普遍被傳誦，是朱子之大功，予以極力嘉許，也藉朱子《本義》加以考究辨證，匡正世人對古經的正

---

[156] 見《周易本義辨證·凡例》。引自《續修四庫全書》編纂委員會編《續修四庫全書·經部·易類》，第二十一輯，上海：上海古籍出版社，頁 289。

[157] 同前註。

確認識。

惠氏增補朱子自說，於「《本義》有未備者，間以《語類》及《程傳》補之。其與《程傳》異者，略著其說。或《本義》所載先儒姓氏及說所本者，並爲箋釋」。[158]如此一來，則朱子之說，更爲週詳，而程、朱之異，也可大略明析。又，「坊本載八卦取象歌等，朱子《本義》所無，今仍附于後以便初學」。[159]由此可見，惠氏極力使朱子之作能更爲完整，並使初學者便於閱讀，著實有推廣朱子《本義》之心意與具體作爲。

惠氏之辨證引述，又以漢儒之說爲主，尤採虞翻、荀爽、孟喜、京房、馬融、鄭玄諸儒之說，總不離其宗法古漢之職志。在於文字聲韻方面，關於《周易本義》書后所附呂祖謙＜音訓＞一篇，惠氏轉將附於經文之中，對於未詳備或引據不足者，則取《易傳》、兩漢諸家《易》說、《廣韻》、《說文》與《玉篇》等有關典籍與文字聲韻的專書加以補正。此外，文句意義的精確性，句讀的問題又不可忽視，稍有所異，文義則有失之千里之虞；惠氏在此方面，詳加疏解，以正本義。

惠氏在其龐富的著作中，《周易本義辨證》一書並未受到相對地重視，非但《四庫全書》未予收錄，就連其極力捍衛漢學的嫡傳弟子江藩的《漢學師承記》中也未提及該書的片語支言，其主要原因不外乎是既爲漢學江山的捍衛戰士、極端份子，當然對敵對的宋學主將朱子之作，不宜提作討論的題材，以免落入歌誦敵方、自亂方寸的尷尬場面，所以縱爲漢學的宗師之作，仍有忌諱之處；此作不談，無傷惠氏尊位。然而，研究惠氏易學，此作是不可免除之材料，從此一作品中可以看出惠棟對朱子的易學所持之態度，也可以此作爲惠氏考據詁解古經文字的重要內容，以及其易學所表現出的特色。

有關刊本有上海圖書館藏手稿本；乾隆間蔣光弼省吾堂彙刻五種本，以及日本昌平叢書本。

（七）其它有關論著

---

[158] 同前註，頁 290。
[159] 同前註。

　　除了前面介紹的專著之外，其它有關的易學著作，諸如《周易古義》二卷，列於其《九經古義》十六卷中之前二卷。認為五經出於屋壁，文字書寫多古字古言，藉由識字審音才能真正的瞭解經書本義，所以古人的訓詁是不可以改易的。惠氏此書專考古人訓詁，以求《周易》之古義。書中所考釋包括經傳辭例，計八十二條，考求詳實，可以見其求古尊古之用心。

　　《增補鄭氏周易》又作《新本鄭氏周易》三卷，[160]《四庫全書總目提要》云：

　　　初王應麟輯鄭元《易註》一卷，……皆不著所出之書，又次序先後，閒與經文不應，亦有遺漏未載者，棟因其舊本，重為補正，凡應麟書所已載者，一一考求原本，註其出自某書，明其信而有徵，極為詳核，其次序先後，亦悉從經文釐定，復搜採群籍，上經補二十八條，下經補十六條，〈繫辭傳〉補十四條，〈說卦傳〉補二十二條，〈序卦傳〉補七條，〈雜卦傳〉補五條。……而考核精密，實勝原書，應麟固鄭氏之功臣，棟之是編，亦可謂王氏之功臣矣。[161]

此外，孫堂補遺，於其書前序文云：

　　　宋王應麟集鄭康成《易注》一卷，明姚士麟又增入二十五條，惠徵君棟因其摭采未備，復取而補正之，每條下注明元書出處，釐為三卷，較王氏元本共多九十二條，又作「十二月爻辰圖」、「爻辰所值二十八宿圖」，以闡明鄭學。[162]

該書為補王氏摭采之不足，對研究鄭康成的易學有莫大的幫助。其書成

---

[160] 四庫全書作《新本鄭氏周易》，但於目錄則作《增補鄭氏周易》。《清史稿‧藝文志》著錄《增補周易鄭注》一卷。又稱《鄭氏周易》或《鄭氏周易注》。其善本有如上海圖書館藏《增補鄭氏周易》稿本；乾隆二十一年盧見曾刊《雅雨堂叢書》本，惠棟增補、阮元校注《鄭氏周易》三卷。本論文所引，採台北：台灣商務印書館景印文淵閣四庫全書本（第 7 冊）。

[161] 見《四庫全書總目提要》，卷一，〈經部‧易類一〉，台北：藝文印書館，1964 年 10 再版，頁 65。

[162] 見《鄭氏周易注》孫堂補遺序文。（引自台北：新文豐出版社《叢書集成新編》第十四冊本，影印古經叢書本，1985 年元月初版，頁 598。）

後，僅有雅雨堂刊本傳世，且尙有訛脫者，其後孫堂據惠氏所補，正其訛，補其脫，使之更爲完備。

惠氏又作《明堂大道錄》八卷。「明堂爲天子大廟，禘祭、宗祀、朝覲、耕籍、養老、尊賢、饗射、獻俘治、望氣、告朔、行政，皆行其中，故爲大教之宮」。明堂的設行，與《易》有密切的關係，惠氏認爲明堂「權輿于伏羲之《易》，肇始于神農之制，自黃帝、堯、舜、夏、商、周皆遵而行之」，明堂之道「本乎《易》而，制寓于明堂」；[163]惠氏以《易》解「堂明」之大道，也就是將先秦時期中央政府最重要的行政處所與有關的制度，與《易》作密切的聯繫，並詳細引據考證，以還原歷史文化的本來面貌。

此外，惠氏又作《禘說》二卷，即禘祭之說，與明堂之道是一脈相連，且與《易》也有深刻的相關，因此，惠氏解釋禘祭，總不得不引《易》言「禘」。其詳實的考竅，有其高度的歷史意義。今之傳本有經訓堂叢書本，以及清經解續編本。

惠氏另著《周易講義合參》二卷，稿本藏於上海圖書館，內容不詳。又校注《周易兼義》九卷；批校李鼎祚《易傳集解》十七卷；批李衡《周易義海撮要》十二卷；批何楷《古周易訂詁》十六卷；校《周易乾鑿度》二卷等，內容亦皆不詳。

除了專書論著之外，惠氏又有《易》論的單篇小文，分別散見於《九曜齋筆記》三卷、《松崖筆記》三卷，以及《松崖文鈔》二卷當中。可以作爲研究參考者，如《九曜齋筆記》中有「焦京易學」、「卦氣」、「卦無先天」、「河圖」、「錄圖」、「九宮」、「趨庭錄」與「蔽易一言」等文，當中特別強調漢宋之辨。《松崖筆記》中有「貞悔上中下」、「子夏易傳」、「日甲月庚」、「推易始來」與「河圖洛書」等文，以《子夏易傳》非子夏所作，《河圖》、《洛書》爲後人所僞，申「中庚」之義，斥蕭山毛甡《推易始來》之失，引京房之語論貞悔之義。又《松崖文鈔》中，「易論」一文，

---

[163] 括弧引文見《明堂大道錄》，卷一，＜明堂總論＞。（引自台北：新文豐出版社《叢書集成新編》第三十四冊本，影印經訓堂叢書本，1985 年元月初版，頁 665。）《明堂大道錄》今之傳本，大抵有經訓堂叢書本、續清經解本、叢書集成初編本。

明「時中」、「中和」之義；「重卦考」一文，考原重卦，辨其始末，「易漢學自序」述明著作《易漢學》之旨意；「太上感應篇注自序」，以道家之學原出聖人之說。另外，復有稍與《易》相涉者，如「書蔣盤漪臨李少溫謙卦後」、「學福齋集序」與「洪範學」等文，皆可視為惠氏易學之參考文獻。

清代學術，是國中學術思想的另一個鼎盛與再造時期，歷來學者都賦予各種不同的學術稱號，有所謂的考據學、考證學、徵實學、[164]乾嘉學、[165]樸學、[166]漢學等說法。[167]不管名稱如何，其學術本質是相同的，即以漢學為宗，重視考據實證，反對空疏不實之說；也就是希望循著「以經學之實，濟理學之虛」的學術理想而邁進。因此，從學術方法與態度的角度言，崇尚漢學，在於以經典之實，代替空憑的胸臆；以客觀的實證，代替主觀的思辨，回復漢學原來的面目，使經世致用的

---

[164] 不論是考證學、考據學，或是徵實學，基本上是就治學的方法之角度作稱呼，意指研究古籍字義、歷代典章制度、名物象數、史實發展等等，能予一一考辨察覈，使之確鑿有據，徵實而不虛的一門學問。持此說者，諸如唐鑑《清學案小識》、梁啓超《清代學術概論》、林慶彰《中國文化新論·學術篇·明清考據學的發展》、馬積高《清代學術思想的變遷與文學》、來新夏《清代考據學述論》、鄭天挺《清史簡述》等。

[165] 以乾嘉之學為稱，乃從時代發展的縱的區隔上來說。由於清代乾嘉年間，大儒惠棟、戴震等人，以漢儒經注為宗，從小學入手，用訓詁考據方法治經，開創吳、皖二大學派，造就後學，大張旗幟，形成鼎盛學風，故名。持此說者，諸如馮友蘭《中國哲學史》、勞思光《中國哲學史》、于鵬翔《乾嘉學派成因論》、陳祖武《從清初的反理學思潮看乾嘉學派的形成》、周維衍《乾嘉學派的產生與文字獄無因果關係》、王俊義《清代的乾嘉學派》等等。

[166] 樸學乃學術的內容本質而言，《漢書·儒林傳》有所謂「吾始以尚書為樸學」，可見樸學指的是質樸不尚辭藻之學。民國期間，支偉成撰有《樸學大師列傳》，可以為此說之代表。

[167] 以漢學為名，是從與宋學相對的角度來說。江藩《經解入門·漢宋門戶異同》：「何謂漢學，許鄭諸儒之學。何謂宋學，程朱諸儒之學也。」曾國藩《曾文正公全集·歐陽生文集序》：「當乾隆中葉，海內魁儒畸士，崇尚鴻博，繁稱旁證。考核一字，累數千言不能休，別立幟志，名曰漢學。」故漢學即崇尚漢儒專重訓詁的治經方式，排斥宋明之學的束書不觀、游談無根，空論心性義理的流弊，乃標幟「漢學」，以與「宋學」相抗。清代力崇實學，以矯空疏的諸儒，尚稱自己是漢學家，如江藩《漢學師承記》，錢穆《中國近三百年學術史》、徐復觀《清代漢學衡論》，皆以漢學為尊。

實學，能夠代替無用的理學；因爲惟有重回漢代的經學，才能夠撥亂反正，移風易俗，並馴致於治平之用。

確定漢代經學的學風理想，並進一步追求通經致用的目的，其經世之志的理想高度指標，未必每個治經者皆能達到，往往一些人只能把重心放在循著考據的途徑，透過故訓驗證的方式，以辨明古書的義理。惠棟就是如此，雖必未能夠達到致用的理想，卻能超越宋學末流的窠臼，開啓漢學研究的新天地。後人評述前人經學造詣與成就，仍無法擺脫以那仰之彌高的形上義理作爲是較高的價值尺度來作爲衡量標準，在這樣的情形下，以回復漢易（偏重於象數之學）爲職志的惠棟當然不能獲得較高的肯定了。是否真的如此，或許仍需進一步詳細的通覽研究惠棟易學，排除以義理才是真價值的態度，才能獲得較爲公允客觀的認識。

今日，不論我們以那一種價值判準來論定惠棟的學術成就，至少我們可以肯定的是，從惠棟同時期的相關典籍之呈現，對惠棟的易學成就，仍然是持著極高的評價，所以他在清代的學術發展上，仍佔有極其重要的角色。遺憾的是，一般研究者對清代學術的關注目光，大都把焦點擺在清初的王夫之、顧炎武、黃宗羲、毛奇齡與胡渭等人，乃至於同時期的戴震，以及之後的焦循、段玉裁等等名儒的身上，而惠棟仍是一直被忽視的。盱衡諸思想史論著，談到清代乾嘉學術思想的發展，惠棟或被數語點綴，或略而不言，而個別人物的思想專論，更看不到惠棟的影子，這樣的對待，對惠棟是否公允？

本論著針對惠棟的易學作全面的、實際的考索與評析，具體地將惠棟治《易》上的優缺點、特別等呈現出來，並試圖達到前述的論著目的；除了對惠棟有深入的認識外，也期盼惠氏易學所彰顯的議題，能夠獲得釐清與再認識。

三、易學以外之學術論著成果

（一）尚書學

　　《尙書》這部古老浩典，流傳久遠，爲儒家思想的重要經典，更是先秦文化的重要史料。《尙書》發展歷程中，學者大都注意其篇目的問題，《尙書緯・璿璣鈐》云：

> 孔子求書，得黃帝玄孫帝魁之書，迄於秦穆公，凡三千二百四十篇，斷遠取近，定可以爲世法者百二十篇，以百二爲《尚書》，十八篇爲《中侯》，去三千一百二十篇。[168]

加上《史記・孔子世家》與《漢書・藝文志》等說法，認爲此類公文原有三千餘篇，後經孔子選取編纂成《尙書》百篇。但由於證據不足，後人多以緯書不可信，且從《墨子》等引《書》與儒家不同的情形看來，目前僅知孔子曾編《書》以爲教本，至於孔子時代的《尙書》版本與篇數，甚至是戰國時代所流傳的《尙書》，是否如後人所說所見，則眾說紛紜，莫衷一是，無法明確證實。[169]

　　秦皇一統天下，乃至楚漢爭勝，《尙書》歷經兵燹浩劫，幾盡凋零；西漢文帝時期，宿儒業將殆盡，能治《尙書》者，僅濟南伏生(名勝)碩果僅存，晁錯往受《尙書》，以漢隸寫定成《今文尙書》二十九篇（將〈顧命〉、〈康王之誥〉分成兩篇）。景帝時期（一說武帝時），魯恭王壞孔子宅欲以廣其宮，於壞壁中得到許多逸書，將這些書籍交由孔安國處理，於《尙書》部份比《今文尙書》多出了十六篇，後由安國後人獻給中央朝政；由於其文字是用篆書（或說是籀書、科斗書）寫成，故稱《古文尙書》或《逸書》。武帝期間，又有河內女子獻上〈太誓〉一篇給河間獻王，東萊張霸僞作《百兩篇尙書》，當時學者們已知其僞；至於東漢扶風杜林所私藏《漆書尙書》一卷，賈逵、馬融及鄭玄皆曾受其學。此諸《古文尙書》或僞作《百兩篇尙書》，至晉懷帝永嘉之亂而全部亡佚，包括今文歐陽、大小夏侯皆不復見，不知其傳。漢代從武帝立五經博士，一直到哀帝時劉歆校中秘書時，僅立《今文尙書》歐陽(生)、大小夏侯(勝與

---

[168] 引用自孔穎達《尙書正義》，台北：藝文印書館影印，《十三經注疏》本，頁9。
[169] 近人多認定孔子不曾刪《書》，此乃《今文尙書》家一貫看法，以伏生所傳二十八篇爲全。至於筆者淺見，認爲古代公文資料應該很多，如戰國諸子引《書》、漢代的孔壁《逸書》以及現今出土的青銅器銘文等資料，都足以證明《今文尙書》乃秦火殘本，而孔子應有編選(非刪)《尙書》做爲教材之事。

建)三家，劉歆後來又提議立《毛詩》、《古文尚書》、《逸禮》及《左氏春秋》爲學官，漢代今、古文之正式挑起爭端，直到鄭玄融通今古文之學並遍注群經，普受肯定，使今、古文經學暫告統一。尚書學發展中，造成最大影響的，則爲東晉豫章內史梅賾所僞造的《尚書孔傳》五十八篇，此書先將伏生所傳《今文尚書》二十九篇分成三十三篇[170]，再編纂散見於古籍中的《尚書》逸句並增添僞撰字句成二十五篇[171]，後經唐孔穎達選以爲《尚書正義》底本，成爲今傳的《僞古文尚書》[172]。這樣的版本歷經唐宋以降，幾乎不被懷疑，視爲當然的定本。

清代在《尚書》學的研究代表上，以辨僞的成就最具代表性。清初，循常守舊的承守宋學者，大都宗於《蔡傳》，並以古文爲不僞，墨守宋學，並無新義可現。到了康熙時代的閻若璩，完成了對所謂孔氏《古文尚書》的科學化研究，也正視開啓了尚書學的清學時期。閻若璩沉潛鑽研三十餘年而完成《尚書古文疏證》，從文獻的取證和歷史事實的獲得而立論一百二十八條，以考定孔氏本之僞，並在其影響下開啓了新一波《尚書》的辨疑與考正的學風，尤其由乾嘉時期吳、皖二派展開了清學對僞孔本中所保存今文二十八篇的考據研究，形成清代研究《尚書》卓有成就的黃金時期。

閻若璩雖成就曠世之著，然仍有所失，「氣矜自滿，動輒牽連它書，頗失體裁」，「逞私武斷，亦往往而有」；[173]因此，踵其後而增補者有之，惠棟，著有《古文尚書考》與《九經古義‧尚書古義》，爲閻氏充實了材料，使閻說更爲完善，其功僅次於閻氏。

惠棟《古文尚書考》一書，嚴密考訂，以孔安國《古文尚書》漢代並沒有亡佚，五十八篇中有三十四篇與伏生同，另二十四篇則篇名俱在。

---

[170] 從〈堯典〉分出了〈舜典〉，從〈皋陶謨〉分出〈益稷〉，分〈盤庚〉爲三篇。

[171] 此二十五篇爲：〈大禹謨〉、〈五子之歌〉、〈胤征〉、〈仲虺之誥〉、〈湯誥〉、〈伊訓〉、〈太甲〉三篇、〈咸有一德〉、〈說命〉三篇、〈泰誓〉三篇、〈武成〉、〈旅獒〉、〈微子之命〉、〈蔡仲之命〉、〈周官〉、〈君陳〉、〈畢命〉、〈君牙〉、〈冏命〉。

[172] 今人所見《僞古文尚書‧舜典》，乃南朝齊建武中吳興人姚方興僞造。

[173] 括弧引文見李慈銘《越縵堂讀書記》，上海：上海書店出版社，2000 年六月第 1 版第 1 刷，頁 15-16。

[174]鄭玄注《尙書》逸篇仍爲古文經學派，學術思想與兩漢四百年間古文經師一脈相承，所以確定梅賾二十五篇爲僞，而鄭玄述古文《尙書》逸書二十四篇爲孔壁真古文。

惠棟承閻若璩而後出轉精，予以補充指正，例如考辨〈太誓〉，閻氏既知東晉〈太誓〉爲僞作，卻又同時懷疑西漢真〈太誓〉也爲僞作，惠棟認爲漢世未亡〈太誓〉爲真古文《尙書》，駁正閻若璩以梅書和漢世未亡〈太誓〉皆僞之失。

《古文尙書考》，尊崇漢儒，追求文獻本真之法，對清儒影響極大。錢大昕稱誦其書「精而約」爲閻書所遠遠不如的，所以「此千四百餘年未決之疑，而惠松崖先生獨一一證成之，其有功於壁經甚大」；[175]而邵晉涵更讚其「議論精當，爲竹垞、亭林所未逮」。[176]可見惠棟此書在尙書學史上的成就與貢獻，是可以與閻氏相抗衡的。

惠棟的《尙書古義》，收錄於《九經古義》中。其《古文尙書考》之要旨在於揭示梅賾的僞作，而《尙書古義》在於考求所見《尙書》文字在真古文《尙書》中的形音義。全書上下兩篇，上篇收列四十二條，下篇四十九條，共九十一條。其論述的方式，以注釋爲體裁，採文獻史料實施考證與辨僞，所取資料大多爲三代與漢儒之文；校釋語言文字以求文獻之本義，並藉以論述與之有關的文化背景、思想內容所呈現的意義，如此一來，得出之本義更能精確洽宜。

《尙書古義》的考釋內容，可以說是兩漢以後、也是清儒《尙書》論著專採漢注之第一家，江聲踵其後，著《尙書集注音疏》十二卷，另附《尙書補誼》與《經師系統》二卷，採其師惠棟《周易述》自注自述之家法。此外，不論王鳴盛《尙書後案》、段玉裁《古文尙書撰異》、孫星衍《尙書今古文注疏》等著，多少亦受惠棟之影響。

---

[174] 惠棟考索嚴謹，尋《漢書》所載，劉歆造《三統歷》，班固著《律歷志》，鄭玄注孔安國撰《尙書序》，均引用之，故知孔氏《古文尙書》漢代並無亡佚。見《松崖文鈔》，卷一，〈古文尙書考自序〉，頁46。

[175] 見錢大昕《潛研堂文集》，卷二十四，〈古文尙書考序〉。引自《嘉定錢大昕全集》，第九輯，江蘇：江蘇古籍出版社，1997年12月第1版第1刷，頁368。

[176] 見黃雲眉編《邵二雲先生年譜》，「乾隆34年己丑先生27歲」條。引自台北：廣文書局《年譜叢書》本，第十三冊，《邵二雲先生年譜》，1971年11月初版，頁23。

（二）春秋學

周道衰，官失守，邪說起，暴行作，臣弒君，子弒父，孔子懼，作《春秋》。《春秋》文字精短，乃有《三傳》起，「所以治《春秋》者不能捨傳而專言經」，[177]經傳一體，傳更可闡明經義，深深體察孔子述《春秋》之大義所在。

《春秋》之深義，主要在於定名分、寓褒貶、懲惡勸善。孔子作《春秋》後，魯君子左丘明懼弟子各為異辭，各安其意，失其本真，故因孔子史記，具論其語，成《左氏春秋》；西漢賈誼等儒始為《左氏傳》作注，而漢儒經說以守師法、家法為授，大抵能夠固守經義原味，然至晉杜預解經傳，妄加臆說，「貶死節之忠臣，張亂賊之凶燄，悖禮傷義，忍於短喪，飾非怙惡，邪說肆行，實為世道人心之害」。[178]惠棟正杜氏之非，恐聖人之道蔽塞，乃撰著《春秋左傳補註》一書，以匡世說。

棟作《九經古義》，其中包括《周易古義》二卷、《尚書古義》二卷、《毛詩古義》二卷、《周禮古義》二卷、《儀禮古義》二卷、《禮記古義》二卷、《公羊古義》二卷、《穀梁古義》一卷，以及《論語古義》一卷，合為「古經」，總名《九經古義》。棟特重《左氏傳》古義之考論，又增作《春秋左傳補註》六卷，刊版別行，不入《九經古義》中。

惠棟作《春秋左傳補註》，「遵四代之家學，廣搜賈、服、京君之注援引秦漢子書為證，繼先儒之絕學，為左氏之功臣」；[179]詁釋考索，旁徵博引，經、史、子、集、金石、銘文，乃至漢魏碑碣，無所不涉，足見其治學博通嚴謹之狀。

杜預解《左氏傳》，有私於飾司馬懿之非，有悖於《春秋》之原義，惠棟著《春秋左傳補註》，重在規正杜《注》，撥亂反正，以彰顯孔子之大道。惠棟指正杜氏謬誤，包括述明「短喪」之說；《左傳》中的喪制，

---

[177] 見梁啓超《中國近三百年學術史》，天津：天津古籍出版社，2003 年 5 月第 1 版第 1 刷，頁 217。

[178] 見丁晏《左傳杜解集正‧自序》。引自上海：：上海古籍出版社《續書四庫全書‧經部‧春秋類》，第一二八冊，頁 179。

[179] 見徐世昌《清儒學案‧魯陳學案》，卷一百十一，＜春秋左傳補＞，台北：世界書局，1966 年 7 月再版，頁 2。

杜預都以短喪之義解之，古禮被曲解殆盡，所以惠棟嚴斥杜預，「《左傳》不用服虔而用杜預，此孔穎達、顏師古之無識，杜預創短喪之說以媚時君，《春秋》之罪人也」。[180]此外，惠棟也指出杜氏襲用前賢義訓舊說，卻刻意隱沒其名，實屬不當。

惠棟力圖復原孔子《春秋》大義，特別藉以闡揚禮法。道德隆污，則禮教爲之變，孔子作《春秋》，使紀事不失其真，以補禮之窮，故釋《春秋》者，必以禮明之，「舍禮而言《春秋》，于是以《春秋》爲刑書，以書法爲司空城旦之科」，[181]左氏作《傳》，詳於言禮，觀《左傳》所載，不論士大夫的朝儀、服飾、言行舉止皆要合禮，是以「禮所以經國，利社稷」，[182]守禮行道，乃經世治國之法要。

惠棟考復古義，指出「古訓之亡，自杜始」，[183]「杜氏好改古文，故古文古義存者，少矣」，[184]惟有古文古義的保存，才能得古義之本真，也才能敍明聖人著述之大旨。

談到惠棟《公羊古義》二卷。《公羊傳》舊題戰國公羊高撰，本經屬今文經，[185]抉發微言大義爲主要形式，兩漢時期，經董仲舒闡釋，成了武帝政治決策的重要理論依據。今本《公羊傳》是東漢今文經學家何休解詁本，而惠棟考索何休注《公羊傳》，認爲何休注本用顏安樂本，惠棟以用嚴本的熹平石經參校，確定何休所本爲嚴本。

---

[180] 見《九曜齋筆記》，卷二，＜趨庭錄＞。引自台北：新文豐出版社《叢書集成續編》第二十冊本，影印聚學軒叢書本，1989 年 7 月台 1 版，頁 645。

[181] 見徐世昌《清儒學案·小宛學案》，卷一百三十五，＜惠氏左傳補註序＞，台北：世界書局，1966 年 7 月再版，頁 21。

[182] 見《春秋左傳補註》，卷四，＜襄公二十九年，慎之以禮＞。引自台北：台灣商務印書館《景印文淵閣四庫全書》本，第 181 冊，台北；台灣商務印書館，1986 年 3 月初版，頁 14。

[183] 見《春秋左傳補註》，卷六，頁 18。

[184] 見《春秋左傳補註》，卷四，頁 11。

[185] 《公羊傳》傳《春秋》今文經，而今古文內容並無甚大區別，主要不同者，今文經終止於「哀公十四年，西狩獲麟」，而古文經至「哀公十六年夏四月己丑孔丘卒」。《公羊傳》爲十一卷，起自隱公元年，終於哀公十四年，是爲今文。且《公羊傳》起初以口頭流傳授受，由公羊壽與胡毋生用當時的漢隸寫成，署題其老師的姓名。與《左傳》相較，《公羊》重經義的義訓，而《左傳》則重在史實的補綴。

　　惠棟援引鄭玄《六藝論》，提及西漢時期《公羊》的傳授，由胡毋生而董仲舒，而仲舒弟子嬴公，而嬴公弟子眭孟，而眭孟弟子莊彭祖及顏安樂，安樂弟子陰豐，劉向、王彥。惠棟認爲「劉子政，從顏公孫受《公羊春秋》，本傳不載，然封事多用《公羊》說」，[186]劉向政事多用《公羊傳》，這是武帝用董仲舒「罷黜百家，獨尊儒術」的延續，這樣的現象，一方面積極促使經學文化地位的提升，另一方面也改變了知識份子的既有政治地位；學術的發展與政治的關係，惠棟的考索也給我們在這方面的一些省思。

　　談到有關「世祿」的問題，惠棟認爲「世祿」者，非「世襲」之位，官位傳授以賢才論之，且所得之位未必爲世位；此觀念對上古之宗法制度提供更清楚的認識。惠棟又考論刑法，考索何休注「律一人有數罪，以重者論之」，追溯至周穆王呂侯所訂「呂刑」，皆循「有數罪，以重者論之」的原則，可知《公羊》注用漢代律義，而漢代的律法又多有承繼先秦的一致性。惠棟《公羊古義》之作，確實提供我們甚多參考的價值。

　　另外，關於《穀梁古義》方面。《穀梁古義》僅二十六條，較《公羊古義》八十八條爲略。考索論著傳承的問題，唐楊士勛《穀梁傳序‧疏》提及「穀梁子名淑，字元始，魯人。一名赤，受經于子夏，爲經作傳，故曰《穀梁傳》」。[187]惠棟認爲穀梁赤在學術上與子夏有聯繫，但並未直接受業於子夏，考引漢魏麋信注《穀梁》，認爲穀梁赤與秦孝公（西元前361-前338年在位）同時，較子夏晚一百四十多年，時間上沒有交集，何來受業。然對穀梁爲經作傳，傳孫卿（約西元前313-前238年）的事實，則認爲時間上是恰當可信的，惠棟尤其特別引出《荀子》中有甚多來自《穀梁傳》之說。同時，惠棟還指出《穀梁傳》引用《論語》，乃至於《儀禮》、《禮記》諸經相合者，亦不可悉舉，這是「穀梁善于經」[188]的

186　見《九經古義‧公羊古義》，卷十三。引自台北：台灣商務印書館《景印文淵閣四庫全書》本，第一九一冊，1986年，頁470。

187　楊士勛的傳承說法，爲後來研究者所普遍採用。如宋人章如愚《群書考索》卷六，說法相同，云：「穀梁子名淑，字元始，魯人也。一名赤，受經於子夏，爲經作傳，故曰《穀梁傳》。」

188　見《九經古義‧穀梁古義》，卷十五。引自台北：台灣商務印書館《景印文淵閣四庫全書》本，第一九一冊，1986年，頁489。

具體事證。總之，申明《穀梁》古義，惠棟考述不乏精粹之論。

（三）三禮學

惠棟禮學研究的成果，主要表現在《九經古義》所輯之《周禮古義》二卷、《儀禮古義》二卷與《禮記古義》二卷，主要以申述漢儒古訓爲主。《周禮古義》本於家學傳訓，其父惠士奇著《禮說》十四卷以《周禮》爲專，「士奇此書，於古音古字，皆爲之分別疏通，使無疑似，復援引諸史百家之文，或以證明周制，或以參考鄭氏所引之漢制，以遞求周制，而各闡其制作之深意，在近時說禮之家，持論最有根柢」。[189]惠棟《周禮古義》亦本諸家學之法以推明周制。其引注上承許慎，並在鄭注的基礎上予以闡發，以經史小學共證原典，以求《周禮》古義的精確訓詁，尤其特別重視識字辯義作爲解經之要務，不純依字形知義，而是重視以音識字，並揭示音訓之源流。至於文字訓詁的例證運用，則是綜采諸經核考，因此，「《周禮古義》並非專治一經而得古義，而是諸經合同共證。這在文獻語言意義的解釋和古本的考訂辨僞上，都體現合同共證之法」。[190]

《儀禮古義》二卷，上卷三十一條，下卷三十條。惠棟搜採舊文，互相參證，通古人之文，以明其義理。以語言文字詁訓解經上，惠棟特別引金石文字爲詁，今文或古文經典在互證運用上仍有不足時，取金石文字亦屬可取之道；例如引《漢故北海相景君碑》、《三代古器銘》，得以「麋」爲「眉」的參證，並指出「古字簡少通用，至漢猶然」，[191]也從古文字看出古文《儀禮》與《尚書》用字的一般規律，足供文字訓詁參考之價值。

梁啓超認爲「清儒于《禮記》，局部解釋之小書單篇不少，但全部箋

---

[189] 見《四庫全書總目》，卷十九。引自台北：台灣商務印書館《景印文淵閣四庫全書‧目》，第一冊，頁 406。

[190] 見李開《惠棟評傳》，南京：南京大學出版社，1997 年 7 月第 1 版第 1 刷，頁 109。

[191] 見《九經古義‧儀禮古義》，卷九。引自台北：台灣商務印書館《景印文淵閣四庫全書‧總目》本，第一冊，1986 年，頁 443。

注，尚未有人從事」。[192]惠棟的《禮記古義》，考索條目九十六條，雖非宏篇巨制，卻在當時可以視爲有關研究之指標。惠棟以古義析論，對鄭玄的謬誤提出諸多的匡正與補充，如＜曲禮上＞「大夫七十而致事，若不得謝，則必賜之几杖」，鄭注「謝，猶聽也」，惠棟則認爲宜爲「辭謝」、「去位」之意。又＜曲禮下＞「畛于鬼神」句、＜檀弓上＞「子夏喪其子而喪其明」句、＜檀弓下＞「我喪也斯沾」句、＜樂記＞「武坐致右審左」句，相關文字的訓釋，惠棟都提出引證予以批評。對鄭玄批駁的同時，惠棟也引宋儒所言爲是者，而予襃揚；可以看出惠棟不論是襃或貶，純於求實求正之態度，而非全然的惟漢是好，惟宋是斥。

（四）文字學

惠棟力主漢學以說經，詳辨古字古訓以釋經義，在其各論著中皆可體現；通過文字訓詁以考證經文，廣采諸書，旁徵博引，以達證經釋義之效，諸如其《周易述》、《後漢書補註》等作中，其小學之功力，非一般俗儒所能及。闡發經典的古義，都借助於漢儒經說、經注來相互發明，而其探尋古義的途徑，也是依循漢儒治經從文字、音訓入手的方法，對經文及漢注來進行考釋。其治學的方法與成就，在文字訓詁方面可以充份地呈現。特別是《九經古義》專宗漢儒古義，詳及經傳、諸子及《說文》、《經典釋文》等書以考古字、古訓，開有清一代尊漢治經風氣的先河，被譽爲「非通儒」，「不能見及此」者。[193]

惠棟畢生治學，強調章句訓詁的重要性，這是治學的必備功夫，於《九曜齋筆記》中提到，「章句訓詁，知也，洒掃應對，行也，二者廢其一非學也」；且「舍《詩》小序無以言《詩》也，舍《爾雅》、《說文》無以言訓詁也」，[194]熟知《爾雅》、《說文》爲訓詁之必要門徑。因此，他特別詮解而著《讀說文記》，以見其文字訓詁之功力。

---

[192] 見梁啓超《中國近三百年學術史》，天津：天津古籍出版社，2003 年 5 月第 1 版第 1 刷，頁 213。

[193] 見沈懋慎《周禮古義跋》。

[194] 見惠棟《九曜齋筆記・趨庭錄》，卷二。引自台北：新文豐出版公司《叢書集成續編》第二十輯，影印聚學軒叢書本，1989 年 7 月台 1 版，頁 646。

《讀說文記》以大徐本爲主要底本，同分十五卷，其論述之內容與方法，多能體現博引經史諸典互證互解，「立足於《說文》字詞這一新視角而廣泛求解小學與經史的同一性意義，以正確理解《說文》和詮釋經史」。[195] 丁福保《說文解字詁林》中引黃庭鑑之跋序云：

> 吾吳紅豆惠氏，始以《說文》提唱後學，謂不第形聲點畫足考制字之原。其所訓詁，實佐毛鄭諸家之所未備，其所徵引，又皆魏晉以前真古文，一句一義在今日皆為瓌寶，故於此書，丹黃校勘，旁記側注，一生不輟，世所傳惠校說文本，前此未有也。[196]

惠棟援據古文古訓，「考正俗體，於聲讀通假，精研而明辨之」，[197]對文字學、許學，乃至古籍的正訛舛、補闕漏、考音聲、辨俗體等方面，皆有極大之貢獻。《讀說文記》中，惠棟也直接引字書互釋，包括引用《爾雅》，引用《字林》之佚文，以及引用金石文字作爲詁證《說文》之先驅。此外，在《讀說文記》中，惠棟也大量引用《周易》的內容作爲論述的材料，特別是運用漢儒象數《易》說來論證許慎之言，某種程度上，可以說是許書之《易》理化。

另外，惠棟考證《爾雅》的成書年代，引魏張揖《上廣雅表》云：

> 昔者周公纘述唐虞，宗翼文武，勤相成王，六年制禮，以導天下，著《爾雅》一篇，以釋其義，傳乎後嗣。歷載一百，墳典散落，唯《爾雅》恒存。《禮‧三朝記》哀公曰：寡人欲學小辯，以觀於政，其可乎？孔子曰：《爾雅》以觀於古，足以辯言矣。《春秋元命苞》言：子夏問夫子，作《春秋》，不以「初哉首基」為始何，是以知周公所造也。今俗所傳三篇《爾雅》，或言仲尼所增，或言子夏所益，或言叔孫通所補，或言沛郡梁文所著，皆解家所說，先師口傳，既無正驗，聖人所言，是故疑不能明也。[198]

---

[195] 見李開《惠棟評傳》，南京：南京大學出版社，1997 年 7 月 1 版 1 刷，頁 434。

[196] 見丁福保《說文解字詁林》冊一，台北：台灣商務印書館，1959 年 12 月台 1 版，頁 87。

[197] 文見黎經誥《許學考》。轉引自林明波〈清代許學考〉，《師大國文研究所集刊》，第 5 期，頁 18。

[198] 見惠棟《松崖筆記‧爾雅》，卷三。引自《叢書集成續編》第二十輯，台北：新文豐出版公司影印聚學軒叢書，1989 年 7 月台 1 版，頁 611。

惠棟進一步指出張揖之言，獲得陸德明的認同：

> 陸氏《經典序錄》曰：＜釋詁＞一篇，蓋周公所作，＜釋言＞以下，或言仲尼所增，子夏所足，叔孫通所益，梁文所補。張揖論之詳矣！[199]

惠棟大致肯定《爾雅》為周公所作，是「周公作之以教成王」，[200]並陸續由孔子一系後儒所增補，[201]是對宋人普遍認為成於西漢，作直接的否定與批評。《爾雅》既是成書久遠的古籍，在時間上與《尚書》和《周易》相近，故在文字語言的運用與語意的原始面貌，三者是最貼近的，彼此互證，可以得到較為準確的古義。這種詁訓的觀念，為惠棟治經所習用之法。

　　惠棟之學術成就，主要表現在經學方面，然而在史學方面的論著也不乏貢獻，以《後漢書補註》二十四卷最具代表性。惠棟廣引《初學記》、《藝文類聚》、《北堂書鈔》，以及《太平御覽》諸書，鈎沉相關史料，用以疏解《後漢書》，對范曄書之所由，得以更清楚的認識，同時增補范書之不足，以及糾正梁代劉昭作注之訛誤，[202]所呈現的成果，並非僅是資料推砌之鉅釘工作，而是具有史家之宏觀見解。清代王先謙著《後漢書集解》，綜采諸家，特重惠氏《補注》，認為「余服膺此書有年，於遺文

---

[199] 同前註。

[200] 見惠棟《松崖筆記‧爾雅》引宋邢昺《爾雅疏》云：「《爾雅》之作，經傳莫言其人及時世，但相傳云：周公作之以教成王。」（卷三，頁611。）

[201] 惠棟除了前引張揖、陸德明之言外，亦引宋王應麟《藝文志考證》云：「漢國威（按：當為「咸」）謂《爾雅》周公所制，而有張仲孝友等語，疑之以問揚雄，雄曰：記有孔子教魯哀公學《爾雅》，《爾雅》之出遠矣。自古學者皆云周公作，當有所據，其後孔子弟子游、夏之儔，又有所記，以解釋六藝，故有張仲孝友等語。劉向謂史佚教其子以《爾雅》。」（見惠棟《松崖筆記‧爾雅》，卷三，頁611。）大致肯定《爾雅》為周公所作，後來並有所增補。

[202] 《後漢書》為范曄所著，范曄撰此書，原定十紀、十志、八十列傳，合為百卷，然十志未成而遭殺身故，因此，今傳＜律歷＞、＜禮儀＞、＜祭祀＞、＜天文＞、＜五行＞、＜郡國＞、＜百官＞、＜輿服＞等八志，皆是後人取用司馬彪《續漢書》之內容而增補者。最先注《後漢書》的是梁代劉昭，將司馬彪之八編＜志＞分三十卷補入，並為之作注。然而劉氏之注也大多已散佚。

奧義，復加推闡惠氏外，廣征古說，請益同人，所得倍夥，爰取而刊行之，因念是書章懷注後歷千年，而惠氏爲補注更二百年，而余爲集解纂述之事，何其遼哉」！[203]進一步指出「近儒致力於《後漢書》，莫勤於惠棟所著《後漢書補注》」，[204]高度肯定惠氏之成就。

　　《後漢書補注》充份展現以經證史的重要特色，並且在＜天文志＞與＜律歷志＞的注釋上，充份展現其對中國古代天文歷法的熟識度。由於惠棟實際致力於《後漢書》的注疏工作，對漢代的歷史發展脈絡，不論是政治、社會、學術或文化等方面，皆當有深刻的瞭解，對於其以漢代學者爲主的治經內涵，當有極大之助益。

　　此外，惠棟徵引載籍，會誌人物故事，著《漢事人物會最人物志》三卷；彰顯周惕之師，引證詳贍，著《漁洋山人精華錄訓纂》十卷；又著筆記短文，《松崖文鈔》二卷、《松崖筆記》三卷、《九曜齋筆記》二卷；其它訓注之作，尚有如《太上感應篇註》二卷、《山海經訓纂》十八卷；[205]批校題記之作有：《前漢書》一百二十卷、《呂氏春秋》二十六卷、《淮南鴻烈解》二十卷、《論衡》三十卷、《曲洧舊聞》十卷等等。可見其著述勤富，遍及經、史、子、集，洵足讚嘆。

四、惠棟學術之主要特色

（一）以推闡漢儒經說爲職志

　　晚明以來，理學的積弊及王學的空疏，引發社會對宋明學術的批判和反省，而明朝覆亡的歷史悲劇所造成的知識界的信仰危機，更加速了思想變革的步伐。清初，政治的變動帶引了學術的轉型，並呼喚著新的理論體系的出現。從錢謙益提出「學者之治經也，必以漢人爲宗主」[206]的見解主張，而後顧炎武也提出「經學自有源流，自漢而六朝而唐而宋，

---

[203] 見王先謙《後漢書集解》上冊，台北：藝文印書館，頁 1。
[204] 見王先謙《後漢書集解》上冊，台北：藝文印書館，頁 4。
[205] 江藩《漢學師承記》云「《山海經訓纂》十八卷，世無刊本」。今此作不見傳世。
[206] 見錢謙益《初學集》，卷七十九，＜與卓去病論經學書＞。

必一一考究，而後及于於儒之所著」[207]的說法，一種迥異於理學傳統，向漢代經學復歸的學術風氣已漸漸形成。這種復古復漢的學術特色，發展到乾嘉時期爲最高峰的階段，而以惠棟最具代表性。

惠棟承繼家學，「始確宗漢詁，所學以拾掇爲主，扶植微學，篤信而不疑」，[208]「以漢猶近古，去聖未遠」，[209]能夠保存經典的原意，且在經典的傳承上，「漢人通經有家法，故有五經師，訓詁之學，皆師所口授，其後乃著竹帛」；[210]「孔子歿後，至東漢末，其間八百年，經師授受，咸有家法，故兩漢諸儒咸識古音」，[211]故「五經多出於屋壁，多古字古言，非經師不能辨」。[212]惠棟肯定兩漢經學的授受，由於師法與家法的方式，而得以薪火相傳，並保存原來的古義。相對地，魏晉以後的學者，對兩漢經說有嚴重的曲解與篡舛，使聖人的本義淪喪，妄論放肆，橫流充斥整著學術環境。基於此，對漢儒經說的重視與推崇，成爲惠棟學術思想的最重要的核心價值。

依惠棟之見，經籍的疏解訓詁，魏晉以後多不可靠，宋明尤甚，一切經術，必宗於漢，「耽思旁訓，探古訓不傳之秘，以求聖賢之微言大義」，[213]以推求漢儒經說爲主。所以在易學的研究上，他畢一生之精力於對漢《易》之鈎稽、蒐理與闡發，認爲「漢人傳《易》，各有源流」，「識得漢《易》源流，乃可用漢學解經」；[214]其《周易述》，「專宗虞仲翔，參以荀、鄭諸家之義。約其旨爲注，演其說爲疏」。[215]其《易漢學》，志於復原漢

---

[207] 見顧炎武《亭林文集》，卷四，＜與人四書＞。引自《四部備要》本，集部第八十四冊，頁110。

[208] 劉師培＜近儒學術統系論＞，見柳詒徵《中國文化史》下，中國大百科全書出版社，1988年出版，頁742。

[209] 見《松崖文鈔》，卷一，＜上制軍尹元長先生書＞，頁51。

[210] 見《松崖文鈔》，卷一，＜九經古義述首＞，頁44。

[211] 見《松崖文鈔》，卷一，＜韻補序＞，頁48。

[212] 見《松崖文鈔》，卷一，＜九經古義述首＞，頁44。

[213] 見王昶《春融堂集》，卷五十五，＜惠先生棟墓志銘＞。

[214] 見惠棟《九曜齋筆記》，卷二，＜趨庭錄＞。引自台北：新文豐出版公司《叢書集成續編》第二十冊，影印聚學軒叢書本，1989年7月台1版，頁646。

[215] 見江藩《漢學師承記》，北京：三聯書店，1998年6月第1版第1刷，頁30。

《易》，蒐羅採擷，「掇拾緒論，以見大凡」，[216]「且使吾子孫無忘舊業」。[217]其《易例》，「皆考究漢儒之傳以發明《易》之本例」，[218]以「見聖人作《易》之大綱，漢代傳經之崖略」。[219]其它諸經，亦以漢儒為宗，「能一一原本漢儒，推闡考證」，[220]掇補散佚，以見聖人之道。

（二）以古字古音之訓詁為方法

治學方法問題是任何一種理論和思想體系的重要組成部份。以「六經注我」為指導方法的宋學在幾百年間雖構建了龐大的哲學思辨體系，但以六經為其理論的注腳，發展至「襲語錄之糟粕，不以六經為根柢，束書而從事於遊談」[221]的學風，最終導致其思想的衰落。明末，學者深深體察學風空疏之弊，主張「窮經研史」、「經世致用」，反對主觀臆斷的解經方法。從文獻本身入手解釋經典，成為反對宋學者強而有力的呼聲。清初，顧炎武認為「古之所謂理學，經學也」，倡導「博學於文」的研經風氣，主張「讀九經自考文始，考文自知音始」的治學方法；[222]在此同時，考據辨偽之風，也成為一時的學術現象，使得注重文字、音訓的實證學風成為知識分子的群體意識，惠棟的治學主張正是此一學術流變的重要體現。

惠棟批評「宋人不識字」，[223]「宋人不好古而好臆說，故其解經皆燕

---

[216] 見《四庫提要・易漢學》。

[217] 見《松崖文鈔》，卷一，＜易漢學自序＞，頁 46。

[218] 見《四庫全書總目提要・易例》。引自台北：新文豐出版公司《大易類聚初集》第十七冊本，1983 年 10 月初版，頁 141。

[219] 見《四庫全書總目提要・易例》。引自台北：新文豐出版公司《大易類聚初集》第十七冊本，1983 年 10 月初版，頁 141。

[220] 見《四庫全書總目提要・周易述》。引自台北：新文豐出版公司《大易類聚初集》第十八冊本，1983 年 10 月初版，頁 531。

[221] 見全祖望《鮚埼亭集內編》，卷十一，＜梨洲先生神道碑文＞。引自《全祖望集彙校集》上，上海：上海古籍出版社，2000 年 12 月第 1 版第 1 刷，頁 219。

[222] 見顧炎武《亭林文集》，卷四，＜答李子德書＞，台北：中華書局，1987 年，頁 5。

[223] 見惠棟《松崖筆記》，卷一，＜主一無適＞。（引自台北：新文豐出版公司《叢書集成續編》第二十冊，影印聚學軒叢書本，1989 年 7 月台 1 版，頁 592。）

相之說書也」，[224]「故使諸書皆亡」，[225]「宋儒之禍，甚於秦灰」。[226]他繼承顧氏以來的傳統，以治經從研究古文字入手，重視聲音訓詁，以求經義之本真。認爲經書都「出於屋壁」，「多古字古言」，故「經之義存乎訓，識字審音乃知其義」，[227]尋求經書的義理，必經途徑則必先能識字審音，也就是以古字古音之訓詁爲方法，才能進一步推求經義。

惠棟在其浩富的論著中，[228]採取以古字古音推求古義的一貫方法；不論是《易》、《詩》、《書》、《禮》、《春秋》、《左傳》、《論語》等儒家經典，或是《漢志》、《後漢書》等史書，乃至《尸子》、《漁洋山人精華錄》等子集著作，皆是從文字音韻的訓解以進行新的整理、爬梳和注釋，並發掘亡佚的古義，糾正前人的錯誤。惠棟明確主張從識字審音入手的治學方法，成爲乾嘉學者研治經籍的不二法門。

惠棟堅持自己的治學方法，對宋儒與宋學提出強烈的抨擊，然而其批評則僅止於方法論的否定，認爲「宋儒經學不惟不及漢，且不及唐，以其臆說居多而不好古也」。[229]對於宋學思想理論與哲學體系，並無像前輩學者那樣視之爲洪水猛獸般，相反地還給予極高的評價。惠氏紅豆山齋楹帖爲「六經宗孔孟，百行法程朱」，「是惠氏之學未嘗薄宋儒」；[230]惠棟肯定「宋儒談心性，直接孔孟，漢以後皆不能及」；但在經學的研究上，因爲方法運用的不當，只求臆說而不切實推求古義，遠離經書本來之義蘊，所以兩漢經學的成就遠遠超越宋代，「宋儒可與談心性，未可與窮經」。[231]惠棟區分漢宋，認爲漢學爲治經之學，而宋學則是性理之學，二者在學術上有密切的關係卻又是兩個不同範疇的學術內容，可以相輔相

---

[224] 見《九曜齋筆記》，卷一，＜郅書燕說＞，頁 624。
[225] 見《松崖筆記》，卷三，＜北宋＞，頁 607。
[226] 見李集撰，李富孫、李遇春續《鶴徵錄》，台北：明文書局《清代傳記叢刊》本，1985 年 5 月初版，頁 431。
[227] 見《松崖文鈔》，卷一，＜九經古義述首＞，頁 44。
[228] 根據盛代儒編《清代名人千家著作舉要》之統計，惠棟的論著共二百三十一卷，合計三十三種撰述及批校的著作，可以視爲一位論著浩繁的漢學家。
[229] 見《九曜齋筆記》，卷二，＜趨庭錄＞，頁 645。
[230] 見皮錫瑞《經學歷史》，台北：藝文印書館，1996 年 8 月初版 3 刷，頁 344。
[231] 二括弧引文見《九曜齋筆記》，卷二，＜趨庭錄＞，頁 645。

成，並行不悖，卻又不能相互取代，以一個學者而言，「漢人經術，宋人理學，兼之者乃爲大儒」，欲成就爲大儒，委實不易。[232]

惠棟繼顧炎武之後，藉由迥異於宋學的治經方法，以古字古音而詳於經書字義的考索，具體提出與理學截然不同的見解，爲清代學術開闢出新的、具有代表性的學術路徑，也成爲乾嘉時期漢學家的主要典範。

（三）以《周易》研究爲畢生之志業

惠棟上承清初學風，下啓乾嘉後學，在文字、音韻、訓詁、辨僞、輯佚、補注、校勘等方面獲得卓著成就，對清代及後世古籍整理的風氣、方法、宗旨與目的等方面，皆產生了極大的影響力。其一生治學，專治經學，尤邃於《易》；《周易》的著述成果與影響最爲突出，不僅在掇拾、整理、保存漢代易學著作與思想上功不可沒，並且開啓了乾嘉時代易學研究的新走向，使易學的發展，自宋、明、清以來，進入了一個新的里程。

經學的發展，宋代以理學爲主體，以自家義理解釋儒家經典，使經學理學化，經過清初學者的反思批判下，樸學之風漸熾，一直到了乾嘉時期，惠棟力圖恢復經典本義，並以字詞詁訓爲恢復經典本義之必然方法，而字詞的詁訓又以漢儒箋注之說爲主要依據，從而提出宋儒經說之禍「甚於秦火」的強烈批評。惠棟畢生致力於易學研究，特別體察「《周易》一經，漢學全非」，[233]期能復原《周易》本來面貌，重見漢《易》之全真；在其《易漢學》、《周易述》、《周易古義》等著作中，可以見到漢《易》絕學之粲然復彰，也見其治學的堅持與理想，以及其治經方法與特色的展現。易學的成就，可以概括其整體的學術成就。因此，其易學論著，爲本文探討的主體對象，易學有關之內容，將於書中詳細呈現。

---

[232] 見《九曜齋筆記・漢宋》云：「漢人經術，宋人理學，兼之者乃爲大儒。荀卿稱周公爲大儒，大儒不易及也。」（卷二，頁635）。

[233] 見惠棟《松崖文鈔》卷一，＜上制軍尹元長先生書＞。引自新文豐出版公司《叢書集成續編》第一九一輯，影印聚學軒叢書，1989年7月台1版，頁51。

第二章　惠棟考索孟喜與京房
《易》說之述評

　　惠棟《易》論，既以復原與闡發漢《易》爲宗，故諸論莫不以漢魏諸家《易》說爲論述重點，尤其《易漢學》，主要內容在於追考漢儒《易》論主張，掇拾要旨，以見本真大略；包括對孟喜、京房、虞翻、荀爽與鄭玄等人的考索。此章主要針對孟喜與京房二家之說，進行檢討與闡釋。

第一節　孟喜易學之述評

　　漢代易學家言《易》，尤重卦氣說，它是兩漢易學家言《易》時的普遍性論述議題，而討論卦氣之說的源由，學者普遍認爲是創自孟喜。《漢書・藝文志》提到「漢興，田何傳之，訖於宣、元，有施、孟、梁丘、京氏列於學官」，[1]屬於今文學家的孟喜，對漢代乃至後世易學之發展，有極大的影響力，特別是卦氣之思想，皆以孟喜爲宗。孟喜的易學主張，卦氣說爲其主要之特色，後儒大抵將卦氣說視爲孟喜所原創，當然後來的有關論述，也都歸爲有源於孟喜而發展。「卦氣」之說，具體而言即以《周易》六十四卦與一年中體現陰陽之氣進退消長的四時、十二個月、二十四節氣，乃至七十二候的相互結合交配之情形，並因此產生言《易》者所論的四正卦說、十二消息卦說、六分七分法、七十二候說等，這些說法都歸於卦氣說的範疇。惠棟對孟喜易學的考索，其要目包含卦氣圖說、消息、四正、十二消息、辟卦雜卦、推卦用事日、六十卦用事之月、唐一行開元大衍歷經、七十二候，以及漢儒傳六日七分學等內容。這些

---

[1] 見《漢書・藝文志》，卷三十，頁 1704。

內容都從屬於卦氣之學，綜合惠棟所言，茲分述如後。

一、六日七分法

　　易學中的六日七分法，早期較為完全的是孟喜。惠氏提出孟喜的卦氣圖說，並列出「六日七分圖」（圖表 2-1-1）以詳明之：

> 孟氏卦氣圖，以坎、離、震、兌為四正卦，餘六十卦，卦主六日七分，合周天之數，內辟卦十二，謂之消息卦。乾盈為息，坤虛為消，其實乾坤十二畫也。《繫辭》云：乾之策，二百一十有六，坤之策，一百四十有四，凡三百有六十當期之日。夫以二卦之策，當一期之數，則知二卦之爻，周一歲之用矣。四卦主四時，爻主二十四氣，十二卦主十二辰，爻主七十二候，六十卦主六日七分，爻主三百六十五日四分日之一。辟卦為君，雜卦為臣，四正為方伯，二至二分，寒溫風雨，總以應卦為節。[2]

圖表 2-1-1　六日七分圖[3]

---

[2] 見《易漢學・孟長卿易上》，頁 1049-1050。
[3] 為求清晰，本圖表引自新文豐出版公司《叢書集成新編》第十七輯，影印經訓堂叢書本，頁 43。

孟氏的卦氣之說，完整地將四正卦、十二消息卦與一年四時、二十四節氣、十二個月相配。孟氏以坎、離、震、兌四正卦配以四時，並以六十四卦減去四正卦，得六十卦以配一年之日數，當期之日約為三百六十日，即與乾坤二者之策相合：乾之策二百一十六，坤之策一百四十四，合為三百六十。六十卦配以一年，得出每卦主六日七分，這樣的六日七分，除了表示每卦所主的時間為六日七分外，同時說明每卦在一年當中所處的月份。至於每卦所處的月份，依唐一行所制的孟氏卦氣圖，以六日七分法的分配原則，將六十卦分配到一年十二個月當中，每月均為五卦，除了前列「六日七分圖」可以看出外，惠棟又引魏《正光曆》推四正卦術云：

> 十一月：未濟、蹇、頤、中孚、復。十二月之屯、謙、睽、升、臨。正月：小過、蒙、益、漸、泰。二月：需、隨、晉、解、大壯。三月：豫、訟、蠱、革、夬。四月：旅、師、比、小畜、乾。五月：大有、家人、井、咸、姤。六月：鼎、豐、渙、履、遯。七月：恆、節、同人、損、否。八月：巽、萃、大畜、賁、觀。九月：歸妹、无妄、明夷、困、剝。十月：艮、既濟、噬嗑、大過、坤。[4]

以表列呈現如圖表 2-1-2 所示：[5]

圖表 2-1-2　六十卦配月圖

月　份	卦　　　名
十一月	未濟、蹇、頤、中孚、復
十二月	屯、謙、睽、升、臨
正月	小過、蒙、益、漸、泰
二月	需、隨、晉、解、大壯
三月	豫、訟、蠱、革、夬
四月	旅、師、比、小畜、乾

---

[4] 見《易漢學》，頁 1053。
[5] 六日七分法每月所含之卦，同於後來北魏李業興在公元五二一年創制的《正光曆》。見《魏書‧律曆志》。惠棟考索上特別指明。有關之內容，後文於探討「七十二節氣」時，再予詳述。

五月	大有、家人、井、咸、姤
六月	鼎、豐、渙、履、遯
七月	恆、節、同人、損、否
八月	巽、萃、大畜、賁、觀
九月	歸妹、無妄、明夷、困、剝
十月	艮、既濟、噬嗑、大過、坤

　　惠棟引一行《六卦議》提到「十二月卦出於《孟氏章句》」之說，[6]以六十卦分配於十二個月，每月均得五卦，五卦均配以爵等，惠棟特別引用《易緯》與鄭注云：

　　《易緯乾鑿度》曰：「歲三百六十五日四分日之一，以卦用事，一卦六爻，爻一日，凡六日。初用事一日，天王諸侯也；二日，大夫也；三日，卿也；四日，三公也；五日，辟也；六日，宗廟。爻辭善則善，凶則凶。」康成注云：「辟，天子也；天王諸侯者，言諸侯受其吉凶者，惟天子而已。」[7]

明白地指出孟氏爵位之說與《易緯》同。這裡引用此文，特別有必要澄清的是，清代陳壽熊作《讀易漢學私記》，強為糾摘惠氏之失，間有導正，亦有誣詆者，並或為後人不察而援用，對惠氏將是不公，此引文之說即為顯例；陳氏認為《乾鑿度》根本無此文，是惠氏不明而誤用，[8]然此文確為《乾鑿度》所有，惠氏所引並無誤，此評論之文既在考正前人之得失，尤當謹嚴，此種誣指，傷前儒也傷自身。此處特為惠氏辯正。惠棟也引魏《正光曆》進一步的說明，云：

　　四正為方伯，中孚為三公，復為天子，屯為諸侯，謙為大夫，睽為九卿，升還從三公，周而復始。[9]

6　見《易漢學》，頁1054。
7　見《易漢學》，頁1072。
8　見陳壽熊作《讀易漢學私記》云：「按《乾鑿度》止有初為元士，二為大夫，三為公，四為諸侯，五為天子，上為宗廟六句。……即《乾坤鑿度》之上篇名《乾鑿度》者，亦無此語，豈誤記他緯文耶？」（引自廣文書局《易學叢書續編》本，1973年9月初版，頁4-5。）
9　見《易漢學》，頁1053。

即每月之五卦各配以天子、三公、諸侯、九卿、大夫等五爵位。圖示如下：

圖表 2-1-3　六十卦配爵圖

月份	四時	天子	公	侯	卿	大夫
十一月	冬	復	中孚	未濟	頤	蹇
十二月	冬	臨	升	屯	睽	謙
正月	春	泰	漸	小過	益	蒙
二月	春	大壯	解	需	晉	隨
三月	春	夬	革	豫	蠱	訟
四月	夏	乾	小畜	旅	比	師
五月	夏	姤	咸	大有	井	家人
六月	夏	遯	履	鼎	渙	豐
七月	秋	否	損	恆	同人	節
八月	秋	觀	賁	巽	大畜	萃
九月	秋	剝	困	歸妹	明夷	无妄
十月	冬	坤	大過	艮	噬嗑	既濟

這裡可以明白地看出，到了魏時期的歷法，已完全納入卦氣之說了。一行引《孟氏章句》的內容主要提到：

> 自冬至初，中孚用事，一月之策，九六七八，是為三十。而卦以地六，候以天五，五六相乘，消息一變，十有二變而歲復初。[10]

自十一月冬至初候開始，配以中孚卦，也就是《易緯》所言「卦氣起中孚」之說，並將六十卦分配在這時候開始的一年的時間裡。筮法中的「九六七八」四數，相加和為三十，適為一月的天數。「卦以地六」，是說六十卦配一年日數之後，每月配五卦，每卦分主六日有餘，以整數言之，則稱為「六」，至於以「地六」為稱，則《繫辭傳上》所說「天一、地二、天三、地四、天五、地六、天七、地八、天九、地十」的自然之數，古人喜歡用其數名，云為「地六」，並無與「天地」有所關聯。[11]「候以天

---

[10] 見《新唐書·志第十七》卷二十七，一行《卦議》引《孟氏章句》云。

[11] 《漢書·律曆志》卷二十上云：「天之中數五，地之中數六。」又云：「《傳》曰『天五地六』，數之常也。」是以十位數中，五六居其中，故時人常將「五」稱為「天五」，

五」,「候」指一年七十二候,一個月有兩個節(即中氣與節氣),每一個節氣有初、次、末三候,所以一個月有六個候,每候主五日有餘,以整數言,則稱為「天五」,「天五」也就是五日,一個月有六個五日則為三十天。

孟氏以卦氣論歷數,特別去處理三百六十五又四分之一天,設法將此數平分到六十卦中,此即惠棟引孔穎達所云:

> 案《易緯》云,卦氣起中孚,故離、坎、震、兌,各主其一方,其餘六十卦,卦有六爻,爻別主一日,凡主三百六十日,餘有五日四分日之一者,每日分為八十分,五日分為四百分,四分日之一,又為二十分,是四百二十分,六十卦分之,六七四十二,卦別各得七分,是每卦六日七分也。[12]

先用六十卦除三百六十日,每卦得六日,每爻主一日,每日又分八十分,五又四分之一日便是四百二十分,再用六十卦除,得每卦七分,如此一來,每卦各主六日七分,其「七分」為八十分之七日,合為三百六十五又四分之一日,這就是孟氏六日七分法的主要內容。

以六十卦配一年之日數,惠棟又特別引《九家易》云:

> 旁行周合六十四卦,月主五卦,爻主一日,歲既周而復始。[13]

兩漢時期《易》說,普遍以六十卦配一年之日數,這樣的觀念,事實上是藉由《繫辭傳》所言之策數,以及兩漢律歷之說相合而成,也就是說,它是合於我國歷法的周年日數的原則。《淮南子‧天文訓》提到「反復三百六十五度四分之一而成一歲」,並進一步詳云:

> 一律而生五音,十二律而為六十音。因而六之,六六三十六,故三百六十音,以當一歲之日。故律歷之數,天地之道也。[14]

《後漢書‧律歷下》也以律音配一年日數,云:

> 曆數之生也,乃立儀、表,以校日景。景長則日遠,天度之端也。

把「六」稱為「地六」,實為自然之數五與六,而與天地無關。

[12] 見《易漢學》,頁1055。

[13] 見《易漢學》,頁1056。

[14] 見《淮南子‧天文訓》。引自清劉文典《淮南鴻烈集解‧天文訓》,卷三,北京:中華書局,1997年1月北京1版2刷,頁117。

> 日發其端，周而為歲，然其景不復，四周千四百六十一日，而景
> 復初，是則日行之終。以周除日，得三百六十五四分度之一，為
> 歲之日數。[15]

以一年三百六十五日又四分之一天的概念（此即東漢章帝時所稱之四分
曆），是先秦時期即有的認知，這樣的數字，往往被用來比附，尤其以探
究天人之際的《周易》，當然要善用此自然週轉不息的時日，來說明人事
變化之道，《繫辭傳上》論及「乾之策二百一十有六，坤之策百四十有四，
凡三百有六十，當期之日」，就是這個道理。

　　《易緯》所談的六日七分法的卦氣說，《易緯》論述極為詳盡而自成
系統，除了前引孔穎達所言之外，惠棟引《是類謀》說明：

> 冬至日在坎，春分日在震，夏至日在離，秋分日在兌，四正之卦，
> 卦有六爻，爻主一氣，餘六十卦，卦主六日七分，八十分日之七，
> 歲有十二月三百六十五日四分日之一，六十而一周。[16]

同時也略引《稽覽圖》數言，[17]而《稽覽圖》詳載為：

> 甲子卦氣起中孚。……六日八十分之七而從。四時卦十一辰餘而
> 從，坎常以冬至日始效，復生坎，七日。消息及雜卦傳相去各如
> 中孚。……消息及四時卦各盡其日。[18]

所言六日七分之理，即京房的直日法，根據僧一行《卦議》的說法：

> 京氏又以卦爻配期之日，坎、離、震、兌，其用事自分、至之首，
> 皆得八十分之七十三。頤、晉、井、大畜，皆五日十四分，餘皆
> 六日七分。[19]

---

[15] 見《後漢書・律曆下》，志第三，頁 3057。

[16] 見《易漢學》，頁 1053-1054。

[17] 《易漢學》中，惠棟引《稽覽圖》曰：「甲子卦氣起中孚，六日八十分日之七。」鄭康
成注云：「六以候也，八十分為一日，日之七者，一卦六日七分也。」（見《易漢學》，
頁 1053。）

[18] 見《稽覽圖》卷上，頁 499-502。本文所引《易緯》諸作，包括《乾坤鑿度》、《乾鑿度》、
《稽覽圖》、《辨終備》、《通卦驗》、《乾元序制記》、《是類謀》，以及《坤靈圖》等八種，
皆以日本京都市於 1998 年影印自武英殿聚珍版本《古經解彙函・易緯八種》，為準。後
引原文，皆本於此，僅注頁碼，不再詳明。

[19] 見《新唐書・志第十七》卷二十七，一行《卦議》所云。

京氏在孟氏六日七分法的基礎上，又將春分的前一卦晉卦（驚蟄二月節末候卿卦）、秋分的前一卦大畜卦（白露八月節末候卿卦）、夏至的前一卦井卦（芒種五月節末候卿卦），以及冬至的前一卦頤卦（大雪十一月節末候卿卦）等四卦，在其原來的每卦所主的六日七分，分別減去七十三分（每日為八十分），則各自餘下五日十四分。其餘諸卦仍主六日七分。然後再將這四卦七十三分分別以坎、離、震、兌四卦主之。京氏之所以如此處理，一行《卦議》認為是為了解說《易緯》中的「七日來復」。[20]惠棟對此復卦經文「七日來復」，特別引鄭康成之注云：

> 建戌之月，以陽氣既盡，建亥之月，純陰用事，至建子之月，陽氣始生，隔此純陰一卦，卦主六日七分，舉其成數言之，而云「七日來復」。[21]

又引李鼎祚云：

> 案《易》軌，一歲十二月，三百六十五日四分日之一，以坎、震、離、兌四方正卦，卦別六爻，爻主一氣，其餘六十卦三百六十爻，爻主一日，當周天之數，餘五日四分日之一，以通閏餘者，剝卦陽氣，盡於九月之終，至十月末，純坤用事，坤卦將盡，則復陽來，隔坤之一卦，六爻為六日，復來成震，一陽爻生，為七日，故言反復其道，七日來復，是其義也。[22]

孟喜四正卦說，以坎初六主冬至，《京氏易傳》卷下說「龍德十一月在子在坎卦，左行」，是京氏以坎為十一月。復卦在十二消息卦中也是為十一月。這也就是《稽覽圖》所言「坎常以冬至日始效，復生坎，七日」的說法，而其所指「七日」，即來自「七日來復」。鄭玄注《稽覽圖》「消息及四時卦各盡其日」時，云「消息盡六日七分，四時盡七十三分」；消息即十二消息卦，四時指稱四正卦。依京氏之說，以四正之坎及十二消息之復為例，坎主七十三分，復主六日七分，二者相加則為七日，這樣一來《易經》中的「七日來復」便可以得以解釋了。對於一行的說法，清

---

[20] 同前註，一行云：「又京氏減七十三分，為四正之候，其說不經，欲附會緯文『七日來復』而已。」《易緯》的「七日來復」，也是源自於復卦的卦辭。

[21] 見《易漢學》，頁1055。

[22] 見《易漢學》，頁1055-1056。

代張惠言認爲其圓復卦此一經文「七日來復」，是詭曲其數的說法，《易緯略義》駁云：

> 四正卦既爻主一氣，無緣又自侵七十三分。而冬至既以中孚為坎初六，又上損頤之七十三分，不得不減，中孚遂上損頤耳。今詳文義，以為六日八十分之七而從者，此六十卦各主六日七分之通例。四時卦雖爻主一氣，然其候之當於分、至之日，首入中孚七十三分，是坎卦始效之候，故又曰：四時卦十一辰餘而從，坎常以冬至日始效，復生坎七日，自以中孚一卦六日七分而為七，非益以坎之七十三分[23]。

張氏所推說，甚爲合理，按照《乾元序制記》的記載：

> 一歲十二月，三百六十五日四分度之一，餘二十，四分一日以為八十分，二十為之。消息十二月，月居六日七分，十二月居七十三日、一百[24]八十分居四分。三公十二月，月居六日七分，十二月居七十三日、八十分居四分。[25]二十七大夫十二月，月居六日七分，十二月居七十三日、八十分居四分。八百一十二諸侯十二月，月居六日七分，十二月居七十三日、八十分居四分。合德之分，三十日得三十五，分三十盡十二月六十卦，餘分適四百二十分，五日四分日一。

「餘」，即小餘，也就是四分度之一分數。緯文六十卦配以「消息、三公、九卿、二十七大夫、八百一十二諸侯」的五爵等，其消息即辟卦，是天子之位。各領十二卦，每卦六日七分，十二卦則七十三日又八十之四分。「三十日得三十五」，即一月五卦之餘分；若此，六十卦餘分則四百二十分，正五日又四分日之一。由這樣的說法，一行所說不當，也就是頤、晉、井、大畜等卦並非爲五日十四分。

另外，《稽覽圖》又提到：

> 小過、蒙、益、漸、泰（寅）。

---

[23] 見張惠言《易緯略義》卷一。引自上海古籍出版社《續修四庫全書‧經部‧易類》第四十冊，頁 542。

[24] 依文意，「一百」二字當去之。下文出現者亦同，故皆予去之。

[25] 鄭玄注，疑此下當應有「九卿」一條，方合五德之數，蓋有脫文。

需、隨、晉、解、大壯（卯）。

豫、訟、蠱、革、夬（辰）。

旅、師、比、小畜、乾（巳）。

大有、家人、井、咸、姤（午）。

鼎、豐、渙、履、遯（未）。

恒、節、同人、損、否（申）。

巽、萃、大畜、賁、觀（酉）。

歸妹、無妄、明夷、困、剝（戌）。

艮、既濟、噬嗑、大過、坤（亥）。

未濟、蹇、頤、中孚、復（子）。

屯、謙、睽、升、臨（丑）。

坎（六）、震（八）、離（七）、兌（九）。已上四卦者，四正卦，為四象，每歲十二月，每月五卦（鄭注：按月字當作卦），卦六日七分，每期三百六十六日每四分（鄭注：按六日當作五日，四分當作四分日之一）。[26]

明白的提到每月五卦，卦六日七分，則頤、晉、井、大畜四卦，不應是五日十四分。以十二辰配六十卦，是以其六日七分法，近於孟喜用六十卦直日，而異於京房用六十四卦直日。《稽覽圖》此言，即惠棟前述所引魏《光正曆》之依據，然而惠棟並未表明，只視《光正曆》所述即孟喜之說。然其與孟喜之說又有小異，包括：

其一、以十二支取代月份以配六十卦。

其二、「坎六、震八、離七、兌九」之說出於《禮記・月令》與《漢書・五行志》等「天一生水、地二生火、天三生木、地四生金」之主張。

其三、《稽覽圖》其後以天子、諸侯、三公、九卿、大夫五爵位為配，也稍異於孟氏之說。

惠棟述明孟喜卦氣說，特別是六日七分法上，廣引《易緯》來說明孟喜之主張，但知《易緯》的卦氣說，依現傳資料，當遠較孟喜為詳。《易

緯》諸文若較孟喜《易》說之後，則《易緯》之說，或有源於此孟喜一系，卦氣說發展到《易緯》時期已然成熟，因此言兩漢卦氣之說，可以以《易緯》爲宗。

二、四正卦說

（一）四正方位爲西漢共同之準據，根源於《說卦》

西漢易學，在卦氣理論上，對於四正卦說，或是《易》卦的方位說，談得最具規模而極爲詳盡者，當推《易緯》，而在之前，則孟喜屬較早提出者。不論是孟喜或《易緯》所云，大概都與《說卦》中的八卦方位說相呼應，也就是宋代邵雍區分先天、後天卦位中的文王後天八卦方位說。在溯源的問題上，惠棟考索孟喜「四正」時，首言《說卦》所述八卦方位，[27]《說卦》云：

> 帝出乎震，齊乎巽，相見乎離，致役乎坤，說言乎兌，戰乎乾，勞乎坎，成言乎艮。萬物出乎震，震，東方也。齊乎巽，巽，東南也。齊也者，言萬物之絜齊也。離也者，明也。萬物皆相見，南方之卦也。聖人南面而聽，天下嚮明而治，蓋取諸此也。坤也者，地也，萬物皆致養焉，故曰致役乎坤。兌，正秋也，萬物之所說也，故曰說言乎兌。戰乎乾，乾，西北之卦也，言陰陽相薄也。坎者，水也，正北方之卦也，勞卦也，萬物之所歸也，故曰勞乎坎。艮，東北之卦也，萬物之所成終而所成始也，故曰成言乎艮。

八卦之方位，震東、巽東南、艮東北、坎正北、乾西北、離正南，而坤和兌未明方位，兌言正秋，春秋二分正對，故推知兌在西；坤以致養，於春夏之間，配東南方。《說卦》雖未言「四正四維」之名，然此方位之說，百世均引以爲準據。八卦配位如圖表 2-1-4 所示：[28]

---

[27] 惠棟引《說卦》所云，並未全文直引，而是斷取而言：「《說卦》曰：震，東方也；離也者，南方之卦也；兌，正秋也；坎者，正北方之卦也。」（見《易漢學》，頁 1062。）

[28] 《說卦》言八卦方位，未將之與月份相配，而《易緯》則進一步以月份配卦。陰陽二氣的變化與乾坤的變化是同義的，如此八卦自然也可與四時配合起來，也就是說陰陽進

圖表 2-1-4　八卦配月方位圖式

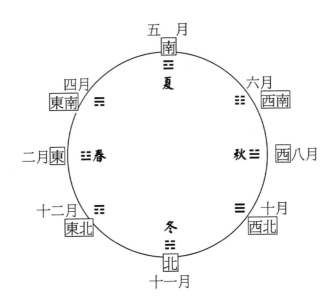

對於《說卦》所言震、離、兌、坎之說，惠棟下了案語：

> 震、離、兌、坎，陰陽各六爻，荀爽以為乾六爻皆陽，陽爻九，
> 四九三十六，合四時。坤六爻皆陰，陰爻六，四六二十四，合二
> 十四氣，蓋四正者，乾坤之用。[29]

並對《繫辭上》所言「兩儀生四象」，引虞仲翔為訓：

　　退往來所成的六十四卦，與季節所分的四時、二十四節、七十二候所依據的原則都是相
同的，只是表現的符號不同罷了。卦與節氣本是天地元氣的變化，故卦配合節氣而變，
本來就是掌握天地變化的大原則。這樣的說理，《易緯》「四門」、「四正」這八卦，已從
其成象懿旨中，表述的極為合宜。這些相繫相輔的卦，與氣配合後的實際情形，《乾鑿
度》云：「《易》始於太極，太極分而為二，故生天地。天地有春秋多夏之節，故生四時。
四時各有陰陽剛柔之分，故生八卦。八卦成列，天地之道立。雷、風、水、水、山、澤
之象定矣。其布散用事也，震生物於東方，位在二月。巽散之於東南，位在四月。離長
之於南方，位在五月，坤養之於西南方，位在六月。兌收之於西方，位在八月。乾剝之
於西北方，位在十月。坎藏之於北方，位在十一月。艮終始之於東北方，位在十二月。
八卦之氣終，則四正四維之分明。」（見《易緯乾鑿度》卷上，頁 480。）

[29] 見《易漢學》，頁 1062。

四象，四時也。兩儀，謂乾坤也。乾二五之坤，成坎、離、震、兌；震春、兌秋、坎冬、離夏，故兩儀生四象。[30]

在這裡，惠棟肯定《說卦傳》所言坎、離、震、兌四正方位之卦，爲西漢《易》家共同的依準。孟喜四正卦之說，汲引自《易傳》，《易傳》雖以義理爲本，卻據象數以言理，而《易傳》之言，又往往成爲象數之學的依據；兩漢時期大張象數之說，卻不棄《易傳》而論，只不過引《易傳》之言，乃根本論象數之學。另外，惠棟精確的指出，主四時爲四象之坎、離、震、兌四卦，皆乾坤二儀所創生，也就是他引翟玄注《文言傳》所云「乾坤有消息，從四時來也」[31]的道理；並且藉由二卦之數，而推展出四時、二十四節氣之用。在這裡，惠棟引虞文作論述之內容，雖虞氏乾坤升降之說未必與孟氏相涉，但所述及之四正、四時等基本觀念，與孟氏用，並同源於《易傳》方位說而推演的象數主張。

（二）《易緯》方位說最爲詳備，與孟說相呼應

關於《易緯》的方位說，主要爲《乾坤鑿度》所提「立乾坤巽艮四門」與「立坎離震兌四正」；藉由元氣變易之說，建構其陰陽五行的卦氣理論。這樣的「四門」「四正」之方位說，同於《說卦》的方位。八卦與方位、四時相繫，或《說卦》始作，而隱然與陰陽五行相繫，關係密切；《尚書・堯典》以東南西北四方，觀察天象，以定春夏秋冬四時節令，已有方位配四時之說的端倪，其他若《尚書・洪範》、《左傳・昭公二十五年》等篇章[32]，乃至《國語・魯語》、〈周語〉所見，雖未明言以陰陽或方位、四時相配，卻有五行說之端倪。迨至鄒衍大倡「五行終始」之說，制「五行相勝」以爲改正朔、易服色等神權主張，陰陽五行說乃爲秦漢時期所宗，蔚爲風尚，諸如《呂氏春秋・十二紀》、《禮記・月令》、《淮南子・時則》，以陰陽五行，兼與四時、方位，乃至干支相結合，推究天地萬物與世事變化之哲理。孟喜值歷法、節氣與五行思想成熟之世，

以之與《易》卦結合，建構具有歷法特色的卦氣說。

　　孟喜立四正之卦氣說，以發其凡，而《易緯》或後出轉精，提出四維四正的主張，以呼應《說卦》的八卦方位說。《乾坤鑿度》「立乾坤巽艮四門」談到「乾」：

> 乾為天門。聖人畫乾為天門，萬靈朝會眾生成，其勢高遠，重三三而九，九為陽德之數，亦為天德。天德兼坤，數之成也，成而後有九。《萬形經》曰：天門闢元氣，《易》始於乾也。[33]

乾元下貫，純陽剛健，以氣變之究而為「九」，為陽德之極數，勢高德崇，有大生之德，擬以「天門」名之。至於「坤」，則云：

> 坤為人門，畫坤為人門。萬物蠢然俱受蔭育，象以準此。坤能德厚迷遠，含和萬靈，資育人倫，人之法用，萬門起於地利，故曰人門。其德廣厚，迷體無首，故名無疆。數生而六，六者純陰，懷剛殺，德配在天。坤形無德，下從其上，故曰順承者也。[34]

坤地以其深厚廣大，能藏載萬物，含容蓄有。人為萬靈之長，效法坤德，取資地利，觀象法用，故人倫大德，起於坤道，適稱「人門」。

　　乾坤相輔，不可分行。乾陽剛，具始生之功，而坤陰柔，資生而順從天，這就是所謂「天德兼坤」的道理。同時，坤體純陰，陰數以六為極，純任陰行，剛冷肅殺，原易於迷錯陷溺，幸其德配在天，順天而行，雖迷而以乾為首，故能德合無疆。從元氣之說言，乾為「天門」，而「天門闢元氣」，「元」者，可以視為氣之原始、開端，[35]此元氣是正陰陽之源，是立象設位之本，故《乾坤鑿度》云：

> 得元氣澄，陰陽正，《易》大行，萬彙生。上古變文為字，變氣為易，畫卦為象，象成設位。[36]

這樣的元氣、陰陽的概念，不同於《易傳》所言陰陽為二股相反相成的勢能，也不同於孟、京卦氣說所論陰陽二象之氣，元氣的生成演化，使陰陽具有較為明朗的物質化形象。

33　見《乾坤鑿度》，頁 466。
34　見《乾坤鑿度》，頁 466。
35　見《古微書・春秋緯》云：「元者，端也，氣泉。」又云：「元者，氣之始也。」
36　見《乾坤鑿度》，頁 467。

《乾坤鑿度》接著提到「風門」:

> 巽為風門,亦為地戶。聖人曰:乾坤成,氣風行,天地運動,由
> 風氣成也。上陽下陰,順體入也。能入萬物,成萬物,扶天地,
> 生散萬物。風以性者,聖人居天地之間,性稟陰陽之道。風為性
> 體因風正,聖人性焉。《萬形經》曰:二陽一陰,無形道也。風之
> 發洩,由地出處,故曰地戶。戶者牖戶,通天地之元氣,天地不
> 通,萬物不蕃。[37]

地戶為地之出入口,與天門相對,誠如《河圖括地象》所云「西北為天
門,東南為地戶」,西北天門為乾位,而東南地戶則指巽位。自元氣剖分,
陰陽二氣因清濁而析分為天地,天在上,地在下,惟風行氣動,乃可天
地交而萬物通。元氣由風而見變化,四時八風就代表天地變化的季節現
象和氣候變化。此外,又有「鬼門」者,所謂:

> 艮為鬼冥門。上聖曰:一陽二陰,物之生於冥昧,氣之起於幽蔽。
> 《地形經》曰:山者艮也。地土之餘,積陽成體,石亦通氣,萬
> 靈所止,起於冥門,言鬼,其歸也。眾物歸於艮,艮者止也,止
> 宿諸物,大齊而出,出後至於呂申。艮靜如冥暗,不顯其路,故
> 曰鬼門。[38]

艮為鬼冥門,其處幽蔽冥暗,是萬物止息之所。物本生於冥昧,氣本起
於幽蔽,是以艮地為成終成始處。艮之象,一陽二陰,其陽爻即示終而
始生之動能。萬物藏於艮地,陽氣未失,積陽成體,則可以待時而出。

　　乾、坤、巽、艮四卦,分屬西北天門、西南人門、東南地門,以及
東北鬼門,這樣的說法,成為後代陰陽數術論者所言。[39]四門既立,又必
「立坎離震兌四正」,《乾坤鑿度》云:

> 庖犧氏畫四象,立四隅,以定群物,發生門而後立四正。[40]

四正已立,則可定時序節候、日月消息、陰陽交感,氣行和順,天地德

---

[37] 見《乾坤鑿度》,頁467。

[38] 見《乾坤鑿度》,頁467。

[39] 四門之說,所源者何,今難以考實,惟其傳述,已為陰陽五行、堪輿等數術家所論,
　　諸如《隋書·蕭吉傳》云「迴風從艮地鬼門來」,為一般之常識。

[40] 見《乾坤鑿度》,頁467。

正，易道得以大行。四正之說，《乾坤鑿度》詳云：

> 月，坎也，水魄。聖人畫之，二陰一陽，內剛外弱。坎者水，天地脈，周流無息。坎不平月，水滿而圓，水傾而仄，坎之缺也，月者闕。水道，聖人究得源脈，洌涉淪漣，上下無息，在上曰漢，在下曰脈，潮為澮，隨氣曰濡。陰陽礴礙為雨也。月，陰精。水為天地信，順氣而潮，潮者，水氣來往，行險而不失其信者也。[41]
>
> 日，離，火宮。正中而明，二陽一陰，虛內實外，明天地之目。《萬形經》曰：太陽順四方之氣。古聖曰：燭龍行東時肅清，行西時嘔噢，行南時大暵，行北時嚴殺。順太陽實元，煖燠萬物，形以鳥離，燭龍四方，萬物嚮明承惠煦德，實而遲重，聖人則象，月即輕疾，日則凝重，天地之理然也。[42]
>
> 雷木震，明月出入門。日出震，月入於震，震為四正德形，鼓萬物不息。聖人畫二陰一陽，不見其體，假自然之氣，順風而行，成勢作烈，盡時而息。天氣不和，震能飜息；萬物不長，震能鼓養。《萬形經》曰：雷，天地之性情也，性情之理自然。[43]
>
> 澤金水兌，日月往來門。月出澤，日入於澤，四正之體，氣正元體。聖人畫之，二陽一陰重，上虛下實。萬物燥，澤可及；天地怒，澤能悅；萬形惡，澤能美。應天順人，承順天者不違拒，應人者澤滋萬業，以帝王法之，故曰：澤潤天地之和氣然也。[44]

「坎」象月象水，水之性外柔而內剛。在天為漢津，在地為河脈；水氣往來，隨月消長，潮汐以生。水性雖萬化，然其盈科而後進，行險而不失其信。水與月同情性，水滿而圓，水傾而仄，月同樣有盈虧變化。觀月象，參水理，可信自然氣象周流無息之理。「離」為日為火，以陽火之精，與「坎」之太陰水精相對，如天地之目而明耀；赤焰麗空，燭照四方，萬物之以承惠。化成天下，其德厚實，其行遲重。古以月行輕疾，日行凝重，而為天地之理則。「震」主木象雷而居東，故為日月出入之門。

---

[41] 見《乾坤鑿度》，頁 467。

[42] 見《乾坤鑿度》，頁 467。

[43] 見《乾坤鑿度》，頁 468。

[44] 見《乾坤鑿度》，頁 468。

八卦配時支，震爲卯，日出乎卯，入於酉，而月則反之，故云「日出震，月入於震」。雷不見其體，但勢能威猛，以其二陰一陽，陽伏陰下，故象無形之動能。雷震而萬物不息，大地化育而回春，此亦自然之理。「兌」爲澤爲水，位西而序秋，秋氣冷冽若金，故五行屬金。兌以二陽一陰，上虛下實，上虛則易進，下實則源無窮。以其潤濡滋益之能，調其旱燥之惡，故能上順天理，下應人心，萬物欣悅，天地和氣。是以四正之象，日離、月坎、雷震、澤兌，雖未盡合於經傳之旨，卻不失其言說之理。同時，《易緯》以四正卦結合五行，而爲卦德之說，藉以貫通天人，而說明天地的生成，是一種具有道德意志的歷程，這樣的道德原則，是天與人之間共同的規範，必須接受此道德意志的制約。[45]《易緯》這樣配德之說，是《說卦》與現存孟喜《易》說可見的文獻所沒有的。

　　這一部份的內容，惠棟並無作較詳備的引述，以表明《易緯》在此主張上的重要性。畢竟復原或考索西漢易學，不能排除《易緯》於其外。雖然在諸家《易》說考論上，惠棟頻引《易緯》爲據，肯定《易緯》在漢《易》發展上的地位，但此處論述孟喜四正之說，可以再增加《易緯》的資料以擴充論述的內容。

（三）四正之陰陽消長，配之以節氣之說

　　《易緯》以震、離、坎、兌四正卦，分別代表春、夏、秋、冬四時，也代表東、南、西、北四正方位。這樣的說法，除了《乾坤鑿度》外，《稽

---

[45]　《乾鑿度》以四正卦結合五行，而爲卦德之說：「八卦之序成立，則五氣變形，故人生而應八卦之體，得五氣以爲五常，仁、義、禮、智、信也。夫萬物始出於震，震、東方之卦也；陽氣始生，受形之道也，故東方爲仁。成於離，離、南方之卦也；陽得正於上，陰得正於下，尊卑之象定，禮之序也，故南方爲禮。入於兌，兌、西方之卦也；陰用事而萬物得其宜，義之理也，故西方爲義。漸於坎，坎、北方之卦也；陰氣形，盛陰陽氣含閉，信之類也，故北方爲信。夫四方之義，皆統於中央，故乾坤艮巽位在四維。中央所以繩四方行也，智之決也，故中央爲智。故道興於仁，立於禮，理於義，定於信，成於智。五者，道德之分，天人之際也。聖人所以通天意，理人倫，而明至道也。」（見《乾鑿度》卷上，頁480）以陰陽五行配之德、配之以卦，藉以貫通天人。立春於東方，春生有仁德，東爲「震」，故「震」爲「仁」；立秋於西方，西爲「兌」，具「義」之德性；南方爲夏爲「離」，具「禮」之德性；北方爲冬爲「坎」，具「信」之德性。四維卦不配德，而以四方卦配四德，而統於中央之智。

覽圖》也提到「坎、震、離、兌，已上四卦者，四正卦，爲四象」，[46]「消
息及四時卦多盡其日，……四時卦身效爲兵」，不但有「四正卦」的稱呼，
也稱爲「四時卦」。這樣的卦說，在孟喜之後的《京房易傳》，乃至有關
的歷法，如魏《正光歷》，皆稱爲「方伯卦」；[47]至於孟喜的四正卦說，則
同於《說卦》、《易緯》；惠棟轉引一行《六卦議》引《孟氏章句》云：

> 坎、震、離、兌，二十四氣，次主一爻，其初則二至二分也。坎
> 以陰包陽，故自北正，微陽動於下，升而未達，極於二月，凝涸
> 之氣消，坎運終焉。春分出於震，始據萬物之元，為主於內，則
> 群陰化而從之，極於南正，而豐大之變窮，震功究焉。離以陽包
> 陰，故自南正，微陰生於地下，積而未章，至于八月，文明之質
> 衰，離運終焉。仲秋陰形于兌，始循萬物之末，為主於內，群陽
> 降而承之，極于北正，而天澤之施窮，兌功究焉。故陽七之靜始
> 於坎，陽九之動始于震，陰八之靜始于離，陰六之動始于兌。故
> 四象之變，皆兼六爻，而中節之應備矣。[48]

孟喜以四正卦分主四時，基本上與《說卦》、《乾鑿度》相同，所稍異者
爲《說卦》、《乾鑿度》皆以八卦配四時，而孟喜僅以坎、離、震、兌四
正配四時；另外，在四正卦配月份方面，孟喜以四正卦初主「二至二分」，
也就是坎主十一月，震主二月，離主五月，兌主八月，此說與《乾鑿度》
相同。孟喜並利用一年中陰陽之氣的消長，解釋四正卦分主四時的原因；
以卦的爻位與卦象，以及筮法中九六七八陰陽轉變之義，論述四正卦如
何分主一年之四季。

---

[46] 見《稽覽圖》卷下，頁 511。

[47] 《漢書・五行志》卷二十七，班固引《京房易傳》云：「方伯分威，厥妖牝馬生子亡，
天子諸侯相伐，厥妖馬生人。」而惠棟引爲：「方伯分威，厥妖、馬生子亡。」又惠棟
引《漢書・京房傳》孟康注：「分卦直日之法，一爻主一日，六十卦爲三百六十日，餘
四卦震、離、兌、坎，爲方伯監司之官。所以用震、離、兌、坎者，是二至二分用事之
日，又是四時各專主之氣，各卦主時，其占法各以其日觀其善惡也。」又引薛瓚《漢書》
注：「京房謂方伯卦，震、兌、坎、離也。」又引魏《正光歷》：「四正爲方伯。」(見《易
漢學》，頁 1064-1065。) 是漢人善將卦象卦名配以官爵之號。

[48] 見《易漢學》，頁 1062-1063。惠棟引一行《六卦議》，出自《新唐書・志第十七》，卷
二十七。

　　孟喜以坎卦內爲陽爻，外爲兩陰爻，「以陰包陽」，此一陽爻稱爲「陽七」，相當筮法中的「少陽」，「變老不變少」，所以少陽不變而爲靜，靜處於二陰之中，「故陽七之靜始於坎」，象徵多至十一月；陰陽之氣，不論是動或是靜，皆非絕對的動或靜，陰陽之氣一直處於不斷變化的狀態，所以靜處之陽轉化到陽動的狀態，此時歷時正月而值於二月，也就是達到孟喜所言「極於二月，凝涸之氣消，坎運終焉」的狀態。坎之終，「極於二月」，此時的狀態，正是震卦以一陽動於下，二陰爻從之，此陽爻稱之爲「陽九」，同筮法中的「老陽」，老陽既變，則「陽九之動始於震」，時序春分陽氣動生萬物，一直到了四月陽氣達到最盛，此即「春分出於震，始據萬物之元，爲主於內，則群陰化而從之，極于南正，而豐大之變窮，震功究焉」；如此進入了五月，由離卦來主事。離卦「以陽包陰」，二陽爻居外，一陰居內，此居內之陰爻，孟喜稱爲「陰八」，相當於筮法中的「少陰」，其質爲不變主靜，故「陰八之靜始於離」；離卦一陰微生，陰生主進，而陽衰則退，直至八月，陰氣積蓄成勢，則轉由兌卦主事，此即「微陰生於地下，積而未章，至于八月，文明之質衰，離運終焉」的狀態。到了兌卦之氣，以一陰動於上，二陽爻從之，以「陰六」爲「老陰」而變，即「陰六之動始於兌」，象徵秋分陰氣主殺主止，萬物漸臻於熟成，至十月陰氣鼎盛，天地澤被窮極而入於多藏之時，此即「仲秋陰形于兌，始循萬物之末，爲主於內，群陽降而承之，極于北正，而天澤之施窮，兌功究焉」。

　　孟喜以筮法九六七八陰陽老少之卦數，說明四正卦之陰陽消長，配之以節氣之說，爲《周易》與歷法架起了重要的橋樑，也成爲漢代四正卦說的普遍理論。至於孟喜所言「坎、震、離、兌，二十四氣，次主一爻」，說明孟喜以四正卦來推求二十四節氣。[49]二十四節氣之說，以一年

---

[49] 二十四節氣爲中國古代歷法的重要組成諸元，是從四時的概念中發展出來的。早在《尚書‧堯典》有所謂的「四仲中星」之說：「日中星鳥」即表示春分晝夜平均之象；「日永星火」爲夏至日長夜短之象；「宵中星虛」即秋分晝夜平均之象；「日短星昴」即多至夜長日短。鳥、火、虛、昴是星名，爲二十八宿之四仲中星，四仲中星的出現標示二至二分（多至、夏至、春分、秋分）的確立。先民從最早認識的二至二分，並進而發展出二十四節氣。二十四節氣的起源甚早，出土戰國楚墓發現的《逸周書‧時訓解》中，已具完整的二十四節氣之說。漢代，《漢書‧律歷志》、《易緯‧通卦驗》亦有引述，而《淮

十二個月，每月兩個節氣，所以爲二十四節氣。歷來《易》卦配節氣，主要以四正卦每卦六爻，共二十四爻分主一年的二十四節氣。其中，四正卦的初爻分別主夏冬二至與春秋二分，也就是「坎」初六主冬至，「震」初九主春分，「離」初九主夏至，「兌」初九主秋分，這也就是孟喜所云「其初則二至二分」的說法，至於四正卦其他各爻如何主各節氣，孟氏則未言，但僧一行在《大衍曆》發斂術中，則根據孟氏的說法，制定完整的卦氣圖，標明四正卦二十四爻分主二十四節氣的具體情況。論述四正卦二十四爻分主二十四節氣的情形如下：[50]

圖表 2-1-5　四正卦二十四爻主二十四節氣

坎卦		震卦		離卦		兌卦	
初六	冬至	初九	春分	初九	夏至	初九	秋分
九二	小寒	六二	清明	六二	小暑	九二	寒露
六三	大寒	六三	穀雨	九三	大暑	六三	霜降
六四	立春	九四	立夏	九四	立秋	九四	立冬
九五	雨水	六五	小滿	六五	處暑	九五	小雪
上六	驚蟄	上六	芒種	上九	白露	上六	大雪

每月有兩個節氣，月首稱「節」，月中稱「中」，故一年中有十二個「節氣」，十二個「中氣」。孟喜以四正卦正好配一年四時，每卦主三個月，正好配一年十二個月，四卦二十四爻又正好配一年二十四節氣。這樣的說法，在現存的文獻中，《易緯》論述的更爲詳明。已如前述，《乾

南子·天文訓》中，無論名稱或次序，與今日所言二十四節氣相同，論述最爲詳細，云：「十五日爲一節，以生二十四之變，斗指子則冬至；加十五日指癸則小寒；加十五日指丑則大寒；距日冬至四十六日而立春；加十五日指寅則雨水；加十五日指甲則驚蟄；加十五日指卯，中繩，故曰春分；加十五日指乙則清明；加十五日指辰則穀雨；加十五日則春分盡，故曰有四十六日而立夏；加十五日指巳則小滿；加十五日指丙則芒種；加十五日指午則陽氣極，故曰有四十六日而夏至；加十五日指丁則小暑；加十五日指未則大暑；加十五日而夏分盡，故曰有四十六日而立秋；加十五日指申則處暑；加十五日指庚則白露；加十五日指酉，中繩，故曰秋分；加十五日指辛則寒露；加十五日指戌則霜降；加十五日則秋分盡，故曰有四十六日而立冬；加十五日指亥則小雪；加十五日指壬則大雪；加十五日指子，故十一月日冬至。」斗柄所指之處即節氣所在，斗柄所指方位以干支表示；二十四變指二十四節氣，中繩指晝夜平均。因此，兩漢時期，談到天文、歷法，普遍以節氣及干支建構關係爲說。

[50] 見《新唐書·志第十八》，卷二十八，頁 639-645。

坤鑿度》之「立坎離震兌四正」，即以四正定時序氣候；惠棟也特別引《易
緯》及鄭康成之注來說明；《是類謀》云：

> 冬至，日在坎；春分，日在震；夏至，日在離；秋分，日在兌。
> 四正之卦，卦有六爻，爻主一氣。[51]

在這裡，惠棟引作《是類謀》蓋失考，實當為《稽覽圖》之言。又引鄭
康成注《通卦驗》曰：

> 冬至，坎始用事，而主六氣，初六爻也；小寒於坎，直九二；大
> 寒於坎，直六三；立春於坎，直六四；雨水於坎，直九五；驚蟄
> 於坎，直上六。春分於震，直初九；清明於震，直六二；穀雨於
> 震，直六三；立夏於震，直九四；小滿於震，直六五；芒種於震，
> 直上六。夏至於離，直初九；小暑於離，直六二；大暑於離，直
> 九三；立秋於離，直九四；處暑於離，直六五；白露於離，直上
> 九。秋分於兌，直初九，寒露於兌，直九二；霜降於兌，直六三；
> 立冬於兌，直九四；小雪於兌，直九五；大雪於兌，直上六。[52]

四正卦各主之六氣，其情形同於僧一行《大衍歷》所云，也同前表所示。
此外，《乾元序制記》則以四正卦配二十四氣與八風：

> 坎，初六冬至，廣莫風；九二小寒；九三大寒；六四立春，條風；
> 九五雨水；上六驚蟄。震，初九春分，明庶風；六二清明；六三穀
> 雨；九四立夏，溫風；六五小滿；上六芒種。離，初九夏至，景風；
> 六二小暑；九三大暑；九四立秋涼風至；六五處暑；上九白露。兌，
> 初九秋分，閶闔風，霜下；九二寒露；六三霜降；九四立冬，始冰，
> 不周風；九五小雪；上六大雪也。[53]

以圖示則為：

---

[51] 見《易漢學》，頁 1063。
[52] 見《易漢學》，頁 1063-1064。
[53] 見《乾元序制記》，頁 554。

圖表 2-1-6　《乾元序制記》四正、八風與二十四氣配置圖

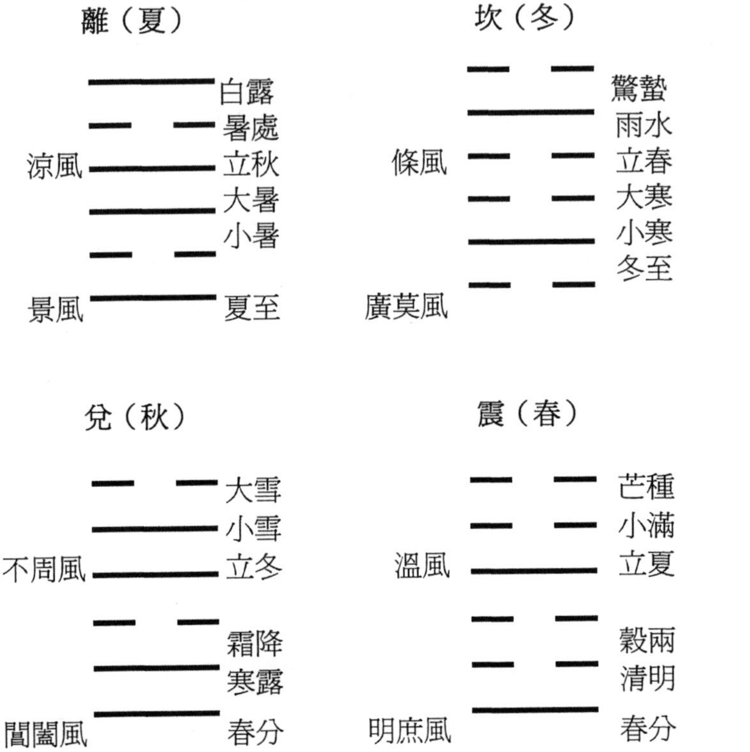

離（夏）　　　　　　　　　　坎（冬）

離（夏）

涼風 ── 白露／暑處／立秋／大暑／小暑
景風 ── 夏至

坎（冬）

條風 ── 驚蟄／雨水／立春／大寒／小寒／冬至
廣莫風

兌（秋）

不周風 ── 大雪／小雪／立冬
閶闔風 ── 霜降／寒露／春分

震（春）

溫風 ── 芒種／小滿／立夏
明庶風 ── 穀雨／清明／春分

此二十四節氣與孟氏相同，惟增加坎卦廣莫風與條風、震卦明庶風與溫風、離卦景風與涼風，以及兌卦閶闔風與不周風等八風之說。另外，《稽覽圖》除以四正卦爻當二十四節氣外，又加入公侯二十四卦及月分，依爻位排序表列如下：[54]

---

[54]《稽覽圖》所述二十四卦月節、八風，於震九四與兌九四各脫漏「溫風」與「不周風」；另坎九五雨水「正月節」、上六驚蟄「三月節」、兌上六大雪「十月節」，當係傳抄錯誤，今改正爲「正月中」、「二月節」與「十一月節」。

圖表 2-1-7《稽覽圖》四正二十四氣配侯、八風表

卦　名	爻　位	節　風
中孚純坎公	初六	冬至十一中廣漠風
屯侯	九二	小寒十二月節
升公	六三	大寒十二月中日在坎
小過侯	六四	立春正月節條風
漸公	九五	雨水正月中
需侯	上六	驚蟄
解純震公	初九	春分二月中明庶風
豫侯	六二	清明三月節
革公	六三	穀雨三月中日在震
旅侯	九四	立夏四月節溫風
小畜公	六五	小滿四月中
大有侯	上六	芒種五月節
咸純離公	初九	夏至五月中凱風
鼎侯	六二	小暑六月節
履公	九三	大暑六月中日在離
恆侯	九四	立秋七月節涼風
損公	六五	處暑七月中
巽侯	上九	白露八月節
賁純兌公	初九	秋分八月中閶闔風
歸妹侯	九二	寒露九月節
困公	六三	霜降九月中日在兌
艮侯	九四	立冬十月節不周風
大過公	九五	小雪十月中
未濟侯	上六	大雪十一月節

《稽覽圖》裡，離卦初九夏至作「凱風」，與《乾元序制記》作「景風」不同。四正配八風之說，孟氏並無納入，爲《易緯》所增溢的主張。在孟氏《易》有限資料的傳述，相較之下，《易緯》尤爲詳備，同爲兩漢卦氣說的範疇。

三、十二消息卦

（一）消息

　　關於「消息」的概念，惠棟廣引諸說加以陳述。引剝卦＜彖傳＞曰：

　　　　君子尚消息盈虛，天行也。[55]

又引豐卦＜彖傳＞曰：

　　　　日中則昃，月盈則食，天地盈虛，與時消息。[56]

惠棟特別強調日月的盈虛，也就是陰陽的消長變化對天地之影響。惠棟之後，清代李尙之《周易虞氏略例》提到：

　　　　乾息為盈，坤息為虛，故君子尚消息盈虛。[57]

李尙之認為「自復至乾爲息，自姤至坤爲消，乾息則坤消，乾消則坤息，《易》爲乾道，故消息皆主乎乾也」；[58]也就是不論是「消」或是「息」，皆以乾陽爲主體而論之。[59]事實上，審視虞翻注十二消息卦，有所謂「陽息坤」，也有「陰消乾」者，陽息則陰消，陰息則陽消，結果意義是一樣的，只不過在定義的運用上，爲求更爲嚴謹精確，宜注意由陰變陽爲息、由陽變陰爲消的屬性。

　　「消息者，乾坤也」，[60]乾坤爲消息之主，以乾坤之爻的形成爲主體

---

[55] 見《易漢學》，頁1060。

[56] 見《易漢學》，頁1060。

[57] 見《周易虞氏略例‧消息第四》。引自趙輯如編次《大易類聚初集》，第十九冊，影印南菁書院《皇清經解續編》，卷六百二十六，台北：新文豐出版公司，1983年10月初版，頁543。李尙之，名銳，著《周易虞氏略例》一卷，江蘇元和人，專述虞氏一家之學，其爲例十有八，備載虞氏《易》注，每篇後附以己說，並皆發揮虞義，或引古訓以明之，至虞所未言，與後人疑虞爲誤者，概不羼入，體例尤爲謹嚴。其視張惠言《易》例爲精審，又張惠言謂八卦消息成六十四卦，李氏糾其誤，不愧爲茗柯諍友。

[58] 同前註，頁543。

[59] 晚近徐芹庭《兩漢十六家易註闡微》云：「消者謂陽之消，也息者謂陽之長也，息之言生長，消之言消剝也。陽消則陰息，陽息則陰消。」（台北：五洲出版社，1975年12月出版，頁71。）其理同李尙之所言，皆以乾陽爲主論消息。

[60] 見李道平《周易集解纂疏》，卷四，北京：中華書局，1994年3月第1版，1998年12月北京第2刷，頁254。

而論，惠棟引皇侃注《史記・歷書》所言，「乾者，陽生爲息，坤者，陰死爲消也」，又引《集解》虞翻注，「乾息爲盈，坤消爲虛，故君子尚消息盈虛，天行也」，[61]另外，李道平也提到，「消息十二卦，成於乾坤十二畫，復、臨、泰、大壯、夬、乾，皆自乾息而成也，故云乾息爲盈。姤、遯、否、觀、剝、坤，皆自坤消而成也，故云坤消爲虛」。[62]所論者，皆以陽爻稱乾，陰爻稱坤，也就是以乾爲陽生之爻，坤爲陰生之爻。按六十四卦皆乾坤之交易，而十二卦皆乾坤之消息。卦氣即以六十四卦之爻直歲，即乾坤之消息；乾坤消息爲辟，而十二卦爲二氣之消息屬天，故象君，至於四正卦則爲四時之方位，屬地，故象方伯。此說惠棟於此孟氏《易》說前已開宗明義的作了概括性的立說。

　　「消息」在論述上，不論以乾或坤或是二者共爲主體，[63]論者大概肯定消息盈虛，乃天象之變化，消息卦之制作，皆因此而來，所以惠棟在定義此名，會以虞注「天行」之說爲首，有其根本之意涵。至於此一天象之變化，即日月之變化，日月運行，因時變化而生消息盈虛，亦即《繫辭上》所謂「法象莫大乎天地，縣象著明莫大乎日月」，日月的變化，「變化者，進退之象也」，[64]日月的變化，因時而異，所以說「與時消息」。至於變化進退在消息上表現的實質內涵，惠棟引《繫辭上》言「變化者，進退之象也」，更引荀爽所云爲訓：

　　春夏爲變，秋冬爲化，息卦爲進，消卦爲退也。[65]
對此，李道平疏云：

　　陽稱變，春夏陽，故「爲變」。陰稱化，秋冬陰，故「爲化」。陽息而進，故「息卦爲進」。陰消而退，故「消卦爲退」。[66]

---

[61] 惠棟所引，見《易漢學》，頁1060。
[62] 見李道平《周易集解纂疏》，卷四，頁254。
[63] 清陳壽熊《讀易漢學私記》中斷明「陽息爲息，陽消爲消，消息皆主於乾」。（引自台北：廣文書局《易學叢書續編》本，1973年9月初版，頁2。）以「乾」作爲消息之主體，然而不論是六十四卦，或是十二消息卦，既是以乾坤二氣爲消息，又怎能單言「乾」爲主體。這種說法作爲否定惠棟之立論，實於理不足。
[64] 見《易漢學》，頁1060。
[65] 見《易漢學》，頁1060。
[66] 見李道平《周易集解纂疏》，卷八，頁548。

此消息進退之理，然而，是否真固守此一準則，仍有考索之必要。審虞翻注述十二消息，五月仲夏，一陰始生，於卦爲姤☴，以爲「消卦」；六月季夏，二陰生，於卦爲遯☶，即「陰消姤二」；十一月仲冬，一陽始生，於卦爲復☳，即「陽息坤」；十二月季冬，二陽始生，於卦爲臨☱，即「陽息至二」。知此五月仲夏姤卦爲消卦，而十一月復卦爲息卦，不合以變爲進，以化爲退之理。同《乾鑿度》所言「陽動而進，陰動而退」，蓋陽動爲變，陰動爲化，不論陽或陰，皆在變化，也就是說陽變則化陰，陰變則化陽，所論者在於爻變，十一月復卦至十二月臨卦，是六二變九二，陰變而化爲陽爻，五月姤至六月遯，是九二變六二，也就是陽變而化爲陰爻，如此一來，蓋陰變而化陽，即陽進而陰退，陽變而化陰，即陰進而陽退。因此，引荀爽爲訓，細加斟酌，好像並無太大的必要性，但準「變化者，進退之象也」的大前提爲是，並綜考卦爻之變，即可周全其理。

　　惠棟引《左傳正義》言「伏羲作十言之教」，「乾、坤、震、巽、坎、離、艮、兌消息」，[67]以此八卦言消息，推究其由，乾坤、震巽、坎離、艮兌兩兩皆陰陽爻相對，也就是一般所云之錯卦或旁通，而這兩兩相對的卦次又符合後人所說的「伏羲八卦方位」說的卦序。[68]同理，十二消息卦，泰否、大壯觀、夬剝、乾坤、復姤、臨遯等十二卦也是兩兩相對，其以地支配月，王洪緒《卜筮正宗》提到，「子午相衝，丑未相衝，寅申相衝，卯酉相衝，辰戌相衝，巳亥相衝」，[69]兩兩相沖，其理相同。此外，惠棟考索虞翻「八卦納甲之圖」時，認爲「乾息坤成震，三日之象；兌，八日之象。十五日而乾體成坤，消乾成巽，十六日也；，艮二十三日也」。[70]其序與「伏羲八卦方位圖」順向之序相合，惟此先天卦序中之「離東坎西」雖不合消息，但「八卦納甲之圖」坎、離位於中宮，卻又有特殊取

---

[67] 見《易漢學》，頁1060。

[68] 朱熹《周易本義》卷首列「伏羲八卦方位圖」，並引邵子云：「此伏羲八卦之位，乾南、坤北、離東、坎西、兌居東南、艮居西南、震居東北、巽居西北，於是八卦相交而成六十四卦，所謂先天之學也。」

[69] 見王洪緒《卜筮正宗》，卷一。引自湖南：海南出版社編《故宮珍本叢刊》，第四一六冊，2000年10月1版1刷，頁253。

[70] 見《易漢學》，頁1108。

位之處，似有相合。因此，惠棟深詳象數，引《左傳》此說，不乏有深
義，在卦序上，雖未必呼應「伏羲八卦方位」之序，然其「消息」之義，
與八卦納甲消息近乎同源同理。

惠棟又引虞翻云：

> 坤消從午至亥，上下故順也。乾息從子至巳，下上故逆也。

虞氏以坤消上下依序為午、未、申、酉、戌、亥，為順；而乾息下上依
序從子、丑、寅、卯、辰、巳，為逆。李道平曾疏云：

> 陰消始什為姤，至亥成坤。坤消自午，右行至亥，從上而下，故
> 曰順也。……陽息始子為復，至巳成乾。乾息自子，左行至巳，
> 從下而上，故曰逆也。[71]

以陰陽上下位變謂順逆，然細觀消息十二卦，不論是消卦之變，或是息
卦之變，午至亥、子至巳，皆由下而上而變，也就是從初爻而至上爻，
宜視為逆數之理方是，虞氏所別似不全然同義。《乾鑿度》所謂「《易》
氣從下生」，以下爻為始，故為「逆數」。[72]《易》氣從下而生，「卦始於
一陽，故《易》謂乾也」，[73]乾坤本以逆數生六子，故「乾坤初索震巽，
再索坎離，三索艮兌，是逆數也」。[74]因此，以乾坤或陰陽於此十二消息
卦上強分順逆，未能考得虞氏所安之理，而惠棟亦未明其由。姑且，推
知不論上下或是順逆，強調的陰陽消息、盈虛變化之理。至於「陽息而
升，陰消而降」，[75]以陰陽消息論升降，其理亦在盈虛變化。

此外，惠棟因消息又引《易緯》等諸說論人事、言災異：

> 《易緯乾鑿度》曰：聖人因陰陽起消息，立乾坤以統天地。又云：
> 消息卦純者為帝，不純者為王。

> 《漢書》京房上封事曰：辛酉以來，少陰倍力而乘消息。孟康曰：
> 房以息卦為辟，辟，君也。消卦曰太陰，息卦曰太陽，其餘卦曰

---

[71] 見李道平《周易集解篡疏》，卷十，頁 693。

[72] 「易氣從下生」，為逆數之理，鄭玄亦注云：「《易》本無无形，自微及著，氣從下生。」
也就是卦爻起於陽，一陽從下生，故為逆數。

[73] 見李道平《周易集解篡疏》，卷十，頁 693。

[74] 見李道平《周易集解篡疏》，卷十，頁 693。

[75] 見《易漢學》，頁 1060。

少陰、少陽，為臣下也。

《後漢書》陳忠上疏曰：頃季夏大暑而消息不協，寒氣錯時，水漏為變，天之降異，必有其故，所舉有道之士，可策問國典，所務王事過差，令處煖氣，不效之意，庶有讜言，以承天誡。[76]

惠棟肯定孟喜以「十二消息，皆辟卦，故舉帝王之表以明之」，也就是「辟卦為君，雜卦為臣」，[77]實十二消息主天地寒暑變化，為變化之首，附以人事言之，既為變化之首，又為雜卦之首，故十二辟卦「太陰」、「太陽」視為君位，而雜卦為臣，但十二辟卦雖皆處帝王之位，卻也有所別，究其源，仍以乾坤為本，「純者為帝」，乾坤二卦為是，「不純者為王」，則屬其餘之辟卦。此上下等第貴賤之別，即《易》以消息變化論人事。又，六月大暑，不審消息，致使陰陽消息不協不順，而有違卦月，如此一來，「纖芥不正，悔吝為賊」，「乖錯委曲，隆冬大暑，盛夏霜雪」，「水旱相伐，風雨不節，蝗蟲湧沸，群異旁出」；[78]是以卦氣不效，寒暑皆失其律則。以天地象人事，亦是如此，順應天地之變則安，違逆則必帶來悔吝；舉有道之賢士，言行合度，教令合宜，可鑒於天地，方足以昌盛久安。此即以卦氣消息之說而論災異，是漢代普遍性的思想，尤其滲透於經典的詁詮之中。

總之，惠棟廣引諸說，不論引《易傳》、《左傳正義》、《九家易》、《史記》、《漢書》、《後漢書》，乃至荀爽、虞翻所言，陳述「消息」大義，強調日月的盈虛，也就是陰陽的消長變化對天地之影響，宇宙萬物的變化，根源於陰陽的消息盈虛，這也是孟喜卦氣之說的基本觀念。

（二）十二消息卦

陰陽二氣消長進退的變化，陽息為盈，陰消為虛，以消息成卦，屈萬里生先云：

陽息坤則由復而臨、而泰、而大壯、而夬，以至於乾。陰消乾則

---

[76] 引文三說，見《易漢學》，頁 1061。

[77] 見《易漢學》，頁 1049。

[78] 見《易漢學》，頁 1049。

由姤而遯、而否、而觀、而剝，以至於坤。故消息之卦，凡十有
二。[79]

陽息坤爲息，陰消乾爲消，具體而爲十二消息卦。事實上從目前文獻記
載，較早明確提出十二消息卦學說的，是西漢孟喜，故惠棟視之爲其學
說重點，亦是卦氣說之重要組成。惠棟引干寶注乾六爻與坤六爻云：

> 干寶注乾六爻曰：陽在初九，十一月之時，自復來也，初九甲子，
> 乾納甲。天正之位，而乾元所始也；陽在九二，十二月之時，自臨來
> 也；陽在九三，正月之時，自泰來也；陽氣在四，二月之時，自
> 大壯來也；陽在九五，三月之時，自夬來也；陽在上九，四月之
> 時也。四月於消息爲乾。又注坤六爻曰：陰氣在初，五月之時，自姤來也；
> 陰氣在二，六月之時，自遯來也；陰氣在三，七月之時，自否來
> 也；陰氣在四，八月之時，自觀來也；陰氣在五，九月之時，自
> 剝來也；陰在上六，十月之時也。十月於消息爲坤。[80]

以干寶注詳明孟喜卦氣說所言陽息陰消、乾坤十二爻之變，並以十二消
息卦配以十二月，即藉陰陽二氣之變，依象配月。這種陰陽消長配合歷
法的思考模式，基本上其背後本身就是一種高度的天文科學基礎，這種
天文之學，早在兩漢以前就已然形成，不論《管子》所述四時教令，乃
至《禮記・月令》、《呂氏春秋》的十二月紀，以天文歷法結合陰陽五行
與四時教令，已臻成熟，故惠棟特別針對＜月令＞所言，引《禮記正義》
以明之：

> 天地之氣，謂之陰陽，一年之中，或升或降，故聖人作象，各分
> 爲六爻，以象十二月，陽氣之升，從十一月爲始，至四月六陽皆
> 升、六陰皆伏，至五月一陰初升，至十月六陰盡升、六陽盡伏。
> 今正月云，天氣下降，地氣上騰者，陽氣；五月之時，爲陰從下
> 起，上嚮排陽；至十月之時，六陽退盡，皆伏於下；至十一月，
> 陽之一爻始動地中；至十二月，陽漸升，陽尚微，未能生物之極。
> 正月三陽既上，成爲乾卦，乾體在下，三陰爲坤，坤體在上，是

---

[79] 見屈萬里《先秦漢魏易例述評》，臺北：學生書局，民國七十四年第三版，頁 78-79。
[80] 見《易漢學》，頁 1067。

陽氣五月初降，至正月為天體，而在坤下也；十一月一陽初生，
而上排陰；至四月陰爻伏盡，六陽在上，五月一陰生，六月二陰
生，陰氣尚微，成物未具；七月，三陰生而成坤體，坤體在下，
三陽為乾而體在上，所以十月云地氣下降，天氣上騰。[81]

以陰陽二氣升降之象，定十二月爲一年，所以孟春之時，「天氣下降，地
氣上騰」，即朱子《本義》所云「坤往居外，乾來居內」，外陰內陽，得
以交通之義。其它諸卦之象同義。因此，一行《卦議》特別指明，「十二
月卦出於《孟氏章句》，其說《易》本於氣」，「消息一變，十有二變而歲
復初」，[82]孟氏以陰陽之氣的變化來說明十二月卦何以主一年十二個月，
其十二月卦，也稱爲「十二辟卦」，其卦名配月、配四時、配十二支與方
位如下二表所示：

圖表 2-1-8　十二辟卦配月、四時、十二支與位表

卦名	月序	四時	十二支
復䷗	十一月	冬	子
臨䷒	十二月	冬	丑
泰䷊	正月	春	寅
大壯䷡	二月	春	卯
夬䷪	三月	春	辰
乾䷀	四月	夏	巳
姤䷫	五月	夏	午
遯䷠	六月	夏	未
否䷋	七月	秋	申
觀䷓	八月	秋	酉
剝䷖	九月	秋	戌
坤䷁	十月	冬	亥

---

[81] 見《易漢學》，頁 1068。
[82] 見《新唐書・志第十七》卷二十七，僧一行《卦議》所引。

圖表 2-1-9　十二辟卦配月、四時、十二支與方位圖[83]

　　十二消息總在陰陽窮通變化，惠棟藉《繫辭》之言，「變通配四時」，「剛柔相推，變在其中矣」，「往來不窮，謂之通」等語，引荀、虞所釋以詁十二消息之變。引虞氏云：

> 變通趣時，十二月消息也。泰、大壯、夬配春；乾、姤、遯配夏；否、觀、剝配秋；坤、復、臨配冬。謂十二月消息相變通，而周於四時也。[84]

十二卦配四時，與孟喜卦氣圖說相符，原本於孟喜之說。又云：

> 謂十二消息，九六相變，剛柔相推，而主變化，故變在其中矣。[85]

其理前述「消息」已不斷申說。息卦由復始而乾終，皆陰變陽、柔變剛，而消卦則自姤而坤，皆陽變陰、剛變柔，一切皆在陰陽之變。所以荀爽說：

> 謂一冬一夏，陰陽相變易也。十二消息，陰陽往來無窮已，故通也。[86]

---

[83] 本圖轉引自郭建勳注譯、黃俊郎校閱《新譯易經讀本》中之「十二辟卦方位圖」。（台北：三民書局，1996 年 1 月初版，頁 28。）

[84] 見《易漢學》，頁 1065-1066。

[85] 見《易漢學》，頁 1066。

[86] 見《易漢學》，頁 1066。

陰陽消息盈虛，常變而不息，則四時通順，寒暑變化也自然有其恆則，如此「寒往則暑來，暑往則寒來」。[87]消息正，則「範圍天地之化而不過」，[88]也就是說消息變化有其周法之規範，依其寒暑消長之定則而變之，講求次序矩度，而非妄行失常；對此，惠棟引《九家易》詮之：

> 言乾坤消息，法周天地，而不過於十二辰也。辰，日月所會之宿。謂諏訾、降婁、大梁、實沈、鶉首、鶉火、鶉尾、壽星、大火、析木、星紀、元枵之屬是也。[89]

十二消息與十二辰相配，是依據北斗星的斗建方向而爲立說，斗柄指向正北時爲子，東轉三十度爲丑，再東三十度爲寅，餘類推，取十二宿以代之。這種配卦之說，固爲兩漢時期的定說，然而這樣的說法，訴諸於文獻，《稽覽圖》的記載可以說是文獻中可見的漢代《易》說在這方面的重要開端。[90]配之以十二星象言，古代歷法以觀測日月星象運行之先後，定爲十二年爲一周天，依其歲星之次，而爲紀年之準。《九家易》將此十二辰，合諸乾坤消息十二卦之中，並配以十二地支，惠棟並明示「諏訾以下，謂自寅至丑，自泰至臨也」，[91]則諏訾配寅，消息爲泰卦，餘諸辰則依序配之。表列呈現爲：

圖表 2-1-10　十二消息卦配辰配星表

卦名	泰䷊	大壯䷡	夬䷪	乾䷀	姤䷫	遯䷠	否䷋	觀䷓	剝䷖	坤䷁	復䷗	臨䷒
地支	寅	卯	辰	巳	午	未	申	酉	戌	亥	子	丑
歲星	諏訾	降婁	大梁	實沈	鶉首	鶉火	鶉尾	壽星	大火	析木	星紀	元枵

87　見惠棟引《繫辭》言。語見《易漢學》，頁 1066。
88　見惠棟引《繫辭》言。語見《易漢學》，頁 1066。
89　見《易漢學》，頁 1066-1067。
90　《稽覽圖》詳述十二消息卦，並將六十卦分置於十二月，每月配五卦：「小過、蒙、益、漸、泰（寅）；需、隨、晉、解、大壯（卯）；豫、訟、蠱、革、夬（辰）；旅、師、比、小畜、乾（巳）；大有、家人、井、咸、姤（午）；鼎、豐、渙、履、遯（未）；恆、節、同人、損、否」（申）；巽、萃、大畜、賁、觀（酉）；歸妹、无亡、明夷、困、剝（戌）；艮、既濟、噬嗑、大過、坤（亥）；未濟、蹇、頤、中孚、復（子）；屯、謙、睽、升、臨（丑）。」（見《稽覽圖》，頁 511。）
91　見《易漢學》，頁 1067。

星辰天象，生生不息，取十二星辰十二年爲一周天之法，附之於十二消息爲十二月期年者，本在法天象運轉之定則而爲規範，消息盈虛，亦在不過，而又轉諸人事，也是如此，以天道之法而軌之。這是漢代《易》說常見之現象。不過，這裡特別要指出的是，先秦時期往往干支僅以紀日，十二支只以紀十二時，而星次定日躔，日月運行，右旋於星際，於是有十二次之分，然星左旋一晝夜一周，並非固定，於是有十二辰之時位以範圍之。此十二次者，即前述十二宿，爲日月之行，一歲十二會，觀斗所建其辰爲寅，於孟春日月會於諏訾，餘依序降婁、大梁、實沈、鶉首、鶉火、鶉尾、壽星、大火、析木、星紀、元枵，惠棟所注以諏訾先言，探的是夏正建寅之月，即以孟春正月爲歲首，也就是以日月會於諏訾之宿爲歲首之月。[92]從歷法的角度云，諸說皆以十一月、復卦、子辰爲首，卻在十二宿的論說上，以孟春爲先，如此的不一致，顯有淆亂不合；倘正視嚴謹的歷法觀，雖惠棟未明確所指，然引《九家易》之論如斯，是有必要說明，以正自說之清楚無誤。不過，惠棟此處之用意，主在表現漢代有以十二消息配十二宿的卦氣之說，因此，也毋須太過苛責了。[93]時位不變而星次運行，一周而復原，即天道之不息，而雖然孟春等漢儒以十二卦配十二辰、十二星宿，未必與實際歷律原則相符，然不失《易》法天象之精神，也本乎《繫辭》所謂「《易》與天地準，故能彌綸天地之道，仰以觀於天文，俯以察於地理，是故知幽明之故」；「天地設位而易行乎其中矣」的根本方向。

---

[92] 《禮記正義》云：「孟春者，夏正建寅之月也。秦以十月爲歲首，不用秦正而用夏時者，以夏數得天正，故用之也。周禮雖以建子爲正，其祭祀田臘，亦用夏正也。」（見清朱彬《禮記訓纂》，北京：中華書局，1996 年 9 月第 1 版北京第 1 刷，頁 214。）知夏、商、周，乃至秦歷，建首皆異。鄭玄注《周禮·大師職》云：「十一月辰在星紀，十二月辰在玄枵，正月辰在娵訾，二月辰在降婁，三月辰在大梁，四月辰在實沈，五月辰在鶉首，六月辰在鶉火，七月辰在鶉尾，八月辰在壽星，九月辰在大火，十月辰在析木。」歲會十二，以子爲首，是爲周歷，尤符《周易》以一陽復爲首之精神。

[93] 鄭衍通主張星次右旋即反時鐘方向排列，辰位左旋排列，故元枵在子，娵訾在亥，降婁在戌，大梁在酉，實沈在申，鶉首在未，鶉火在午，鶉尾在巳，壽星在辰，大火在卯，析木在寅，星紀在丑，這是固有的列位。有此一說，備作參考。參見鄭衍通《周易探原》論述八卦與曆數，以及卦位關係時，對十二辰與十二星之析解。（台北：文史哲出版社，1972 年 5 月新加坡初版，2002 年 6 月修正增訂一版，頁 46-60。

孟喜以「十二消息，皆辟卦，故舉帝王之表以明之」，以十二消息主
天地寒暑變化，爲變化之首，視爲帝王之位，惠棟引《易緯・乾鑿度》
中也談到有關的內容：

> 孔子曰：復表日角；臨表龍顏；泰表載干；大壯表握訴，龍角大
> 辰；夬表升骨履文；姤表耳參漏，足履王知多權；遯表日角連理；
> 否表二好文；觀表出準虎；剝表重童明歷元。此皆律歷運期，相
> 一匡之神也。[94]

《乾鑿度》以十二卦配律歷運期，並「相一匡之神」，[95]惠棟視之爲帝王
之表，賦予至高尊貴的神位之名。另外，《乾鑿度》這段話，張惠言《易
緯略義》納入「圖書」一例，其上又引《坤靈圖》語以相繫，主要是說
明其瑞應之徵：

> 聖人受命，瑞應先見於河。瑞應之至，聖人殺龍，龍不可得而殺
> 者，皆盛氣也。君子得眾人之助，瑞應先見於陸，瑞應之至，君
> 子法地，蛇不如龍，陸不如河。[96]

此瑞應之說，《乾鑿度》也提到「帝王始起，河洛龍馬，皆察其首，……
此天地神靈佐助之期，吉凶之應」，[97]蓋可得知，這段話主要是以龍與消
息卦相繫爲瑞應。龍爲靈獸，古人向來視爲瑞應，引龍貌特徵來表示聖
人帝王之象，[98]今日命相之學，也參之以爲帝王之尊。[99]《乾鑿度》以十

---

[94] 見《易漢學》，頁 1068。

[95] 見《易緯・乾鑿度》，頁 495。

[96] 張惠言所引本段話，今《坤靈圖》未載，而見於馬驌的《繹史》所引。

[97] 見《易緯・乾鑿度》，頁 495。

[98] 以龍爲言的符應之說，參見陳槃〈秦漢間之所謂「符應」論略〉一文，載於《中央研
究院歷史語言所集刊》第十六集。又據《左傳・昭公二十九年》所記，劉氏之祖先劉累
以「擾龍」起家，故漢人多以龍來作爲帝王之象徵。兩漢讖諱之書，也多提到帝象龍顏，
諸如《春秋元命苞》：「黃帝龍顏，顓頊駢幹，帝嚳戴干，堯眉八彩，舜重童子，后稷岐
頤，湯臂三肘，文王四乳，文王龍顏柔肩，……」《春秋合誠圖》：「伏羲龍身、牛首、……
龍唇、龜齒，長九尺有一寸。」其他像《春秋演孔圖》、《孝經援神契》、《雒書靈准聽》
等書也都有相關記載。

[99] 以龍表帝王之相，歷來命相之學亦採以爲言，如前面內文引言「日角」者，劉峻《辨
命論》：「龍犀日角，帝王之表；河目龜文，公侯之相。」「日角」蓋額上之骨，隆起如
日者，也就是一般所言的額角，代表了古代帝王之相。詳見祝平一《漢代的相人術》，
臺北：學生書局，1990 年初版，頁 115。

二消息卦，參之以龍象，這樣的說法，爲目前文獻所見說《易》之首聞。古君王以龍袍在身，以象其尊，但知以龍爲圖騰爲亙古所早有，而《乾鑿度》引入於十二君卦之中；惠棟引用則不涉龍象爲孟氏之說，但在強調十二消息爲君王之表。此考據學家廣引參證之常。

惠棟引《參同契》云十二消息配十二律之說：

> 《周易參同契》曰：朔旦爲復，陽氣始通；出入无疾，立表微剛；黃鐘建子，兆乃滋張；播施柔暖，黎蒸得常。臨爐施條，開路正光；光耀漸近，日以益長；丑之大呂，結正低昂。仰以成泰，剛柔並隆；陰陽交接，小往大來；輻輳於寅，運而趣時。漸歷大壯，俠列卯門；榆莢墮落，還歸本根；刑德相符，晝夜始分。夬陰以退，陽升而前；洗滌羽翮，振索宿塵。乾健盛明，廣被四鄰；陽終於巳，中而相干。姤始紀序，履霜最先；井底寒泉，午爲蕤賓；賓服於陰，陰爲主人。遯去世位，收斂其精；懷德俟時，栖遲昧冥。否塞不通，萌者不生；陰伸陽詘，沒陽姓名。觀其權量，察仲秋情；任畜微稚，老枯復榮；薺麥芽蘗，因冒以生。剝爛肢體，消滅其形；化氣既竭，亡失至神。道窮則返，歸乎坤元。[100]

詳分古代歷法，有所謂陰陽歷，其基本要素爲氣朔。言朔爲歷，年以十二朔望月爲據，則屬陰歷之法。[101]《參同契》再配之以律呂，說明卦氣、律呂與天道相通，由黃鐘而大呂，而太簇，而夾鐘，而姑洗，而中呂，而蕤賓，而林鐘，而夷則，而南呂，而无射，而應鐘，以管之長短相生定陰陽之數，如下圖所示：

---

100 見《易漢學》，頁 1069-1070。
101 歷法以氣朔爲定，氣是陽歷成分，以物候定陰陽消長，且氣有平氣與定氣之分，清代以前一直用平氣制歷。朔是陰歷成分，月以朔旦爲始，朔旦至朔旦爲一月；朔又有平朔、定朔之別，唐以前一直用平朔制歷。以朔爲用，屬陰歷之法。

圖表 2-1-11　十二消息卦配地支律呂圖[102]

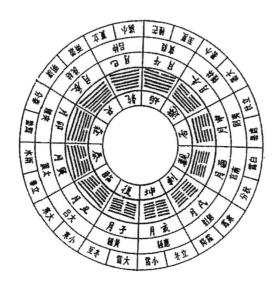

復卦 ䷗ 一陽初現，即「晦至朔旦」。[103]在歲，冬至爲復；在月，朔旦爲復；在日，子時爲復。是復皆具始萌之象。邵康節《擊壤集》云，「冬至子之半，天心無改移」，[104]以冬至日子時之半爲天心，即一歲的終始處。魏伯陽取之於兩漢《易》說，定十一月朔旦爲復，將復卦一陽初現看作一個過程，一陽始於朔旦，到月中，即到冬至子時之半，方成復卦之形。由復至乾，爲陰消陽長的過程，乾爲陽氣極盛之時；由姤至坤，爲陽消陰長的過程，坤爲陰氣極盛之時；如此，以天地陰陽消長之象而爲十二卦，配十二呂律與十二支。事實上，兩漢時期的歷律，本就有以一年十二月之變，配十二呂律之說，《禮記·令月》即詳云：

> 孟春之月，律中太簇；……仲春之月，律中夾鐘；……季春之月，
> 律中姑洗；……孟夏之月，律中中呂；……仲夏之月，律中蕤

---

[102] 轉引自蕭漢明、郭東升《《周易參同契》研究》，上海：上海文化出版社，2001 年 1 月 1 版 1 刷，頁 77。

[103] 見《易漢學》，頁 1069。

[104] 見《擊壤集·冬至吟》，卷十八。引自台北：台灣商務印書館《景印文淵閣四庫全書·集部·別集類》，第一一〇一冊，頁 145。

賓；……季夏之月，律中林鐘；……孟秋之月，律中夷則；……
仲秋之月，律中南呂；……季秋之月，律中無射；……孟冬之月，
律中應鐘；……仲冬之月，律中黃鐘；……季冬之月，律中大呂。
[105]

鄭玄注云，「孟春氣至，則大蔟之律以應」，「仲春氣至，則夾鐘之律以應」，
「季春氣至，則姑洗之律應」，「孟夏氣至，則中呂之律應」，「仲夏氣至，
則蕤賓之律應」，「季夏氣至，則林鐘之律應」，「孟秋氣至，則夷則之律
應」，「仲秋氣至，則南呂之律應」，「季秋氣至，則無射之律應」，「孟冬
氣至，則應鐘之律應」，「仲冬氣至，則黃鐘之律應」，「季冬氣至，則大
呂之律應」。[106]藉氣化流行之象，呼應呂律之特性以相配，這種月配呂律
的情形，在傳統歷法的運用上已是普遍之現象，而惠棟引《參同契》爲
論，除了間接肯定孟喜之學有此主張外，也強調此主張爲孟喜時期，甚
至是兩漢以降普遍存在的卦氣說之一部份。然而，以十二消息配十二月、
十二呂律所成之卦氣說，對照鄭玄的十二月爻辰說，[107]卻有明顯的差異

---

[105] 見《禮記·月令》。引自孫希旦《禮記集解》，台北：文史哲出版社，1990 年 8 月文 1
版，頁 399-438。

[106] 見《禮記·月令》鄭注。十二呂律，鄭玄注其形式，而《漢書·律志》論其行氣，主
要爲：大蔟爲林鐘之所生，三分益一，律長八寸，律空圍九分，是其陽氣大，故奏地而
達物。夾鐘爲夷則之所生，三分益之一，律長七寸二千一百八十七分寸之千七十五，陰
夾助大蔟宣四方之氣而出種物。姑洗爲南呂之所生，三分益一，律長七寸九分寸之一，
陽氣洗物辜絜之。中呂爲無射之所生，三分益一，律長六寸萬九千六百八十三分寸之萬
二千九百七十四；微陰始起未成，著於其中，旅助姑洗宣氣齊物。蕤賓爲應鐘之所生，
三分益一，律長六寸八十一分寸之二十六，陽始導陰氣使繼養物。林鐘爲黃鐘之所生，
三分去一，律長六寸，陰氣受任，助蕤賓君主種物，使長大棷盛。夷則爲大呂之所生，
三分去一，律長五寸七百二十九分寸之四百五十一，陽氣正法度，而使陰氣夷當傷之物。
南呂爲大蔟之所生，三分去一，律長五寸三分寸之一，陰氣旅助夷則任成萬物。無射爲
夾鐘之所生，三分去一，律長四寸六千五百六十一分寸之六千五百二十四，陽氣究物，
而使陰氣畢剝落之，終而復始，無厭已。應鐘爲姑洗之所生，三分去一，律長四寸二十
七分寸之二十，陰氣應亡射，該藏萬物而雜陽閡種。黃鐘爲律之始，九寸，陽氣施種於
黃泉，孳萌萬物，爲六氣元。大呂爲蕤賓之所生，三分益一，律長八寸二百四十三分之
百四，旅助黃鐘宣氣而牙物。（引自孫希旦《禮記集解》，北台：文史哲出版社，1990
年 8 月文 1 版，頁 399-438。）

[107] 鄭玄的十二月爻辰說，主要以乾坤二卦十二爻配十二月所成之卦氣圖說，惠棟並列其
爻辰圖而詳加考索，後文將作進一步探討，故暫且略論。

而爲不同之體系：

圖表 2-1-12　十二消息卦與乾坤十二爻辰配月配呂律對照表

十二消卦	復	臨	泰	大壯	夬	乾	姤	遯	否	觀	剝	坤
乾坤十二爻	乾初九	坤六四	乾九二	坤六五	乾九三	坤上六	乾九四	坤初六	乾九五	坤六二	乾上九	坤六三
地支	子	丑	寅	卯	辰	巳	午	未	申	酉	戌	亥
呂律	黃鍾	大呂	太簇	夾鍾	姑洗	中呂	蕤賓	林鍾	夷則	南呂	無射	應鍾

二說有別，同於明代張介賓所撰《類經圖翼》引朱載堉論「三分損益生律法」的陰陽生律之二說，圖式備載如下：[108]

圖表 2-1-13　三分損益生律法[109]

---

[108] 本文二圖，參見張介賓《類經圖翼》引朱載堉云：「陽律生陰，下生；陰律生陽，上生。陰陽之分古有二說。其一說者十二律呂各照方位，在子午以東屬陽，子午以西屬陰，是故：子，黃鍾，一陽復卦；丑，大呂，二陽臨卦；寅，太簇，三陽泰卦；卯，夾鍾，四陽大壯卦；辰，姑洗，五陽夬卦；巳，仲呂，六陽乾卦；午，蕤賓，一陰姤卦；未，林鍾，二陰遯卦；申，夷則，三陰否卦；酉，南呂，四陰觀卦；戌，無射，五陰剝卦；亥，應鍾，六陰坤卦。乾爲老陽，故仲呂亢極不生；坤爲老陰，故應鍾極短爲終。大呂，夾鍾，中呂，三呂以陰居陽，故皆屬陽，蕤賓，夷則，無射三律以陽居陰，故皆屬陰。凡律清者皆上生，濁者皆下生，此一說也。其二說者，六律數奇屬陽，六呂數偶屬陰，是故：子，黃鍾，乾之初九；寅，太簇，乾之九二；辰，姑洗，乾之九三；午，蕤賓，乾之九四；申，夷則，乾之九五；戌，無射，乾之上九。此六律數奇，各居本位屬陽也。丑，林鍾，坤之初六；卯，南呂，坤之六二；巳，應鍾，坤之六三；未，大呂，坤之六四；酉，夾鍾，坤之六五；亥，中呂，坤之上六。此六呂數偶，各居對沖屬陰也，居本位者皆下生，居對沖者皆上生，此又一說也。」所言二說，即兩漢孟喜、鄭玄之《易》說。

[109] 引自張其成《易經應用大百科》（下篇），台北：地景企業股份有限公司，1996 年 5 月初版，頁 8。

對照之下，鄭玄之說與消息之說，二者不合之處昭然而見；消息之說，較具規律性。

孟喜一系卦氣之說，在漢兩時期蔚為風氣，十二消息卦配之以四時、干支、星宿、方位、律呂等天文歷法諸元，並有更進一步配以五行、五聲、五色者，如：《乾元序制記》的記載：[110]

> 復姓角名宮，赤黃色，長八尺一寸，三十六世。臨姓商名宮，黃白色，長八尺三寸一分，七十二世。泰姓商名宮，黃白色，長七尺六寸，三十六世。[111]大壯姓商名角，蒼白色，長七尺三寸九分，百三十一世。……姤姓角名商，蒼白色，長六尺三寸，二十八世。遯姓宮名商，黃白色，長五尺九寸八分，五十六世。否姓宮名商，黃白色，長五尺六寸一分，七十二世。觀姓宮名角，蒼白色，長五尺三寸二分，百三十世。剝姓商名宮，蒼白色，長五尺九寸九分，百二十世。……乾姓商名宮，白色，享國百二十。坤姓商名宮，黃色，享國百二十。[112]震姓角名□，蒼色，享國七十二。[113]巽姓角名角，蒼色，享國六十四。離姓徵名徵，赤色，享國六十四。兌姓商名商，白色，享國六十四。坎姓羽名羽，黑色，享國七十二。艮□□名宮，黃色，享國七十二。[114]

此記載重在表達瑞應之說。以消息卦與八純卦入五聲，而五聲協之以五行，依《尚書》與《禮記‧月令》所記，班固《白虎通義》引述云：

> 《尚書》曰：「予欲聞六律、五聲、八音。」五聲者，何謂也？宮、商、角、徵、羽。土謂宮，金謂商，木謂角，火謂徵，水謂羽。《月令》曰：「盛德在木」，「其音角」。又曰：「盛德在火」，「其音徵」。「盛德在金」，「其音商」。「盛德在水」，「其音羽」。[115]

---

[110] 見《乾元序制記》，頁 553。

[111] 《隋書‧王劭傳》引《坤靈圖》作「黃色，長八尺，六十世。」今《坤靈圖》未見。

[112] 本文作「依商名宮」，依前後卦之五行例，疑當作「姓宮名宮」。

[113] 震卦下脫字，依前後文當補為「角」字。

[114] 艮卦下脫二字，疑為「姓宮」。

[115] 引自清陳立《白虎通疏證‧禮樂》，卷三，北京：中華書局，1997 年 1 版 2 刷，頁 120。《月令》的五行配五聲，即：盛德在木，其音角；盛德在火，其音徵；盛德在金，其音商；盛德在水，其音羽；盛德在土，其音宮。

再對照《乾元序制記》所載，似乎以「帝出乎震」系列的八卦卦序相配爲當，加上五色，其序列則爲：

圖表 2-1-14　八卦配五聲五行與五色

八卦	五聲	五行	五色
震	角	木	蒼
巽	角	木	蒼
離	徵	火	赤
坤	宮	土	黃
兌	商	金	白
乾	商	金	白
坎	羽	水	黑
艮	宮	土	黃

在這裡，此八純卦以五聲爲姓爲名，乃就重卦而言，所以就像乾卦「上乾下乾」，所以稱爲「姓商名商」，其他各卦也是如此。在十二消息卦方面，獨缺夬卦；今推以相配五聲五色，則圖示如下：

圖表 2-1-15　十二消息卦配五聲五色表

消息卦	姓	名	五色	緯文原述情形
復	角	宮	黃蒼	緯文原作「赤黃」
臨	商	宮	黃白	同前
泰	商	宮	黃白	同前
大壯	商	角	黃白	同前
夬	商	商	白白	緯文缺漏未述
乾	商	商	白白	同前
姤	角	商	白蒼	同前
遯	宮	商	白黃	同前
否	宮	商	白黃	同前
觀	宮	角	蒼黃	緯文原作「蒼白」
剝	宮	宮	蒼黃	緯文原作「姓商名宮」、「黃白」
坤	宮	宮	黃黃	同前

這些卦所主的五聲五色，可以根據八純卦所本推究而來，諸如臨卦其重卦爲上坤下兌，坤五聲爲「宮」，五色爲「黃」，而兌爲「商」爲「金」，

則臨卦的姓則為「商」，名則為「宮」，其五色則為「黃白」；依此，下卦屬姓，而上卦屬名。這樣的推算，可以略窺其有一定的規律性，惟緯文所載，仍有復卦、觀卦與剝卦與這種推算方式的結果有部份出入，疑緯文在傳鈔的過程中，或有舛誤。

孟喜以坎、震、離兌四正卦配四時，以十二辟卦配十二月，卻又以此十二卦重複合於其餘四十八卦為六十卦，配一年三百六十五日又四分之一，此十二卦強為重複配用，略顯失其原則與統緒。然而，十二消息配次諸元，貫之以災異符瑞，現之以天人相應之學，為漢代思想的本然質性，雖多有附會之說，然孟喜卦氣十二消息，導之以天文歷法，仍不失其科學性，並呈現其合理合宜的學說原則，立象為本，為漢代易學的重要特色，也成為後代易學的常例。

四、七十二候與六十卦用事之月

（一）七十二候重在時訓的科學論述

歷法從四時的變化，定出一年十二月，並進而立二十四節氣，而七十二候則主要又是從二十四節氣派生而來。關於七十二候的起源，惠棟引唐一行《五卦候議》云：

> 七十二候，原于周公《時訓》，《月令》雖頗有增益，然先之次則同。[116]

七十二候是否確源於周公，今已難以考實，然在周公時代已普遍使用。發展至漢代，典籍論述十分頻繁，《呂氏春秋·十二紀》、《淮南子·時則訓》、《禮記·月令》、《易緯·乾鑿度》、《易緯·通卦驗》均有記載，為兩漢歷律不可或缺的元素。惠棟並引《乾鑿度》與鄭玄注云：

> 《易緯·乾鑿度》曰：天氣三微而成一著，三著而成一體。康成注云：五日為一微，十五日為一著。故五日有一候，十五日成一氣也。又曰：八卦之生物也，畫六爻之移，氣周而從卦。康成注

---

[116] 見《易漢學》，頁1103。語出《新唐書》卷二十七。

云：八卦生物，謂其歲之八節，每一卦生三氣，則各得十五日。
今言畫六爻，是則中分之言。[117]

氣化流行，五日爲一候，驗之以七十二候，符合卦爻變化之理數。《素問·六節藏象論》云：

天正之度，氣之數也。天度者，所以制日月之行也；氣數者，所以紀化生之用也。[118]

藉日月運行之象位，推出節氣的變化，制爲氣數，並進一步作爲萬化之用，這樣的概念符合八卦生物之理，以八卦相配相推，一氣十五日，五日爲一候，如此一氣主三候，而一卦生三氣，即一卦三三得九候，八卦則合爲八九七十二候，如此氣數之變，既合宜又可爲立論之依準。十五日，爲二十四節氣之定數，「凡二十四氣，氣有十五日有餘」，[119]亦即「二十四氣，每三分之，七十二氣，氣間五日有餘，故一年有七十二候也」。[120]所以惠棟又引《素問》云，「五日謂之候，三候謂之氣，六氣謂之時，四時謂之歲」。[121]二十四節氣，每月分節、中二氣，而七十二候之說，則又以每月節氣十五日又分爲三氣，每氣五日，即所謂初候、次候、末候等三候。每月中氣同樣分三候。合一月二節氣爲六候，一年十二個月則爲七十二候。數推成候，並應之時候物，作爲候時的代表。

用候之方法與原則，《易緯》並無作周延而詳細的列述，但仍可尋其用候之跡，諸如《通卦驗》云：

正此之道以日，冬至日始，人主不出宮，商賈人眾不行者五日；兵革伏匿不起，人主與群臣左右從樂五日，天下人眾亦在家，從樂五日，以迎日至之大禮。……五日儀定，地之烝和，人主公卿

---

[117] 見《易漢學》，頁 1102-1103。
[118] 見《素問·六節藏象論》。引自湖南：海南出版社《故宮珍本叢刊》，第三七九冊，張琦《素問釋義·六節藏象論第九》，卷一，2000 年 10 月 1 版 1 刷，頁 147。
[119] 見孔穎達《禮記正義·月令》。惠棟《易漢學》引，頁 1103。
[120] 見《易漢學》，惠棟案語，頁 1103。棟所案，亦源於《禮記·月令》：「凡二十四氣，每三分之，七十二氣，氣間五日有餘，故一年有七十二候。」另外，《呂氏春秋·十二紀》高誘注、《淮南子·時則訓》高誘注、《禮記·月令》孔疏等皆有詳論，可備參考。
[121] 見《易漢學》，頁 1059。

大夫列士之意得，則陰陽之晷如度數。[122]

似乎可以看出其以五日爲一候，循五日以定儀，並藉以占驗吉凶。因此，漢代普遍用候，並用之以徵驗災異，毋庸置疑。惠棟不作災異的強爲之說，反倒是從實證的角度著手，引《通卦驗》云，強調的是周公、仲尼時期，「所記氣候，比之時訓」，所以「七十二候，皆以時訓」，[123]重在自然天候變化的科學論述。以自然天候劃爲七十二氣候，從歷法的意義上來論，仍具有某種程度的科學實證性；七十二種候物或自然現象，基本上都是七十二氣在各自相應的時間裡於自然界、動植物界所產生的反映，因此，從這個角度思考，七十二候有其客觀的實存性，不以人的意志爲轉移。配於《易》卦之中，雖似牽強附會，卻仍可見其理則，所以尚秉和在其《周易尚氏學》附錄《滋溪老人傳》中云：

> 卦氣者，卜筮之實，乃必與時訓相附。初莫明其故，久之知七十二候之詞，皆由卦象而出。如中孚曰蚯蚓，上巽爲蟲，故曰蚯蚓。中孚正反巽，相對於中，故曰蚯蚓結。於復曰鹿角解，震爲鹿故曰鹿，艮爲角，艮覆在地，則角落矣，故曰鹿角解。初以爲偶然耳，既求之各卦無不皆然。[124]

認爲「七十二候之詞，皆由卦象而出」，明白指出七十二候時訓候物，皆準於卦象而生，是否如此，不敢斷定，[125]然而，可以肯定的是孟喜根據卦象比附七十二候，有其內在的邏輯理路，尤其重組六十卦配七十二候，呈現出不同於傳統文王的六十四卦卦序之另類卦序；此種創新與變革，孟喜並非隨意附會，而是巧妙地將宇宙的陰陽氣化的卦氣之說與時候之

---

[122] 見《通卦驗》卷上，頁 535-536。

[123] 見《易漢學》，頁 1104-1105。

[124] 尚秉和《周易尚氏學》，北京：中華書局，1980 年 5 月第 1 版，2003 年 12 月北京第 8 刷，頁 359。

[125] 關於六十卦象與七十二候先後的問題，歷來多有議論。尚氏專精於《易》象，依其所見，「七十二候之詞，皆由象而出」，似乎認爲先民從通過對觀察六十卦象之後，才提出七十二候之說，這樣的講法，不免令人啓疑竇，因爲從目前文獻資料所見，大致可以看出是先有曆法意義上的七十二候，而後才有孟喜等兩漢說《易》者的以卦配候的情形，也就是說曆法上的七十二候在先，以卦配候的論述在後，因此，尚氏強說七十二候的創立，是取象於六十卦卦象，孰先孰後，無據可證而作爲定論，似嫌果斷。

象結合，有其井然之思維理哲的。

（二）卦配七十二候的實質內涵

根據惠棟引李溉所傳錄孟喜的七十二候卦氣圖，指出孟喜以六十卦，配之以四正卦、二十四節氣，而制爲七十二候的以卦配歷之法。如下圖所示：

圖表 2-1-16　卦氣七十二候圖[126]

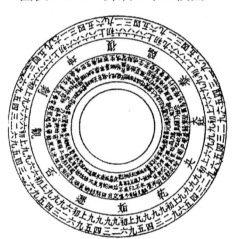

孟氏以六十卦配一年七十二候，主要是將六十卦析爲五組，各以五等爵稱，分別爲：

1. 辟卦十二：復、臨、泰、大壯、夬、乾、姤、遯、否、觀、剝、坤。
2. 公卦十二：中孚、升、漸、解、革、小畜、咸、履、損、賁、困、大過。
3. 侯卦十二：屯、小過、需、豫、旅、大有、鼎、恆、巽、歸妹、艮、未濟。

---

[126] 引自新文豐出版公司《叢書集成新編》，第十七冊，《易漢學》，影印經訓堂叢書本，頁43。

4. 卿卦十二：暌、益、晉、蠱、比、井、渙、同人、大畜、明夷、噬嗑、頤。

5. 大夫卦十二：謙、蒙、隨、訟、師、家人、豐、節、萃、無妄、既濟、蹇。

每卦配一候，六十卦配六十候，而不足的十二候，孟氏只好運用十二侯卦來代替，將侯卦每卦分為「內」與「外」，每個侯卦分主兩候，十二侯卦則主二十四候；每個侯卦之「內」卦，主上月中氣之末候，「外」卦主下一個月節氣之初候。如此一來，七十二候均得以卦配。凡是配「節氣」、「中氣」之初候者，稱為「始卦」，配次候者，稱為「中卦」，配末候者，稱為終卦。依惠棟所列唐一行《開元大衍曆經》所述，孟氏卦配七十二候，表列如下：[127]

圖表 2-1-17　孟氏卦配七十二候詳表

恆氣	月份	中節	四正卦	象數	初候	始卦	次候	中卦	末候	終卦
冬至	11	中	坎	初六	蚯蚓結	公中孚	麋角解	辟復	水泉動	侯屯(內)
小寒	12	節	坎	九二	雁北鄉	侯屯(外)	鵲始巢	大夫謙	野雞始雊	卿暌
大寒	12	中	坎	六三	雞始乳	公升	鷙鳥厲疾	辟臨	水澤腹堅	侯小過(內)
立春	1	節	坎	六四	東風解凍	侯小過(外)	蟄蟲始振	大夫蒙	魚上冰	卿益
雨水	1	中	坎	九五	獺祭魚	公漸	候雁北	辟泰	草木萌動	侯需(內)
驚蟄	2	節	坎	上六	桃始華	侯需(外)	倉庚鳴	大夫隨	鷹化為鳩	卿晉
春分	2	中	震	初九	玄鳥至	公解	雷乃發聲	辟大壯	始電	侯豫(內)
清明	3	節	震	六二	桐始華	侯豫(外)	鼠化為鴽	大夫訟	虹始見	卿蠱
穀雨	3	中	震	六三	萍始生	公革	鳴鳩拂羽	辟夬	戴勝降桑	侯旅(內)
立夏	4	節	震	九四	螻蟈鳴	侯旅(外)	蚯蚓出	大夫師	王瓜生	卿比
小滿	4	中	震	六五	苦菜秀	公小畜	靡草死	辟乾	麥秋至	侯大有(內)
芒種	5	節	震	上六	螳螂生	侯大有(外)	鵙始鳴	大夫家人	反舌無聲	卿井
夏至	5	中	離	初九	鹿角解	公咸	蜩始鳴	辟姤	半夏生	侯鼎(內)
小暑	6	節	離	六二	溫風至	侯鼎(外)	蟋蟀居壁	大夫豐	鷹乃學習	卿渙
大暑	6	中	離	九三	腐草為螢	公覆	土潤溽暑	辟遯	大雨時行	侯恆(內)

---

[127] 見《新唐書·志第十八》卷二十八，僧一行所列孟喜七十二候卦氣圖。一行所述，與《魏書·律曆志上》載七十二候有異，《魏書》之說後起。惠棟錄一行《開行大衍曆經》，見《易漢學》，頁 1092-1102。

立秋	7	節	離	九四	涼風至	侯恆(外)	白露降	大夫節	寒蟬鳴	卿同人
處暑	7	中	離	六五	鷹祭鳥	公損	天地始肅	辟否	禾乃登	侯巽(內)
白露	8	節	離	上九	鴻雁來	侯巽(外)	玄鳥歸	大夫萃	群鳥養羞	卿大畜
秋分	8	中	兌	初九	雷乃收聲	公賁	蟄蟲壞戶	辟觀	水始涸	侯歸妹(內)
寒露	9	節	兌	九二	鴻雁來賓	侯歸妹(外)	雀入大水爲蛤	大夫无妄	菊有黃花	卿明夷
霜降	9	中	兌	六三	豺乃祭獸	公困	草木黃落	辟剝	蟄蟲咸俯	侯艮(內)
立冬	10	節	兌	九四	水始冰	侯艮(外)	地始凍	大夫既濟	雉入大水爲蜃	節噬嗑
小雪	10	中	兌	九五	虹藏不見	公大過	天氣上騰地氣下降	辟坤	閉塞成冬	侯未濟(內)
大雪	11	節	兌	上六	鶡鳥不鳴	侯未濟(外)	虎始交	大夫蹇	荔挺出	卿頤

孟喜六十卦配七十二候，並依序附之以坎☵、震☳、離☲、兌☱四正卦；其卦序自「卦氣起中孚」依序爲下：

中孚→復→屯→謙→睽→

升→臨→小過→蒙→益→

漸→泰→需→隨→晉→

解→大壯→豫→訟→蠱→

革→夬→旅→師→比→

小畜→乾→大有→家人→井→

咸→姤→鼎→豐→渙→

履→遯→恆→節→同人→

損→否→巽→萃→大畜→

賁→觀→歸妹→无妄→明夷→

困→剝→艮→既濟→噬嗑→

大過→坤→未濟→蹇→頤→

孟喜以六十卦配七十二候，並以坎、離、震、兌主冬、夏、春、秋四時，在此四正卦的配用上，是源於《說卦傳》的「帝出乎帝」之說。以某卦配某候的依據爲何，一行《卦議》僅提到「自冬至初，中孚用事」，也就

是惠棟所說的「甲子卦氣起中孚」;[128]孟氏認爲十一月冬至（中氣）初候應配以中孚卦，惠棟特別引孟喜《易章句》云:

> 自冬至初中孚用事，一月之策，九六七八，是爲三十，而卦以地
> 六，候以天五，五六相乘，消息一變，十有二變而歲復初。[129]

一月五卦，每卦六爻，數爲三十，又一月五卦，半年六月又合爲三十數。至於爲何要如此配，則未予詳明。不過，可以知道的，孟喜以十二消息卦之演變主一年十二個月，且此十二辟卦各統五卦（如前表所列），又以建子爲首，當然就以復卦爲君與所領的候卦爲首了。十二辟卦統五卦主十二月，始自中氣之起，而終於節氣之盡，亦即起於上月之中，而終於下月之中。五卦中第一卦爲中氣之始，爲辟卦將生之先行卦，二卦則爲辟卦，次而三卦，各卦統六日七分，合爲一月之日。這樣的十二組卦，合成一年十二月，經七十二候之流行。

　　在此「卦氣起中孚」的六十卦卦序系統上，區分爲二，以上、下各半年計，上半年由中孚卦至井卦合三十，下半年由咸卦至頤卦亦合三十。從爻數的變化來分析，中孚卦至井卦有陽爻八十九，陰爻九十一，擬以此三十卦爲一大卦體觀之，論陰陽之屬，則陽卦多陰，即陽卦屬性較強;咸卦至頤卦，有陽爻九十一，陰爻八十九，論其大卦體之陰陽屬性，則陰卦多陽，性屬偏陰卦。二分之各卦組，陰陽爻之差爲二，即中孚組陰爻數多陽爻二，咸卦組則陽爻數多陰爻二，前者屬陽，後者屬陰，符合前者爲年之前半，是陽氣上升時期，後者爲年之後半，爲陰氣上升時期。既二分六十卦爲二卦體，陰陽之變理當爲一，何以差爲二?事實上，二卦體均分陰陽爻，本當陰陽爻各爲九十，合上半年與下半年各一百八十，但依上半年屬陽而陰多於陽的原則，陽宜少陰一爻，則爲八十九，陰則必爲九十一，如此合方符一百八十;因爲如此，所以陰陽爻之差數則爲二了。[130]列式如下:

---

[128] 「甲子卦氣起中孚」，乃惠棟引自《易緯稽覽圖》之言。（見《易漢學》，頁1077。）惠棟於《易例》中特別以之爲例。（見《易例》，頁1013。）

[129] 見《易漢學》，頁1077。惠棟轉引一行《六卦議》。

[130] 以卦數論陰陽的概念上，惠棟引王應麟《困學紀聞》云:「卦氣圖，自復至咸，八十八

上半年三十卦（中孚→井）：180 陰陽爻=89 陽爻+91 陰爻

差數：91 陰爻-89 陽爻=2 陰爻（陽卦多陰）

下半年三十卦（咸→頤）：180 陰陽爻=91 陽爻+89 陰爻

差數：91 陽爻-89 陰爻=2 陰爻（陰卦多陽）

雖然陰陽爻差爲2，實際上只有1爻之變，上半年陽爻少1，陰爻多1，其差數就爲2，下半年同理。進一步地說，上半年與下半年陰陽爻之變化，也是1爻之變，體現的是一陰一陽的陰陽消長變化之理。因此，從六十卦陰陽爻數的變化，反映出陰陽的消長與時令變化的道理相合，在孟喜這樣的卦序組成上，可以看到陰陽變化的規律與其合理性，也具體地表現出象數的邏輯思維，有其結構化的意義。

（三）卦序系統所表現的意義

1. 卦氣起中孚意涵下的卦序系統

在卦序的系統上，初起之卦具有一定的特殊意義，傳統的文王古經六十四卦，卦序初起於乾坤，凸顯二卦的父母之象，爲萬物派生的兩大主源，至於孟喜的卦氣流行以中孚卦爲首，當有其哲思以賦予其特殊的定位。陰陽消息的變化，十一月冬至中氣一陽始生而爲復卦䷗，並以復卦作爲十二消息之首；然而，一陽始生由何而來？來自於一陽的醞釀，也就是一陽尙未生之時，就位序而言，當然是復卦的前卦了，那復卦的前卦，爲何要選用中孚卦䷼呢？選用的解釋意義，並不像十二消息卦是以陰陽卦氣的變化作爲解釋，而重在卦義與卦象。中孚卦重卦之象爲上下各二陽爻，包附二陰爻於其中，即《象傳》所謂「柔在內而剛得中」，外部剛硬堅實而內在柔質，爲果核之象，果核之中爲生機之所在，故取

陽，九十二陰；自姤至中孚，八十八陰，九十二陽。咸至姤，六日七分；中孚至復，六日七分。陰陽自然之數也。」既論「卦氣起中孚」，何以不以中孚起卦而計，卻作姤至中孚論陰陽爻數，在呼應中孚起卦時，這樣的舉論，似不夠嚴謹。不過，從其引據之數，同樣將一年六十卦劃分爲二，其爻數：八十八陽、九十二陰，與八十八陰、九十二陽，仍然符合陽卦多陰，陰卦多陽的道理，陰陽的變化應合時序節候，符「一陰一陽之道」的萬化之道。

「中孚」之名,「孚」爲「信」,猶伊川所云「存於中爲孚,見於事爲信」,[131]字爪子从手,手中所抱者,信其實有之物,即「以手抱子,信其必能生。果核之仁在堅殼之中,尚未見其生機,但人可信其必有生之機」。[132]惠棟舉《老子》之言,尤能釋其「卦氣起中孚」之真義:

> 《老子道德經》曰:窈兮冥兮,其中有精。其精甚真,其中有信。[133]

並引《河上公注》補充說明:

> 道唯窈冥無形,其中有精,實神明之相薄,陰陽交會也。[134]

雖眇而難見,卻真有其「精」,足式信實,取實有之象,實陰陽交會之真的作用,因難見其明,所以稱爲「神明」,此一「神明」是萬化本源的運作,這個本源,簡單的說是「氣」。因此,惠棟取《老子》言陰陽之變,無「無」的概念之形上道論的取義,是以「氣」爲本而論其樣態。而氣化的樣態,子月坤陰盛極,一陽欲生,是爲復卦之前(即中孚),正值「陰陽交會」的時刻;所以惠棟說「冬至之卦,復也,其實起于中孚,七日而後復應」。[135]惠棟進一步引用《淮南鴻烈·泰族訓》來說明復與中孚二卦相繫之義:

> 天設日月,列星辰,調陰陽,張四時,日以暴之,夜以息之,風以乾之,雨露以濡之。其生物也,莫見其所養而物長;其殺物也,莫見其所喪而物亡,此之謂神明。聖人象之,故其起福也,不見其所由而福起;其除禍也,不見其所以而禍除。遠之則邇,延之

---

[131] 朱子辨析「孚」與「信」字義之別與聯繫關係,《朱子語類》云:「伊川云:存於中爲孚,見於事爲信,說得極好。因舉《字說》孚字從爪從子,如鳥抱子之象;今之乳字,一邊從孚。蓋中所抱者,實有物也;中間實有物,所以人自信之。」(見黎靖德編《朱子語類》,卷七十一,北京:中華書局,1994 年 3 月第 1 版,1999 年 6 月北京第 4 刷,頁 1867。)

[132] 參見高懷民《中國哲學在皇皇易道中成長發展》,台北:作者自印,1999 年 2 月初版,頁 240。

[133] 見《易例》,卷二,頁 1013。所引爲《老子》第二十一章之文,全文云:「道之爲物,惟恍惟惚。惚兮恍兮,其中有象。恍兮惚兮,其中有物。窈兮冥兮,其中有精。其精甚真,其中有信。」

[134] 見《易例》,頁 1013。

[135] 見《易漢學》,頁 1077。

則踈；稽之弗得，察之不虛；日計無算，歲計有餘。夫濕之至也，
莫見其形，而炭已重矣。風之至也，莫見其象，而木已動矣。日
之行也，不見其移，騏驥倍日而馳，草木為之靡，縣燧未轉，而
日在其前。故天之且風，草木未動而鳥已翔矣，其且雨也，陰曀
未集而魚已噞矣，以陰陽之氣相動也。故寒暑燥濕，以類相從；
聲響疾徐，以音相應也。故《易》曰：「鳴鶴在陰，其子和之。」
高宗諒闇，三年不言，四海之內，寂然無聲，一言聲然大動天下。
是以天心呿唫者也。故一動其本而百枝皆應，若春雨之灌萬物也，
渾然而流，沛然而施，無地而不澍，無物而不生。故聖人懷天心，
聲然能動化天下者也。故精神感於內，形氣動於天，則景星見，
黃龍下，祥鳳至，醴泉出，嘉穀生，河不滿溢，海不溶波。故詩
云：「懷柔百神，及河嶠嶽。」[136]

陰陽之變，乃萬物本然運作的實狀，而其不可知見的運化，稱之為「神
明」。「神明」者，以陰陽之氣相動，宇宙萬化也自然相應。陰陽的轉化，
「一動其本而百枝皆應」，就卦氣而言，則為卦氣所起，由中孚而復之始
動，如此一來，陰陽始動，則萬化盡隨之以變。以聖人象之，精誠內形，
懷天氣，抱天心，執中含和，方可神化天下。惠棟引虞翻言，「巽四，以
風動天；震初，以雷動也。中孚十一月，雷動地中」，[137]氣行雖微，卻能
動於地中，萬物以此資始。取「鳴鶴在陰，其子和之」，乃中孚☲九二爻
辭，九二鶴象，處兩陰之下，又陽剛居中，與九五誠德遙相應和，篤實
誠信，若抱天心，聲聞於外，如此來，一切萬化自然就通而相應了。此
外，復卦《彖傳》云「復，其見天地之心乎」，邵康節詩云，「冬至子之
半，天心無改移；一陽初動處，萬物未生時」，[138]朱子認為「到十一月半，
一陽始成也」，[139]「一陽來復，其始生甚微，固若靜矣。然其實動之機，
其勢日長，而萬物莫不資始焉。此天命流行之初，造化發育之始，天地

---

[136] 見《易例》，頁 1013-1014。

[137] 見《易漢學》，頁 1077。

[138] 邵子之詩轉引自《朱子語類》，卷七十一，頁 1793。賦詩以卦氣之說言復卦，二十四
節氣屬大雪，子之初氣。而多至，即子之中氣。

[139] 見《朱子語類》，卷七十一，頁 1788。

生生不已之心於是而可見也」。[140]陰陽氣化的律則，同《淮南》之義，皆遵至誠無息，也就是陰陽氣化流行，表現出「誠」的精神特質，也與《中庸》之精神相呼應，[141]符合「生生之謂易」的《易》道精神。

(1)復統五卦之義

復卦爲辟，以所統的五卦，依序爲：中孚☲→復☷→屯☵→謙☶→睽☲。中孚卦爲復卦之先行卦，也是一年之初始卦，轉入復卦，一陽生於五陰之下，值嚴寒冬至之時，同中孚卦義，有內含生機的存誠存實之象，所應之候「麋角解」，即《禮記‧月令》所云仲冬之月，「麋角解，水泉動」，[142]麋得陽氣而解角，水泉亦隨陽氣而動於下，亦即盛陰冬藏之令，初受陽氣而始變化，有除舊布新，一元復始之義。[143]由復入屯，惠棟引崔憬之言，云：

> 十二月，陽始浸長而交於陰，故曰「剛柔始交」。萬物萌芽，生於地中，有寒冰之難，故言難生。[144]

屯者，陽始交於陰，萬物皆生於地中，「象艸木之初生」，象植物種子萌生、破土而出之形，[145]以始生之義的屯卦，繼復卦之後，又爲合宜；屯內卦一陽在二至四爻互體爲坤之下，而上卦爲坎，坎爲水，又有烏象，水在地上，又下卦爲震爲雷，「雷伏藏地中，未得動出」，[146]只能動之於

---

[140] 見《朱子語類》，卷七十一，頁 1791-1792。朱子從氣化流行云「天心」，並轉諸於「道」於「理」的道路上。

[141] 關於《易》與《中庸》之會通，惠棟作《易大義》詳明其說，於後面章節另作論述。

[142] 見孫希旦《禮記集解‧月令第六之三》，頁 497。

[143] 明馮復京《六家詩名物疏‧小雅‧南有嘉魚之什二》，卷三十五，云：「《月令》仲冬麋角解，熊氏云：鹿是山獸，夏至得陰氣而解角，麋是澤獸，故冬至得陽氣而解角。賈公彥云：麋爲陰獸，情淫而游澤，冬至陰方退，故解角從陰退之象，若節氣早則麋角十一月解，故《夏小正》云十一月麋角隕墜；若節氣晚則十二月麋角解，故《小正》云十二月隕麋角。」宋陸佃《埤雅》，卷四，於釋「麋」云：「說者以爲鹿角者，挾陰之陽也，故應陰而隕角；麋角者，挾陽之陰也，故應陽而隕角。蓋鹿肉食之燠，以陽爲體也；麋肉食之寒，以陰爲體也。以陽爲體者，以陰爲末，以陰爲體者，以陽爲末。」盛陰之令，初受陽而始動，解角除舊以布新，自然萬化新始生機。

[144] 見《易漢學》，頁 1078。惠棟論述六十卦用事之月，將屯卦置於十二月用事之月。

[145] 見《說文解字》釋「屯」。又羅振玉《殷殷書契後編》、《三代吉金文存》中引甲金文、頌壺文、頌鼎文詁「屯」，皆釋草木之子萌生破土之象。

[146] 見《易漢學》，頁 1079。惠棟引《九家易》之言。

地下，故「水泉動」，而鳥象又應之以去陰就陽之陽鳥「雁北鄉」。[147]轉入謙卦，內卦爲艮爲止，一陽居內卦之上，又接外卦三陰坤地，孤陽勢薄，氣不足以出地，只能止於地面之下，時値「小寒」嚴冬，雖是如此，也示之陽氣伏隱於地而待出；候應「鵲始巢」，築起巢穴，以待生息繁衍。[148]轉入睽卦，嚴冬日久，乖背睽違，等待終合；內卦兌爲口舌，外卦離爲雉，三至五爻互卦爲坎爲禽鳥，且兌在內卦，故爲「野雞始雛」。

(2)升統五卦之義

以升卦爲辟，所統的五卦依序爲：升䷭→臨䷒→小過䷽→蒙䷃→益䷩。升卦，惠棟引《易緯・乾鑿度》云：

> 升者，十二月之卦也，陽氣升上，陰氣欲承，萬物始進。[149]

大寒之時，陽氣漸升，日見強盛；陽二升五，求大得志，惟二陽仍爲眾陰所包，陰中之陽，仍在坎險之中，不能自主、不能伸展，所以處「雞始乳」之狀態。[150]轉至臨卦，屬十二消息卦之次，陽息坤，二陽升，震君臨四陰，仍在不行，[151]而志在內，志在二升五；惟此時的陽氣，二陽生而堅實上升。轉次小過卦，重卦全象爲大坎，候應「水澤腹堅」與「東風解凍」，冰凍漸解，水澤漸來，上卦爲震，震屬東方，又時當立春，陽

---

[147] 宋代林之奇《尚書全解》卷八，於「陽鳥攸居」文下釋云：「漢孔氏曰：隨陽之鳥，鴻鴈之屬是也。冬月來居此澤。曾氏云：去陰就陽謂之陽鳥，鴈是也。冬日至而日北，及春而鴈北向，夏日至而日南，及秋而鴈南向，鴈之所居隨日所在，故曰陽鳥。」宋張慮《月令解》卷十二，釋「鴈北鄉」云：「此紀十二月之時候也，鴈將北矣。不曰歸而曰鄉，以北非鴈所居也。」故「雁北鄉」即去陰就陽而生之象。

[148] 宋黃震《黃氏日抄》卷十六，云：「鵲知避歲所在，於是來歲之氣兆矣，故始巢。」明邢雲路《古今律歷考・經一・周易考》卷一，云：「謙，律中大呂，音羽，歷爲小寒十二月節中，卦大夫謙，次候鵲始巢，居坎之九二。」清姚炳《詩識名解》卷一，云：「《月令》鵲始巢，乃巢成而居之候，鄭氏必謂冬至架之，至春乃成。」《淮南子》也提到冬至之時，鵲始巢。是以鵲巢爲象，示嚴冬待衍之義。

[149] 見《易漢學》，頁1079。

[150] 清陳元龍《格致鏡原・鳥類四》卷八十，云：「汲冢《周書》：大寒，雞始乳。」知《周書》已載行以「雞始乳」爲大寒之候象。

[151] 參見尚秉和《周易尚氏學》云：「卦以震君臨四陰，正撫有也，故曰臨。……不行之謂臨，行而不已，則至八月而凶矣。……月卦始子復，至未遘正八月，……神之在丑，破逆爲咎，不利西南，商人休止。臨辟丑，震爲神，故曰神之在丑，乃行至未而破丑，故曰破逆爲咎。」（頁105。）

氣闢東，故以「東風」爲言。轉次蒙卦，惠棟引干寶云：

> 蒙於消息爲正月卦也，正月之時，陽氣上達，故屯爲物之始生，蒙爲物之稚也。[152]

下爲坎卦，三至五爻互卦爲坤，一陽動於地下坎險之中，故應「蟄蟲始振」之候；上卦爲艮爲止，止而未通，蒙稚待發；立春之季，生發蒙昧之時。轉次益卦，惠棟引《乾鑿度》與鄭玄注云：

> 正月之卦也，天氣下施，萬物皆益。……天氣三微而成一著，三著而成一體，方知此之時，天地交，萬物通，故泰益之卦，皆夏之正也，此四時之正，不易之道也。康成注曰：五日爲一微，十五日爲一著，故五日有一候，十五日成一氣也，冬至陽始生，積十五日至小寒爲一著，至大寒爲二著，至立春爲三著，凡四十五日而成一節，故曰三著而成體也。[153]

陽氣生而萬物成，值正月之卦。二至四爻互爲坤體，上下爲陽，雖立春尙寒，惟陰氣爲陽氣所包，又以九五居中得正，陽氣成勢，利益萬物，草木蟲魚萌動，動而無違，是春來之景，有「魚上冰」之應。

(3)泰統五卦之義

以泰卦爲辟，所統的五卦依序爲：漸☴→泰☷→需☵→隨☱→晉☲。漸卦先行，外卦爲風爲木，內卦爲艮爲山，山上有木，以時而升，值春風和煦，欣欣向榮；二至四爻互坎爲水，水上陽氣聚積流行，故應之以「獺祭魚」。轉次爲泰卦，陰上陽下，陽氣上升，陰氣下降，二氣相接，陰陽交和，萬物生養，「贊天地之化育」，[154]勃發生機，通泰豐茂。轉次爲需卦，下乾爲行爲剛，應之以「草木萌動」，上卦一陽居中，應之以「桃始華」。轉次爲隨卦，惠棟認爲，「隨者，二月之卦，隨德施行，藩決難解，萬物隨陽而出」，「二月之時，陽氣已壯，施生萬物，而陰氣漸微，不能爲難以障閉陽氣」，[155]春來之象；下震爲春爲動，上兌爲口爲悅；三

---

[152] 見《易漢學》，頁1083。

[153] 見《易漢學》，頁1083-1084。惠棟將益卦與泰卦同屬於正月用事之月。

[154] 見惠棟《周易述》，頁52。

[155] 惠棟引《易緯·乾鑿度》與鄭康成《注》。見《易漢學》，頁1085。

至五互坎爲鳥，應之以「倉庚鳴」。[156]轉次爲晉卦，上離爲日，下應坤地，日照大地，花香鳥語，春光明媚。

(4)大壯統五卦之義

以大壯卦爲辟，所統的五卦依序爲：解☳→大壯☳→豫☳→訟☰→蠱☶。解卦先行，惠棟引虞翻云，「險坎動震，解二月，雷以動之，雨以潤之」，[157]內坎爲水爲鳥，外震爲春爲動，水動冰融，「蓓蕾怒發，芽蘗潛滋」；[158]通卦除了下卦爲坎之外，三至五爻亦互爲坎卦，主坎象，應之以「玄鳥至」。轉次爲大壯卦，惠棟認爲「雷之始發，大壯始」，「春分辟大壯，雷乃發聲」，[159]序屬春分，四陽升，春雷作，應之以「雷乃發聲」。轉次爲豫卦，「雷以二月出，其卦曰豫，言萬物隨雷出地皆逸豫也」，[160]雷出地上，以地分離，草木動生，大地奮起。轉次爲訟卦，陽氣盛，坎水下，應之以「田鼠化爲駕」，水氣充盈，所以鼠欲化爲鳥以生，又下坎爲鳥。[161]轉次爲蠱卦，「初至四互大坎水，三至上互大離日，日光與水氣交

---

[156] 倉庚爲鳥屬，吳陸璣撰、明毛晉廣要《陸氏詩疏廣要・釋鳥》卷下之上，詳釋云：「鄭註云：黃鸝也，一名倉庚，一名商庚，一名鵹黃，一名楚雀，一名摶黍，一名黃離留。……今謂之黃鶯，黃鸝是也。野民曰：黃栗留語聲轉耳，其色黧黑而黃，故名鵹黃。詩云黃鳥以色呼也，北人呼爲楚雀，此鳥鳴時蠶方興，蠶婦以爲候。《說文》：離黃，倉庚也。鳴則蠶生。《禮記》曰：仲春之月，倉庚鳴。《格物總論》云：鸝黑尾，嘴尖紅，脚青，遍身甘草黃色，羽及尾有黑毛相間。三、四月鳴，聲音圓滑。……《詩》：鳥鳴嚶嚶，按《禽經》稱鸎鳴嚶嚶，則《詩》所言鳥殆謂此，故後人皆以鸎名之。此鳥之性好雙飛，故鸝字從麗又曰鸝，必匹飛鸎，必單棲出谷，遷喬之事未見。其驗今荊州每至冬月於田畝中，得土堅圓如卵者，輒取以賣破之，則鸎在其中，無復毛羽，蓋以土自裹，伏而土堅勁，候春始生羽，破土而出。」以倉庚之性示候象與卦象，但屬適恰。

[157] 見《易漢學》，頁1085。

[158] 見尚秉和《周易尚氏學》，頁188。

[159] 惠棟引郎顗《七事》，又引《大衍歷經》。見《易漢學》，頁1086。

[160] 惠棟引《漢書・五行志》言。見《易漢學》，頁1087。

[161] 「田鼠化爲駕」，馮復京《六家詩名物疏》卷十四，詳云：「《夏小正》云：三月田鼠化爲駕，駕，鴽也，化而之善故盡其辭也，駕爲鼠化而之不善，故不盡其辭也。《周書・時訓》云：清明之日，桐始華，又五日，田鼠化爲駕。《素問》云：駕，鴽也。……循在田，得食鳴相呼，夜則羣飛，晝則草伏，馴養之久，見食相搏鬭也。……《莊子》、《禽經》並以爲鴽也，鴽本有雌雄，卵生，亦或有化爲者。據《夏小正傳》云：田鼠化。《列子》楊大年云：蛙化。《淮南子》、《本草》云蝦蟇化。《交州記》：黃魚上化爲鴽。是又有魚化者矣。」是以時節爲陽氣盛而水氣足，是萬化之機。鼠化爲駕，駕爲鴽屬，性好鬭，故適作訟卦之象。

織，相映而成虹」，[162]應之以「虹始見」，合於「蔡邕以爲虹常依陰雨而晝見於日」[163]的自然之象。

(5)夬統五卦之義

以夬卦爲辟，所統的五卦依序爲：革☲→夬☱→旅☶→師☷→比☵。革卦先行，外兌內離，文明之時，二至四爻互卦爲巽，巽居春夏之交；二至上互大坎水，應之以「萍始生」。轉次爲夬卦，惠棟認爲，「夬，三月清明氣也」，「當三月之時，陽盛息，消夬陰之氣，萬物畢生，靡不蒙化」，[164]五陽決一陰，五息而往則陰盡，時三月而入夏。轉次爲旅卦，上離爲日爲火，下艮爲山亦爲火，火多故衆，所以行旅，有移動之象；二至四爻互巽爲木，二至五爻互坎爲鳥，鳥動而降之於木，應之以「載勝降於桑」；山上日火大照，屬立夏之時。轉次爲師卦，一陽動於地之下，又上坤下坎，地下有水，蚯蚓性有因水而動出，應之以「蚯蚓出」。轉次爲比卦，惠棟引《白虎通》云，「陽氣盛養，故封侯盛養賢也」，[165]一陽動於地上，應之以「王瓜生」。

(6)乾統五卦之義

以乾爲君卦，所統的五卦依序爲：小畜☴→乾☰→大有☲→家人☲→井☵。小畜卦先行，一陰居眾陽之中而止於內，即陽氣大滿於外，微陰小斂於內，內止之陰將消而無能爲，所以純陽之卦將至。轉次而爲乾君之卦，「夏四月，正陽純乾之月」，[166]乾健值四月中氣，爲陽氣最盛之時。轉次爲大有卦，上離下乾，皆居南位，故爲大有；五天位二應之，又以離爲夏爲日，當中天之上，炎夏至而萬物俱見，所以惠棟認爲「夏火王在天，萬物並生，故曰大有」。[167]轉次爲家人卦，上風下火，佈散四方，除下卦爲離之外，三至五爻亦互離，日火重重，可見熾熱之狀。轉

---

[162] 見高懷民《中國哲學在皇皇易道中成長發展》，頁 244。高氏又云「二至四互兌悅，悅見虹之現也」。

[163] 見宋蔡卞《毛詩名物解・虹》，卷二。引自台北：台灣商務印書館《景印文淵閣四庫全書・經部・詩類》，頁 541。

[164] 惠棟引《乾鑿度》、朱震《易叢說》。見《易漢學》，頁 1087-1088。

[165] 見《易漢學》，頁 1088。

[166] 惠棟引《漢書・五行志》言。見《易漢學》，頁 1089。

[167] 惠棟引荀爽言。見《易漢學》，頁 1090。

次爲井卦，外坎爲險，內巽爲反兌，兌爲口舌，反兌即反舌，應之以「反舌無聲」；又惠棟認爲體主風，「風主蠱子，子夏以爲蝦蟆得之」，且「井，五月之卦，故有蝦蟆」，[168]蝦蟆擅於舌，多蟲而得之，口入蟲而無聲，故應候。

(7)姤統五卦之義

以姤爲辟卦，所統的五卦依序爲：咸䷞→姤䷫→鼎䷱→豐䷶→渙䷺。咸卦爲姤卦之先行卦，外兌內艮，艮剛而兌柔，「兌柔在上，而艮剛在下，是二氣感應，以相授與」，[169]二氣通而相應，又艮爲少男，兌爲少女，取少男少女相感之義；咸卦之後爲姤卦，陰消乾，一陰始交，陰陽始交而先之以感應，爲卦氣變化合宜之理，故咸爲姤之先行。轉次爲姤卦，惠棟認爲「姤爲五月」，「五月陰氣始生地中」，位屬南方；[170]消息卦乾盈於巳，盈則必虧，至午而一陰生於下，陰遇陽，故爲天地相遇，時當五月，萬物潔齊；夏至中氣到，日南返，夜始長，重陽下陰始交。轉次爲鼎卦，外卦爲離，日在上，二至四爻互卦爲乾，一陰居乾陽之下，有鼎新之義；一陰生於二陽之下，應「半夏生」，上離日，下巽風，應「溫風至」。轉次爲豐卦，惠棟引《京房易傳》云，「雷與火震動曰豐」，「夏至積陰生」，「上木下火，氣稟純陽，陰生于內」，[171]故震雷離電，雷電交加，陰氣日盛。轉次爲渙卦，陽居九二，爲群陰所制，陰氣尤盛；外巽爲木，內坎爲鳥，二至四爻互體震動，鳥飛滯木，應之以「鷹乃學習」。

(8)遯統五卦之義

以遯爲辟卦，所統的五卦依序爲：履䷉→遯䷠→恆䷟→節䷻→同人䷌。履卦先行，一陰居五陽之中，乘剛爲下卦之上，位不當，二至四互離爲明，應「腐草爲螢」。轉次遯卦爲辟，初、二爲陰，消陰之勢已成，應「土潤溽暑」。轉次爲恆卦，全卦作大坎象，大水將行，應「大雨時行」；二至四爻互乾爲天，二陰動於乾天之上，又應「涼風至」，爲立秋節氣之

---

[168] 惠棟引《朱震》與自案語。見《易漢學》，頁1090。

[169] 見孔穎達《周易正義》，臺北：藝文印書館十三經注疏本，頁82。

[170] 參見惠棟引《九家易》、《東觀漢記》、虞翻姤卦《注》、朱震《易叢說》所論。見《易漢學》，頁1090-1091。

[171] 見《易漢學》，頁1091。

始。轉次爲節卦，九五一陽居群陰之中，陽氣弱，而三至上互體大坎，水濕地面，又內卦爲兌，西方色白，應之以「白露降」。轉之以同人卦，一陰居眾陽之中，居中得位，正應九五，眾陽不能欺，眾陽舍於一陰，與陰同鳴，應「寒蟬鳴」以知秋。

(9)否統五卦之義

以否爲辟卦，所統的五卦依序爲：損☷→否☷→巽☴→萃☷→大畜☶。損卦「山澤通氣」，[172]氣爲雲，與三至五互坤爲雲通，二至上反震，震爲出，雲出澤中，至上而反，是回轉之形，與《說文》之義同；時「處暑」中氣，萬物盛極而漸衰，同卦義。轉次以否卦爲辟，陽上陰下，天地不交，相去愈遠，陰陽之氣不交，則萬物閉塞不通，故應之以「天地始肅」。轉次爲巽卦，惠棟認爲「四體兌，兌爲金，金主秋」，位西方；[173]初、四承陽，惟位不正，二陰雖順，惟處主爻，位弱而勢強，又六四乘陽，九三亦無應，陰風漸行，故繼否卦之次。轉次爲萃卦，三至上大體坎鳥象，北方色黑，應之以「玄鳥歸」。轉次爲大畜卦，下體乾天，上體爲艮爲止，一陽居二陰之顛，二陰爲主，「秋分」至，陰當時。

(10)觀統五卦之義

以觀爲辟卦，所統的五卦依序爲：賁☶→觀☷→歸妹☳→无妄☳→明夷☷。賁卦先行，上艮爲止，下離爲明，以明爲止，則是不明，不明則無色，故《雜卦傳》云無色，又以其二至四爻互坎爲黑，隱伏之象，亦無色而不明，此皆正秋之象；又三至五互體震卦爲雷，雷爲艮止，故應「雷乃收聲」。轉次爲觀卦，陰氣充盈，消陽僅剩二爻，肅陰已見。轉次爲歸妹卦，「陽氣歸下，陰氣方盛」，「雷薄于澤」，[174]既薄而無水，於澤而涸，且在爻位上，三至五爻互坎爲水，二陽上接水，應「水始涸」，外卦坎鳥在下，應「源雁來賓」。轉次爲无妄卦，上天下雷，然天必先雲而後雷，雷而後雨，無雲而雷，僅「寒露」可現，極其蕭悲，無有所望，故只能應之以「雀入大水化爲蛤」，無雨露之沾，只能轉進多藏。[175]轉次

---

172 《說卦傳》云「山澤通氣」；損卦☷外卦爲艮爲山，內卦爲兌爲澤，所以「山澤通氣」。
173 參見《易漢學》，頁1093。
174 參見惠棟引《乾鑿度》、干寶之言。見《易漢學》，頁1093-1094。
175 「雀」象陽氣，「大水」爲陰，「蛤」爲閉藏之物，陽氣行諸此時，歸於潛行不現，故

爲明夷卦，外坤內離，地之下以明，惟眾陰在上，明伏地下，其明不易，又二至四互坎爲伏隱爲黑，亦在晦暗，故應之以「菊有黃花」，秋光乍現，彌足可貴。

(11)剝統五卦之義

以剝爲辟卦，所統的五卦依序爲：困䷜→剝䷖→艮䷳→既濟䷾→噬嗑䷔。困卦先行，「九月建戌」，「霜降氣也」，「以爲值困乏」；[176]二五剛得中，兌口爲言，惟三至上反兌，故有言而不信，故應之以「豺乃祭獸」，其境險困；又下卦與三至六互體爲坎爲險，險黑之狀隆盛，且陽又爲陰所包，困難重重，所以優位於剝卦之前。轉次爲剝卦，陰消陽，消息九月，五陰詘一陽，一陽已爲強弩之末，大勢將盡，一切剝落，「萬物始大殺」，[177]所以應之以「草木黃落」。轉次爲艮卦，震爲行，反震爲止，故重山止止，止之以時，故應之以「蟄蟲咸伏」、「水始冰」。轉之以既濟卦，「九月之時」，「陽失正位，盛德既衰」，「下陰能終其道，濟成萬物」，[178]三陰乘三陽，三陰皆有陽應，以眾陰得勢，又上卦爲坎爲止，上止下傳，且二至四互坎亦止，通卦止意隆盛，故應之以「地始凍」。轉次爲噬嗑卦，十月之卦，[179]上卦爲離爲雞，三至五互坎爲水，初至四大離爲蜄象，[180]故應之以「野雞入水爲蜄」。

(12)坤統五卦之義

以坤爲辟卦，所統的五卦依序爲：大過䷛→坤䷁→未濟䷿→蹇䷦→頤䷚。大過卦先行，四陽錮陷於陰中，失其所用，通卦又屬大坎之性，黑而不明，故應之以「虹藏不見」；又因眾陽道絕不通，陰大賊陽，陽氣

應「雀入大水化爲蛤」之候。

[176] 惠棟案語，見《易漢學》，頁1094。

[177] 惠棟引《漢書・五行志》。見《易漢學》，頁1095。

[178] 惠棟引《乾鑿度》。見《易漢學》，頁1095。

[179] 惠棟引應劭《風俗通》云：「《易》噬嗑爲獄，十月之卦，獄從犬言，言聲，二犬亦存以守也。廷者，陽也，陽也，陽上生長，獄者，陰也，陰生刑煞，故獄皆在廷，比順其位。」見《易漢學》，頁1096。

[180] 爲蜄象與无妄卦初至四互離爲蛤同義。《禮記・月令》云：「水始冰，地始凍，雉入大水爲蜃，虹藏不見。」鄭玄注，「大蛤曰蜃」；《晉語》云：「雉入于淮爲蜃。」（見孫希旦《禮記集解》，台北：文史哲出版社，1990年8月文1版，頁486。）

難見，終將消蝕，故以大過卦又爲純陰坤卦之先行。轉次爲坤卦，陰生於午，至亥而純陰，純陰而無陽，履霜而堅冰至，天地閉塞而萬物不生時，此十月中氣「小雪」。轉次爲未濟卦，陰陽乖離而不交，陰陽皆不當位，位不當則氣阻閉塞，火在水上，失其方而去其功，坎水不成水功，離火不成火用；坎爲黑，而鶡鳥亦黑，北方正色，離爲雞，鶡又爲雞屬；[181]故應之以「閉塞而成冬」、「鶡鳥不鳴」之候。轉次爲蹇卦，五往居坤中，得中有應，故利西南；外卦爲坎，二至四互坎，重坎爲水爲險，內艮爲止，見險而止，又水流山間，窮而復通，故在閉塞之中，隱有生機。轉次爲頤卦，惠棟引半農先生《易說》云：

> 頤有龜象，內陰外陽，陽象甲，陰象體，而初在下，象伏龜，伏龜者，靈龜也。龜能食氣，食氣者神明而壽。頤十一月之卦，其位在北，龜爲元武，蟄伏之時，初陽在下象之。[182]

頤龜之象，雖位居北方陰寒之境，卻仍蟄伏而尚能食養陽氣。頤卦四陰外二陽，口象；艮爲觀爲求，震爲口，坤爲物，故曰口實，口含物以自養；時值「大雪」，嚴寒之中仍能自養以現生機，又外艮而內震，外止而內動，內養生機，復接中孚以循環不已。

　　孟喜卦氣之說，重列卦序，雖存占斷災異的神學色彩，卻不乏見其論《易》的思維，掌握歷法的科學性，窮於陰陽變化之理，推於萬物之變，而作爲新的創制與建立一套新的易學理論。十二消息以一陽復爲首，而卦氣卻又起中孚，以中孚而後復卦，值卦序初始，直接展現了《易》道的精神，而中孚卦爲冬至中氣之始，處「小寒」、「大寒」將至的節氣，是一年的真正開始之時，符合中孚卦外剛內柔、生機內含尚未發露的情

---

[181] 《禮記·月令》云「鶡旦」而不言「鶡鳥」，爲「求旦之鳥」；《呂氏春秋》仲冬之節言「鶡鴠」，爲「山鳥」；《山海經·中山經》云「煇諸之山，其鳥多鶡」，郭注爲「似雉而大，青色，有毛角，勇健，鬥死乃止」。明代劉績《三禮圖》卷二云：「黑謂之黝，北方正色，暗也。……玄黃相次，則爲鶡鳥之黃黑，爲鶡是也。」《晉書》卷二十五云：「鶡冠加雙鶡尾，豎插兩邊，鶡鳥名也，形類鶬而微黑，性果勇，其鬥到死乃止。」宋代楊侃《兩漢博聞》卷四云：「以鶡鳥羽爲冠，……冠鶡者，勇雉也，其鬥對一，死乃止。」知鶡鳥色黑，性凶猛，雉雞之屬。
[182] 見《易漢學》，頁 1076。

狀，而後才下生復卦一陽來復的消息演化。因此，孟喜的卦序組合，以中孚爲首，有其自己的思慮與定見，理哲但屬合宜。其它轉次之各卦，各應以卦候，應候之物，因時空因素，或有難考，或有難合，然大多不失其宜。惠棟考索其卦候，舉論去其災異徵驗，大致選以歷法實徵，重組孟喜之學，大有其功。

2.六十卦用事月之卦序系統

惠棟考索孟喜卦氣說之七十二卦候，並進一步推求孟喜六十卦用事月，也進而得出另一套建月而成卦序系統。這套建月的卦序系統，與「卦氣起中孚」的卦序系統，在六十卦的次序和循環的意義上是相同的，但從分屬支系的表現上，明顯不同；也就是嚴格地說，七十二卦候建立了二套卦序系統，一套是「卦氣起中孚」已如前述，而另一套則是由六十卦用事月所形成的。

依惠棟所云，孟喜六十卦用事之月，十二個月所主之卦與所成之卦序爲：

十一月（子）：未濟䷿→蹇䷦→頤䷚→中孚䷼→復䷗

十二月（丑）：屯䷂→謙䷎→睽䷥→升䷭→臨䷒

正月（寅）：小過䷽→蒙䷃→益䷩→漸䷴→泰䷊

二月（卯）：需䷄→隨䷐→晉䷢→解䷧→大壯䷡

三月（辰）：豫䷏→訟䷅→蠱䷑→革䷰→夬䷪

四月（巳）：旅䷷→師䷆→比䷇→小畜䷈→乾䷀

五月（午）：大有䷍→家人䷤→井䷯→咸䷞→姤䷫

六月（未）：鼎䷱→豐䷶→渙䷺→履䷉→遯䷠

七月（申）：恆䷟→節䷻→同人䷌→損䷨→否䷋

八月（酉）：巽䷸→萃䷬→大畜䷙→賁䷕→觀䷓

九月（戌）：歸妹䷵→无妄䷘→明夷䷣→困䷮→剝䷖

十月（亥）：艮䷳→既濟䷾→噬嗑䷔→大過䷛→坤䷁[183]

183　參見《易漢學》，頁 1075-1102。

每月主五卦，十二消息卦列各月末卦，而各月之首卦，皆跨前後月。以十一（子）月言，首卦爲未濟，其內卦主十（亥）月中氣，其外卦主十一（子）月節氣；以十二（丑）月言，屯卦爲首，其內卦主十一（子）月中氣，外卦主十二（丑）月節氣；其餘各卦類推。每月以前一月中氣至該月之中氣計，如十一月份，自十月中氣未濟（內）卦，經十一月節氣未濟（外）卦、節氣蹇卦、節氣頤卦、中氣中孚卦、中氣復卦；其餘各卦類推。

　　惠棟論述之六十卦用事之月的卦序系統上，若二分爲上、下各半年計，上半年由子月至巳月，卦由未濟卦至乾卦合三十，下半年由大有卦至坤卦亦合三十。算其爻數，上半年與下半年各一百八十。從爻數的變化來分析，上半年未濟卦至乾卦有陽爻八十四，陰爻九十六，符合陽卦多陰的特性；大有卦至坤卦，有陽爻九十六，陰爻八十四，答合陰卦多陽的性質。上、下半年之各卦組，陰陽爻之差爲十二，即未濟卦至乾卦組陰爻數多陽爻十二，大有卦至坤卦組則陽爻數多陰爻十二，前者屬陽，後者屬陰，符合前者爲年之前半，是陽氣上升時期，後者爲年之後半，爲陰氣上升時期。列式如下：

　　　子月至巳月（未濟→乾）：180 陰陽爻=84 陽爻+96 陰爻
　　　　　　　　差數：96 陰爻-84 陽爻=12 陰爻（陽卦多陰）
　　　午月至亥月（大有→坤）：180 陰陽爻=96 陽爻+84 陰爻
　　　　　　　　差數：96 陽爻-84 陰爻=12 陰爻（陰卦多陽）

雖然陰陽爻差爲 12，實際上只有 6 爻之變，上半年陽爻少 6，陰爻多 6，其差數就爲 12；下半年同理。進一步地說，上半年與下半年陰陽爻之變化，只是 1 卦（6 爻）的消長而已，體現出平均每月都有一陰陽爻的消息，是一陰一陽的陰陽消長變化之理。

　　從每兩個月十卦爲組的爻數變化來分析，其陰陽爻之分布爲：[184]

---

[184] 見李尙信＜孟喜卦氣卦序反映的思想初論＞，《中國哲學》，2001 年第 12 期，頁 34-38。

丑寅月（屯至泰）：24 陽爻；36 陰爻

卯辰月（需至夬）：32 陽爻；28 陰爻

巳午月（旅至姤）：36 陽爻；24 陰爻

未申月（鼎至否）：36 陽爻；24 陰爻

酉戌月（巽至剝）：32 陽爻；28 陰爻

亥子月（艮至復）：24 陽爻；36 陰爻

其分布極有規律，陰陽爻的增減與十二月氣候變化與其卦氣說頗為一致。且陰陽爻數的變化，其值以大衍筮法中四營以後所得蓍數的四種情況相符。24、28、32、36 皆為 4 的倍數，回除後得 6、7、8、9，正為老陰、少陽、少陰、老陽之數；亥子、丑寅月正為陰極生陽之時，可用老陰數 6 示之；卯辰月為陽氣漸生之時，可用少陽數 7 示之；巳午、未申月，為陽極生陰之時，以老陽數 9 示之；酉戌月為陰氣漸盛之時，可以少陰 8 示之。由是代表數字反映出陰陽消長變化的情形。

從每用事之月（每月五卦）的爻數變化來分析，其陰陽爻之分布為：

丑月（屯至臨）：11 陽爻，19 陰爻

寅月（小過至泰）：13 陽爻，17 陰爻

卯月（需至大壯）：15 陽爻，15 陰爻

辰月（豫至夬）：17 陽爻，13 陰爻

巳月（旅至乾）：16 陽爻，14 陰爻

午月（大有至姤）：20 陽爻，10 陰爻

未月（鼎至遯）：19 陽爻，11 陰爻

申月（恆至否）：17 陽爻，13 陰爻

酉月（巽至觀）：15 陽爻，15 陰爻

戌月（歸妹至剝）：13 陽爻，17 陰爻

亥月（艮至坤）：12 陽爻，18 陰爻

子月（未濟至復）：12 陽爻，18 陰爻

自丑月至午月，陽爻數呈現遞增的趨勢，惟巳月由前月 17 稍反復為 16，陰爻則遞減；自未月至子月，陽爻數則呈遞減的情形，陰爻則又呈遞增

的現象。這樣的數據分布，與氣候的變化和卦氣說的主張，基本上是一致的。其中較不同的是，用事之月起於子月，或卦氣起中孚，又在子月，因此，依前諸數據的變化，子月當是陽爻數由少至多的開啓，也就是子月的陽爻數當是最少，而陰爻數又當是最多，但實際上，陽爻 12 是略高於丑月的 11，陰爻 18 又是略低於丑月的 19，這一部份的不合，尚有待進一步地推敲。

　　由上述對爻數的概括分析，雖未能精細地反映卦序排列上的陰陽爻數變化在構造上的完整性，卻能看到爻數變化上所透露出的陰陽變化之普遍規律性和合理性。因此，孟喜卦氣理論的建構，在卦序組成上，可由此用事月的六十卦陰陽爻數的變化，反映出陰陽的消長與時令變化的道理，基本上是相合的，也具體地表現出象數的邏輯思維，有其結構化的意義。

（四）惠棟考述用事月之小失

　　惠棟詳細考索六十卦用事之月，使後人對此象數命題能夠得到較爲清晰的認識，然而惠棟考引諸說來論述孟喜此一學說，仍不免有不疵者，例如，小過、蒙、益、漸、泰五卦之用事正月，惠棟引《易緯》、《參同契》並作案語云：

　　　　《易緯乾鑿度》曰：乾，陽也；坤，陰也。並如而交錯行，乾貞
　　　　於十一月子，左行，陽時六；坤貞於六月未，右行，陰時六，以
　　　　奉順成其歲。歲終，次從於屯、蒙，屯、蒙主歲，屯為陽，貞於
　　　　十二月丑，其爻左行，以間時而治六辰；蒙為陰，貞於正月寅，
　　　　其爻右行，亦間時而治六辰，歲終則從其次卦。次卦爲需、訟。
　　　　此言主歲卦也。《參同契》曰：屯以子、申，蒙用寅、戌，餘六十
　　　　卦，各自有日，謂需、訟以下也。
　　　　又曰：朔旦屯直事，至暮蒙當受，晝夜各一卦，用之依次序。晝夜
　　各一卦，六十卦，止得一百八十日。春夏據內體，秋冬當外用。一卦內外分之，周一歲之數也。當時本有各卦主歲之圖，而屯、蒙不貞丑、寅，故康成云：屯、蒙之貞，違經失

義是也。<small>乾坤以下，兩卦主一歲，後人不知，造爲反對，非古法也。</small>¹⁸⁵

依照卦氣之說，每卦直六日七分，月得五卦，六十卦分屬十二月，前已詳明；而主歲卦每爻直一月，歲得兩卦，這一說法，又與此六十卦直日之說不同系統，惠棟不宜引作混爲一談。至於主歲卦屯貞丑月，蒙貞寅月之類，則與卦氣合，惠棟引證爲是，但無須用於此處言。至《參同契》之旦屯暮蒙，又是以一歲兩卦之法，用之一日之中，且旦屯暮蒙，則屯、蒙亦不貞於丑寅兩時，即屯以子、申，蒙用寅、戌，亦謂屯內卦起庚子，外卦起戊申，蒙內卦起戊寅，外卦起兩戌，即內體外用之說。是納甲法與屯丑蒙寅無干。且卦氣六十卦去坎、離、震、兌，同《參同契》六十卦去乾、坤、坎、離法又各異，不宜引之，以滋惑亂讀者。¹⁸⁶又如，需、隨、晉、解、大壯等五卦用事二月，惠棟引《易緯》並作案語云：

> 《易緯乾鑿度》：孔子曰：隨上六，拘繫之，乃從維之，王用亨於西山。隨者，二月之卦，隨德施行，藩決難解，萬物隨陽而出，故上六欲待，九五拘繫之，維持之，明被陽化而陰欲隨之也。康成云：大壯九三，爻主正月，陰氣猶在，故羝羊觸藩而羸其角也。至於九四，主二月，故藩決不勝羸也，言二月之時，陽氣已壯，施生萬物，而陰氣漸微，不能爲難以障閉陽氣，故曰藩決難解也。大壯九三主正月，未詳。案：《齊天保歷》以卦之貞悔分節氣，豈九三在貞爲正月中，九四在悔，爲二月節歟。¹⁸⁷

根據惠棟所引大壯之言，本陽爻初起子而上訖巳之法，所以大壯九三主正月，至九四成卦之爻則主二月，此即消息之例。虞翻也提到大過九二「枯楊生稊」爲十二月，¹⁸⁸九五「枯楊生華」爲三月，¹⁸⁹同消息之說。因

<small>185　見《易漢學》，頁 1082-1083。</small>
<small>186　此一問題，清陳壽熊《讀易漢學私記》亦予具體提出指正。參見台北：廣文書局《易學叢書續編》，1973 年 9 月初版，頁 6-8。</small>
<small>187　見《易漢學》，頁 1085。</small>
<small>188　見李鼎祚《周易集解》引虞氏云：「乾爲老，老楊故枯，陽在二也，十二月時，周之二月。」（李鼎祚《周易集解》卷六，台北：台灣商務印書館，1996 年 12 月台 1 版 2 刷，頁 146。）二體互乾爲老，乾陽在二，即消息十二月臨卦之時，於周爲二月。</small>
<small>189　見李鼎祚《周易集解》引虞氏云：「陽在五也。夬、三月時，周之五月，枯楊得澤，故生華矣。」（卷六，147。）此陽在五時爲夬，夬於夏爲三月，於周爲五月。</small>

此，惠棟引說，絕非十二卦分貞悔直月之法。又《六卦議》提到《齊曆》以節在貞，而氣在悔，若九三在貞為正月中，九四在悔為二月節，與《齊曆》不同。惠棟所下案語，實無太大的意義。

惠棟考索謹嚴，蒐羅漢代諸說為釋，苦心竭慮，有功於後，然所引龐雜，異說共理，又不詳為說明，不免疑惑後生。

（五）《易緯》六十卦直事補說

提出六十卦直事之說，除了孟喜之外，《易緯》也有詳說。《稽覽圖》在六十卦直事上，特別分出陰月與陽月者，這樣的說法是孟喜《易》所沒有的。圖列如下所示：[190]

圖表 2-1-18　六陽月三十卦直事圖

八百諸侯正月小過立春	侯三月豫清明	侯五月大有芒種	侯七月恒立秋	侯九月歸妹寒露	侯十一月未濟大雪
初六	一	日	六二	六	日
九三	十一		九四	十六	
六五	二十一日		上六	二十六日	
二十七大夫蒙正月大夫節七月		大夫訟三月大夫無妄九月		大夫家人五月大夫蹇十一月	
初六	二	日	九二	七	日
六三	十二		六四	十七	
六五	二十二日		上九	二十七日	
九卿益正月九卿同人七月		九卿蠱三月九卿明夷九月		九卿井五月九卿頤十一月	
初九	三	日	六二	八	日
六三	十三		六四	十八	
九五	二十三日		上九	二十八日	
三公漸正月三公損七月		三公革三月三公困九月		三公咸五月三公中孚十一月	
初六	四	日	六二	九	日
九三	十四		六四	十九	
九五	二十四日		上九	二十九日	
天子泰正月天子否七月		天子夬三月天子剝九月		天子姤五月天子復十一月	

---

[190] 參見《稽覽圖》卷下，將六十卦分「六陽月三十卦直事」與「六陰月三十卦直事」。頁 525-528。

初九	五	日	九二	十	日
九三	十五	日	六四	二十	日
六五	二十五	日	上六	三十	日

上述是六陽月三十卦直事，日依氣定，日主一爻。

圖表 2-1-19　　六陰月三十卦直事圖

八百諸侯二月 需驚蟄	侯四月 旅立夏	侯六月 鼎小暑	侯八月 巽白露	侯十月 艮立冬	侯十二月 屯小寒
初九	一	日	九二	六	日
九三	十一	日	六四	十六	日
九五	二十一	日	上六	二十六	日
二十七大夫隨二月 大夫萃八月	大夫師四月 大夫既濟十月		大夫豐六月 大夫謙十二月		
初九	二	日	六二	七	日
六三	十二	日	九四	十七	日
九五	二十二	日	上六	二十七	日
九卿晉二月 九卿大畜八月	九卿比四月 九卿噬嗑十月		九卿渙六月 九卿睽十二月		
初六	三	日	六二	八	日
六三	十三	日	九四	十八	日
六五	二十三	日	上九	二十八	日
三公解二月 三公賁月	三公小畜四月 三公大過十月		三公履六月 三公井十二月		
初六	四	日	九二	九	日
六三	十四	日	九四	十九	日
六五	二十四	日	上六	二十九	日
天子大壯二月 天子觀八月	天子乾四月 天子坤十月		天子遯六月 天子臨十二月		
初九	五	日	九二	十	日
九三	十五	日	九四	二十	日
六五	二十五	日	上六	三十	日

上述是六陰月三十卦直事，日依氣定，日主一爻。

以正月、三月、五月、七月、九月、十一月爲陽月，配三十卦；以二月、四月、六月、八月、十月、十二月爲陰月，也配三十卦。同時，十二月配以十二節氣，並依諸侯、大夫、九卿、三公、天子的爵等，分陰分陽，各繫以六個卦，且圖列首卦六爻，每爻中間五日依日配之，五卦六爻則合三十日爲一月。以正月爲例，所配的卦爲小過、蒙、益、漸、泰五卦，其爻所配之日爲：

圖表 2-1-20　正月以爻配日情形表

小過 諸侯	蒙 大夫	益 九卿	漸 三公	泰 天子
-- 26日	一 27日	一 28日	一 29日	-- 25日
-- 21日	-- 22日	一 23日	一 24日	-- 30日
一 16日	-- 17日	-- 18日	一 19日	-- 20日
一 11日	一 12日	一 13日	一 14日	一 15日
-- 6日	一 7日	一 8日	-- 9日	一 10日
-- 1日	一 2日	一 3日	-- 4日	一 5日

其餘每月、日所配卦、爻之情形，也依此類推。張惠言《易緯略義》曾針對此一圖說云：

> 唐一行《卦議》云：天保曆（齊曆）依易通統軌圖，自入十有二節，五卦初爻相次用事，及上爻而與中氣皆終。案此圖初爻一日而二當六，則立春一日小過初，二日蒙初，三日益初，四日漸初，五日泰初，六日小過二，正是相次用事之法，則此圖即易統軌。一行以為非京氏本旨，及《七略》所傳。郎顗所傳，卦皆六日七分，不以初爻相次用事，齊曆謬矣。蓋此圖後世雜家所附益，非中孚傳本文。[191]

此圖說仍屬卦氣之學，然而與其他諸緯文卦主六日七分的說法不同。《焦氏易林》附有「分卦直日之法」，以「一爻主一日，六十卦爲三百六十日，餘四卦震、離、坎、兌爲方內監司之官，……各卦主一日」，[192]也就是六十卦每卦六爻主六日，共主三百六十日，另四正卦各主一日，合爲三百六十四日，然一年實三百六十五日又四分之一日，其餘一日又四分之一日則未作交待。《稽覽圖》在此陰陽月六十卦主三百六十日之說，部份近於焦氏之法，惟五日又四分之一日並未予處理。因此，以六十卦每卦主六日的說法，從孟、焦、京氏，到《易緯》，概略相近，但是在處理剩下的五日又四分之一日上，則有所差略，並且在論述六十卦主三百六十日的過程中，也有所不同。然而，表現在兩漢易學的思想裡，這樣的卦氣

---

[191] 見張惠言《易緯略義》卷一，頁25-26。（引自《易經集成》第一六一冊。）

[192] 見焦延壽《焦氏易林》，臺北：新文豐出版公司，1987年六月臺一版，頁6。

之說是一種極爲普遍的現象，卦氣與歷法相繫參驗，定天時、言災異、推人事，循天文氣象而發，以符人事日用，實不可因主觀偏見地視象數爲糟糠而盡棄，其中的邏輯性與智慧的啓發，多有可觀之處。

五、卦氣徵驗爲漢代普遍性思想

　　孟喜卦氣說同《呂氏春秋》、《夏小正》、《淮南子》等典籍之歷律理論，配干支、四時、節氣、星宿、祭祀、方位、呂律等，然前諸文獻立說以五行爲綱領，藉五行與四時、節氣等相配，而孟喜卦氣之說，以五行相配之法，依目前文獻所現，乃至惠棟考索的資料訊息，尚未以之爲用。然而，孟喜以陰陽消長、盈虛變化建構卦氣理論，呈現循環不息的流動變化，且爲變化有其一定之規律、高度合理性的立體圖式，此種具體模式的科學思維，是值得肯定的。同時，以卦氣論象的象數易學，成爲兩漢易學的主流，孟喜立開啓之功；藉由範疇概念的陰陽而具體爲陰氣陽氣，並以六十四卦卦形卦畫的安排，每卦爲六日七分，配合十二月、二十四節氣、七十二候，使《周易》的象徵方法結合不同系統，另闢更爲具體化的新境以說明宇宙生成的變化現象。特別是又順應漢代天人之學，以卦氣推闡天人一貫的當代（漢代）思潮，並結合災異應瑞，佈推於人事政教，凸顯了生生《易》道陰陽二氣化生萬物的具體化理論，是一種科學神學化的另類思想，它的背後仍是有堅強的科學與邏輯基礎。惠棟考索孟喜卦氣之說，引證兩漢文獻，可以看到龐大的卦氣思想體系，皆以孟喜爲始而出發，甚至後來《易》家的思想主張，也都深受孟喜學說的深刻影響。另外，漢代仍有一支極具影響力的易學支系，即《易緯》的易學主張，也表代與反映漢代象數易學的主要特色，特別是卦氣方面的論述，成爲現存漢代卦氣學說的最重要材料來源，因此，惠棟尤加側重，頻引補說孟氏資料之不足。然而，在思想主張先後或承繼的關係上，惠棟並不以《易緯》爲先，於資料運用的態度上，《易緯》只不是用來補正彌合孟喜卦氣學說罷了。清代學者吳翊寅著《易漢學考》二卷，以及《易漢學師承表》一卷，可以視爲惠氏復原漢《易》之學的遺緒。但是，吳氏明白的指出「卦氣之說，本於《易緯》」，「《漢書·儒林傳》稱孟喜

得《易》家候陰陽災變之書，即其說（《易緯》）也，至京房從焦延壽治《易》，其說長於災變」，乃至後來《易》家之言，多有原本於《易緯》，也就是說，卦氣主張以《易緯》為先，而孟氏則於《易緯》之後。[193]這種承繼流變關係的說法，當然仍有其商榷和討論之空間，畢竟牽涉到先後的考證問題；不過，吳氏的說法，也強調出《易緯》呈現的豐富內容，佔有今日論述漢代卦氣說的主導地位，也無怪乎惠棟之大量裁引。因此，論述卦氣說絕不能遺棄《易緯》。

　　卦氣之說，始終與占驗相即不離。兩漢言《易》，不論是孟喜、焦延壽、京房，乃至《易緯》，主述卦氣，皆不離占驗之用。明乎天地盈虛，與時消息之理，求乎卦爻與氣候之相應，得趨時步吉、避凶化險之道，而「其相應之驗，猶影響之應人動作言語也，故正其本而萬物理，失之毫釐，差以千里」，[194]是以卦候徵驗乃卦氣說務實之用，亦即求天人之道而應乎人事的具體呈現。惠氏引《周易參同契》云：

> 君子居室，順陰陽節，藏器俟時，勿違卦月。謹候日辰，審察消息，纖芥不正，悔吝為賊。二至改度，乖錯委曲，隆冬大暑，盛夏霜雪。二分縱橫，不應漏刻，水旱相伐，風雨不節，蝗蟲湧沸，群異旁出。[195]

指出卦氣之說，藉由六十四卦與歷法的結合，在於指導生民精確掌握與適時順應陰陽節令，一旦「卦氣不效，則分至寒溫皆失其度」，[196]自然的災難就無法避免了。透過卦氣說，倡言災異以進一步比附人事，即在於強調天人感應，作為人事占驗的政治制約之法則。因此，「王者躬行道德，則卦氣理效，五徵時序，失道妄行，則卦氣悖亂，咎徵著郵」。[197]

　　卦候徵驗之說，《易緯》特別偏重，《通卦驗》云：

> 凡易八卦之炁，驗應各如其法度，則陰陽和，六律調，風雨時，

---

[193] 見清吳翊寅《易漢學考》，卷一。引自上海：上海古籍出版社《續修四庫全書》編纂委員會編《續修四庫全書‧經部‧易類》，第三十九輯，據湖北省圖書館藏清光緒十九年廣雅書局刻本影印原書版，頁 21-22。

[194] 見《通卦驗》卷上，頁 535。

[195] 見《易漢學》，頁 1050。

[196] 見《易漢學》，頁 1050。

[197] 同前註。

五穀成熟，人民取昌，此聖帝明王所以致太平法。故設卦觀象，
以知有亡。夫八卦繆亂，則綱紀壞敗，日月星辰失其行，陰陽不
和，四時易政。八卦炁不效，則災異炁臻，八卦炁應失常。……
冬至四十五日，以次周天三百六十五日，復當卦之炁。進則先時，
退則後時，皆八卦之效也。夫卦之效也，皆指時卦，當應他卦炁，
及至其災，各以其衝應之，此天所以示告於人者也。[198]

卦驗效應非但因災異而設說，亦可推為政治之用，充滿譴告之色彩；聖
君明主可就災異而設教，因陰陽、定消息、被仁恩、廣教化、制時宜，
以收政通人和之功。緯文以八卦每卦四十五日，當三百六十日，取其概
數而言。在《通卦驗》裡，從卦氣而言，以「甲子卦氣起中孚」，而「坎
常以冬至日始效」，在此，八卦周則亦復冬至卦氣，以冬至日為一年之始，
也是太陽運行一周天三百六十五日的起算。[199]「先時後時」者，鄭玄注
云，「卦炁進則先時，謂見其時之前，乾炁見於冬至之分是也；退則後時，
謂見於其時之後也」。根據孟喜已如前述的卦氣圖，冬至配五爵卦的復
卦，合於經書所稱的「一陽來復」，象乾氣始生之時。乾氣陽，倘陽氣早
於冬至日出現，即為「先時」，後於冬至日則為「後時」，二種情況皆非
正常之天象，故稱卦氣不正，災變因此產生，而天亦以告示於人。八卦
之效，皆指用事之卦，即《乾鑿度》所言「八卦用事」，也就是「震生物，
巽散之，離長之，坤養之，兌收之，乾制之，坎藏之，艮終始之」，各卦
各用其事，則生長收藏之道井然而備，若應他卦之氣，即先時或後時，
則本卦之卦氣不效，各以其衝卦所直之候現其災咎，此蓋同五行相衝則
剋之理。

　　《通卦驗》的八卦卦序與孟喜卦氣圖一致。其卦氣依五行而定白、
黑、黃、青、赤五氣，其立意之所在，即《乾鑿度》所謂「易者，所以
經天地、理人倫、而明王道。是故八卦以建，五氣以立，五常以之行。
象法乾坤，順陰陽，以正君臣、父子、夫婦之義」。[200]八卦卦氣不正，則

---

[198]　見《通卦驗》卷下，頁 539。
[199]　冬至日之夜最長，陰陽二氣往來中，陰氣最盛，盛極而衰，陽氣漸長，為陰消陽息之
　　始，古人以之為一年之始。
[200]　見《乾鑿度》卷上，頁 479。

自然不順，倫常不類，君臣職廢，王道不彰，遭引凶厄，萬物迭傷。故人君見災異叢生，則當引以為惕，依八卦用事，隨順陰陽，和暢人事，以合八卦之佳應。至於卦氣不正者，包括「氣出左」、「氣出右」、「卦氣不至」、「進則先時」與「退則後時」等五者。以乾卦為例言之，《通卦驗》原文指出：

> 乾，西北也，主立夏。人定，白炁出直乾，此正炁也。炁出右，萬物半死；炁出左，萬物傷。乾炁不至，則立夏有寒，傷禾稼，萬物多死，人民疾疫，應在其衝。乾炁見於冬至之分，則陽炁火盛，當藏不藏，蟄蟲冬行。乾為君父，為寒、為冰、為金、為玉，於是歲則立夏蚤蟄，夏至寒。乾得坎之寒，則夏雨雪水冰。乾炁退，傷萬物。[201]

乾象為君、為父、為寒、為冰、為金、為玉；五行屬金而為白，故白氣直乾為正氣。乾正而氣正，偏左偏右皆非乾之正位，其位不正則卦氣不效，卦氣不效則有災咎。

惠棟引《京氏易傳》提及「賦斂不理茲謂禍，厥風絕經緯」；又言「大經在辟而易臣，茲謂陰動」，「大經搖政，茲謂不陰」。[202]此即論四時不正，若臣不臣，不以臣道事君，國政必當不順。[203]又引《漢書》魏相奏曰：

> 東方之卦，不可以治西方；南方之卦，不可以治北方。春興兌治則饑；秋興震治則華；冬興離治則泄；夏興坎治則雹。[204]

以四正之卦，象徵四方、四時，而四方、四時有其不變與不可違逆之理，禍福全在此順逆之間。也就是說，宇宙自然，有其一定的規律與不變的法則，一切當依循此自然的規律與法則，不可妄自行事，更不可違背天理，一旦為所欲為有悖於自然理則，必將承受逆天之災。因此，上天給予的咎害，全因人而起，所有的禍福全由人的意志與行為而決定。

以十二消息卦當十二月，春三月則為泰、大壯、夬；夏三月則為乾、

姤、遯；秋三月則爲否、觀、剝；冬三月則爲坤、復、臨。《通卦驗》論
其四時卦氣不效之應：

> 春三月，候卦炁比不至，則日食無光，君失政，臣有謀，期在其
> 衝，白炁應之，期百日二旬，臣有誅者，則各降。夏三月，候卦
> 炁不至，則大風折水發屋，期百日二旬，地動，應之大風，期在
> 其衝。多死臣，黑炁應之。……秋三月，候卦炁比不至，則君私
> 外家，中不慎刑，臣不盡職，大旱而荒，期在其衝。青無炁之，
> 期百日二旬。冬三月，候卦炁比不至，則赤炁應之，期在百二十
> 日，內有兵，日食之災，期三百六旬也。三公有免者，期在其衝，
> 則已無兵。[205]

相連候卦卦氣不至，災期也應之於衝卦。一卦三十日，故應期達一百二
十日。關於二十四節氣災異譴告之說，主要表現在《通卦驗》所云，首
先提到：

> 聖人仰取象於天，俯取法於地，以知陰陽精微所應。故日者，眾
> 陽之精也。天所以照四方，因以立，定二十四炁，始於冬至，終
> 於大雪，周天三百六十五日。分之一陰一陽，分之各得八十五日，
> 有奇分為普，得九十一日有奇。四正分而成八節，節四十五日二
> 十一分，八節各三分，各得十五日七分而為一炁也。分滿三十二
> 為一日，令備或為復。二十四炁，其復合於晷應，其法皆先復之
> 二日，左同右。[206]

此日法與孟喜的六日七分不同；孟氏一日以八十分計，此則以三十二分
計，故一年三百六十五日四分之一日，分爲八節，則每節爲四十五日二
十一分；八節各別爲三，則二十四氣各得十五日七分。

　　《通卦驗》在二十四卦氣徵驗所述，主要內容包括卦氣值卦、二十
四候名、八卦卦氣出現的季節、時間與顏色、晷影的長短、各節氣中雲
的名稱和形狀、卦氣進退不合其時人體感應所罹患的疾病、卦與卦之間
的感應等部份。其二十四節氣同孟氏之說，以坎、離、震、兌四正卦二

205　見《通卦驗》卷下，頁 541-542。
206　見《通卦驗》卷下，頁 541-542。

十四爻分主一年節氣，且四正卦分掌東南西北方位與二分二至；乾、坤、艮、巽分居西北、西南、東北、東南，以為各氣之所出。由陰陽五行隨氣消長之故，緯文又與人體經絡氣行相繫，因此，易道至大，上及天文，下迨地理，中佈百姓日用，無不彌綸其間，尤其符合中醫普遍性陰陽不合而生病痛的理論，醫學生理學亦恰易學之一環。十二經脈，分手三陰經：手太陰、手少陰、手厥陰；足三陰經：足太陰、足少陰、足厥陰；手三陽經：手太陽、手陽明、手少陽；足三陽經：足太陽、足陽明、足少陽。[207]以其十二數，可應十二節氣，理路相通。關於《通卦驗》所論八卦候應之徵，以八卦候應之徵，以二十四節氣之徵驗內容內容，參考附件一所示。[208]

　　惠棟考索孟喜之學，並未著墨於徵驗之說，對於《通卦驗》在這方面的內容，並未采引，主要是堅守其考據實學的科學立場，排拒災異，重視務實，這一點是可以被肯定的，後學強力批評其引《易緯》陰陽災異為說，不知理據何在，惠氏不應蒙受此一厚誣。但是，雖然災異徵驗之說，脫離學術現實，而其背後的歷史文化與學術背景的義涵，則仍值得關注。根據歷法以晷影長短定節氣，並記載雲氣在各個季節中不同的形狀與顏色，這是先民觀察自然變化的實證結果，用以指導農時的基礎，百世而不變，是一種經驗和智慧的累積，有相當的科學依據與一定程度的客觀性；至於卦氣說，則透過這些具有某種科學依據或客觀性的知識，試圖再作合理的配置，成為一套新的理論，當中也不失其本有的精神。同時以《易》卦導之陰陽化生四時八氣的循環遞進，藉由各氣節的物候以徵驗，賦予災異譴告，這是漢代學說思想的重要標幟，當我們談論到漢代的學術，這是無法與不能避免的。此外，卦氣當至不至或不當至而至的情形，實際上最可能面對的現實狀況，就是歷法與真正的季節無法

---

[207] 一般中醫學的經絡說，普遍以十二經脈分成六對，每對一陰一陽互為表裡，手太陰肺經與手陽明大腸經，手少陰心經與手太陽小腸經，手厥陰心包經與手少陽三焦經，足陽明胃經與足太陰脾經，足太陽膀胱經與足少陰腎經，足少陽膽經與足厥陰肝經六對皆互為表裡。同時其氣血運行次序則手太陰→手陽明→足陽明→足太陰→手少陰→手太陽→足太陽→足少陰→手厥陰→手少陽→足少陽→足厥陰。

[208] 參考《通卦驗》卷下，頁 539-541 與頁 543-548。

精確的配合，才造成節氣的早到或晚到。但是，卦氣說並不懷疑二十四爻主二十四節氣的原理上會有誤差，僅就節氣的早到或晚到賦予災異譴告的內涵，藉以感應到人體可能因季節而產生的各種疾病，所以這些疾病的種類及屬性與八卦各氣的特性有密切相關，這種掇合的關係，仍不失其建構的邏輯理路。

第二節　京房易學之述評

京房易學，師事於焦延壽，以善言陰陽災異占候之術而聞名，曾受寵於漢元帝而盛極一時，卻爲石顯所忌，藉京氏多次上封事以卦氣陰陽災變抨擊時政，譖誣爲「非謗政治，歸惡天子」，而下獄棄死於市，應驗了焦延壽所云「得我道以亡身者，必京生也」的預言結果。[209]京房在孟、焦易學的基礎上，建立一套屬於其獨具特色的象數易學理論。其章句、數術之著甚豐，《漢書・藝文志》與《隋書・經籍志》所載多達二十八種，[210]然而唐宋時期幾皆亡佚，僅《宋史・藝文志》於「蓍龜類」下錄《易

---

[209] 關於京房的生平事蹟，參見《漢書・京房傳》，卷七十五；《漢書・儒林傳》，卷八十八；以及《後漢書・律歷志》所述。內文括弧所引，見《漢書・京房傳》，頁3167、3160。另引《漢書・儒林傳》備參，云：「京房受《易》梁人焦延壽，延壽云嘗從孟喜問《易》。會喜死，房以爲延壽《易》即孟氏學，翟牧、白生不肯，皆曰非也。至成帝時，劉向校書，考《易》説，以爲諸《易》家説皆祖田何、楊叔〔元〕、丁將軍，大誼畧同，唯京氏爲異，黨焦延壽獨得隱士之説，託之孟氏，不相與同。房以明災異得幸，爲石顯所譖誅，自有傳。房授東海殷嘉、河東姚平、河南乘弘，皆爲郎、博士。繇是《易》有京氏之學。」（見《漢書・儒林傳》，頁3601-3602。）

[210] 《漢書・藝文志》載有三種：《孟氏京房》十一篇；《災異孟氏京房》六十六篇；《京氏段嘉》十二篇。《隋書・經籍志》載有二十五種：《周易》十卷；《周易錯》八卷；《京氏徵伐軍候》八卷；《京氏釋五星災異傳》一卷；《京氏日占圖》三卷；《風角要占》三卷；《風角雜占五音圖》十三卷；《逆刺》一卷；《方正百對》一卷；《晉災祥》一卷；《周易占事》十二卷；《周易占》十二卷；《周易妖占》十三卷；《周易守林》三卷；《周易集林》十二卷；《周易飛候》九卷；《周易飛候六日七分》八卷；《周易飛候》六卷；《周易四時候》四卷；《周易錯卦》七卷；《周易混沌》四卷；《周易委化》四卷；《周易逆刺占災異》十二卷；《占夢書》三卷。合二十八種。

傳算法》一卷及《易傳》三卷，即今傳世之《京氏易傳》。[211]

　　惠棟考索漢《易》，於《易漢學》中，分二卷專考京房之學主張，開啓京氏《易》的研究大門，也使京氏《易》日受關注。其考述內容，主要可歸納爲：八卦六位說、八宮卦次說、占筮說、建月建候與積算法，以及卦爻之飛伏與貴賤說等幾個方面來討論。

一、八卦六位說

（一）八卦六位圖

　　干支五行相配之說，源起甚早，早在春秋時期，四時配五行，已見其雛型，《左傳・昭公元年》所謂「分爲四時，序爲五節」之說，可以爲證。《管子・五行》即以天干、五行配四時，冬至起，甲子配木，歷七十二日後爲夏令開始之時，丙子配火，又歷七十二日夏事畢而爲戊子配土爲夏秋之際，又歷七十二日而入秋令，庚子配金，歷七十二日而秋事畢，並入壬子配水，屬冬藏歲令。[212]兩漢時期，以陰陽五行配於干支歷律中

---

[211] 今傳《京氏易傳》有陸績作注，又有徐昂《京氏易傳箋》，詳加箋釋，考辨文字。除此傳本外，清代於輯佚風氣鼎盛之際，亦有彙輯京房之《易》注佚文，輯本包括如張惠言《易義別錄》中輯《周易京氏章句》一卷；孫堂《漢魏二十一家易注》輯《京房周易章句》一卷；馬國翰《玉函山房輯佚書》輯《周易京氏章句》一卷；黃奭《漢學堂經解》輯《京房易章句》一卷；王仁俊《玉函山房輯佚書續編》輯《周易京氏章句》一卷；以及王保訓《京氏易》八卷中，首卷爲《周易章句》等等。

[212] 《管子・五行》云：「日至，睹甲子木行御。……然則冰解而凍釋，草木區萌。贖蟄蟲卵菱，春辟勿時，苗足本，不癘雛鷇，不夭麑麛。……睹丙子火行御。……然則天無疾風，草木發奮，鬱氣息，民不疾而榮華蕃。……睹戊子土行御。……然則天爲粵宛，草木養長，五穀蕃實秀大，六畜犧牲具。……睹庚子金行御。……然則晝炙陽，夕下露，地競環，五穀鄰熟，草木茂實，歲農豐年而大茂。……睹壬子水行御。……然則羽卵者不段，毛胎者不贖，羸婦不銷棄，草木根本美。」（引自《諸子集成》本，戴望《管子校正》，北京：中華書局，1954 年 12 月第 1 版，1996 年 2 月北京第 9 刷，頁 242-243。）年分五等，配以五行，此種說法，《淮南子・天文訓》中也有記載：「壬午冬至，甲子受制，木用事，火煙青。七十二日丙子受制，火用事，火煙赤。七十二日庚子受制，金用事，火煙白。七十二日壬子受制，水用事，火煙黑。七十二日而歲終，庚子受制。」（引自劉文典《淮南鴻烈集解》，北京：中華書局，1989 年 5 月第 1 版，1997 年 1 月北京第 2 刷，頁 105。）又將五色納入相配。

者，已是鼎盛沸然之況，《淮南子‧時則訓》、《呂氏春秋》，以及《禮記‧月令》都已論述極爲詳備，尤其已將月份納入配用，諸如《淮南子‧時則訓》提到：

> 孟春之月，……其位東方，其日甲乙。盛德在木。
> 仲春之月，……其位東方，其日甲乙。
> 季春之月，……其位東方，其日甲乙。
> 孟夏之月，……其位南方，其日丙丁。盛德在火。
> 仲夏之月，……其位南方，其日丙丁。
> 季夏之月，……其位中央，其日戊己。盛德在土。
> 孟秋之月，……其位西方，其日庚辛。盛德在金。
> 仲秋之月，……其位西方，其日庚辛。
> 季秋之月，……其位西方，其日庚辛。
> 孟冬之月，……其位北方，其日壬癸。盛德在水。
> 仲冬之月，……其位北方，其日壬癸。
> 季冬之月，……其位北方，其日壬癸。

以五行配十二月、方位與天干；其中土德專主季夏一月，比重不均，乃發展出後來的「王土四季」之說，即爲春、夏、秋、冬四季之季末配土，解決了其中的紛歧。[213]此種普遍的學術氛圍，運用在易學的詮釋中，雖

---

[213] 見《淮南子‧時則訓》，卷五。引自劉文典《淮南鴻烈集解》，頁 159-183。除了月配方位、五行、天干之外，尚配五音與十二呂律，在此略而不予贅敘。特別要提的是，《淮南子‧時則訓》四時中，特以夏季配五行中的火、土二元，即孟夏配火，季夏配土，此即「土王季夏」之說。此外，《淮南子‧天文訓》也提出「東方木也」，「其日甲乙」；「南方火也」，「其日丙丁」；「中央土也」，「其日戊己」；「西方金也」，「其日庚辛」；「北方水也」，「其日壬癸」。以木、火、金、水四行各治一季，而土行則是「制四方」，排除了將土統四時之配當。對此，董仲舒《春秋繁露‧五行對》進一步解釋云：「水爲冬，金爲秋，土爲季夏，火爲夏，木爲春。……土者火之子也，五行莫貴於土，土之於四時無所命者，不與火分功名。」雖然賦予土以「五行莫貴於土」的崇高地位，卻也只能處於「土者火之子」的處境。不過，也因土行的地位不斷的提高，進而發展出將春、夏、秋、冬四季的各季之末月配土之法，此即「土王四季」說。所以《淮南子‧天文訓》云：「甲乙寅卯木也，丙丁巳午火也，戊己四季土也，庚申辛酉金也，壬癸亥子水也。」以月配十二辰，寅爲孟春，卯爲仲春，辰爲季春，巳爲孟夏，午爲仲夏，未爲季夏，申爲孟秋，酉爲仲秋，戌爲季秋，亥爲孟冬，子爲仲冬，丑爲季冬；四季辰、戌、丑、未皆土，而十干戊己配土，故〈天文訓〉說「戊己四季土也」。如此一來，五行中土行共配四個月，

然以干支配卦，在兩漢時期，已成通說，而較完整的納甲、納支之說則以京房為先。

京房易學，提倡納甲、納支與五行配卦爻之說。將十天干與八卦相配，十二地支與五行全部納入八正卦的各爻之中。因此，惠棟考索京氏《易》，並引唐代占星家李淳風之說加以論述，而制「八卦六位圖」之說，其內容轉以表列如下：[214]

圖表 2-2-1　八卦六位圖

	乾☰金	坤☷土	震☳木	巽☴木	坎☵水	離☲火	艮☶土	兌☱金
上爻	壬戌土	癸酉金	庚戌土	辛卯木	戊子水	己巳火	丙寅木	丁未土
五爻	壬申金	癸亥水	庚申金	辛巳火	戊戌土	己未土	丙子水	丁酉金
四爻	壬午火	癸丑土	庚午火	辛未土	戊申金	己酉金	丙戌土	丁亥水
三爻	甲辰土	乙卯木	庚辰土	辛酉金	戊午火	己亥水	丙申金	丁丑土
二爻	甲寅木	乙巳火	庚寅木	辛亥水	戊辰土	己丑土	丙午火	丁卯木
初爻	甲子水	乙未土	庚子水	辛丑土	戊寅木	己卯木	丙辰土	丁巳火
惠棟考索引李淳風述其大要內容	主甲子、壬午。甲為陽之始，壬為陽日之終。子為陽辰始，午為陽辰終。初爻在子，四爻在午。	主乙未、癸丑。乙為陰之始，癸為陰日之終。丑為陰辰始，未為陰辰終。內主未，外主丑。	主庚子、庚午。	主辛丑、辛未。	主戊寅、戊申。	主己卯、己酉。	主丙辰、丙戌。	主丁巳、丁亥。

而其它四行則各僅配二個月，土行過重，有失比例，因此，又回到五行每行七十二日，只不過土行的七十二日是分布在四季的後十八日，四個十八日，則為七十八日。此種配法，保留了「土制四方」與「五行莫貴於土」的基本思想，並使五行與四時的配當趨於整齊，「土王四季」的觀念得以確立，一直沿用至後世。不過，此種配法，仍存有其實際上的矛盾，即水、火、木、金四行各配以二支，而土行配以四支；由於一個月三十日，可以取其十分之六（十八日）來配五行之土，但一個支卻不能分割而取其分數來與五行相配，從而導致一個季月可取其十分之六的日數配土，而該月之支名卻得全部配土的矛盾現象。此外，在方位上，戊、己二干配土，卻配方位於中央，辰、戌、丑、未四支配土，卻不配方位於中央，而是配方位於周邊，此也是難以改變的矛盾事實。為了解決此一矛盾，〈天文訓〉則以「子午卯酉為二繩，丑寅辰巳未申戌亥為四鉤」，明確地以支名論周邊十二方位，雖不盡理想，也大致解決其間的紛歧。

[214] 見《易漢學》，卷四，〈京君明易上〉，頁 1137-1139。

惠棟引元代易學家胡一桂言，「京氏云：降五行，領六位，即納甲之法」，故上圖除去五行，即可得為「八卦納甲圖」。[215]京氏「八卦六位圖」，納甲納支之說，與世傳占卦之書《火珠林》相近，[216]並為術家所沿用。

　　京房的八卦六位之說，已能完整的體現納甲納支實際情形與內在原理，而是否為京房首創，且京房之前干支配卦之法是否已前行呢？根據惠棟所考，引《抱朴子》、《禮記》之說：

> 《抱朴子》曰：案《玉策記》及《開名經》，皆以五音六屬知人年命之所在。子午屬庚，_{震初爻庚子庚午。}丑未屬辛，_{巽初爻，辛丑辛未。}寅申屬戊，_{坎初爻，戊寅戊申。}卯酉屬己，_{離初爻，己卯己酉}辰戌屬丙，_{艮初爻，丙辰丙戌。}巳亥屬丁。_{兌初爻，丁巳丁亥。}《禮記·月令正義》引《易林》云：_{今《易林》無之。}震主庚子午，巽主辛丑未，坎主戊寅申，離主己卯酉，艮主丙辰戌，兌主丁巳亥。案《玉策記》、《開名經》，皆周秦時書，京氏之說，本之焦氏，焦氏又得之周秦以來先師之所傳，不始于漢也。[217]

《玉策記》與《開名經》所論，與京房之說不同，而二書為周秦舊書，今已不復載世；京房之學本於焦延壽，而焦氏又得之於周秦之傳，但至京房，其學明顯與前二書有異，故京房所本，亦不在二書，而可以肯定的是有關的納甲納支思想，並不始於漢，在先秦時期已當極為盛行。不過，惠棟此處也引《易林》之說，其配法與京房完全相同，惟此《易林》之說，卻不見於今本《焦氏易林》，而此《易林》又是否為《焦氏易林》，也難決定論，畢竟東漢以後《易林》叢出，考定有其不可避免的難處。《易林》既與京氏之說同，則與京氏同源，或屬周秦舊書所原有者。

　　（二）納甲

---

[215]　惠棟引胡一桂之言，見於《四庫全書》本《易漢學》；今《皇清經解續編》本並無此言，僅云「《火珠林》即納甲法也」（見《易漢學》，卷四，頁 1139。），似乎肯定京氏此說即《火珠林》納甲法。

[216]　陳振孫《直齋書錄解題》認為「《火珠林》一卷，無名氏。今賣者擲錢占卦，盡用此書」。南宋易學家張行成《元包數義》云「《火珠林》之用，祖於京房」。《朱子語類》也認為「《火珠林》猶是漢人遺法」。是先儒皆認為《火珠林》本於京氏納甲之法。

[217]　見《易漢學》，頁 1140。括號內文為惠棟所注。

　　京房納甲法的本質，在於將西漢時期盛行的陰陽五行、干支之說，納入《易》卦系統中，即以十天干配八卦，甲爲十干之首，以甲代表十天干，故簡稱爲納甲。《淮南子·天文訓》提到，「凡日，甲剛乙柔，丙剛丁柔，以至于癸」，[218]將十天干作陰陽剛柔之區分，甲、丙、戊、庚、壬爲五陽干，乙、丁、己、辛、癸爲五陰干；此一區分，同《繫辭傳》所言「天一、地二、天三、地四、天五、地六、天七、地八、天九、地十。天數五，地數五，五位相得而各有合」之說，將數的奇偶分開，奇爲陽，偶爲陰。《繫辭傳》以「陽卦多陰，陰卦多陽」的原則，分別陰陽卦性，並根據《說卦傳》所言乾坤父母卦、生六子之說，[219]合八卦而有陰陽之分，乾、震、坎、艮爲陽卦，坤、巽、離、兌爲陰卦。由此，京房以陽干配陽卦，以陰干配陰卦。《京氏易傳》云：

> 分天地乾坤之象，益之以甲乙壬癸。震巽之象配庚辛，坎離之象配戊己，艮兌之象配丙丁。八卦分陰陽，六位配五行，光明四通，變易立節。天地若不變易，不能通氣。[220]

也就是說，乾納甲壬，坤納乙癸，震納庚，巽納辛，坎納戊，離納己，艮納丙，兌納丁。所以惠棟引宋代項安世之言云：

> 陽卦納陽干陽支，陰卦納陰干陰支，陽六干皆進，陰六干皆退，惟乾納二陽，坤納二陰，包括首尾，則天地父母之道也。[221]

十天干中，甲爲陽之始，壬爲陽之終；乙爲陰之始，癸爲陰之終。乾坤以卦的形式，體現了陰陽之根本，甲壬、乙癸以數的形式體現了陰陽之終始。故京房以乾納甲壬，坤納乙癸，其餘六干依次配六子，如此一來，既合乎陰陽終始之義，也解決了十天干與八卦相配在數字上的不等。京房以天干配八卦，其表徵體現了陰陽的相配與相符，其進一步地的目的，在於建構一個具有客觀性而且可操作的易學系統，希望能將干支五行有

---

[218]　見《淮南子·天文訓》，卷三，頁 121。

[219]　見《說卦傳》云：「乾，天也，故稱乎父；坤，地也，故稱乎母；震一索而得男，故謂之長男；巽一索而得女，故謂之長女；坎再索而得男，故謂之中男；離再索而得女，故謂之中女；艮三索而得男，故謂之少男；兌三索而得女，故謂之少女。」

[220]　見《京氏易傳》，卷下。引自郭彧《京氏易傳導讀》，山東：齊魯書社，2002 年 10 月第 1 版第 1 刷，頁 133。後《京氏易傳》引文，皆本於此，不再重複贅注，僅標明頁碼。

[221]　見《易漢學》，頁 1141。

系統地引入其八宮卦體系中。在他的觀念中，認為干支五行能夠具體地呈顯對事物的解釋和對吉凶的推測，倘能將之納入易學的體系中，更能表現宇宙的一切變化之道。

先秦時期五行配四時、方位與乃干支，已是普遍的現象，而以甲乙屬東春木，丙丁屬南方夏火，庚辛屬西方秋金，壬癸屬北方多水，為一般共同的認識。這樣的普遍認識，也被《說卦傳》配卦而採用之，其「帝出乎震」的說法，立震東、離南、兌西、坎北而配春、夏、秋、冬與木、火、金、水，[222]將四時、四方與五行納於卦中，而尚未以干支相配，尤其周秦以前如《月令》的天干配位：甲乙配東、丙丁配南、庚辛配西、壬癸配北；未加配用。發展到了京房的納甲，並未順應《月令》的說法，[223]京房以東方之甲與北方之壬配乾，並不符合乾卦方位的普遍認識。[224]其它的卦配，也是同樣的道理。因此，在納干的主張上，京房並未呼應傳統的說法，而另製一套屬於自己用於占筮解釋的說法，其目的在於便於災異、占筮的詮解，配卦後無法全面的考量與傳統相應合。所以京房這時期的這套說法，是一種新的創制。

（三）納支

京房除了以八卦納甲外，又提出納支之說，以其「八卦分陰陽，六位配五行」之原則；干分陰陽而配於各陽卦與陰卦之中，爻也是如此，十二地支分陰陽而分置於各陰陽卦的各六爻之中。十二地支陰陽之分，

---

[222] 參見《說卦傳》云：「帝出乎震，齊乎巽，相見乎離，至役乎坤，說言乎兌，戰乎乾，勞乎坎，成言乎艮。萬物出乎震，震，東方也。齊乎巽，巽，東南也；齊也者，言萬物之絜齊也。離也者，明也，萬物皆相見，南方之卦也，聖人南面而聽天下，向明而治，蓋取諸此也。坤也者，地也，萬物皆致養焉，故曰至役乎坤。兌，正秋也，萬物之所說也，故曰說乎兌。戰乎乾，乾，西北之卦也，言陰陽相薄也。坎者，水也，正北方之卦也，勞卦也，萬物之所歸也，故曰勞乎坎。艮，東北之卦也，萬物之所成終，而所成始也，故曰成言乎艮。」此即後人所言之文王後天八卦方位說。

[223] 《月令》以甲乙配東、丙丁配南、庚辛配西、壬癸配北，若順應其說，則震位東方，自然就配甲乙，離也配丙丁、兌配庚辛、坎配壬癸。然而京房並不以此為配。

[224] 乾卦的方位，在文王（後天）八卦方位中，屬西北方，以《月令》之說，則不出西方之庚辛或北方之壬癸；而在《說卦傳》「天地定位」說下的方位（先天八卦方位），乾卦為正南，則配丙丁。但是京房的納甲，卻以乾卦配甲壬。

六陽支爲子、寅、辰、午、申、戌，六陰支爲丑、卯、巳、未、酉、亥。以六陽支配乾、震、坎、艮四陽卦，以六陰支配坤、巽、離、兌四陰卦。具體的配法爲：乾卦從初爻至上爻分別配納子、寅、辰、午、申、戌。震卦從初爻至上爻分別配納子、寅、辰、午、申、戌；此同於乾卦，因震爲乾之長子，故同於父卦。坎卦六爻從初爻至上爻分別配納寅、辰、午、申、戌、子。艮卦從初爻至上爻分別配納辰、午、申、戌、子、寅。坤卦從初爻至上爻分別配納未、巳、卯、丑、亥、酉；坤之所以不從「丑」始，不取丑、卯、巳、未、酉、亥的順序，《京氏易傳》卷下云：「陰從午，陽從子，子午分行，子左行，午右行。」此即根據十二消息卦而立說，子爲十一月復卦一陽生，「陽從子」，即陽生始於子；午爲五月姤卦一陰生，「陰從午」即陰生始於午；所謂「子午分行」，即六陽支以子、寅、辰、午、申、戌之序，六陰支以未（午屬陽支，故取午之後的陰支「未」開始）、巳、卯、丑、亥、酉爲序；陽支與陰支順序正相反，故稱爲「分行」。巽卦六爻初爻至上爻分別配納丑、亥、酉、未、巳、卯。離卦六爻初爻至上爻分別配納卯、丑、亥、酉、未、巳。兌卦六爻初爻至上爻分別配納巳、卯、丑、亥、酉、未。有關的配置原則，惠棟除了前述引項安世「陽六干皆進，陰六干皆退」的原則外，也引朱震與沈括之言：

> 朱子發曰：乾交坤而生震、坎、艮，故自子順行。震自子至戌六位，長子代父也；坎自寅至子六位，中男也，艮自辰至寅六位，少男也。坤交乾而生巽、離、兌，故自丑逆行。巽自丑至卯六位，配長男；離自卯至巳六位，配中男也；兌自巳至未六位，配少男也；女，從人者也，故其位不起于未，《易》於乾卦言大明終始，六位時成，則七卦可以類推。沈存中曰：震納子午，順傳寅申，陽道順；巽納丑未，逆傳卯酉，陰道逆。[225]

朱、沈之言，未盡詳備，「案沈氏又以震巽納庚辛，從下而上，與胎育之理同，其說非也」。《易乾鑿度》云，「易氣從下生，兼乾坤言之也，何獨

---

[225] 見《易漢學》，頁1140-1141。

六子耶」，所以，「陽左行，故順，陰右行，故逆，爻辰亦然」，[226]此方爲京房之說的最基本的配置原理。

以十二消息卦推立納支之法，其準據又可推至《史記・律書》所言「十一月也，律中黃鍾。黃鍾者，陽氣踵黃泉而出也，其於十二子爲子」等十二呂律配支之法，神聖而定型化的歷律，成爲推應運用的對象。[227]十二呂律之說，前述孟喜的章節中已有論及。因此，京房「八卦六位」之說，除了可以反映當時有關思想的普遍性外，也同時可以看出其說與孟喜主張的聯繫和關係。《史記》之說，推出十二律與十二月的對應關係：

---

[226] 括弧引文見《易漢學》，頁1141。宋代沈括言納甲之詳文，見其《夢溪筆談・象數一》云：「易有納甲之法，未知起於何時。予嘗考之，可以推見天地胎育之理。乾納甲壬，坤納乙癸者，上下包之也。震巽坎離艮兌納庚辛戊己丙丁者，六子生於乾坤之包中，如物之處胎甲者。左三剛爻，乾之氣也；右三柔爻，坤之氣也。乾之初爻交于坤生震，故震之初爻納子午，中爻交于坤生坎，初爻納寅申，上爻交于坤生艮，初爻納辰戌。坤之初爻交于乾生巽，故巽之初爻納丑未，中爻交于乾生離，初爻納卯酉，上爻交于乾生兌，初爻納巳亥。乾坤始於甲乙，則長男、長女乃其次，宜納丙丁；少男、少女居其末，宜納庚辛。今乃反此者，卦必自下生，先初爻，次中爻，末乃至上爻。此易之叙，然亦胎育之理也。物之處胎甲，莫不倒生，自下而生者。卦之叙而冥合造化胎育之理，此至理合自然者也。」（見沈括《夢溪筆談》卷七，台北：台灣商務印書館，1956年4月台初版，頁51。）沈氏藉八卦納十天干而云天地胎育之理。

[227] 十二呂律配支之法，見《史記・律書》云：「十月也，律中應鍾。應鍾者，陽氣之應，不用事也。其於十二子爲亥。亥者，該也。廣莫風居北方。廣莫者，言陽氣在下，陰莫陽廣大也，故曰廣莫。……十一月也，律中黃鍾。黃鍾者，陽氣踵黃泉而出也。其於十二子爲子。子者，滋也。……十二月也，律中大呂。大呂者，其於十二子爲丑。丑者，紐也。……正月也，律中泰簇。泰簇者，言萬物簇生也，故曰泰簇。其於十二子爲寅。寅言萬物始生螾然也。……二月也，律中夾鍾。夾鍾者，言陰陽相夾廁也。其於十二子爲卯。卯之爲言茂也。……三月也，律中姑洗。姑洗者，言萬物洗生。其於十二子爲辰。辰者，言萬物之蜄也。……四月也，律中中呂。中呂者，言萬物盡旅而西行也。其於十二子爲巳。巳者，言陽氣之巳盡也。……五月也，律中蕤賓。蕤賓者，言陰氣幼少，故曰蕤；痿陽不用事，故曰賓。景風居南方。景者，言陽氣道竟，故曰景風。其於十二子爲午。午者，陰陽交，故曰午。……六月也，律中林鍾。林鍾者，言萬物就死氣林林然。其於十二子爲未。未者，言萬物皆成，有滋味也。……七月也，律中夷則。夷則，言陰氣之賊萬物也。其於十二子爲申。申者，言陰用事，申賊萬物，故曰申。……八月也，律中南呂。南呂者，言陽氣之旅入藏也。其於十二子爲酉。酉者，萬物之老也，故曰酉。……九月也，律中無射。無射者，陰氣盛用事，陽氣無餘也，故曰無射。其於十二子爲戌。戌者，言萬物盡滅，故曰戌。」（見《史記・律書第三》，卷二十五，頁1243-1248。）

圖表 2-2-2　十二建月呂律配置表

十一月	十二月	正月	二月	三月	四月	五月	六月	七月	八月	九月	十月
建子	建丑	建寅	建卯	建辰	建巳	建午	建未	建申	建酉	建戌	建亥
黃鍾	大呂	泰簇	夾鍾	姑洗	仲呂	蕤賓	林鍾	夷則	南呂	無射	應鍾

《後漢書‧律歷志》記載京房之說，云：

> 夫十二律之變於六十，猶八卦之變至於六十四也。宓羲作《易》，紀陽氣之初，以為律法。建日冬至之聲，以黃鍾為宮，太簇為商，姑洗為角，林鍾為徵，南呂為羽，應鍾為變宮，蕤賓為變徵。此聲氣之元，五音之正也。[228]

又云：

> 以六十律分期之日，黃鍾自冬至始，及冬至而復，陰陽寒燠風雨之占生焉。[229]

冬至所在之月或建子之月，為一年之始，而十二律以黃鍾為首，黃鍾又自冬至始，故黃鍾當乾之初九。

依據生律之法，以十二支位言，即隔八生律法。隔八生律法，乃律起於黃鍾子位當乾初九之爻，再從子位起算，歷子、丑、寅、卯、辰、巳、午、未八位，此時律中林鍾未位，當坤初六爻，於時為六月。又從未位起算，歷未、申、酉、戌、亥、子、丑、寅八位，此時律中泰簇寅位，當乾九二爻，時為正月。如此隔八相生，得出全部十二個律及其支位和對應的爻位。黃鍾、太簇、姑洗、蕤賓、夷則與無射等六陽律（六律），對應子位乾初九、寅位乾九二、辰位乾九三、午位乾九四、申位乾九五、戌位乾上九。六陰律（六呂）之生，則由坤初六爻起於未，律中林鍾，時為六月開始。因坤為陰卦，按天左旋，地右動的原則，應該右旋，即與六陽律相反方向運轉；由未起，歷午、巳、辰、卯、寅、丑、子等八位，得黃鍾律在子位乾初九，再右轉歷子、亥、戌、酉、申、未、午、巳，在巳位得坤六二爻，應得仲呂律。如此推出林鍾、仲呂、夾鍾、大呂、應鍾、南呂六呂，各對應於未為坤初爻、巳位坤六二、卯位坤六

---

[228] 見《後漢書‧律曆上》，頁 3000。
[229] 同上注。

三、丑位坤六四、亥位坤六五、酉位坤上六。

乾坤以外六卦各爻配支的法則，按律歷之相配，十一月和五月爲子午，陽支配陽卦各爻，故配長男震。各爻按陽支順序，即初爻子，二爻寅，三爻辰，四爻午，五爻申，六爻戌，即與乾卦同。十二月和六月爲丑未，陰支配陰卦，故長女巽卦當之，以初爻納丑，依「天左旋，地右動」的原則，因而巽卦九二爻納亥，而非納卯；其餘則九三納酉，六四納未，九五納巳，上九納卯，體現陰爻之變以右行。正月與七月當寅和申，又納於陽卦，由中男坎卦配之；各爻由下至上納，分別爲寅、辰、午、申、戌、子。二月與八月爲卯和酉，以中女離卦配之；各爻由下至上納，分別爲卯、丑、亥、酉、未、巳。三月與九月，當辰和戌，以少男艮卦配之，初至上爻分別納辰、午、申、戌、子、寅。四月與十月，爲巳和亥，以少女兌卦配之，初至上爻分別納巳、卯、丑、亥、酉、未。[230]

京房建構的這般卦爻配干支的理論，惠棟引李淳風對八卦六位圖作了簡要之概括與說明：

> 乾主甲子壬午；甲爲陽日之始，壬爲陽日之終，子爲陽辰之始，午爲陽辰之終。初爻在子，四爻在午，乾主陽，內子爲始，外午爲終也。
>
> 坤主乙未癸丑；乙爲陰之始，癸爲陰之終，丑爲陰辰之始，未爲陰辰之終。坤初爻在未，四爻在丑；坤主陰，故內主未而外主丑也。
>
> 震主庚子庚午。震爲長男，即乾之初九，甲對於庚，故震主庚，以父授子，故主子午，與父同也。
>
> 巽主辛丑辛未。巽爲長女，即坤之初六，乙與辛對，故巽主辛，以母授女，故主丑未，同於母也。
>
> 坎主戊寅戊申。坎爲中男，故主于中辰。
>
> 離主己卯己酉。離爲中女，故亦主于中辰。
>
> 艮主丙辰丙戌。艮爲少男，乾上爻主壬對丙，用丙辰丙戌，是第

五配。

兌主丁巳丁亥。兌為少女，坤上爻主癸對丁，用丁巳丁亥，乃第
六配。[231]

以乾坤生六子之說，簡要說明京房納甲納支之內容，賦予卦爻配支的合
理論述。

今依前述納支之法，單取乾坤二卦的六爻配十二地支，圖示如下：

圖表 2-2-3　乾坤十二爻納支表

十一月	十二月	正月	二月	三月	四月	五月	六月	七月	八月	九月	十月
子	丑	寅	卯	辰	巳	午	未	申	酉	戌	亥
乾初九	坤六四	乾九二	坤六三	乾九三	坤六二	乾九四	坤初六	乾九五	坤六上	乾上九	坤六五

倘將此表改以圓圖周圍，明顯地就成為一幅「爻辰圖」，並可進一步解釋：
乾一陽生於子，順行，二陽寅，三陽在辰，四陽在午，五陽在申，六陽
在戌；坤一陰生於未，逆行，二陰在巳，三陰在卯，四陰在丑，五陰在
亥，六陰在酉。這樣的圖式結果與宋代朱震《漢上易傳》卦圖所列的《十
二律相生圖》乾坤爻辰相同。[232]清代學者張惠言《易緯略義》所列「乾
坤納辰圖」亦與之相同：[233]

圖表 2-2-4　朱震十二律相生圖

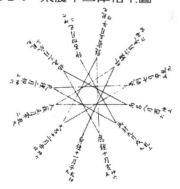

[231] 見《易漢學》，1137-1140。
[232] 見《漢上易傳‧卦圖》，卷中。引自台北：台灣商務印書館《景印文淵閣四庫全書》本，
　　第十一冊，頁331。
[233] 見張惠言《易緯略義》，卷一。引自上海古籍出版社《續修四庫全書‧經部‧易類》，
　　第四十冊，頁547。

圖表 2-2-5　張惠言乾坤納辰圖

事實上，可以看到《易緯·乾鑿度》中「天道左旋，地道右遷，二卦十二爻而期一歲」[234]的貞辰之法，乃至於鄭玄的「十二爻辰圖」，或皆源於京房。鄭玄的「十二爻辰圖」雖有源於《易緯》，甚至京房易學，然其爻位所配，與《易緯》或本文所述京房在乾坤二卦十二爻的爻位配支上，仍有不同，其不同之處，在於坤一陰生於未之後，其旋轉方向仍為與乾卦同的右旋，因此坤卦爻配得：初六在未，六二在酉，六三在亥，六四在丑，六五在卯，上六在巳。鄭玄爻辰之法，或本於京房之說而為變異，其中乾卦六爻配子、寅、辰、午、申、戌等六地支與京房同，而坤卦初爻至上爻則如前述，與京房在次序上就左旋或右遷上的差異。不過，在此可以清晰地看出，建構的基本模式相同，而彼此可能的源流關係也就可明白的推出，因此，惠棟當肯定鄭玄之說與《乾鑿度》關係密切，與《周禮》與「十二律相生圖」的原理同出時，再仔細端詳京房此「八卦六位」之說，更可察知彼此的關係。[235]

---

[234] 見《乾鑿度》，卷下，頁 489。本文所云《易緯》，所涵蓋的資料，包括《乾坤鑿度》、《乾鑿度》、《稽覽圖》、《辨終備》、《通卦驗》、《乾元序制記》、《是類謀》，以及《坤靈圖》等八種，以日本京都市，於 1998 年影印自武英殿聚珍版本《古經解彙函·易緯八種》作為本文引用之版本。本文後引原文，皆本於此，故後述引文，不再詳註。

[235] 有關內容見《易漢學》，卷六，論述「鄭氏周易爻辰圖」的部份。有關鄭玄之說，將於後面章節中詳述。

雖然今日京房傳世《易》著，已不見完整，但從綴輯下來的《京氏易傳》中，仍能看到普遍採用納甲納支之法以釋卦，諸如：

其一、釋乾卦時云「肖乾乾夕惕之憂，甲壬配外內二象」，以及「五星從位起鎮星，參宿從位起壬戌」。[236]以乾為天地之首，分甲壬入乾位。土星入西方，麗於西北，於參宿時居壬戌為伏位，亦即乾卦上九世爻納壬戌而世居宗廟。

其二、釋震卦時云「五星從位起歲星，角宿從位降庚戌土」，[237]指歲星入卦，於角宿時庚戌入震用事，以上六世爻納庚納戌納土位而為元首。

其三、釋坎卦時云「五星從位起太白，牛宿從位降戊子」，[238]即指太白金星入水宮，坎卦上六世爻納戊納子納水。

其四、釋離卦時云「五星從位起歲星，室宿從位降己巳火」，[239]即指離卦上九世爻納己納巳納火。

其五、釋兌卦時云「五星從位起太白，參宿從位降丁未土」，[240]即指兌卦上九世爻納丁納未納土。

其六、釋遯卦時云「五星從位起太陰，鬼宿入位降丙午」，[241]遯卦內艮外乾，內艮初、二、三爻各納丙辰、丙午、丙申，外乾四、五、六爻各納壬午、壬申、壬戌，所以丙午是遯卦之六二爻。

其七、釋泰卦時云「五星從位起鎮星，軫宿從位降甲辰」，[242]甲辰原為乾卦九三爻，而泰卦之內卦為乾，故泰卦世爻為甲辰。

京房納甲納支之說，為其釋卦常用的方法，任取一卦，視其內外卦之純卦，各爻之干支可由八卦納甲圖求得，從而進行對事物的解釋與占測。其法也為後人所慣用，惠棟特別舉干寶納甲之法以論證之。惠棟云：

---

[236] 見《京氏易傳》，卷上，頁65。「鎮星」即「土星」。

[237] 見《京氏易傳》，卷上，頁73。此「歲星」，陸績注為「水星入卦用事」，《四庫全書》本「水星」則作「木星」。

[238] 見《京氏易傳》，卷上，頁81。「太白」即太白金星。

[239] 見《京氏易傳》，卷中，頁115。

[240] 見《京氏易傳》，卷中，頁124。

[241] 見《京氏易傳》，卷上，頁68。原文為「鬼宿入位降丙辰」，郭彧校訂「辰」當作「午」。

[242] 見《京氏易傳》，卷中，頁102。

《易》乾九四，或躍在淵。干寶曰：躍者，暫起之言，既不安於地而未能飛於天也。四以初為應，謂初九甲子，龍之所由升也。[243]

干寶之釋文，「躍者，暫起之言」句前尚有「陽氣在四，二月之時，自大壯來也。四，虛中也」文，惠未引；又「謂初九甲子」句前，惠引缺「淵，」字。此惠棟引文之小失。[244] 干寶以陽息至四，時當二月，體大壯，故「自大壯來」。四爻上不在天，下不在地，又不如三去地近而有人道，故中又不在人，因此為「虛中」。大壯四在震，震為足為動，有躍起之動象，而因上不在天，下不在地，故「既不安於地而未能飛於天也」。四與初應，所以「淵，謂初九甲子」；子在淵，淵又為水，為「龍之所由升也」。此釋卦之干支配位，確與京房同。惠棟又引：

坤上六，龍戰于野，其血元黃。干寶曰：陰在上六，十月之時也，爻終於酉，坤上六，癸酉金。而卦成於乾，卦本乾也，陰消成坤。乾體純剛，不堪陰盛，故曰龍戰。戌亥，乾之都也，故稱龍焉。[245]

剝盡成坤，是「陰在上六」而為「十月之時」，又（惠注）坤上六納癸酉金，所以「爻終於酉」。「而卦成於乾」者，即陰消乾至上，始成坤，惠注「卦本乾也，陰消成坤」為呼應干氏之說，為是；陳壽熊《讀易漢學私記》指惠氏「不察其上下文」，「謬悠之甚」，委實厚誣。[246] 乾本是純剛之體，不堪陰盛來消，陰陽相薄，故「龍戰」。《乾鑿度》有所謂「乾位在十月而漸九月，居乎戌亥之閒」，即干云「戌亥，乾之都也」。又上六在亥，同為乾之都，「故稱龍焉」。干氏此釋卦之法，又與京房同。惠棟又引：

蒙初六，發蒙，利用刑人。干寶曰：初六戊寅，坎初六，戊寅木。平明之時，天光始照，故曰發蒙。坎為法律，寅為貞，廉以貞用刑，故利用刑人矣。[247]

---

[243] 見《易漢學》，卷四，頁 1142。
[244] 全文見李鼎祚《周易集解》，卷一，頁 2。
[245] 見《易漢學》，卷四，頁 1142。
[246] 見清陳壽熊《讀易漢學私記》，引自台北：廣文書局《易學叢書續編》本，1973 年 9 月初版，頁 22。
[247] 見《易漢學》，卷四，頁 1142。

惠棟引干寶之注文，實非初六爻辭「發蒙，利用刑人」之注，當爲初六
《象傳》「利用刑人，以正法也」之注；[248]「故曰發蒙」句之後接「此成
王始覺周公至誠之象也」句，惠氏短引。此皆惠氏引文之小失。蒙內體
爲坎，坎初六納戊寅木，所以云「初六戊寅」。《說文》段注寅爲「東方
之神」，而日出於東，即日出寅方，正處「平明之時」，天光始照，萬物
可見，故「發蒙」。干氏此釋卦之法，又與京房同。惠棟又引：

> 井初六，井泥不食。干寶曰：在井之下體，本土爻，_{巽初六・辛丑土・}故
> 曰泥也。井而爲泥，則不可食，故曰不食。[249]

井下體爲巽，巽初六爲辛丑，丑爲土，故體本土爻而象泥，既爲泥「則
不可食」、「不食」。干氏此釋卦之法，又與京房同。惠棟又引：

> 震六二，象曰：震來厲，乘剛也。干寶曰：六二木爻，_{庚寅木・}震之
> 身也，得位無應，而以乘剛爲危，此記文王積德累功，以被囚爲
> 禍也。[250]

震本木象，六二庚寅，寅爲木，故惠注作「庚寅木」；爲「震之身
也」。二陰得位，五陰無應，故爲「得位無應」，下「以乘剛爲危」，
喻文王有聖德而囚羑里。干氏此釋又與京房同。

　　從惠棟引干寶釋卦爻諸例，可以看到魏晉時期諸儒，慣以納甲之說
論卦，包括從虞翻、宋衷、陸績，乃至干寶一系，因此，京房作爲此說
的完整奠基者，影響至爲深遠，三國時代仍普遍見其論緒。[251]另外，惠

---

[248] 見李鼎祚《周易集解》，卷二，頁45。

[249] 見《易漢學》，卷四，頁1142-1143。

[250] 見《易漢學》，卷四，頁1143。

[251] 陸績傳記，《三國志・吳書・陸績傳》云，「陸績字公紀，吳郡吳人也」，「博學多識，
星歷算數無不該覽。虞翻舊齒名盛，龐統荊州令士，年亦差長，皆與績友善」，「作渾天
圖，注《易》釋《玄》，皆傳於世」。虞翻、陸績之學，彼此前後互有交集、影響，陸績
又爲《京氏易傳》作注，對京房之易學，理應熟稔貫通。又荊州宋衷，又與之友好，《隋
志》著錄十卷本《太玄》即爲「陸績、宋衷注」。陸績《述玄》贊揚宋衷「思慮」「深篤」
的同時，也批評其「往往有違本錯誤」，故又作《注》并「合聯之爾」。（見陸績作《述
玄》之說，引自晉范望《太玄解贊》，四部叢刊影印明萬玉堂翻宋本。）又《鹽邑志林》
以陸績、干寶爲其海鹽邑解《易》二家。諸家在學術上的密切關係，昭然可見，而且又
皆專於《易》，在釋《易》的方法，乃至內容的表現上，大體多有交集，尤其對於京房
之學，應是共同所熟識者，所以，以八卦六位之法釋《易》，也當是慣常之法。

棟引文也可以看出，京房乃至其後學，以納甲諸法論卦，主要是取其內卦或外卦的純卦而求其干、支、五行之屬配。而且，採用此法論《易》，並不專主於闡發微言大義，而是重在占筮與解說陰陽災異的方面，這也是干、支、五行配卦的主要目的。然而，就京房整體的易學理論之建構來看，也不能單從卜筮與倡言災異概括京房的易學，畢竟京房的八卦六位之說，與傳統的律歷有密切的關係，同時也表現出陰陽變化的週期循環與宇宙生息的規律性，使《周易》的思想，可以透過這樣的象數之學，呈顯的更爲具體。

（四）五行配卦

兩漢時期以陰陽五行作爲宇宙生成變化的原理學說，已達顛峰而普遍之盛況，京房處於這樣的學術思想洪流中，將五行說納入易學系統裡，自然是一種順應潮流、無法抗拒而自然成勢的必要作爲。五行作爲說明宇宙萬事萬物相互關係的根本原理，以五行相勝、五行相行與五行的生成之數的基本要素，[252]建構五行推演的基礎。京房以五行配卦，開展了論《易》的新路線；誠如惠棟引其「積算法」所言，強調「尋五行之端，災祥進退，莫不因茲而兆矣」，[253]「陰陽運行，一寒一暑，五行互用，一吉一凶，以通神明之德，以類萬物之情」，如此入《易》而論，「《易》者包備有無，有吉則有凶，有凶則有吉；生吉凶之義，始於五行，終於八卦」。[254]以五行配卦爻以論《易》，爲京房易學的重要特色。

京房以五行配入八宮卦中，前列惠棟所言「八卦六位圖」可以看出其卦配次序：

圖表 2-2-6　八卦五行配置表

八宮卦	乾䷀ 金	震䷲ 木	坎䷜ 水	艮䷳ 土	坤䷁ 土	巽䷸ 木	離䷝ 火	兌䷹ 金
五　行	金	木	水	土	土	木	火	金

---

[252] 五行相勝說，《淮南子・地形訓》云：「木勝土，土勝水，水勝火，火勝金，金勝木。」五行相勝，即五行相克，是一種負面的關係。五行的相生說，即一般普遍認知的木生火，火生土，土生金，金生水，水生木；是一種正向的關係。五行的生、成之數，即水一火二木三金四土五爲生數，生數加五，則爲成數，即水六火七木八金九土十。

[253] 見《易漢學》，卷四，頁1144。

[254] 見《京氏易傳》，卷下，頁135。

五行配八宮卦，不能均分，木、金、土各配二宮卦，水、火則各一。雖是如此，其配用仍有其理；乾天、坤地、震雷、巽風、坎水、離火、艮山、兌澤等八卦的基本卦象中，坤地、艮山的本質為土，而坎水、離火又是五行既定屬名，當然直接入用其名，而震雷、巽風皆與草木之榮枯有密切關係，[255]因此以木相配，亦合八卦本來之卦象。至於乾天、兌澤之配金，《說卦傳》直言乾象「為玉、為金」、兌象「為剛鹵」，取其剛性之德而屬配於金，[256]故乾、兌屬金似同其二卦之卦象。因此，從《說卦傳》論象的角度言，五行配八卦，大概合宜而不相抵牾。

　　八宮卦各爻爻位配五行之法，依惠棟的「八卦六位圖」所示，[257]其情形為：

圖表 2-2-7　八卦爻位五行配置表

	乾☰金	坤☷土	震☳木	巽☴木	坎☵水	離☲火	艮☶土	兌☱金
上爻	土	金	土	木	水	火	木	土
五爻	金	水	金	火	土	土	水	金
四爻	火	土	火	土	金	金	土	水
三爻	土	木	土	金	火	水	金	土
二爻	木	火	木	水	土	土	火	木
初爻	水	土	水	土	木	木	土	火

[255] 參見《周易》解卦卦辭云：「天地解而雷雨作，雷雨作而百果草木皆甲宅。」解卦內卦為震，所以荀爽解釋為「解者，震世也。仲春之月，草木萌牙。雷以動之，雨以潤之，日以烜之。」（見李道平《周易集解纂疏》，頁368。）又巽風，建巳之月，居東南，《說文》有所謂「四月陽氣已出，萬物皆成文章」，草木當然也都繁盛，所以《說卦傳》就提到「巽，東南也。齊也者，言萬物之絜齊也」。風春如沐，所以風盛於春，且雷亦在春始作，所以春之盛德在木。

[256] 乾「為玉、為金」，崔覲認為「天體清明而剛，故為玉、為金」，李道平也為之疏解，云：「天體清明而剛，玉取其剛，金取其清。且剛純精粹，在物唯金玉有其德，故為玉、為金。」至於兌象剛鹵，朱仰之云：「取金之剛不生也。剛鹵之地不生物，故為剛鹵者。」李道平疏云：「『立地之道，曰柔與剛，乾二陽在下，故剛。……朱注：兌，西方卦，金象也。金剛，故不生。《說文》『鹵，西方鹹地也』。西方多剛鹵之地，不能生物，故『為剛鹵』也。」（見《周易集解纂疏》，頁704、718。）乾本剛健之質，兌之卦位屬正秋西方之卦，屬金，且其爻位與卦性，又為剛鹵，是以乾、兌二卦皆有金象。

[257] 惠棟列京房「八卦六位圖」，已如本節前面開頭所述。引自《易漢學》，卷四，頁1137-1139。

爻配五行來自《禮記‧月令》、《淮南子‧天文訓》等典籍的五行配四時十二月之法，春季盛德在木，夏季盛德在火，秋季盛德在金，冬季盛得在水。爻配得五行，所考慮者爲十二月所配之辰，也就是依十二月所納之十二地支而定，其屬性爲寅卯爲木，巳午爲火，辰戌丑未爲土，申酉爲金，亥子爲水。這裡也要特別說明的是，以干支對的五行屬性，主要是依支的五行屬性而定。因此，「八卦六位」中各爻的五行屬性，則是由前述原理而產生的。藉由這樣的觀念，京房在論述卦爻時，也常常透過五行的屬性來解釋，其中還配合惠棟所引京易的爻等之說來加以闡述，[258]例如，乾卦屬金，而其初爻甲子爲水，五行關係爲金生水，所以初九的定位的卦生爻，甲子水爲乾金之子孫，子孫爲福德，子孫爻即稱爲寶爻，故謂「水配位爲福德」。九二爻甲寅木，卦爻的關係是金克木，即卦勝爻，故制爻爲妻亦爲財，也就是京房所說的「木入金鄉居寶貝」。九三爻甲辰土，卦爻的關係是土生金，即爻生卦，以爻爲卦之父母，故爲天地義爻，故云「土臨內象爲父母」。九四爻壬午火，卦爻的關係火克金，即爻勝卦，故爻爲宮卦之官鬼，是爲鬼爻或繫爻，也就是所謂「火來四上嫌相敵」。九五爻壬申金，卦爻爲同氣關係，乾申二金相比爲專爻，爲兄弟；二金相比，則金氣太重，金勝木，金重則傷木太甚，故云「金入金鄉木漸微」。上九爻壬戌土，卦爻的關係爲土生金，即爻生卦，爲天地義爻；乾卦爲八純卦之一，其世爻爲上爻宗廟，故云「宗廟上建戌亥乾本位」。[259]由惠棟考索得知，京房之法，以本宮卦的五行屬性，相對於其六爻納支的五行屬性，推其關係是生剋或同氣，以定諸爻之名，並進一步論其吉凶休

---

[258] 惠棟所言爻等，云：「京房《易》積算法曰：孔子曰：八卦，鬼爲繫爻，財爲制爻，天地爲義，福德爲寶爻，同氣爲專爻。」所言爲六親此文即今本《京氏易傳》卷下之言。陸續注云：「天地即父母也，福德即子孫也，(同氣專爻)兄弟爻也。」(見《京氏易傳》，卷下，頁133-134。)《卜筮正宗》，卷一，論「六親相生相剋訣」，以「我」爲本卦，云：「生我者爲公母，我生者爲子孫，剋我者爲官鬼，我剋者爲妻財，比和者爲兄弟。」八宮屬卦，皆以本宮爲「我」，而定其爻爲六親。陳壽熊《讀易漢學私記》認爲惠棟所引之言，非漢人所有之語，然《京氏易傳》確載無誤，因此，不知是否不察，或是純屬個人之見。
[259] 括弧引文見《京氏易傳》，卷上，頁65-66。

咎。此一爻等六親之說，惠棟特別援引《抱朴子》中所言周秦舊書的《靈寶經》所述，以及《淮南子‧天文訓》、《周易參同契》、干寶、《九家易》、《漢書‧王莽傳》，鉅細詳考，肯定京房所論「蓋周秦以來相傳之法」，非漢儒之先聲。[260]

　　五行配卦之法，從傳統的天文學角度云，即是以五星配卦作為基礎，《淮南子‧天文訓》對五星的論述為：

> 東方，木也，……其神為歲星。
> 南方，火也，……其神為熒惑。
> 中央，土也，……其神為鎮星。
> 西方，金也，……其神為太白。
> 北方，水也，……其神為辰星。[261]

京房根據天文歷法之說，進而以五星配卦，對於諸卦的配位，提到：

> 解卦：五星從位起鎮星。
> 姤卦：五星從位起太白。
> 遯卦：五星從位起太陰。
> 否卦：五星從位起歲星。
> 觀卦：五星從位起熒惑。[262]

京房之配卦方式，以八宮卦的卦序為基礎，各配以土、金、水、木、火星，周而復始，而終於歸妹卦，圖示如下：

260　見《易漢學》，卷四，頁 1161-1164。
261　見《淮南鴻烈集釋》，卷三，頁 88-89。「辰星」即「太陰」。五星配五行，又配五色：即木色青，火色赤，土色黃，金色白，水色黑，因而又配五獸為表：木，其獸蒼龍；火，其獸朱鳥；土，其獸黃龍；金，其獸白虎；水，其獸玄武。蒼龍即青色，朱鳥即赤色，玄武即黑色，黃龍、白虎同其色。《史記‧天官書》也記載，「歲星，曰東方木，主春，日甲乙。義失者，罰出歲星」；「熒惑，曰南方火，主夏，日丙丁。禮失，罰出熒惑，熒惑失行是也」；「填星，曰中央土，主季夏，日戊己，黃帝，主德，女主象也」；「太白，曰西方，秋，日庚辛，主殺。殺失者，罰出太白」；「辰星，曰北方水，太陰之精，主冬，日壬癸。刑失者，罰出辰星」。「填星」即「鎮星」。以五星與人事的刑、殺、德、義、禮相結合，是西漢應用占星術的主要目的。
262　前文已引注，不再贅述。

圖表 2-2-8　六十四卦五行五星配置表

五星	五行方位	配卦												
鎮星	中央土	乾	剝	解	隨	革	賁	中孚	泰	巽	噬嗑	鼎	同人	蹇
太白	西方金	姤	晉	恆	坎	豐	大畜	漸	大壯	小畜	頤	未濟	兌	謙
太陰	北方水	遯	大有	升	節	明夷	損	坤	夬	家人	蠱	蒙	困	小過
歲星	東方木	否	震	井	屯	師	睽	復	需	益	離	渙	萃	歸妹
熒惑	南方火	觀	豫	大過	既濟	艮	履	臨	比	无妄	旅	訟	咸	

以五行配卦的目的，在於針對星辰之變化，以占驗考察人事之吉凶。而這種五行、五星配卦之法，本身有其牽強而難以週延之處，畢竟它是透過歲行與歷法的觀念作爲論述的重要基礎，歲行或歷法講求的是周而復始的生息原則，然而以「五」配八宮卦序的六十四卦，依土、金、水、木、火之次序配用，本身在數學意義上就不能整除，也就是不能平均配用，始於中央土的乾卦，而終於東方木的歸妹（第六十四個配卦），土、金、水、木各配十三卦，而火則僅配十二卦；以循環終始的概念言，木行至歸妹爲最後一卦，則下一卦理應由南方火的熒惑來配，可是京房之說不然，它是跳回中央土的乾卦，在這樣的終始循環下，每循環一週，南方火皆少配一卦，所以說這樣的附會相配，不夠縝密精細。

　　以五行論卦，充份反映出卦與卦間的關係，如京房於晉卦言「金方以火土運用事」，[263]晉卦屬乾宮游魂卦，乾宮諸卦均爲金象，而晉卦內坤外離，即內土外火，火土相生，所以爲「金方以火土運用事」。又如巽宮四世卦无妄卦，「金木配象，吉凶明矣」，且「上金下木，二象相沖」，[264]即上卦乾金，下卦震木，由金木以定吉凶，屬相沖之凶象；金位西爲秋，而木位東爲春，金克木而相沖。又離宮同人卦，「火上見金，二氣雖同，五行相悖」，[265]即下卦離火而上卦乾金，火勝金，即云「相悖」。由上下卦的五行屬性，以論生克吉凶，這是京房五行論卦的普遍論述方式。

263　見《京氏易傳》，卷上，頁 71。
264　見《京氏易傳》，卷中，頁 110。
265　見《京氏易傳》，卷中，頁 123。

京房五行觀，尚涉及五行休王與八卦休王之說。惠棟引《淮南子·墜形訓》云：

> 木壯，水老，火生，金囚，土死。火壯，木老，土生，水囚，金死。土壯，火老，金生，木囚，水死。金壯，土老，水生，火囚，木死。水壯，金老，木生，土囚，火死。[266]

又引《太玄》云：

> 五行，用事者王；王所生，相，故王廢；勝王囚；王所勝，死。[267]

「壯」即是壯盛、當令，能夠揮發其最大之功能，後來稱「旺」或「王」；「老」為衰竭，不能發揮其既有的功能作用，如水生水，水老無能養木，故後世稱「休」。生者，當令之行所生，如木王時，木生火，故火生，後來稱為相。囚者，勝王者囚，如木王時，金勝木，故金囚。死者，王所勝者死，消竭被剋，如木王，木勝土，故木王土死。將五行休王說引入八宮卦的體系中，則有八卦休王之說，可惜京房之說今已遺佚而不復見存。因此，惠棟引《御覽》所記，以見其一隅：

> 立春：艮王，震相，巽胎，離沒，坤死，兌囚，乾廢，坎休。立夏：巽王，離相，坤胎，兌沒，乾死，坎囚，艮廢，震休。立秋：坤王，兌相，乾胎，坎沒，艮死，震囚，巽廢，離休。立冬：乾王，坎相，艮胎，震沒，巽死，離囚，坤廢，兌休。[268]

惠棟同時考索王充《論衡》，認為：

> 王充《論衡》所載略同。又云：王之衝，死；相之衝，囚；王相衝位，有死囚之氣也。京房《易占》曰：夏至離王，景風用事，人君當爵有德，封有功，立秋坤王，涼風用事，此與休王論之誼正合。[269]

五行休王說中有壯、老、生、囚、死，而《御覽》、《論衡》所見八卦休

---

[266] 見《易漢學》，卷五，頁1171。

[267] 見《易漢學》，卷五，頁1171。

[268] 見《易漢學》，卷五，頁1170。

[269] 見《易漢學》，卷五，頁1170-1171。王充《論衡》所言，見《論衡》，卷二十四，〈難歲〉所載，僅言「立春：艮王，震相，巽胎，離沒，坤死，兌囚，乾廢，坎休」；主要在論述立春王相的死囚之氣。

王說，則配合四時之變，有王、相、胎、沒、死、囚、廢、休，此八者，惠棟特別注明《唐六典》以之爲八宮卦的八氣，[270]企圖考索與復原京房之說，雖未能細知整體的面貌，但得以證明八卦休王之說，王充時期的漢代，已然盛行，普遍引據論述。特別要進一步說明的是，不論是五行休王或是八卦休王說，都與時令或方位相協，以推其拍合之情形。八卦休王以一年分八節爲論，而八節與八卦的對應爲：

　　艮爲立春，位於東北；

　　震爲春分，位於正東；

　　巽爲立夏，位於東南；

　　離爲夏至，位於正南；

　　坤爲立秋，位於西南；

　　兌爲秋分，位於正西；

　　乾爲立冬，位於西北；

　　坎爲冬至，位於正北。

立春時節，艮卦當令爲王，而震卦爲相，但依五行配卦艮爲土、震爲木之象，土不能生木，故於五行法則不能成立，但從八節時令轉換言，艮當多令與春令的交界，既帶有多季或北方的水性，也帶有東方和春令的木性，同時也有其自身的土性，所以當艮爲王時，以水生木而得震爲相，亦以水生木而得坎爲休。而當春分震爲王時，艮又爲休。[271]其它四季變化之情形，亦同此理。京房以八卦與五行相配而建構出八卦休王之說，開闢出易學的新的象數思想，使釋《易》之法，益加複雜而帶有更強烈的占筮氣味，這是兩漢的學術環境所營造出的產物，也是陰陽災異學說

---

[270] 見《易漢學》，卷五，頁 1170。惠棟引《御覽》之言，並非完備，事實上，根據隋代蕭吉《五行大義》的八卦休王說，以四時爲八節，其說爲：「立春：艮王，震相，巽胎，離沒，坤死，兌囚，乾廢，坎休。春分：震王，巽相，離胎，坤沒，兌死，乾囚，坎廢，艮休。立夏：巽王，離相，坤胎，兌沒，乾死，坎囚，艮廢，震休。夏至：離王，坤相，兌胎，乾沒，坎死，艮囚，震廢，巽休。立秋：坤王，兌相，乾胎，坎沒，艮死，震囚，巽廢，離休。秋分：兌王，乾相，坎胎，艮沒，震死，巽囚，離廢，坤休。立多：乾王，坎相，艮胎，震沒，巽死，離囚，坤廢，兌休。多至：坎王，艮相，震胎，巽沒，離死，坤囚，兌廢，乾休。」所記較《御覽》爲完備。

[271] 參見前注蕭吉春分休王之說：震爲王時，則艮爲休。

的另一種典型代表。

　　有關卦與爻的五行關係，是一種五行生剋的關係。惠棟引京房《易》云：

> 京房《易》積算法曰：寅中有生火，亥中有生木，巳中有生金，申中有生水，丑中有死金，戌中有死火，未中有死木，辰中有死水，土兼於中。[272]

惠棟並進一步以孟康之言與《淮南子・天文訓》作解釋：

> 南方火，火生於寅，盛于午。東方木，木生於亥，盛於卯。西方金，金生于巳，盛于酉。北方水，水生於申，盛于子。丑，窮金也。戌，窮火也。未，窮木也。辰，窮水也。[273]

> 凡日甲剛乙柔，丙剛丁柔，以至于癸。木生于亥，壯於卯，死於未，三辰皆木也。火生于寅，壯於午，死於戌，三辰皆火也。土生於午，壯於戌，死於寅，三皆土也。金生於巳，壯於酉，死於丑，三辰皆金也。水生於申，壯於子，死於辰，三辰皆水也。故五勝生一、壯五、終九。[274]

此即是以火生於寅而死於酉，墓在戌；木生於亥而死於午，墓在未；金生於巳而死於子，墓在丑；水生於申而死於卯，墓在辰。土居於中央而通於四時。對於土的生死所，後世以為與水同位。[275]這些觀念的建立，

---

[272] 見《易漢學》，卷五，頁 1167。

[273] 見《易漢學》，卷五，頁 1167。引孟康言。

[274] 見《易漢學》，卷五，頁 1167－1168。引《淮南子》言。

[275] 隋代蕭吉《五行大義》指出：「五行體別，生死之處不同，遍有十二月、十二辰而出沒。木受氣於申，胎於酉，養於戌，生於亥，沐浴於子，冠帶於丑，臨官於寅，王於卯，衰於辰，病於巳，死於午，葬於未。火受氣於亥，胎於子，養於丑，生於寅，沐浴於卯，冠帶於辰，臨官於巳，王於午，衰於未，病於申，死於酉，葬於戌。金受氣於寅，胎於卯，養於辰，生於巳，沐浴於午，冠帶於未，臨官於申，王於酉，衰於戌，病於亥，死於子，葬於丑。水受氣於巳，胎於午，養於未，生於申，沐浴於酉，冠帶於戌，臨官於亥，王於子，衰於丑，病於寅，死於卯，葬於辰。土受氣於亥，胎於子，養於丑，寄行於寅，生於卯，沐浴於辰，冠帶於巳，臨官於午，王於未，衰病於申，死於酉，葬於戌。戌是火墓，火是其母，母子不同葬，進行於丑。丑是金墓，金是其子，義又不合。欲還於未，未是木墓，木為土鬼，畏不敢入。進休就辰，辰是水墓，水為其妻，於義為合，遂葬於辰。詩云『穀則同室，死則同穴』，蓋以敦其義合，骨肉同歸，水土共墓，正取此也。」由於土冠帶臨於巳午，王於南方末土，因而後來術數之士將土的生死所與火同

都起於五行的生剋理論，是兩漢天人感應、災異譴告思想衝斥下的特殊學術特色，透過五行生剋建立《易》卦運行的法則，並實際用運於占筮，以見其吉凶悔吝，這樣的易學主張，依目前文獻可徵者，以京房最具規模和完整性。

二、八宮卦次說

（一）乾坤生六子的宮卦序位

　　傳統的六十四卦卦序之說，大都本於《序卦傳》的主張，「二二相耦，非覆即變」，六十四卦因相變（相錯）或相覆（相綜）而分出三十二組的兩兩關係，[276]這樣的卦序下所形成的兩兩關係，也成了後來旁通說盛行時，具有經典性的意義。兩漢的獨特學術思想環境，包括天文歷法學說的盛行，乃至陰陽五行、天人感應思想的鼎沸，造就了京房的新的卦序主張。

　　京房對於《易》與其六十四卦的形成，有一個基本的觀念，就是以八個三畫的純卦為基本卦（八純卦），而後才產生六畫的重卦，也就是六十四卦的系統是由八個單卦重複組合而成的；宇宙萬事萬物皆由此八個基本卦來含括，宇宙萬物的形成與演變，皆以此八純卦為基本。因此，惠棟引《京氏積算法》云：[277]

> 夫子曰：八卦因伏羲，暨乎神農，重乎八純。聖理元微，《易》道難究，迄乎西伯父子，研理窮通，上下囊括，推爻考象，配卦世應，加乎星宿，屬於六十四所、二十四氣，分天地之數，定人倫之理，驗日月之行，尋五行之端，災祥進退，莫不因茲而兆矣。

步；由於土墓在辰，有些術家又視土之生死所與水同位。

[276] 孔穎達《周易正義》，卷九，〈序卦〉中注云：「今驗六十四卦，二二相耦，非覆即變。覆者，表裏視之，遂成兩卦，屯蒙、震訟、師比之類是也。變者，反覆唯成一卦，則變以對之，乾坤、坎離、大過頤、中孚小過之類是也。」明來知德則稱孔穎達的「相變」為「相錯」，而「覆」為「相綜」，名稱不同，所指皆同。兩兩相耦的結果，相錯者如頤大過、坎離、巽兌、中孚小過等；相覆者如屯蒙、需訟、師比等。

[277] 惠棟所引，見王應麟《困學紀聞》引《京氏積算法》，今《京氏易傳》無。

故考天地、日月、星辰、山川、草木、蟲魚、鳥獸之情狀，運氣
生死休咎，不可執一隅，故曰《易》含萬象。[278]

以八純卦為重，上下囊括，序列六十四卦，附之以宇宙萬象與四時之變，
而推定宇宙萬物的災祥進退與生死休咎。由八純卦所序列之六十四卦，
惠棟稱之為「八宮卦次序」，並立「八宮卦次圖」，其圖式內容概略如下：
[279]

圖表 2-2-9　八宮卦次圖

上世(八純)	乾☰	震☳	坎☵	艮☶	坤☷	巽☴	離☲	兌☱
一世	姤	豫	節	賁	復	小畜	旅	困
二世	遯	解	屯	大畜	臨	家人	鼎	萃
三世	否	恆	既濟	損	泰	益	未濟	咸
四世	觀	升	革	睽	大壯	无妄	蒙	蹇
五世	剝	井	豐	履	夬	噬嗑	渙	謙
游魂	晉	大過	明夷	中孚	需	頤	訟	小過
歸魂	大有	隨	師	漸	比	蠱	同人	歸妹

八宮卦次序，以三畫卦之八純卦自重為宮卦，並且每宮卦各自變出七卦，
每一宮卦合屬八個卦，八宮共成六十四卦。依據乾、震、坎、艮、坤、
巽、離、兌等八宮次序，進一步序列六十四卦；八純宮卦的順序，本於
《說卦傳》的乾坤為父子，各統三男三女的傳統說法。京房論述乾宮最
後一卦（歸魂）大有卦時，特別提到「乾生三男，次入震宮八卦」，[280]以
大有卦後序震宮震卦，並明白地指出「本乎乾而生乎震，故曰長男」，「陰
陽升降為八卦，至隨為定體。資於始而成乎終，坎降中男而曰坎，互陽
爻居中為坎卦」。[281]由此可知，京房服膺《說卦傳》乾坤生六子的說法，
決定了八宮的排列次序。

---

[278] 見《易漢學》，卷四，頁 1144。

[279] 見《易漢學》，卷四，頁 1145-1146。

[280] 見《京氏易傳》，卷上，頁 73。陸續特別注明：「乾生三男，坤生三女，陽以陽，陰以
　　陰，求奇偶定數於象也。」

[281] 見《京氏易傳》，卷上，頁 81。

一般通行八純卦的卦序爲乾、坤、坎、離、震、艮、巽、兌，反映出陽尊陰卑的思想，並以乾坤爲首，作爲天地（陰陽）在宇宙萬物中的決定作用。《說卦傳》的「帝出乎震」，[282]以震、巽、離、坤、兌、乾、坎、艮爲序，即春雷震動，萬物萌發生機之時，故以震爲首。然而，《說卦傳》又有「天地定位」的卦序說，[283]依序爲乾、坤、艮、兌、震、巽、坎、離等相錯之卦序；以乾、坤爲首，表明天地的重要地位，反映出天地自然與對立法則的重視，也是一種宇宙觀的展現。事實上，仔細觀覽《易傳》對此八純卦的生成序列之說，不只前述二種，尚有乾坤父母卦生六子之序，《說卦傳》云：

> 乾，天也，故稱乎父。坤，地也，故稱乎母。震一索而得男，故謂之長男。巽一索而得女，故謂之長女。坎再索而得男，故謂之中男，離再索而得女，故謂之中女。艮三索而得男，故謂之少男。兌三索而得女，故謂之少女。

依其論述順序，其卦序定爲乾、坤、震、巽、坎、離、艮、兌，然而從其論述的實質意義看，乾坤父母卦各統三子，以乾統震、坎、艮三卦，坤統巽、離、兌三卦；故乾坤爲陰陽之根本，萬物之宗祖，其生成之義，如父母爲家庭之主，統其子女一般。京房的八宮卦卦序，依準《說卦傳》乾坤統六子之法，惟陰陽各分，排序爲前陽後陰，前以乾統震、坎、艮爲陽卦，後以坤統巽、離、兌爲陰卦，此種序列與西漢帛書《易》屬同一系統。[284]京房前四卦以乾爲首，乾六爻皆陽，表陽氣極盛，並依次爲

---

[282] 參見《說卦傳》：「帝出乎震，齊乎巽，相見乎離，致役乎坤，說言乎兌，戰乎乾，勞乎坎，成言乎艮。」

[283] 參見《說卦傳》：「天地定位，山澤通氣，雷風相薄，水火不相射，八卦相錯。」長沙馬王堆漢墓帛書《易》作：「天地定位立（位），〔山澤通氣〕，水火相射，雷風相薄。」卦序皆同。

[284] 1973 年底，長沙馬王堆三號漢墓出土了十二萬餘字的帛書，有關《周易》的部份有二萬餘字，包括了經與傳的內容。其中重要者包括《繫辭》、《二三子問》、《易之義》、《要》、《繆和》、《昭力》等文。帛書《周易》與今本《周易》最大的不同反映在其卦序。不分上、下經，而起於乾（爲求敘述之方便，帛書卦名之異字以今本之名字爲稱），否而終於家人、益。其排序有其規律性，采重卦的方法爲之，將一個六畫卦分爲上下兩個二畫卦，以三畫的八卦爲單位，將六十四卦分成八組，類似京房分八宮卦爲八組一般。其上卦排列的次序爲：乾、艮、坎、震、坤、兌、離、巽；下卦的排列次序是：乾、坤、艮、

震、坎、艮，表示陽氣由盛漸衰；坤六爻皆陰，陰氣極盛，而後由盛漸衰，而次有巽、離、兌卦之生。這樣的八卦卦序系統，符合《說卦傳》表義的精神，雖不能確切肯定是否是依循《說卦傳》統六子之說，然而卻可肯定同帛書《周易》一系的八卦卦序在西漢是已經存在的，而京房更系統化地建立其所謂之「八宮卦次序」。[285]

（二）成卦方式展現的陰陽之道

　　京房的八宮卦序的系統，各宮首卦稱為上世卦或八純卦，並以此上世卦為主，初爻變而為一世卦，二爻再變為二世卦，三爻再變為三世卦，四爻再變為四世卦，五爻再變為五世卦，變化不能至極，若上爻變則至極於與本宮卦陰陽相對的另一宮卦了，則在上爻不變的情況下，五世卦之第四爻以陽變陰、陰變陽，恢復本宮卦中的第四卦爻象，稱為游魂卦，游魂卦內卦三爻全變，即恢復為本宮卦原來的內卦，所得之卦稱為歸魂卦。對於「游魂」的定義，惠棟特別引京房《易傳》與陸績注云：

兌、坎、離、震、巽。上卦與下卦八八成組，而為六十四卦。因此，帛書的卦序形式表現近於京房的八宮卦，其八宮乾、艮、坎、震、坤、兌、離、巽，以陽卦在前而陰卦在後，陽卦以乾居首而統艮、坎、震，陰卦以坤居首而統兌、離、巽，亦同於《說卦傳》乾坤父母卦統六子之概念。帛書以乾坤各統之三子，與京房各統之三子，次序不同，然意義相近。

[285] 列歷來常見八卦卦序，俾供參考：

卦序說來源	八　卦　卦　序							
通行本《周易》八卦卦序	乾	坤	坎	離	震	艮	巽	兌
西漢帛書《周易》八卦卦序	乾	艮	坎	震	坤	兌	離	巽
《說卦傳》「帝出乎震」卦序	震	巽	離	坤	兌	乾	坎	艮
《說卦傳》「天地定位」卦序	乾	坤	艮	兌	震	巽	坎	離
《說卦傳》父母生六子卦序	乾	坤	震	巽	坎	離	艮	兌
京房八宮卦卦序	乾	震	坎	艮	坤	巽	離	兌
北周衛元嵩《元包經》八卦卦序	坤	乾	兌	艮	離	坎	巽	震
先天八卦（伏羲八卦）卦序	乾	兌	離	震	巽	坎	艮	坤
後天八卦（文王八卦）卦序	震	巽	離	坤	兌	乾	坎	艮
《乾鑿度》八卦卦序	震	巽	離	坤	兌	乾	坎	艮

> 京房乾傳曰：精粹氣純，是為游魂。陸績曰：為陰極剝盡，陽道
> 不可盡滅，故返陽道，道不復本位為游魂。[286]

以氣化流行之道，而爲「游魂」之名，所謂「陰陽代謝，至於游魂」，[287]即陰陽遞嬗，相替變化，極而復返，氣之元性尙存；陽極而歸，仍存陽性，陰極而返，仍存陰性，故以游魂名卦，氣升五世之後，不往亢極而升，而返於四，即晉䷢、大過䷛、明夷䷣、中孚䷺、需䷄、頤䷚、訟䷅、小過䷽等八卦。至於「歸魂」的蘊義，京房透過游魂卦的卦象發現，其內卦三爻全變，則內卦卦象與其本宮卦（八純卦）相同，藉以表現氣化終而復始、往來不窮、生生不息之道；天道循環，復歸本然，如乾䷀卦變化，歷姤䷫、遯䷠、否䷋、觀䷓、剝䷖、晉䷢等卦，而後內卦三爻回歸乾卦陽質，而爲大有䷍卦；其它七卦：隨䷐、師䷆、漸䷴、比䷇、蠱䷑、同人䷌、歸妹䷵等卦亦然；體現出周道循環的自然之道。京房的八宮卦次的變化形成，建立在京房的四易說的框架上，惠棟引京房《易》「積算法」云：

> 有四易，一世二世為地易，三世四世為人易，五世八純為天易，
> 游魂歸魂為鬼易。[288]

京房此說，採《易傳》的三才說與游魂說的概念。所謂「地易」、「人易」與「天易」，是對「天、地、人」三才的內涵轉化，進一步的目的在於爲其世應之說尋求理論的依據。至於「鬼易」，則對《繫辭傳》「精氣爲物，游魂爲變，是故知鬼神之情狀」的意涵，賦予新的詮釋架構。[289]因此，

286　見《易漢學》，卷四，頁 1153。

287　見《易漢學》，卷四，頁 1153。

288　見《易漢學》，卷四，頁 1149。「八純」俗本作「六世」，與京房《易》說不符，惠棟認爲訛誤，據改。

289　《易傳》「三才」、「游魂」之說，見《繫辭上傳》云：「兼三才而兩之，故六。六者，非他也，三才之道也。」《繫辭下傳》云：「易之爲書也，廣大悉備，有天道焉，有人道焉，有地道焉，兼三才而兩之，故六者，非它也，三才之道也。」《說卦傳》云：「昔者聖人之作《易》也，將以順性命之理，是以立天之道曰陰與陽，立地之道曰柔與剛，立人之道曰仁與義，兼三才而兩之，故《易》六畫而成卦，分陰分陽，迭用柔剛，故《易》六位而成章。」《繫辭上傳》云：「人謀鬼謀，百姓與能」，「《易》與天地準，故能彌綸天地之道，仰以觀於天文，俯以察於地理。是故知幽明之故，原始反終，故知死生之說。精氣爲物，游魂爲變，是故知鬼神之情狀。」

京房本於「《易》與天地準，故能彌綸天下之道」的包絡萬物、廣大悉備的《易》道精神，其中包括陰陽交合分離的物始則生、物終則死之道，[290]故藉由八宮卦而分此「四易」，囊括天地之變、陰陽之化，也就是總於陰陽二氣的變化流行，以爻變的形式來開展。

每一宮卦形成的方式，京房採取有規律的爻變原則，一世卦至五世卦等五卦是以有次第的一爻變的方式，游魂卦也是採一爻變，只是由五世卦的第四爻來行爻變，而歸魂則以游魂卦內卦三爻全變的方式來產生，體現出陰陽流行的遞變關係，特別是一世卦至五世卦乃因卦氣由下而上的變化的原理，與十二消息卦以一爻逐次變化的形成方式相似。

惠棟特別針對乾坤二宮論其卦變之法，引張行成云：

> （乾）若上九變，遂成純坤，無復乾性矣。乾之世爻，上九不變，九返於四而成離，則明出地上，陽道復行，故游魂為晉，歸魂於大有，則乾體復於下矣。

> （坤）若上六變，遂成純乾，無復坤性矣。坤之世爻，上六不變，六返於四而成坎，則雲上於天，陰道復行，故游魂之卦為需，歸魂於比，則坤體復於下矣。

> 陰陽相為用，用九以六，故乾之用在離，用六以九，故坤之用在坎。[291]

強調世爻不變，游魂以第四爻復歸於八純卦之第四爻，而歸魂則內卦復歸於八純卦之內卦三爻。從乾宮、坤宮的游魂與歸魂卦的形成，尤能凸顯陰陽二氣大化流行的規律性聯繫。京房提出「乾坤者，陰陽之根本，坎離者，陰陽之性命」，[292]乾坤、坎離，皆氣化之流行，其中隱含著高度的邏輯性意義；乾宮游魂、歸魂卦之外卦皆爲離，坤宮游魂、歸魂卦之上卦皆爲坎，此正同時說明了荀爽何以在注《彖傳》論乾卦「大明終始，六位時成」時云：

---

[290] 《九家易》云：「陰陽交合，物之始也，陰陽分離，物之終也。合則生，離則死，故原始及終，故知死生之說矣。」（見李道平《周易集解纂疏》，卷八，頁554。）明《易》道廣備，含包死生之化。

[291] 見《易漢學》，卷四，頁1146-1147。

[292] 見《京氏易傳》，卷下，頁133。

> 乾起坎，而終於離，坤起於離，而終於坎。離坎者，乾坤之家，
> 而陰陽之府。故曰大明終始也。
>
> 六爻隨時而成乾。[293]

消息卦以復卦至乾卦爲陽息陰消的盈虛變化歷程，復卦建子十一月（坎位），陽息至四月巳火位則成乾體；從五月午辰（離位）至十月亥辰則是從姤卦至坤卦的陰消乾的歷程，至亥水位則坤體就。這正是京房所謂「陰從午，陽從子，子午分行。子左行，午右行」[294]所昭示的《易》以陰陽流行的道理。從後天八卦的坎位左行至離位，是在平面上由陰極至陽極，而從「一陽來復」的復卦至「成乾體」，則是陽氣從「潛藏」至「亢極」，是在豎面上的陰極至陽極；同樣地，從後天八卦的離位右行至坎位，是在平面上由陽極至陰極，而由姤卦至「坤體就」，則是豎面上的陽極至陰極。橫面與豎面的陰陽流轉同時進行，形成一幅立體的、涵納時空的、動變不息的陰陽對待流行圖。[295]

　　惠棟體察京房八宮卦序所呈現的陰陽轉化的宇宙圖式之意義，堅持其一貫的「日月合爲古文易字」[296]的日月爲易之說法，「易」本義爲從日月合之義，也就是日月陰陽的變易之道，陰陽的變易爲宇宙生成的最根本之原理，以具體的《易》卦生成來表述，則「陰陽相爲用，用九以六，故乾之用在離，用六以九，故坤之用在坎」，「坎離者，乾坤之妙用」，[297]《易》卦的產生，皆是乾坤之作用結果，坎、離如此，其它各卦也是如此。八宮六十四卦皆因陰陽的生成變化而有規律的產生，所以惠棟下了明確的案語：

> 乾用離爲晉，離用乾爲訟；坤用坎爲需，坎用坤爲明夷。故云乾
> 坤用坎離，坎離用乾坤也。震用兌爲大過，兌用震爲小過；艮用
> 巽爲中孚，巽用艮爲頤。故云震艮用巽兌，巽兌用震艮也。若以世變

---

[293] 見李鼎祚《周易集解》，卷一，台北：臺灣商務印書館，1968 年 12 月臺 1 版第 1 刷，1996 年 12 月臺 1 版第 2 刷，頁 4。

[294] 見《京氏易傳》，卷下，頁 133。

[295] 參見張文智＜京氏易學中的陰陽對待與流行＞，《周易研究》，2002 年第 2 期，頁 39-53。

[296] 見《易漢學》，卷四，頁 1148。

[297] 見《易漢學》，卷四，頁 1147-1148。

言之，則乾與坤，坎與離，震與巽，艮與兌，兩卦陰陽互相爲用也。[298]

一切皆在陰陽的流行，也就是陰陽的消長與互用。

　　京房的卦序主張，以爻變成其卦，反映出陰陽變化爲《易》之主體，即《易傳》所謂之「剛柔相摩，八卦相盪」，「剛柔相推，而生變化」[299]之理。《易》重在陰陽之變易，此陰陽之變，即氣之變；而這氣變以運化萬物的觀念，更可視爲惠棟的氣化宇宙論的主張，惠棟認爲：

> 天地之氣，必有終始，六位之設，皆由上下，故易始於一，分於二，通於三。[300]

> 易本無體，氣變而為一，故氣從下生也。[301]

一切的變化皆由「清濁分於二儀」的陰陽二氣所概括形成，二氣成爲宇宙生成變化的主要元素。易氣的生成變化，其初始都是本於由下而上運行模式，而後天氣與地氣相運繁衍。所以，京房推演八宮卦時，從世卦而至游魂、歸魂，都是從第一爻而次第變化的，符合了氣化運行的原則，也就是說「天地之氣，必有終始」，皆由下而上，由一而二而三的變化。惠棟充份地掌握陰陽氣化之原則。惠棟特別引《乾鑿度》云：

> 三畫成乾，六畫成卦，三畫已下為地，四畫已上為天，易氣從下生，動於地之下，則應於天之下，動於地之中，則應於天之中，動於地之上，則應於天之上。初以四，二以五，三以上，此之謂應。[302]

氣從下生，陰陽交流，能夠上下呼應，在具體的卦爻關係上，初與四、二與五、三與上相應。此即惠棟指出的「世應」之說。「世」指世爻，而「應」則指與世爻相應的那一爻；[303]八宮卦中，八純卦以上爻爲世爻，

---

[298] 見《易漢學》，卷四，頁 1148-1149。

[299] 見《繫辭上傳》。《京氏易傳》云：「乾、坤、震、巽、坎、離、艮、兌，八卦相盪，二氣陽入陰，陰入陽，二氣交互不停，故曰生生之謂易。天地之內，無不通也。」（《京氏易傳》，卷下，頁 134。）義理皆同。

[300] 見《易漢學》，卷四，頁 1149-1150。

[301] 見《易漢學》，卷四，頁 1150。

[302] 見《易漢學》，卷四，頁 1149。

[303] 京房世應之說，就「應」而言，是以與「世」相對應之爻而言，然廣義的「應」，則爲外卦三爻與內卦三爻的相對應關係，即惠棟引《乾鑿度》所謂「初以四，二以五，三以

而一至五世卦以所變之爻爲世爻，即一世卦以初爻爲世爻，二世卦以二爻、三世卦以三爻、四世卦以四爻、五世卦以五爻爲世爻，游魂卦以所變之第四爻（前一卦：五世卦）爲世爻，歸魂卦則以前一卦游魂卦內卦全變下取其第三爻爲世爻。如此，世爻確定後，應爻也就相應而生。由世應的關係，展現出宇宙萬物萬事間的對立與相應之關係，由此可見彼，由此變也可影響到彼變，這是宇宙變化的常性。

京房以爻變到卦變作爲建立八宮卦的基本方法，從一世到歸魂，由爻變逐次變化形成的各卦，隱現本宮卦五行屬性的基礎上，重新形成由不同於本宮卦的干支、星宿、建候、積算等因素的卦體，從而體現出由一爻之陰陽變化而形成整個卦體的變化。這樣的陰陽變化反映出部份變化與整體變化的關係，即部份的變化造成了整體變化的先決要件，新的整體仍存原有的質性。從初爻變至五爻再返回至四爻變而變成游魂卦，下體復歸本宮卦，則爲歸魂卦。如此，從一世至歸魂的七卦，其顯象雖各不相同，但它們的隱象除了其所符之卦外，仍以本宮卦爲基礎，尤其陸績特別注重世爻之隱象。世爻之隱象即本宮卦與世爻相同爻所納干支，如京房姤☰☴卦云「元世居世」，陸績注「辛丑土，甲子水」，[304]此「辛丑土」即指姤卦初爻世爻所納干支，「甲子水」則指本宮卦乾卦初爻所納干支。又如否☰☷卦「三公居世」，注「乙卯木，甲辰土」，[305]此「乙卯木」指否卦世爻六三爻所納干支，「甲辰土」則是本宮卦乾卦九三爻所納的干支。其它卦爻之說同理。如此在爻變後的新卦中，存在著顯與隱間的陰陽對待關係。這樣的變化原理，對後來虞翻的旁通之說，應有相當程度的影響。

三、占筮說

（一）以卦納宿的占筮系統

上」者。

[304] 見《京氏易傳》，卷上，頁 66。

[305] 見《京氏易傳》，卷上，頁 68-69。

　　古代以太陽在二十八宿中的位置，來推衍一年季節的變化規律。也就是由視運動所得的黃道軌跡，反映出太陽在二十八宿中的運行期年。《史記・天官書》乃至《淮南子・天文訓》詳論二十八宿，肯定秦漢時期已將二十八宿劃分爲四方，各主七宿：

　　東方蒼龍七宿：角、亢、氐、房、心、尾、箕。

　　北方玄武七宿：斗、牛、女、虛、危、室、壁。

　　西方白虎七宿：奎、婁、胃、昴、畢、觜、參。

　　南方朱雀七宿：井、鬼、柳、星、張、翼、軫。[306]

《淮南子・天文訓》特別提到「日行一度，十五日爲一節，以生二十四時之變」，[307]將二十八宿配入二十四時，可藉由二十四方位以應一年十二月的變化，誠如張其成所引「二十四方位配天盤圖」可知一般。[308]

圖表 2-2-10　二十四方位配天盤圖

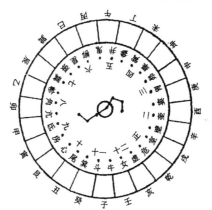

---

[306]　二十八宿之源起，並不以秦漢爲先，早在三代即以觀星定四時之正，如《尙書・堯典》云：「日中星鳥，以殷仲春；日永星火，以正仲夏；宵中星虛，以殷仲秋；日短星昴，以正仲冬。」即黃昏時洛陽城日落後一刻的時間見鳥星（星宿）在正南方，是春天第二個月；大火（心宿）在正南方是夏天第二個月；虛星（虛宿）在正南方是秋季第二個月；昴星在正南方，是冬季第二個月；可見二十八宿之用，由來已早。二十八宿分配之詳細情形，見【附件二】各表所示。

[307]　見劉文典《淮南鴻烈集解》，卷三，頁 98。

[308]　見張其成《易經運用大百科》（下篇），台北：東南大學出版社，1996 年 5 月初版，頁 90。其法乃以十二地支爲地盤，二十八宿北斗爲天盤，隨天體運行而轉動天盤，可以確定天體運動與大地方位之間的關係。

一般普遍以日在北方七宿中的室宿間為正月，在西方七宿中的奎、婁宿
為二月，在昴宿為三月，在畢宿為四月，在南方七宿中的井宿為五月，
在柳宿為六月，在翼宿為七月，在東方七宿中的角宿為八月，在房宿為
九月，在尾宿為十月，在北方七宿中的斗宿為十一月，在女宿為十二月。
[309]而明代張介賓《類經圖翼》對此日行躔度的遷移則云：

> 春分二月中，日躔壁初，以次而南，三月入奎、婁，四月胃、昴、
> 畢，五月觜、參，六月入井、鬼，七月入柳、星、張；秋分八月
> 中，日躔翼末，以交於軫，循此而北，九月入角、亢，十月入氐、
> 房、心，十一月入尾、箕，十二月入斗、牛，正月入女、虛、危，
> 至二月復交於春分而入奎。[310]

張氏取漢代以來天文歷法的一貫說法，以春分日躔壁、奎而南為天門，
秋分日躔軫、角而北為地戶。[311]日行躔度在黃道上的遷移，是四季、二
十四氣、七十二候更替的恆常指標，壁奎而南，日就陽道，日漸長而時
漸暖，至參、井而達鼎盛；軫、角而北，日就陰道，日漸短而時漸寒，
至箕斗而歸於陰極。這是日行躔度的規律性運行路線。

　　京房二十八宿的傳統天文歷法觀念，納於其易學論述中，將六
十四卦納入二十八宿的運程，每一卦分配一宿，依二十八宿之方位
次序而配入八宮六十四卦，其情形如下：

圖表 2-2-11　　八宮六十四卦配二十八宿

卦次	宮位	卦名	配　宿　情　形[312]	
1	乾宮	乾☰	參宿從位起壬戌	乾卦上九
2	乾宮	姤☴	井宿從位入辛丑	姤卦初六
3	乾宮	遯☶	鬼宿入位降丙午[313]	遯卦六二
4	乾宮	否☷	柳宿從位降乙卯	否卦六三

---

[309] 見常秉義《周易與歷法》，北京：中國華僑出版社，2002 年 1 月第 2 版第 3 次印刷，頁 179。

[310] 見明張介賓《類經圖翼》，卷一，〈奎壁角軫天地之門戶說〉。引自台北：台灣商務印書館《景印文淵閣四庫全書‧子部‧醫家類》，第七七六冊，頁 39。

[311] 同前註。

[312] 六十四卦配宿情形，其原文如乾卦「參宿從位起壬戌」等皆引自《京氏易傳》，故各卦所引，不再贅註。

[313] 「午」原文為「辰」，誤。

5	乾宮	觀䷓	星宿從位降辛未	觀卦六四
6	乾宮	剝䷖	張宿從位降丙子	剝卦六五
7	乾宮	晉䷢	翼宿從位降己酉金	晉卦九四
8	乾宮	大有䷍	軫宿從位降甲辰	大有卦九三
9	震宮	震䷲	角宿從位降庚戌土	震卦上六
10	震宮	豫䷏	亢宿從位降乙未土	豫卦初六
11	震宮	解䷧	氐宿從位降戊辰	解卦九二
12	震宮	恆䷟	房宿從位降辛酉	恆卦九三
13	震宮	升䷭	心宿入位降癸丑	升卦六四
14	震宮	井䷯	尾宿從位降戊戌	井卦九五
15	震宮	大過䷛	箕宿從位降丁亥	大過卦九四
16	震宮	隨䷐	斗宿從位降庚辰[314]	隨卦六三
17	坎宮	坎䷜	牛宿從位降戊子	坎卦上六
18	坎宮	節䷻	女宿從位降丁巳	節卦初九
19	坎宮	屯䷂	虛宿從位降庚寅	屯卦六二
20	坎宮	既濟䷾	危宿從位降己亥	既濟卦九三
21	坎宮	革䷰	室宿從位降丁亥	革卦九四
22	坎宮	豐䷶	壁宿從位降庚申	豐卦六五
23	坎宮	明夷䷣	奎宿從位降癸丑	明夷卦六四
24	坎宮	師䷆	婁宿從位降戊午	師卦六三
25	艮宮	艮䷳	胃宿從位降丙寅	艮卦上九
26	艮宮	賁䷕	昴宿從位降己卯	賁卦初九
27	艮宮	大畜䷙	畢宿從位降甲寅	大畜卦九二
28	艮宮	損䷨	觜宿從位降丁丑	損卦六三
以上二十八宿入卦，範圍黃道第一週				
29	艮宮	睽䷥	參宿從位降己酉	睽卦九四
30	艮宮	履䷉	井宿從位降壬申	履卦九五
31	艮宮	中孚䷽	鬼宿從位降辛未	中孚卦六四
32	艮宮	漸䷴	柳宿從位降丙辰	漸卦九三
33	坤宮	坤䷁	星宿從位降癸酉金	坤卦上六
34	坤宮	復䷗	張宿從位降庚子	復卦初九
35	坤宮	臨䷒	翼宿從位在丁卯	臨卦九二

---

[314] 「斗宿」原作「計都」。

36	坤宮	泰䷊	軫宿從位降甲辰	泰卦九三
37	坤宮	大壯䷡	角宿從位降庚午	大壯卦九四
38	坤宮	夬䷪	亢宿從位降丁酉	夬卦九五
39	坤宮	需䷄	氐宿從位降戊申	需卦六四
40	坤宮	比䷇	房宿從位降乙卯	比卦六三
41	巽宮	巽䷸	心宿從位降辛卯[315]	巽卦上九
42	巽宮	小畜䷈	尾宿從位降甲子	小畜卦初九
43	巽宮	家人䷤	箕宿從位降己丑	家人卦六二
44	巽宮	益䷩	斗宿從位降庚辰[316]	益卦六三
45	巽宮	无妄䷘	牛宿從位降壬午	无妄卦九四
46	巽宮	噬嗑䷔	女宿從位降己未	噬嗑卦六五
47	巽宮	頤䷚	虛宿從位降丙戌	頤卦六四
48	巽宮	蠱䷑	危宿從位降辛酉金	蠱卦九三
49	離宮	離䷝	室宿從位降己巳火	離卦上九
50	離宮	旅䷷	壁宿從位降丙辰	旅卦初六
51	離宮	鼎䷱	奎宿從位降辛亥水	鼎卦九二
52	離宮	未濟䷿	婁宿從位降戊午火	未濟卦六三
53	離宮	蒙䷃	胃宿從位降丙戌土	蒙卦六四
54	離宮	渙䷺	昴宿從位降辛巳火	渙卦九五
55	離宮	訟䷅	畢宿從位降壬午火	訟卦九四
56	離宮	同人䷌	觜宿從位降己亥水	同人卦九三
		以上二十八宿入卦，範圍黃道第二週		
57	兌宮	兌䷹	參宿從位降丁未土	兌卦上六
58	兌宮	困䷮	井宿從位降戊寅	困卦初六
59	兌宮	萃䷬	鬼宿從位降乙巳[317]	萃卦六二
60	兌宮	咸䷞	柳宿從位降丙申	咸卦九三
61	兌宮	蹇䷦	星宿從位降戊申	蹇卦六四
62	兌宮	謙䷎	張宿從位降癸亥	謙卦六五
63	兌宮	小過䷽	翼宿從位降庚午	小過卦九四
64	兌宮	歸妹䷵	軫宿從位降丁丑土	歸妹卦六三

---

[315] 此處配宿，《京氏易傳》缺文，據補。
[316] 原文「計宿」，宜爲「斗宿」。
[317] 「鬼宿」原作「翼宿」，誤。

六十四卦配宿之運行順序，如下圖表所示：

圖表 **2-2-12**　六十四卦配二十八宿運行圖[318]

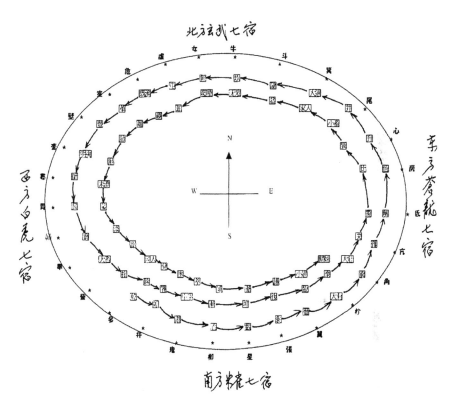

將二十八宿依次配入六十四卦中，自乾宮乾卦起，至兌宮歸妹卦終，周黃道二圈又八星宿。由是配宿之法，本於傳統天文之說，以西方白虎最末之參宿爲起始，時爲五月，配之以乾卦；其選擇五月爲建，與孟喜卦氣說相左，其目的蓋考量乾卦爲八宮卦之首，而西方屬金，而乾又爲金，故而配用之。日行躔度在黃道軌跡上移動，由參宿而入南方朱雀七宿，再入東方蒼龍七宿，再入北方玄武七

---

[318] 本圖表拙自繪製。

宿,再轉入西方白虎七宿之觜爲二十八宿之一周,反復二周又至南方朱雀七宿之末軫宿,以歸妹卦相配。

京房以二十八宿配各卦六爻之位。如乾宮乾☰卦「參宿從位起壬戌」,以參宿起始於壬戌之位;即乾卦納「甲壬」(內卦納甲,外卦納壬),乾卦六爻支序爲子、寅、辰、午、申、戌,如此,上九爲壬戌,壬戌又爲乾上九世爻之位,上爻又居「宗廟」之位,故陸績注云「壬戌在世居宗廟」。[319]又如乾宮姤☰卦「井宿從位入辛丑」;其內卦爲巽,初六納辛丑,而井宿正入居於姤卦初六丑之位,故云。又如乾宮遯☰卦「鬼宿入位降丙午」;遯卦內卦爲艮,六二納丙午,丙午爲遯卦二爻世位,而鬼宿入位而阪於艮卦丙午之位。又如乾宮否☰卦,「柳宿從位降乙卯」;否卦內卦爲坤,六三納乙卯,乙卯爲否卦三爻世位,而柳星降於否卦乙卯之位。其它各卦二十八宿配位之詮解,同理類推。

京房論卦,皆有二十八宿相配之說,成爲其占筮與解說陰陽災異的重要部份,然而惠棟考索京房易學,其二卷內容中皆不見二十八宿之說,顯然惠棟有意排除並避而不談,其動機所在,引人疑竇。揣其原因,蓋以京房附會二十八入配六十四卦,以五月配乾卦上九以建首,不符合一般起月之模式。此外,京房此說目的主在占筮,其配宿之法,不符一般常道。若惠棟以其不符歷法與科學之精神而予不言,倘真如此,則就還原京房《易》說,則有失其全真,不必如此自縛。

(二)風雨寒溫占

惠棟考索京房占風雨寒溫,開宗明義引《漢書・天文志》云,「月爲風雨,日爲寒溫」;[320]京房此說出於兩漢以降高度發達的天文知識而來,風雨寒溫之說,是從日月天象的變化而來的。以「月爲風雨」言,緣於月亮的運行,西漢天文學上的普遍說法,認爲「月有九行」,也就是月亮在空中運行於九條軌道上,包括黃道、黃道之北的二黑道、之南的二赤道、之東的二青道,以及黃道之西的二白道。並且,藉由觀測月行軌道

與房宿四星交會的情形，作為風雨災咎的依據，所以《漢書・天文志》提到「一決房中道」，「若月失節度而妄行，出陽道則旱風，出陰道則陰雨」。青赤出陽道，白黑出陰道」。[321]「月行中道」，即月行軌道在房宿之中，也就是在房宿兩服之間，為風雨調和的星象，象徵農事豐足、吉祥順遂、安寧和平之兆。[322] 月體行經房宿而未行中道，靠北行經陰間，則多陰多雨，靠南行經陽間，則多風多旱。倘月體行經房宿而偏離於整個房宿之外，偏北稱太陰，則大雨多水，偏南稱太陽，則大旱大風。由自然風雨之兆，並轉為人事之應，這是兩漢時期論述天文時變的普遍思想。[323]

---

[321] 見《漢書・天文志》云：「月有九行者，立春、春分，月東從青道；立秋、秋分，西從白道；立冬、冬至，北從黑道；立夏、夏至，南從赤道。然用之，一決房中道。青赤出陽道，白黑出陰道。若月失節度而妄行，出陽道則旱風，出陰道則陰雨。」觀測月亮通過房宿的情形，即以月行房中道為決定風雨到來的依據。房宿四星（參見附件一，二十八宿之介紹）略呈南北直線排列，垂直於黃道。《星經》云：「房為四表，表三道，日月五星常道也。」日月五星正常的視運動是必通過房宿四星的。《觀象玩占》亦云：「房又為四表，中間為天衢大道，亦謂之天關，黃道所經，日月五星之所行也。」房宿為古代天文星象中極為重要者，總管四方，名稱甚多，如天床、天旗、天龍、天衡、天府、天駟、明堂等。

[322] 《國語》記載周景王間律於伶州鳩，伶州鳩云：「昔武王伐殷，歲在鶉火，月在天駟，日在析木之津，辰在斗柄，星在天黿。」認為武王伐紂時的天象為太陽在析木之次（即尾宿與箕宿之間），月亮在房宿。歲星（木星）在鶉火星次（當柳宿、星宿與張宿），北斗星的斗柄指在日月相會之處，當在玄枵星次，即在天黿之域。又云：「月之所在，辰馬農祥也。」是月亮在房宿是農事吉祥之兆。房宿四星幾成一線，四星為「四表」，成三間隔為「三道」，即南間、中間與北間。南間亦稱陽環或陽間，北間亦稱陰間或陰環。房宿稱天駟或天馬，於星占主車駕，故房四星最南一星（房宿一）名「左驂」，次南一星（房宿二）名「左服」，再往北一星（房宿三）名「右服」，最北者（房宿四）名「右驂」；《唐開元占經》云「房兩服之間是中道」，即房宿二和房宿三之間稱為「中道」。月行中道，即「辰馬農祥」之兆。因此，《史記・天官書》有「月行中道，安寧和平」之說。

[323] 《史記・天官書》云：「月行陰間，多水，陰事。外北三尺，陰星。北三尺太陰，大水，兵。陽間，驕恣。陽星多暴獄。太陽，大旱喪也。」《唐開元占經》引《星經》云：「天道四表之間，三光之正路，人天之定位也。」《漢書・天文志》云：「月出房北，為雨為陰，為亂為兵；出房南，為旱為夭喪。」是以月行房宿，不僅作為風雨之兆的呈現，並相應人事之化。除了房宿之外，月行東方七宿的箕宿、軫宿，以及西方白虎七宿的畢宿，皆與風雨有關。參見《漢書・天文志》、《史記・天官書》，乃至《詩經・小雅・大東》、《詩經・小雅・漸漸之石》等文，均有詳載，在此不再贅述。

　　再言「日為寒溫」。《周禮・地官司徒》論及立竿測日之法，以日影之朝夕長短，推求其陰風寒暑，而《漢書・天文志》更「立八尺之表」，以星宿之位，尋日影之長短，得四時寒溫之變，日影長度合於標準值與否，正是反映出為四時寒溫是否合於正常之變的情形，並且因此而相應於世間人事之上。[324]太陽實際上的運動表現，「日進而北」天氣逐漸溫暖，為陽用事；「日退而南」則天氣由暖而寒，故為陰用事。[325]太陽在黃道上的運動速度，約日行一度，　本不致出現什麼運行失度或陰陽失調的情形，然由於每年交節時刻的差異，可能出現正午日影長度的差別。當影長短於標準值時，即「當至而不至」；當影長長於標準值時，即「不當至而至」。由此而產生了占驗。[326]《漢書・天文志》特別指出：

　　　　冬至日南極，晷長，南不極則溫為害；夏至日北極，晷短，北不
　　　　極則寒為害。

又云：

　　　　晷過而長為常寒，退而短為常燠，此寒燠之表也，故日為寒暑。
　　　　一日晷長為潦，短為旱，奢為扶。扶者，邪臣進而正臣疏，君子

---

[324]　《周禮・地官司徒》云：「以土圭之法測土深，正日景，以求地中。日南則景短多暑，日北則景長多寒，日東則景夕多風，日西則景朝多陰。」此即測日以立竿見影之法。《漢書・天文志》更詳以日影長短，推求四時之變。夏至，日在井宿，此時大陽近北極，大陽在天空位置高，投影短；冬至日在斗宿，距北極遠，太陽在天空位置低，故投影長。井宿為南方朱雀之宿，故說日南；斗宿為北方玄武之宿，故說日北。以竿長為八尺，所謂「立八尺之表」，則夏至時日影長一尺五寸八分，冬至時日影長一丈三尺一寸四分。秋分時日躔東方角宿，春分時日躔西方婁宿，婁宿和角宿距北極居於井宿和斗宿距北極之中，其時日影為七尺三寸六分。各節氣的晷（日影）長不同，且其值與所測地區之緯度有相對的必然關係。藉由測量晷長以訂定出標準值為基準，倘今年某一時節測出者，符合標準值，則表示氣候的陰陽變化是正常而和諧的；若不符合標準值，則陰陽節氣之變失度。
[325]　從太陽實際的運動觀之，當太陽在天空中由南向北運行時，以中天子午線上來看，太陽是由低向高的運動，即由冬至到夏至的「日進而北」的階段，這時的天氣逐日溫暖，稱為陽勝，或為陽用事；反之，如果太陽在天空中由北向南，在中天子午線上，是由高向低的移動，也就是夏至到冬至的「日退而南」的階段，這時天氣逐日變寒，叫做陰勝，或為陰用事。
[326]　《易緯・稽覽圖》、《通卦驗》詳論風雨寒溫，並特明「當至」與「不當至」的占驗之說，很可能是緣出於京房的主張。

不足，姦人有餘。[327]

日影過多為奢、為扶。此年冬至日影不足標準長度，則來年多溫害；日影超過標準長度，則來年多寒冷之災。它不僅是寒溫水旱的反映，更是人事吉凶的表徵。

由月行偏於中道與日失晷度而有風雨寒溫之兆，日月的運行，影響了地球的氣候變化，這是自然天候轉變的常態現象。然而兩漢時期的易學家，以明乎天體之運行，配乎卦之消長與陰陽之消息，即建構所謂的卦氣之說，並終以占驗為用。以卦象占風雨寒溫，總以應卦為節；卦氣不效，則分至寒溫皆失其度，用此作為趨時步吉的實用之學。所以惠棟引《漢書》谷永對策提到，「王者躬行道德，則卦氣理效，五徵時序；失道妄行，則卦氣悖亂，咎徵著郵」。又提到張衡上疏也說「律歷卦候」，「數有徵效」，肯定「漢儒皆用卦氣為占驗」。[328]這是陰陽五行、災異數術思想盛行與天文歷法科學發達的必然趨勢。因此，回頭談占風雨寒溫之說，其實也是卦氣說的一環；惠棟引王充《論衡》云：

> 《易》京氏布六十四卦於一歲中，六日七分，一卦用事，卦有陰陽，氣有升降，陽升則溫，陰升則寒，寒溫隨卦而至。[329]

反對虛妄之學的王充，肯定京房一卦主六日七分以用事，以陰陽卦氣之升降而推演寒溫之變化；卦爻的變化，可以相當準確地描述寒溫的變化，即卦氣在本質上確能反映天地二氣的升降和陰陽的變易。展現出《易》卦納入天文歷律的高度成熟。不過，這裡有必要釐清的是，京房的六日七分法與孟喜說之異同；孟喜、焦延壽而京房，其易學是一脈的師承，京房的說法當然有源於前賢了。特別此小節所言「風雨寒溫」，惠棟引《漢書·京房傳》云：

> 房治《易》，事梁人焦延壽，延壽字贛，其說長於災變，分六十四卦，更值日用事，以風雨寒溫為候，各有占驗，房用之尤精。[330]

卦氣諸說，京房承其師而後出轉精於占驗之用。已如前一章節有詳述，

---

[327] 見《漢書·天文志》，卷二十六，頁 1294-1295。
[328] 見《易漢學》，卷一，頁 1050。
[329] 見《易漢學》，卷五，頁 1175。
[330] 見《易漢學》，卷五，頁 1176。

孟喜以四正卦外的六十卦配一年三百六十日，每卦主六日，又分每日為八十，分則五日又四分之一為四百二十分，以六十除之，則每卦主八十分之七，如此每卦實際主六日七分；這樣的分主，京房同於孟喜，然仍有不同之處，依《新唐書》引僧一行《卦議》云：

> 京氏又以卦爻配期之日，坎、離、震、兌，其用事自分、至之首，皆得八十分之七十三。頤、晉、井、大畜，皆五日十四分，餘皆六日七分。[331]

京房在孟喜的基礎上，將春分的前一卦晉卦（屬驚蟄二月節末候卿卦）、夏至的前一卦井卦（屬芒種五月節末候卿卦）、秋分的前一卦大畜卦（屬白露八月節末候卿卦），以及冬至的前一卦頤卦（屬大雪十一月節末候卿卦）等四卦，在原來的每卦所主六日七分，分別減去七十三分（每日為八十分），則四卦各剩五日十四分，然另五十六卦仍維持不變的六日七分，但這四卦的各七十三分，則分別由坎、離、震、兌四正卦主之。京房之所以有別於孟喜，一行認為：

> 又京氏減七十三分，為四正之候，其說不經，欲附會《緯》文「七日來復」而已。[332]

表明《易緯》早於京房，而京房改變孟喜的六日七分，主要是為了解說《易緯》的「七日來復」。《易緯》是否早於京房，一直是歷來探討的議題，但先儒普遍認為京房早於《易緯》，而「七日來復」乃復卦之卦辭，故說京房用以解釋復卦的「七日來復」尚可，而言附會《易緯》，似有倒置。[333]不過，這裡也透露出一個訊息，《易緯》中論述卦氣與徵候之說頗繁，其中與京房相若而京房因文獻不足者，《易緯》成為復原京房主張的

---

[331] 見《新唐書・志第十七上・歷三上》，卷二十七上，引僧一行《卦議》，頁 598-599。

[332] 同前注引僧一行《卦議》，頁 599。

[333] 《易緯・稽覽圖》論「甲子卦氣起中孚」，云「坎常以冬至日始效，復生坎，七日」。而孟喜四正卦說，以坎初六主冬至，《京氏易傳》卷下云：「龍德十一月在子在坎卦，左行。」是京房以坎為十一月，世卦起月例亦同。所謂「七日」來自「七日來復」，鄭玄注《稽覽圖》「消息及四時卦各盡其日」，云：「消息盡六日七分，四時盡七十三分。」依京房之說，以四正之坎卦及十二消息之復卦為例，坎卦主七十三分，復卦主六日七分，二者相加則為「七日」，如此，正合「七日來復」之說解了。《稽覽圖》的「七日」說，蓋源於京房的說法。

極重要之參考資料，特別是本段所言的風雨寒溫之說。

　　風雨寒溫因天體運動的自然變化，影響陰陽氣化之流行所致，此陰陽可以透過《易》卦來表現，特別以乾坤爲根本，京房強調「乾坤者陰陽之根本」，[334]以乾坤二卦作爲八卦乃至六十四卦之基礎，「分天地乾坤之象」，其自強不息的氣化流行，爲宇宙化生之本源，所以「天地若不變易，不能通氣」，乾坤陰陽變化，乃能通氣，以其「變動不居，周流六虛，上下無常，剛柔相易」，然後「以通神明之德，以類萬物之情」。[335]以氣化爲一切生成之本，風雨寒溫也因此而生，惠棟引《易緯》與鄭玄之注云：

　　　　《易·乾鑿度》曰：太初者氣之始，鄭康成注云：太初之氣，寒溫始生也。[336]

直接點明太初之氣是始生之氣，寒溫也由是而生，所以氣之始生即寒溫之始生，寒溫即氣，是氣化流行的本來質性。《乾鑿度》詳細的內容爲：

　　　　昔者聖人因陰陽，定消息，立乾坤，以統天地。夫有形生於無形，乾坤安從生？故曰：有太易、有太初、有太始、有太素也。太易者，未見氣也；太初者，氣之始也；太始者，形之始也；太素者，質之始也。氣形質具而未離，故曰渾淪。渾淪者，言萬物相渾成而未相離。視之不見，聽之不聞，循之不得，故曰易也。易無形畔，易變而爲一，一變而爲七，七變而爲九，九者，氣變之究也，乃復變而爲一。一者形變之始，清雅者上爲天，濁重者下爲地。物有始有壯有究，故三畫而成乾。乾坤相並俱生，物有陰陽，因而重之，故六畫而成卦。[337]

334　見《京氏易傳》，卷下，頁132。

335　以上括弧引文，見《京氏易傳》，卷下，頁133-135。

336　見《易漢學》，卷五，頁1176。

337　見《易緯·乾鑿度》，卷上，頁481。此一引文，又見《乾鑿度》卷下；下卷所言，其不同者，惟「聖人」作「文王」，「易無形畔」作「易無形埒」，餘則爲虛詞之損益，文義概爲一致。另外，《列子·天瑞》也有相似之引文，其不同者在於《乾鑿度》之文最後歸於「三畫而成乾」，「六畫而成卦」，展現出易書的本色，但《列子》之文則歸於「沖和氣者爲人」，以及「萬物化生」。倘以《列子》後出，則其文或許是出自於《乾鑿度》者。又《白虎通義》卷九，論天地之始中提到：「始起先有太初，然後有太始，形兆既

立乾坤以統天地爲有形，而有形之物皆由無形而生，故《易緯》建立宇宙的形成階段，從太易而太初，而太始，而太素，乃至萬物的造化，都是由無而有的歷程，由無形畔而變而爲「一」，並且「一」變「七」變「九」而又復歸於「一」，是一種「反復其道」[338]的道理，更是一種以陽爲尊的思想主張。關於「太易」、「太初」、「太始」與「太素」於氣論中的位階與性質，鄭玄注云：

> 太易之始，漠然無氣可見者；太初者，氣寒溫始生也；太始，有兆始萌也；太素者，質始形也。諸所爲物，皆成包裹，元未分別。[339]

「太易」之時，以氣之未見而未分，而「太初」則氣始見，「太始」以氣成而後形見爲物，「太素」則萬物素質由是淳在，但仍是未成物的氣之質。在太初的階段，氣的始生時就有了氣的寒溫，也就是氣的寒溫在氣形成的時候就自然具有的。在這裡，只論及寒溫而無風雨的並言，然而風雨寒溫本是氣候的狀態，指出了寒溫也就說明了風雨，只不過是省略未言罷了。本質上雖是如此，但京房的「日主寒溫」與「月主風雨」，顯然是有差別性的存在。鄭玄注《乾鑿度》時進一步云：

> 太易變而為一，謂變為太初也。一變而為七，謂變為太始也。七變而為九，謂變為太素也。乃復變為一，一變誤耳，當為二，二變為六，六變為八，則與上七九意相協。[340]

日爲陽，是從「易」變「一」到「九」的變化階段就形成了，而月爲陰，則是形變從「二」到「八」的變化階段才形成的；其形成是有先後次第的，也就是先寒溫而後風雨，相對於寒溫，則風雨就更爲有形，但這些都是陰陽的基本表現。

成，名曰太素，混沌相連，視之不見，聽之不聞，然後判。」顯然也襲引前者。

[338] 見復卦卦辭。

[339] 見《易緯・乾鑿度》，卷上，頁 481。

[340] 見《易緯・乾鑿度》，卷上，頁 481。鄭玄改「一」爲「二」，其持說固有其理，後來者多有有持不同意者。高懷民《中國哲學在皇皇易道中成長發展》一書中，周圍《乾鑿度》「一變而爲七，七變而爲九，九者，氣變之究也，乃復變而爲一」的氣化理論，反對鄭玄「復變而爲一」之「一」易爲「二」。體察《乾鑿度》精義，言之成理。（見高懷民《中國哲學在皇皇易道中成長發展》，作者自印，1999 年 2 月初版，頁 289-293。）

　　京房的風雨寒溫之說，本質上仍屬卦氣說的範疇，是一種以風雨寒溫與卦爻間的聯繫而進行占測的方法與主張，這樣的方法與主張，從《易緯》所講的卦氣與節候占測，正而體現京房這方面的核心內容。惠棟引鄭玄注《通卦驗》云：

> 春三月，候卦氣者，泰也，大壯也，夬也；皆九三、上六。夏三月，候卦氣者，乾也，姤也，遯也；皆九三、上九。秋三月，候卦氣者，否也，觀也，剝也；皆六三、上九。冬三月，候卦氣者，坤也，復也，臨也，皆六三、上六。[341]

從一年四季言，春正月泰☷☰卦，二月大壯☳☰卦，三月夬☱☰卦，此春三月之辟卦，其第三爻皆爲陽爲剛之爻，而上爻則又皆爲陰爲柔之爻，所以稱爲「皆九三、上六」。夏四月乾☰☰卦，五月姤☰☴卦，六月遯☰☶卦，此夏三卦第三爻皆爲陽爲剛之爻，而上爻則亦皆爲陽爲剛之爻，故稱爲「皆九三、上九」。秋七月否☰☷卦，八月觀☴☷卦，九月剝☶☷卦，此秋三卦第三爻皆爲陰爲柔之爻，而上爻則皆爲陽爲剛之爻，故稱爲「皆六三、上九」。冬十月坤☷☷卦，十一月復☷☳卦，十二月臨☷☱卦，此冬三卦第三爻皆爲陰爲柔之爻，而上爻亦皆爲陰爲柔之爻，故稱爲「皆六三、上六」。十二消息卦以春夏六卦泰卦至遯卦爲「太陽」，以秋冬六卦否卦至臨卦爲「太陰」。[342]此十二卦以其第三爻決定該卦之寒溫，陽爻爲溫，陰爻爲寒；上爻決定該卦寒溫之「微」或「決」，陽爻爲「微」，而陰爻爲「決」。「決」爲寒或溫明顯地上升，而「微」則是寒或溫未來的趨向。[343]如春三月泰☷☰卦、大壯☳☰卦、夬☱☰卦等三卦，「皆九三、上六」，以九三爲陽爲「溫」，而上六爲陰爲「決」，故當爲「決溫」；「決溫」是指春季從正月至三月氣溫明顯地上升之情形。同理，夏季三個月乾☰☰卦、姤☰☴卦與遯☰☶卦，「皆九三、上九」，當爲「微溫」，以其氣溫上升趨趨減緩，氣溫將逐漸下降。

---

[341] 見《易漢學》，卷五，頁 1176。

[342] 鄭玄注《稽覽圖》云：「太陰謂消也，從否卦至臨卦爲太陰。」「太陽謂息也，從泰卦至遯卦爲太陽。」（見《稽覽圖》，卷上，頁 500。）將十二消息卦又分爲二組，一爲太陰卦，一爲太陽卦。此種分法，與孟喜消息卦中的陰消陽息之卦明顯不同。

[343] 鄭玄於《稽覽圖》中注云：「雜卦九三、上六決溫；九三、上九微溫；六三、上九決寒；六三上六微寒。」（見《稽覽圖》，卷上，頁 500。）說明「決」之義爲寒或溫明顯地上升，而「微」則是寒或溫未來的趨向。

秋季三個月否▤卦、觀▤卦與剝▤卦,「皆六三、上九」爲決寒之象,寒氣正處上升之趨勢,即明顯地日益變寒。冬季三個月坤▤卦、復▤卦與臨▤卦,「皆六三、上六」爲微寒之卦象,寒氣上升之勢漸盡而趨於轉溫。這裡可以進一步看到,焦、京以降,以寒溫說而又分太陰與太陽之卦,與孟喜消息卦陽息陰消之法由十一月復卦一陽生而終於十月全陰的坤卦,區分的陰陽屬性之卦,[344]二者明顯是不同的,焦、京之目的在於使歷法與實際的氣候能同步連結。

前述所引《通卦驗》論十二消息卦相與寒溫之說,卻未涉及風雨之說。事實上,《易緯》另作了區別。《稽覽圖》藉由「形體」加以分別,云:

> 凡形體不相應,皆有其事而不成也,其在位者,有德而不行也。有貌無實,有實無貌,故言從其類也。上爲貌也,寒溫爲實,溫爲尊,寒爲卑。故尊見卑,益自尊;卑見尊,益自卑,則寒溫決絕矣。兩尊兩卑無所別,則寒溫微不絕決。陰陽升,所謂應者,地上有陰,而天上有陽曰應,俱陰曰罔。地上有陽,而天上有陰曰應,俱陽曰罔。[345]

對此,鄭玄注云:

> 形,謂白濁清淨可得而見,故言形體者,以身體寒濁也。不相應者,溫不清淨,寒不白濁也。[346]

「形」是「可得而見」者,即白濁與清淨,是風雨所反映的氣候之情形。與「形」相對應的「體」就是寒溫,所以「寒溫爲實」,即是「體」,而清淨白濁爲「形」。以形體的相應與不相應作爲占測的標準,溫而清淨,寒而白濁謂之形體相應;溫而白濁或寒而清淨則爲形體不相應。寒溫清濁,即卦氣之形體,形體相應表正常之象,不相應則爲反常,有事而不成,也表明在位之帝王,不行正道。「形」又稱爲「貌」,而「體」又稱

---

[344] 孟喜十二消息卦,復、臨、泰、大壯、夬卦與乾卦爲六陽卦,而姤、遯、否、觀、剝卦與坤卦爲六陰卦。

[345] 見《稽覽圖》,卷上,頁 500-501。

[346] 見《稽覽圖》,卷上,頁 500。張惠言《易緯略義》認爲「濁」當爲「溫」。「寒不白濁也」句,原無「不」字,張以其文義不正而增「不」字,據改。

為「實」，貌實相當為正。惠棟進一步引鄭玄注云：

> 有寒溫，無貌濁清靜，此賢者詘仕于不肖君也。有貌濁清靜，無
> 寒溫，此佞人以便巧仕於世也。[347]

從形貌體實而言，寒溫為實為體，白濁清淨為貌為形。有實無貌雖為賢者，卻詘仕於無道之君；有貌無實者則為巧仕於世的佞人。此外，「溫為尊，寒為卑」，鄭玄認為「溫喻君，寒喻臣。君當施生，臣當奉命，尊卑等也」；而「九三應上六，六三應上九，則寒溫決絕可知」。[348]說明了何以三爻與上爻陰陽不同為「決」的原因；也就是若九三為尊，則上六為卑，尊見卑則更顯自尊；六三為卑，見上九為尊，更見自尊。於是寒溫之「實」則明顯增升。如果不是尊見卑或是卑見尊，而是「兩尊兩卑無所別」，也就是六三應上六，或九三應上九，「則寒溫微不決絕」。即是尊見尊，卑見卑；尊見尊並不更顯尊，卑見卑也不更自卑，因而寒溫變化不明顯，故寒溫微，不「決」絕。因此，尊卑必顯，若尊卑不顯，則表明陰陽不相應。「地上有陰，而天上有陽曰應，俱陰曰罔」，即六三應上九，六三為寒，上九為決，此時為陰陽相應；六三與上六，兩陰無相見，且尊卑不顯，寒只有微變或不變，故無應，而「俱陰曰罔」。此外，九三與上六之陰陽相應，當清淨而溫，溫候明顯而決，而九三與上九俱陽而兩無相見，所以說「地上有陽，而天上有陰曰應，俱陽曰罔」。

　　加入「風雨」為占，其占法就更加複雜了。《稽覽圖》提到：

> 降陽為風，降陰為雨。昇氣上，降氣微，是故陽還，其風必暴。
> 陰還，其雨亦暴。降陽之風，動不鳴條。降陰之雨，潤不破塊。
> 還風者，善令還也。陰還雨，陰咸色。[349]

鄭玄注云：

> 上九用事，卦效後一百二十日，降為卒風。其不效也，後九十一
> 日，降為災風。天惡氣不得上天中，九十一日為災風，其陰不時，
> 卦四方生形也，故曰降陽必為其風。上九用事，卦效後一百二十

---

[347] 見《易漢學》，卷五，頁1177。
[348] 見《稽覽圖》，卷上，頁500。
[349] 見《稽覽圖》，卷上，頁501。

日，降陰為雨。[350]君弱臣強，不得以時昇降。昇氣，喻君；降氣，喻臣也。君弱臣強，君令不得行，降氣積後，一百三十日內，陰得同類並下，故薄，故必暴也。臣強君弱，君澤不得行，降氣道積後，一百三十日內，得同類並下，故薄也。一曰，昇降氣為陰陽，卦昇於九三、六三，寒溫過，暴疾起時，降氣而上也，降氣盛至十日七日，近三日四日，其降也，有鳴鳳之口，發屋折木之風，是一百三十日，故曰還也。[351]

「降陽為風」的情形，為卦效一百二十日起卒風，是正常的風，若卦不效，則其後九十一日降為災風，主要是惡氣不得上天中所致。同樣，「降陰為雨」，卦效後一百二十日，亦有降陰為雨者。陰陽氣化流行，陽昇陰降，陽氣上昇與陰氣下降是它們本來的質性。上昇之陽氣為象君為，下降之陰氣則象臣為卑；陰陽升降，君令臣行，符合其常道，才有其正常的氣應與正常的秩序。所以當昇氣上而降氣微時，而至陽氣上積，不以時降，而產生了「陽還」風暴的情形，此乃陰陽不和或陰陽不得相應之時，陽氣在上不斷累積，對應於君道在上而不能施行，君王的命令不能被臣下執行，此君令不行，主要是因為強臣之阻撓所致；所以說，陰陽不交，陽氣不以時降，此應君弱臣強，到了一定的程度後，就會爆發致亂。陽還為君弱臣強，陰還為臣強君弱，前者是陽衰而相對陰盛，後者是陰盛而陽相對為衰；二者雖相對陰盛，但其形式表現卻不同；陽衰表現為陽還，陰盛表現為陰還。這裡特別要補充的是，陽與陰，君與臣，是一種尊與卑的認識，是董仲舒以降兩漢時期的普遍主張，在京房的思想裡，同樣秉持陽尊陰卑為立說，反此定則者則為凶咎。[352]

---

[350] 張惠言《易緯略義》，認為於「卦效後一百二十日降陰為雨」句，後有「其不效，亦後九十一日降為災雨也」。

[351] 見《稽覽圖》，卷上，頁501。惠棟《易漢學》同引此陽君陰臣之說。（卷五，頁1180。）

[352] 陽尊陰卑的思想，《京氏易傳》中充份地體現，處處可見其鑿痕，如釋乾卦云：「陽為君，陰為臣。」否卦：「小人道長，君子道消，……危難之世，勢不可久。」觀卦：「月象陰道已成，威權在臣。」恆卦：「陰陽升降，反為陰，君道漸進，臣下爭權。」豐卦：「臣強君弱，為亂世之始。」大畜卦：「乾氣內進，君道行也。」復卦：「陽來蕩陰，陰柔反去，剛陽復位，君子進，小人退。」當然，不論是《易經》或《易傳》，本身就有強烈的陽尊陰卑之氛圍，然而京然予以表現得更為具體，特別是表現在政治人事之上，

京房複雜的占測體系，「以風雨寒溫爲候，而後以人事明之」，其主要目的在於相應於人事之變，同屬於兩漢時其盛行的天人感應思想的範疇，只不過京房以《易》卦作爲其理論建構的基礎。因此，惠棟深明以寒溫同卦氣爻位而論，重在藉由占驗以明人事。惠棟引孟喜之言，也強調「《易》本于氣，而後以人事明之。風雨寒溫，氣也；道人佞人，以人事明之也」之理。[353]氣形以風雨寒溫，重在以此自然之變而比附人事吉凶休咎。所以，惠棟進一步引言：

> 京房上封事曰：臣前以六月言遯卦不效，法曰：道人始去，寒，涌水為災，至其七月，涌水出。臣弟子姚平謂臣曰：房可謂知道，未可謂信道也。房言災異，未嘗不中，今涌水已出，道人當逐死，尚復何言。[354]

惠棟爲案語，明白地解釋遯卦不效之由：

> 遯，六月辟卦也。道人有寒溫，無貌濁清靜，道人去，佞人來，有貌濁清靜而無寒溫，是以辟卦不效，當溫反寒，而有涌水之災。[355]

六月遯☶卦「皆九三、上九」爲陽爲剛之爻，本當以其氣溫上升趨趨減緩，氣溫將逐漸下降而爲「微溫」之象；至秋七月否☶卦爲「皆六三、上九」之爻象，是寒氣正處上升、日益變寒之趨勢，屬決寒之象；然而辟卦不效，有貌濁清靜而無寒溫，災難由是應生。又引郎顗言：

> 郎顗上便宜七事曰：去年已來，兌卦用事，類多不效。《易傳》[356]曰：有貌無實，佞人也；有實無貌，道人也。寒溫為實，清濁為貌。今三公皆令色足恭，外屬內荏，以虛事上，無佐國之實；故清濁效而寒溫不效也。是以陰寒侵犯消息；占曰：日乘則有妖風，日蒙則有地裂，如是三年，則致日食，陰侵其陽，漸積所致，立

尤其是君臣的關係上。
[353] 見《易漢學》，卷五，頁1177。
[354] 見《易漢學》，卷五，頁1177。
[355] 見《易漢學》，卷五，頁1178。
[356] 此言「《易傳》」，實《京氏易傳》。知郎顗熟稔京房占說，並能信手引用。

春前後溫氣應節者，詔令寬也，其後復寒者，無寬之實也。[357]

此即有實無貌與有貌無實之占應，主要是逃明詔令雖寬而無其實。按兌卦爲四正卦之一，主秋令，辟卦當七月否卦、八月觀卦、九月剝卦，皆爲六三上九決寒白濁之候；三公皆以佞治事，貌爲清淨，而其時實當爲陰寒，故有貌無實，佞人當道。至立春前後，當爲溫氣應節，但後即陰寒；所以，表示雖有詔令爲寬，卻無寬的實際。今觀《後漢書》本傳，察其所陳，每事皆依京《易》，間用齊《詩》，雜以星占、風角，以經典爲據，不用讖緯，[358]知京房之學，於兩漢其間，同王充諸儒，皆不以之爲斥，並不與讖緯並言，而能廣納證說人事，有其足式之範，惜哉京房學說資料散佚，僅能引郎顗諸人之說來增補。惠棟又引京房上封事之說：

> 京房上封事曰：乃丙戌小雨，丁亥蒙氣去，然少陰並力而乘消息，戊子益甚，到五十分，蒙氣復起，此陛下欲正消息。雜卦之黨，並力而爭，消息之氣不勝，彊弱安危之機，不可不察。己丑夜有還風，盡辛卯，太陽復侵色，至癸巳，日月相薄，此邪氣同力而太陽爲之疑也。孟康注曰：諸卦氣以寒溫不效，後九十一日爲還風。還風，暴風也。風爲教令，言正令還也。[359]

惠棟所引，實與前述《稽覽圖》寒溫不效的「還風」、「暴風」相映於人事之說同，二者蓋同一系之說。

惠棟引言立說，除了可以相驗於《易緯》系統性的論述，而見京房此論之崖略外，更可進一步得知兩漢時期，以風雨寒溫爲占，並訴諸於人事之化，尤其擅用於政事應驗之上，爲普遍的風尙。京房的風雨寒溫占驗之說，藉由自然的變化，體現於人世間的政治上，不論是自然界的氣候變化，乃至卦氣盈虛，在宇宙本質的深處，都有其共性的存在，都同受宇宙力量的支配。宇宙的本質，有其一定的規律，這樣的規律，反映在風雨寒溫的變化，而置入於卦爻陰陽變化的理論系統中，正可以用來推驗人事的一切變化，特別是用於政治的訴求上，成爲天人感應下對

國君的有效制約。

（三）蒙氣與以錢代蓍之說

1. 以蒙氣為災異之說

京房的完整蒙氣主張，今存論著與有關佚文所見不全，不能知其全般，大部份的內容僅能從《漢書》本傳中去推求拼湊，其內容多在京房呈送漢元帝的數份上封事中，並皆針對當時蒙氣情況而作的解釋與推占。「蒙氣」在當時已是一種普遍的定型化名詞，其緣起爲何？內涵爲何？惠棟在考索京房「蒙氣」這個命題，開宗明義引蒙䷃卦《彖傳》與荀爽注：

> 《易》蒙《彖》曰：初筮告，以剛中也。再三瀆，瀆則不告，瀆蒙也。荀爽曰：「再三」謂三與四也。皆乘陽不敬，故曰「瀆」。瀆不能尊陽，蒙氣不除，故曰「瀆蒙也。」[360]

惠棟似乎認爲京房的蒙氣主張，源自於《彖傳》「瀆蒙」而來，以陰氣乘陽不敬，不能以陽氣爲尊，如此而生「蒙氣」。「蒙氣」即「氣」，只不過此氣是一種不合正道的承陽之氣。惠棟進一步引論「蒙氣」的實質意義：

> 郎顗曰：《易內傳》曰：久陰不雨，亂氣也，蒙之比也。蒙者，君臣上下相冒亂也。[361]

> 《易緯‧稽覽圖》曰：日食之比，陰得陽蒙之比也。陰冒陽也。康成注云：蒙氣，比非一也，邪臣謀覆冒其君，先霧從夜昏起，或從夜半，或平旦，君不覺悟，日中不解，遂成蒙，君復不覺悟，下爲霧也。[362]

「蒙氣」，簡而言之，即久陰無雨之狀，其狀態質性是一種「氣」，以陰僭其位而亂氣漫布，故稱爲「蒙氣」。然而語意概括，未見其細，卻頻以「蒙氣」附應人事而疾言之；是以「蒙」乃君臣上下未正其位而相冒亂，尤其奸佞邪惡之臣，陰謀蒙蔽其君，所應之象爲黃昏至夜半再到平旦之

---

[360] 見《易漢學》，卷五，頁1182。

[361] 見《易漢學》，卷五，頁1182-1183。

[362] 見《易漢學》，卷五，頁1182。「比」音「庇」。

時，期間先有薄霧起，此時君王當以此爲戒，審其臣是否有所謀犯之舉；倘君王未能覺悟察明，則第二天白晝起至日中，皆昏蒙彌漫，至此有奸佞陰謀蒙蔽君王之事已可確定。此「蒙」爲霧，不以下雨之形見。所以，「蒙」的自然之象爲「蒙氣」，其徵候爲生於夜，而至白晝仍不退散，又無下雨之兆；擴而言之，爲長時期的陰沈不雨，亂風四起，是爲「蒙氣」。[363]此「蒙氣」爲氣的陰陽失序之亂氣現象，轉諸於人事之相應，則爲君臣的上下冒亂。

惠棟引建昭二年（西元前三十七年）二月朔，向漢元帝拜上封事所言：

> 辛酉以來，蒙氣衰去，己卯臣拜太守，迺辛巳蒙氣復來，封太陽侵色，此上大夫覆陽而上意疑也。[364]

惠棟引文，斷其章而取其要，全文爲：

> 辛酉以來，蒙氣衰去，太陽精明，臣獨欣然，以爲陛下有所定也。然少陰倍力而乘消息。臣疑陛下雖行此道，猶不得如意，臣竊悼懼。守陽平侯鳳欲見未得，至己卯，臣拜爲太守，此言上雖明下猶勝之效也。臣出之後，恐必爲用事所蔽，身恐而功不成，故願歲盡乘傳奏事，蒙哀見許。乃辛巳，蒙氣復乘卦，太陽侵色，此上大夫覆陽而上意疑也。己卯、庚辰之間，必有欲隔絕臣令不得乘傳奏事者。[365]

此文爲京房就任魏郡太守前拜上封事之文，以陰蒙之氣的衰去而相對陽氣清明，認爲君王以此而能有卓裁，卻因「少陰倍力而乘消息」，內臣極力蒙蔽君王，[366]恐國君爲用事之臣所蒙蔽，自己雖身死而功仍不就，所

---

[363] 《晉書・天文志》云：「凡連陰十日，晝不見日，夜不見月，亂風四起，名曰蒙，臣有謀。」依此言，則不僅一天兩天的陰沈無雨，尚不能謂之蒙，要連續十天才稱爲蒙。也就是長時間的陰沈不雨，亂風四起，以此爲亂氣爲蒙。比之於人事，君王爲陽，臣下爲陰，蒙氣出現則意味著陰浸陽或陰覆陽，比爲佞臣蒙蔽君王之象。

[364] 見《易漢學》，卷五，頁 1183。上封事時間，惠棟注爲建昭三年，誤，實爲二年。見《漢書・京房傳》，卷七十五，頁 3164。

[365] 見《漢書・京房傳》，卷七十五，頁 3164。

[366] 孟喜卦氣說中已詳述，六十四卦配於一年，坎、離、震、兌四正卦，主二十四節氣；餘六十卦，卦氣起中孚，每卦六日七分，五卦一月，並分公、辟、侯、大夫與卿卦五等。

以「歲盡乘傳奏事」；然到任郡太守後辛巳日，蒙氣侵太陽，佞臣蒙蔽君王，所以京房「不得乘傳奏事」。從卦象言，雜卦當事，雜卦覆於辟卦，倘天氣清明而無蒙氣，仍可「太陽精明」，此辟卦當值或雜卦當值，仍無覆或乘辟卦之危，於人事則君王英明，而姦佞無所乘隙。辛巳日起蒙氣突生，與雜卦（睽卦，甚至前推辛巳日前的謙卦）同時當令用事，表明佞臣之謀急切，陰覆陽而君王爲之蔽，君王因此而對自己的決定有所疑慮。京房藉由蒙氣爲占，希冀君王警惕佞臣要隔絕他與國君間的聯繫之陰謀，充份地推占蒙氣於人事之上。此外，惠棟又引京房於弘農郡的陝縣再次上封事之文與孟康之注：

> 房至陝，復上封事曰：乃丙戌小雨，丁亥蒙氣去，然少陰並力而乘消息，戊子益甚，到五十分，蒙氣復起。孟康曰：分一日爲八十分，分起夜半，是爲戊子之日。日在巳西而蒙也。蒙常以晨夜，今向中而蒙起，是臣黨盛，君不勝也。[367]

同以蒙氣爲論，不斷強調「少陰並力而乘消息」；就卦氣言，二月辟大壯卦，而推前一年十一月二十一日交多至起公卦中孚，至當年二月二十三

六十卦中之十二辟卦，分消卦與息卦二類，自復而乾六卦爲息爲陽，自姤至坤六卦爲消爲陰。非辟卦之四卦稱爲雜卦，雜卦按其所屬分爲少陽卦或少陰卦。然京房以正月爲首，自正月至六月爲上半年爲陽，於辟卦爲自泰卦至遯卦。自七月至十二月爲下半年爲陰，於辟卦爲自否卦至臨卦。元帝試考功課吏法是在建昭元年（西元前三十八年）十一月底、十二月初期間，該年十一月二十一日乙卯冬至，中孚卦歷六日七分，至十一月二十七日起復卦，復爲十一月辟卦，再歷六日七分，到屯卦爲侯卦，此時爲十二月初四晨，然後大夫謙卦，是十二月初十上午，續而卿睽卦，是十二月十六日中午，此時京房發爲魏郡太守已成定局。十一月辟復卦爲陰屬，含中孚、屯、謙、睽等卦，京房或據此而言少陰。少陰爲臣，凌越與蒙蔽君王，所以少陰「乘消息」。

[367] 京房再次上封事，全文云：「乃丙戌小雨，丁亥蒙氣去，然少陰並力而乘消息，戊子益甚，到五十分，蒙氣復起。此陛下欲正消息，雜卦之黨並力而爭，消息之氣不勝。彊弱安危之機不可不察。己丑夜，有還風，盡辛卯，太陽復侵色，至癸巳，日月相薄，此邪陰同力而太陽爲之疑也。臣前白九年不改，必有星亡之異。臣願出任良試考功，臣得居內，星亡之異可去。議者知如此於身不利，臣不可蔽，故云使弟子不若試師。臣爲刺史又當奏事，故復云爲刺史恐太守不與同心，不若以爲太守，此其所以隔絕臣也。陛下不違其言而遂聽之，此乃蒙氣所以不解，太陽亡色者也。臣去朝稍遠，太陽侵色益甚，唯陛下毋難還臣而易逆天意。邪說雖安于人，天氣必變，故人可欺，天不可欺也，願陛下察焉。」（見《漢書·京房傳》，卷七十五，頁3165-3166。）京房此文，語氣悲壯，去月有餘，竟徵下獄。是以其占論，未必爲元帝所納。

日正好九十一日，爲二月公解卦爲雜卦當值。[368]《後漢書‧郎顗傳》提到「霤之始發大壯始，君弱臣彊從解起」，[369]所說的即是「少陰並力而乘消息」的情形。蒙氣在黃昏之前就出現，表明的是雜卦所象之佞臣黨盛，而君王不能勝之窘境。由二上封事之文，引蒙氣爲說，主要在於藉自然災異、氣候變化，以相應於王朝佞臣的作亂，將災變與國祚興廢作了直接的聯繫。反映出西漢陰陽五行、天人感應學說的實質面貌。

此外，惠棟引京房《易傳》云：

> 有蜺蒙霧，霧上下合也，蒙如塵雲。[370]臣私祿及親，茲謂罔辟，厥異蒙。其蒙先大溫，已蒙起，日不見。行善不請于上，茲謂作福，蒙一日五起五解。辟不下謀，臣辟異道，茲謂不見，上蒙下霧，[371]風三變而俱解。立嗣子疑，茲謂動欲，蒙赤，日不明。德不序，茲謂不聰。蒙，日不明，溫而民病。德不試，空言祿，[372]茲謂主窳臣天，蒙起而白。君樂逸人茲謂放，蒙，日青，黑雲夾日，左右前後行過日。[373]公不任職茲謂怙祿，蒙三日，又大風五日，蒙不解。利邪以食，茲謂閉上，蒙大起，白雲如山行蔽日。公懼不言道，[374]茲謂蔽下，蒙大起，日不見，若雨不雨，至十二日解，而有大雲蔽日。祿生於下，茲謂誣君，蒙微而小雨，已乃大雨。下相攘善，茲謂盜明，蒙黃濁。下陳功求於上，茲謂不知，蒙微而赤風鳴條，解復蒙。下專，刑茲分威，蒙而日不不得明。大臣厭小臣，茲謂蔽，蒙微，日不明，若解不解，大風發，赤雲起而

---

[368] 解卦於二月二十四日辰初起當令。

[369] 見《後漢書‧郎顗傳》，卷三十下，頁1072。

[370] 「蒙如塵雲」，惠棟引文原缺「雲」字，據改。「有蜺蒙霧，霧上下合也，蒙如塵雲」一段，原並不與「臣私祿及親，茲謂罔辟，……」段同文，惠棟卻將之合併，且又未注其緣由，此引文之失甚矣。該文最早見於《漢書‧五行志》卷二十七，清初馬驌《繹史》卷一百五十四，以及李鍇《尚史》卷九十五，乃至王保訓輯《京氏易》卷二，皆同引《五行志》文，並以「蒙如塵」，「塵」字後接「雲」字。此惠棟引文之缺舛。

[371] 「上蒙下霧」，惠棟原引文缺「上」字，今以《漢書‧五行志》、《宋名臣奏議》等諸家之文相校，據改。

[372] 惠棟原缺「空言祿」三字，據增。

[373] 原引文「過日」前缺「行」字，據增。

[374] 原引文「道」字之前缺「言」字，據增。

蔽日。不眾惡惡，茲謂蔽，蒙，尊卦用事，三日而起，[375]日不見。
漏言無喜，[376]茲謂下厝用，[377]蒙微，日無光，有雨雲，雨不降。廢
忠惑佞，茲謂亡，蒙，天先清而暴，蒙微而日不明，有逸民，茲
謂不明，蒙濁，奪日光。公不任職，茲謂不紬，蒙白，三辰止則
日青，青而寒，寒必雨。忠臣進善君不試，茲謂過，蒙先小雨，
雨已蒙起，微而日不明。惑眾在位，茲謂覆國，蒙微而日不明，
一溫一寒，風揚塵。知佞厚之，茲謂痺，蒙甚而溫，君臣故弼，
茲謂悖，厥災風、雨、霧，風拔木，亂五穀，已而大霧。庶正蔽
惡，茲謂生孽災，厥異霧。此皆陰雲之類云。[378]

「有蜺蒙霧，霧上下合也，蒙如塵雲」文，與「臣私祿及親，茲謂罔辟，……」
文，本出處不同，惠棟將之並列合言，未加注明，且多有缺字，引文上
明顯不夠嚴謹。此文目的在於述明「蒙氣」之內涵，尤其可以「蒙如塵
雲」概括蒙氣之質性樣態，並分列二十五種蒙氣而後論之。綜覽所述二
十五種蒙氣，這二十五種蒙氣，其蒙氣起必帶來「日不明」、「日不見」、
「日無光」、「奪日光」、「大雲蔽日」、「黑雲夾日」等現象，也就是說，
蒙氣興起的最重要現象是蔽日，削減或抑制了太陽光，原本「如日中天」
的君王，日光因蒙氣而衰，未能顯耀中天，其兆象徵君王之凶。另外，
蒙氣與寒溫風雨又有密切的相關，也就是蒙氣起的前後有寒溫風雨的變
化，特別是蒙氣生後有風；而雨的方面，有蒙氣與雨相隨，亦有「若雨
不雨」、「有雨雲而雨不降」的不雨現象。又，蒙氣起又伴隨顏色的變化，
如「蒙起濁」、「黃濁」，乃至赤、白、青、黑等顏色的形成。又，蒙氣的
解與復，也就是蒙氣的散去與再次的到來，與寒溫風雨等現象有彼此聯
繫的關係，其時日有某種程度的一定性，如「蒙三日，又大風五日，蒙

---

[375] 原引文「而」字前缺「日」字，據增。

[376] 原引文「亡」字，「亡」當爲「無」字，據改。

[377] 「厝」字後接「用」字，據增。

[378] 引文見《易漢學》，卷五，頁 1183-1185。此文最早出於《漢書·五行志》，卷二十七；
後諸家亦引，如宋趙汝愚編《宋名臣奏議》卷三十九、明徐應秋《玉芝堂談薈》卷二十、
馬端臨《文獻通考》卷三〇六、清李鍇《尚史》卷九十五、馬驌《繹史》卷一五四、王
保訓輯《京氏易》卷二等，皆全引其文。相校諸家之文，如前面諸注所考，皆惠棟引文
之失。

不解」、「蒙大起，日不見，若雨不雨，至十二日解，而有大雲蔽日」等。
又，蒙氣與霧亦極相關，特別是提到「厥災風、雨、霧」、「厥異霧」時，
似乎起霧本身就是一種蒙氣，然而提到「辟不下謀，臣辟異道，茲謂不
見，蒙下霧風」時，「蒙」與「霧」似又有別。

　　另外，惠棟引「有蜺蒙霧」言，宜稍作說明。虹蜺之占，由來已早，
不以京房特出；《史記・鄒陽列傳》提到「昔者荊軻慕燕丹之義，白虹貫
日，太子畏之」，以精誠感天，而有白虹貫日之象，惟白虹貫日不徹，所
以荊軻義事不成。[379]京房立虹蜺之占，以虹蜺爲「日旁氣」，是一種與太
陽有關的自然大氣現象。[380]虹蜺也是陰陽二氣相盪的某種狀態。[381]虹蜺與
蒙氣主要的差異在於蒙氣是一種帶有全天候性質的氣變狀態，而虹蜺只
是在與太陽方向或其沖位有關的局部氣變狀態；蒙氣屬陰盛而陽衰之
狀，而虹蜺則未必全是如此。[382]虹蜺之象，相應於人事，則屬人君與后
妃方面的問題，「凡蜺者，陰撓陽，後妃無德，以色親也」，后妃之禍，
有以致之。[383]因此，不論是虹蜺，或是蒙氣，皆屬兆示君王之凶象。

　　京房的蒙氣說，可以進一步注意到，京房論述蒙氣，或以蒙氣爲占
時，並不單純僅言蒙氣這樣的一種氣候變化，京房特別注意到一種氣候
變化的狀態與其它氣候狀況變化的相關，也就是注意伴隨現象和其相關
的變化，以及現象的變化過程，使其運用氣候作爲占測更具周延性與系

---

[379]　參見《史記・鄒陽列傳》注引應劭云：「燕太子丹質於秦，始皇遇之無禮，丹亡去，故
　　厚養荊軻，令西刺秦王。精誠感天，白虹爲之貫日也。」《烈士傳》又言：「荊軻發後，
　　太子自相氣，見虹貫日不徹，曰『吾事不成矣』，後聞軻死，事不立。曰『吾知其然』，
　　是畏也。」

[380]　參見《唐開元占經》，卷九十八引京房云：「虹，日旁氣也。」又《漢書・五行志》引
　　京房《易傳》云：「蜺，日旁氣也。」清王保訓《京氏易》，卷二，詳輯之。

[381]　參見《漢書・五行志》云：「虹蜺，陰陽之精。」《春秋・元命苞》云：「陰陽交爲虹蜺。」
　　是虹蜺爲陰陽相交之象。

[382]　蔡邕《月令章句》云：「虹，帶蝀也，陰陽交接之氣，著於形式者也。雄曰虹，雌曰蜺。
　　常依陰畫見於日沖，無雲不見，太陰亦不見，虹常依象陽，見於日旁，白而直者曰蜺。」
　　虹蜺可見的狀態，是薄陰天氣見於日的沖方，晴朗無雲不見，過分濃重的陰天也看不到。
　　虹常依傍於太陽並向著太陽；白色的直氣爲蜺，即蜺爲偏陰之氣。

[383]　見《漢書・五行志》、《開元占經》卷九十八引京房言。又《宋書・五行志》云：「后妃
　　擅國，白虹貫日。」是以后妃之禍，有以致之。

統化，也更爲精細化與增加其複雜性，雖然不免於附會、迷信與神秘色彩，卻也可以看出他所建構出的占測理論，具有高度的邏輯思維。

蒙氣伴隨著君王的不明或惑亂而出現，象徵君王的不合王道，是一種君王羸弱無能、昏闇不智的表現。當然，在這種狀況下，佞臣四起，坐大朝中，蒙蔽君王，也就自然的形成了。君臣的關係是一種相對應的關係，就陰陽而代之，陽君弱，必以陰臣侵，陰臣顯，必以陽君微。京房藉由蒙氣爲論，以蒙氣作爲一種氣候的變化，而氣候的變化是陰陽二氣相盪的結果；大氣陰陽相盪或者取其某種平衡，或者是陽盛陰衰，或者是陰盛陽衰，而蒙氣則是一種陰盛而陽衰的狀態，如此，國君昏眊而佞臣當道以犯上，勢不可免。

京房的蒙氣占說是建基於其卦氣系統下，從陰陽相盪的觀點來看陰陽的消長。天氣變化固是陰陽相盪的結果，相應於人事的變化，也是陰陽二氣相盪的結果，特別可以表現在君臣的關係、正義與邪惡的關係上。藉由在卦象上的陰陽爻象相應的變化，予以圓說。這也是兩漢時期天人感應之說的另一種側面。

2. 以錢代蓍之說

傳統上流傳較早的最爲完整的筮法，爲《繫辭上傳》所載「大衍之數五十，其用四十有九」一文，完整地記錄以五十根蓍草起卦之法。三變定一爻，十八變而成一卦；其三變後兩手揲餘蓍草數以四除之，得老陰、少陰、老陽、少陽之數。選擇蓍草作爲卜筮求卦之工具，主要是蓍草被視爲類似龜屬一般生而長年，是具有神性的崇拜物，所以《繫辭傳》提到「蓍之德圓而神，卦之德方以知，六爻之義《易》以貢」。[384]由於蓍

---

[384] 《禮記·曲禮》提到「龜曰卜，蓍曰筮」，先秦時期之卜筮主要以龜蓍爲之，二者同屬神性崇拜之物。《說文》云：「蓍，蒿屬。生千歲三百莖，《易》以爲數，天子蓍九尺，諸侯七尺，大夫五尺，士三尺。」段玉裁注：「謂似蒿非蒿也。……《尚書大傳》曰：蓍之爲言耆也，百年一本生百莖。」《禮記·曲禮》孔疏引劉向云：「蓍之言耆，龜之言久，龜千歲而靈，蓍百年而神，以其長久故能辨吉凶也。」《史記·龜策列傳》亦云：「《傳》曰：天下和平，王道得，而蓍莖長丈，其叢生滿百莖。方今世取蓍者，不能中古之法度，不得得滿百莖長丈者，取八十莖已上，蓍長八尺，即難得也。」又云：「王者決定諸疑，參以卜筮，斷以蓍龜，不易之道也。」此外，王充《論衡》、《儀禮·士冠禮》鄭玄注，亦有詳明以蓍爲筮之法。

筮之法極為繁瑣，加上著草的取材不易，以及《易》家的求新創說，自然有別於著筮之法的出現；以錢代著就在這樣的情形下產生的。

關於以錢代著的由來，惠棟引《儀禮》與鄭、賈之注疏云：

> 《儀禮・士冠禮》曰：筮與席所卦者。鄭注云：所卦者，所以畫地記爻。《易》曰：六畫而成卦。賈疏曰：筮法依七八九六之爻而記之，但古用木畫地，今則用錢，以三少為重錢，重錢則九也。三多為交錢，交錢則六也。兩多一少為單錢，單錢則七也。兩少一多為坼錢，坼錢則八也。案少牢曰：卦者在左坐，卦以木，故知古者畫卦以木也。[385]

惠棟認為賈公彥《疏》所指「『古』謂三代，『今』謂漢以後」，[386]以錢代著由來已久，漢代以降普遍使用。惠棟引唐于鵠《江南曲》作為引證，《江南曲》提到「眾中不敢分明語，暗擲金錢卜遠人」，[387]可見以錢卜卦，當時十分盛行，已蔚為民風習俗。至於其以錢代著之法，主要是取三枚銅錢擲之，以其錢面正反之不同，而定為重錢以老陽為九，交錢以老陰為六，單錢以少陽為七，坼錢以少陰為八。惠棟又引曰：

> 《唐六典》曰：凡《易》之策四十有九。注云：用四十九算，分而揲之，其變有四，一曰單爻，二曰坼爻，三曰交爻，四曰重爻，凡十八變而成卦。案此，則揲著亦用交單重坼之說。[388]

唐代所用的揲著之法，亦採「交單重坼之說」，這是受到兩漢以來普遍盛行的錢卜之法的影響，以至卜得之陰陽爻之名稱都延續不變，只是過仍屬「四十有九」的《易傳》下的大衍策數之法，所以「凡十八變而成卦」。

至於以錢代著之法，由誰而傳呢？惠棟提到：

> 《朱子語類》曰：今人以三錢當揲著，此是以納甲附六爻，納甲乃漢焦贛、京房之學。又云：南軒家有真著，云：破宿州時得之。又曰：卜《易》卦以錢，以甲子起卦，始於京房。[389]

---

[385] 見《易漢學》，卷五，頁1189。
[386] 見《易漢學》，卷五，頁1189。
[387] 見《易漢學》，卷五，頁1190。
[388] 見《易漢學》，卷五，頁1189-1190。
[389] 見《易漢學》，卷五，頁1190。

胡一桂《筮法變卦說》，平菴項氏曰：以京《易》考之，世所傳《火珠林》者，即其法也。以三錢擲之，兩背一面為坼，即兩少一多，少陰爻也；兩面一背為單，即兩多一少，少陽爻也；俱面為交，交者坼之聚，即三多，老陰爻也；俱背為重，重者單之積，即三少，老陽爻也。蓋以錢代著，一錢當一揲，此後人務徑截以趨卜肆之便，而本意尚可考。[390]

惠棟以甲子起卦之納甲錢卜之法，始於京房，特別是宋代所傳的《火珠林》[391]中重用以錢代著之法，即以《京氏易》為效。這種說法，或稍過武斷；《火珠林》納甲術或「源於」《京氏易傳》的納甲法，但不能證明是「始於」《京氏易傳》。「源於」即以之為思想資料之意，而「始於」則意味著自《京氏易傳》已存在納甲法了。

　　以銅錢為筮具而代替著草，其成卦方法比揲著方便而簡單得多，是卦占歷史上的一大變革，大概在京房時期已具規模。三錢代著，又稱「火珠林」或「文王課」，可以說是一種流傳最廣的筮法。火珠林起卦時，先手握三錢，在焚香致敬祝禱命筮後，將錢幣拋擲於地，以檢視其正反情形。三錢反面朝上，稱為「重」，為陽九；三錢正面向上，稱為「交」，為陰六；兩正一反稱為「單」，為陽七；兩反一正稱為「坼」，為陰八。「重」、「交」要變，即「重」由陽變陰，「交」由陰變陽；而「單」、「坼」不變。拋擲一次，就可得一爻，拋擲三次，成一單卦，拋擲六次，就可得到一個重卦。此法較《繫辭》所載之古筮法來的簡易，拋擲一次成一爻，取代筮法的三變成一爻之法，六擲成一重卦，較筮法「十有八變而成卦」

---

[390] 見《易漢學》，卷五，頁1190。

[391] 《火珠林》一書，最早見載於《文獻通考·經籍考》、《朱子語類》、《安世家書》、《直齋書錄解題》等宋人典籍之中。《宋史·藝文志》有著錄，但未詳撰者。清人吳藝雲校刻此書，據所得鈔本，署名麻衣道者。（見《火珠林·跋》。）又據宋釋文瑩《湘山野錄》及邵伯溫《邵氏聞見錄》，知此人當為唐末宋初之人。然而《火珠林》是否為麻衣所作，宋人並未說，所以《宋史》於《火珠林》一書下註「不知作者」。又《明史·藝文志》於《火珠林》一書已不見著錄，而吳藝雲所校刻者，是據道光年間所得「麻衣道者鈔本」所為。因此，《火珠林》之作者實已難考。且宋代流行的《火珠林》的真正面目，是否吳氏刻本，也不可考。但宋人心目中的《火珠林》，大抵為京氏《易》之遺法；項安世《安世家書》：「以京《易》考之，世所傳《火珠林》即其遺法也。」即同前述惠棟之引文。

方便得多。

　　宋代以降，認爲《火珠林》以錢代蓍之法，是根源於京房，除了前引朱子、項安世之說外，惠棟也引宋代張行成《元包數總義》云：

> 揚子雲《太玄》，其法本於《易緯》卦氣圖，衛先生元包，其法合於《火珠林》。卦氣圖之用，出於孟喜《章句》，《火珠林》之用，祖於京房。[392]

又云：

> 《火珠林》以八卦為主，四陰對四陽，所謂天地定位，山澤通氣，雷風相薄，水火不相射。其於《繫辭》，則說卦之義也。[393]

以《火珠林》源於京房，是普遍的認識。其四陰四陽相對、本於《繫辭》說卦之義，與京房八宮卦說的精神相合。惠棟又引《朱子語類》卷六十六云：

> 魯可幾曰：「古之卜筮，恐不如今日所謂《火珠林》之類否？」曰：「以某觀之，恐亦自有這法。如《左氏》所載，則支干納音配合之義，似亦不廢。如云得屯之比，既不用屯之辭，亦不用比之辭，卻自別推一法，恐亦不廢道理也。」[394]

《火珠林》占法以擲錢取卦，卦爻納以干支音律，與京房易學相近，卻又在《左傳》、《國語》中已見。所以朱子肯定「《火珠林》猶是漢人遺法」；[395]以錢代蓍之法，早爲漢人所專擅，而京房則立其周延之占驗之說，理論建構完整，成爲後人占驗卜筮之學的重要參考依據。

四、建月建候與積算說

（一）世卦起月例

　　京房以八宮六十四卦主一年十二月，其法乃以世爻建月，惠棟稱之

爲「世卦起月例」，[396]引元代胡一桂的說法云：

> 京《易》起月例曰：一世卦，陰主五月，一陰在午也；陽主十一
> 月，一陽在子。二世卦，陰主六月，二陰在未也；陽主十二月，
> 二陽在丑也。三世卦，陰主七月，三陰在申也；陽主正月，三陽
> 在寅也。四世卦，陰主八月，四陰在酉也；陽主二月，四陽在卯
> 也。五世卦，陰主九月，五陰在戌也；陽主三月，五陽在寅也。
> 八純上世，陰主十月，六陰在亥也；陽主四月，六陽在巳也。遊
> 魂四世，所主與四世卦同。歸魂三世，所主與三世同。[397]

京氏之說，緣於十二消息卦。消息卦建月以子，自復卦至乾卦爲陽進陰
退，復卦以一陽生於下，子辰爲十一月，故京房稱「一陽在子」；臨卦陽
進至九二，丑辰爲十二月，稱爲「二陽在丑」；陽進至上九，陽氣盛極爲
乾卦，辰巳爲四月，稱爲「六陽在巳」。陽極則退，自姤卦至坤卦爲陰進
陽退，姤卦一陰生於下，辰午爲五月，故稱「一陰在午」。餘卦仿此類推。
八宮六十四卦中，十二消息卦所主之月，與原來消息卦氣說中所主之月
相同；而餘五十二卦，則各以世爻之陰陽從十二消息卦所主之月，也就
是說，凡世爻爲陰爻之卦，其所主之月同於本世中世爻爲陰爻的消息卦，
凡世爻爲陽爻之卦，其所主之月同於本世中世爻爲陽的消息卦。以一世
卦爲例，震宮一世豫卦、離宮一世旅卦、兌宮一世困卦，其世爻均爲初
六陰爻，故其所主之月，皆同於世爻爲陰爻的乾宮一世消息卦姤卦，主
午辰爲五月。同理，坎宮一世節卦、艮宮一世賁卦、巽宮一世小畜卦，
世爻均爲初九陽爻，故其所主之月，皆同於世爻爲陽爻的坤宮一世消息
卦復卦，主子辰十一月。其餘諸世卦與八純、遊魂、歸魂卦也都仿此類
推。因此，根據此法，得六十四卦起月之全貌，如下表所示：[398]

圖表 **2-2-13** 世卦起月表

---

[396] 見《易漢學》，卷五，頁 1185。惠棟以京房八宮卦建月之說，名爲「世卦起月例」，其
引胡一桂之說，胡稱「京《易》起月例」，故當據胡之說而立名。然學者所言各有異名。
晁公武於《京氏易傳》後序中則稱之爲「建」，云：「起乎世而周乎內外，參乎本數以配
月者，謂之建。」李道平《周易集解纂疏》則以「世月」爲名。

[397] 見《易漢學》，卷五，頁 1185-1186。引胡一桂言，見氏著《易學啓蒙翼傳》。

[398] 世卦起月例表，參見劉玉建〈試論京房易學中的世卦起月例－兼與朱伯崑先生商榷
〉，《周易研究》，1996 年第 2 期，頁 17-20。

月建	月次	世卦	陰陽	值月六十四卦
十一月	子	一世卦		復䷗、賁䷕、節䷻、小畜䷈
十二月	丑	二世卦		臨䷒、大畜䷙、解䷧、鼎䷱
正　月	寅	三世卦		泰䷊、既濟䷾、恆䷟、咸䷞
		歸魂卦		大有䷍、漸䷴、蠱䷑、同人䷌
二　月	卯	四世卦	陽	大壯䷡、暌䷥、革䷰、无妄䷘
		游魂卦		晉䷢、大過䷛、訟䷅、小過䷽
三　月	辰	五世卦		夬䷪、履䷉、井䷯、渙䷺
四　月	巳	八純卦		乾䷀、艮䷳、巽䷸、離䷝
五　月	午	一世卦		姤䷫、豫䷏、旅䷷、困䷮
六　月	未	二世卦		遯䷠、屯䷂、家人䷤、萃䷬
七　月	申	三世卦		否䷋、損䷨、益䷩、未濟䷿
		歸魂卦	陰	隨䷐、師䷆、比䷇、歸妹䷵
八　月	酉	四世卦		觀䷓、升䷭、蒙䷃、蹇䷦
		游魂卦		明夷䷣、中孚䷼、需䷄、頤䷚
九　月	戌	五世卦		剝䷖、豐䷶、噬嗑䷔、謙䷎
十　月	亥	八純卦		坤䷁、震䷲、坎䷜、兌䷹

每世卦、八純卦皆以四個卦主一個月，游魂、歸魂各以四個卦配於正月、二月、七月、八月，因此，此四個月共主八個卦。在框框（□）裡面的十二消息卦，各主一個月。京房不論是六日七分法的卦氣說，或是建候積算法，乃至世卦起月例中，皆以復卦配於十一月，可見其整體學說的建構，其邏輯思維充份地展現出一致性，使其各命題的論述能夠更臻合理。並且，京房月建以子，與孟喜十二消息卦序列相同，皆以夏歷月建歷法爲據，這種卦歷之說，兩漢以降諸家之主張，大體一致，同時也反映出漢代易學的普遍特色。

　　認識京房的世卦起月例，特別要注意的是，依胡一桂所言的陰陽，是指世爻爲陰爻或陽爻而言，而非指陰卦或陽卦，亦非指八宮卦屬陰或屬陽而論，後世學者容易認識錯誤。[399]惠棟引干寶注蒙卦之說：

---

399 朱伯崑先生於《易學哲學史》中提到：「京房的乾坤二宮陰陽消長說，實際上來於十二辟卦說，不同的是，所配月份不一致。故一桂於《周易啓蒙翼傳》外篇，載有京房起月例：八宮中的陽卦四卦，在巳主四月；其一世卦在子主十一月；二世卦在丑主十二月；

干寶注蒙彖曰：蒙者，離宮陰也，世在四，八月之時，降陽布德，薺麥並生，而息來在寅。故蒙於世爲八月，於消息爲正月卦也。[400]

又注比彖曰：

比，坤之歸魂也，亦世於七月，而息來在巳，義與師同也。[401]

干寶所注，蒙卦主八月、比卦主七月，不論是蒙卦或是比卦，其世卦起月的依據都是以世爻之陰陽而定，而非以八宮中的陽宮或陰宮爲準，即非視爲陽卦或陰卦而定其屬月，所以惠棟考索詳實，深知其要，解釋巽卦時，云「巽，本宮，四月卦也」，以巽世爻上九爲陽爻，在巳主四月；而非將巽卦視爲陰宮陰卦、在亥主十月。[402]事實上，世卦起月例，以世爻的陰陽作爲斷定某卦所主之月的思想，兩漢之際應是一種通行的定說，尤其《易緯》屢可見其鑿痕，諸如《稽覽圖》論六十四卦策術，提到：

推之術，……而取世陰陽斷之，世陽從陽，世陰從陰，……每取卦月乘之。假令貫卦，世在初，十一月，世屬陽，……假令遯卦，世在三，六月卦，世屬陰。[403]

《稽覽圖》闡明世卦推算之法，六十四卦之配月，也是依準於世爻的陰陽屬性而定。因此，世卦起月之說，在京房、《易緯》時期的《易》說中，儼然固定的常說，也就是六十四卦，每個卦由世爻而配月，什麼卦是主那個月，都已經是一種固定的而且是普遍的認識。

三世卦在寅主正月；四世卦在卯主二月；五世卦在辰主三月。八宮中的陰卦四卦，在亥主十月；其一世卦在午主五月；二世卦在未主六月；三世卦在申主七月；四世卦在酉主八月；五世卦在戌主九月。陽卦中的游魂卦亦主二月，其歸魂卦亦主正月。陰卦中的游魂亦主八月，其歸魂卦亦主七月。此說同十二辟卦說相比，除乾坤兩卦的月份相同外，其它卦的月份正相反。如十二辟卦說，以復卦爲十一月，姤卦爲五月，而京房則以姤卦爲十一月，復卦爲五月。京房的這種起月說，不僅同卦象不符，亦同一年節氣的變化相矛盾，表現了邏輯思維的混亂。」（北京：華夏出版社，1995 年 1 月北京第 1 版，1995 年 1 月北京第一次印刷。頁 130。）朱先生顯然誤解了胡一桂的說法，更錯判了京房主張的一致性，京房並未有邏輯思維混亂的嚴重現象。

[400] 見《易漢學》，卷五，頁 1186。
[401] 同前註。
[402] 依朱伯崑先生的說法，巽卦主月則爲在亥主十月，顯然是一種認識上的嚴重錯誤。
[403] 見《易緯‧稽覽圖》，卷下，頁 519。其載遯卦「世在三」爲誤，當爲「世在二」。

這裡特別要指出，京房的世卦起月說與其建候說並不等同；京房的建候說是以一卦主六個月，循環反復，六十四卦主三十二年；而世卦起月說則指八宮六十四卦每卦世爻處於一年十二月中的某一月。因此，二者是兩種截然不同的配卦之說。

（二）建候

京房的建候主張，其所「建」者，與古代歷法上所說的月建不同，[404]京房建的是候，著重於氣候與卦爻的聯繫。月建以每月主一辰，而京房此處的建候，則是每氣主一辰，二者是不同的。同時，京房的世卦起月例與建候，不但在形式上或是內容的表現上，二者也都不同。

京房建候的目的，在於藉由針對節氣與卦爻的聯繫，進一步建構占筮與陰陽災異的理論。由於陰陽之氣的變化，而呈現了不同的氣候與物候，這陰陽之氣的變化，恰可藉由《易》卦來呈現；且不同的氣候物候，又因不同的天度所致。[405]所以京房試圖將這樣的關係，藉由建候以節氣通過干支與卦爻聯繫起來。

京房以八宮六十四卦，每卦六爻，每爻主一月，一月又有節氣二候，則一卦主六個月十二候，並且，京房每卦以世爻爲建候起點，配以干支爲計；因此，從乾宮乾卦爲起始，按理說應從乾卦世爻上九爲起點，然而，乾卦爲八宮六十四卦的起始卦，又建始於甲子，且初爻又納甲子（已如前述納甲之說），故建候以世爻爲起點的原則上，乾卦爲例外，不以上九爲始，而仍以初爻建甲子起算。[406]因此，《京氏易傳》釋乾☰卦時，提到「建子起潛龍，建巳至極主亢位」，[407]乾卦爲乾宮本位卦，以上九爲世爻，原應作爲建候起點，但如前述原因所以仍以初九潛龍爲始而建之以

---

[404] 歷法上的月建是指北斗星之斗柄所指，例如正月建寅，本意是指正月節時，北斗斗杓指向寅位；是從天體在天空的方位而言，即按天度定月建。

[405] 天度是日、月、五星運行的情形，即指日、月、五星於不同時間在眾恆星間的位置。

[406] 大陸學者劉玉建論述京房建候時，對於乾卦的建候仍依準於以世爻爲起點，也就是乾卦建候始於上九，（參見劉玉建《兩漢象數易學研究》，廣西：廣西教育出版社，1996 年 9 月第 1 版第 1 刷，頁 275-276。）此種論述並不符合京房之本義，乃對《京氏易傳》釋乾卦的內容未予詳察所致。

[407] 見《京氏易傳》，卷上，頁 65。

甲子，並終於上九亢龍而建之以己巳，故稱「建子起潛龍，建巳至極主
亢位」；配之以干支節氣，則為：初九甲子為十一月大雪冬至、九二乙丑
為十二月小寒大寒、九三丙寅為正月立春雨水、九四丁卯為二月驚蟄春
分、九五戊辰為三月清明穀雨、上九己巳為四月立夏小滿；歷十一月節
大雪至四月中小滿等六個月及十二候。其它諸卦則以其各卦之世爻為
始，如姤䷫卦時，提到「元士居世」，「建庚午至乙亥」，[408]姤卦為乾宮一
世卦，以初爻為世爻，故稱「元士居世」，建起於初爻（初六）配庚午，
當五月芒種、夏至二節氣，然後依序九二配辛未為六月小暑大暑、九三
壬申為七月立秋處暑、九四癸酉為八月白露秋分、九五甲戌為九月寒露
霜降、上九乙亥為十月立冬小雪；因此，姤卦建候起於五月芒種，終於
十月小雪。其餘各卦依次同理類推。茲根據《京氏易傳》所述，表列如
下：

圖表 2-2-14　京房六十四卦候表

宮屬別	世游歸卦	卦名	配爻起迄	建月起迄	干支起迄	節候起迄
乾 宮	本位卦	乾䷀	初九至上九	11 至 4 月	甲子至乙巳	大雪至小滿
	一世卦	姤䷫	初六至上九	5 至 10 月	庚午至乙亥	芒種至小雪
	二世卦	遯䷠	六二至初六	6 至 11 月	辛未至丙子	大暑至大雪
	三世卦	否䷋	六三至六二	7 至 12 月	壬申至丁丑	立秋至大寒
	四世卦	觀䷓	六四至六三	8 至 1 月	癸酉至戊寅	秋分至立春
	五世卦	剝䷖	六五至六四	9 至 2 月	甲戌至己卯	寒露至春分
	游魂卦	晉䷢	九四至六三	2 至 7 月	己卯至甲申	春分至立秋
	歸魂卦	大有䷍	九三至九二	1 至 6 月	戊寅至癸未	立春至大暑
震 宮	本位卦	震䷲	上六至六五	11 至 4 月	丙子至辛巳	大雪至小滿
	一世卦	豫䷏	初六至上六	12 至 5 月	丁丑至壬午	大寒至芒種
	二世卦	解䷧	九二至初六	1 至 6 月	戊寅至癸未	立春至大暑
	三世卦	恆䷟	九三至九二	2 至 7 月	己卯至甲申	春分至立秋
	四世卦	升䷭	六四至九三	3 至 8 月	庚辰至乙酉	清明至秋分
	五世卦	井䷯	九五至六四	4 至 9 月	辛巳至丙戌	小滿至寒露
	游魂卦	大過䷛	九四至九三	9 至 2 月	丙戌至辛卯	寒露至春分

---

[408] 見《京氏易傳》，卷上，頁 66。

宮	卦類	卦名	爻位	月	干支	節氣
	歸魂卦	隨☰	六三至六二	8至1月	乙酉至庚寅	秋分至立春
坎宮	本位卦	坎☵	初六至上六 409	1至6月	戊寅至癸未	立春至大暑
	一世卦	節☵	初九至上六	7至12月	甲申至己丑	立秋至大寒
	二世卦	屯☵	六二至初九	8至1月	乙酉至庚寅	秋分至立春
	三世卦	既濟☵	九三至六二	9至2月	丙戌至辛卯	寒露至春分
	四世卦	革☵	九四至九三	10至3月	丁亥至壬辰	小雪至清明
	五世卦	豐☵	六五至九四	11至4月	戊子至癸巳	大雪至小滿
	游魂卦	明夷☵	六四至九三	4至9月	癸巳至戊戌	小滿至寒露
	歸魂卦	師☵	六三至九二	3至8月	壬辰至丁酉	清明至秋分
艮宮	本位卦	艮☶	上九至六五	1至6月	庚寅至乙未	立春至大暑
	一世卦	賁☶	初六至上六	2至7月	辛卯至丙申	春分至立秋
	二世卦	大畜☶	九二至初九	3至8月	壬辰至丁酉	清明至秋分
	三世卦	損☶	六三至九二	4至9月	癸巳至戊戌	小滿至寒露
	四世卦	睽☶	九四至六三	5至10月	甲午至己亥	芒種至小雪
	五世卦	履☶	九五至九四	6至11月	乙未至庚子	大暑至大雪
	游魂卦	中孚☶	六四至六三	11至4月	庚子至乙巳	大雪至小滿
	歸魂卦	漸☶	九三至六二	10至3月	己亥至甲辰	小雪至清明
坤宮	本位卦	坤☷	上六至六五	5至10月	甲午至己亥	芒種至小雪
	一世卦	復☷	初九至上六	6至11月	乙未至庚子	大暑至大雪
	二世卦	臨☷	九二至初九	7至12月	丙申至辛丑	立秋至大寒
	三世卦	泰☷	九三至九二	8至1月	丁酉至壬寅	秋分至立春
	四世卦	大壯☷	九四至九三	9至2月	戊戌至癸卯	寒露至春分
	五世卦	夬☷	九五至九四	10至3月	己亥至甲辰	小雪至清明
	游魂卦	需☷	六四至九三	3至8月	甲辰至己酉	清明至秋分
	歸魂卦	比☷	六三至六二	2至7月	癸卯至戊申	春分至立秋
巽宮	本位卦	巽☴	上九至九五	12至5月	辛丑至丙午	大寒至芒種
	一世卦	小畜☴	初九至上九	1至6月	壬寅至丁未	立春至大暑
	二世卦	家人☴	六二至初九	二至7月	癸卯至戊申	春分至立秋
	三世卦	益☴	六三至六二	3至8月	甲辰至己酉	清明至秋分

---

409 坎卦，《京氏易傳》認為「世立宗廟，居於陰位」，「起戊寅至癸未」，（卷上，頁 81）故以上六世爻為始。然而黃宗羲《易學象數論》，卷一，則認為坎卦始建在初爻，即戊寅受氣於坎之初爻；（見《黃宗羲全集・易學象數論》，第九冊，浙江：浙江古籍出版社，1992 年 12 月第 1 版，1993 年 11 月第 2 刷，頁 37。）納甲說亦以初爻配戊寅。

	四世卦	无妄䷘	九四至六三	4 至 9 月	乙巳至庚戌	小滿至寒露
宮	五世卦	噬嗑䷔	六五至九四	5 至 10 月	丙午至辛亥	芒種至小雪
	游魂卦	頤䷚	六四至六三	10 至 3 月	辛亥至丙辰	小雪至清明
	歸魂卦	蠱䷑	九三至九二	9 至 2 月	庚戌至乙卯	寒露至春分
	本位卦	離䷝	上九至六五	7 至 12 月	戊申至癸丑	立秋至大寒
離	一世卦	旅䷷	初六至上九	8 至 1 月	己酉至甲寅	秋分至立春
	二世卦	鼎䷱	九二至初六	9 至 2 月	庚戌至乙卯	寒露至春分
	三世卦	未濟䷿	六三至九二	10 至 3 月	辛亥至丙辰	小雪至清明
宮	四世卦	蒙䷃	六四至六三	11 至 4 月	壬子至丁巳	大雪至小滿
	五世卦	渙䷺	九五至六四	12 至 5 月	癸丑至戊午	大寒至芒種
	游魂卦	訟䷅	九四至六三	5 至 10 月	戊午至癸亥	芒種至小雪
	歸魂卦	同人䷌	九三至六二	4 至 9 月	丁巳至壬戌	小滿至寒露
	本位卦	兌䷹	上六至九五	2 至 7 月	乙卯至庚申	春分至立秋
	一世卦	困䷮	初六至上六	3 至 8 月	丙辰至辛酉	清明至秋分
兌	二世卦	萃䷬	六二至初六	4 至 9 月	戊寅至癸未	立春至大暑
	三世卦	咸䷞	九三至六二	5 至 10 月	戊午至癸亥	芒種至小雪
	四世卦	蹇䷦	六四至九三	6 至 11 月	己午至甲子	大暑至大雪
宮	五世卦	謙䷎	六五至六四	7 至 12 月	庚申至乙丑	立秋至大寒
	游魂卦	小過䷽	九四至九三	12 至 5 月	庚午至乙亥	芒種至大寒
	歸魂卦	歸妹䷵	六三至九二	11 至 4 月	甲子至己巳	大雪至小滿

　　《京氏易傳》提到「陰從午，陽從子。子午分行，子左行，午右行」，[410]京房建候以乾、震、坎、艮四宮卦左行；坤、巽、離、兌四宮卦右行。乾宮乾卦起於甲子，配位已如前述；而坤宮坤卦建起甲午，乃據「子午分行」之原則，與乾卦首建甲子相望。檢驗京房建候在干支配卦以建始之安排上：本位卦乾卦始建甲子，坤卦始建甲午，兩者天干相同；震卦始建丙子，巽卦始建辛丑，兩者天干不同；坎卦始建戊寅，離卦始建戊申，兩者天干同；艮卦始建庚寅，兌卦始建庚申，兩者天干亦同；四組本位卦中，其所建天干僅震巽二卦不同，疑巽卦是否建始於丙午。又從建始地支來看，乾震二卦同在子，坎艮二卦同在寅，但從陰宮四卦來看，建始地支坤爲午，巽爲丑，離爲申，兌爲卯，倘將巽卦建始改爲丙午，

則丙午距坤卦建始之甲午十二辰，而距其後之離宮本位卦建始之戊申二辰，這與陽卦之乾宮本位卦的建始甲子與震宮本位卦建始之丙子相距十二辰，而震卦建始與其後之坎卦建始戊寅相距也是二辰完全相同。從陽宮的坎宮本位卦建始出發，則與其後的艮宮本位卦之建始相距十二辰（由戊寅至庚寅）；又從陰宮而言，由離宮本位卦的建始出發，到其後的兌宮本位卦相距七辰（由戊申至乙卯）。如果與陽宮進行對照，考慮到建始之天干，兌宮應與艮宮同為庚，而兌宮與離宮建始之支相同，於是兌宮本位卦之建始應為庚申。如果將兌宮本位卦之建始改為庚申，則其與離宮本位卦建始相距正好十二辰（戊申至庚寅）。如此一調整則與陰陽諸宮完全相同。然而，今見京房之安排，其規律性尚顯不甚完備。關於這方面的內容，惠棟並未作考索說明，實有不足之憾。

（三）積算法

京房的積算法是延續建候之法而來。建候六辰，分配六爻，建始一辰受氣，中間經歷四辰皆積氣，末一辰成象立體。《京氏易傳》於坎宮既濟卦云：

> 建丙戌至辛卯，（陸注：寒露，春分）卦氣分節氣，始丙戌受氣，至辛卯成正象。考六位，分剛柔，定吉凶。積算起辛卯至庚寅，周而復始。（陸注：土木見運入卦）[411]

從對既濟卦的論述，說明了積算的法則，積算之法是從建候成正象之干支起算，在既濟卦上，從丙戌受氣為建候之始，歷丁亥、戊子、己丑、庚寅為積氣，至辛卯成正象，而積算正是從此辛卯正象起；也就是說，以建候所終干支為起點順時針前進，每卦一周行六干支，共行十周滿六十干支。或以一卦當一時，或以一卦當一日，或以一卦當一月，或以一卦當一年，以卦所在的時辰、日、月、年的陰陽、五行、氣運等附會人事而斷吉凶。[412]

---

[411] 見《京氏易傳》，卷上，頁 84。

[412] 黃宗羲《易學象數論》認為京房之積算，「以爻直日，從建所止起日」，故積算以直日為主。（見《黃宗羲全集・易學象數論》，第九冊，浙江：浙江古籍出版社，1992 年 12 月第 1 版，1993 年 11 月第 2 刷，頁 38。）

以乾宮乾卦爲例，《京氏易傳》云：

積算起己巳火至戊辰土，周而復始。[413]

乾卦在建候上，初九始建甲子，九二乙丑，九三丙寅，九四丁卯，九五戊辰，上九己巳爲終。積算即從建候之終己巳爲起點，並加入五行之屬性，周而復始至戊辰土（乾九五爻）。其結果以下表呈現：

圖表 2-2-15　京房乾卦積算法

卦爻\周次	乾卦初九	乾卦九二	乾卦九三	乾卦九四	乾卦九五	乾卦上九
一	己巳火	庚午火	辛未土	壬申金	癸酉金	甲戌土
二	乙亥水	丙子水	丁丑土	戊寅木	己卯木	庚辰土
三	辛巳火	壬午火	癸未土	甲申金	乙酉金	丙戌土
四	丁亥水	戊子水	己丑木	庚寅木	辛卯木	壬辰土
五	癸巳火	甲午火	乙未土	丙申金	丁酉金	戊戌土
六	己亥水	庚子水	辛丑土	壬寅木	癸卯木	甲辰土
七	乙巳火	丙午火	丁未土	戊申金	己酉金	庚戌土
八	辛亥水	壬子水	癸丑土	甲寅木	乙卯木	丙辰土
九	丁巳火	戊午火	己未土	庚申金	辛酉金	壬戌土
十	癸亥水	甲子水	乙丑土	丙寅木	丁卯木	戊辰土

從乾卦上爻建候終己巳算起，以積日言，順乎六爻，每爻一日，循環十周，周而復始，合六十日爲兩個月。此中天干歷六周，稱爲六甲，地支歷五周，稱爲五子。以積辰言，一爻爲一辰，則十周合六十辰爲五日。以積月言，每爻一月，歷六十個月爲五年。此外，一爻尚可代表一旬（十日）、一節氣（十五日）、一年等等。

　　京房的積算法，主要用於推占以求吉凶禍福，於現存的有限資料中，未能見其系統化的說明，也未能呈現其整體的面貌，只能得其釋卦時的零碎示例。不過，可從其釋例中得知將五行納入卦爻系統中，希望藉由五行的生剋原理，按卦爻與年月日時的某種配應，對吉凶禍福作出合理的解釋與預測。[414]京房這方面的主張，實質的面貌不全，難以斷其本來

---

[413] 見《京氏易傳》，卷上，頁65。
[414] 清吳翊寅《易漢學考》指出：「積算之法本於《繫傳》，起於《易緯》，所以推天元甲寅

內容。然而，惠棟卻指出：

> 《京氏易》積算法曰：夫子曰：八卦因伏羲，暨乎神農，重乎八
> 純，聖理元微，《易》道難究，迄乎西伯父子，研理窮通，上下囊
> 括，推爻考象，配卦世應，加乎星宿，屬於六十四所，二十四氣，
> 分天地之數，定人倫之理，驗日月之行，尋五行之端，災祥進退，
> 莫不因茲而兆矣。故考天地日月星辰山川草木蟲魚鳥獸之情狀，
> 運氣生死休咎，不可執一隅，故曰《易》含萬象。[415]

京房建候積算之法，其主旨在於以八宮卦的架構，配合陰陽五行、干支
系統，以及節氣變化，進而推定人倫之理、災祥進退，乃至生死休咎。
此一積算之法，乃至「納甲、世應、游歸、六親、六神之說，皆始于西
伯父子」，[416]積算之法由西伯父子始建。其內容包括他所引述的天易、地
易、人易、鬼易等四易之說，[417]以及辨繫爻、制爻、義爻、寶爻，乃至
八氣之休囚、五行之生死等等。[418]然而，這些內容真是京房積算法的實
質內涵，則有商榷之必要。清吳翊寅《易漢學考》特別明白的指出，認
爲這些內容，「與積算絕不相涉，且其辭句凡猥，不類漢人，蓋唐宋以後
卜筮家所僞託」。[419]考《漢書‧五行志》所記載京房《易傳》凡數十事，
與惠棟所引文義迥殊，似難列同類。同時，惠棟引胡一桂的說法云：

> 案胡一桂云：京君明《易傳》有兩種：其一題云《京氏易傳》，其
> 間論積算法及卜筮新條例，及列六十四卦定三百八十四爻斷法。[420]

之麻，知期運長短及厄忌所遭者也。」又云：「推軌法即積算術之所本，詳見《稽覽圖》。」
肯定積算法於《易緯》推軌之說。（卷一，上海古籍出版社《續修四庫全書‧經部‧易
類》，第三十九冊，頁 124。）

[415] 見《易漢學》，卷四，頁 1144。

[416] 見《易漢學》，卷四，頁 1144。

[417] 見《易漢學》云：「京房《易》積算法曰：孔子《易》云：有四易：一世、二世爲地易；
三世、四世爲人易；五世、八純爲天易；游魂、歸魂爲鬼易。」（卷四，頁 1149。）

[418] 見《易漢學》云：「京房《易》積算法曰：孔子曰：八卦鬼爲繫爻，財爲制爻，天地爲
義爻，福德爲寶爻，同氣爲專爻。」（卷四，頁 1161。）又云：「京房《易》積算法曰：
寅中有生火，亥中有生木，巳中有生金，申中有生水，丑中有死金，戌中有死火，未中
有死木，辰中有死水，土兼於中。」（卷五，頁 1167。）

[419] 見清吳翊寅《易漢學考》，卷一，頁 124。

[420] 見《易漢學》，卷四，頁 1144-1145。

惠棟所云，或是推論，對錯固是難以明斷。從世傳書名言，《隋書・經籍志》中錄《京易章句》之外的天文家類者，有京氏者二種，五行家類者，有十六種，獨無積算術之名，一直到了宋代始有《京氏積算易傳》三卷；宋之前書無「積算」之名，是否就代表無「積算」之內容？所以吳翊寅的否定，並無實據，只能供作參考。

　　惠棟畢生窮研漢《易》，對積算之學，應無未聞或不通之理，其刻意忽略而不細言，當有其學術論述之立場，只不過惠棟未明其由，蓋不符其考驗與實學的堅持。

五、卦爻之飛伏與貴賤說

（一）飛伏

　　京房對於陰陽氣化的關係，特別重視「陰中有陽，陽中有陰」的陰陽二氣共生思想，以及「陽極則陰生，陰極則陽生」的陰陽二氣相互轉化之主張；宇宙自然的一切變化關係，皆本此道。京房為了更能具體地呈現此種觀念，特別提出「飛伏」的說法。惠棟特別引朱震之說為論：

> 朱子發曰：凡卦見者為飛，不見者為伏。飛，方來也；伏，既往也。《說卦》，巽，其究為躁，卦例飛伏也。太史公《律書》曰：
> 　冬至一陰下藏，一陽上舒，此論復卦初爻之伏巽也。[421]

「飛」指顯見者，而「伏」則為潛伏未見者，二者是就相對應的關係而言的；陽飛則陰伏，陰飛則陽伏。惠棟以《說卦傳》對巽☴卦之解釋，隱含飛伏之義，京房飛伏說或源於此。《說卦傳》以「震為決躁」，震生於乾，為乾之長子；乾為陽主動，故震一陽初生而萌動於下，所以崔憬認為震是「取其剛在下動，故為決躁也」。[422]；《說卦傳》又以「帝出乎

---

[421] 見《易漢學》，卷四，頁 1156。惠棟所引，乃朱震《漢上易傳》論述飛伏之說，其完整之說為：「伏爻何也，曰京房所傳飛伏也。乾坤、坎離、震巽、艮兌相伏者也。見者為飛，不見者為伏。飛，方來也；伏，既往也。《說卦》，巽，其究為躁，卦例飛伏也。太史公《律書》曰：冬至一陰下藏，一陽上舒，此論復卦初爻之伏巽也。」
[422] 見李鼎祚《周易集解》，卷十七，台北：臺灣商務印書館，1968 年 12 月臺 1 版第 1 刷，1996 年 12 月臺 1 版第 2 刷，頁 420。

震」，李道平指爲「乾陽出於震初」，[423]震出於東，至春分則春雷震動，又有躁動之義。至於巽卦，巽生於坤，坤爲陰主靜，故巽有卑順之義；然而《說卦傳》卻認爲「其究爲躁卦」，以巽卦終歸於急躁，是因爲巽卦隱藏著與謙順相反的含義，也就是潛伏著終將躁動的因子，其因乃震巽二卦相錯，李道平指出，「上變則巽成震，震決躁，故其究爲躁卦」，[424]此亦震巽特變之義，乃言其爻變以震終究成巽，而巽終究成震，也就是震中有巽，巽中也有震，二者彼此有潛伏之象，震伏有巽象，而巽亦伏有震象，其義近於飛伏的觀念，特別是巽卦初爻陰爻與震卦初爻陽爻相飛伏。至於《史記・律書》卦氣之說，冬至之時，一陽上舒，即復䷗卦初九一陽生；復卦上體爲坤，下體爲震，一陽生於下震初爻，震初九爲見爲飛爲舒。一陰下藏，即指姤䷫卦初六而言；姤卦上乾下巽，一陰爻藏於下者即下體巽卦之初爻，巽初六爲隱爲伏爲藏。此即震巽之互相飛伏。惠棟引朱震之說，確實符合京房飛伏之說的本義。並且，針對四時節氣論卦的飛伏質性，惠棟也特別引《京氏易傳》云：

　　夏至起純陽，陽爻位伏藏；冬至陽爻動，陰氣凝地。[425]

以時節繫於卦爻，夏至陽爻伏藏而陰爻飛動，冬至則陰爻伏藏而陽爻飛動。此說正符合復姤二卦之義。

　　飛與伏是就一種相對應的關係而言，這種相對應的關係，包括針對卦與卦間的相對應，或是爻與爻間的相對應。「飛」是指八宮六十四卦中已顯見的世爻爻象（飛爻）及世爻所處的卦象（飛卦）；「伏」是指世爻所賴以產生或者說是與世爻陰陽相對潛伏未見的爻象（伏爻），及與世爻所處卦象相對應的潛伏未見的卦象（伏卦）。[426]因此，京房的飛伏，包括卦的飛伏與爻的飛伏二種。

1. 卦的飛伏

---

[423] 見李道平《周易集解纂疏》，卷十，北京：中華書局，1994 年 3 月第 1 版，1998 年 12 月北京第 2 次刷，頁 694。

[424] 見李道平《周易集解纂疏》，卷十，頁 711。

[425] 見《易漢學》，卷四，頁 1156。

[426] 見劉玉建《兩漢象數易學研究》，廣西：廣西教育出版社，1996 年第 1 版第 1 刷，頁 264。

在卦的飛伏方面，以表格呈現如下：

圖表 2-2-16　卦與卦飛伏

卦別	飛伏原則	卦的飛伏情形
八純卦	兩兩卦相錯，旁通而爲飛伏。	乾←→坤；震←→巽；坎←→離；艮←→兌
一、二、三世卦	內卦與八純卦內卦爲飛伏。	姤→巽；遯→艮；否→坤；豫→坤；解→坎；恆→巽；節→兌；屯→震；既濟→離；賁→離；大畜→乾；損→兌
四、五世卦	外卦與八純卦外卦爲飛伏。	觀→巽；剝→艮；升→坤；井→坎；革→兌；豐→震；睽→離；履→乾
游魂卦	外卦與五世卦外卦互爲飛伏。	晉→艮；大過→坎；明夷→震；中孚→乾
歸魂卦	內卦與游魂卦內卦互爲飛伏。	大有→坤；隨→巽；師→離；漸→兌

　　(1)八純卦（本位卦）的飛伏：八純卦中，兩兩陰陽相對，即相錯之二卦，互爲飛伏；即乾與坤、震與巽、坎與離、艮與兌，兩兩皆以其爻象與卦象互爲對立，故互爲飛伏。

　　(2)八宮世卦的飛伏：八宮世卦中，一世、二世、三世卦等二十四卦，其世爻均在內卦，所以此二十四卦之飛伏皆以內卦論之，也就是此二十四卦皆以其內卦與本宮八純卦內卦互爲飛伏。以乾宮一世姤☰卦爲例，內卦爲巽，爲顯見之卦象，且巽來自乾內卦初九爻之變，就爻而論，巽初六爲飛爻，乾初九爲伏爻；世爻決定了巽卦象及其屬性，也就是就卦而言，巽爲飛，乾內卦爲伏；世卦以世爻所居的卦（內、外）爲主，故一世卦姤卦內卦（巽）爲飛，八純卦乾卦內卦（乾）爲伏。同理，二世卦遯☰卦內卦艮爲飛，八純卦乾卦內卦乾爲伏。三世卦否☰卦內卦坤爲飛，八純卦乾卦內卦乾爲伏。另外，在四世卦、五世卦等十六個卦，其世爻在外卦，故其飛伏皆就外卦而論；也就是十六卦之外卦均多與其本宮八純卦外卦互爲飛伏。如乾宮四世卦觀☶卦外卦爲巽爲飛，而本位乾卦外卦爲乾爲伏。五世卦剝☶卦外卦爲艮飛，本位乾卦外卦爲乾爲伏。餘諸卦同理。

　　(3)游魂卦之飛伏：游魂卦是由五世卦改其第四爻而來，世爻爲第四

爻,世爻主於外卦,故游魂卦以其外卦與五世卦外卦互爲飛伏。如乾宮游魂晉䷢卦,是由乾宮五世卦剝䷖卦變其第四爻而成,故游魂卦晉卦外卦爲離爲飛,而五世卦剝卦外卦爲艮爲伏。其它諸游魂卦之飛伏亦同理。

(4)歸魂卦之飛伏:歸魂卦是由游魂卦改變其內卦三個爻而成,世爻居內卦在第三爻,故歸魂卦以其內卦與游魂卦內卦互爲飛伏。如乾宮歸魂卦大有䷍卦,內卦爲乾爲飛,而游魂卦晉䷢卦內卦爲坤爲伏。其它諸歸魂卦之飛伏亦同理。

2. 爻的飛伏

卦的組成分子爲爻,爻變則卦變,有了飛伏爻,才有飛伏卦。因此,爻變後之爻,在京房八宮卦中稱爲世爻,它不但是該爻變後之卦的重要爻位,也是飛伏的重要爻位。然而,並非僅由世爻才能論及飛伏,也就是飛伏卦除包括世爻之飛伏外,尚包括世爻之外的諸爻之飛伏。如以八純卦的飛伏言,包括世爻在內的六個爻之飛伏。如《京氏易傳》釋離䷝卦云:

> 陽爲陰主,陽伏於陰也。是以體離爲日爲火,始於陽象,而假以陰氣,純用剛健,不能明照,故以陰氣入陽,柔於剛健而能順,柔中虛見火象也。與坎爲飛伏。[427]

離卦一陰居於二陽之中而爲重卦,位在二五,以五爲貴,所以陸績云「成卦義在六五」。[428]體離爲日爲火,本是陽象,純用剛健不能明照,以陰氣貫入陽中,陰陽相輔,柔於剛健而能順成以見乎文明。因此,離䷝卦與坎䷜卦爲飛伏,其上下二體之中爻皆爲陰爻,故其背後隱伏著坎卦之兩陽爻,所以說「陽爲陰主,陽伏於陰」。然而,陸績特別注說六五爲成卦之主,似不符京房所言「陽爲陰主」的以陽爲主的主張,今六五爲陰,又如何能夠爲卦主?其實「陽爲陰主」爲京房論述離卦的前提,京房進一步地認爲六五陰下伏陽,故六五之爲卦主,乃以其伏下之九五爲卦主(坎卦上卦之中爲九五),因此,離卦六五陰爻當然可以爲卦主了。在這裡,可以看到京房藉由飛伏之說,來進一步合理解釋離卦六五爲卦主。

---

[427] 見《京氏易傳》,卷中,頁 114-115。
[428] 見《京氏易傳》,卷中,頁 114。

　　京房有系統地創立了飛伏之說，有其內在之複雜性與合理的邏輯理路，然而後世援引其說，大都只取其陰陽相對應的飛伏爻或飛伏卦而言，特別是八純卦六爻均爲陰陽相對，援用較爲普遍，然而對於世卦與游魂、歸魂卦的飛伏關係，則採用較少。惠棟特別考索諸家之說，如以荀爽釋坤爲例：

> 坤，上六，龍戰于野。荀爽曰：消息之位，坤於亥，下有伏乾，為其兼于陽，故稱龍也。[429]

> 坤《文言》曰：《易》曰：履霜堅冰至，蓋言順也。荀爽曰：霜者，乾之命令，坤下有伏乾，履霜堅冰，蓋言順也，乾氣加之，性而堅，象臣順君命而成之。[430]

> 又曰：陰雖有美，含之以從王事，弗敢成也。荀爽曰：六三陽位，下有伏陽。坤，陰卦也，雖有伏陽，含藏不顯，以從王事，要待乾命，不敢自成也。[431]

乾龍爲陽剛之氣，順和之坤卦何以有「龍」有「剛」的存在？荀爽用消息卦詮解，坤卦爲六陰消陽，建亥爲十月，進而入子十一月爲復卦，陽息坤而一陽生，因此，其本身有「伏乾」而「兼于陽」，才能入於復而一陽生；其消息生卦之義，存有飛伏之意蘊，也就是乾卦是飛陰而伏陽，所以極於上六，才能「龍戰于野」之說。至於坤質性，履霜堅冰、伏陽含藏，皆以飛伏詮之。荀爽又對《繫辭》的「樂天知命，故不憂」的解釋，也提出「坤下有伏乾爲樂天，乾下有伏巽爲知命」的以飛伏詮釋的說法。[432]惠棟又考引諸家對《繫辭傳》之詁訓：

> 《繫辭》下曰：龍蛇之蟄，以全身也。仲翔曰：蟄，潛藏也，龍潛而蛇藏，陰息初巽為蛇，陽息初震為龍。十月坤成，十一月復

---

[429] 見《易漢學》，卷四，頁 1156-1157。「其爲兼于陽」，「兼」字惠棟特別注明「王弼改作『嫌』」，其義爲非；「兼」與「嫌」二字之義相反。

[430] 見《易漢學》，卷四，頁 1157。

[431] 見《易漢學》，卷四，頁 1157-1158。

[432] 見《易漢學》，卷四，頁 1158。其全文爲：「《繫辭》上曰：樂天知命，故不憂。荀爽曰：坤建於亥，乾立於巳。陰陽孤絕，其法宜憂，坤下有伏乾爲樂天，乾下有伏巽爲知命（惠棟注：巽爲命），陰陽合居，故不憂。」

生。姤、巽在下，龍蛇俱蟄，初坤爲身，故以全身也。[433]

又云：利用安身，以崇德也。《九家易》曰：利用，陰道用也，謂姤時也。陰升上究，則乾伏坤中，屈以求信，陽當復升，安身默處也。[434]

以消息論卦，十月陰消乾至極爲坤，入十一月而陽息坤、一陽生而爲復；乾爲四月，陰消乾而一陰生爲姤主五月。又依八宮卦序言，則姤以初爻變爲陰，是乾宮一世卦而在乾下；而八純卦序則巽又在坤後，以巽爲坤女，又當在坤下。所以說「姤、巽在下」。至於《九家易》的「乾伏坤中」、「陽當復升」之解釋，亦有飛伏的概念。此外，虞翻的釋卦，惠棟也載錄：

睽《象》曰：說而麗乎，明柔進而上行，得中而應乎剛。仲翔曰：剛謂應乾五伏陽，非應二也。與鼎五同義也。[435]

鼎《象》曰：柔進而上行，得中而應乎剛，是以元亨。仲翔曰：柔謂五得上中，應乾五剛，巽爲進，震爲行，非謂應二剛，與睽五同義也。[436]

此亦虞翻釋飛伏之例，皆以睽、鼎二卦，應乾五伏陽而剛。[437]因此，依

---

[433] 見《易漢學》，卷四，頁 1158。

[434] 　見《易漢學》，卷四，頁 1158。

[435] 見《易漢學》，卷四，頁 1157。

[436] 見《易漢學》，卷四，頁 1157。

[437] 虞翻以飛伏釋睽、鼎二文。然朱子持孔穎達之疏解，對諸卦之闡釋，不以飛伏爲言，而專主卦中之爻的互應而已。朱子釋卦互應之說頗多，如大有卦「應乎天而時行」，孔疏：「褚氏莊氏云六五應乾九二，亦與五爲體，故云應乎天也。」咸卦「柔上而剛下，二氣感應以相與」，孔疏：「若剛自在上，柔自在下，則不相交感，無由得通。今兌柔在上，而艮剛在下，是二氣感應以相授與。」朱子云：「兌柔在上，艮剛在下，而交相感應。」蒙卦「志剛也」，朱子云：「二剛明，五柔暗，故二不求五而求二，其志自相應也。」臨卦「剛中而應」，朱子云：「九二以剛居中，上應六五。」无妄卦「剛中而應」，朱子云：「九五剛中而應六二。」萃卦「剛中而應」，朱子云：「九五剛中而二應之。」比卦「上下應之」，朱子云：「九五以陽剛居上之中而得其正，上下五陰，比而從之。」小畜卦「柔得位而上下應之」，朱子云：「柔得位，指六四。上下，謂五陽。」其它如履卦「說而應乎乾」、同人卦「柔得位得中而應乎乾」、同人卦「中正而應」、大有卦「柔得尊位大中而上下應之」、大畜卦「應乎天也」等等，其例甚伙，不再贅舉。但知皆以卦中陰陽爻互應爲釋，不同於虞翻飛伏之說。知「飛伏」與「互應」，在舉爻爲釋的意義上相近，不過所舉之爻則不同，飛伏以別卦伏隱言之，而互應則以本卦的內、外二體之相對

惠棟之見,京房的飛伏主張,在其之後的漢魏期間,已將之作爲釋《易》
的普遍釋例,並且由此可以看到京房這樣的說法,對後來確有深刻的影
響,尤其對荀爽的升降說,乃至虞翻的旁通說有關鍵性的影響。此外,
飛伏的思想,內容上雖僅爲各卦間的互動關係,但其呈現的對應關係尤
爲緊密,是一種「應」概念的另類思維模式,這樣的模式以陰陽升降爲
主體,是天地一切變化的縮影,也是一種時空概念的有機的聯繫體系,
更可與《彖傳》所謂的「剛柔互動」及「自體變化」相契合和進一步地
發揮。

(二)卦爻貴賤之別

惠棟引《乾鑿度》言貴賤:

> 《乾鑿度》曰:初爲元士,二爲大夫,三爲三公,四爲諸侯,五
> 爲天子,上爲宗廟。凡此六者,陰陽所以進退,君臣所以升降,
> 萬民所以爲象則也。[438]

《易》序次爻等,本有高低之異,《繫辭傳》更言「卑高以陳,貴賤位矣」
的貴賤之別,然明顯以爻位配官爵,並大倡其說者,蓋以《京氏易傳》、
《易緯·乾鑿度》爲著,將一卦六爻區分爲六等,六等之變則因陰陽之
進退,也就是說爵位的高低升降,主要依陰陽變化與陰陽的關係(爻位
的關係,尤其是世應下的陰陽爻位的關係)而定。因此,惠棟也特別引
用干寶注《繫辭·下》來說明:

> 《繫辭·下》曰:爻有等,故曰物。干寶曰:等,群也。爻中之
> 義,群物交集,五星、四氣、六親、九族、福德、刑殺,眾形萬
> 類,皆來發於爻,故總謂之物。[439]

惠棟強調京房易學,極爲重視卦爻等位,以及卦爻的變化,尤其以爻變
作爲易學闡發天地宇宙一切可能事物的變化之主要基礎,包括像干寶所
說的五星、四氣、六親、九族、福德、刑殺等眾形萬類之「物」;諸如惠

應的爻而論。
[438] 見《易漢學》,卷四,頁 1159。
[439] 見《易漢學》,卷四,頁 1161。

棟舉出京房易學中也普遍賦予這些「物」以爻位等別：

> 水配位為福德，木入金鄉居寶貝，土臨內象為父母，火來四上嫌
> 相敵，金入金鄉木漸微。（陸績曰：甲子水，是乾之子孫；甲寅木，
> 乾之財；甲辰土，乾父母；壬午火，乾官鬼；壬申金，同位傷木。）
> [440]

以五星、干支而配入爻位，以定其貴賤身份。因此，京房易學的卦爻配
位，以及其貴賤之別，為其易學極為重要之內容，含攝的包括八宮卦次
之別、世應之說、爻等配爵，以及卦主等有關概念。對於八宮卦，依其
屬卦之不同，也有其位等之別，有關內容於前文八宮卦次中已論及，這
裡不再贅述，這裡特別針對其中有關爻等之說，表列概括如下：

圖表 2-2-17　卦爻貴賤爻位之象徵意涵

爻位	世應[441]	爵位	爻位象徵意涵[442]	卦別	三才
上	上世三應	宗廟（太上皇）	事物發展終盡，主窮極必反	八純卦	天
五	五世二應	天子	事物圓滿成功，處盛戒盈	五世卦	
四	四世一應	諸侯	事物新進高層，驚懼審時	四世卦、游魂卦	人
三	三世上應	三公	事物功業小成，主慎行防凶	三世卦、歸魂卦	
二	二世五應	卿大夫	事物嶄露頭角，主適當進取	二世卦	地
初	初世四應	元士（士民）	事物發端萌芽，主潛藏勿用	一世卦	

爻等貴賤，反映在世應的重要概念上，前文也已闡明，但知一卦以世為
主，而應為賓，而決定吉凶休咎也是以世爻為中心；《京氏易傳》特別指
出「定吉凶只取一爻之象」，[443]這定吉凶之主爻，當然就是世爻，也就是
一世卦以初爻為主，二世卦為二爻，至五世卦為五爻，八純卦為上爻，
游魂卦為四爻，歸魂卦則為三爻。明白地以爻位來論貴賤，則為：一世
卦初爻元士居世；二世卦二爻大夫居世；三世卦三爻三公臨世；四世卦
四爻諸侯臨世；五世卦五爻天子治世；八純卦上爻宗廟治世；游魂卦與

---

[440] 見《易漢學》，卷四，頁 1161。

[441] 八純卦與世卦之世應如表中所示。至於游魂與歸魂卦之世應：游魂卦以四爻世爻，初
　　爻為應爻；歸魂卦以三爻為世爻，而上爻為應爻。

[442] 參見李開《惠棟評傳》，南京：南京大學出版社，1997 年 7 月第 1 版第 1 刷，頁 218。

[443] 見《京氏易傳》，卷上，頁 66，釋姤卦之說。

四世卦同，為四爻諸侯臨世；歸魂卦與三世卦同，三爻三公臨世。因此，京房釋卦，每每論及爻位貴賤，以乾宮八卦為例：釋乾卦，云上爻「居世」，「九三三公為應」；[444] 釋姤卦，云「元士居世」，「九四諸侯為應」；[445] 釋遯卦，云「大夫居世」；[446] 釋否卦，云「三公居世，上九宗廟為應」；[447] 釋觀卦，云「諸侯臨世，反應元士而奉九五」；[448] 釋剝卦，云「天子治世，反應大夫」；[449] 釋晉卦，云「諸侯居世，反應元士」；[450] 釋大有卦，云「三公臨世，應上九為宗廟」。[451] 京房以初爻為元士，二爻為大夫，三爻為三公，四爻為諸侯，五爻為天子，上爻為宗廟，與《乾鑿度》所言貴賤相同。

　　京房這種以爻位的等級論貴賤的解經主張，對干寶、荀爽等人的影響甚大，如惠棟引干寶而論：

> 坤六三，或從王事。干寶曰：陽降在四，三公位也，陰升在三，三公事也。[452]

明白指出三爻為三公之位。又：

> 豐，亨，王假之，勿憂，宜日中。干寶曰：豐，坎宮陰，世在五，以其宜中，而憂其側也。坎為夜，離為晝，以離變坎，至于天位，日中之象，殷水德，坎象。晝敗而離居之，周伐殷，居王位之象也。勿憂者，勸勉之言也，言周德當天人之心，宜居王位，故宜日中。[453]

以豐卦屬坎宮五世卦，因襲京房八宮卦說，「以離變坎，至于天位」，乃五爻之位，即天子之位。又：

444　見《京氏易傳》，卷上，頁65。
445　見《京氏易傳》，卷上，頁66。
446　見《京氏易傳》，卷上，頁67。
447　見《京氏易傳》，卷上，頁68-69。
448　見《京氏易傳》，卷上，頁69。
449　見《京氏易傳》，卷上，頁70。
450　見《京氏易傳》，卷上，頁71。
451　見《京氏易傳》，卷上，頁72。
452　見《易漢學》，卷四，頁1159。
453　見《易漢學》，卷四，頁1152。

師上六，大君有命，開國承家。干寶曰：離上九曰：王用出征，
有嘉折首。上六為宗廟，武王以文王行，故正開國之辭於宗廟之
爻，明己之受命，文王之德也。[454]

以師卦上六之爻爲宗廟之位，王者告祭於廟，受命於宗廟、先王之德，
以行征伐之事，爲爻位貴賤釋卦之明例，是干寶受其師京房之正傳。對
於荀爽的引論：

訟上九，或錫之鞶帶。荀爽曰，鞶帶，宗廟之服，三應於上，上
為宗廟，故曰鞶帶也。[455]

損《象》曰：曷之用，二簋可用享。荀爽曰：二簋，謂上體二陰
也。上為宗廟，簋者，宗廟之器，故可享獻也。[456]

以訟上九、損上九爲宗廟，鞶帶適爲宗廟之服，而簋又爲宗廟之器。又
引虞翻的注解：

解上六，公用射隼。仲翔曰：上應在三公，謂三伏陽。[457]

益六三，有孚中行，告公用圭。仲翔曰：公謂三伏陽也，三公位，
乾為圭，乾之二，故告公用圭。[458]

虞翻以解卦上六應六三爲三公；益卦爲三世卦，六三爲世爻，處三公之
位，「告公用圭」，以恤凶弭災。直以卦爻爵位釋義。此外，尚引《九家
易》、崔憬論巽卦與《繫辭》之言，也同樣善用卦爻爵位以釋義。因此，
惠棟採擷諸家以爵位貴賤論卦之例，反映出京房貴賤之說的影響深遠，
爲其後象數《易》家所普遍採用的說法。[459]此外京房以爻位次序六等貴

---

[454] 見《易漢學》，卷四，頁 1159。

[455] 見《易漢學》，卷四，頁 1159。李道平《周易集解纂疏》對其言釋云：「鞶帶服之以祭
者，故云宗廟之服。三應于上，上爲宗廟，故知鞶帶爲祭服而在上也。」

[456] 見《易漢學》，卷四，頁 1160。

[457] 見《易漢學》，卷四，頁 1160。

[458] 見《易漢學》，卷四，頁 1160。

[459] 京房除了六位爵等貴賤之說，對後世解《易》有普遍性的影響之外，其爵等貴賤背後
的世應之說，事實上也成爲其後學者解《易》的重要依據。惠棟舉其例，如：「干寶《易》
蒙卦注曰：蒙者，離宮，陰也，世在四。」「噬嗑初九，屨校滅趾。干寶曰：屨校，貫
械也，初居剛躁之家（棟注：震爲躁卦），體貪狼之性（棟注：坎爲貪狼，震爲陰賊，
二者相得而行，故云），以震掩巽（棟注：巽五世，故掩巽），強暴之男也，行侵陵之罪，
以陷屨校之刑也。」「益六三曰：王用亨于帝，吉。干寶曰：聖王先成民而後致力於神，

賤之別，而此宗廟等六等貴賤之分，《禮記・王制》中詳敘其六等之制，並早在三代之時已盛行。同時，前引諸家之說爲例，多有因禮用制器而推闡，有以禮釋卦的具體表現，也體現出兩漢之際以禮釋卦的傾向。

　　另外，這裡針對京房貴賤之說，仍有釐清之處。前已提及京房「世應」以「世」爲主而「應」爲賓，且解卦以一爻決吉凶，是否意味著一卦中之世爻爲該卦最重要者？又，爵等六位之說，五天子而上宗廟，當是最尊貴者。漢魏以降，解卦多有以卦主爲例，尤其王弼特倡卦主之說，以六爻而成一卦，專主一爻而能代表與反映一卦整體的意義，因此，「卦主」也反映出其尊貴之位。然而，京房是否將其世爻或是爵等中的五爻天子、六爻宗廟視爲一卦之卦主呢？事實上，京房在解卦上，並未完全將彼此作了等同，其卦主仍另有所專。京房的卦主認定，視其成卦之象而定，並未完全依準於世爻或是五、六爻爵。[460]京房釋大有䷍、豫䷏、復䷗、小畜䷈諸卦時主張：

　　大有䷍：少者爲多之所宗，六五爲尊也。[461]

　　豫䷏：豫以陽適陰爲內順，成卦之義在於九四一爻。[462]

　　復䷗：月一陽爲一卦之主。[463]

　　小畜䷈：小畜之義在於六四。[464]

故王用亨于帝，在巽之宮（棟注：三世），處震之象，是則倉精之帝同始祖矣。」「解彖曰：天地解而雷雨作，雷雨作而百果草木皆甲宅。荀爽曰：解者，震世也（棟注：二世），仲春之月，草木萌牙，雷以動之，雨以潤之，日以烜之，故甲宅也。」「謙彖曰：謙，亨。《九家易》曰：艮山，坤地，山至高，地至卑，以至高下至卑，故謙也。謙者，兌世（棟注：五世），艮與兌合，故亨。」（以上所引，見《易漢學》，卷四，頁 1149-1153。）惠棟考引甚詳，不能一一列舉。但知後世論《易》，每以世應之說論其卦爻關係，以求其闡發之宜理。

[460] 大陸學者郭彧認爲京房「定吉凶，只取一爻之象」，其所取之一爻之象，就是卦主，也就是世爻。（見郭彧《京氏易傳導讀》，山東：齊魯書社，2002 年 10 月第 1 版第 1 刷，頁 44。）此一說法，拙未盡認同，同意其取「一爻之象」即卦主，然卦主不能等同於世爻，也就是說，京房不見得將所有的世爻都視爲卦主，相反地，其所認定的卦主大多並不是世爻。

[461] 見《京氏易傳》，卷上，頁 72。

[462] 見《京氏易傳》，卷上，頁 74。

[463] 見《京氏易傳》，卷中，頁 99。「月一陽爲一卦之主」，其「月」字，郭彧注：似爲衍字。

這些卦，不是一陽五陰或是一陰五陽，京房以「少者爲多之所宗」，爲成卦之尊，所以卦主在其一陽或是一陰，則大有卦卦主在六五，豫卦在九四，復卦在初九，小畜卦在六四。以世爻觀之，大有卦爲乾宮歸魂卦，世爻在九三；豫卦爲震宮一世卦，世爻在初六；復卦爲坤宮一世卦，世爻在初九；小畜卦爲巽宮一世卦，世爻在初九。其中除了復卦的卦主剛好是處世爻，其它諸卦均非以世爻爲卦主。因此，京房解卦以卦主爲尊，而卦主又並不以世爻或是位爵等第而定；並且，由上引四卦，可以反映出京房此處卦主所依準的是一陰五陽之卦，以一陰爲卦主，一陽五陰之卦，以一陽爲卦主，也就是以少者爲宗。這種標準下所呈現的卦主，尙有如姤▤、剝▤、師▤、謙▤、同人▤等卦。[465]因此，京房以少爲貴，以卦中惟有之一陰或一陽爲卦主，這種「一陰（陽）五陽（陰）之卦，以一陰（陽）爲卦主」之主張，並不以後世才有，京房已普遍作爲解說卦義的依據。另外，京房也常有以第五爻作爲卦主，其至尊之位，多有因爲其爲世爻的因素，如屯▤卦「世上見大夫，應至尊」，以六五爲世爻，所以居尊爲卦主；豐▤卦「陰處至尊爲世」，亦以六五爲世爻，居尊爲卦主；噬嗑▤卦「六五居尊」亦同。[466]京房也有專主世爻，以其位雖非尊貴，卻處世爻之位，特視爲卦主者，如釋家人卦「遇坎險象，家人難也。酌中之義在於六二」，因互體而有坎險，而六二居中履正，爲巽宮二世卦之世爻，所以爲卦主；解卦「成卦之義在九二」，九二爲震宮二世卦世爻，所以爲卦主；損卦「澤在山下，卑險於山。山高處上，損澤益山，成高之義在於六三」，六三爻爲艮宮三世卦世爻，所以爲卦主。[467]仔細觀察這幾個卦，其卦主似乎是較難以確定的，在這種情形下，京房就選擇以世

---

[464] 見《京氏易傳》，卷中，頁 107。

[465] 《京氏易傳》提到姤▤卦：「陰爻用事，陰遇陽，……尊就卑，定吉凶只取一爻之象。」陸績注：「多以少爲貴。」陰爻以少爲尊，故初六爲卦主。剝▤卦：「成剝之義，出於上九。」明白指出上九一陽爲卦主。謙▤卦：「一陽居內卦之，上爲謙之主。」以九三一陽爲卦主。同人▤卦：「吉凶之兆，在乎五、二。」六二一陰爲卦主，然九五又與其相應，故推吉凶之兆則爲二、五兩爻。因此，京房以少爲貴，以「一陰（陽）五陽（陰）之卦，以一陰（陽）爲卦主」之一陰或一陽或爲解說卦義的卦主。

[466] 屯卦、豐卦、噬嗑卦之括弧引文，見《京氏易傳》，卷上、卷中，頁 83、86、110。

[467] 家人卦、解卦、損卦之括弧引文，見《京氏易傳》，卷上、卷中，頁 75、92、108。

爻爲卦主。事實上，京房論述卦主的型態甚多，並無統一的標準，當然
以單一準據作爲卦主，本來就是不太可能的事，而這種要釐清與確認的
是，京房認定的成卦之義的卦主，並不以世爻或是爵位的高低作爲優先
考慮的要件；並且，既有以一卦之主作爲釋其卦義的主要對象，此卦主
則具有實質上的尊貴地位，對卦義的疏解上，這卦主遠比如世爻、天子
位爵的尊爻等來得重要了。

第三節　小結

　　惠棟詳細考索孟喜的卦氣說，包括卦氣圖說、消息、四正、十二
消息、辟卦雜卦、推卦用事日、六十卦用事之月、唐一行開元大衍曆
經、七十二候，以及漢儒傳六日七分學等等。惠氏大量引用《易緯》
輔說，除了使有關主張獲得更爲清楚的認識外，也直接述明《易緯》
的說法較諸家更爲系統化。從孟喜到《易緯》這樣的歷程，標誌著漢
代易學的發展，卦氣說爲極具代表性的獨特主張，背後隱含著學術與
文化發展的意義，漢代在天文歷法有關的自然科學儼然爲一種普遍性
的知識；因爲天文歷法科學知識的昌明而普遍。然而，漢人一方面又
極力營造一個天人相感的環境氛圍，致使科學與神學相雜。這時候的
易學思想，即具有這樣的特質或氛圍。在這裡，惠棟特別強調科學的
部份，重視易學的科學性成份，卦氣的易學主張，高度涵攝著科學性
的歷象歷法之內涵。

　　孟喜卦氣諸說與《易緯》大抵一致，而魏《光正歷》所述，亦與之
相近。惠氏考述孟氏四正方位之說，認爲四正方位爲西漢論述八卦方位
上的共同看法，根本於《說卦》，且《易緯》的方位說最爲詳備，並與孟
說呼應。惠氏進一步說明四正之陰陽消長，配之以節氣，震、離、坎、
艮爲「四正卦」，爲孟氏與《易緯》的一致性說法，但在孟喜之後的《京
房易傳》，乃至有關的歷法，如魏《正光歷》，皆稱爲「方伯卦」。孟喜以
四正卦分主四時，基本上與《說卦》、《乾鑿度》相同，所稍異者爲《說
卦》、《乾鑿度》皆以八卦配四時，而孟喜僅以坎、離、震、兌四正配四

時。孟喜以筮法九六七八陰陽老少之卦數，說明四正卦之陰陽消長，配之以節氣之說，爲《周易》與歷法架起了重要的橋樑，也成爲漢代四正卦說的普遍理論。

惠棟廣引諸說，不論引《易傳》、《左傳正義》、《九家易》、《史記》、《漢書》、《後漢書》，乃至荀爽、虞翻所言，陳述「消息」大義，強調日月的盈虛，也就是陰陽的消長變化對天地之影響，宇宙萬物的變化，根源於陰陽的消息盈虛，這也是孟喜卦氣之說的基本觀念。孟喜一系卦氣之說，在兩漢時期蔚爲風氣，十二消息卦配之以四時、干支、星宿、方位、律呂等天文歷法諸元，並有更進一步配以五行、五聲、五色者。十二消息配次諸元，貫之以災異符瑞，現之以天人相應之學，爲漢代思想的本然質性，雖多有附會之說，然孟喜卦氣十二消息，以立象爲本，而導之以天文歷法，仍不失其科學性，並呈現其合理合宜的學說原則，爲漢代易學的重要特色，也成爲後代易學的常例。

孟喜根據卦象比附七十二候，有其內在的邏輯理路，尤其重組六十卦配七十二候，呈現出不同於傳統文王的六十四卦卦序之另類卦序；此種創新與變革，孟喜並非隨意附會，而是巧妙地將宇宙的陰陽氣化的卦氣之說與時候之象結合，有其井然之思維理哲的。孟喜掌握歷法的科學性，窮於陰陽變化之理，推於萬物之變，而作爲新的創制與建立一套新的易學理論。消息以復爲首，而卦氣卻又起中孚，以中孚而後復卦，值卦序初始，直接展現了《易》道的精神。惠棟考索其卦候，舉論時去其災異徵驗，大致選以歷法實徵，重組孟喜之學，大有其功。

惠棟考索孟喜之學，並未著墨於徵驗之說，對於《通卦驗》在這方面的內容，並未采引，主要是堅守其考據實學的科學立場，排拒災異，重視務實，這一點是可以被肯定的，後學強力批評其引《易緯》陰陽災異爲說，不知理據何在，惠氏不應蒙受此一厚誣。從另外的角度言，雖然災異徵驗之說，脫離學術現實，而其背後的歷史文化與學術背景的意涵，則仍值得關注。

惠棟考索謹嚴，蒐羅漢代諸說爲釋，苦心竭慮，有功於後，然所引龐雜，異說共理，又不詳作說明，不免疑惑後生。例如惠氏將六十卦直日之說，與六日七分法混說；卦氣說以每卦直六日七分，月得五卦，六

十卦分屬十二月，而主歲卦每爻直一月，歲得兩卦，這樣的說法，與六十卦直日之說爲不同之系統，惠棟不宜引作混爲一談。

惠棟考索京房之《易》說，制定「八卦六位圖」，以五行配八卦、卦中各爻，充份反映出京房《易》的特點。引唐代數學、占星家李淳風的說法，以解釋五行六位，揭示京房《易》的象數占星術的內在邏輯本質。認識到京房納甲之說，是《說卦傳》乾坤父母配以十天干說和律曆月建之說相結合的產物，也就是納甲深深包含著十一月月建在子的夏曆歷法。因此，京房《易》八卦六位（五行六位）包含著夏曆歷法之質性。惠棟揭示魏晉時期諸儒慣以納甲之說論卦，包括從虞翻、宋衷、陸績，乃至干寶一系，因此，京房作爲此說的完整奠基者，影響至爲深遠，三國時代仍普遍見其論緒。同時也透露出京房乃至其後學，以納甲諸法論卦，並不專主於闡發微言大義，而是重在占筮與解說陰陽災異的方面，這也是干、支、五行配卦的主要目的。但是這樣的一套主張，與傳統的律歷有密切的關係，同時也表現出陰陽變化的週期循環與宇宙生息的規律性，使《周易》的思想，可以透過這樣的象數之學，呈顯的更爲具體。京房以八卦與五行相配而建構出八卦休王之說，開闢出易學的新的象數思想，使釋《易》之法，益加複雜而帶有更強烈的占筮氣味，這是兩漢的學術環境所營造出的產物，也是陰陽災異學說的另一種典型代表。

京房論制八宮卦次圖，惠棟引宋儒張行成之言解釋其義。其八宮（八純）卦依次爲：乾、震、坎、艮；坤、巽、離、兌。以乾、坤爲父母，各帶三男三女，形成六十四卦的卦次。這樣的實際本質，則是反映出惠棟對六十四卦次序的看法。八卦卦序系統，符合《說卦傳》表義的精神，雖不能確切肯定是否是依循《說卦傳》統六子之說，然而卻可肯定同帛書《周易》一系的八卦卦序在西漢是已經存在的，而京房更系統化地建立其所謂之「八宮卦次序」。惠棟體察京房八宮卦序所呈現的陰陽轉化的宇宙圖式之意義，堅持其一貫的「日月合爲古文易字」的日月爲易之說法，日月陰陽的變易爲宇宙生成的最根本之原理，以具體的《易》卦生成來表述，則皆是乾坤之作用結果。

惠棟考索京房《易》的「世應」之說。認爲八宮卦及各屬卦間的

關係，可以從各爻間的感應得到說明。天地之氣的交互運動，反映在爻位對應上，也就是爻位的對應象徵萬事萬物的對立面間的和諧與統合的關係，由此可見彼，由此變也可影響到彼變，這是宇宙變化的常性。並進一步具體地將各爻位繫之於人間的社會階層地位上。因此，以爻位言吉凶，以主爻位說世卦，感應於人事萬物，此即世應之說。在這裡，惠棟似乎接受了一個觀點，那就是人間貴賤等級，實爲世應已定。世應以立貴賤，將貴賤之別的現實原因加以邏輯化，而成爲爻位世卦的邏輯系統之合理解釋；事實上，《易》理是未必能、或者本來就完全不能揭示貴賤之別的真正原因的，當慎戒於陷入迷信的窠臼之中。

　　惠棟考索京房「飛伏」之說，認爲其源來自於《說卦》對「巽」的解釋。同時惠棟注意到飛伏之說對解釋《易》理的作用，並注意到諸家《易》說的飛伏主張。將飛伏之說視爲漢儒解釋《易》理的普遍性論述。同時，考述京房《易》，視之具有歷法的性質，也就是其《易》可以作爲一部歷法。並且，將京房《易》與孟喜《易》對照，得到諸多的共同點，包括如月建都同是十一月建子，反映出夏歷歷法；對應卦名四月爲乾、十月爲坤亦同。有助於二家易學源流的瞭解。

　　惠棟闡論京房風雨寒溫之說，體現兩漢時期以風雨寒溫爲占，訴諸於人事之化，擅用於政事應驗之上，爲普遍的風尙。藉由自然的變化，體現於人世間的政治上，不論是自然界的氣候變化，乃至卦氣盈虛，在宇宙本質的深處，都有其共性的存在，都同受宇宙力量的支配。宇宙的本質，有其一定的規律，這樣的規律，反映在風雨寒溫的變化，而置入於卦爻陰陽變化的理論系統中，正可以用來推驗人事，作爲天人感應下對國君的有效制約。此外，蒙氣之說，亦建基其卦氣系統下，從陰陽相盪的觀點來看陰陽的消長，相應於人事的變化，由陰陽二氣相盪的結果，表現在君臣的關係、正義與邪惡的關係上。這也是兩漢時期天人感應之說的另一種側面。

第三章　惠棟考索虞翻與荀爽《易》說之評述

　　本章主要針對虞翻與荀爽二家之說，以惠棟所舉之諸議題來進行評述，釐清二家之思想主張，以及惠棟考索上的得失。

第一節　虞翻易學之述評

　　虞翻（西元 164-233 年）爲東漢後期繼孟、京之後的重要易學家。畢生致力於易學，認爲「經之大者，莫過於《易》」，講學著述，以《易》爲邃。自稱其家五世治《孟氏易》，承其家學，並兼采眾說，而能集兩漢易學之大成。[1]

---

[1] 《三國志》曾記載虞翻初立《易注》時，上二奏章予漢獻帝，成爲其易學傳述淵源的重要資料。其奏云：「臣聞六經之始，莫大陰陽，是以伏羲仰天縣象，而建八卦，觀變動六爻爲六十四，以通神明，以類萬物。臣高祖父故零陵太守光，少治《孟氏易》，曾祖父故平輿令成，續述其業，至臣祖父鳳，爲之最密。臣亡考故日南太守歆，受本於鳳，最有舊書，世傳其業，至臣五世。前人通講，多玩章句，雖有秘說，於經疏闊。臣生遇世亂，長於軍旅，習經於枹鼓之間，講論於戎馬之上，蒙先師之說，依經立注。又臣郡吏陳桃夢臣與道士相遇，放髮被鹿裘，布《易》六爻，撓其三以飲臣，臣乞盡吞之。道士言《易》道在天，三爻足矣。豈臣受命，應當知經。所覽諸家解不離流俗，義有不當實，輒悉改定，以就其正。孔子曰：乾元用九而天下治。聖人南面，蓋取諸離，斯誠天子所宜協陰陽致麟鳳之道矣。謹正書副上，惟不罪戾。」又奏云：「經之大者，莫過於《易》。自漢初以來，海內英才，其讀《易》者，解之率少。至孝、靈之際，潁川荀諝號爲知《易》，臣得其注，有愈俗儒，至所說西南得朋，東北喪朋，顛倒反逆，了不可知。孔子歎《易》曰：知變化之道者，其知神之所爲乎！以美大衍四象之作，而上爲章首，尤可怪笑。又南郡太守馬融，名有俊才，其所解釋，復不及諝。孔子曰：可與共學，未可與適道，豈不其然！若乃北海鄭玄，南陽宋忠，雖各立注，忠小差玄，而皆未得其門，難以示世。」（見《三國志·吳書·虞翻》，卷五十七，引《翻別傳》所言。頁 1322-1323。）

虞氏之著作，《隋志》可見數端，[2]然後世均皆亡佚，其《易》注大多保存於李鼎祚《周易集解》中，清代輯佚之風大盛，其論著輪廓漸彰，而其易學研究也在同時開展。研究虞氏《易》，惠棟首開其風，張惠言、紀磊、方申、曾釗、李銳等名家則承其後。[3]惠棟對虞氏易學之考索與闡發，主要存於其《易漢學》卷三專論虞氏《易》，以及《周易述》與《易例》中，對虞氏《易》的主要內容、特徵、體例，作了廣泛的引述。本節主要針對惠氏《易漢學》中對虞氏《易》的考索主題進行評析，包括「月體納甲說」與「虞氏逸象」兩大議題，透過惠氏所考，論述虞氏二說之主要內涵，以及惠說所反映的重要意義。

虞翻集兩漢易學之大成，建立一套體系龐大之象數主張，強調與創新《易》例，廣用《周易》本有之象，也制作逸象；提出月體納甲之說作爲用象之理論基礎，並藉由互體、升降、旁通、卦變、爻變等方法取象。因此，欲瞭解其個別主張，仍當對其整體思想有深入的認識。本文

虞翻五世治《孟氏易》，孟喜之學，洵爲其治《易》之奠基，而其與道士言《易》，歷來學者多識爲魏伯陽，是二家之學，與虞氏極有淵源。又虞氏天生傲氣，敢以直言，評判「俗儒」，多指其失，「未得其門」又「難以示世」，荀諝、馬融、鄭玄、宋忠皆在列。雖貶諸家，但對爾等之學當能熟知。故其易學，可以視爲後漢集大成者。

[2]　《隋書・經籍志》中記載虞氏之著作包括《周易注》九卷、《周易日月變例》六卷、《周易集林律歷》一卷，以及《易律歷》一卷。這些著作，今已亡佚。

[3]　清代的虞翻《易》著之重要輯本，主要爲孫堂輯本與黃奭的輯本。孫堂在其《漢魏二十一家易注》中輯有《虞翻周易注》十卷，除了彙集《周易集解》的虞文後，並廣蒐唐代以後群書所引，如《釋文》、《漢上易傳》、呂祖謙《古易音訓》引《晁氏易》、《周易會通》、《周易義海撮要》、《周易口訣義》、《玉海》、《困學紀聞》、《容齋隨筆》等等，提供了研究虞氏《易》極便利之資料。另外，黃奭在其《漢學堂經解》中輯《虞翻易注》，其輯文除重視孫堂本所引之諸書外，尤關注於《周易窺餘》、《周易象旨決錄》、《周易古象通》、《學易記》，以及《史記・封禪書》等；該輯本亦可作爲考求虞氏佚文的重要資料。研究虞氏《易》之重要名家，以惠棟（西元 1697-1758 年）首開其風，其《易》論皆以虞氏之說爲主，其後張惠言（西元 1761-1802 年）集大成，重要論著包括有《周易虞氏義》九卷、《虞氏易事》二卷、《周易虞氏消息》二卷、《虞氏易候》一卷、《虞氏易禮》二卷等。紀磊在惠、張的基礎上，繼續考論，駁正前賢之說，其主要撰述有《虞氏逸象考證》二卷與《虞氏易義補注》一卷。方申（西元 1787-1840 年）著有《虞氏易象滙編》一卷、李銳（西元 1773-1817 年）著有《周易虞氏略例》一卷、曾釗（西元 1821-1854年）著有《周易虞氏義箋》九卷、徐昂（西元 1877-1953 年）著有《周易虞氏學》六卷；諸家皆是繼惠、張之後研究虞氏《易》的重要學者。

所處理的，僅就前述二議題來作探討。

一、月體納甲說

本議題考索探述的內容，主要包括月體納甲說的源流問題，以及從惠棟所引條文，陳述其所呈現的具體內涵等兩個方面來說明。

（一）虞翻原本於京魏之說而作

1. 京魏納甲之內涵

「納甲」本爲漢代易學家常用的術語，它是透過歷法中的天干、五行、方位與《周易》的八卦相配，揭示八卦消息變化之義，成爲象數易學中的重要主張。古代慣以干支記日，《周易》中有所謂「先甲三日，後甲三日」，「先庚三日，後庚三日」之說，[4]可知古代以干支記日由來已久。「納甲」之義，胡渭引朱震之言，指出「納甲何也？曰：舉甲以該十日也。乾納甲壬，坤納乙癸，震巽納庚辛，坎離納戊己，艮兌納丙丁，皆自下生。聖人仰觀日月之運，配之以坎離之象，而八卦十日之義著矣」。[5]以十天干分別納於八卦之中，這樣的說法，實源自《京氏易傳》。[6]已如前節所述，京房有系統地將干支、五行納入易學的體系中，藉以具體地呈顯對事物的解釋和對吉凶的推測，並進一步表現宇宙的一切變化之道。京房的八卦納甲，以乾納（下）甲（上）壬、坤納（下）乙（上）癸、震納庚、巽納辛、坎納戊、離納己、艮納丙、兌納丁，將十天干分置陰陽而納於八卦之中。繼京房之後，東漢魏伯陽作《周易參同器》，援《易》入道，以京房納甲爲基本的框架，雜糅月體運動變化的天文知識，

---

[4] 「先甲三日，後甲三日」，見蠱卦卦辭與＜彖傳＞；「先庚三日，後庚三日」，見巽卦九五爻辭。

[5] 見胡渭《易圖明辨》卷三。引自新文豐出版公司《叢書集成新編》，第十六輯，影印守山閣叢書本，頁475。

[6] 見《京氏易傳》云：「分天地乾坤之象，益之以甲乙壬癸。震巽之象配庚辛，坎離之象配戊己，艮兌之象配丙丁。八卦分陰陽，六位配五行，光明四通，變易立節。天地若不變易，不能通氣。」（見《京氏易傳》卷下，頁133。）

配以月相的晦朔弦望，創立月體納甲之說，其目的於建立其煉丹的理論體系。魏氏云：

> 三日出為爽，震庚受西方；八日兌受丁，上弦平如繩；十五乾體就，盛滿甲東方。蟾蜍與兔魄，日月氣雙明，蟾蜍視卦節，兔者吐生光，七八道已訖，屈折低下降。十六轉受統，巽辛見平明；艮直於丙南，下弦二十三；坤乙三十日，東北喪其朋。節盡相禪與，繼體復生龍。壬癸配甲乙，乾坤括始終。[7]

同時，參照魏氏月體納甲圖，如下所示：

圖表 3-1-1　魏氏月體納甲圖[8]

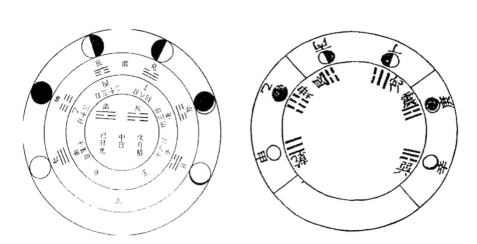

　　魏氏根據月體的週期變化，即在一月內的不同時間，月形的盈虛圓缺與所處的方位，有一定的規律性，這種規律性的月象，與京房所說的卦象有極相似之處；也就是藉由月體的盈虛變化，比附八卦之象。京房的八卦納甲說與魏伯陽月體納甲說，在用卦上的差異上，即京房用的是

---

[7]　魏文引自明蔣一彪輯《古文參同契集解》卷下上篇，台北：新文豐出版公司影印毛晉訂本，1987年6月台1版，頁19。惠棟《易漢學》卷三，頁1114-1115，同引。

[8]　右圖引自胡渭《易圖明辨》，卷三，頁475。左圖引自劉玉建《兩漢象數易學研究》，頁984。

重卦，而魏氏用的則是三畫所組成的八經卦，合於《三國志》虞翻引夢中道士之言云「《易》道在天，三爻足矣」[9]之說。所以，惠棟《周易述》述明「聖人立象以盡意」，認為「易道在天，三爻足矣。故以盡意設卦，以盡情偽」，以虞氏之言，三爻足以立象而盡意。[10]魏氏認為初三日落時，一線月芽，陰極而生陽，如一陽二陰的震象☳，出於西方庚位；月體本不發光，是藉太陽之光而發光，並於每月朔日後三日，月方生明。[11]八日日落時，月亮上弦平如繩，陽由震初進至二為兌，即為一陰二陽的兌象☱，出於南方丁位。至十五日，月盛滿，是純陽無陰的極明乾象☰，日落時出於東方甲位。太陽月亮不能同時中天而圓。月亮圓缺，陰陽消息，可以瞻視。月本無光，吐太陽之光。「七八道已訖，屈折低下降」，「七八」為十五，十五日一過，陽極則生陰，圓月又將缺。至十六日，陽退陰進，陰始用事，所以一陰初生，是為巽象☴，清晨見於西方之辛位。至二十三日，月缺下半為下弦，二陰生於一陽下，是為艮象☶，清晨見於正南丙位。至三十日，清晨與日同時從東方（東北）乙位升起，隱而完全不見其明，如同三爻均陰的極陰之坤象☷。三十日一過，陰又讓位於陽。純陰之體，又生一線矇矓之光。

　　惠棟另外援引朱子之言加以說明：

---

[9]　見《三國志・吳書・虞翻》卷五十七，引《翻別傳》言，頁1322。

[10]　見惠棟《周易述・繫辭上傳》，頁462。

[11]　古代歷法，以月亮的圓缺周期為一月，當中部份時日因月形變化的情形而有特定的名稱，如每月初一為「朔」，初三稱「朏」，初八月缺上半稱「上弦」，十五日稱「望」，二十三日月缺下半稱「下弦」，最後一日稱「晦」。日月之運動，從地球的角度言，月是從東方升起，並朝西方落下；日亦東升西落。日月在天空中移動的方向都是相同的。月體本身不會發光，其光亮的部分，是日光反射所形成的，也就是月體之圓缺，是日月相對位置改變所致，且月體光亮的部分，永遠是朝向日所之方向。月體運動位置，以下表列為釋：

	朔（初一）	上弦（初七─初九）	望─（十五─十七）	下弦（二十二─二十四）
晚上六時（18:00）	在西方落下	在正南方	從東方升起	看不見
晚上十二時	看不見	在西方落下	在正南方	從東方升起
早上六時	從東方升起	看不見	在西方落下	在正南方

說明：以初一為言，夜晚之所以看不到月體，因為早在晚上六時，月體山已在西方落下了，到了早上六時，才又從東方升起，此時因為是白天，日光普照，月雖升起，仍被強烈之日光所掩蓋，所以仍看不到月體。餘同理。

三日，第一節之中，月生則之時也，蓋始受一陽之光，昏見於西方庚地。

八日，第二節之中，月上弦之時，受三陽之光，昏見於南方丁地。

十五日，第三節之中，月既望之時，全受日光，昏見於東方甲地，是為乾體。

十六日，第四節之始，始受下一陰為巽而成魄，以平旦而沒於西方辛地。

二十三日，第五節之中，復生中，一陰為艮，而下弦以平旦而沒於南方丙地。

三十日，第六節之終，全變三陽而光盡，體伏於東北。一月六節既盡，而禪於後月，復生震卦云。[12]

首先，從這些引文可以看到，惠氏立論雖崇尚漢學，執著於古義，以漢說最近於古，最合於《周易》之本義；然而，其學仍重於考據，引領科學的治《易》態度，雖宋學、朱子之說，未樹漢宋不兩立之全然排宋立場，對朱子之良說，仍引作論述的依據。其次，從內容來看，魏伯陽將一個月三十日區分為六節，每節五日，各主一卦。一月之始，陰退陽進，陽始用事，自朔旦至第五日為第一節，由一陽初生之震卦所主；六日至十日為第二節，由二陽生之兌卦所主；十一日至十五日為第三節，由三陽盛極之乾卦所主；陰進陽退，陰用事，十六日至二十日為第四節，由一陰生之巽卦所主；二十一日至二十五日為第五節，由二陰生之艮卦所主；二十六日至三十日為第六節，由三陰盛極之坤卦所主。如此，三十日六節既盡，陰極而陽生，繼禪於下一個月，復為一陽動於下之震卦，晦去朔來，循環反復。

在這裡，八卦中已有六卦就位，剩下的是坎☵離☲二卦。《易》中乾坤為父母卦，其重要性是不容置疑的，也因此其它的六卦都是從屬的地位，並沒有特別受到青睞者。然而自西漢京房提出「乾坤者，陰陽之根本；坎離者，陰陽之性命」[13]的說法以降，坎離二卦更加被重視與關注。

---

[12] 見《易漢學》卷三，頁 1114-1115。
[13] 見《京氏易傳》卷下。引自郭彧《京氏易傳導讀》，頁 132。

惠棟引《乾鑿度》與鄭注，《乾鑿度》云：

> 離為日，坎為月。日月之道，陰陽之經，所以終始萬物，故以坎離為終。

鄭玄注云：

> 言以日月終天地之道。[14]

以坎離為日月之象，日月運行時，反映出歲時之交替推移，以及天地陰陽的交感與消長，萬物的終始，皆因日月之運動、往復與升降而著，所以坎離也象徵天地的變化之道。這些觀念，都是惠棟一貫主張以「日月為易」的思想之重要基礎，也就是「月體納甲說」，可以作為其「日月為易」思想的引證。這部份的問題，將於後文再予詳加論述。讖緯論著乃至鄭玄的訓注，已關注並重視到坎離二卦，一直到魏伯陽的《周易參同契》，二卦之角色就更為重要與突出。

《參同契》云：

> 乾坤者，《易》之門戶，眾卦之父母。坎離匡廓，運轂正軸，牝牡四卦，以為橐籥。[15]

又云：

> 天地設位，而《易》行乎其中矣。天地者，乾坤之象也。設位者，列陰陽配合之位也。《易》謂坎離，坎離者，乾坤二用。二用無爻位，周流行六虛，往來既不定，上下亦無常。[16]

又云：

> 坎戊月精，離己日光，日月為《易》，剛柔相當，土旺四季，羅絡始終，青赤黑白，各居一方，皆稟中宮戊己之功。[17]

從這些引文的敘述，可以明白的看到《參同契》試圖建構一個不同於傳統易學的宇宙圖式，透過乾、坤、坎、離四卦，以建構出宇宙的動態結構。乾坤象徵天地，定位於上下，它們是處於「列陰陽配合之位」，而坎離運行升降於其間，也就是透過「坎離匡廓」，運轉循環，上下升降來體

---

[14] 《乾鑿度》與鄭注，見《易漢學》卷三，頁1112。
[15] 魏文引自明蔣一彪輯《古文參同契集解》卷下上篇，頁4。
[16] 同前注，頁11。
[17] 本文直間轉引惠棟《易漢學》所引（卷三，頁1117。）。

現宇宙變化的實際情形。萬物皆由陰陽合德而成，或偏重於陰，或偏重於陽，絕無純陽或純陰之物能夠獨立存在，也就是純陽的乾或純陰的坤，它們僅是萬物存在的最初原質，這種最初的原質，並非是可以各別獨立而成就一物的，所以，乾坤二者從觀念上言，只具有邏輯上的意義，真正萬物的生化，仍落入坎離二卦，所以說「坎離者，乾坤二用」。一陽入坤爲坎☵，故坎爲陰中之陽；一陰入乾爲離☲，故離爲陽中之陰。坎離流行於乾坤之間，往來不定，上下無常，呈現出陰陽交錯的狀態，它們不僅標示了陰陽二氣在宇宙間上下升降的運動，同時也包蘊著萬物存在的基本特徵。以下分呈現「天地設位圖」與《道藏》中著名的「水火匡廓圖」，可以更清楚的表現出其宇宙化生的基本樣態：[18]

圖表 3-1-2　天地設位圖　　　　圖表 3-1-3　水火匡廓圖

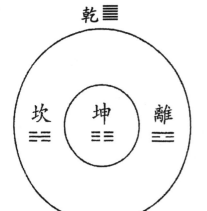 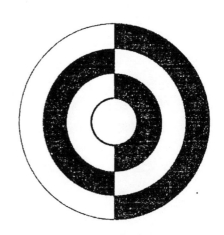

關於天地所建構的宇宙型態，其「坎離匡廓，運轂正軸，牝牡四卦，以爲橐籥」的情形，俞琰於《周易參同契發揮》中作了詳細的說明，指出乾坤爲《易》之門戶，或說是天地之門戶，「闢戶爲坤，闔戶爲乾，一闔

[18] 二圖轉引自蕭漢明、郭東升《《周易參同契》研究》，上海：上海文化出版社，2001 年 1 月 1 版 1 刷，頁 69。

一闢，往來不窮爲變通」，而「坎月離日，日月行于黃道，晝夜往來，循環無窮，如匡廓之週遭也。轂猶身，軸猶心，欲轂運必正其軸」。「乾純陽，牡卦也；坤純陰，牝卦也。坎陰中有陽，離陽中有陰，牝牡相交之卦也」。乾坤位處上下，而坎離列於東西，「乾坤闔闢，坎離往來，儼如橐籥之狀」，即太虛之狀。[19]坎離二卦，不但是陰陽升降的象徵，同時也是日月交轉的象徵；日月轂轉，一進一退，「陽往則陰來，輻輳而輪轉」，[20]具有一定的規律性與周期性。因此，在魏伯陽看來，坎離二卦，儼然是其宇宙論框架下的實際主宰的主角。日月居於中宮戊己土位，月相的晦朔弦望，皆因日月之動而成；所以，「三物一家，都歸戊己」，[21]坎離二卦居其中位，掌握了天道之樞紐，不論是內丹或爐火，皆應循此天道而行。

　　魏氏月相納甲之說，以京氏納甲之十干納卦爲準據，進一步建立一套更嚴密而詳盡之理論，其最終之目的在於爲丹道而服務。虞翻則以此前賢之說爲本，進一步闡釋其以論卦爲主的八卦納甲之說。

2.虞翻八卦納甲架構之建立

　　虞翻在京房「納甲」之說與魏伯陽《參同契》的基礎上，重新詮釋月體納甲說，並由此而體現其易學思想的獨特性之所在。惠棟制作「八卦納甲圖」，並具體地描述其主要的內容：

圖表3-1-4　虞氏八卦納甲圖[22]

19 括弧中引俞琰《周易參同契發揮》，引自蔣一彪輯《古文參同契集解》卷下上篇，頁10。
20 見《周易參同契》卷下。引自蔣一彪輯《古文參同契集解》卷下上篇，頁12。
21 見《周易參同契》卷下。引自蔣一彪輯《古文參同契集解》卷上下篇，頁56。
22 圖引自新文豐出版公司《叢書集成新編》，第十七輯，影印經訓堂叢書本《易漢學》，頁51。

坎離，日月也。戊己，中土也。晦夕朔旦，坎象流戊；日中則離，
離象就己。三十日會于壬，三日出于庚，八日見于丁，十五日盈
于甲，十六日退于辛，二十三日消于丙，二十九日窮于乙，滅于
癸。乾息坤成。震三日之象，兌八日之象。十五日而乾體成，坤
消乾成。巽，十六日也；艮，二十三日也；二十九日而乾體就，
出庚見丁者，指月之盈虛而言，非八卦之定體也。甲乾乙坤，相
得合木，故甲乙在東；丙艮丁兌，相得合火，故丙丁在南；戊坎
己離，相得合土，故戊己居中；庚震辛巽，相得合金，故庚辛在
西；天壬地癸，相得合水，故壬癸在北。此天地自然之理。[23]

說法與魏氏之學相近。惠棟並進一步解釋，認爲「日歸于西，起明于東；
月歸于東，起明于西，故月三日成震時在庚西」，[24]符合日月運行的自然
方位，日東升而西降，月則西起而東落；這是就日月相對應的角度言。
事實上，就地球的觀察視線而言，月是從東方升起，並朝西方落下；日
亦東升西落。觀測者觀測日月在天空中移動的方向都是相同的，這一點
是有必要釐清的。所以惠棟之言，乃至古人多言日月之升降方向相反，
是將日月天體置於相對的位置言，日西而月東即是。月體本身不會發光，
其光亮的部分，是日光反射所形成的，也就是月體之圓缺，是日月相對
位置改變所致，且月體光亮的部分（不論是上弦或下弦）永遠是朝向日
所之方向，這就是日月相對的照射之原理。因此，所謂「月三日成震時
在庚西」，即三日眉月一線如震象，位處庚西之方。惠氏並言「震本屬東
方，兌本屬西方，然月之生明必于庚，上弦必于丁，故震在西，兌在南，
諸卦可以類推」，[25]皆就實際觀測月體方位而言，三日震象，月體在西，
八日兌象，月體在南爲上弦，其餘各卦同理。惠氏又解釋云：

乾盈于甲，行至辛而始退；震爲始生，巽爲始退，而皆在西。兌，

---

[23] 見《易漢學》卷三，頁 1107-1109。本論文原採南菁書院《皇清經解續編》本，於本段
引文後，「此天地自然之理。宋人作是圖者，依邵氏僞造伏羲先天圖之位，錯亂不可明，
今正之。」文原缺，今據《四庫全書》本而增補。後文所引諸文，仍以《皇清經解續編》
本作注。
[24] 見《易漢學》卷三，頁 1108。
[25] 見《易漢學》卷三，頁 1108。

> 上弦；艮，下弦，而皆在南。乾滿于甲，坤窮于乙，而皆在東。
> 此以月所行之道言之，而納甲由是生焉。[26]

「乾盈于甲」為十五望，坤二十九日窮於乙，月體位皆處於東方。巽辛為十六日始退，震庚為三日始生，位皆在西。兌丁為八日上弦，艮丙二十三日為下弦，位皆在南。這種以卦入位的論述，符合月體視運動之粗略概況，是一種自然科學的實況分析，但未符精確的實狀。當然，問題並不在於惠氏，而是虞翻學說本是如此，強將八卦納入月體運動方位，為求各配不同的方位，形成不夠週密之情形。案月體升降所處位置，因日、時而各有不同，以乾甲所指之十五日云，於傍晚六時左右，月從東方升起，晚上十二時左右，月在正南方，至早上六時左右，月從西方落下，魏伯陽乃至虞翻，所指之處於東方者，若依實際時間來看，當是晚上六、七時月體升起的時間才是。又以兌丁所指的八日上弦，認為月體在南云，此一日期，晚上約六時，月體已從東方升至正南方，晚上約十二時，月體在西方落下，之後就不復再見；因此，言南方者，當指晚上六、七時的月體之位。乾、兌所指之月相方位，若在六、七時所見，皆符所言之位。然而，以巽辛十六日言，晚上六、七時之月位，為從東方升起，非所言之西方，因為至隔日早上六時，月才從西方落下；艮卦亦然，晚上十二時，月從東方升起，隔日早上六時月在正南方，若同樣以晚上六、七時言月位，則不當在南方，因為此時月尚未升起而未能觀見月體。坤、震同不符。因此，以卦、干配位言月體，從月體運動的實際情形上去檢視，月相尚符，而月體方位則仍顯不夠準確。另外，惠氏又引揚雄《法言》云：

> 月未望則載魄于西，既望則終魄于東，其逆于日乎。[27]

惠棟之引言，可見其科學的認知與態度。的確，月體在望月十五日以前，載魄者在西方，也就是圓之所缺者在西方，因為月亮相對的太陽，位於東方，月體載魄者是背著太陽之部分。至十五日，觀月體時，終魄於東，月體全能反射日光而呈滿月狀態。月之圓缺，全繫乎日，因為月體本身

不能發光，由日光而見月體。日月依恃變化，一月而周，反復循環，成規律而不息，象徵了宇宙萬化之道，魏伯陽援此象爲道，虞翻隨之，惠氏又持科學態度釋之，尚合實證軌範。

虞氏的月體納甲之說，乾天爲上，坤地爲下，日出於東，月出於西，則乾南、坤北、離東、坎西，本是天地自然之理，然而宋儒藉以創說先天八卦圖位，妄用捏造，是不明此自然之律則，所以惠氏指明，「宋人作是圖者，依邵氏僞造伏羲先天圖之位，錯亂不可明」。[28]陳摶、邵雍以降，道家思想醇濃，援依同流先賢魏伯陽之學，自不可免；惟所用而新制先天之學，在惠棟看來，是不符合漢魏《易》家或易學思想之本義，因此「錯亂不可明」。學說思想本在不斷的詮釋過程中創新與漸次豐富，倘從考索原義的角度言，虞翻未必合《周易》本義，當然宋人同樣也未合《周易》本義，只不過漢先於宋，或較近古；但單就此卦位之說言，虞氏與宋人皆未必合古，因此從《易》本義云，皆是錯亂不可明，宋人又何必依準於魏、虞之說呢？惠氏執著於漢學而有此批駁之語。然惠氏之評，仍有其科學性的意義；肯定虞說，同樣是肯定其說符合自然之理，至於宋人先天圖說，則與「此天地自然之理」未恰。另外，惠氏此一評論，也提供了一個訊息，則爲宋人的先天圖說，是本於此月體納甲之說而來的，可以作爲關注先天學的根源時，是一個具有可證性的訊息。

（二）虞翻八卦納甲說之具體內涵

1.「西南得朋，乃與類行。東北喪朋，乃終有慶」釋義

惠氏引坤卦《彖傳》「西南得朋，乃與類行。東北喪朋，乃終有慶」文下，首先注云：

> 謂陽得其類，月朔至望，從震至乾，「與時偕行」，故「乃與類行」。陽喪滅坤，坤終復生，謂月三日，震象出庚，故「乃終有慶」。[29]

---

[28]　本論文原採南菁書院《皇清經解續編》本，「此天地自然之理。宋人作是圖者，依邵氏僞造伏羲先天圖之位，錯亂不可明，今正之。」文原缺，今據《四庫全書》本而增補。

[29]　見《易漢學》卷三，頁1109。二注文，實爲虞氏注坤卦《彖傳》原來之文，（見李鼎祚《周易集解》卷二，頁27。）惠氏未標明出於虞氏。

此一注文，並未標明何人之言，實虞氏注此坤卦《彖傳》原本之文，惠氏未明是虞氏之說，而視爲己注，似有未妥。惠棟又引虞注進一步說明（亦未標明虞文），云：

> 此指說《易》道陰陽消息之大要也。謂陽月三日，變而成震出庚，至月八日，成兌見丁，庚西丁南，故「西南得朋」，謂二陽爲「朋」。二十九日，消乙入坤，滅藏於癸，乙東癸北，故「東北喪朋」。謂之以坤滅乾，坤爲喪故也。[30]

《易》道陰陽消息之大要，表現在月體納甲之說上。陰陽之消息，以「坤終復生」，陰盡陽生，坤滅而起一陽初生之震☳卦，即月三日，震象出庚之時，歷二陽生之兌☱卦，此二陽爲「朋」，見丁爲南，時爲八日。震庚爲西，兌丁爲南，所以是「西南得朋」。至十五日，乾☰象盈甲，爲滿月之象。從月朔後三日起震至十五日乾象滿月之時，是陽升而得其類者，所以是「乃與類行」。然而，自十六日起，「陽喪滅坤」，一陰生爲巽☴辛，經二十三日二陰生，而爲艮丙，再至二十九日，消乙入坤，滅藏於癸，乙東而癸北，以坤滅乾，故稱「東北喪朋」。虞氏藉由此月體納甲之說，來說明「西南得朋」與「東北喪朋」之理。而此月體納甲之說，又是反映了「《易》道陰陽消息之大要」。消息之說，源起於孟、焦、京之《易》說，以十二月辟卦明一歲陰陽消長之要，而虞氏此一消息之大要，則以震☳、兌☱、乾☰、巽☴、艮☶、☷坤等六純卦言一月之陰陽消長。虞氏此消息不言坎☵、離☲者，以坎、離爲天地之合，爲日月之本。

又，惠氏另作疏解云：

> 小畜上九曰「月幾望」。《易說》曰：「月，十五盈乾甲，十六見巽辛，內乾外巽，故月幾望。」中孚六四「月幾望」。晁氏曰：「孟、荀、一行作『既』。孟喜云『十六日也』」。[31]

以惠士奇《易說》之言釋「月幾望」，以小畜☴卦上巽下乾，乾甲爲十五

---

[30] 見《易漢學》卷三，頁 1109。所引注文，爲虞氏注坤卦《彖傳》原來之文。惠引虞注此文，中有缺而不用者，即「謂二陽爲朋」句後，虞氏本有「故兌君子以朋友講習。《文言》云敬義立而德不孤，《彖》曰乃與類行」文，惠氏去之。（虞此注文，見李鼎祚《周易集解》卷二，頁 27。）

[31] 見《易漢學》卷三，頁 1109-1110。

日月滿之時，而巽辛十六月亦盛滿，所以準爲「既望」。同時引晁說，以漢魏諸家於中孚六四「月幾望」之「幾」皆作「既」，特別是孟喜之說，指爲巽辛十六日，所以認爲「此則孟長卿亦用納甲」。[32]同時進一步作案語云：

> 案古文讀「近」爲「既」。《詩》「往近王舅」是也。此實當作「既」。
> 棟案：六四體巽，故云既望。晁説是。[33]

以音訓古讀「近」字爲「既」來說明「月幾望」通「月既望」。中孚䷼卦巽上兌下，六四巽爻，巽辛十六日爲既望之相，以此月相納甲釋爻，於理甚合，故晁說爲是。惠氏引據證說，可見其獨到而通宜之處。以小畜上九云，上九爻辭「月幾望」後接「君子征凶」，倘以「既望」爲釋，下乾上巽爲十五、十六日，是望月之相；既望則生魄，而爲巽辛陽消之象，月滿則盈，既盈則消，此自然之理，所以戒君子以征凶。如是作「既望」爲釋，似更恰於「幾望」。在這裡，惠氏除了訓義上的突破外，也提供我們一個可以正視與參考的訊息，即月相納甲之說，非魏伯陽、虞翻所專，孟喜、京房時期，已能將月相納甲之說具體地反映在釋《易》上，特別是孟喜，這位作爲虞翻家學五代習《易》的導師，雖一般肯定虞氏十二消息的卦氣主張源於斯，然虞翻的納甲之說，或未必專出於魏伯陽，可能也直接承襲了孟氏之學。雖是孤證，仍不容忽視。

2.《繫辭》諸文釋例

虞氏月體納甲說的重要主張，諸多呈現於對《繫傳》的詁訓上，惠棟特別檢選出來，部份並另作小注。《繫辭上》曰「在天成象」，惠棟引虞翻云：

> 謂日月在天成八卦，震象出庚，兌象見丁，乾象盈甲，巽象伏辛，艮象消丙，坤象喪乙，坎象流戊，離象就己，故在天成象也。

又，《繫辭上》「縣象著明，莫大乎日月」，引虞氏云：

> 謂日月縣天，成八卦象。三日暮，震象出庚；八日，兌象見丁；

---

[32] 見《易漢學》卷三，頁 1110。
[33] 同前注。

十五日，乾象盈甲；十六日旦，巽象退辛；二十三日，艮象消丙；
三十日，坤象滅乙。晦夕朔旦，坎象流戊，日中則離，離象就己，
戊己土位，象見於中。日月相推而明生焉。

又，《繫辭下》「八卦成列，象在其中矣」，引虞氏云：

「象」謂三才，成八卦之象。乾坤列東，艮兌列南，震巽列西，
坎離在中，故「八卦成列，則象在其中」。[34]

月相三日暮出震，位西方，震納庚，故「震象出庚」；八日見兌，位南方，
兌納丁，故「兌象見丁」；十五日盈乾，位東方，乾納甲壬，故「乾象盈
甲」。月盈則食，十六日退巽，位西方，巽納辛，故「巽象伏辛」；二十
三日消艮，位南方，艮納丙，故「艮象消丙」；三十日滅坤，位東方，坤
納乙癸，故「坤象喪乙」。坎離為日月之本體，二者皆位於中，坎納戊，
離納己，故「坎象流戊，離象就己」。因此，八卦列位，惠氏注明「乾坤
甲乙列東，艮兌丙丁列南，震巽庚辛列西，而坎離戊己在中」。並且，惠
氏也指出「宋人作納甲圖，以坎離列東西者誤甚」，即以朱震之「漢上納
甲圖」為非。清胡渭《易圖明辨》又據朱圖而修訂為「新定月體納甲圖」，
倘惠氏能見此圖，亦當不能認同而斥為非。二圖如下所示：

圖表3-1-5　漢上納甲圖

圖表3-1-6　新定月體納甲圖[35]

[34] 以上三引文，見《易漢學》卷三，頁 1111-1113。
[35] 朱震「漢上納甲圖」、胡渭「新定月體納甲圖」二圖，引自胡渭《易圖明辨》，卷三，
新文豐出版公司《叢書集成新編》，第十六輯，影印自守山閣叢書本，頁 475-476。

坎離二卦本應位居中央，主宰月相的晦朔弦望，不宜分屬於東西，倘同其它六卦一樣各據一方，則曲解了從魏伯陽到虞翻論述的主體意涵，也削弱了坎離二卦的中心地位。

另外，惠氏於前虞文後另作小注，認為：

> 三畫謂之象，六畫謂之爻。日月在天成八卦，止以三才言之。仲翔曰：八卦乃四象所生，非庖犧之所造也。[36]

從月體納甲說推言《易》卦言象，皆以三畫成象而言，也就是八純卦所代表的象意，《易》之道，盡在三畫之中。日月運行於天，月受日照，日月懸天而成象，所以八卦為日月所成之四方之象而生，也就是由坎月離日的本然之象，與所顯之震、兌、乾、巽、艮、坤之象，八卦由日月而成，非庖犧冥思己意而造成的。因此，月體納甲主要陳述與表達的，仍在透過月相之成象，以架構宇宙萬物之生成變化之道，乃至人事的吉凶休咎，用它來反映《易》道，是最恰當不過的。

又，《繫辭上》「四象生八卦」，惠棟引虞氏云：

> 乾二五之坤，則生震坎艮。坤二五之乾，則生巽離兌。故四象生八卦，乾坤生春，艮兌生夏，震巽生秋，坎離生冬者也。

八卦之生成，三索交乾坤，以成六子之爻；以乾坤消息為主，消息既備，則乾退而就坎，坤進而就離，故分震坎艮屬天，巽離兌屬地。從月體納甲說觀之，十五日，乾象西北，西北於坎前。坤陰所積，乾就坤以交陰，則生三男。坤不位東南者，以陽先陰後，不敢敵陽，故位離後西南。震兌之間，處陽盛之位。坤亦就乾以交陽，則亦生三女。艮在甲癸之間，故位東北。震巽相薄，陽動入巽，故位乎東南以受震。此即乾坤生六子之大義。[37]「四象生八卦」，蓋八卦生於四時，也就是生於春、夏、秋、冬。「乾坤生春」者，以月行至甲乙，乾坤之象昭著，故乾坤生乎春。「艮兌生夏」者，以月行至丙丁，艮兌之象昭著，故艮兌生乎夏。「震巽生秋」者，以月行至庚辛，震兌之象昭著，故震巽生乎秋。「坎離生冬」者，以坎離在中不可象，日月會於壬癸，而坎離象見，故生乎冬。然而，坎離

---

[36] 見《易漢學》卷三，頁 1111。
[37] 此虞氏乾坤生六子之大義，參見李道平《周易集解纂疏》卷八，頁 602。

居於中而生乎多，不若其餘六卦佈於四方中之三方者，於理上似未盡恰；虞說於此，似有牽強。不過在這裡，反映出虞氏月體納甲之說，以月相配卦，並涉及到天干、方位與四時，聯繫多項諸元，提升其詮釋內容之廣度。

　　對於坎離生多之說或有牽強者，惠氏另輯引諸說爲釋，以說明坎離二卦之角色地位。虞翻提出「坎離生多」者，從四方均佈的角度云，或似有牽強附會。然而惠棟特別加以說明，也對坎離二卦有進一步更清楚的定位。惠棟引《參同契》、虞文，並作小注，以說明「坎離生多」之義：

> 《參同契》曰：子午數合三，坎子、離午。戊己號稱五，三五既和諧，八石正綱紀。又云：水以土爲鬼，土鎮水不起，朱雀爲火精，執平調勝負，水盛火須減，俱死歸厚土，三性既合會，本性古文姓皆作性，漢碑猶然。共宗祖。仲翔注《說卦》云「水火相通，坎戊離己，月三十，一會于壬，是坎離生冬之義。[38]

傳統上五行與數字的關係爲：水一與六；火二與七；木三與八；金四與九；土五與十。一至五數爲生數，而六至十數爲成數。據《河圖》的說法，北水生數一、成數六；南火生數二、成數七；東木生數三、成數八；西金生數四、成數九；中央土生數五、成數十。因此，離午坎子，分立南北，子水數一，午火數二，共合成三，所以「子午數合三」。土數爲五，坎離戊己則稱五，三五合成爲八，即水、火、土三者「三性」合會，即精氣神相會。土生金，故土爲金父；土剋水，故水爲土鬼，即魏氏所言之「汞日爲流珠」，流珠爲水之子。生於日而結爲金，金生水，故流珠爲水母。土克水故爲鬼，土鎮水則水不起，即以水沃之則火不炎，以土鎮之則水不濫。如此一來，水得土則消，火得土則息，金得土乃歸其父；土爲金父，則火爲金祖，故水火土三家之所以會合，因其本同宗共祖，即「三性會合，本性共宗祖」。[39]

---

[38] 見惠棟《易漢學》卷三，頁 1112。引《參同契》文，見蔣一彪輯《古文參同契集解》卷下下篇，頁 63。

[39] 五行相生相克。水生木，木生火，火生土，土生金，金生水，水復生木，周而復始，是爲相生。生者爲父爲母；被生者爲子爲女。水克火，火克金，金克木，木克土，土克水，水復克火，周而復始，是爲相克。克者爲官（夫）鬼，被克者爲妻（婦）財。丹道

惠棟所引《參同契》之言，是透過五行之生剋變化，以強調坎、離和諧共生之道，二者並俱歸於冬。是以子居北，爲坎之正位，其數爲一；午居南，爲離之正位，其數爲二；坎離中皆有土，其數爲五。水火遇土而俱歸於土，俞琰認爲「水火俱歸土也。水火遇土爲三性，三性既合，則混而爲一，俱歸于坤宮」，[40]符合前引之「天地設位圖」。歸於坤宮，坤屬極陰之性，儼然有冬之象，[41]只不過《參同契》並不作此說。然而虞翻指出「水火相通，坎戊離己，月三十，一會于壬，是坎離生冬之義」，二十九、三十日屬極陰坤相，於四時之終爲冬；以四時之冬爲解，確實有難以通順訓解之齟齬情形，所以惠棟只能引《乾鑿度》云坎離爲「日月之道，陰陽之經，所以終始萬物，故以坎離爲終」，並引鄭玄之注，斷作「以日月終天地之道」，以「冬」取「終」之義。[42]因此，從《參同契》與虞說之差異看，虞氏根據納甲方位而提出八卦分屬於四時，並以「坎離生冬」，這樣的說法，魏伯陽並無，甚至未必不合魏氏言坎離之義。這是虞氏納甲說的新詮釋，是相對於魏說、有本於《乾鑿度》與鄭玄等前人之說的新詮釋。

另外，這裡尚有一個問題須要釐清，即前引諸文中，虞氏言「三十日，坤象滅乙」，即以三十日爲坤象，爲坤卦用事而納乙，然而其於坤卦《象傳》則注作「二十九日」，[43]是當以何者爲正？二十九日、三十日爲晦夕，虞氏「此云三十日，以大分言之」，[44]即虞氏專主二十九日而言；這個問題，惠棟於前文已作清楚的論述，並於自製「八卦納甲之圖」明白地顯示出來，他指出「二十九日窮于乙，滅于癸」，所以「二十九日，消乙入坤」，也就是二十九日納乙而坤卦用事。至於三十日則爲日月會合之時而納壬。因此，坤卦仍以二十九日成象爲主。這樣的說法，明顯地

逆用五行，強調相克，以克爲生，故母隱子胎。至於《參同契》云「朱雀」，即南方心火之象，爲龜、龍、雀、虎周期模式的第三相。

[40] 俞琰之言，見蔣一彪輯《古文參同契集解》卷下下篇，頁65。

[41] 虞翻卻認爲乾坤屬春，若又將坤引作冬象，似又不合。

[42] 惠引《乾鑿度》與鄭注，見《易漢學》卷三，頁1112。

[43] 虞氏坤卦《象傳》「西南得朋，乃與類行。東北喪朋，乃終有慶」之注文，已如前述，明白地指出「二十九日，消乙入坤，滅藏於癸」，以二十九日納乙爲坤而用事。

[44] 見李道平《周易集解纂疏》卷八，頁603。

與《參同契》不同，《參同契》只言「壬癸配甲乙，乾坤括終始」，[45]並不說坎離會壬癸。這是二說之重要分別。

3.《說卦》諸文釋例

坎離二卦，於八純卦中位處四方之中，所以具有相對特殊與重要之地位。惠氏引《說卦》中之虞翻注文來說明八純卦的具體方位。以下針對引言，分別作簡要說明：

> 《說卦》曰「水火不相射」。仲翔曰：謂坎離。射，厭也。水火相通，坎戊離己，月三十日，一會於壬，故不相射也。仲翔又注歸妹曰：乾主壬，坤主癸，日月會此。

坎☵離☲為水火，水火相剋而實相通，是本《參同契》之丹道之說，以剋為生。坎離納戊己為日月，三十日相會於壬癸而成象於中。

> 又云「萬物出乎震，震，東方也」。仲翔曰：出，生也。震初不見東，震初出庚，在西。故不稱東方卦也。

依虞氏之說，三日成震☳，震初出庚，其位在西而不稱東方之卦。是以三日之實際月相，黃昏六時左右，上弦新眉之月約在西南方向，並在九時左右，於西方落下，因此，這天之月相，不見於東方，從月相而言，不稱作東方卦。用位與《說卦》異。

> 「齊乎巽，巽，東南也」。注云：巽陽隱初，又不見東南，巽在西。亦不稱東南卦，與震同義。

巽☴卦，陽伏於巽初，故為「巽陽隱初」。漢並多言巽屬東南，如《乾鑿度》云「巽散之于東南」為是；然而依月相之說，十六日巽象退辛，屬西方而不稱東南之卦。依實際的月相言之，十六日正是月相圓滿之時，酉時（晚六時）左右，月從東方起；子時（晚十二時）左右，位正南；卯時（晨六時）左右，月從西方落下。故是夜觀月相，約晚九時左右，月位東南之方，光亮可見。然而，虞氏不取東、東南或南位，而用西。用位與《說卦》異。

---

[45] 見蔣一彪輯《古文參同契集解》卷下上篇，頁 19。惠棟《易漢學》卷三，頁 1115，同引。甲乙與壬癸為天干的首尾四干，乾配甲與壬，坤納乙和癸，囊括了天干的始與終。

「離也者，明也，萬物皆相見，南方之卦也」。注云：離象三爻，
皆正日中，正南方之卦也。日中則離．

離☲卦三爻陰陽皆處正位，日中正位南方，故爲正南方之卦。又以坤二
之乾五成離，離爲明，即「天子之位，負斧依南面立」，向明而治天下；
[46]是以離位正南，南面而治，取爲正南之卦。因此，以離取位正南，正
合人事之大誼。

「兌，正秋也」。注云：兌三失位不正，故言正秋，兌象不見西，
兌在南．故不言西方之卦。

兌☱卦三陰失位，導陰之不正，故言「正秋」以正之。兌又爲四正卦，
辰在酉，故又爲「正秋」。以月相納甲言，八日成兌，見丁在南，不見西
方，故不言西方之卦。依實際的月相言之，八日爲月半上弦之月相，酉
時（晚六時）左右，月處正南；子時（晚十二時）左右，月於西方下沈；
之後則月隱沒而不見。故是夜觀月相，由酉至子時，位南方、西南至西
方，皆可見此半月之相。然而，虞氏不取西、西南，而用南。此用位與
《說卦》異。

「戰乎乾，乾，西北之卦也」。注云：乾剛正五，月十五日，晨象
西北，基在東．故西北之卦。

乾☰卦剛正乎五位，故云「乾剛正五」，此就重卦（䷀）之象云。月十五
日盈於甲，而晨象西北，故爲西北之卦。依實際的月相言之，十五日望
月之相，酉時（晚六時）左右，月升東方；子時（晚十二時）左右，月
處正南；卯時（晨六時）左右，月沈西方。故是夜觀月相，由酉至卯時，
月由東而南並入沒於西。虞氏納甲作東方，而惠此小注作「暮在東」，符
月相之時位。虞氏此處取「晨象西北」，故作「西北之卦」言，取用規則
不一，且亦不合其納甲之說。

「坎者，水也，正北方之卦也」。注云：坎二失位不正，故言正北
方之卦，與兌「正秋」同義。坎月夜中，故正北方。

46　參見《周書·明堂》云：「天子之位，負斧斧扆南面立，率公卿士侍於左右。」又《說
卦》云：「離也者，明也，萬物皆相見，南方之卦也。聖人南面而聽天下，嚮明而治，
蓋取諸此也。」

坎☵卦二陽失位，導陽之不正，故特別言「正北方之卦」以正之。與兌三不正稱「正秋」同義。坎月夜中正北，而爲正北方之位。又以四正卦言，坎辰在子，爲正北之卦。

> 「艮，東北之卦也，萬物之所成終而所成始也，故曰成言乎艮」。
>
> 注云：萬物成始乾甲，成終坤癸。艮，東北甲癸之間，故萬物之所成終而成始者也。[47]

乾納甲，甲居東方，故「萬物成始乾甲」。坤納癸，癸居北方，故「成終坤癸」。艮☶象見於丙，言「東北甲癸之間」者，以乾十五日，坤三十日，艮二十三日，去乾甲坤癸各爲八日，故爲「甲癸之間」。虞氏納甲艮象又別作南方，已如前述。依實際的月相言之，二十三日下弦半月之相，酉時（晚六時）左右，月尚未升起；子時（晚十二時）左右，月自東升；卯時（晨六時）左右，月處正南。故是夜觀月相，僅子時至卯時，於東而南可見月相。虞氏納甲作東北，並不符實際月行方位。

　　惠氏引虞釋《說卦》諸文，論述乾、震、兌、艮、巽、坎、離，惟獨坤卦未引，其取捨之由，蓋以《說卦》「坤也者，地也，萬物皆致養焉」文下，虞云：

> 坤陰無道，故道廣布，不主一方，含弘光大，養成萬物。[48]

以其言「不主一方」，難合納甲坤卦二十九日消乙而位東方，故惠氏避而不取。《說卦》將八卦與四方、四時相配，明言坎爲北、離爲南、震爲東、兌爲西、[49]巽爲東南、艮爲東北、乾爲北西，至於坤卦，則如上言，僅稱「地也，萬物皆致養焉，故曰至役乎坤」，然推其相對之位，則西南之位確是。虞氏釋此《說卦》之言坤，避西南之位而不論，而從坤陰地道之性言，以地屬土爲廣生，故可言「不主一方」，但此又不與月體納甲之象合。坤位於西南爲土，爲兩漢以降普遍之認識，《說卦》如是說，《彖傳》云「西南得朋」亦如是，而《乾鑿度》亦如是說；《乾鑿度》云「坤

養之於西南方，位在六月」、「坤位在未」、「坤位在西南，陰之正也」，[50]
即坤位在未為六月，處西南之方。依實際的月相言之，二十九日消乙入
坤，為下弦細眉之月，申時（下午四時）左右，月自西沈，直至寅時（晨
四時）左右，月方東升，因此，夜觀月相，僅黎明時刻於東方之處可見
月相。虞氏納甲作東方，正符合當日月行可見實際之月相方位。至於西
南之位，當日入夜後整個晚上，並不能於西南方見到月相。

　　綜合前引所述，將《說卦》與虞說之八卦方位作簡要之比較，如下
表所呈現：

圖表 3-1-7　《說卦》與虞氏納甲八卦方位比較表

	乾卦	坤卦	震卦	兌卦	艮卦	巽卦	坎卦	離卦
《說卦》	西北	西南	東	西	東北	東南	北	南
虞氏納甲	東	東	西	南	南、東北[51]	西	中宮正北	中宮正南

大體而言，虞氏的月相納甲之方位說，與《說卦》之說大都不同，也就
是二者幾乎為兩個不同的方位系統。《說卦》所云八卦之方位，主要是以
「太陽」作為時空觀之相應物，也就是配合四時而論，確立八卦所主四
時之方位：乾為西北，為秋冬之交；坎為北方，為冬；艮為東北，為冬
春之交；震為東方，為春；巽為東南，為春夏之交；離為南方，為夏；
坤為西南，為夏秋之交。然而虞氏卻以月體納甲來解釋評述《說卦》的
八卦方位，也就是以「太陰」作為時空觀的相應物，以乾坤列東為春，
兌艮列南為夏，震巽列西為秋，坎離列北為冬；這種以一月三十日月相
變化的八卦方位來談論《說卦》的一年四時之八卦方位，是一種不同質、
不對等之評述方式，並非恰當。

　　已如前述，虞氏根據月體運動的位置以決定相應八卦的方位，然而

---

[50] 見《乾鑿度》卷上。引自《古經解彙函》，頁 480。
[51] 關於艮卦的方位，虞翻除了提出二十三日艮象消丙，位於南方外，同時也針對《說卦》
所說的東北方作解釋，認為坤納癸而居北方，乾納甲而居東方，艮象見於丙，為「東北
甲癸之間」，故艮又為東北方。如此說來，八日成兌，處二十九日與十五日之間，也該
坤納乙而居東方，乾納壬而居南方，又為「東南乙壬之間」的東南方？此等解釋明顯附
會，曲合《說卦》之說，然體例不一，於理不恰。

月體在一日的不斷運行過程中，其方位也不斷地由東而南而西的在改變，因此決定八卦的代表方位，應取一致性的時間下所見月體之方位，例如十五日乾卦、二十九日坤卦、三日震卦，以及其它卦的代表日，均取相同的時間點，如同取酉時的月體方位，或同取子時的月體方位，或取其它時間的月體方位，皆應以相同的觀測時間點來取其方位，如此較爲合理。倘十五日乾卦取酉時作觀測之時間，其它卦亦當取酉時；乾卦取子時，其它卦亦當取子時。倘十五日乾卦取酉時，二十九日坤卦取子時，其它諸卦也取不同之時間，各卦時間皆不一致，這樣所決定的方位，是一種自由意志的決定，並不符合科學的態度，失去其實質的意涵，則很難成爲一合理而具實證價值的學說主張。虞氏納甲的各卦方位，即面對在這樣的問題。

惠棟輯引虞氏諸說，僅如實呈現，對虞說並未提出進一步地評述，惜哉！然惠氏的輯引歸納，提供研究者方便而有效之資料，同時引發對有關問題之關注，此有功焉！

4.《繫傳》「五位相得而各有合」釋例

《繫辭上》所謂「天一、地二；天三、地四；天五、地六；天七，地八；天九，地十。天數五，地數五，五位相得而各有合。天數二十有五，地數三十，凡天地之數五十有五，此所以成變化而行鬼神也」。由一至十的十個自然數，依五個方位作排列，每個方位皆現現出奇耦陰陽相合的特徵，並構成一個相互聯繫的圖式，這個圖式，漢人視爲五行生成數圖，而宋代則推爲河圖、洛書之說。五行配數的理論發展，由來已早，先秦兩漢的重要主張，包括如鄒衍的五德數、《管子・幼官》、《禮記・月令》的依時寄政之說、《素問》的河圖五臟模型、《淮南子》的五行衍生之理論，乃至魏伯陽《參同契》用之於「內養」與「爐火」的理論，其中《參同契》可以視爲漢代丹道最具規模者。諸家之說，取數規模皆有東八、南七、西九、北六與中五之結構；《參同契》取其生成之數而捨「中十」不用，即用一至九等九個數。[52]《參同契》用數之要，以傳統《周

---

[52]《參同契》捨其中土之成數十而不用，並未申敘其由，然俞琰引子華子云：「天地大數

易》七、八、九、六等四數象徵天道陰陽之化；七為少陽、八為少陰，九為老陽、六為老陰，「九還七返，八歸六居」，[53]呈現陰陽之升降變化，主要透過母體內受孕後與成胎前，或爐火成丹前的陰陽升降之說，表述天道陰陽「還」、「返」、「歸」、「居」的運動規律。五行生數，象徵人體內在的陰陽五行之組成代數，東三卯木，南二午火，西四酉金，北一子水，而中央五土為成己真土；配之以五臟，則木三為肝，火二為心，金四為肺，水一為腎，土五為脾；五臟之氣的流行，一當右轉而接於四，二乃東旋而至於三，五居中為意主，如此一來，一轉四合為一五，二旋三又合為一五，中五自為一五，這便是人體氣血運轉循環之正常規律，也就《參同契》所謂「三五與一，天地至精」[54]之說。倘不能達到此「三五與一」之正常規律，則「三五不交，剛柔離分」，[55]人體氣運異常，修道與內丹之術則不成。一轉四為水合於金，二旋三即火就於木，水為金子，木為火母，故一四和二三皆為母子同氣。就內丹言，一四合氣為元精，二三合氣為元氣，中五為元神，故丹術即以此「三五與一」的要則達到精氣神和諧共體的境界。就爐火之法言，「五行錯王，相據以生，火性銷金，金伐木榮」，[56]於進火之際，木生火，火銷熔鼎器內之鉛，金受克伐，無力制木，故木榮而火更旺。木與火不入鼎器之內，故以數言之，即「其三遂不入，火二與之俱」。[57]

　　《參同契》這種以五行之數推演丹術、爐火之說，其背後的意義仍

莫過乎五，莫中乎五。蓋五為土數，位居中央，合北方水一成六，合南方火二成七，合東方木三成八，合西方金四成九。數至九而止，九者數之極也。以五數言，五，一二三四、六七八九之中，實為中數也。數本無十，謂土成十者，乃北一、南二、東三、西四聚於中央，轉而成十也。故以中央之五，散於四方而成六、七、八、九，則水、火、木、金皆賴土而成。若以四方之一、二、三、四歸于中央而成十，則水、火、木、金皆返本還源而會於土中也。」（引自蔣一彪輯《古文參同契集解》卷下下篇，頁68。）強調五數為會四方之中土之數，集而成數為十，然而數之極為九，故不用十數。九為數之極，固為先秦兩漢以降的普遍而不變的認識，不用十數，是一種傳統界圍的固守。
[53] 見《參同契》中篇。引自蔣一彪輯《古文參同契集解》卷上中篇，頁33。
[54] 見《參同契》下篇。引自蔣一彪輯《古文參同契集解》卷上下篇，頁55。
[55] 同上注。
[56] 同上注。
[57] 見《參同契》下篇。引自蔣一彪輯《古文參同契集解》卷下下篇，頁56。

在展現易學所言的陰陽交感之道。《參同契》云：

> 推演五行數，較約而不繁，舉水以激火，奄然滅光明，日月相薄
> 蝕，常在晦朔間，水盛坎侵陽，火衰離晝昏，陰陽相飲食，交感
> 道自然。[58]

以水激火，則火爲水所剋，火光奄滅；太陰掩太陽，則陽爲陰所勝而陽
光晝暗。日月的相食常在晦朔之間，陰陽的相交相食爲自然交感之道，
而終當在「三五與一」的正常規律下運作。這樣的一套陰陽交感的主張，
基本上呼應著《繫辭上傳》所說的「五位相得而各有合」，乃至後來有諸
多「五行相得而各有合」的圖式出現，如五代彭曉的以五行配天干藥物
之圖：

圖表 3-1-8　五行配天干藥物圖

甲	三	乙
石　沉	木	石　浮
丙	二	丁
火　武	火	火　文
戊	五	己
藥　物	土	藥　物
庚	四	辛
金　世	金	銀　世
壬	一	癸
汞　真	水	鉛　真

又如陳顯微《抱一子解周易參同契》，進一步從動態的義蘊上，制作「五
行相得而各有合圖」：

---

[58] 見《參同契》卷下。引自

圖表 3-1-9　五行相得而各有合圖

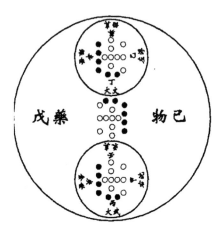

俞琰針對彭曉之圖，提出用數上的質疑，認爲《易傳》所謂的「五位相得而各有合」，是合五行之生成數而言，而彭氏僅用生數，並不能真正反映出「五位相得而各有合」之本義。[59] 俞氏之質疑，主要是認爲《易傳》既言生數與成數，當然不能排除成數而不言，如此即不合「五位相得而各有合」之意旨。俞氏之說不無道理，然而彭氏所制圖式，從生數來表現五行之數關聯性，仍有其重要的意義。畢竟《參同契》清楚的論述有關的內容，亦無制作明確的圖式，不脫其本義，不能斷言其爲誤。關於此一概念的論述，惠棟也提出虞翻之說，來闡釋其個人之看法：

　　《繫辭》曰「天數五，地數五，五位相得而各有合」。仲翔曰：五位，謂五行之位，甲乾乙坤，相得合木，謂「天地定位」也。丙艮丁兌，相得合火，「山澤通氣」也。戊坎己離，相得合土，「水

---

[59] 參見俞琰《周易參同契發揮・釋疑》云：「自彭真一以木三、火二、土五、金四、水一，畫爲『五位相得而各有合』之圖，故後人皆祖彭氏此說，竟以爲魏公本文，而並作五行之相類說了，沿襲至今，無有辯之者，皆不思魏公所言相類者果爲何事。況《易》所謂『五位相得而各有合』，蓋合五行之生成數。今彭氏止用生數，烏得謂之『五位相得而各有合』？或以爲木三火二爲一五，金四水一爲一五，與中央土五共成三五，則猶可謂之三五相類。今言五行之相類，則水自一數，火自二數，金木土之數各各不同，安取其爲相類哉？」（俞琰《周參同契發揮》，引自台北：自由出版社《道藏精華》第一集之一，2000 年 1 月出版，頁 300-301。）

> 火相逮」也。水火相通合土，《參同契》所謂三物一家，都歸戊己也。庚震辛巽，相得合金，「雷風相薄」也。天壬地癸，相得合水，虞注《說卦》「水火不相射」云：「謂坎離。射，厭也。水火相通，坎戊離己，月三十日，一會於壬，故不相射。」虞又注《繫辭》「四生八卦」云：「乾坤生春，艮兌生夏，震巽生秋，坎離生冬。」皆是義也。言陰陽相薄而戰於乾，故五位相得而各有合。[60]

乾納甲，坤納乙，甲乙相得則合木，其數爲三；且乾爲天，坤爲地，乾坤二者爲「天地定位」。艮納丙，兌納丁，丙四相得而合火，其數爲二；且艮爲山，兌爲澤，故「山澤通氣」。坎納戊，離納己，戊己相得而合土，其數爲五；且坎爲水，離爲火，故「水火相逮」。震納庚，巽納辛，庚辛相得而合金，其數爲四；且震爲雷，巽爲風，故「雷風相薄」。又乾天納壬，地坤納癸，壬癸相得而合水，其數爲一；且天陽地陰，故「陰陽相薄而戰於乾」。此皆據納甲之說而言「五位相得而各有合」。

同時，惠棟進一步舉宋本《參同契》之圖式爲言：

圖表 3-1-10　《參同契》五位相得而各有合圖

甲三乙
木
丙二丁
火
戊五己
土
庚四辛
金
壬一癸
水
而　五
各　位
有　相
合　得

惠氏認爲此一圖式「當是仲翔所作」，因爲此一圖式所示，與虞氏前釋《繫辭》之言合；[61]不知惠氏是因虞文而爲之臆測，或另有所據，實不得而知。然而此一圖式又與之前彭曉的以五行配天干藥物之圖相似，在天干、

[60] 見《易漢學》卷三，頁 1120-1121。
[61] 參見《易漢學》卷三，頁 1121。

五行與生數之配用位置完全相同。惠氏以虞翻論述「五位相得而各有合」，並作成圖式，是根據其納甲之法而來。因此，他批評朱震於其《易圖》與《叢說》中，「據仲翔甲乾乙坤相得合木之注，以爲甲一、乙二、丙三、丁四、戊五、己六、庚七、辛八、壬九、癸十。乾納甲壬，配一九；坤合乙癸，配二十。殊不知納甲之法，甲與乙合，生成之數；一與六合，兩說判然。朱氏合而一之，漢學由是日晦矣」！[62]也就是說，虞氏並非將十天干納十生成之字，而是八卦納甲後兩兩相互聯繫所得之五行生數，所以才會有甲乙合木得三、丙丁合火得二、戊己合土得五、庚辛合金得四，以及壬癸合水得一。朱震曲解的內容，倒是合俞琰配用生成數之說。李道平《周易集解纂疏》中所云與朱震同，認爲「甲一乙二相得則合木」，「丙三丁四相得而合火」，「坎五離六相得而合土」，「震七巽八相得而合金」，「壬九癸十相得而合水」；[63]甲一乙二確實合爲三數爲木，丙三丁四合爲成數七，也確實爲火，然而戊五己六卻不知如何爲土？庚七辛八又如何爲金？壬九癸十也怎能成水？故惠氏之說當符虞翻之本意，也較具合理性。

　　既然虞翻所言，主要是在表述《繫傳》的「天數五，地數五，五位相得而各有合」，也就是在解釋上，應包括到「天數五」與「地數五」之十個生數與成數，然而上面所言者，只有甲乙合三、丙丁合二、戊己合五、庚辛合四與壬癸合一等一至五之五個生數而已，似乎並未將成數並入說明。事實上，並非如此，惠棟並無棄成數不用而不言；他先舉《禮記・月令》之說，認爲：

> 《月令》所謂「孟春之月，其日甲乙；孟夏之月，其日丙丁」是也。《月令》又云「孟春其數八，孟夏其數七」，蓋以土數乘木、火、金、水而成，即劉歆大衍之數也。

並進一步以晉代皇侃《禮記義疏》與《參同契》之說加以說明：

> 皇侃《禮記義疏》以爲金、木、水、火得土而成。以水數一得土數五，故六也；火數二得土數五，爲成數七；木數三得土數五，

---

[62] 見《易漢學》卷三，頁1122。
[63] 括弧中李道平之言，見《周易集解纂疏》卷八，頁583。

為成數八；又金數四得土數五，為成數九。《參同契》謂「土旺四季，羅絡始終，青赤黑白，各居一方」。皆稟中宮戊己之功，皆是物也。[64]

《月令》所云，孟春甲乙，合數為八；孟夏丙丁，合數為七；孟秋庚辛，合數為九；孟多壬癸，合數為六。合得之數，惠棟認為是以「土數乘木、火、金、水而成」，即：

$$孟春甲乙之數＝土數＋木數＝5＋3＝8$$
$$孟夏丙丁之數＝土數＋火數＝5＋2＝7$$
$$孟秋庚辛之數＝土數＋金數＝5＋4＝9$$
$$孟多壬癸之數＝土數＋水數＝5＋1＝6$$

至於皇侃《禮記義疏》所說的，與《月令》的結果和意義相同：

$$水數1＋土數5＝6$$
$$火數2＋土數5＝7$$
$$木數3＋土數5＝8$$
$$金數4＋土數5＝9$$

土數居戊己中宮，四方諸元皆稟中宮土而來，並合中宮土（五）則為成數，也就是六、七、八、九四數。所以，這樣的原則意涵，即《參同契》所謂之「土旺四季，羅絡始終，青赤黑白，各居一方」，坎離二卦所主之土位中宮，確實具有聯繫與生成之重要地位。惠氏理解的虞氏月體納甲說，是以月相的晦朔弦望，配卦象、天干、方位、四時等，並將其安置於五行方位圖式中，透過「五位相得而各有合」的解說，更可以明白的展現出來。茲將相關諸元以圖式呈現如下：

圖表 3-1-11　五位四時生成數對照表

五位	五行	四時	四方	生數	成數
乾甲坤乙	木	春	青	三	木數3＋土數5＝8
艮丙兌丁	火	夏	赤	二	火數2＋土數5＝7
坎戊離己	土			五	（5＋5為10，然數極為9，故不言10）
震庚巽辛	金	秋	黑	四	金數4＋土數5＝9
天壬地癸	水	冬	白	一	水數1＋土數5＝6

對於相合而成之八、七、九、六四數，除了表示為乾坤陰陽之數（少

---

[64] 二段引文，見《易漢學》卷三，頁1121。

陰、少陽、老陽、少陰）外，惠棟更認為這即是劉歆大衍之數所用，也就是從歷法中衍生而來的。劉歆承繼劉向總管六歷之志業，成就《三統曆》與《三統歷譜》。劉歆認為「天以一生水，地以二生火，天以三生木，地以四生金，天以五生土。五勝相乘，以生小周，以乘乾坤之策，而成大周」。[65]指出五勝相加：8＋7＋9＋6＝30，即一月三十日為小周；乾坤之策以乾策 216＋坤策 144＝360，即三百六十為一年的天數為大周。惠棟以土數乘木、火、金、水而成之八、七、九、六數，為劉歆的大衍之數，也就是劉歆訂定歷法的重要數字。同時也為《月令》所用，並為兩漢以降歷法與易學思想的普遍慣用知識。然而，朱震的誤說，實為對虞翻納甲之學的不解所致。[66]總之，惠棟理解的虞翻「五位相得而各有合」之思想，並不是依天一地二、天三地四……天九地四等次序相合而言，而是就生數所派定的五行屬性，水、火、木、金與土五相聯繫，並得合數為八、七、九、六適為五行之成數，如此一來，生數相合為成數，「五位相得而各有合」仍包涉生數與成數，與《繫辭》所言並無相悖。

5. 周流六虛釋義

　　關於虞翻「周流六虛」的概念，惠棟作了詳要的考索。首先，惠氏引虞翻對《繫傳》之注解云：

> 《繫辭》曰「變動不居，周流六虛」。仲翔曰：六虛，六位也。乾坤十二辰，分六位，陸績說也。乾三畫，坤三畫，分六位，仲翔說也。日月周流，終則復始，故周流六虛。謂甲子之旬辰為虛。坎戊為月，離己為日，入在中宮，其處空虛，故稱六虛。五甲如次者也。[67]

惠氏引虞言「謂甲子之旬辰為虛」，本當為「謂甲子之旬辰巳虛」，誤將「巳」作「為」。惠氏並認為「六虛」為乾坤二卦所分之六位。惠氏進一

見《漢書・律歷志》，頁 983、985。
66 胡渭《易圖明辨》中指出「數不得為圖，衍不得為畫」，也就是「衍數、河圖截然兩分」；同時，「大衍之數、天地之數，不可混而為一」。胡渭認為「五行生成之數」不能等同於「河圖」，也並非「大衍之數」。（參見《易圖明辨・河圖洛書》卷一，頁 459。）胡渭之說，呼應了惠棟批判朱震之誤。
67 見《易漢學》卷三，頁 1122。

步作案語，並引諸說為訓：

> 棟案：甲子之旬，辰為虛者，六甲孤虛法也。裴駰曰：「甲子旬中
> 無戌亥，戌亥為孤，辰巳為虛。甲戌旬中無申酉，申酉為孤，寅
> 卯為虛。甲申旬中無午未，午未為孤，子丑為虛。甲午旬中無辰
> 巳，辰巳為孤，戌亥為虛。甲辰旬中無寅卯，寅卯為孤，申酉為
> 虛。甲寅旬中無子丑，子丑為孤，午未為虛。」[68]

虞氏之言即裴駰所說的「六甲孤虛法」：甲子旬以戌亥為孤，辰巳為虛；
甲戌旬以申酉為孤，寅卯為虛；甲申旬以午未為孤，子丑為虛；甲午旬
以辰巳為孤，戌亥為虛；甲辰旬以寅卯為孤，申酉為虛；甲寅旬以子丑
為孤，午未為虛。這種以干支言孤虛，並非虞氏之首創，是本於漢代普
遍流行的孤虛法。[69]

　　惠氏廣引諸說而擴大解釋虞氏之義：

> 太史公曰：「日辰不全，故有孤虛。」張存中《四書通證》云：陰陽家《金匱》曰：六甲旬孤
> 上坐者勝，虛上坐者負。伍子胥曰：凡遠行，諸事不得往。甲乙為日，合而為五行；子丑為辰，
> 分而為六位。《淮南子》謂之六府。故《京房易傳》曰「降五行，頒六位」。
> 《漢書·律歷志》曰：「天數五，地數六，六為律，五為聲，周流
> 于六虛，虛者爻律。」乾坤十二爻，黃鐘十二律，陰陽各六。其說皆與仲翔合。天
> 有五行十二辰，《參同契》曰：「日受五行精，月受六律紀，五六三十度，度竟復更始。」《易》有四

---

[68] 見《易漢學》卷三，頁 1122-1123。裴氏之說，見《史記正義·龜策列傳》卷一二八。

[69] 宋代裴駰《史記正義》訓解〈龜策列傳〉作「六甲孤虛法」，為漢代普遍流行的說法，事實上，早在劉歆《七略》中已載有《風后孤虛》二十卷。虞氏所言，即原本於此「六甲孤虛法」。晚近學者蕭漢明〈虞翻易學與《周易參同契》〉一文中，指出虞氏說「甲子之旬辰巳虛」者，「辰巳恐為戌亥之誤」，（見劉大鈞主編《象數易學研究》第三輯，成都：巴蜀書社，2003 年 3 月 1 版 1 刷，頁 102。）事實上虞氏甲子旬以辰巳為虛符合「六甲孤虛法」之說而無誤，是蕭氏之誤矣：戌亥當為孤。王應麟《漢藝文志考證》卷九，針對孤虛之說，作了詳細的考證，引作參考；除了詳引〈龜策傳〉與裴駰之注外，並云：「《隋志》:《遯甲孤虛記》一卷。伍子胥譔《吳越春秋計砚》曰：孤虛，謂天門地戶也。《後漢·方術傳》注：孤謂六甲之孤，辰對孤為虛。趙彥為宗資，陳孤虛之法，從孤擊虛以討賊。《孟子注》天時謂時日，支干、五行，王相孤虛之屬也。《正義》云：孤虛之法，以一畫為孤，無畫為虛，二畫為實，以六十甲子日，定東西南北四方，然後占其孤虛實，而向背之即知吉凶矣。」「孤虛」源於干支、五行之說，其附會重說，兩漢尤盛。

正十二消息，樂有五聲十二律，《參同契》曰「消息應鐘律」，其義一也。仲翔又謂坎月離日，「入在中宮，其處空虛」者，此謂坎離為乾坤二用也。乾位六，坤位六，主一歲之消息。坎戊離己，居中宮，旺四季，出乾入坤，流行于六位消息之中，而消息獨無二卦象，故云「其處空虛」也。《參同契》曰：天地設位，而易行乎其中矣。天地者，乾坤之象也；設位者，列陰陽配合之位也。乾坤各六。《易》謂坎離，日月。坎離者，乾坤二用，二用無爻位。十二消息不見坎離象，《朱子語類》解《參同契》，二用即乾坤用九用六，殊誤。周流行六虛，往來既不定，上下亦無常，幽潛淪匿，變化于中。包囊萬物，為道紀綱，以無制有。器用者空，故推消息，坎離沒亡。是則坎離者，於五行為土，於五聲為宮。《律歷志》云：天之中數五，五為聲，聲上宮，五聲莫大焉。地之中數六，六為律；律者，著宮聲也。宮以九唱六，變動不居，周流六虛，始於子，終于亥，而乾坤六位畢矣。十一月黃鐘，乾初九，至十月應鐘，坤六三而一歲終。[70]

兩漢陰陽五行之說盛行，陰陽五行思想滲透在各個學派之中，響影極為深遠。陰陽家尤甚，易學亦為附會的主要對象，以天文星象為言之歷法亦不可免。「孤虛」之說，當是陰陽數術之產物，《金匱》有之，史遷、班固歷律之說皆用之。由「五」、「六」二個數字，帶入多元的世界，其本來的元素就是干、支、五行；「五」、「六」這二個數字，就是這已獲得普遍性認同而確立干、支、五行的基本關係與原則下的套用架構，所以《京氏易傳》用之而有「降五行，頒六位」之說，律歷用之而有五聲六律、五六三十為一月之說，而虞氏引「孤虛」為釋，此「孤虛」亦不離其範疇。因此，惠棟闡述虞說「六虛」之義，此六甲旬空之位則為其一義。[71]而其二義，則就坎離二卦的定位而言，於五行屬土，於五聲屬宮，於八卦屬中宮戊己二卦，又屬乾坤之用，消息盈虛於乾坤六位之間，同於《參同契》「列陰陽配合之位」，以坎離為用，且「入在中宮，其處空

---

[70] 見《易漢學》卷三，頁 1123-1124。

[71] 甲乙天干為日，子丑地支為辰。天干為十，地支為十二，以天干依次配地支，每甲均有兩個地支輪空，此即所謂之「旬虛」，或稱「旬空」。虞氏所說即是。至於《參同契》則不言旬虛之說。此二者之別。

虛」。因此，在此《繫傳》「變動不居，周流六虛」的擴大認識下的坎離二卦，有著不同於傳統的明確之重要角色地位，是「易」之合象，即「易」者象日月之合，天地間惟日月之象顯然著明，坎離即此天地陰陽神妙之化的本源，以乾坤六位代之，坎離則出入變化於其間，以示萬化之道。

（三）惠氏考索月體納甲說之重要意義

檢討惠氏考索虞翻月體納甲說，有其諸多之重要意義存在，以下根據前述進一步統整，簡要分列如下：

其一、納甲之說，起於京房以八卦配六位，並以六位配五行之法；主要用於占候。《漢書·藝文志》的《六甲孤虛》之書，其納甲以戊己爲虛，即本其法，虞注《繫傳》「周流六虛」已明。京氏之說在前，虞氏據之，並以魏伯陽《周易參同契》之說混合，而成其月體納甲的主張。其論述之基本觀念，大都與《參同契》一致，透過陰陽五行與天文曆法之知識背景，配合易學之基本內涵，以闡明「易道陰陽消息」合於日月之運動規律，使月體的循環往復、盈虛變化，與八卦之陰陽消息能夠合理的相契，確立其八卦「在天成象」的「科學」原則。惠棟考索虞氏此說，明顯地揭示虞氏從科學務實角度建立納甲體系的企圖，體現其時代易學所展現之特色與特殊意義，一種古代自然科學知識與易學知識密切相容的思想體系，期盼建立一個可驗證性的理論，並獲得更高的說服力與實證價值。

其二、透過惠氏所引虞氏納甲諸文之評述，虞氏之說根源於《參同契》，但與《參同契》的比較，仍可以瞭解虞氏之說，與《參同契》有一些基本觀點上的差異存在，諸如：虞氏以二十九日消乙入坤，爲坤卦用事，以三十日爲日月會合之時並納壬，而《參同契》則只言「乾坤括終始」，並未明言坎離會壬癸。又如虞氏根據納甲方位提出「乾坤生春，艮兌生夏，震巽生秋，坎離生冬」，其中坎離生冬之說，與魏伯陽之義相異。魏氏之學重於丹道養生，其最終之目的亦在於此；而虞氏之學則重在詮釋《易》卦，期盼能夠以其納甲之說，建立一個獨具特色的易學理論。因此，相對於魏氏之說，虞氏則是一種承繼後的改造與創新。

其三、魏伯陽未明坎離二卦配冬之說，而惠棟論述虞氏以八卦分屬

四時，於「坎離生冬」言，取「冬」有「終」之義，所以坎離二卦「以日月終天地之道」；引《乾鑿度》與鄭注爲解，基本上隱含了一個事實，即以坎離爲冬之說，在《乾鑿度》與鄭玄時期已有。故虞氏作此說，並非全然新創，而是有本於前人之說法。這種虞氏相對於魏氏的新詮釋，是一種本有根據新詮釋。

其四、惠氏以「月幾望」之「幾」作「既」訓，認爲孟喜亦用月相納甲之說，也就是說以月相納甲具體反映在釋《易》上者，孟喜之時已然使用，如此一來，月相納甲未必以魏氏而專。這裡點出了易學學術史的議題，值得後學關注與參考。

其五、在「五位相得而各有合」的議題上，惠棟闡明虞氏是以月體納甲之說作爲論述的依據，與《繫傳》的意旨相合。同時認爲宋本《參同契》所見之圖式，當是虞氏所作。此一圖式，乃至虞氏論述「五位相得而各有合」之實質內容，主要皆以五行生數爲用，這並不意味虞氏棄成數而不用，相反地，藉由生數在納甲上之相互關係，而確認成數七、八、九、六之形成，並與劉歆大衍之數相合，所以虞說與《繫傳》所論，二者並無相悖。因此，宋儒未深察虞說之旨，而衍誤解，實宋儒之失。同樣地，宋儒納甲圖以坎離二卦列東西，亦是一種不正確之錯置。納甲之說，以坎離位居中央，有其特殊而重要之中心地位，不容被削弱。這些方面，惠氏引據甚詳，可貴作卓見，益彰其考證之功。

其六、在「周流六虛」的論題上，惠氏闡明虞說有二義。其一爲六甲旬空之位，即「六甲孤虛法」，是漢代陰陽五行學說中所盛行的重要主張。其二，以「六虛」爲陰陽消息盈虛於乾坤之六位，坎離則出入於其間，展現宇宙變化的萬化之道。充份展現其詮釋虞說的周全與對虞說的詳熟。

其七、以《周易》作爲依準的對象，詮譯其陰陽消長盈虛的主張或理論，爲漢魏以來論述者所關注的焦點，傳統上一般只重視陰陽二氣的消長，以論定一年四季之變，所以有所謂十二消息卦的普遍認識。這樣的陰陽二氣，是從其本源而言，也就是「太極」而生「兩儀」者。虞氏關注的是可以作爲陰陽二氣的象徵者，它們是日月二個天體，納卦爲用則不是乾坤，而是坎離二卦；這是以其月體納甲之說所揭示，以日月在

天，彰顯其陰陽消長盈虛之理，轉次形成八卦之象。月體納甲之說，具體地推闡陰陽消長之義，陰陽二氣的消長，八卦依次而生。自震而兌而乾，是一陽息陰消的過程，也是月相自晦而明乃至盈滿之象；自巽而艮而坤，是一陰息陽消的過程，也是月相自盈滿而消退乃至全然隱晦之象。此種主張，是陰陽消息說的另一種詮釋，是另一種以八卦月相架構的宇宙論之表述，以宇宙的生發變化皆由日月之運動所致。因此，藉由此納甲說而進一步證立其「日月爲易說」的合理性與正當性。月體納甲說背後之主要準則爲「日月之爲易」，這個主張則涉及「易」的來源問題，乃至其原來的本義與象徵意涵，其根本就是「日月」。惠棟深受虞翻思想理論之影響，其易學思想也具體而堅決地主張「日月之爲易」。至於日月合象而爲「易」之古義的重要意義，留待後面章節再作探討。

其八、《周易》以象數爲本，傳統《周易》原本就是藉由象數來開展其中義理的蘊含；義理本身是象數的昇華，或是象數意義的再現。因此，過度的「純粹象數」則使其意義陷於機械化、符號化或數字化，無法很有親和力的綻放人文的訊息，滲透其所涵攝的天人之學。虞翻的象數之學，不論是月體納甲或是逸象之說，皆過度的象外生象，數外生數，導致令人有牽強附會、於理不合的感受，使其發展自限、萎頓，終於被冷落，使人望之怯步。惠棟考索虞氏之學，試圖重新建構與修補這被長期冷落與殘闕的光榮歷史，重返漢學的榮耀，以考證的方法出發，尋找較具科學性的意義，如論其逸象，以虞氏皆有所本，非妄自造作，並以兩漢天文歷法知識作爲相驗的對象，並同時糾正後人的誤解，特別是宋代朱震等人對虞氏五行生數與成數運用上的錯誤解讀，乃至暗指河圖、洛書之說的造次。

其九、在八卦與所屬方位的問題上，惠氏引虞翻釋《說卦》的方位說，知二者在八卦納方位上之差異極大，迥然不同爲二系統。虞氏以月相納甲之方位訓解《說卦》之方位，本質上不對等；《說卦》以太陽爲相應物，而虞說以月亮爲相應物，一種是一年四時之變，一種是一月三十日的月相變化，論述的本質本來就彼此不同，所以結果當然不同。若有相合者，則不是巧合，就是適可強作附合，如《說卦》以艮作東北，而虞氏與同，認爲艮居「東北甲癸之間」，以其納甲在方位、十干與八卦的

關係上剛好符合東北之說，這種訓解之強作附合之鑿痕甚明。另外，月體納甲的方位決定，依據月相的位置而來，因此各卦之方位，當取其共同的時間點來決定其位置，然而虞氏似乎並非如此，所以與實質月體運行的位置相印證，並不相符，失去了科學的實質意涵，難以成爲一個合理而具有實證價值的學說。

　　其十、以八卦之象反映自然之化，並藉以建立一套宇宙論的詮釋系統，將科學的現象或知識引入，基本上仍期待其合理的科學基礎。一月之月相變化與一年之四時之變，其變化的因子本有極大的差異；一月三十日之變，其主體在於月，而一年四時之變，其主體在於日，用同樣的八卦符號來折衝二者，原本就是一件極爲困難的事，所以，要從當中建立起具有合理性或可論述性的理論系統，是不容易的非常任務。所以，虞氏的方位說與《說卦》會有如此迥然之差異，是可以理解的。而其或雖不恰當，卻也拓展了象數易學之思路，是一種新方法新詮釋的開創與運用。

二、虞氏逸象

　　《易》義多發於《易》象。《繫辭上傳》曾不斷地強調「夫象，聖人有以見天下之賾，而擬諸其形容，象其物宜，是故謂之象」；《繫辭下傳》也提到「易者，象也；象也者，像也」。《易傳》雖偏重在義理之闡發，卻多取「象」援「象」而陳義。較早具體而集中論象的，大概是《說卦》所載的八卦之基本卦象或卦德，[72]以及《彖傳》與《大象》等傳也述及

---

[72] 《說卦》所言之象，乾卦有：爲天、爲圜、爲君、爲父、爲玉、爲金、爲寒、爲冰、爲大赤、爲良馬、爲老馬、爲瘠馬、爲駁馬、爲木果、爲健、爲馬、爲首。坤卦有：爲地、爲母、爲布、爲釜、爲吝嗇、爲均、爲子母牛、爲大輿、爲文、爲衆、爲柄、爲地之黑、爲順、爲牛、爲腹。震卦有：爲雷、爲龍、爲玄黃、爲旉、爲大塗、爲長子、爲決躁、爲蒼筤竹、爲萑葦、爲馬之善鳴、爲馵足、爲作足、爲的顙、爲稼之反生、其究爲健、爲蕃鮮、爲動、爲龍、爲足。巽卦有：爲木、爲風、爲長女、爲繩直、爲工、爲白、爲長、爲高、爲進退、爲不果、爲臭、爲人之寡髮、爲廣顙、爲多白眼、爲近利市三倍、其究爲躁卦、爲入、爲雞、爲股。坎卦有：爲水、爲溝瀆、爲隱伏、爲矯輮、爲弓輪、爲人之加憂、爲心病、爲耳痛、爲血卦、爲赤、爲馬之美脊、爲亟心、爲下首、

部份卦象，但是這些卦象，並無法滿足兩漢象數易學鼎盛的易學家們解說易卦上的需求，因此，不斷地推演與增益新的卦象，創造了一些《說卦》以外的八卦取象，易學家通稱爲「逸象」。以象論《易》，爲漢代易學家釋《易》之普遍情形，論《易》無不言象，只不過比重上之差異罷了。到了東漢虞翻易學，其闡釋卦義，特別喜用逸象，除了不斷使用《說卦傳》的易象外，也同時廣乏地運用非《說卦傳》之逸象；以逸象解經，成爲虞翻易學的重要特色。

在易學史上，最早注意到虞氏逸象者，以毛奇齡《仲氏易》首開其端，然而毛氏僅載虞氏逸象七十二個，包括乾卦九個、坤卦二十個、震卦十個、巽卦九個、坎卦六個、離卦四個、艮卦十個、兌卦四個，其闕漏甚多，未能成其規模。真正研究彙集虞翻逸象較爲詳細而有規模者，以惠棟爲先，所以方申於其《虞氏易象彙編》中，特別指出「《易》家之言象者，以虞氏爲最密，述虞氏易象者，以惠氏棟、張氏惠言爲較詳」；[73]惠棟首開其功，而張惠言在惠氏的基礎上增補，當能後出轉精，故論功仍以惠氏爲首。惠氏並專稱虞氏之易象爲「虞氏逸象」。[74]

惠棟考索「虞氏逸象」，並對諸逸象作訓解，其中所引發之有關議題，值得進一步討論，包括虞氏逸象之本源、彙集情形和釋象之方式、部份逸象解釋上的缺失，以及後人評論上之有待釐正者。

（一）逸象彙集之情形

1. 傳自於孟氏之學

爲薄蹄、爲曳、爲輿之多眚、爲通、爲月、爲盜、爲木之堅多心、爲陷、爲豕、爲耳。離卦有：爲火、爲日、爲電、爲中女、爲甲胄、爲戈兵、爲人之大腹、爲乾卦、爲鱉、爲蟹、爲蠃、爲蚌、爲龜、爲木之科上槁、爲麗、爲雉。艮卦有：爲山、爲徑路、爲小石、爲門闕、爲果蓏、爲閽寺、爲指、爲狗、爲鼠、爲黔喙之屬、爲木之堅多節、爲手、爲止、爲狗。兌卦有：爲澤、爲少女、爲巫、爲口舌、爲毀折、爲附決、爲地之剛鹵、爲妾、爲羊、爲說、爲口。

[73] 見方申《虞氏易象彙編・自序》。引自《叢書集成續編》第二十九冊，台北：新文豐出版公司影印南菁書院本《方氏易學五書・虞氏易象彙編》卷二，1989 年 7 月台 1 版，頁 603。

[74] 惠氏稱「虞氏逸象」，見惠棟《易漢學》卷三（台北：廣文書局，1971 年元月初版，1981 年 8 月再版），頁 1125。

　　今存有限的片斷資料中，觀覽兩漢易家之易學，大都喜用《易》象；虞氏之前，包括孟、京、焦氏等家，無不用象。虞氏好用逸象，是出自於自創，或是有本於前儒之說而據以沿用，史籍並無明載。

　　惠棟於《易漢學》中云：

　　　《荀九家》逸象三十有一，載見陸氏《釋文》，朱子采入《本義》。
　　　虞仲翔傳其家五世孟氏之學，八卦取象，十倍于九家。[75]

荀氏雖言逸象而為朱子所重，然取象論卦，仍以虞氏為專。依惠氏之意，虞氏言象，蓋家承五世於孟氏之學，也就是說，孟氏以卦氣說見長之外，擅用逸象應當也是其易學的重要特色，可惜孟氏《易》流傳下來的十分有限，其片語支言難窺全豹，況乎逸象之見，今明顯能存見者，如以坎卦象「小狐」者；孟喜雖不以逸象見長，但在其時代，逸象的使用應當已極為普遍。[76]然而，虞氏逸象是否原本於孟氏之學，則難以下明確之斷言；倘從與孟氏有師承關係的焦贛推之，以「《焦氏易林》，則无一字不象生，且於《易》用正象用覆象伏象之法」[77]來看，虞翻對《易林》之用象並無所取，而《易林》又當直取於孟氏之學，因此，虞氏之逸象，

---

[75] 見惠棟《易漢學》卷三，頁 1125。

[76] 未濟卦「小狐汔濟，濡其尾」文，孟喜云：「小狐濟水，未濟一步下其尾，故曰小狐汔濟未出中也。」又釋《說卦》云：「坎，穴也，狐穴居。」孟喜以坎卦象狐，其說法是根據未濟䷿卦的卦辭而來，卦辭言「小狐」，指初爻而言，此初爻則為下坎之初，因此，《易》卦爻辭本身已隱然示坎卦象小狐之象，孟氏或藉此為用，以坎卦用狐象。不過狐象之用，並不為孟氏所專，《子夏傳》亦以「坎稱小狐」，《荀爽九家集解》亦以「坎為狐」，王肅也認為「坎為水、為險、為隱伏，物之在險穴居隱伏往來水間者，狐也」，同以「狐」為坎象。孟喜除了以坎為狐象外，也明確地指出坎為「穴」，即坎有穴象。不論是象狐或是象穴，今傳虞氏坎卦逸象並無，惠氏所輯艮卦逸象則有「小狐」與「穴居」之象，顯然此二逸象的說法上，孟喜與虞氏不同。惠棟的論述，可以引發我們的關注，逸象之用，在西漢時期的孟喜時代，應已普遍化。方申於其《諸家易象別錄》中輯錄《孟喜章句》引逸象多達二十三則，包括：震，敬也；坎，穴也；震，豐大；震，萬物元；坎，微陽；坎，陰包陽；坎，北正；坎，凝涸；坎，狐；坎，小狐；離，微陰；離，陽包陰；離，南正；離，文明；兌，天澤；兌，萬物末；陽九，震；春分，震；陽七，坎；陰八，離；陰形，兌；陰六，兌；仲秋，兌。（引自《叢書集成續編》第二十九冊，台北：新文豐出版公司影印南菁書院本《方氏易學五書·諸家易象別錄》卷一，1989 年 7 月台 1 版，頁 591-592。）以卦象為言者，孟喜時期已廣泛使用了。

[77] 見尚秉和《周易尚氏學》，北京：中華書局，1980 年 5 月 1 版，2003 年 12 月北京 8 刷，頁 340。

應並非直接源於《孟氏易》。

2. 輯象三百有餘

惠棟強調虞氏以逸象見長，其彙輯之虞氏逸象，自云取象共三百三十一；然而包括乾六十、坤八十二、震五十、坎四十六、艮三十八、巽二十、離十九、兌九。[78]總合爲三百二十四，不合其所言之數。又，詳審惠氏所列之逸象，實爲三百二十六。此外，惠氏於所列逸象之後，另作小注云：

> 又《說卦》異同者五：震爲旉，旉作專；爲反生，反作阪。巽爲廣顙，廣顙作黃桑。艮爲指、爲狗，狗作拘。兌爲羊，羊作羔。[79]

三百二十六，再合此五者，方爲三百三十一。此五者，爲《說卦》所本有之象，只不過虞氏用字不同而已，不能視爲虞氏之逸象，倘用字之不同，可以視爲虞氏之逸象，則不只此五者，包括後述三者也當屬之：《說卦》以坤「爲大輿」，虞氏作「爲大轝」；《說卦》以巽「爲宣髮」，虞氏作「爲寡髮」；《說卦》以離「爲科上槁」，虞氏作「科上折」。因此，惠氏所列虞氏之逸象，各卦實際之數爲：乾卦六十二、坤八十二、震五十、坎四十六、艮三十八、巽二十，離十九、兌九。八卦逸象如下表所示：[80]

圖表 3-1-12　惠氏彙輯虞氏逸象一覽表

卦名	逸象
乾☰卦	爲王、爲神、爲人、爲聖人、爲賢人、爲君子、爲善人、爲武人、爲行人、爲物、爲敬、爲威、爲嚴、爲道、爲德、爲性、爲信、爲善、爲良、爲愛、爲忿、爲生、爲慶、爲祥、爲嘉、爲福、爲禄、爲積善、爲介福、爲先、爲始、爲知、爲大、爲盈、爲肥、爲好、爲施、爲利、爲清、爲治、爲高、爲宗、爲甲、爲老、爲舊、爲古、爲久、爲畏、爲大明、爲晝、爲遠、爲郊、爲野、爲門、爲大謀、爲道門、爲百、爲威、爲朱、爲頂、爲圭、爲箸
坤☷卦	爲姓、爲民、爲姓、爲刑人、爲小人、爲鬼、爲尸、爲形、爲自、爲我、爲躬、爲身、爲至、爲安、爲康、爲富、爲財、爲積、爲聚、爲重、爲厚、爲基、爲致、爲用、爲包、爲寡、爲徐、爲營、爲下、爲裕、爲虛、爲書、爲永、爲邇、爲近、爲思、爲默、爲惡、爲禮、爲義、爲事、爲類、爲閉、爲密、爲恥、爲

[78] 見惠棟《易漢學》卷三，頁 1132。
[79] 同前注。
[80] 所列虞氏逸象，見惠棟《易漢學》卷三，頁 1125-1132。

	欲、爲過、爲醜、爲惡、爲怨、爲害、爲終、爲死、爲喪、爲殺、爲亂、爲喪期、爲積惡、爲冥、爲晦、爲夜、爲暑、爲乙、爲年、爲十年、爲盍、爲戶、爲闔戶、爲庶政、爲大業、爲土、爲田、爲國、爲邑、爲邦、爲大邦、爲鬼方、爲器、爲缶、爲輻、爲虎、爲黃牛
震☳卦	爲帝、爲主、爲諸侯、爲人、爲行人、爲士、爲兄、爲夫、爲元夫、爲行、爲征、爲出、爲逐、爲作、爲興、爲奔、爲奔走、爲驚衛、爲百、爲言、爲講、爲議、爲問、爲語、爲告、爲響、爲音、爲應、爲交、爲懲、爲反、爲後、爲世、爲從、爲守、爲左、爲生、爲緩、爲寬仁、爲樂、爲笑、爲大笑、爲陵、爲祭、爲圉、爲草莽、爲百穀、爲麋鹿、爲筐、爲趾
坎☵卦	爲雲、爲玄雲、爲大川、爲志、爲謀、爲惕、爲疑、爲恤、爲逖、爲悔、爲涕洟、爲疾、爲災、爲破、爲罪、爲悖、爲欲、爲淫、爲獄、爲暴、爲毒、爲虛、爲瀆、爲孚、爲平、爲則、爲經、爲法、爲藂、爲聚、爲習、爲美、爲後、爲入、爲納、爲臀、爲要、爲膏、爲陰夜、爲三歲、爲酒、爲鬼、爲校、爲弧、爲弓彈、爲穿木
艮☶卦	爲弟、爲小子、爲賢人、爲童、爲童僕、爲官、爲友、爲道、爲時、爲小狐、爲狼、爲碩、爲碩果、爲慎、爲順、爲待、爲執、爲多、爲厚、爲求、爲篤實、爲穴居、爲城、爲宮、爲庭、爲廬、爲牖、爲居、爲舍、爲宗廟、爲社稷、爲星、爲斗、爲沬、爲肱、爲背、爲尾、爲皮
巽☴卦	爲命、爲誥、爲號、爲商、爲隨、爲處、爲歸、爲利、爲同、爲交、爲白茅、爲草莽、爲草木、爲薪、爲帛、爲墉、爲牀、爲桑、爲蛇、爲魚、
離☲卦	爲黃、爲見、爲飛、爲明、爲光、爲甲、爲孕、爲戎、爲刀、爲斧、爲資斧、爲矢、爲黃矢、爲罔、爲鶴、爲鳥、爲飛鳥、爲甕、爲瓶
兌☱卦	爲友、爲朋、爲刑、爲刑人、爲小、爲密、爲見、爲右、爲少知

　　惠氏大量蒐采虞氏逸象，成爲後學研究虞《易》所普遍關注的命題，特別是張惠言即在惠氏的基礎上而繼續增補，其所增爲惠氏所無者，如下表所示：

圖表 3-1-13　　張惠言增補虞氏逸象一覽表

卦名	逸　　　　　　象
乾☰卦	爲先王、爲明君、爲大人、爲易、爲立、爲直、爲畏、爲堅剛、爲盛德、爲行、爲精、爲言、爲仁、爲詳、爲天休、爲嘉、爲茂、爲族、爲高宗、爲衣、爲瓜、爲龍
坤☷卦	爲臣、爲順臣、爲萬民、爲邑人、爲牝、爲母、爲萃、爲容、爲疆、爲无疆、爲理、爲體、爲業、爲庶政、爲俗、爲度、爲藏、爲迷、爲弑父、爲邊惡、爲永終、爲敵、爲窮、爲夕、爲莫夜、爲義門、爲閉關、爲積土、爲階、爲萬國、爲異邦、爲方、爲棠、爲紱、爲車、爲囊、爲兄
震☳卦	爲驚走、爲定、爲聲、爲鳴、爲常、爲笑言、爲喜笑、爲道、爲禾稼、爲鼓、爲馬
坎☵卦	爲聖、爲川、爲河、爲心、爲志、爲思、爲慮、爲憂、爲艱、爲蹇、爲忘、爲濡、爲疾病、爲疾厲、爲疑疾、爲脊、爲歲、爲尸、爲叢木、爲叢棘、爲莢蔾、爲棘匕、爲木、爲車、爲馬
艮☶卦	爲君子、爲童蒙、爲闇、爲霆、爲果、爲節、爲小、爲取、爲求、爲道、爲石、

		為鼻、為腓、為膚、為小木
巽☴卦		為命令、為號令、為教令、為號咷、為處女、為婦、為妻、為入、為入伏、為齊、為進、為退、為舞、為谷、為長木、為苞、為楊、為木果、為茅、為蘭、為杞、為葛藟、為繩、為腰帶、為繘、為鮒
離☲卦		為女子、為惡人、為爵、為日、為折首、為飛矢、為罟、為隼、為鴻
兌☱卦		為妹、為妻、為講習、為少、為契

　　張惠言增約一百五十個，[81]然而惠氏所有，而張氏卻無者，則多達三十個，包括：

　　乾卦：為善人、為祥、為嘉、為久、為畏。

　　坤卦：為妣、為刑人、為基、為永、為殺、為喪期、為夜、為庶政、為惡。

　　震卦：為行人、為興、為奔、為奔走、為大笑。

　　坎卦：為志、為虛、為聚、為美、為後、為鬼。

　　艮卦：為道、為順、為求。

　　巽卦：為歸、為桑。

其原因或在二者取捨認定之不同，或認為惠氏所用有誤而去之。方申繼惠氏、張氏之後，其《虞氏逸象彙編》中共輯得逸象一千二百八十七則，多於惠氏者幾及四倍，多於張氏者幾及三倍；「此非後人之學能踰於前人，實以創者難而因者易耳；雖爬羅剔抉，細大不捐，未免涉於繁瑣」，[82]牽強附會，於理未洽。然而，又雖如此，與其過而廢之，無寧過而存之，俾治《虞氏易》者，得以通覽卦象之全，並有更完整之參佐，因此，虞氏逸象，至此已臻完備。惠氏的關注虞象，使逸象成為虞氏易學的重要特色，並透過對虞氏易象的認識，有助於學者對虞氏《易》的某些原則運用與論述方法上的瞭解，對於進一步深入探討虞《易》之本義，有

---

[81] 對於惠棟、張惠言二人逸象之比較數目，歷來學者所言各異，如清代學者方申於《虞氏逸象彙編·自序》中認為其整理張氏之逸象有四百五十六個，與惠氏之三百三十一個則相差一百二十餘個。晚近學者林忠軍《象數易學發展史》中言張氏較惠氏增加一百二十五個。（見林忠軍《象數易學發展史》，廣西：廣西教育出版社，1996年9月1版1刷，頁738。）王宏仁《張惠言易學研究》中則認為張氏共輯四百八十二個，較惠氏增一百五十一個。（見王宏仁《張惠言易學研究》，台北：國立高雄師範大學國文學系博士論文，2001年5月，頁238-239。）各家取捨各異，所言亦有出入。

[82] 見方申《方氏易學五書·虞氏易象彙編》卷二，頁603。

莫大的裨益。

（二）逸象產生之原則

　　晚近學者對「逸象」的定義，例如呂紹綱主編《周易辭典》中云《說卦傳》所列八經卦之象，「稱爲正象或本象，後儒通過卦變、旁通、互體、爻辰、納甲、飛伏之類解《易》所增益之象，稱爲逸象」。[83]又如王新春《周易虞氏學》中認爲：

> 後期註家，以《說卦傳》及《象傳》、《大象》諸傳所言之卦象仍
> 顯不夠，繼而又透過各種途徑，推演、增益出一些卦象，此類卦
> 象，即被名之曰「逸象」。逸者，散失也。名其曰「逸象」，大有
> 託古之嫌，因持這類卦象爲「逸象」之見者，似認定是類卦象雖
> 不見於《周易》經傳，但卻係《易》所本有之象，只是在後世失
> 傳了而已。[84]

所謂「逸象」，一般研《易》者，普遍以廣義的態度肯定它是《說卦》所言八卦卦象之外的卦象；爲了釋《易》的需要，《說卦》中所列之卦象不足爲用時，則在既有的基礎上，不斷推演而創立新的易象，這些易象就稱爲「逸象」。依前引王新春之言，認爲這些卦象，雖不見於《周易》的經傳當中，卻必須是《易》所本有之象，只是在後世失傳而已。其實何者爲《易》所本有之象，何者爲後世失傳者，是很難以認定的，後世所言之象，大多是後人因釋《易》之需而不斷增衍者，未必一定是《易》所本有之象，《易》象是不斷在詮釋、創造與建構而豐富起來，但這種詮釋、創造或建構，大體上仍不以違背《易》卦本然的卦義或卦德，並能言之成理。惠棟所列虞氏之逸象，並非全爲《易》所本有之象，卻也非肆意地漫天虛造者；惠氏認爲其逸象：

> 雖大略本于經，然其授受必有所自，非若後世嚮壁虛造漫無根據
> 者也。[85]

---

[83]　見呂紹綱主編《周易辭典》，吉林：吉林大學出版社，1992 年 4 月 1 版 1 刷，頁 371。
[84]　見王新春《周易虞氏學》，台北：頂淵文化事業有限公司，1999 年 2 月初版 1 刷，頁 149-150。
[85]　見《易漢學》卷三，頁 1132。

虞氏之逸象，大多能本諸於經傳之義，皆自有其理據，這是虞氏沿用或創用逸象的基本原則。虞氏象數思維下的逸象之使用，有其高度的系統性與合理性，並非隨意臆測的以逸象解《易》。

1. 直據《周易》經傳而推衍

　　虞氏逸象產生的最主要原則，大概是直接援引經傳本文或相近之義。以下舉數例爲釋，如：虞氏以乾卦有「爲道」之逸象，「道」爲陽剛之乾性，可作爲規律、事理之義。乾卦《彖傳》云「乾道變化，各正性命」；[86]《繫辭上傳》亦云「是以明于天之道」，以及「乾道成男」；小畜卦初九爻辭亦云「復自道」。其「道」之本然主在「乾」，乾爲易卦之首，爲氣動之主要原質，所以乾陽之性，爲萬化之本，爲天道、爲自然之普遍律則。因此，虞氏釋《易》，尤重於乾元之道，於釋《易》中屢屢用「道」。如釋剝卦卦辭「君子尚消息盈虛，天行也」語，云：

> 乾爲君子，乾息爲盈，坤消爲虛，故君子尚消息盈虛，天行也，則出入無疾，反復其道，易虧巽消艮，出震息兌，盈乾虛坤，故於是見之耳。[87]

以乾爲君子之象，尚消息盈虛之道，此反復之道，爲君子所行，是君子執道以象「道」，故乾有「君子」有「道」之象；此「君子」之逸象，亦本出於卦辭。[88]注大畜卦上九《象傳》「道大行也」語，云：

> 謂上據二陰，乾爲天道，震爲行，故道大行矣。[89]

乾爲天爲道，合爲「天道」；惠氏云「乾爲天，道之大原出于天，故乾爲

---

[86] 惠棟《易漢學》卷三，頁1126，同引。

[87] 見李鼎祚《周易集解》卷五，台北：臺灣商務印書館，1968年12月臺1版，1996年12月臺1版2刷，頁124。

[88] 《周易》經傳以君子象乾德者甚眾，乾卦九三爻辭「君子終日乾乾」即是，而虞氏亦廣用「君子」之逸象釋《易》，如云「君子以成德爲行」（釋乾卦《文言》）；「君子以厚德載物」（釋坤卦《象傳》）；「君子以懿文德」（小畜卦《象傳》）；其它如云「君子以作事謀始」、「君子以辨上下」、「君子以申命行事」、「君子以永終知敝」、「君子以儉德辟難」、「君子以明庶政」、「君子以常德行習教事」、「君子以自昭明德」、「君子以多識前言往行」、「君子德車」、「君子道長」、「君子以制數度」等等。劉玉建《兩漢象數易學研究》作了詳細的統計。（見《兩漢象數易學研究》，頁742-743。）

[89] 見李鼎祚《周易集解》卷六，頁140。

道」，[90]詮解精要合宜。注《繫辭下傳》「懼以終始，其要无咎，此之謂易之道也」語，云：

> 乾稱易道，終日乾乾，故无咎。危者使平，易者使傾，惡盈福謙，故易之道者也。[91]

「乾」之道即《易》之道，故乾卦有「易道」之逸象。虞氏以「道」象釋《易》者，不勝枚舉，將「乾」視爲「道」，體現「乾」的主導地位，它不僅僅是六十四卦之首，更是可以視六十四卦這個系統以及這個系統的意義下的代表或代稱。

又如，虞氏以乾卦有「爲德」之逸象，主要是根據《文言傳》的說法。《文言傳》認爲「飛龍在天，乃位乎天德」，「飛龍在天」爲乾卦九五，乾又爲「天」，故「天德」即「乾德」。《文言傳》又直言乾有「元、亨、利、貞」四德，以「君子行此四德者，故曰元、亨、利、貞」；惠氏直言此「四德」即虞氏用「德」象之本由。[92]此外，乾卦《象傳》云「見龍在田，德施普也」，亦以龍德爲乾。因此，虞氏所用「德」之逸象，蓋出於此。在虞氏的注文中，屢以乾卦爲「德」，或是以陽爻爲「德」，如虞氏注乾卦《文言》「君子進德修業」時，以乾爲「德」；[93]注坤卦《象傳》「君子以厚德載物」時，以「乾陽爲德」；[94]注恆卦六五「恒其德」時，云「動正成乾，故恒其德」；[95]注晉卦《象傳》「君子以自昭明德」，云「君子謂觀乾，乾爲德。坤爲自離爲明，乾五動已離日自照，故以自昭明德也」；[96]虞氏廣泛運用以乾爲「德」之逸象來訓注經傳，李氏《集解》中可見者，不下十餘次。[97]以「德」爲象，不以虞氏獨專，漢魏之易家，

---

[90] 見《易漢學》卷三，頁1126。

[91] 見李鼎祚《周易集解》卷十六，頁397。

[92] 惠氏小注云「乾有四德」，即乾卦「元、亨、利、貞」卦辭之四德。見《易漢學》，頁1126。

[93] 見李鼎祚《周易集解》卷一，頁11。

[94] 見李鼎祚《周易集解》卷二，頁28。

[95] 見李鼎祚《周易集解》卷七，頁166。

[96] 見李鼎祚《周易集解》卷七，頁174。

[97] 除了前文引述者外，虞氏以乾爲「德」之逸象詁訓經傳者，又如注小畜卦《象傳》「君子以懿文德」、蠱卦《象傳》「君子以振民育德」、剝卦上九「君子德車」、坎卦《象傳》「君子以常德行習教事」、益卦九五「有孚惠我德」、夬卦《象卦》「君子以施祿及下，

用之極爲普遍，如鄭玄、王弼、荀爽、宋衷、何妥、《九家易》等，似皆同用；[98]皆據經傳所本有而爲象。

又如，虞氏以乾卦有「爲君子」之逸象。在《周易》經傳中用「君子」之言者甚眾，如單就乾卦而言，九三爻辭云「君子終日乾乾」；乾卦《象傳》云「天行健，君子以自強不息」；乾卦《文言》云「君子體仁，足以長人」；又云「君子行此四德者」；又云「君子進德修業」；又云「君子以成德爲行」；又云「是以君子弗用也」；又云「君子學以聚之」等等。其它諸卦用「君子」之言者，亦不勝枚舉。惠氏指出「君子」之象，「謂九三；三于三才爲人道」，[99]認爲所云者乃乾卦九三爻，處三才之人位，「君子」合於「人道」；蓋三體艮，乾爲君，艮爲子，故合爲君子，《易》中凡稱「君子」者，皆謂「三」。此即乾卦九三爻辭用「君子」言之由。惠氏之說，本於鄭玄所言，鄭氏注乾卦九三爻辭時云，「三於三才爲人道，有乾德而在人道，君子之象」；[100]皆同以乾卦九三爲「君子」之象。雖是源於此爻，然可擴而代表乾卦，故虞氏以「君子」作爲乾卦之逸象，特別對於《象傳》所用之「君子」，皆視爲乾象。[101]以「君子」爲象，不以

居德則忌」、節卦《象卦》「君子以制數度，議德行」、《繫辭上傳》「聖人之所以崇德而廣業也」、《繫辭上傳》「有功而不德」，以及《繫辭下傳》「是故履，德之基也」等，皆以乾德爲訓。同時，依虞氏所注者，可以發現特別是《象傳》、《繫傳》喜用「德」字。

[98] 王弼釋乾卦九二時云：「出潛離隱，故曰見龍；處於地上，故曰在田。德施周普，居中不偏，雖非君位，君之德也。」又釋乾卦用九云：「九，天之德也；能用天德，乃見羣龍之義焉。」鄭玄釋乾卦九三時云：「三於三才爲人道，有乾德而在人道，君子之象。」《九家易》釋乾卦《象傳》時云：「觀乾之始以知天德，惟天爲大，惟乾則之，故曰大哉元者，氣之始也。」又云「：乾之爲德，乃統繼天道，與天合化也。」荀爽釋乾卦《象傳》時云：「氣微位卑，雖有陽德，潛藏在下，故曰勿用也。」宋衷釋乾卦《象傳》時云：「用九，六位皆九，故曰見羣龍，純陽則天德也。」何妥釋《文言》時云：「此明聖人則天，合五常之德。仁爲木，木主春，故配元爲四德之首，君子體仁，故有長人之義也。」由是可見，虞氏使用「逸象」，並非獨制首創，或與一般易家一樣，同用大家所共同的普遍認識者。（諸家之說，詳見李鼎祚《周易集解》卷一，頁 1-23。）

[99] 見《易漢學》卷三，頁 1126。

[100] 見李鼎祚《周易集解》卷一，頁 2。

[101] 虞氏以「君子」作爲乾卦之逸象以釋《易》，不單見於注釋乾卦，其它各卦之訓詁亦多採用，特別是《象傳》所言之「君子」，皆作乾象解。如坤卦《象傳》「君子以厚德載物」、訟卦《象傳》「君子以作事謀始」、小畜卦《象傳》「君子以懿文德」、履卦《象傳》「君子以辯上下」、否卦《象傳》「君子以儉德辟難」、同人卦《象傳》「君子以類族辨物」、

虞氏為專，漢魏易家，普遍慣用，如坤卦《彖傳》云「柔順利貞，君子攸行」，《九家易》注曰：

> 謂坤爻本在柔順陰位，則利正之；乾則陽爻來據之，故曰「君子攸行」。[102]

明白地以「君子」表乾象。乾卦《文言》云「君子體仁，足以長人」，何妥注曰：

> 此明聖人則天，合五常也。仁為木，木主春，故配元為四德之首。
> 君子體仁，故有長人之義也。

「利物足以和義」，何妥又注曰：

> 利者，裁成也。君子體此利以利物，足以合於五常之義。

「貞固足以幹事」，何妥又注曰：

> 貞，信也。君子堅貞正，可以委任於事。[103]

何妥注文中，均以「君子」視為乾象。因此，以「君子」為乾卦逸卦，《易傳》早用，而漢魏易家同用，非虞氏所獨采。是以乾德之尊，惟君子可以象之，「君子」作為逸象，恰合乾德；乾卦述明人道之事，以「君子」代之，為自然之理，故諸家均用之。

又如，虞氏以震卦有「為百」之逸象。震卦卦辭云「震驚百里」，虞氏直用其「百」，而有為「百」為「百穀」之逸象。虞氏並解釋言「百」之理由，云：

> 謂陽。從臨二陰為百二十，舉其大數，故當「震百里」也。[104]

以臨二息時五有五陰，陰爻二十四，五爻故「百二十」，舉其大數而為

蠱卦《象卦》「君子以振民育德」、賁卦《象傳》「君子以明庶政」、坎卦《象傳》「君子以常德行習教事」、咸卦《象傳》「君子以虛受人」、遯卦《象傳》「君子以遠小人」、晉卦《象傳》「君子以自昭明德」、損卦《象傳》「君子以懲忿窒欲」、益卦《象傳》「君子以見善則遷」、夬卦《象傳》「君子以施祿及下」、革卦《象傳》「君子以治歷明時」、漸卦《象傳》「君子以居賢德善俗」、歸妹卦《象傳》「君子以永終知敝」、巽卦《象傳》「君子以申命行事」、兌卦《象傳》「君子以朋友講習」、節卦《象傳》「君子以制數度」、井卦《象傳》「君子以勞民勸相」、中孚卦《象傳》「君子以議獄緩死」、未濟卦《象傳》「君子以慎辨物居方」等等。

[102] 見李鼎祚《周易集解》卷二，頁27。

[103] 以上何妥注，見李鼎祚《周易集解》卷一，頁7-8。

[104] 見李鼎祚《周易集解》卷十，頁251。

「百」。[105]惠氏另舉旁證作解釋，云：

> 《論語讖》曰：雷震百里聲相附。宋均注：雷動百里，故因以制
> 國也。酈炎對事曰：或曰雷震驚百里，何以知之？炎曰：以其數
> 知之。夫陽動為九，其數三十六，陰靜為八，其數三十二，一陽
> 動二陰，故曰百里。[106]

惠氏引宋均注《論語讖》為解，其理恰合。

　　虞氏之逸象，大多出於直接援引經傳本文或相近之義，並非虛妄造
作。在此不再贅舉說明。

2. 以其時代思想與易家用象而推衍

　　虞氏逸象運用的另一重要根據，則以其之前易家之思想主張與用象
而進一步推衍，或因所處時代思想觀念而推用。對於虞氏逸象之前，已
早有之用象者，前文已略有提及，皆以經傳本有而同引為象。在虞氏之
前，用象釋《易》本是不可避免，並且當已廣泛而普遍。以孟喜言，《孟
喜章句》於中孚卦象注，以離為「文明」，[107]惠氏所輯虞氏逸象為「明」。
京房以坎卦有「大川」之義，[108]同於虞氏之逸象。馬融注《繫辭上傳》
云震卦為「驚也」，[109]近於虞氏為「驚衛」；馬融注晉卦云離卦「為矢」，

---

[105] 李道平《周易集解纂疏》進一步疏解虞義，云：「虞注『謂陽』者，謂陽爻也。『從臨
二陰為百二十』者，從臨二息時有五陰，陰爻二十四，五爻故『百二十』。言『百』者，
舉其大數。以陽震陰，坤方為『里』，聲聞乎百里，故當『震驚百里』也。」（見李道平
《周易集解纂疏》卷六，北京：中華書局，1994 年 3 月 1 版，1998 年 12 月北京 2 刷，
頁 453。）李氏以坤象「里」，合於虞氏之說；虞氏以坤卦有為「戶」、為「土」、為「田」、
為「國」、為「邑」、為「邦」、為「大邦」之逸象，取義於「里」同。

[106] 見《易漢學》卷三，頁 1129。

[107] 《新唐書》卷二十七，一行《卦議》引《孟氏章句》云「離以陽包陰，故自南正，微
陰生於地下，積而未章，至於八月，文明之質衰，離遠終焉」。指出離卦主夏八月時，「文
明之質衰」，蓋「文明」為離卦之象。後世通用「文明」為象，如孔穎達《周易集解》
卷十七，孔氏注「其於木也為堅多心」時，云「離文明而柔順」即是。

[108] 京房釋大畜卦《象傳》云：「謂二變五體坎，故利涉大川。」（見李氏《集解》卷六，
頁 138。）以坎卦有「大川」之義。方申《方氏易學五書·諸家易象別錄》卷一，引《京
房章句》亦列坎卦有「大川」之象。（見方申《方氏易學五書》卷一，頁 592。）。

[109] 見陸德明《經典釋文》卷二引馬融釋《繫辭上傳》「震无咎」，云「震，驚也」。

110同於虞氏之逸象。荀爽注《易》，用象頗繁，並多有與虞氏相同或相近者，如恆卦九二《象》注云「乾爲久」，與虞氏逸象同；夬卦九三爻注云「乾爲君子」，與虞氏同；《繫辭上傳》注云「坤爲夜」，與虞氏同；升卦上六爻注云「坤，冥也」，與虞氏同；解卦《彖傳》注云「坤，眾也」，與虞氏「爲聚」義近；訟卦九二《象》注與升卦九三爻注同云「坤稱邑」，與虞氏「爲邑」同；乾卦《文言》注云「田謂坤」，與虞氏「爲田」同；乾卦《文言》又注云「虎謂坤」，與虞氏「爲虎」同；巽卦《象傳》注云「巽爲號令」，與虞氏「爲命」、「爲號」相近；《繫辭上傳》注云「巽爲知命」，與虞氏「爲命」相近；需卦九五爻注云「坎爲酒食」，與虞氏「爲酒」相近；謙卦初六爻注云「坎大川」，與虞氏「爲大川」同；晉卦六五爻注云「離，射也」，又云「離矢」，與虞氏「爲矢」同；姤卦《彖傳》注云「離，章明也」，與虞氏「爲明」相近；明夷卦初九爻注云「離爲飛鳥」，又云「離飛」，與虞氏同。又以鄭玄言，其於乾卦九三爻注云「乾君子」，與虞氏同；蠱卦上九爻注云「乾父老」，與虞氏「爲老」相近；《乾坤鑿度上》注云「乾天門」，與虞氏「爲門」相近；升卦上六爻注云「坤暗昧」，與虞氏「爲冥」、「爲晦」、「爲夜」義近；《通卦驗上》注與《是類謀》注「坤爲土」，與虞氏同；《通卦驗上》注云「坤爲終」，與虞氏同；《通卦驗下》注云「坤大暑」與虞氏「爲暑」義近；鼎卦九四爻注云「震爲竹」、「震筍」，與虞氏「爲筐」之竹屬義近；隨卦初九爻注云「震，出門也」，與虞氏「爲出」、「爲奔」、「爲奔走」義近，又云「震，交也」，與虞氏同；豫卦彖辭注云「震諸侯」，與虞氏同；《通卦驗下》注云「震爲驚恐」，與虞氏「爲驚衛」義近；《乾鑿度上》注云「震施生」，與虞氏「爲生」、「爲阪生」義近；觀卦彖辭注云「艮爲宮闕」，與虞氏「爲城」、「爲宮」義近；旅卦初六爻注云「艮小小」，與虞氏「爲小子」義近；漸卦九三爻注云「坎水流」，與虞氏「爲大川」相近；《通卦驗下》注云「坎爲雲」，與虞氏同；《乾鑿度上》注云「坎爲經」，與虞氏同；漸卦九三爻注云「離，孕也」，與虞氏同；《乾鑿度下》注云「離爲明」，與虞氏同；《通卦驗上》注云「離爲黃牛」，《通卦驗下》注云「離爲黃」，與虞氏「爲

---

110 見陸德明《經典釋文》卷二引馬融釋晉卦六五「失得」時，云「離爲矢」。

黃」同。[111]諸家之說，較虞氏爲先，虞氏據以援用參衍，在所難免。同時，逸象之用，不以虞氏爲首；虞氏之前，諸家用象，或詁訓語詞之用，與虞氏相近或相同者，信手拈來，不可勝數，特別是鄭玄、荀爽之說。

　　緯書所言，亦有與虞氏逸象相合者，如《乾坤鑿度上》云「乾爲天德」，《乾元序制記》、《通卦驗上》云「乾德」，《乾坤鑿度下》云「乾稱德」，與虞氏云「爲德」同；又云「乾道大」，與虞氏云「爲道」、「爲大」義近；《乾坤鑿度上》云「坤形」，與虞氏「爲形」同；《乾坤鑿度下》云「坤刑殺」，與虞氏云「爲殺」義近；又云「坤黃色」，與虞氏云「爲黃牛」之色黃同；《汎歷樞》云「坤厚德」，與虞氏「爲厚」義近；《元命包》云「坤靜」，與虞氏「爲默」義近；《乾鑿度上》云「坎爲信」，與虞氏「爲孚」義近；《推度災》云「震雷起」，與虞氏「爲響」義近；《通卦驗上》云「艮斗機」，與虞氏「爲斗」同。此外，典籍亦有引易象與虞氏同者，如《左氏春秋・莊二十二年》云「坤，土也」，《國語・晉語第十》同引，與虞氏逸象同；《國語・晉語第十》又云「震，長也」，與虞氏「爲兄」義近；又云「坎，眾也」，與虞氏「爲聚」義近。是先秦典籍，乃至兩漢緯書，援用之易象，似有其普遍之共識，特別是以坤卦爲「土」，即八卦之五行屬性，在兩漢之前，已然成熟。戰國時期陰陽五行思想漸起，對應的觀念也從《老子》以降更爲系統化，陽善陰惡被定型爲基本的認識，且以陰陽詮釋鬼神的觀念也被明確化，《論衡》即提出「鬼神，陰陽之名也。陰氣逆物而歸，故謂之鬼；陽氣導物而生，故謂之神」，[112]以陰陽二氣之生化言鬼神。一般認爲鬼屬性爲陰，質惡而易致凶咎；神屬性爲陽，質善而易致福瑞；乾坤二卦代表著純陽純陰之二性，因此乾乃推衍出「善」、「神」、「福」、「介福」、「祥」、「祿」、「嘉」、「盈」、「好」等逸象，而坤也推衍出「惡」、「鬼」、「怨」、「害」、「過」、「死」、「喪」、「殺」、「尸」等逸象，這些逸象也都成爲虞氏釋《易》論乾坤陰陽的基本元素。前此之說，皆可作爲虞氏逸象依循的準據。

---

[111]　以上諸家之注，引自《周易集解》、《經典釋文》與《易緯》鄭注諸書；引言確實，惟一一注明，過於繁瑣，故不另分別作注。

[112]　見王充《論衡・論死篇》卷二十。引自北京：中華書局《諸子集成》本第八冊，1996年2月北京9刷，頁202。

　　我們知道虞氏五世傳《孟氏易》，對孟喜之學說思想，當能熟稔詳識，在新的思想主張之建構時，不乏受到孟喜的影響，逸象之運用也不例外。孟喜卦氣說，其十二消息說，自十一月子至四月巳，乾陽之氣漸生，積累而終於六爻純陽之乾卦；自五月至十月亥，坤陰之氣漸長，並積累而終於六爻純陰之坤卦。乾性為善，其積累的過程可以視為積善之過程，而坤性為惡，其積累的過程則可以視為積惡的過程。由這樣的觀念，推衍出乾卦有「積善」之象，坤卦有「積不善」、「積惡」之象。虞氏用此逸象，或出於此等思想之啟發。

　　《易》以「象」示「意」，所謂「天垂象，聖人則之，八卦成列，象在其中矣」，「易者象也」，蓋《周易》經傳，多列象而陳其義理。虞氏之逸象，大略能本諸於經傳，或從其前諸易家大儒、典籍之學說主張，以及陰陽五行與讖緯之說，作為推衍易逸之理據，並非妄自臆說、隨意造作的。當然，其逸象主要根據經傳旨趣而論，特別是《說卦傳》影響之比重尤深，很多逸象是由此而衍生出來的，如《說卦傳》云坎卦「其於木也為堅多心」，虞氏衍出「棘」、「叢棘」、「棘匕」、「蒺藜」、「叢木」、「穿木」諸逸象；由「離為雉」，衍出離卦為「飛」、「鶴」、「鳥」、「飛鳥」、「禽」、「隼」、「鴻」等逸象；由「艮為門闕」，衍出艮為「穴居」、「城」、「宮」、「庭」、「廬」、「牖」、「居」、「舍」、「宗廟」、「社稷」等逸象；由「兌為澤」，衍出兌為「水澤」、「雨澤」、「雨」、「水」等逸象。《說卦傳》所言易象，成為虞氏釋卦之重要用象材料。後世言《虞氏易》，或稱其用象每有妄造，多顯浮爛，實不宜過份誣指。茲將虞氏用《說卦傳》所言之卦象以釋卦的情形，作簡要之統計，如【附件三】所示，俾供參考。

（三）惠氏訓解逸象皆有所本

1. 徵引《周易》經傳為釋

　　惠氏於其所輯虞氏逸象下，所作訓解皆有所本，其最重要者在於以《周易》經傳來解釋虞翻逸象，諸如：

　　乾「為道」，引乾《彖傳》「乾道變化」為釋。乾「為始」，引《繫上》

「乾知大始」爲釋。乾「爲知」，引《繫上》「乾以易知」爲釋。[113]乾「爲治」，惠云「乾元用九天下治」，實爲乾卦《彖傳》之辭。[114]乾「爲久」，惠云「不息則久」，實據乾卦《象傳》「天行健，君子以自強不息」之「不息」而說。[115]乾「爲朱」，惠云「乾爲大赤，故爲朱」；乾「爲大赤」出於《說卦》之象，「赤」、「朱」同屬，故「大赤」爲「朱」。[116]坤「爲民」，惠云「一君二民」，實引自《繫上》之言，即「陽一君而二民，君子之道也。陰二君而一民，小人之道也」。[117]坤「爲形」，惠云「在地成形」，即《繫傳》之言。[118]坤「爲至」，惠云「至哉坤元」，[119]此即坤卦《彖傳》之言。坤「爲厚」，惠云「厚德載物」，實爲坤《彖傳》、坤《象傳》之言。[120]坤「爲寡」，惠云「坤陰小，故爲寡」，爲《說卦》之言。坤「爲永」，惠云「坤用六：利永貞」，直言坤卦用六爻辭。坤「爲閉」，惠云「坤闔戶故閉」，與《繫傳》「是故闔戶謂之坤」同義。坤「爲積惡」，惠氏指稱是就「初六」，是根據坤初六《文言》「積不善之家」而言。坤「爲器」，惠云「形而下者謂之器」，即《繫傳》之言。震「爲帝」，惠云「帝出乎震」，即《說卦》之言。巽「爲同」，惠云「齊乎巽，齊，同也」，即以《說卦》「齊乎巽」爲訓。離「爲見」，惠云「相見乎離」，此即《說卦》之文。

---

[113] 諸引惠氏之言，見《易漢學》卷三，頁1126。

[114] 惠言見《易漢學》卷三，頁1126。

[115] 紀磊《虞氏逸象攷正》云：「久，坤象。坤爲永，故爲久；用六『永貞』是其義。虞氏既以坤爲永，又以乾爲久，非。」（見紀磊《虞氏逸象攷正》。引自《叢書集成續編》第三十冊，台北：新文豐出版公司影印吳興叢書本，1989年7月台1版，頁460。）其實乾德本有「自強不息」之性，故以「久」爲象，亦無不可。象之用，本多爲後人所造作，只要我們認同用象，但求合理適性即可。

[116] 惠氏之言，見《易漢學》卷三，頁1127。李鼎祚注困卦九二云「乾爲大赤，朱紱之象也」。

[117] 惠氏之言，見《易漢學》卷三，頁1127。虞氏注《說卦》「觀變於陰陽而立卦」，同引《繫傳》云「繫曰：陽一君二民，陰二君一民，不道乾坤者也」。（見李鼎祚《周易集解》卷十七，頁404。）

[118] 惠氏之言，見《易漢學》卷三，頁1127。《繫傳》云：「在天成象，在地成形，變化見矣。」

[119] 見《易漢學》卷三，頁1127。

[120] 惠氏之言，見《易漢學》卷三，頁1127。坤《彖傳》云「坤厚載物」；坤《象傳》云「君子以厚德載物」。

離「爲明」，惠云「嚮明而治」，此亦即《說卦》文：「（離）聖人南面而聽天下，嚮明而治，盖取諸此也」。艮「爲道」，惠云「爲徑路，故爲道」，即引《說卦》言「爲徑路」爲釋。艮「爲執」，惠云「爲手，故爲執」；艮「爲多」，惠云「艮多節，故爲多」。惠氏所釋，皆本於《說卦》「爲手」、「其於木也爲堅多節」之象。[121]

　　由惠氏大量徵引《周易》經傳以釋虞氏逸象，直接說明了虞氏之用象，並非無端造作，有是有所依據的，如前文所言，主要是根據《周易》經傳而來。所以，虞氏廣泛用象的易學論述方式，可以說大部份是依準於《周易》爲典範而創制的詮釋方法，是一種有所依準的開創性之再詮釋。

2. 徵引虞說釋虞象

　　惠氏解釋虞翻逸象，以虞氏自說爲釋，當然最符合虞氏用象之本義。所以，惠氏釋象，廣泛運用虞氏之言，或是旁引虞氏之學說主張，來闡明象義。大致包括如下：

　　乾「爲物」之象，惠氏釋爲「乾純粹精，故主爲物」，其實爲虞注《繫傳》「精氣爲物，遊魂爲變」之文。乾「爲善」，惠云「乾善故良」，實爲虞注《說卦》「爲良馬」之文。乾「爲善人」，惠云「乾爲善爲人，故爲善人」，實爲虞氏以乾爲「人」之義。[122]乾「爲忿」，惠云「乾剛武爲忿」，實見於虞注損卦《象傳》云「乾陽剛武爲忿」。[123]乾「爲大」，惠云「陽稱大」，實出於虞注大過《彖傳》、小過《彖傳》之言；荀爽、《九家》等亦同云。[124]乾「爲盈」，惠云「十五乾盈甲」，本虞氏納甲之說。乾「爲甲」，惠云「乾納甲」，[125]即虞氏納甲之說。乾「爲遠」，惠氏直引虞注，

[121]「爲寡」、「爲永」、「爲閉」、「爲積惡」、「爲器」、「爲帝」、「爲同」、「爲見」、「爲明」、「爲道」、「爲執」、「爲多」，所引惠氏之言見《易漢學》卷三，頁1127-1131。

[122] 諸引惠氏之言，見《易漢學》卷三，頁1126。

[123] 惠氏言見《易漢學》卷三，頁1126。虞文見李氏《周易集解》卷八，頁201。

[124] 惠氏言見《易漢學》卷三，頁1126。以「陽稱大」爲言者，除虞說之外，《九家》注離卦九三、注乾卦《彖傳》、注渙卦九五，以及荀爽注《序卦》，宋衷注革卦九五《象傳》亦皆同言。以上諸家之言，見李氏《周易集解》。

[125] 惠氏注「爲盈」、「爲甲」之言，見《易漢學》卷三，頁1126。

云「虞注謙彖曰：天道遠，故乾爲遠」。[126]坤「爲妣」，惠云「坤爲喪爲母，母喪故爲妣」，符合虞氏注小過六二之本義。[127]坤「爲虛」，惠云「乾息爲盈，坤消爲虛」，爲虞注剝卦《彖傳》「君子尙消息盈虛」之言。[128]坤「爲過」，惠云「積惡故爲過」，符合虞注用「積惡」之義。[129]坤「爲喪」，惠云「坤喪于乙」；[130]「喪」與「死」同義，「坤喪于乙」即虞氏納甲之說。坤「爲乙」，惠云「坤納乙」，[131]乙即坤初，坤納乙，亦納甲之說。震「爲出」，惠云「三日出震」，即虞氏納甲之說。震「爲逐」，惠云「震爲驚走，故稱逐」，此即虞氏注大畜九三之文。震「爲音」，虞氏並以震「爲鼓」，故惠云「震爲鼓，故爲音」。震「爲應」，惠云「同聲相應」，此本《繫傳》「其受命也如響」下，虞氏之注文。震「爲生」，惠云「震春爲生，又月三日生明」，亦本虞氏納甲之說。震「爲邕」，惠云「長子主祭器」，即虞釋震卦《彖傳》「出可以守宗廟社稷，以爲祭主也」之注文。巽「爲商」，惠云「巽近利市三倍，故爲商」，即虞釋兌卦九四「商兌未寧，介疾有喜」之注文。[132]坎「爲雲」，惠云「上坎爲雲，下坎爲雨」，實爲虞釋乾卦《彖傳》「雲行雨施，品物流形」之注文。[133] 坎「爲悔」，惠云「坎心爲悔」，實引虞氏以坎爲「心」之逸象以推說。[134]坎「爲欲」，

---

[126] 見《易漢學》卷三，頁 1127。

[127] 惠氏言見《易漢學》卷三，頁 1127。小過六二「過其祖，遇其妣」虞翻曰：「祖謂祖母，初也。母死稱妣，謂三坤爲喪，爲母，折入大過死，故祖也。妣二ándo初，故過其祖。五變三，體姤遇，故遇妣也。」（見李鼎祚《周易集解》卷十二，頁 300。）

[128] 惠氏言見《易漢學》卷三，頁 1127。虞注剝卦《彖傳》「君子尙消息盈虛」云：「乾爲君子，乾息爲盈，坤消爲虛。」（見李氏《周易集解》卷五，頁 124。）

[129] 惠氏言見《易漢學》卷三，頁 1128。虞注《繫傳》「惡不積，不足以滅身」，云：「坤爲積惡、爲身，以乾滅坤，故滅身者也。」（見李氏《周易集解》卷十五，頁 375。）

[130] 見《易漢學》卷三，頁 1128。

[131] 見《易漢學》卷三，頁 1128。

[132] 「爲出」、「爲逐」、「爲音」、「爲應」、「爲生」、「爲邕」、「爲商」所引惠文，見《易漢學》卷三，頁 1129-1131。

[133] 虞釋乾卦《彖傳》「雲行雨施，品物流形」文，云：「已成既濟，上坎爲雲，下坎爲雨，故雲行雨施。乾以雲雨，流坤之形，萬物化成，故曰品物流形也。」（見李氏《周易集解》卷一，頁 4。）

[134] 惠氏言見《易漢學》卷三，頁 1130。《周易集解》中廣引虞氏以坎「爲心」之逸象，如釋比卦《彖傳》、謙卦《彖傳》、復卦《彖傳》、坎卦彖辭、離卦六五等；虞氏言「爲心」者，《集解》中最少出現二十四處。因此，「爲心」爲虞氏坎卦之重要而廣用的逸象，

惠云「坎水爲欲」，即惠氏引自虞釋頤卦六四《象傳》之文。坎「爲淫」，惠云「坎水爲淫」，即惠氏引自虞釋《繫上》「慢藏誨盜，冶容誨淫」之注文。坎「爲膏」，惠云「坎雨稱膏」，即虞釋屯卦九五「屯其膏」之注文。坎「爲校」，惠云「桎梏之類」；坎「爲穿木」，惠云「桎梏爲穿木」。皆以「桎梏」言「爲校」、「爲穿木」，實虞氏之義。虞釋蒙卦初六「用說桎梏」，注云「坎象毀壞，故曰用說桎梏」；「校」、「穿木」，皆有木「毀壞」之象。是惠氏用虞義以爲訓。[135]離「爲甲」，惠云「日出甲上，爲甲冑，故爲甲」，此引虞說爲訓，即虞釋解卦彖辭「有攸往，夙吉」，云「夙，早也。離爲日爲甲，日出甲上，故早也」；惠用「甲冑」言，即《說卦》之象。離「爲孕」，惠云「爲大腹，故爲孕」，此又引虞說爲訓，見虞釋泰卦六五云「離爲大腹，則妹嫁而孕」；並見虞釋艮卦六四云「離爲大腹，孕之象也」。以「大腹」爲象而推說，「大腹」爲《說卦》之象。[136]艮「爲順」，惠氏引虞說「艮爲弟」之象以詮之，云「艮爲弟，善事兄弟，故爲順」。艮「爲求」，惠云「艮兌同氣相求，故爲求」，此本於虞說；虞釋乾卦《彖傳》「同氣相求」，云「艮兌山澤通氣，故相求也」，惠當本於此。艮「爲背」，惠云「艮爲多節，故稱背」，此即虞釋艮卦彖辭之注文。艮「爲皮」，惠云「艮爲膚，故爲皮」，此惠用虞象「爲膚」以釋之，惟惠氏未納「爲膚」之逸象。兌「爲見」，惠氏直引《雜卦》虞氏之注云「兌陽息二故見」。[137]

　　利用虞翻自說來訓解其逸象之本意，最能表明虞氏用象的實際現況，並且不致曲解虞氏逸象的本來面貌。

　　惜哉惠氏未察而遺闕。張惠言據補。

[135] 坎「爲欲」、「爲淫」、「爲膏」、「爲校」、「爲穿木」，惠氏之言見《易漢學》卷三，頁1130。

[136] 離「爲甲」、「爲孕」，惠氏之言見《易漢學》卷三，頁1131。虞釋解卦、泰卦、艮卦之言，分別見李鼎祚《周易集解》卷八，頁195；卷四，頁79；卷十，頁256。

[137] 「爲順」，惠氏言見《易漢學》卷三，頁1131。「爲求」，惠氏言同前書頁；虞釋文見李鼎祚《周易集解》卷一，頁13。「爲背」，惠氏言見《易漢學》卷三，頁1131。「爲皮」，惠氏言同前書頁；《周易集解》中，虞氏用「爲膚」之逸象者，見其釋剝卦六四、睽卦六五、夬卦九四，以及姤卦九三等之注文。惠氏未將「爲膚」納爲虞氏之逸象，張惠言據補。「爲見」，惠氏引虞言，見《易漢學》卷三，頁1132。

3. 徵引諸家《易》說以為訓

惠氏詮釋虞象，多徵引諸家《易》說為注，諸如：

乾「為君子」，惠氏云「三于三才為人道」，為鄭康成注乾九三之言。[138]坤「為事」，惠氏直引京房之說，云「六三或從王事，京房云：陰為事」。[139]坤「為虎」，惠氏云「京房《易》，坤為虎刑」，[140]即以京房說釋之。震「為麋鹿」，引《京房易傳》云「震遂泥，厥咎國多麋」。震「為筐」，引服虔云「震為竹，竹為筐」。巽「為魚」，惠氏云「郭璞曰：魚者震之廢氣也。朱子發曰：巽王則震廢，故仲翔以巽為魚也」，此文當惠氏引自朱震《漢上易傳・叢說》。[141]坎「為惕」，惠云「加憂為惕」，此朱子之言，云「坎為加憂之象」，「坎為加憂為惕」；宋朱鑑《文公易說》亦同言。[142]艮「為星」，惠云「艮主斗，斗建十二辰為人斗，合于人統。朱子發引仲翔曰：『離、艮為星。』離為日，非星也。朱誤讀虞注耳」。惠氏特別引朱震釋虞翻之說為訓，指出朱震的誤謬。實事上，虞氏之說，為釋賁卦《彖傳》「天文也」，云「謂五利變之正，成巽體離。艮為星，離日、坎月，巽為高。五，天位。離為文明。日月星辰，高麗於上，故稱天之文也」。知虞氏並不以離日為星。[143]

透過旁徵諸家《易》說，補強虞氏逸象在解釋上之合理性，並可藉以知其所用之象的普遍性或其先後運用之情形。

---

[138] 惠氏言見《易漢學》卷三，頁 1126。鄭玄注文，見李鼎祚《周易集解》引鄭氏云：「三於三才為人道，有乾德而在人道，君子之象。」（卷一，頁 2。）

[139] 見《易漢學》卷三，頁 1128。

[140] 見《易漢學》卷三，頁 1128。引京氏為「虎刑」者，見《京氏易傳》云：「龍德十一月在子在坎卦左行，虎刑五月在離卦右行。」就十二消息言，陰陽消息變化，五月姤卦一陰初生，至十月坤卦陰氣盛極而萬物寂然，生機殺滅；虎為獸中殺物之王，故以「虎」象坤。

[141] 「為麋鹿」、「為筐」、「為魚」所引諸家之說，見《易漢學》卷三，頁 1130-1131。

[142] 惠云見《易漢學》卷三，頁 1131。朱子言，見《朱子語類・易六》卷七十，又見《朱子全書・易三》卷二十八。朱鑑言，見《文公易說》卷三，釋訟卦所云。惠氏以漢學為本，復漢為志，然對宋學並非全然眾斥，此引朱子之說，為一實證。

[143] 惠氏之言，見《易漢學》卷三，頁 1131。虞氏釋賁卦文，見李鼎祚《周易集解》卷五，頁 120。

4. 徵引有關經書典籍與論者言以爲釋

以經訓經或是以諸子群籍訓經，固爲傳統治經者運用之方法，特別是漢代治經的重要特色，惠氏恢復漢學爲志，治學的態度自然深受漢儒之影響。惠氏身爲乾嘉漢學的立戶門師，這種以諸經或典籍與有關論者之言作爲引證之法，爲其治學的普遍運則；在虞氏逸象的論述或解釋上，惠氏也以一貫的旁徵博引作爲訓解的方法。

首先徵引諸經或諸家釋經之言爲訓者，諸如：

乾「爲敬」，引《左傳》云「成季之生也，筮之遇大有之乾，曰：同復于父，敬如君所，是乾爲敬也」。[144]乾「爲性」，引《中庸》「天命之謂性」語爲釋。[145]乾「爲好」，惠氏云「賈逵曰：好生于陽」，爲賈氏注《左傳》之言。[146]坤「爲安」，惠氏云「坤主靜，故安」，並引《左傳》與杜預注，以及《月令》鄭玄注之說爲釋。[147]坤「爲富」，惠氏引《大戴禮》云「地作富」。坤「爲財」，惠氏引《禮運》云「天生時而地生財」。[148]坤「爲義」，引《周書》云「地道曰義」。坤「爲惡」，引《春秋傳》云「惟正月之朔慝未作」，惠云「謂建巳之月。惡，未作也。是知陰爲惡」，說明「惡道屬陰」。震「爲應」，引鄭注《曲禮》云「雷之發聲，物无不同時應者」。坎「爲謀」，惠云「《洪範》：謀屬水。《釋言》曰：謀，心也」，引二說爲釋。艮「爲庭」，惠氏直引杜預注《左傳》云「艮爲門庭」。[149]

其次，雜引諸典籍爲訓者，諸如：

乾「爲武人」，引《春秋外傳》云「天事武」。乾「爲甲」，引《素問》

---

[144] 見《易漢學》卷三，頁1126。

[145] 見《易漢學》卷三，頁1126。

[146] 孔穎達《左傳正義》引賈逵云：「好生於陽，惡生於陰，喜生於風，怒生於雨，哀生於晦，樂生於明。」孔氏又於《毛詩正義》中云：「六情有所法者，服虔《左傳》之注，以爲好生於陽，惡生於陰，喜生於風，怒生於雨，哀生於晦，樂生於明是也。」一爲賈逵之言，一爲服虔之言，當以賈逵爲正。

[147] 見惠氏云：「《左傳》畢萬筮仕，遇屯之比，辛廖占之曰：安而能殺。杜預以爲坤安、震殺也。《月令》晏陰，鄭注云：陰稱安。」（見《易漢學》卷三，頁1127。）

[148] 惠氏引《大戴禮》、《禮運》二說，見《易漢學》卷三，頁1127。

[149] 坤「爲義」、「爲惡」、震「爲應」、坎「爲謀」、艮「爲庭」之引文，見《易漢學》卷三，頁1128、1129、1131。

云「天氣始于甲」。乾「為蓍」，引《白虎通》轉引《禮・雜記》云「蓍，陽之老也」。坤「為鬼」，引《黃帝占》云「以坤為鬼門」。坤「為躬」，引《釋詁》云「躬，身也」。坤「為身」，同引《釋詁》云「身，我也」。[150] 坤「為近」，直引《法言》云「近如地。坤為身，本諸身者最近，故為邇為近也」。坤「為惡」，引賈逵云「惡生于陰」，同於前乾「為好」，注《左傳》之言。坤「為義」，引《乾鑿度》云「地靜而理曰義」。[151] 震「為諸侯」，惠云「漢司徒恭曰：古者帝王封諸侯，不過百里，故利以建侯，取法于雷」；所言出於《後漢書・光武帝紀》。又引《王度記》云「諸侯封不過百里，象雷震百里」；實出於《白虎通義・封公侯》。[152] 震「為士」，惠云「震初元士」，[153]實引自《乾鑿度》所言「初為元士」，也就是乾初為震，所以震初為元士。震「為夫」，惠引《晉語》云「司空季子論屯之震曰：一夫之行也」；又引韋昭云「一夫，一人也。震一索而得男，故為一夫」。所言為正，惟又可由《說卦》得其義，「夫婦之道，不可以不久也，故受之以恒。恆者，久也」。恆䷟卦巽下震上，巽為婦，故震為夫。震「為行」，同前「為夫」逸象，引《晉語》韋昭之言，「震為作足，故為行」。[154]震「為百」，引《論語讖》與宋均注釋之。[155]震「為寬仁」，引《太玄》云「三八為木，性仁情喜。震為春，春主仁」，又引《樂緯稽耀嘉》云「仁者有惻隱之心，本生于木」，又注云「仁生于木，故惻隱出于自然也」；以春木主仁為震。震「為樂」，引《春秋繁露》云「春，蠢也。蠢蠢然喜樂之貌」。震「為草莽」，惠氏引太玄云「為草」。坎「為膏」，惠氏引《太玄》與范望注云「《太元》：類為膏。注：潤萬物也」。坎「為鬼」，同引《太玄》與范望注，「《太元》曰：類為鬼。范望注：陰所聚也」。[156]

　　引諸經或相關典籍之言，可以視為虞氏用象之依據與旁證。且由經

---

[150] 惠氏諸言，見《易漢學》卷三，頁 1126-1127。

[151] 惠氏諸引言，見《易漢學》卷三，頁 1128。

[152] 引文見《易漢學》卷三，頁 1129。

[153] 見《易漢學》卷三，頁 1129。

[154] 「為夫」、「為行」引文，見《易漢學》卷三，頁 1129。

[155] 參見《易漢學》卷三，頁 1129。

[156] 「為寬仁」、「為樂」、「為草莽」、「為膏」、「為鬼」諸引文，見《易漢學》卷三，頁 1129-1130。

書與典籍之言，可以看到《周易》用象的普遍性。用象述義成為漢魏時期的重要特色。所用之象，理趣大致相近，所以可以作為互訓之用。同時也可以看出，大致上《周易》之象義，已成為普遍的共識或是一般的知識。

（四）惠氏在輯象與闡釋上之缺失

惠氏所列虞氏逸象，開啟其後學者對虞氏逸象之關注。惠氏作言簡意賅的小注，以明虞氏用象之理。細察所考，雖大抵嚴謹慎密，然所列仍有小疵，或間有未合之處者。且在解釋虞氏逸象上亦有未當者。

對於惠棟輯引虞氏之逸象，其小疵或未合者，則轉輯原作之言，當以原作為本，不宜斷改，如坤「為姒」言，原虞氏注小過六二爻「過其祖，遇其妣」，云「祖謂祖母，初也，母死稱妣」，[157]虞氏作「稱妣」，雖惠氏注云「坤為喪為母，母喪故稱妣」，[158]所言甚是，然亦不宜改作「為妣」。又如巽「為商」，原虞氏注兌九四爻「商兌未寧」，云「巽為近利，市三倍，故稱商」，[159]惠氏改「稱商」為「為商」。又虞氏原有震「為後世」，[160]惠氏並無，而另有「為後」、「為世」，是二字之象，誤作一字者。

惠氏所輯虞氏逸象，或解釋虞氏逸象，確是有誤者，以下則分別舉出說明：

1. 為刑人

方申於《虞氏易象彙編·自序》中檢討惠氏之失，認為惠氏有他卦之象，誤作此卦者，包括：

> 坤為鬼神為虛，惠本坤作坎。坤為順，惠本坤作艮。兌為刑人，惠本兌作坤。[161]

---

[157] 見《周易集解》卷十二，頁300。

[158] 見《易漢學》卷三，頁1127。

[159] 見《周易集解》卷十一，頁284。惠氏《易漢學》注云：「巽近利，市二倍，故為商。」（卷三，頁1131。）據《集解》而言，然改作「為商」言。

[160] 《繫傳》「以待風雨，盖取諸大壯」，虞翻注云「震為後世」，以「後世」為逸象。（見《周易集解》卷十五，頁367。）

[161] 見方申《方氏易學五書·虞氏易象彙編》卷二，頁603。

事實上，惠氏所輯，方申所指除了「刑人」外，「鬼神」、「虛」、「順」等逸象，惠氏並無誤。方氏認為「兌為刑人，惠本兌作坤」，惠氏實以兌卦與坤卦同時有「刑人」之逸象，詳考虞翻遺文，僅兌卦有「刑」、「刑人」之逸象，其中為「刑人」者，至少有四處，包括：蒙初六「利用刑人」，虞注：

> 初為蒙始，而失其位，發蒙之正以成兌，<u>兌為刑人</u>，坤為用，故曰利用刑人矣。[162]

履六三「眇能視，跛能履」，虞注：

> 俗儒多以兌刑為跛，兌折震足，<u>為刑人見刑斷足者</u>，非為跛也。[163]

睽九三「其人天且劓，无初有終」，虞注：

> <u>兌為刑人</u>，故其人天且劓失位，動得正成乾，故无初有終。[164]

困上六「困于葛藟，于臲卼」，虞注：

> <u>兌為刑人</u>，故困于葛藟于臲卼也。[165]

惠氏並認為「兌秋為刑」，[166]符合《說卦》用象之理；《說卦》以兌為「正秋」為「毀折」，與虞氏「刑」、「刑人」意合。至於惠氏輯虞氏有以坤為「刑人」，今察虞文並未見得，且張惠言增補虞氏逸象中亦未納入以坤為「刑人」者。此確是惠氏之誤。

2. 為歸

　　惠氏認為虞氏於巽卦有「為歸」之逸象，方申《虞氏易象彙編》則指出惠氏之失：

> 有注家未引，而誤列於逸象者。惠本有巽為歸，坎為蘽，今檢諸家之注，未有引此二則者，疑歸為婦之誤，蘽為叢木之誤。[167]

惠氏確輯有巽卦「為歸」之逸象，今查虞文並無以巽為「歸」者，張惠

---

[162] 見《周易集解》卷二，頁 45。

[163] 見《周易集解》卷三，頁 71。

[164] 見《周易集解》卷八，頁 189。

[165] 見《周易集解》卷九，頁 233。

[166] 見《易漢學》卷三，頁 1132。

[167] 見方申《方氏易學五書·虞氏易象彙編》卷二，頁 603。

言輯本亦無，疑惠氏之誤。虞氏有以「歸」爲言者，蓋釋歸妹六三爻「歸妹以須，反歸以娣」注云：

> 須，需也。初至五體需象，故歸妹以須。娣，謂初也。震爲反，反馬歸也。三失位，四反得正。兌進在四，見初進之，初在兌後，故反歸以娣。[168]

依此釋文，震有「爲反」之逸象，並有「反歸」之意。又案，《說卦》云坎爲「萬物之所歸也」，即坎有歸藏之意。[169]惠氏以巽卦作「爲歸」逸象，確如方氏所指爲誤。另外，對於「爲蘽」之逸象，指惠氏爲誤，則有待商榷；後文詳述。

3. 爲王

惠氏輯虞氏以乾「爲王」，確實虞氏慣以乾「爲王」釋卦，《周易集解》中可見者不下十二處，包括：如訟卦六三「或從王事无成」，虞注：

> 乾爲王。

隨卦上六「王用亨於西王」，虞注：

> 否乾爲王，謂五也。

蠱卦上九「不事王侯」，虞注：

> 泰乾爲王、坤爲事，應在於三，震爲侯，坤象不見，故不事王侯。

晉卦六二「茲介福於其王母」，虞注：

> 乾爲王，坤爲母。

蹇卦六二「王臣蹇蹇，匪躬之故」，虞注：

> 觀乾爲王、坤爲臣爲躬，坎爲蹇也。

益卦六二「王用享于帝」，虞注：

> 震稱帝，王謂五，否乾爲王。

又干寶注：

---

[168] 見《周易集解》卷十一，頁267。

[169] 《說卦》云：「坎者，水也，正北方之卦也，勞卦也，萬物之所歸也，故曰勞乎坎。」崔憬云：「以坎是正北方之卦，立多已後，萬物歸藏於坎，又陽氣伏於子，潛藏地中，未能浸長，勞局衆陰之中也。」李鼎祚亦云：「歸，藏也。坎二失位不正，故言正北方之卦，與兌正秋同義。」（見《周易集解》卷十七，頁410。）是坎卦有歸藏之意。

王用享于帝，在巽之宮，處震之象。

夬卦彖辭「揚于王庭」，虞注：

旁通乾為陽為王。

萃卦彖辭「王假有廟」，虞注：

觀乾為王。

豐卦彖辭「王假之」，虞注：

乾為王。

渙卦彖辭「王假有廟」，虞注：

乾為王。

渙卦《大象》「先王以享于帝立廟」，虞注：

否乾為先王，享，祭也，震為帝。

渙卦九五《象傳》「王居无咎，正位也」，虞注：

五為王，艮為居，正位居五，四陰順命，故王居无咎，正位也。[170]

由上引諸例，可以看到虞氏以乾卦有「王」之逸象，就爻位言，又以五爻為王；另外，並以震卦為侯為帝。然而，惠氏於虞氏此逸象下云：

乾為君，故為王。《九家》震為王，乾初九也。[171]

並於輯《九家》逸象時，以震「為王」，本項安世《周易玩辭》之說云：

為王者，帝出乎震。[172]

顯然，惠氏以震「為王」，出於項氏之說。案，「王」當為乾象，虞翻一以貫之，未另作以震「為王」。震本無「王」象，乾為「君」，故為「王」，所以朱震《漢上易傳》也提到「為王當在乾」；[173]乾為「王」，至震則為「帝」、為「公」、為「侯」，不取「王」象。如前引蠱卦「不事王侯」，

---

[170] 以上諸引虞注，訟卦見《周易集解》卷三，頁 54；隨卦卷五，頁 104；蠱卦卷五，頁 108；晉卦卷七，頁 175；蹇卦卷八，頁 193；益卦卷八，頁 206；夬卦卷九，頁 211；萃卦卷九，頁 221；豐卦卷十一，頁 268；渙卦卷十二，頁 287、288、290。

[171] 見《易漢學》卷三，頁 1125。

[172] 見《易漢學》卷七，頁 1219。項安世《周易玩辭》卷十五云：「震逸象為王、為鵠、為鼓、為王者，帝出乎震也，與長子同鵠。」

[173] 見朱震《漢上易傳》卷九。引自台灣商務印書館《景印文淵閣四庫全書》第 11 冊，1986 年，頁 280。

則「王」謂乾,「侯」謂震。[174]又如前引益卦「王用享于帝」,則「王」
謂乾,而「帝」謂震。[175]又如大有卦九三「公用亨于天子」,則「公」謂
震,「天子」謂乾。[176] 又如比卦《大象》「先王以建萬國親諸侯」,則「先
王」謂乾,「諸侯」謂震。[177]若乾卦既爲「君」、爲「王」,而震又爲「王」,
乾、震之象相淆亂,而漫無區別,此於理不通。因此,震卦不當有「爲
王」之逸象,惠氏不宜以非虞氏之說的「震爲王」來釋虞氏的乾卦「爲
王」之逸象。此惠氏爲誤。

惠氏以《九家》之言,認「乾初九」爲王,主要在呼應「震爲王」。
事實上,就爻位而言,虞氏不以初爻爲「王」,而專以五爻爲「王」,此
惠氏所未明者,轉引他說爲釋而誤。

4. 爲賢人

惠氏輯虞氏乾卦有「爲賢人」之逸象,並云「九二。二升坤五,故
爲賢人」;也就是就卦位而言,賢人當指九二爻。此種說法爲誤。檢《周
易集解》中虞氏作「賢人」之象者,坤卦《文言》「天地閉,賢人隱」,
虞氏注云:

> 謂四,泰反成否。乾稱賢人,隱藏坤中,以儉德避難,不榮以祿,

---

174 蠱卦上九「不事王侯」,虞氏注:「泰,乾爲王、坤爲事,應在於三,震爲侯,坤象不
見,故不事王侯。」依虞氏之義,泰卦有乾坤;乾「爲君」,故「爲王」。上九下應在三,
三互震則「爲侯」。上不與三應,所以「不事王侯」。

175 益卦六二「王用享于帝,吉」,虞注:「震稱帝,王謂五,否乾爲王,體觀象,艮爲宗
廟,三變折坤牛,故王用享于帝。得位,故吉。」「帝出乎震」,故「震爲帝」。五天子
位,故「五爲王」;「乾以君之」,故「否乾爲王」。是乾「王」而震「帝」之象。

176 大有卦九三「公用亨于天子,小人弗克」,虞翻注曰:「天子謂五。三,公位也。小人
謂四。二變得位,體鼎象,故公用亨于天子。四折鼎足,覆公餗,故小人不克也。」(見
《周易集解》卷四,頁 90。)又虞注鼎卦九四云「四變震爲足,折入兌,故『鼎折足,
覆公餗』」;是小人不克當天子之享,震當然沒有資格爲「王」、爲「天子」了。

177 比卦《大象》「先王以建萬,國親諸侯」,虞翻注曰:「先王謂,五初陽已復。震爲建、
爲諸侯。坤爲萬國、爲腹。坎爲心。腹心親比,故以建萬國親諸侯。詩曰『公侯腹心』,
是其義也。」(見《周易集解》卷三,頁 62。)五爲天子,乾減坤中,故稱「先王」。
比卦之一陽自復卦來,故云「初陽已復」。初剛難拔,故云「震爲建」;震爲長子主器,
故「爲諸侯」。此虞氏之義,乃以乾「爲王」、「爲先王」,以震「爲諸侯」。

故賢人隱矣。[178]

此「謂四」，即指六四而言。坤變爲否自四始，四變爲陽，則否卦勢將成。四位爲否泰之交，「否泰反其類」，四變則爲「泰反成否」。乾《文言》云「賢人在下位而无輔」，故知「乾稱賢人」，特別是就九三爻而言；荀爽特別針對「賢人在下位而无輔」，注云：

> 謂上應三。三陽德正，故曰「賢人」。別體在下，故曰「在下位」。

又云：

> 兩陽无應，故「无輔」。[179]

三陽居正爲「賢人」，與上別爲一體而處「在下位」，上與三无應，故爲「无輔」。《繫辭上傳》「賢人在下位而无輔」，虞翻注云：

> 乾稱賢人，下位謂初也。遯世無悶，故賢人在下位而不憂也。[180]

乾三與上无應，三陽德居正位而稱「賢人」，而三與上別爲一體並處下，所以爲「在下位」；然隱於初，所以「不憂」。虞氏也同時舉文王和紂爲言，認爲「文王居三，紂亢極上」，[181]文王居三爻之位，爲「賢人在下位」，而紂則處上爻亢極之位，則「无輔」。是荀氏、虞氏皆以九三爲「賢人」。

又，《繫辭上傳》「履信思乎順，有以尚賢也」，虞注云：

> 大有五應二而順上，故「履信思順」。比坤爲順，坎爲思。乾爲賢人，坤伏乾下，故「有以尚賢」者也。[182]

大有☲二五相應以順上，並與比卦☵旁通。「比坤爲順」，則爲比內體坤爲順；而其外體爲坎，坎爲心，所以爲思。乾上九有所謂「賢人在下位」，所以三爲賢人。大有旁通爲比，坤爲履乾，所以「坤伏乾下」；以乾在坤上，故「有以尚賢」。這裡虞注「賢人」，也是明白地指爲九三。此外，《繫辭下傳》「既有典常，苟非其人，道不虛行」，虞氏注云：

> 其出入以度，故有典常。苟，誠也。其人，謂乾爲賢人。神而明

[178] 見《周易集解》卷二，頁35。

[179] 見李鼎祚《周易集解》卷一，頁15。

[180] 見李鼎祚《周易集解》卷十三，頁331。

[181] 見李鼎祚《周易集解》卷十三，頁331。

[182] 見李鼎祚《周易集解》卷十四，頁353。

之，存乎其人，不言而信，謂之德行，故不虛行也。[183]

在這段注文中，推闡虞氏之解，僅知乾有「賢人」之象，無明指是九三之位，並且可以肯定的，也絕不會是惠氏所說的九二爻位。

因此，從《周易集解》中的虞氏提及「賢人」的注文中，可以理解到虞氏以乾爲賢人，就爻位而言，則專指九三爻，至於惠氏所說的「九二」爻，或是「二升坤五，故爲賢人」之說，當是以偏蓋全的誤謬之言。

5. 爲大謀

《繫辭下傳》「德薄而位尊，知少而謀大」，虞翻注云：

兌爲少知，乾爲大謀。四在乾體，故「謀大」矣。[184]

虞氏以鼎▆卦九四爻爲言，以「大謀」爲乾卦之逸象。鼎卦互兌爲少女，故爲「小知」；互乾陽爲大，故爲「大謀」。四居兌乾之間，故「知少而謀大」。對此「大謀」逸象之見解，惠氏云：

坎心爲謀，乾稱大，故稱大謀。[185]

紀磊以爲不妥，《虞氏逸象攷正》云：

謀字從言不從心，據象當屬兌，乾爲大，兌爲謀，故爲大謀。[186]

紀氏之言爲是。此逸象由鼎卦而來，並不涉於坎，何來「坎心爲謀」；或許惠氏以坎「爲心」之象，進而以「心」推爲「謀」義，雖尚稱合理，卻不合虞氏以鼎卦爲言之本義。因此，惠氏在此爲非。

6. 爲密

虞翻以「爲密」爲坤卦之逸象，惠氏注作「兌上爻」，認爲虞氏的「爲密」，即是針對兌卦上爻而言。查虞氏以坤「爲密」者，《周易集解》中僅見二處，即《繫辭上傳》「君不密則失臣，臣不密則失身」，虞氏注云：

泰乾爲君，坤爲臣、爲閉，故稱密。乾三之坤五，君臣毀賊，故君不密則失臣。坤五之乾三，坤體毀壞，故臣不密則失身。坤爲

---

[183] 見李鼎祚《周易集解》卷十六，頁391。

[184] 見李鼎祚《周易集解》卷十五，頁377。

[185] 見《易漢學》卷三，頁1127。

[186] 見紀磊《虞氏逸象攷正》，頁461。

身也。

又《繫辭上傳》「是以君子慎密而不出也」，虞氏注云：

> 君子謂初，二動坤為密，故君子慎密。體屯，「盤桓，利居貞」，故不出也。[187]

此二文，皆就上坤下乾的泰☷☰卦而言。乾三之坤五，是君之臣，乾毀坤賊，所以君不密而失臣；坤五之乾三，是臣之君，坤體毀，乾亦壞，所以臣不密而失其身。三五互易為上坎下兌（☱）。初陽得正，所以是「君子謂初」，二動（☵）互坤故為密，互艮陽小為慎，所以說「君子慎密」。且二動體屯☳，屯初九「盤桓，利居貞」，所以為「不出」。

虞氏明白表示「為閉，故為密」；知「為密」之用，本於《說卦》「坤以藏之」，因「藏之」而有「閉」之象，「閉」則「退藏于密」，故又有「為密」之說。惠氏釋義，並不就象意而言，卻指出虞氏是就「兌上爻」之爻位而言此「為密」之逸象；然而詳明虞注，似無此意。此惠氏之自說，不宜為正。

7. 為積惡

虞氏以坤為「積惡」之象，惠氏認為是就「初六」而言。[188]檢視虞氏用此象，見於其釋《繫下》「善不積，不足以成名。惡不積，不足以滅身」所云：

> 乾為積善，陽稱名。坤為積惡、為身，以乾滅坤，故滅身者也。[189]

李道平《周易集解纂疏》進一步推闡，云：

> 噬嗑自否來。否陰消陽，弒父弒君。噬嗑曰「明罰敕法」。五來滅初，小懲大誡，以辨之早辨也。上六「迷復」，皋大惡極，故發其義于噬嗑上九也。乾元為善，自復至乾為「積善」。初不成名，陽成于三為「成名」。坤陰為惡，自姤至坤為「積惡」。坤形為身。坤消至上，窮上反下，乾來滅坤，故「滅身」也。[190]

虞氏認爲噬嗑䷔卦是由否䷋卦而來，即否卦坤初之五爲噬嗑。噬嗑六五，本在否初，初原不得位，處五又非其位，始終爲小人、爲惡，也就是陰自初升五，失位不正而積其大惡。《九家易》特別針對《繫下》「何校滅耳，凶」作注，知其言爲噬嗑上九爻辭，並認爲「陰自初升五，所在失正，積惡而罪大，故爲上所滅」，[191]也明白指出「積惡而罪大」者，爲初升五之六五爻位。因此，虞氏以「積惡」爲象，就釋此辭而言，所針對的是噬嗑卦六五爻。另外，以陰消陽息之變來陳述善惡之義觀之，初爻惡念始萌，所以坤陰消自姤䷫初，即虞氏所說的「小惡謂姤初」。[192]積羽沈舟，積小惡而成大惡，由姤䷫至遯䷠，「子弒其父，故惡積而不可弇」；由遯䷠成否䷋，「以臣弒君，故罪大而不可解」。[193]因此，虞氏就惡之積言，六二爻（遯卦）或六三爻（否卦）皆當屬之，至於初爻（特別是姤卦），在虞氏的說法上，則僅是「小惡」，也就是惡之始成。

由前諸分析看來，惠氏認爲「積惡」所指的是初六，說法並不正確，並未真正明白虞氏之本意。揣度惠氏之所以指爲「初六」，蓋根據坤初六《文言傳》所謂「積不善之家」而言。是惠氏不明虞說，所言爲非。

8. 為後

震「爲後」，惠云「爲長子，故爲後」，[194]其說精簡短促，似未能詳明虞氏「爲後」之旨意。然而，紀磊《虞氏逸象攷正》中云：

> 如惠注，則為人後之後，非先後之後矣。然震為乾初，象當為先，不當為後象，注並未允。[195]

紀氏以惠氏之言爲非，但所言亦未必爲正。「爲長子」，當然爲先生者，本不當爲「後」，惠氏並不以此長幼之序而言「故爲後」，只不過未進一步詳明罷了；若說惠氏爲不是，則不是於未稍加說明。紀氏云「震爲乾初，象當爲先，不當爲後象」，雖是如此，但震初爻之形成，就虞說來看，

---

[191] 見李鼎祚《周易集解》卷十五，頁376。
[192] 見李鼎祚《周易集解》卷十五，頁375。
[193] 括弧內容爲虞氏之言，見李鼎祚《周易集解》卷十五，頁375-376。
[194] 見《易漢學》卷三，頁1129。
[195] 見紀磊《虞氏逸象攷正》，頁460。

其象意並不當爲「先」，此一陽是後來於乾三，故震爲「後」。

　　查《周易集解》中虞注爲「爲後」者有三處。見於乾卦《文言》「後天而奉天時」，虞云：

>　　奉，承行。乾三之坤初成震，震爲後也。震春兌秋，坎冬離夏，四時象具，故後天而奉天時，謂承天時行順也。

乾坤相索而得六子，震爲乾之長子，所以奉乾者爲震；震一陽初生，爲乾之長子，固爲一般所知。然虞氏又以爻變消息言，震☳屬二陽四陰之卦，自臨☷卦而來，也就是其所云「臨二之四」者。[196] 就消息言，乾盡於剝☶上，反坤三，成艮體謙☶，謙三之坤初，爲震體復☳。所以「剛從艮入坤，從反震」，[197] 消艮入坤，出復震；初以艮爲震之反，所以爲「從反震」。乾交坤始，一陽爲復；三復陽位，體離互坎，所以云「乾三之坤初爲震」。因此，「帝出乎震」，一陽來自乾三，故以「震爲後」；又，初陽爲正，初應四，並以互坎爲則，這也就是震卦《象傳》言「後有則」的道理所在。

　　又，睽卦上九「先張之弧，後說之壺」，虞云：

>　　謂五已變，乾爲先，應在三，坎爲弧，離爲矢，張弓之象也，故先張之弧。四動震爲後。説，猶置也。兌爲口，離爲大腹，坤爲器，大腹有口。坎，酒在中壺之象也。之應歷險以與兌，故後説之壺矣。

睽☲卦五已變體乾，陽主倡，故「乾爲先」。下應三，三五互坎，坎爲弓輪，故爲「弧」。離矢而弓張。合諸象爲「先張之弧」。四動體震，震卦《象傳》云「後有則」（如前說），故此以震「爲後」。

　　又，《繫辭下傳》「定其交而後求」，虞云：

>　　震專爲定、爲後。交，謂剛柔始交，艮爲求也。[198]

震☳爲專，故爲定，本又有「後」象。震初剛始交柔，且艮兌「同氣相

---

[196] 見李鼎祚《周易集解》卷十，頁250。

[197] 參見虞注復卦《象傳》「剛反動而以順行」，云：「剛從艮入坤，從反震，故曰反動也。坤順震行，故而以順行。陽不從上來反初，故不言剛自外來。是以明不遠之復，入坤出震義也。」（見李鼎祚《周易集解》卷六，頁130。）

[198] 見李鼎祚《周易集解》卷一，頁21；卷八，頁190；卷十六，頁382。

求」，以二至四互艮而爲求，所以云「定其交而後求」。虞氏此段訓文，已定震卦爲「後」之象，進而釋此《繫傳》文，並未詳明「爲後」之理。

由上述三訓，知虞氏專就震卦初爻形成與相應的關係來談其「爲後」之由。惠氏以震於六子中屬長子的身份云「爲長子」，並接著云「故爲後」；所言似爲震卦因爲「爲長子」，所以「故爲後」，依其語氣二者有其因果關係，然而震卦絕不因「爲長子」的身份而爲後。雖知惠氏並無此意，但語意不明，用語顯有瑕疵，此爲惠氏之非。

9. 爲黃

離「爲黃」，惠氏訓作「六二」，[199]此蓋據離☲卦六二爻辭「黃離」，以六二象「黃」。侯果注云：

> 此本坤爻，故云黃離。來得中道，所以元吉也。[200]

知坤本有「黃」之象，[201]六二爲坤爻，故具坤性而同爲「黃」；遯☶卦六二《象傳》「執用黃牛」，侯果又注云，「六二離爻，離爲黃牛」，[202]爻辭與侯注皆用「黃」象。然而，離卦中爻自坤來，爲陰爲坤性，就重卦而言，並非只取六二爲陰，五爻亦同，也就是說六五當亦有「黃」象。

查《周易集解》中，虞氏以離「爲黃」者，僅見一處，即鼎☲卦六五「鼎黃耳」，虞注「離爲黃」；[203]這裡，鼎卦六五爻辭已直接表明此爻具色「黃」之象，且虞氏進一步說明上體爲離故爲「黃」。是坤二五交乾則爲爲離，離二五來自坤，二五兩爻皆自坤來，皆具爲「黃」之象，不能獨厚於「六二」一爻。因此，惠氏只言「六二」，並不夠周切。

（五）對其疑誤者之澄清與再詮釋

歷來對於惠氏所輯之逸象，一一作簡略之考正者，主要見於方申《虞氏易象彙編》與紀磊《虞氏易象攷正》，後來者則少作平議。方、紀細挑

---

[199]　見《易漢學》卷三，頁 1131。
[200]　見李鼎祚《周易集解》卷六，頁 155。
[201]　漢魏以降，以坤爲「黃」者，除了《說卦》之外，《九家易》同倡，虞翻亦言爲「黃牛」。
[202]　見李鼎祚《周易集解》卷七，頁 169。
[203]　見李鼎祚《周易集解》卷十，頁 249。

惠氏之失，僅有數見；除了前文部份之說外，另外認爲所輯「爲虛」、「爲鬼」、「爲順」、「爲藜」、「爲尸」等逸象，皆惠氏之誤。然而是否如此，則有待商榷與釐正，還惠氏公允之評價，以免誣指相延。同時進一步的再認識，也可以對虞氏所用之逸象，有更深刻而正確的瞭解。

1. 為虛

方申指出以坤卦「爲虛」，而惠本坤卦作坎卦，認爲惠氏爲誤。[204]坤卦與坎卦同時有「爲虛」之逸象，惠氏本虞翻之言，並無錯誤或不合。以《周易集解》中引虞氏之注云，可查者最少有八處，包括如剝《彖傳》「君子尙消息盈虛」，虞注：

> 乾息為盈，坤消為虛。[205]

咸《象傳》「君子以虛受人」，虞注：

> 乾為人，坤為虛，謂坤虛三受上，故以虛受人；艮山在地下為謙，在澤下為虛。[206]

晉六二爻「受茲介福于其王母」，虞注：

> 乾為介福，艮為手，坤為虛。[207]

損《彖傳》「損益盈虛，與時偕行」，虞注：

> 乾為盈，坤為虛。[208]

歸妹上六「女承筐无實」，虞注：

> 坎為虛，故无實。[209]

歸妹上六《象傳》「上六无實，承虛筐也」，虞注：

> 泰、坤為虛，故承虛筐也。[210]

豐《彖傳》「天地盈虛，與時消息」，虞注：

> 五息成乾，為盈；四消入坤，為虛。故天地盈虛也。[211]

---

[204] 參見方申《方氏易學五書・虞氏易象彙編》卷二，頁 603。
[205] 見李鼎祚《周易集解》卷五，頁 124。
[206] 見李鼎祚《周易集解》卷七，頁 160。
[207] 見李鼎祚《周易集解》卷七，頁 175。
[208] 見李鼎祚《周易集解》卷八，頁 201。
[209] 見李鼎祚《周易集解》卷十一，頁 267。
[210] 見李鼎祚《周易集解》卷十一，頁 267-268。

《繫傳》「變動不居，周流六虛」，虞注：

> 六虛，六位也。日月周流，終則復始，故周流六虛，謂甲子之旬，辰為虛坎，戊為月，離巳為日，入在中宮，其處空虛，故稱六虛。[212]

此八引中，可以看到虞氏同時以坤、坎二卦「為虛」。因此，是方申未察而誣指。

2. 為鬼

方申指出坤卦「為鬼神」，惠本坤作坎」，而惠本坤卦作坎卦，認為惠氏為誤。坤卦與坎卦同時有「為鬼」之逸象，惠氏本虞翻之言，並無錯誤或不合。查《周易集解》中引虞氏「鬼」象之注，最少有七處，包括：大有九四《象傳》「匪其庇无咎，明辯折也」，虞注：

> 在坎為鬼方，在離焚死，在艮旅于處。[213]

謙《彖傳》「鬼神害盈而福謙」，虞注：

> 鬼謂四，神謂三。坤為鬼害，乾為神福，故鬼神害盈而福謙也。[214]

睽上九「載鬼一車」，虞注：

> 坤為鬼，坎為車，變在坎上，故載鬼一車也。[215]

豐《彖傳》「天地盈虛，與時消息，而況於人乎？況於鬼神乎」，虞注：

> 乾為神人，坤為鬼。[216]

既濟九三「高宗伐鬼方，三年克之，小人勿用」，虞注：

> 乾為高宗，坤為鬼方。[217]

未濟九四「震用伐鬼方」，虞注：

> 變之震，體師；坤為鬼方，故震用伐鬼方。[218]

---

[211] 見李鼎祚《周易集解》卷十一，頁 269。
[212] 見李鼎祚《周易集解》卷十六，頁 289-290。
[213] 見李鼎祚《周易集解》卷四，頁 90。
[214] 見李鼎祚《周易集解》卷四，頁 93。
[215] 見李鼎祚《周易集解》卷八，頁 190。
[216] 見李鼎祚《周易集解》卷十一，頁 269。
[217] 見李鼎祚《周易集解》卷十二，頁 304。
[218] 見李鼎祚《周易集解》卷十二，頁 309。

《繫傳》「人謀鬼謀，百姓與能」，虞注：

> 乾為人，坤為鬼，乾二五之坤，坎為謀，乾為百，坤為姓，故人
> 謀鬼謀，百姓與能。[219]

依虞氏之說，坤、坎二卦，蓋皆有「為鬼」之逸象，故不宜說惠氏為誤，
方申又未察。

3. 為順

方氏又認為「坤為順，惠本坤作艮」是誤，[220]實方氏之誤，坤為順，
本是《說卦》已指之象，惠氏未將「為順」作為坤卦之逸象，本是合宜
之作法；而惠氏又將「為順」作為虞氏艮卦之逸象，出於升《象》「君子
以順德，積小以成高大」，虞注「艮為順，坤為積，故順德積小成高大」。
[221]同時，惠氏於艮「為順」下，注云「艮為弟，善事兄，弟故為順」，所
釋恰當。另外，紀磊《虞氏逸象攷正》中，也認為艮「為順」之逸象，
於虞注中亦未見，疑惠氏之誤，[222]未能詳明虞氏之說，同方氏之厚誣。

4. 為藜

方申指出惠氏之失，以「坎為藜」，認為諸家並無此引，疑惠氏之誤；
[223]此則方氏未察，今檢屯卦六三「即鹿无虞，惟入于林中」，虞氏注云：

> 即，就也。虞，謂虞人，掌禽獸者。艮為山，山足稱麓；麓，林
> 也。三變體坎，坎為藜木，山下，故稱林中。[224]

或言惠氏有誤，則在於以「為藜木」為「為藜」，闕「木」字，而「為藜
木」與「為叢木」並為二說，方申以不同而疑作等同。[225]此外，李鼎祚

---

[219] 見李鼎祚《周易集解》卷十六，頁 398。

[220] 參見方申《方氏易學五書·虞氏易象彙編》卷二，頁 603。

[221] 見李鼎祚《周易集解》卷九，頁 226。

[222] 見紀磊《虞氏易象攷正》。引自《叢書集成續編》第三十冊，台北：新文豐出版公司影
印吳興叢書本，1989 年 7 月台 1 版，頁 475。

[223] 參見方申《方氏易學五書·虞氏易象彙編》卷二，頁 603。

[224] 見李鼎祚《周易集解》卷二，頁 40。

[225] 方氏以「藜」同「叢」者，蓋因《九家易》與李鼎祚之說而推。《九家易》釋坎卦上六
《象傳》之注文，云「坎為叢棘」，而李鼎祚案語云「坎於木堅而多心，叢棘之象也」。

亦有以坎「爲叢棘」之說。李氏於困卦六三《象傳》「據于蒺藜，乘剛也」
下，案云：

> 三居坎上，坎爲叢棘而木多心，蒺藜之象。[226]

是知，坎象用「蒺」者，並有所本，非惠氏之創制。

5. 爲尸

　　惠棟輯坤卦有「爲尸」之逸象。方申認爲「《集解》坤作坎」，並且
肯定惠氏改作坤卦之逸象。[227]考今本《集解》虞氏注作「坤爲尸」，[228]疑
舊本《集解》作「坎爲尸」。惠氏《易漢學》於「爲尸」下注「坤爲身爲
喪，身喪故爲尸」，[229]顯然肯定「爲尸」是坤卦之象。同時並於《周易述》
中針對師卦六三爻辭注云：

> 坤爲尸，坎爲車多眚，同人、離爲戈兵，爲折首，失位乘剛无應，
> 尸在車上，故車尸凶。一說：尸，主也；坤、坎皆有輿象，師以
> 輿爲主也。[230]

惠氏在此有二說，前說原本虞氏之注，後說則爲《易程傳》以降宋明學
者之通說。[231]就前說言，其所謂「坎爲車多眚」，即本《說卦》之文；旁
通同人，「離爲戈兵」，又是《說卦》文；《說卦》又云「離爲折上槁」，
離上九云「有嘉折首」，故爲「折首」。三陰失位，履陽爲乘剛，上陰又
爲无應，以此帥師必大敗，故有「輿尸」之凶。惠氏雖備作二說，但大
體主此前說，而此前說又是虞氏之言，虞氏之言，用象之法，又是從《說

---

[226] 見李鼎祚《周易集解》卷九，頁231。

（見李鼎祚《周易集解》卷六，頁153。）且李鼎祚於困卦六三《象傳》「據于蒺藜，
乘剛也」下，案語則云「坎爲叢棘而木多心，蒺藜之象」。（見李鼎祚《周易集解》卷九，
頁231。）李氏似以「叢棘」同於「蒺棘」。

[227] 見方申《方氏易學五書·虞氏易象彙編》卷二，頁603。

[228] 師卦六三「師或輿尸，凶」，虞翻注曰：「坤爲尸，坎爲車多眚，同人、離爲戈兵，爲
折首，失位乘剛无應，尸在車上，故輿尸凶矣。」（見《周易集解》卷三，頁58。）

[229] 見《易漢學》卷三，頁1127。

[230] 見《周易述》，頁36。

[231] 宋代以「尸」爲「主」之義者，如《易程傳》、蘇軾《東坡易傳》、胡瑗《周易口義》、
沈該《易小傳》、李衡《周易義海撮要》、楊簡《楊氏易傳》、王宗傳《童溪易傳》、李過
《西谿易說》、趙以夫《易通》、李杞《周易詳解》等等，元、明以降多有訓此者。

卦》而來，言之成理。因此，由此解說，再一次強調、印證虞氏之逸象，並非無端虛造、漫無根據者，而是有所依循，所依循者主要源於《周易》經傳。再就後說而言，以「尸」訓「主」，爲宋代以來的普遍說法，且惠棟家學亦主此說，惠士奇《惠氏易說》云：

> 《戰國策》曰：寧爲雞尸，毋爲牛從。然則爲尸者，九二也。一陽爲尸，羣陰爲從。三體柔而志剛，不爲從而亦欲爲尸，故凶。春秋宣公十有二年，晉楚戰於邲，是時晉荀林父將中軍，中軍者，軍之元帥，所謂尸也。林父欲還不欲戰，其佐彘子不從，故荀首曰：此師殆哉，有帥而不從，彘子尸之，必有大咎。尸之者，即六三之輿尸，故曰「師或輿尸，大无功也」。輿尸者，師之進退以輿爲主，凡帥師者謂之帥，賦輿故曰輿尸。[232]

士奇所訓甚詳，以「尸」爲主帥，而九二「一陽爲尸」，是就坎陰包陽之九二而言，若就逸象來說，則當然是坎卦「爲尸」了；[233]惠棟但知此說，僅作備參，而仍主虞說，呼應虞說之逸象，以坤「爲尸」。究竟以坤或是以坎「爲尸」是正，各成其理，難擇取一正。

6.爲介福

惠氏輯乾卦有「爲介福」之逸象，並小注「介，大」，也就是「介」字訓爲「大」之義。紀磊則云「介不訓大，惠注非」，[234]認爲惠氏所訓爲「大」是錯誤的，殊不知訓「大」乃源自於虞氏之說；「介」字之義，又實非首出於虞氏，馬融訓「介，大也」爲先。[235]顯見紀氏對虞說是未深

---

[232] 見惠士奇《惠氏易說》卷一。引自《皇清經解易類彙編》，台北：藝文印書館，1992年9月2版，頁337。

[233] 晚近尚秉和《周易尚氏學》亦主坎卦「爲尸」，而其「尸」之義，並不釋作「主帥」，而作棺槨言。云：「坎爲尸，震爲輿，管輅以坎爲棺槨，故曰輿尸。夫陳師而出，輿尸以還，其无功甚矣，故曰凶。蓋坤爲死，三失位无應，以陰遇陰，得敵，故凶如是。」（見尚秉和《周易尚氏學》，北京：中華書局，1980年5月1版，2003年12月北京8刷，頁60。）所言亦可成理。

[234] 見紀磊《虞氏逸象攷正》，頁459。

[235] 見陸德明《經典釋文》卷二，云：「介，音戒，大也。馬同。」馬融訓爲「大」，陸氏同。

究。

虞氏以乾爲「介福」，出於釋晉䷢卦九二「受茲介福，于其王母」，云：

> 乾爲介福，艮爲手，坤爲虛，故稱受。介，大也，謂五已正中。
> 乾爲王，坤爲母，故受茲介福，于其王母。[236]

乾「元、亨、利、貞」四德中，「元」有爲「始」、爲「善」、爲「大」之義；爲「大」者，如乾卦《彖傳》所云「大哉乾元」，也就是《繫辭上傳》所說的「夫乾，其靜也專，其動也直，是以大生焉」。所以乾卦有「爲大」之象。乾陽既有爲大、爲善、爲福之象，故「爲介福」。晉卦互艮爲手，坤陰稱虛，手虛能受，所以虞氏認爲「艮爲手，坤爲虛，故稱受」。五爻變正爲乾，乾爲君，故爲王，坤爲母，故爲「王母」。二與五應，二受五福，「故受茲介福，于其王母」。紀磊之評，未能深察；惠氏爲正，不能厚誣。

7. 爲草木

虞氏以巽卦「爲草木」，惠氏注云「剛爻爲木，柔爻爲草」，且於《周易述》中，亦廣作此訓。[237]紀磊《虞氏逸象攷正》，不以爲然，認爲「惠氏之說，亦強區別耳」，[238]質疑惠氏區別的必要性。惠氏作此區別，主要本於李鼎祚之說，李氏《周易集解》於否䷋卦初六《象傳》「拔茅貞吉，志在君也」文下作案語，云：

> 初六，巽爻。巽爲草木，陽爻爲木，陰爻爲草。初六陰爻，草茅之象也。[239]

李氏明白地區別陽爻爲木，而陰爻爲草。這樣的說法，又當據荀爽而來，荀爽釋否卦初六「拔茅茹以其彙，貞吉亨」時，注云：

---

[236] 見李鼎祚《周易集解》卷七，頁 175。

[237] 惠氏於《周易述》中，多以「剛爻爲木，柔爻爲草」爲訓，如卷二釋泰卦時，云：「巽爲草木，剛爻爲木，柔爻爲草，故巽爲茅。」卷七釋困卦，云：「巽剛爻爲木，柔爻爲草，故巽爲草莽。」卷九釋離卦，亦同。

[238] 見紀磊《虞氏逸象攷正》，頁 470。

[239] 見李鼎祚《周易集解》卷四，頁 82。

> 拔茅茹，取其相連。彙者，類也。合體同包，謂坤三爻同類相連，
> 欲在下也。貞者，正也。謂正居其所，則吉也。[240]

案虞氏言「否巽為茅」，[241]特別指的是陰爻而言；否三互為巽，柔爻為「茅」為草屬，下體坤三爻皆陰，相連而象茅根為「茹」，故云「拔茅茹，取其相連」，「坤三爻同類相連」。李鼎祚依荀氏之說，將初六巽爻，屬陰爻而為草，是「草茅之象」。又，《易》卦言「茅茹」者，不獨否卦，泰 卦同樣有其說。泰卦初九云「拔茅茹，以其彙，征吉」，而《象傳》進一步解釋為「拔茅征吉，志在外也」。否卦初六與泰卦初九同樣說到「拔茅茹」，是否代表陰、陽爻皆代言為「草」為「茅茹」？倘是如此，就與前述李鼎祚與荀爽所言相左。事實上，泰卦初爻言「茅茹」，其象並不在此陽爻本身，而是在「志在外」上，即泰初與四正應，所以易於「拔茅茹」。

虞翻於釋離 卦《象傳》「百穀草木麗乎地」時云：

> 震為百穀，巽為草木，坤為地。乾二五之坤，成坎震體屯。屯者，
> 盈也。盈天地之間者，唯萬物。萬物出震，故百穀草木麗乎地。[242]

在此直接表明離卦三至五互巽，巽有「草木」之象，有「草」有「木」，以「草木」合言，知其不以某爻為專，而以合有陰、陽爻之互巽為言，所以李道平進一步訓解云「離互巽，剛爻為木，柔爻為草，故為草木」。[243]

姤 卦九五「以杞包瓜含章」，虞氏注云：

> 杞，杞柳，木名也。巽為杞、為包。乾圓稱瓜，故以杞包瓜矣。
> 含章，謂五也。五欲使初四易位，以陰含陽，已得乘之，故曰含
> 章。初之四，體兌口，故稱含也。

又，干寶注云：

> 初二體巽，為草木。二又為田，田中之果，柔而蔓者，瓜之象也。

---

[240] 見李鼎祚《周易集解》卷四，頁 82。
[241] 參見虞氏釋泰卦初九《象傳》「拔茅征吉，志在外也」，注云：「否泰反其類，否巽為茅。茹，茅根。艮為手。彙，類也。初應四，故拔茅茹以彙。震為征，得位應四，征吉。志在外，外謂四也。」（見李鼎祚《周易集解》卷四，頁 77。）
[242] 見李鼎祚《周易集解》卷六，頁 154。
[243] 見李道平《周易集解纂疏》卷四，頁 305。

244

虞氏以「初四易位」而體巽，故九五爲巽爻爲木，故杞柳爲木名；虞氏不以「草木」言，僅作「木」，顯其在論述有意分別「草」與「木」，二者是有不同的，不作一概而論，特別是針對陰爻或陽爻的個別屬性。至於干寶之注，同以「草木」象巽，言「初二體巽，爲草木」，特別指出九二爻又爲「田」，是「田中之果」，既是「果」，當以「木」屬爲恰，不宜爲「草」；初六、九二爲草木，而九二又爲「田中之果」、爲「木」，則初六爲「草」。[245]干寶對於陰爻爲「草」，而陽爻爲「木」，似又有區別。

因此，惠氏以「剛爻爲木，柔爻爲草」，並非妄自造作，實有本於李鼎祚，並符虞氏、荀爽乃干寶之意。紀磊之批評，明顯不察。

8. 爲人

紀磊《虞氏逸象攷正》中指出「爲人」當爲坤象，「坤地二，于三才爲人，故坤爲人」，虞氏以乾卦「爲人」非是；[246]不論是否合理，惠氏輯引並無誤，虞氏確實以乾「爲人」，《周易集解》中可見者，至少有十二處。[247]人爲萬物之首，且「人稟乾陽而生，故『乾爲人』」；[248]且以乾「爲人」，並不以虞氏爲先，惠氏指出「康成注《乾鑿度》曰：人象乾德而生」，[249]知鄭玄已有此乾象。

9. 爲君子

---

[244] 虞翻、干寶之注，見李鼎祚《周易集解》卷九，頁220。

[245] 李道平針對干寶之說，作了案言，云：「五與二應，二巽木爲杞，二變艮爲果蓏。瓜，蓏屬，謂初六。五爲姤主，知初必成剝碩果不食，故變而應二，以九二之杞，包初六之瓜。」（見李道平《周易集解纂疏》卷六，頁406。）依李道平的說法，以初六爲瓜象，與干寶九二爲「田中之果」，是「瓜之象」，明顯相左，似不合干寶之說。

[246] 見紀磊《虞氏逸象攷正》，頁457。

[247] 李鼎祚《周易集解》中，虞氏以乾「爲人」之注，可見者至少有十二處，包括訓注以下之諸文：履卦彖辭「不咥人」；謙卦《彖傳》「人道惡盈而好謙」；賁卦《彖傳》「文明以止，人文也」；又「觀乎人文」；剝卦六五「以宮人寵」；大畜九三「日閑輿衛」；咸卦《象傳》「君子以虛受人」；損卦六三「三人行」；《繫辭上傳》「人所助者，信也」；《繫辭下傳》「後世聖人易之以宮室」；又「後世聖人易之以棺椁」；又「人謀鬼謀」。

[248] 括弧引文，見李道平《周易集解纂疏》卷二，頁155。

[249] 見《易漢學》卷三，頁1125。

　　惠氏認為虞氏乾卦「為君子」之逸象，指的是九三而言，其小注云：

　　　　謂九三。三于三才為人道。[250]

乾卦九三爻辭「君子終日乾乾」，所以「君子」專指九三而言；所謂「三于三才為人道」，則引自鄭玄之說，「三于三才為人道，有乾德而在人道，君子之象」。[251]惠氏明確認為虞氏所言的「君子」為九三爻，在其各論著中皆作此說，《易例》中有明確地提到，[252]而在《周易述》中，也屢用「乾三」為君子以釋卦義，諸如釋屯卦云：

　　　　《乾鑿度》九三為君子。三變之正，故曰君子，此虞義也。

釋同人云：

　　　　君子謂二五。知君子謂二五者，乾為君子。《繫辭》釋九五爻義曰：
　　　　君子之道，或出或處，二五得正，故稱君子。《象傳》曰：君子，
　　　　正也。

釋剝卦云：

　　　　夬乾謂旁通也。應在三，君子謂乾三。乾為德，故夬乾為君子、
　　　　為德。

釋明夷卦云：

　　　　三陽得正，為君子。

又云：

　　　　泰《象傳》曰：君子道長。君子謂三陽。《春秋傳》曰：象日之動，
　　　　故曰君子于行。是知陽為君子，陽成于三，故云三者，陽德成也。

釋夬卦云：

　　　　乾陽為君子，三佐五，故同功。三應上，故有壯頄之象。其實三
　　　　與五俱欲決上者，故君子夬夬也。

釋泰《象傳》云：

　　　　《乾鑿度》以泰三為君子，謂陽得位也。剝五為小人，以陰失位
　　　　也。

---

[250] 見《易漢學》卷三，頁1126。

[251] 見李鼎祚《周易集解》卷一，頁2。

[252] 見《易例》卷二，頁1040。

釋屯《象傳》云：

> 《乾鑿度》曰：乾三為君子。君子謂陽三已正，故云三陽為君子。

釋否《象傳》云：

> 否下體坤，乾伏坤下，乾三為君子，故君子謂伏乾。

釋大畜《象傳》云：

> 《乾鑿度》乾三為君子。

釋咸《象傳》云：

> 乾三為君子。

釋困《象傳》云：

> 三陽為君子，故君子謂三。[253]

由上列所舉諸例，可以看出惠氏以九三爲「君子」，別爻無可替代。

不過，虞氏用此逸象，真是否如惠氏之用那般惟一、那般絕對化？我們可由虞氏用「君子」逸象來看；查《周易集解》中，虞氏除了少數釋列之外，大都以釋《象傳》而用「君子」之象。虞翻釋坤卦《象傳》「君子以厚德載物」、釋小畜《象傳》「君子以懿文德」、釋否卦《象傳》「君子以儉德辟難」、釋剝卦《彖傳》「君子尚消息盈虛」、釋大畜《象傳》「君子以多識前言往行，以畜其德」、釋坎卦《象傳》「君子以常德行習教事」、釋遯卦《象傳》「君子以遠小人，不惡而嚴」、釋益卦《象傳》「君子以見善則遷」、釋夬卦《象傳》「君子以施祿及下」、釋革卦《象傳》「君子以治歷明時」、釋歸妹《象傳》「君子以永終知敝」等，皆云「君子謂乾陽」、「君子謂乾」、「乾爲君子」，[254]以「君子」逸象概括爲乾卦。另外，分就其它注文來說明：

釋乾《文言》「君子學以聚之，問以辯之」，云：

> 謂二，陽在二，兌為口，震為言、為講論，坤為文，故學以聚之，

---

[253] 上述《周易述》之引文，釋屯卦文，見頁 20；釋同人卦，見頁 63；釋剝卦，見頁 104；釋明夷卦，分別見頁 150、152；釋夬卦，見頁 187；釋泰卦《彖傳》，見頁 234；釋屯卦《象傳》，見頁 292；釋否卦《象傳》，見頁 310；釋大畜卦《象傳》，見頁 337；釋咸卦《象傳》，見頁 347；釋困卦《象傳》，見頁 375。

[254] 以上虞注諸處，見：李鼎祚《周易集解》卷二，頁 28；卷三，頁 66；卷四，頁 81；卷五，頁 124；卷六，頁 138；卷六，頁 150；卷七，頁 168；卷八，頁 205；卷九，頁 213；卷十，頁 241；卷十一，頁 265；

問以辯之。兌象。君子以朋友講習。[255]

九二爻，陽息在二，成兌互震；《說卦》以兌爲「口」，且震「善鳴」、爲「言」，故可爲「講論」，又外臨坤，坤爲「文」。如此，君子能夠「學以聚之，問以辯之」。虞氏注末並以兌卦《象傳》「君子以朋友講習」作結。這裡的「君子」，本於《文言》用語，或就陽爻而言，則特別是就九二而言，並無作九三之意。

　　釋蠱卦《象傳》「君子以振民育德」，云：「君子謂泰乾也」；[256]蠱卦初與上互易則爲泰䷊卦，即從三陽三陰之例言，蠱自泰來，所以虞氏云「泰初之上」。[257]泰卦有所謂「君子道長」，故爲「君子謂泰乾」。釋損卦《象傳》「君子以懲忿窒欲」，云「君子，泰乾」，[258]乾爲君子，損䷨卦自泰來，所以是「君子，泰乾」。釋節卦《象傳》「君子以制數度」，云「君子，泰乾也」，[259]節䷻卦三、五爻互易後爲泰䷊卦，所以云爲「君子，泰乾」。虞氏諸注說，以乾卦爲君子之象，並未專指某爻爲象。釋咸卦《象傳》「君子以虛受人」，云「君子謂否乾」，[260]咸䷞卦三上互易爲否䷋卦；乾三爲君子，乾上之三，故「君子謂否乾」。釋漸卦《象傳》「君子以居賢德善俗」，云「君子謂否乾」，[261]漸䷴卦三四爻互易，則爲否䷋卦，即虞翻所謂之「否三之四」。[262]乾三爲君子，故「君子謂否乾」。釋遯卦九四「好遯，君子吉，小人否」，云「否、乾爲好，爲君子」，[263]遯䷠卦三消成否䷋卦，且乾三爲君子，所以云否乾「爲君子」。釋未濟《象傳》「君子以愼辨物居方」，云「君子，否乾也」，[264]未濟䷿卦二五爻互易爲否䷋

---

[255] 見李鼎祚《周易集解》卷一，頁19。
[256] 見李鼎祚《周易集解》卷五，頁106。
[257] 見李鼎祚《周易集解》虞氏云：「泰初之上，而與隨旁通，剛上柔下，乾坤交，故元亨也。」（卷五，頁105。）蠱䷑自泰䷊來，所以爲「泰初之上」；而「與隨旁通」者，即與隨䷐卦反對。
[258] 見李鼎祚《周易集解》卷八，頁201。
[259] 見李鼎祚《周易集解》卷十二，頁292。
[260] 見李鼎祚《周易集解》卷七，頁160。
[261] 見李鼎祚《周易集解》卷十一，頁260。
[262] 見李鼎祚《周易集解》卷十一，頁259。
[263] 見李鼎祚《周易集解》卷七，頁169。
[264] 見李鼎祚《周易集解》卷十二，頁308。

卦，即虞氏所云「否二之五」；[265]乾陽爲君子，故「君子，否乾也」；此處並不涉及第三爻。由前此諸卦，泰乾爲「君子」，或者是否乾爲「君子」，部份的解釋上，「君子」與三爻有所關聯，即以三爻爲「君子」；然而，虞氏大抵強調是乾卦或乾陽爲「君子」。

虞氏又釋晉卦《象傳》「明出地上，晉。君子以自昭明德」，云：

> 君子謂觀乾。乾爲德，坤爲自，離爲明。乾五動，以離日自照，故以自昭明德也。[266]

從四陰二陽云，晉自觀來，即晉☲☷卦四五爻互易則爲觀☴☷卦，也就是虞氏所言之「觀四之五」。[267]觀卦九五云「觀我生，君子无咎」，所以「君子謂觀乾」者，特別指的是乾五。乾五動則體離，以離日自照，故云「以自照明德也」。又釋巽卦《象傳》「隨風巽，君子以申命行事」，云「君子謂遯乾也」；[268]從四陽二陰之例云，巽自遯來，即巽☴☴卦二四爻互易，則爲遯☶☰卦，也就是虞氏所謂「遯二之四」。[269]「君子謂遯乾」，並不涉及三爻。又釋兌卦《象傳》「君子以朋友講習」，云「君子，大壯乾也」；[270]兌☱☱卦三五爻互易，則爲大壯☳☰卦，即虞氏所謂「大壯五之三」，[271]因此，「君子，大壯乾」，特別是指五爻而言。又釋賁卦《象傳》「君子以明庶政」，云「君子謂乾」；[272]即「泰乾」，三陰三陽之卦自泰來，也就是虞氏所說的「泰上之乾二，乾二之坤上」，[273]坤上來之乾二，乾二往之坤上。離卦爲「文」，自外爲「來」，是上柔來文二剛而成賁☶☲卦。此「君子」並未定爲三爻。又釋訟卦《象傳》「君子以作事謀始」，云「君子謂乾三」；[274]虞氏以「遯三之二」[275]爲訟，也就是訟☰☵自遯☶☰來。「君子謂乾三」者，

---

[265] 見李鼎祚《周易集解》卷十二，頁 306。

[266] 見李鼎祚《周易集解》卷七，頁 174。

[267] 見李鼎祚《周易集解》卷七，頁 173。

[268] 見李鼎祚《周易集解》卷十一，頁 279。

[269] 見李鼎祚《周易集解》卷十一，頁 278。

[270] 見李鼎祚《周易集解》卷十一，頁 283。

[271] 見李鼎祚《周易集解》卷十一，頁 282。

[272] 見李鼎祚《周易集解》卷五，頁 121。

[273] 見李鼎祚《周易集解》卷五，頁 119。

[274] 見李鼎祚《周易集解》卷三，頁 53。

[275] 見李鼎祚《周易集解》卷三，頁 51。

以遯不消否䷋，而三陽之二成訟卦，也就是艮三自乾來。在這裡，虞氏明白地指出以乾三代表「君子」之象。

由前引虞說諸述，「君子」之逸象，所代表者，包括乾卦整體之卦德，也包括乾陽之爻，也包括關係較爲密切的九三爻，只不過虞氏並未明確地認爲「君子」之象，僅能以九三爻作爲代表。然而，惠棟卻認爲「君子」之象，指的是九三爻，且在其釋卦引述的內容中，皆以九三爲「君子」以立說，讓「君子」逸象的運用，就爻位言，變得更沒有彈性。其實，惠棟的說法，提供了「君子」逸象的引用，其本源在於乾卦的九三爻辭，即「君子終日乾乾」之「君子」，更是《象傳》所說的「君子以自強不息」之九三「君子」，所以虞氏作了此根源性的定義，云「君子謂三。乾健，故強」。[276]在這種情形下，「君子」爲乾卦之逸象，更在爻位上專屬於九三爻之逸象。至於未涉九三爻，而論及其它爻位者，則並不以其它爻位指稱「君子」，而是在乾卦的前提下談乾陽之爻的象意。逸象之用，本當予以明確化，不應混淆與失去其一致性，才能確立其合理化的運用，惠氏的指稱，給我們明確化的訊息，並且充分的掌握虞氏之學，也符合虞氏的本意。

10. 爲聖人

惠氏於乾卦「爲聖人」下，注「九五」二字。[277]雖是二字，卻已賅要表明「爲聖人」特別是專就九五爻位而言。虞氏以乾爲「聖人」者，《周易集解》中所載，包括如觀卦《象傳》「聖人以神道設教，而天下服矣」，虞注：

> 聖人謂乾。

頤卦《象傳》「聖人養賢以及萬民」，虞注：

> 乾爲聖人，艮爲賢人。頤下養上，故聖人養賢。

咸卦《象傳》「聖人感人心而天下和平」，虞注：

> 乾爲聖人。初四易位成既濟，坎爲心爲平，故聖人感人心而天下

---

[276] 見李鼎祚《周易集解》卷一，頁 5。

[277] 見《易漢學》卷三，頁 1126。

和平。

恆卦《彖傳》「聖人久於其道」，虞注：

> 聖人謂乾。

革卦《彖傳》「湯武革命，順乎天而應乎人」，虞注：

> 湯武謂乾，乾為聖人。天謂五，人謂三；四動，順五應三，故順天應人。

李道平認為「五陽得位，故乾爲聖人」，[278]即以五爻爲聖人。鼎卦《彖傳》「聖人亨以享上帝」，虞注：

> 聖人謂乾。

《繫辭上傳》「聖人有以見天下之賾」，虞注：

> 乾稱聖人。

《繫辭下傳》「後世聖人易之以宮室」，虞注：

> 乾為聖人。

《繫辭下傳》「天地設位，聖人成能」，虞注：

> 天尊五，地卑二，故設位。乾為聖人。成能，謂能說諸心，能研諸侯之，慮故成能也。[279]

就卦象而言，虞氏明白指出「聖人」爲乾卦之逸象。就爻位而言，虞氏並無明確專指爲初爻或五爻，但知二爻皆有明顯相涉。如就前引頤䷚卦虞注：

> 乾為聖人，艮為賢人。頤下養上，故聖人養賢。

乾陽爲聖人在初。艮三即乾三，故「艮爲賢人」。初陽在下，艮陽在上，以下養上，故曰「聖人養賢」。這裡的「聖人」，指的是初爻而言。又如前引咸䷞卦虞注：

> 乾為聖人。初四易位成既濟，坎為心為平，故聖人感人心而天下和平。

在這裡，乾爲聖人，專指五爻。初四失正，易位成既濟卦；「既濟有兩坎，

---

[278] 見李道平《周易集解纂疏》卷六，頁 438。

[279] 以上九引皆出於李鼎祚《周易集解》：觀卦見卷五，頁 113；頤卦見卷六，頁 142；咸卦見卷七，頁 160；恆卦見卷七，頁 164；革卦見卷十，頁 241；鼎卦見卷十，頁 246；《繫辭上傳》見卷十三，頁 325；《繫辭下傳》卷十五，頁 367；又卷十六，頁 398。

坎巫心爲心，體兌爲和，坎水爲平，乾五下感坤眾，故曰聖人感人心」。[280]又如前引革䷰卦虞注以「乾爲聖人」，並云「天謂五」，是「五陽得位，故乾爲聖人」，[281]即以五爻爲聖人。因此，依虞氏之言，初與五爻，皆有聖人之象，而以五爻尤甚。紀磊指出：

> 乾爲聖，坤爲人，陰陽合德而剛柔有體，故爲聖人。聖人謂乾初，初，乾元，爲善之長，故爲聖人。惠以五爲聖人者，乾九五《文言傳》曰「聖人作而萬物覩」，蓋初與五易也，初與五易，則五亦爲聖人，故惠云然，其實《易》中凡稱聖人皆謂初也。[282]

紀氏之說雖言之成理，實亦毋須如此斷言虞氏如是以初爻爲正，畢竟虞氏並不如此。並且，以五爻爲聖人，並不以虞氏爲先，惠氏《周易述》指出「《乾鑿度》九五爲聖人」，[283]也就是早在虞氏之前，《乾鑿度》已視九五之爻爲「聖人」之象。此外，惠氏又於《易例》中也指出「初九、九五，爲聖人。初六、六四、上六，爲小人」，[284]以初爻與五爻爲「聖人」之位。因此，可以看出，惠氏深熟虞氏的論說，聖人不單就初爻而言，五爻亦是，並以五爻尤專。

11. 爲醜

虞注解卦六三《象傳》「負且乘，亦可醜也」，云「坤爲醜也」。及注漸卦九三《象傳》「離群醜也」，云「坤三爻爲丑」。[285]惠氏以此而有「爲醜」之象。惠氏並解釋云：

> 坤爲夜。《太元》「夜以醜之」。《詩》「中冓之言，言之醜也」，薛君《章句》「中冓，中夜」。[286]

惠氏訓考有據，首先引揚雄《太玄・玄攡》所言「晝以好之，夜以醜之」，乾爲「晝」爲「好」，坤爲「夜」爲「醜」，范望注云「好事在晝，醜事

[280] 見李道平《周易集解纂疏》卷五，頁 315。
[281] 見李道平《周易集解纂疏》卷六，頁 438。
[282] 見紀磊《虞氏逸象攷正》，頁 457。
[283] 見《周易述》，頁 228。
[284] 見《易例》卷二，頁 1040。
[285] 見李鼎祚《周易集解》卷八，頁 189；卷十一，頁 261。
[286] 見《易漢學》卷三，頁 1128。

在夜，醜好邁雜，萬物化生也」，[287]即此乾坤之道。同時引《詩》「莽」字爲「夜」爲「醜」義。其於《九經古義・毛詩古義》亦云：

> 「中莽之言，不可道也」，《玉篇》引作「薵」，云「中夜之言也」。韓、魯《詩》同《廣雅》，曰：「薵，夜也。《大玄・玄攡》曰：「晝以好之，夜以醜之。」故下云「言之醜也」。[288]

是以坤柔爲夜，夜不明則醜；行夜之事，多爲不善、爲小人、爲惡，是醜；故坤亦用「醜」象。惠氏所訓甚恰。

12. 爲畏

以乾卦「爲畏」之逸象，見於《繫辭下傳》「小人不恥不仁，不畏不義」下，虞氏注云「（乾）爲畏者也」。惠氏輯爲乾卦逸象，並於「爲畏」下，注云「與威通」，[289]紀磊《虞氏逸象攷正》云：

> 「畏」亦坤象，與恐懼同義。坤柔故爲「畏」，惠謂「與威通」，「威」與「畏」顯然區別，「威」近「嚴」，「畏」近「恐」。[290]

紀磊之言，已充份表達了惠氏「與威通」三字的意義所在，不但精要詁訓乾卦「畏」字之本義，也將乾、坤二卦同用「畏」字，作了明白的區別。

　　惠棟「虞氏逸象」的輯成與解釋，對後來研究虞翻的逸象乃至其有關學說，提供了極大的幫助，讓學者得以進一步檢視虞翻使用逸象的實際情形，以及用象釋《易》的合宜狀況；並透過對虞翻逸象的瞭解，審度用象在易學思想詮釋上的價值。虞氏廣用逸象，原本於其「月體納甲」之說的用象之道，並且再藉由互體、升降、旁通、卦變、爻變等方法來取象。惠棟考索虞氏逸象，知其用象並非肆意虛造、漫無根據，而是大都能本諸於

---

287 見揚雄《太玄・玄衝》卷七。引自台北：台灣商務印書館《景印文淵閣四庫全書》第803 冊，1986 年，頁 191-192。

288 見惠棟《九經古義・毛詩古義》卷五。引自台北：台灣商務印書館《景印文淵閣四庫全書》第 191 冊，1986 年，頁 404。

289 見《易漢學》卷三，頁 1126。

290 見紀磊《虞氏逸象攷正》，頁 460。

經傳之義，並自有其理據，有其高度的系統性與合理性。搜尋佚文中的逸象，本是一繁瑣之功夫，惠氏始創自是難能可貴，雖有小失，仍不掩其功；所輯之逸象下，皆作小注以釋之，大體見其精要而獨到之處，而所見之失，雖在所難免，仍有釐清之必要。

第二節　荀爽易學與九家逸象之述評

　　荀爽（西元 128-190 年），字慈明，一名諝，爲荀子第十二世孫，也是東漢後期著名之經學家；兄弟八人，荀爽尤著，時稱「荀氏八龍，慈明無雙」。荀爽憂心國祚，敢於抨擊時政。畢生力倡孝道，力主陽尊陰卑之性。以「漢爲火德，火生於木，木盛於火，故其德爲孝，其象在《周易》之離」，孝行天下，則「仁義之行，自上而始；敦厚之俗，以應乎下」，尚禮合宜，如此「崇國厚俗篤化之道」，廣被四方，良俗可表。主張男尊女卑的基本規範，認爲「有夫婦然後有父子，有父子然後有君臣，有君臣然後有上下，有上下然後有禮義，禮義備則人知所厝」，此即所謂「天尊地卑，乾坤定矣」之道。然而，「今漢承秦法，設尚主之儀，以妻制夫，以卑臨尊，違乾坤之道，失陽唱之義」；「陽尊陰卑，蓋乃天性」，宜改尚主之制，以稱乾坤之性，「合之天地而不謬，質之鬼神而不疑」。[291] 耽思經術，專心論述，其學術成就，以《易》尤邃，爲東漢象數易學的重要代表人物。

　　荀爽的《易》著，陸德明《經典釋文》載《七錄》以荀爽作《周易》十一卷，《隋志》同作「《周易》十一卷，漢司空荀爽注」；《新唐志》作「荀爽《章句》十卷」，而《舊唐志》則云「《周易章句》十卷」。其《易》作宋明以降就已亡佚。今所見荀氏《易》說，大都是從《周易集解》中獲得，此外，《後漢書・荀爽傳》、《周易正義》、《釋文》、《周易口訣義》、《漢上易傳》、《周易義海撮要》、《周易會通》、《困學紀聞》、《古易音訓》、

---

[291] 以上括弧內容，見《後漢書・荀韓鍾陳列傳》卷六十二，北京：中華書局，1997 年 11 月北京 1 版，頁 2049-2053。

《兩子學易編》、《玉海》等等典籍，亦可見其片斷。其佚文輯本，主要有孫堂《漢魏二十一家易注》中輯荀爽《周易注》一卷、馬國翰《玉函山房輯佚書》中輯《周易荀氏注》三卷、黃奭《漢學堂經解》中輯《荀爽易言》一卷。清代乾嘉時期，復原漢《易》風起雲湧之際，惠棟首開荀爽易學主張之考索，張惠言踵繼其後，從此，荀爽在漢《易》的發展史上的地位，以及其學說內涵，更受後人所關注。本節主要針對惠棟考索的幾個命題，來作分析評述。

一、荀氏易學的主要師承以及與《九家易》之關係

（一）主要師承於費氏《古易》

荀爽易學獨樹一幟，其特色主要表現在重視《易傳》中傳統之爻位、消息等《易》例釋經；闡明《易傳》中之卦變說；並透過傳統之陰陽學說，有系統地提出升降之主張，特別具有創造性的意義；此外，在孟、京既有的卦氣說之基礎，廣泛運用有關思想，作爲釋《易》之材料。至於荀爽之易學，史籍並無詳載其明確的師承關係，然而《後漢書・孫期傳》云：

> 陳元、鄭眾皆傳《費氏易》，其後馬融亦爲其傳，融授鄭玄，玄作《易注》，荀爽又作《易傳》，自是費氏興，而京氏遂衰。[292]

指出荀爽之易學，當與馬、鄭同傳費氏《易》而爲一脈。根據惠棟引荀悅《漢記》所云：

> 臣悅叔父故司空爽著《易傳》，據爻象承應、陰陽變化之義・以十篇之文解說經意，由是兗、豫之言《易》者，咸傳荀氏學。[293]

荀悅爲荀爽之姪，指出荀爽善以《易傳》十篇之文來訓解經義。而漢代以《易傳》來闡釋經義，又爲費氏古《易》所專。以傳解經爲費氏《易》之重要特徵，《漢書・儒林傳》云：

> 費氏名直，治《易》爲郎，亡章句，徒以《彖》、《象》、《繫辭》

十篇之言解說上下經。[294]

《後漢書・儒林傳》亦云：

> 東萊費直傳《易》，授琅邪王橫為費氏學，本以古字，號《古文易》。[295]

《隋書・經籍志》亦云：

> 東萊費直傳《易》，其本皆古字，號曰《古文易》。[296]

是費氏《易》皆以古文為用，本無章句，並以十篇之文解說上下經。這樣的記載與荀悅言荀爽「以十篇之文解說經意」同法，荀爽之學，或出於費氏。

　　以傳解經或傳經互訓的這種特徵，明顯地為荀爽所同有，如《文言傳》「修辭立其誠，所以居業也」，荀爽注云：

> 修辭，謂終日乾乾。立誠，謂夕惕若厲。居業，謂居三也。[297]

此即以乾卦九三爻辭為訓；乾乾故為「修」，惕厲故為「誠」，而鄭玄以「三為艮爻」，虞翻又指「艮為居」，是艮上來自乾三，艮門闕為「居」，所以「居業，謂居三也」。又如噬嗑上九「何校滅耳，凶」句，荀爽注云：

> 三體坎為耳，故曰滅耳凶。上以不正，侵欲无已，奪取異家。惡積而不可掩，罪大而不可解，故宜凶矣。[298]

其「坎為耳」乃《說卦》之辭；「惡積而不可掩，罪大而不可解」乃《繫傳下》之辭。又如荀氏注需卦九二《象傳》「雖小有言，以吉終也」句，師卦六四「師左次，无咎」句，同人六二「同人于宗」句，以及臨卦六四《象傳》「至臨无咎，當位實也」句，皆云「二與四同功」，[299]即《繫傳下》「二與四同功而異位」之文。又如需卦九五「需于酒食」句，荀氏注云「需者，飲食之道」，[300]此即《序卦》之文。又如履卦初九《象傳》「素履之往，獨行願也」句，荀爽注云「初九者，潛位，隱而未見，行

---

[294] 見《漢書・儒林傳》，卷八十八，頁 3602。

[295] 見《後漢書・孫期傳》，卷七十九上，頁 2548。

[296] 見《隋書・經籍志》，卷三十二，頁 912。

[297] 見李鼎祚《周易集解》，卷一，頁 11。

[298] 見李鼎祚《周易集解》，卷五，頁 118。

[299] 見李鼎祚《周易集解》，卷二，頁 49；卷三，頁 59；卷四，頁 86；卷五，頁 111。

[300] 見李鼎祚《周易集解》，卷三，頁 50。

而未成」；[301]乾卦初九爻辭「潛龍勿用」，故云「初九者，潛位」，至於「隱而未見，行而未成」，則爲乾初《文言》之文。又如頤卦《象傳》「君子以慎言語」句，荀氏注云「言出乎身，加乎民，故慎言語，所以養人也」；[302]其「言出乎身，加乎民」爲《繫傳上》之文。有關證例，不復贅舉，但知荀爽慣以《易傳》詁解經文，此一訓《易》之法，與費氏同，蓋以此同法而荀爽或傳自費氏《易》。然而，荀爽雖同費氏以傳解經之法，不能以此斷言荀爽之學必出自費氏，畢竟以傳解經爲兩漢《易》家所普遍采用者。

另外，費氏以古文爲用，荀爽也有用此費氏之家法者，如：

其一、今本蒙卦上九「擊蒙」，《釋文》云「馬、鄭作繫」，[303]晁氏云「荀爽、一行俱作繫」，「繫」字爲古文。

其二、今本履卦卦辭「履虎尾，不咥人，亨」，《周易集解》引荀爽注云：

> 謂三履二也。二五无無，故无元。以乾履兌，故有通。六三履二非和正，故云利貞也。[304]

是履卦卦辭，舊本無「利貞」二字，「荀本有此二字，荀從費《易》」；惠棟校刻《周易集解》據增。[305]

其三、今本履卦上九「視履考祥」，《釋文》云「考祥，本亦作詳」；[306]晁氏云「荀作詳，審也；鄭作詳，云履道之終」；惠棟云「古祥字，皆作詳」。[307]是以「詳」爲古文。

其四、今本頤卦六四「其欲逐逐」，《釋文》云「《子夏傳》作攸攸」，

[301] 見李鼎祚《周易集解》，卷三，頁 70。

[302] 見李鼎祚《周易集解》，卷六，頁 142。

[303] 見陸德明《經典釋文》，卷二，引自台北：台灣商務印書館《景印文淵閣四庫全書‧經部‧五經總義類》，第一八二冊，頁 380。

[304] 見李鼎祚《周易集解》，卷三，頁 69。

[305] 見清王樹枏《費氏古易訂文》，卷一，台北：文史哲出版社影印光緒辛卯季多文莫室刻本，1990 年 11 月景印初版，頁 58。

[306] 見陸德明《經典釋文》，卷二，頁 381。

[307] 見惠棟《九經古義‧周易古義》，卷一，頁 365。

「荀作攸攸」，[308]以「攸」字爲古。

其五、今本離卦九三「大耋之嗟」，六五「戚嗟若」，《釋文》云「嗟，荀作差，下嗟若亦爾」，[309]晁氏云「差，古文」。

其六、大壯九四「藩決不羸」，《釋文》云「羸，馬云：大索也；王肅作縲，音螺；鄭、虞作纍，蜀才作累，張作藟」；[310]《集解》中荀注云「三欲觸四而危之，四反羸其角」，[311]「是荀本作羸，不作纍」，「費《易》其本必皆作羸」。[312]

其七、今本損卦初九「已事遄往」，《釋文》云「荀作顒」，[313]是荀氏「顒」字或爲古文。

其八、今本夬卦九二「惕號」，《釋文》云「惕，荀、翟作錫」，[314]是荀氏「錫」字或爲古文。

其九、今本鼎卦九四「其形渥」，晁氏云「九家、京、荀悅、虞、一行、陸希聲俱作刑剭」，《唐書》亦用刑剭，刑剭從古《易》也。

其十、今本咸卦初六「咸其拇」，陸德明《釋文》作「拇」，[315]並指出「荀作母」，《古易音訓》引晁氏云「母，古文」。

其十一、今本遯卦九三《象傳》「有疾憊也」，《釋文》云「憊，荀作備」，[316]晁氏云「備，古文憊字」。

其十二、今本解卦九四「解而拇」，《釋文》云「拇，荀作母」，[317]晁氏云「母，古文」。

其十三、今本萃卦《象傳》「聚以止」，《釋文》云「聚以正，荀作取以正」，[318]晁氏云「取，古文」。

---

[308] 見陸德明《經典釋文》，卷二，頁385。
[309] 見陸德明《經典釋文》，卷二，頁385。
[310] 見陸德明《經典釋文》，卷二，頁387。
[311] 見李鼎祚《周易集解》，卷七，頁172。
[312] 見王樹枏《費氏古易訂文》，卷二，頁141。
[313] 見陸德明《經典釋文》，卷二，頁389。
[314] 見陸德明《經典釋文》，卷二，頁389。
[315] 見陸德明《經典釋文》，卷二，頁386。
[316] 見陸德明《經典釋文》，卷二，頁387。
[317] 見陸德明《經典釋文》，卷二，頁388。
[318] 見陸德明《經典釋文》，卷二，頁389。

其十四、今本夬卦初九「壯于前趾」，《釋文》云「趾，荀作止」，[319] 晁氏云「止，古文」。艮卦初六「艮其趾」，賁卦初九「賁其趾」，荀同作「止」字為古文。

其它用古字者，尚有多見，未暇一一備載；但知荀爽所本，蓋費氏之《古易》。因此，綜合史籍所記，荀氏以傳釋經的釋《易》之法，以及以古本為用等方面來看，荀爽的治《易》，確實受到費氏相當程度的影響。但荀爽並非獨采費氏之學；東漢於鄭玄以下諸家之學，雖皆有師傳之基礎，但仍能博采眾說，折衷兼用，再創新論，荀爽同在此一學術風氣下，應該也不例外。

（二）荀爽與《九家易》

已如前述，惠棟引荀悅《漢記》提到荀爽善以「十篇之文解說經意」，並在其所處時代，「兗、豫之言《易》者，咸傳荀氏學」，也就是其學說曾蔚為一時之風尚。後世所言「《九家易》」者，當與荀爽易學有密切的關係。

陸德明《經典釋文》輯錄「《荀爽九家集注》十卷」一名，並指出：

> 不知何人所集，稱荀爽者以為主故也。其序有荀爽、京房、馬融、鄭玄、宋衷、虞翻、陸績、姚信、翟子玄。不詳何人為《易》義注。內又有張氏、朱氏，並不詳何人。[320]

依陸德明的說法，《荀爽九家集注》，並非荀爽所集，而是以荀爽為首的至少有九家之《易》說，不知是何人所集；中間包括早於荀爽之京房、馬融、鄭玄諸家，但既以荀爽為主，則集者當特別側重於荀氏之學或與荀氏之學相關者。歷來著錄其名稱，略有小異，陸氏除前云「《荀爽九家集注》十卷」外，《釋文》於《說卦》下引「《荀爽九家集解》」之名稱；此外《隋志》著錄「《荀爽九家注》十卷」，《唐志》著錄「《荀氏九家集解》十卷」，皆以荀爽為名稱之首。因此，不論是否是荀爽集《九家注》，或者《九家注》包括荀爽一家，荀爽的思想大抵與之密切相關，這也是

惠棟將荀爽易學與《九家易》並論的原因。

清代張次仲《周易玩辭困學記》指出：

> 胡孝轅曰：《本義》所載荀九家者，《文獻通考》引陳氏說，以為漢淮南王所聘明易者九人，荀爽嘗為之集解。今考淮南自云：九師有道訓二篇，此名荀爽九家。諸《志》俱云十卷，《釋文·序錄》列九家名氏為京房、馬融、鄭玄、宋衷、虞翻、陸績、姚信、翟子玄，併爽而九，云不知何人所集，稱荀者以為主故也。陳氏誤矣。[321]

《文獻通考》引陳氏云，荀爽為淮南王所聘九位論《易》者作集解，但此一說法，一直為後人信陸德明之言而予以駁斥。因此，包括董真卿所云「荀爽有《周易章句》十卷，又集《九家集解》十卷」之《九家集解》的彙集作品，也是臆揣之辭，錯誤的說法。[322]惠棟特別舉朱震之言，並指出其說為非：

> 朱子發曰：秦漢之際，《易》亡〈說卦〉，孝宣帝時，河內女子發老屋得《說卦》、古文老子，至後漢荀爽《集解》，又得八卦逸象三十有一。[323]

依朱震之說，《九家易》為荀爽所彙集的，惠棟則認為朱氏之說為誤，並明言：

> 《九家易》，魏晉後人所撰，其說以荀爽為宗，朱氏遂謂爽所集，失之。[324]

惠棟認為《九家易》的作者是六朝時期的人，而這個人專宗荀爽之學；這種說法即《釋文》的延伸，是一種極為合理的推論，所以張惠言亦以為然，「惠徵士云六朝人說荀氏易者，為得其實」。[325]是《九家易》與荀

---

[321] 見張次仲《周易玩辭困學記》，卷十五。引自新文豐出版公司《大易類聚初集》，第十輯，影印《文淵閣四庫全書》本，1983 年 10 月初版，頁 572。

[322] 引自清朱彝尊《經義考》，卷九云：「董真卿曰：荀爽有《周易章句》十卷，又集《九家集解》十卷。」(見朱彝尊《經義考》，北京：中華書局影印揚州馬氏刻本《四部備要》，1998 年 11 月北京 1 版 1 刷，頁 58。)

[323] 見《易漢學》，卷七，頁 1220。

[324] 見《易漢學》，卷七，頁 1220。

[325] 見張惠言《周易荀氏九家義》。引自新文豐出版公司《大易類聚初集》，第十九輯，影

爽易學實相表裡，「無論《九家》述荀，荀集《九家》，其大恉則同」。[326]
例如，以釋姤卦《彖傳》「天地相遇，品物咸章也」句爲例，李鼎祚《周
易集解》引二家之：

> 荀爽曰：謂乾成於巽而舍於離。坤出於離，與乾相遇。南方夏位，
> 萬物章明也。

> 《九家易》曰：謂陽起子，運行至四月，六爻成乾。巽位在巳，
> 故言「乾成於巽」。既成，轉舍於離。萬物皆盛大，坤從離出，與
> 乾相遇，故言天地遇也。[327]

比較荀爽與《九家易》二家之文，表達之內容皆同，尤其是《九家易》
特別在申說荀義。消息以一陽起於子，歷六爻，至四月（巳）而成乾。
又巽巳同宮，所以說「巽位在巳」；至巳成乾，故「謂乾成於巽」。乾象
既成，一陰復生於午而爲姤，而午爲南方離位，所以就是荀爽所說的「舍
於離」，以及《九家易》的「既成，轉舍於離」。陽極陰生，乃有「坤從
離出，與乾相遇」；以坤一陰遇乾五陽，所以說是天地相遇。又，姤生於
午，正南方之夏位，是萬物盛大繁茂之時，而離爲明，明而能見，萬物
皆能相見，故「萬物章明」。二家詮義盡同，《九家易》尤能補足荀義。
因此，惠棟將《九家易》併入荀氏之學而論，體察於斯，宜屬恰當。

二、乾升坤降說

（一）本諸京房升降說而發展

「陰陽者，天地之大理」，[328]陰陽之氣，爲宇宙生成變化的元質，爲
世界萬物的實體或本原，天地萬物是陰陽交感的產物。陰陽始終處於不
斷的運動變化，其運動變化有一定的客觀性與規律性。這種陰陽變化的

印學海堂《皇清經解》本，1983 年 10 月初版，頁 280。

[326] 見《續修四庫全書提要·周易荀氏九家》。引自新文豐出版公司《大易類聚初集》，第
十九輯，頁 279。

[327] 見李鼎祚《周易集解》，卷九，頁 217。

[328] 見《管子·四時》。引自清黎翔鳳《管子校注·四時》，卷四十，北京；中華書局，2004
年 6 月 1 版 1 刷，頁 838。

思想觀念，早在三代已然成形，除了《周易》的完整性、系統化之思想體系外，諸如《國語‧周語上》提到：

> 陽伏而不能出，陰迫而不能烝，於是有地震。今三川實震，是陽失其所而鎮陰也。陽失在陰，川源必塞。源塞，國必亡。[329]

陰陽是一種動態的結構，彼此的對應運動，會產生異常的變化。陰壓迫陽不能使之上升，陽被陰所鎮壓，而喪失其處所，藉此用以解釋自然現象和社會現象的對應，因此，一切現象往往表現在陰陽二氣的相互作用上。《黃老帛書‧稱》特別指出：

> 凡論必以陰陽□大義。天陽地陰，春陽秋陰，夏陽冬陰，晝陽夜陰。大國陽，小國陰，重國陽，輕國陰。有事陽而無事陰，信（伸）者陽而屈者陰。主陽臣陰，上陽下陰，男陽〔女陰，父〕陽〔子〕陰，兄陽弟陰，長陽少〔陰〕。貴〔陽〕賤陰，達陽窮陰。取（娶）婦姓（生）子陽，有喪陰。制人者陽，制於人者陰。客陽主人陰。師陽役陰。言陽黑（默）陰。予陽受陰。諸陽者法天，⋯⋯諸陰者法地。[330]

自然界之天地、四時、晝夜，社會上的大小國、輕重國、有無事，人倫關係的君臣、男女、父子、兄弟、長少，貴賤、貧富、制人與制於人、主客、上下關係，以至人的生死、語默都普遍地體現為陰陽的對待，一切皆是陰陽的本質屬性，也就是每一具體的事或物，皆通過本身所具有的陰陽屬性而聯繫起來，構成一個整體的世界生成的圖式結構；《稱》在這裡主要是往陽性的方向傾斜。陰陽既是一切生成變化的主體，陰與陽二者的對待關係則為人們所主要關注的問題。《老子》提到「萬物負陰而抱陽，沖氣以為和」[331]的陰陽對待統一之觀念；《莊子》繼而提出「至陰肅肅，至陽赫赫。肅肅出乎天，赫赫發乎地，兩者交通成和，而物生焉」

---

[329] 見《國語‧周語上》，卷一，台北：漢京文化事業有限公司影印《四部刊要》本，1983年12月初版，頁26-27。

[330] 見陳鼓應《黃帝四經今註今譯》，台北：台灣商務印書館，1996年7月初版2刷，頁464。《黃老帛書》，陳鼓應先生稱為《黃帝四經》。

[331] 見《老子》第二十二章。引自王弼《老子注》，北京：中華書局《諸子集成》本第三冊，1996年2月北京1版9刷，頁26。

[332]的「一清一濁，陰陽調和」，[333]以成萬物之主張。《國語·越語》范蠡提到「陽至而陰，陰而至陽。日困而還，月盈而匡」[334]的陰陽相對性與互變性。《荀子》也提到「天地合而萬物生，陰陽接而變化起」，「陰陽大化，風雨博施，萬物各得其和以生」[335]的天地萬物得陰陽之和而生成的規律運動變化之思想。陰陽之運動變化，重在調和，是一種普遍的認識與價值，而其根本性仍在掌握與認識其運動變化，也就是在陰陽的升降進退運動的問題上。這種思想，在兩漢陰陽五行學說鼎盛的學術環境下，發展的更臻成熟，不論是董仲舒一系的思想，乃至黃老思想，或是天文歷法的科學知識範疇，包絡甚繁。至於《周易》，則在其既有的內涵質性上，藉由更多象數理論的操作，使陰陽的運動變化更為具體化。

　　《周易》以卦爻象來模擬一切事物的運動發展規律，也就是透過爻位的上下升降變化來呈顯陰陽氣化的進退往復，並體現其合乎自然界的普遍律則。在易學史上，依據現有史料，較早有系統地將陰陽之氣的進退往復，結合爻位的上下變化，而提出陰陽之氣的運動形式為「升降」者，則是京房。《京氏易傳》中屢提「陰陽升降」、「升降六爻」的觀念，且其八宮卦序之說，同屬於廣義的升降思想。京房所言，如：

　　　陰陽無差，升降有等，人事吉凶見乎其象，造化分乎有无。[336]
　　　陰陽二氣，天地相接，人事吉凶，見乎其象。六位適變，八卦分焉。[337]
　　　陽升陰降，陽來蕩陰，吉凶隨爻，著於四時。……陰陽升降，反復道也。[338]

人事吉凶，乃至一切事物的變化，皆是建立在陰陽升降為基礎的爻位變

---

[332] 見《莊子·田子方》。引自郭慶藩《莊子集釋》，北京：中華書局《諸子集成》本第三冊，1996年2月北京1版9刷，頁311。

[333] 見《莊子·天運》。引自郭慶藩《莊子集釋》，頁222。

[334] 見《國語·越語下》，卷二十一，頁653。

[335] 二括弧引文，見《荀子·天論》。引自王先謙《荀子集解》，卷十一，北京：中華書局《諸子集成》本第二冊，1996年2月北京1版9刷，頁206。

[336] 見郭彧《京氏易傳導讀》，卷上，頁65。

[337] 同前注，卷中，頁98。

[338] 同前注，頁103-104。

化來詮釋；時空的變化，會呈現出不同的對應關係，希望藉由陰陽變化，使六爻各得其時，各正其位，以成就其天地運行和萬物化生的目的。同樣的，八宮卦次之說，也是在這種陰陽升降變化的原理下建構出的卦序系統，這些內容前面章節已作詳述，在此不再贅言；所要強調的是，京房的陰陽升降思想，並不專主或側重陽升陰降，不論陰爻或陽爻，皆可升降，這是認識京房升降說，應該注意的基本觀念。

京房的升降說，直接影響了荀爽的易學主張，也就是荀爽的升降說，有承於京房而來。當然，這種思想主張的承接，荀爽並非只是以同樣的內容再一次的輸出，在目的上或是內涵上，仍有其差異存在；京房學說建立的目的，側重於陰陽災異的闡發，而荀爽則重於解說經義。由於目的與內涵上的不同，在升降說的原則運用上也就會有所不同。京房的升降，只要能符合其形式操作的合理運用原則，乃至符合其建構的合理性即可，無須過度受到《周易》本來的卦爻精神的制約，所以八宮卦次之法，陰陽皆可升降。但是，荀爽的升降主張，則必須受限於經傳的陽尊陰卑的基本精神之影響，使其升降說的重點，仍然置重於陽升陰降的方面，而不敢放開的去多元論述。

雖然，荀爽執守於經義，尤其重視「陽升陰降」的規律，而是否意味著荀爽的思想完全貫徹這種「陽升陰降」的規律？所以其升降說即是「陽升陰降」或是「乾升坤降」呢？事實上，荀爽並非絕對的單一化，荀爽也體認到宇宙運動的實質變化，並不在於「陽升陰降」的單一律則，在這種情形下，除了「陽升陰降」外，他仍然隱隱表現其部份「陽降陰升」的主張。這一點也是我們認識荀爽升降說所應該注意到的。這部份，後文將說明。因此，假如將荀爽的升降說視為「陽升陰降」或是「乾升坤降」，這不見得是一種完全周延的說法，倘是如此，則將以主體內涵（陽升陰降）掩飾了其既存的次要部份（陽降陰升），失去了其升降說的全面性意義。

惠棟既在陳述荀爽的升降說思想，應作全面性的思考與論述，然而定為「乾升坤降」，[339]明顯只採荀爽「陽升陰降」的主體內涵部份，扼殺

---

[339] 惠棟《易漢學》考索荀慈明易學，其第一個命題，即是「乾升坤降」。見《易漢學》，

了可能有的「陽降陰升」之陰陽運動變化的另一種方式，這是值得商榷的。不過，惠棟這樣的定調，卻也因此強調與點出荀爽所側重的仍是「陽升陰降」這個部份，而成為其升降說的主要特色或重點所在。

（二）荀爽升降說具體內涵之檢討

荀爽的升降說，為惠棟考索荀《易》的主要之內容，對於其升降說，惠棟定調為「乾升坤降」，並且對於此說，作了簡要的概括說明：

> 荀慈明論《易》，以陽在二者，當上升坤五，為君。陰在五者，當降居乾二，為臣。蓋乾升坤為坎，坤降乾為離，成既濟定，則六爻得位。繫詞所謂上下无常，剛柔相易。乾象所謂各正性命，保合太和。利貞之道也。坎為性，離為命，二者乾坤之遊魂也。乾坤變化，坎離不動，各能遷其本體，是各正之義也。此說得之京房。《左傳》史墨論魯昭公之失民，季氏之得民，云在《易》卦，雷乘乾，曰大壯，天之道。言九二之大夫，當升五為君也。慈明之說，合于古之占法，故仲翔注《易》，亦與之同。王弼泰六四注云：乾樂上復，坤樂下復，此亦升降之義，而弼不言升降。[340]

惠棟這段話裡，點出了幾個議題：

其一、惠棟所認定的荀氏之升降說，主要表現在陽升陰降上，是否意味著荀氏不涉陽降陰升的陰陽降升變化？

其二、惠棟所認定的荀氏陽升陰降，只侷限在陽二上升坤五，以及陰五降居乾二的爻位變化；荀氏真得只有二、五爻的陰陽升降變化嗎？

其三、惠棟認為荀氏以乾坤二卦為基本卦，二卦爻位互易，乾卦九二居於坤卦六五爻位，而坤卦六五居於乾卦九二爻位，而成坎離兩卦，即所謂「乾升坤為坎，坤降乾為離」，此坎離並為上經之終。並且，坎離二卦進一步相配，而成既濟與未濟二卦，而六十四卦在正既濟之義，即所謂「成既濟定，則六爻得位」。荀氏之本意，真的主在正既濟之義？

其四、依惠棟的看法，荀氏之升降說似乎與虞仲翔同，果真如此？

以下考述荀氏升降說的具體內涵，並檢討惠棟所呈顯的以上諸問題。

卷七，頁 1211。

[340] 見《易漢學》，卷七，頁 1211-1212。

1.乾升坤降爲荀氏升降說之主要法則

　　《周易》隱現的傾向是一種陽尊陰卑的思想，誠如《繫辭傳》所言「天尊地卑，乾坤定矣。卑高以陳，貴賤位矣」，「列貴賤者存乎位」；透過爻位的高者爲尊，低者爲卑，來進一步表現出來。因此，乾陽既爲尊爲貴，則當上升，而坤陰爲卑爲賤，則必然要下降。囿於《周易》經傳既定的限制，荀爽著重於陽升陰降的以陽爲尊之主張。如注《文言傳》「時乘六龍以御天」云：

　　　　陽升陰降，天道行也。[341]

又注既濟卦《象傳》云：

　　　　天地既交，陽升陰降。[342]

以陽升陰降，爲天道運轉的根本法則，所以陽氣的質性是宜升的，而陰氣則當下降；注乾卦《象傳》云「陽道樂進」；[343]注泰卦九二云「陽性欲升，陰性欲承」；[344]荀爽基本上掌握了這種陽升陰降的宇宙陰陽變化的普遍法則，並視之爲主要的變化規律，這種法則又特別表現在陽二上升坤五，以及陰五下降乾二的二、五兩爻之變化上。這個部份正是惠棟論述荀氏升降說的主要內容所在。

　　一卦以二五居於中位，爲成卦之重要位置；二爲下卦之中，屬臣下之正位，而五爲上卦之中，屬君王之正位。九二爲陽、爲君或爲具有君德者，不宜居於臣位，當升居九五君王之正位；同樣地，六五爲陰、爲臣或爲卑順者，不宜僭居君位，也當降處六二之臣位。正二、五君臣之位，則以陽二升坤五與陰五降乾二以爲之。惠棟特別舉了諸釋例爲言，如：

　　　　《文言》曰：「水流濕，火就燥。」慈明曰：陽動之坤而爲坎，坤者純陰，故曰濕。陰動之乾而成離，乾者純陽，故曰燥。[345]

---

[341] 見李鼎祚《周易集解》，卷一，頁18。

[342] 見李鼎祚《周易集解》，卷十二，頁303。

[343] 見李鼎祚《周易集解》，卷一，頁6。

[344] 見李鼎祚《周易集解》，卷四，頁77。

[345] 見《易漢學》，卷七，頁1212。

乾二升坤五爲坎水，即「陽動之坤而爲坎」，坤爲土，坤土純陰，而坎水流於坤土上，則濡土爲濕，此即《文言》的「水流濕」。至於「陰動之乾而成離」，即坤五降乾二爲離火，乾剛純陽爲燥，離火就乾，即《文言》所說的「火就燥」。又如：

> （《文言》）又曰：「本乎天者親上，本乎地者親下。」慈明曰：謂乾九二本出於乾，故曰本乎天，而居坤五，故曰親上。坤六五本出於坤，故曰本乎地，降居乾二，故曰親下也。[346]

乾卦九二失位不正，當上升九五，是本於乾質而出於乾二；所本之乾，乾爲天，故曰「本乎天」。乾二升居坤五，五位在天爲君上，故爲「親上」。此即《文言》所說之「本乎天者親上」。又坤卦處六五之失位，則當降居六二，是本於坤性而出於坤五；坤爲地，所以「本乎地」。降居乾二而下處，故爲「親下」。此又爲《文言》「本乎地者親下」之理。又如：

> （《文言》）又曰：「雲行雨施，天下平也。」慈明曰：乾升於坤曰雲行，坤降於乾曰雨施。乾坤二卦，成兩既濟，陰陽和均，而得其正，故曰天下平。慈明注「時乘六龍以御天」云：御者，行也，陽升陰降，天道行也。[347]

乾二升坤五爲坎，上坎爲雲，故乾升爲雲行；坤五降乾二，又互爲下坎，下坎爲雨，故坤降於乾爲雨施，雲行雨施，澤被天下，天下正平。又，乾坤二卦旁通而成兩既濟，既濟以其剛柔正而位當，陰陽調合，各得正位，又得天下之平順，所以荀爽強調「陽升陰降」，而「天道行」。又如：

> （《文言》）又曰：「與天地合其德。」慈明曰：與天合德，謂居五也；與地合德，謂居二也。[348]

五爲天位，上居天位，是「與天合德，謂居五」。二爲地位，下居二位之正，是「與地合德，謂居二」。此乾升坤降而能「與天地合其德」。又引：

> 「與日月合其明」。慈明曰：謂坤五之乾二成離，離爲日；乾二之坤五爲坎，坎爲月。[349]

坤主降，坤五下居乾二成離，離爲日；陽主升，乾二之坤五成坎，坎爲

[346] 見《易漢學》，卷七，頁1212。
[347] 見《易漢學》，卷七，頁1212。
[348] 見《易漢學》，卷七，頁1213。
[349] 見《易漢學》，卷七，頁1213。

月，日月輝映而成明，即《繫傳》所云「日月相推而明生」。[350]又如：

> 坤《象》曰：「含宏光大，品物咸亨。」慈明曰：乾二居坤五爲含，坤五居乾二爲宏，坤初居乾四爲光，乾四居坤初爲大。乾，上居坤三亦爲含，故六三含章可貞。坤三居乾上，亦成兩既濟也。天地交，萬物生，故咸亨。[351]

乾二之坤五成坎，坎（☵）爲二陰包含一陽以爲中實，有含實之義。坤五居乾二成離，離（☲）爲二陽包一陰以爲中虛，有宏廣之義。坤初居乾四體觀（☶），觀卦所謂「觀國之光」，故云「坤初居乾四爲光」。乾四居坤初爲震（☳），《說卦》所謂「震爲大塗」，故云「乾四居坤初爲大」。天地交泰，萬物亨通，陰陽升降調和，萬物得以生息。惠棟引此條文，其目的仍重於論述「乾升坤降」的升降原則；然而，荀氏此一注文中，也反映出另一種陰陽升降的方式，這種方式即是恰與「乾升坤降」相反的「乾降坤升」的升降模式，也就是「坤初居乾四爲光，乾四居坤初爲大」這二句話，表現出陽降、陰升的卦變原則。這種原則的用運，爲荀氏之常例，如其釋乾卦《象傳》「或躍在淵」云「四者，陰位」，「欲下居坤初，求陽之正」；[352]又如釋乾卦《文言》「九四」時，云「四者，臣位也」，「當下居坤初，得陽正位」。[353]因此，荀氏之升降說，並非專指陽升陰降，亦有陽降陰升者，而荀氏所期盼的是陰陽升降變化，能達其專居正位的目的，也就是使陽爻能居陽位，而陰爻能居陰位，如此，陰陽之變，能得其正所，求其正宜。故荀氏此「坤初居乾四爲光，乾四居坤初爲大」之二言，正是對惠棟提出的「乾降坤升」主張之反思。又如：

> 師《象》曰：「能以眾正，可以王矣。」慈明曰：謂二有中和之德而據羣陰，上居五位，可以王也。[354]

師☷卦以二爻爲陽，餘上下五陰爲「群陰」；陽主升，而二上升居五，使居中得正，是可以爲王。此亦陽二升五之例。又如：

---

[350] 日月合而爲明，固爲《易傳》所倡，亦兩漢之常說，如《史記・曆書》所謂「日月成故明」即是。

[351] 見《易漢學》，卷七，頁 1213。

[352] 見李鼎祚《周易集解》，卷一，頁 6。

[353] 見李鼎祚《周易集解》，卷一，頁 12。

[354] 見《易漢學》，卷七，頁 1213。

（師）六四：「師左次，无咎。」慈明曰：左謂二也，陽稱左。次，舍也。二與四同功，四承五，五无陽，故呼二舍於五，四得承之，故无咎。[355]

二陽爲左，又震卦初陽爲春爲木，木居左，[356]是「陽稱左」。《繫傳下》云「二與四同功」，是四近承五，五虛无陽，四呼二陽上舍次於五，如此陽二亦能承四之便而上升至五，以陰承陽，故无咎。這個例子，陽二雖最終能升於五，但須透過陰四作中介才能達到升五无咎的目的，所以它不是一個單純化的陽二升五的模式。又如：

（師）上六：「大君有命，開國承家。「承」讀如《墨子》引《書》「承以大夫師長」之「承」。慈明曰：大君謂二，師旅已息，既上居五，當封賞有功，立國命家也。宋衷曰：陽當之五，處坤之中，故曰開國。陰下之二，在二承五，故曰承家。[357]

荀氏以二升五爲天爲君，天、君皆「大」，故云「大君謂二」。上六處於師卦之終，故「師旅已息」。二既上居於五，當封賞有功者，或使之立國爲候，或使之立家爲大夫。至於惠棟引宋衷之言，同是二陽升五、五陰下二之說；此升降之法，非荀氏一人所獨專。又如：

泰九二：朋亡，得尚于中行。慈明曰：朋謂坤，朋亡而下，則二得上居五，而行中和矣。[358]

二處下卦之中而上居上卦之中爲五位，是荀氏認爲「中謂五」。二上居五，使得其正而能行中和。是二五升降，天地相交，而能如《中庸》所言，「致中和，天地位焉，萬物育焉」。其它，惠棟尚引，如：

臨九三《象》曰：咸臨，吉无不利，未順命也。慈明曰：陽感至二，當升居五，羣陰相承，故无不利也。陽當居五，陰當順從，

---

[355] 見《易漢學》，卷七，頁 1213。

[356] 《管子・立政九敗解》云：「春生於左，秋殺於右，夏長於前，冬藏於後。」《春秋繁露・爲人者天》亦云：「木居左，金居右，火居前，水居後，土居中央。」是以春、木皆爲左。

[357] 見《易漢學》，卷七，頁 1214。

[358] 見《易漢學》，卷七，頁 1214。原荀爽注文，當爲「中謂五，坤爲朋，朋亡而下，則二得上居五，而行中和矣」。附線條二句，爲惠棟短引、誤字者。

今尚在二，故曰未順命也。[359]

升《象》曰：巽而順，剛中而應，是以大亨，用見大人，勿恤有慶也。慈明曰：謂二以剛居中而來應五，故能大亨，上居尊位也。大人，天子，謂升居五，見為大人，羣陰有主，无所復憂，而有慶也。[360]

（升）六五《象》曰：貞吉，升階，大得志也。慈明曰：陰正居中，為陽作階，使居五已下降二，與陽相應，故吉而得志。[361]

《繫辭上》曰：天下之理得，而《易》成位乎其中矣。慈明曰：陽位成於五，陰位成於二，五為上中，二為下中，故曰成位乎其中也。[362]

上引荀氏諸釋文，皆本於乾二升五、坤五降二之陽升陰降之法，使陰陽皆能轉爲居中得正之居處，使陰陽之變化能依其正法，得其正道，一切能夠「无不利」、「大亨」、「有慶」、「吉而得志」。因此，這種乾二升五、坤五降二的荀氏升降說之主要法則，詮釋的內涵皆是亨通吉慶者；藉由爻位的形式轉變，使「成位乎其中」的致中和之位，而達「天下之理得」的合天道規律的最佳結果。因此，中和既是升降說的理想目標，也是判定爻變或陰陽運動變化是否正常的最高價值標準。

惠棟除了直引荀爽之言爲釋，也引虞翻注文補說：

《文言》曰：「《易》曰：見龍在田，利見大人，君德也。」仲翔曰：陽始觸陰，當升五為君，時舍於二，宜利天下。[363]

（升）九二《象》曰：九二之孚，有喜也。仲翔曰：升五得位，故有喜。[364]

虞氏此二注說，其升降之法與荀氏同意，皆云陽二當升五而使得正位。當然，虞氏升降之例，並不僅此二注，不能反映出虞氏升降思想的全部。

---

[359] 見《易漢學》，卷七，頁 1214。

[360] 見《易漢學》，卷七，頁 1214-1215。

[361] 見《易漢學》，卷七，頁 1215。

[362] 見《易漢學》，卷七，頁 1215。

[363] 見《易漢學》，卷七，頁 1212。

[364] 見《易漢學》，卷七，頁 1215。

惠棟在這裡，主要在凸顯荀爽陽升陰降的此一主張，同時也大概肯定與呼應荀爽與虞翻升降說是相同的。二人之主張是否相同，事實上，二人之說是有差異存在的，不能一概作等同。這一部份，暫時擱置，後續再言。

荀爽的升降說，特別著重於陽升陰降的陰陽變化的普遍律則，且又尤重於二、五爻之遞變，所以惠棟強調「以陽在二者，當上升坤五，爲君。陰在五者，當降居乾二，爲臣」的主要原則。但是，這個主要原則，不能視爲唯一原則，畢竟就陽升陰降方面，除了九二升居九五或六五降處六二外，尚有初九升居九五、九三升居九五、九四升居九五、上六降居六三、上六降居六二、六五降居六四、六四降居初六等等，這還不包括陽降陰升的方面。因此，陽爻除了九二可升居九五外，初九、九三、九四等爻同樣可以升居九五；陰爻除了六五可降居六二外，仍有其它爻位的降居方式。惠棟乃至其後之張惠言，不宜作此單一的概括，因爲此等概括，不能代表荀氏升降說的全部內涵。

在初九升居九五的例子方面，復䷗卦《彖傳》「利有攸往，剛長也」，荀爽注云：

> 利往居五，剛道浸長也。[365]

復卦以一陽起於初，利升至五，以得中得位。五位乾剛爲君子，君子道長，故「剛道浸長」。此卦一陽於初，上接五陰，惟升至九五尊位，方可利而無咎，所以呼應《彖傳》「利有攸往」。

九三升居九五的例子，謙䷎卦九三《象傳》「勞謙君子，萬民服也」，荀爽注云：

> 陽當居五，自卑下衆，降居下體，君有下國之意也。衆陰皆欲撝陽，上居五位，羣陰順陽，故萬民服也。[366]

陽本當居於五之尊位，然今九三自卑下衆，降居於下體之上。乾陽爲「君」，而坤衆爲「國」，故「君有下國之意」。九三之上爲坤三陰，坤爲民爲順；此衆陰舉陽以升至九五君位，萬民順服。

---

[365] 見李鼎祚《周易集解》，卷六，頁131。

[366] 見李鼎祚《周易集解》，卷四，頁94-95。

九四升居九五的例子，離☲卦九四「突如，其來如。焚如，死如，棄如」，荀爽注云：

> 陽升居五，光炎宣揚，故突如也。陰退居四，灰炭降墜，故其來如也。陰以不正，居尊乘陽。歷盡數終，天命所誅。位喪民畔，下離所害，故焚如也。以離入坎，故死如也。火息灰損，故棄如也。[367]

離卦四、五相比，皆非正位，荀氏認為當陽升而陰降，使九四之陽升居五位，方可「光炎宣揚」。而六五退居四位，以離入坎，火為水滅，是「灰炭降墜」而「其來如」、「焚如」、「死如」、「棄如」的加憂之狀。然而，五失位，動得正，此陽當升而陰當降，以順陰陽之化，故六五爻辭云「戚嗟若，吉」，尋求的是四、五二爻之陽升陰降；誠如《九家易》所說：

> 戚嗟順陽，附麗於五，故曰「離王公也」。陽當居五，陰退還四。五當為王，三則三公也。四處其中，附上下矣。[368]

不論荀氏或《九家易》，其陽升陰降之法，表達的是一種陽尊陰卑，君貴臣賤的思想，因其升降以求其正位。此四陽升五之例，荀氏有之，《九家易》有之。

陽三升居上九，以及上陰降處六三之例，損☶卦《彖傳》「損下益上，其道上行。損而有孚，元吉无咎，可貞，利有攸往」，《集解》引蜀才、荀爽之言：

> 蜀才曰：此本泰卦。案：坤之上六，下處乾三，乾之九三上升坤六，損下益上者也。陽德上行，故曰其道上行矣。
>
> 荀爽曰：謂損乾之三，居上孚二陰也。
>
> 荀爽曰：居上據陰，故元吉无咎。以未得位，嫌於咎也。
>
> 荀爽曰：少男在上，少女雖年尚幼，必當相承，故曰可貞。
>
> 荀爽曰：謂陽利往居上。損者，損下益上，故利往居上。[369]

上六降至三位，而九三上居上位；乾居上而下孚二陰，「有孚」而「元吉」。

---

[367] 見李鼎祚《周易集解》，卷六，頁156。
[368] 見李鼎祚《周易集解》，卷六，頁156。
[369] 見李鼎祚《周易集解》，卷八，頁199-200。

陽利居上，而陰宜下處，如此，方可「損下益上，其道上行」。

上陰降處六二之例，賁卦《彖傳》「賁亨，柔來而文剛，故亨。分剛上而文柔，故小利有攸往」，荀爽注：

> 此本泰卦。謂陰從上來，居乾之中。文飾剛道，交於中和，故亨也。分乾之二，居坤之上。上飾柔道，兼據二陰，故小利有攸往矣。[370]

賁䷕卦以上六之柔，來文九二之剛，上六下處九二之位，得其正位。文雖柔而質剛，又居中得正，所以「交於中和，故亨」。又以九二之剛，上文上六之柔，是「分乾之二，居坤之上」。又，六五降處六四之例，離䷝卦《彖傳》「日中則昃」，荀注「下居四，日昃之象」，[371]即六五降四爲重離。

荀爽的乾升坤降之升降說，非限於二、五兩爻的升降轉換，但是在陽升的方面，大抵都是升於九五的尊位，至於陰降的方面，則不全然降至六二之位，它可以由上而降至六四、六三，可以說陰降無定位；因此，張惠言《周易荀氏九家義》認爲「乾升皆五，坤降不必二，臣道无方也」，[372]即坤卦《彖傳》所云「牝馬地類，行地无疆」、「應地无疆」之義，既爲臣道，理當順君，不能主導於一方，而當順君於適所。此又以陽爲尊的思想體現。

2. 荀爽並不排除陽降陰升之說

荀爽基本上掌握了這種陽升陰降的宇宙陰陽變化的普遍法則，並且成爲其升降說表述的主要重點，但是陰陽的變化也未必全然以此爲不變之定則，畢竟自然界的陰陽氣化，陰陽二氣本皆有其升降，而《周易》也揭示陽極生陰、陰極生陽、亢極必反的思想。在荀爽陰陽升降的主張裡，並非如惠棟、張惠言所言，只論陽升陰降，而不論陽降陰升，荀爽仍有陽降陰升者：

---

[370] 見李鼎祚《周易集解》，卷五，頁 120。

[371] 見李鼎祚《周易集解》，卷十一，頁 269。

[372] 見張惠言《周易荀氏九家義》，頁 280。

在陽降方面，乾卦《象傳》「或躍在淵，進无咎也」，荀爽注云：

> 乾者，君卦。四者，陰位。故上躍居五者，欲下居坤初，求陽之
> 正。地下稱「淵」也。陽道樂進，故曰進无咎也。[373]

荀氏之釋義，以四爲陰位，四承五而將「上躍居五」；然而，四與初應，故四又「欲下坤初」。陽居四而位不正，上居五位或處初位，皆屬正位，所以是「求陽之正」。當然，陽性主進，最後進入五位而得中，得以无咎。在這裡，雖然強調的仍是陽道主升，但荀氏卻也提到此四爻之位，有「欲下居坤初」之意，也就是陽四有降初的陽降之性。另外，乾卦《文言》「亢之爲言也，知進而不知退」，「其唯聖人乎，知進退存亡而不失其正者，其唯聖人乎」一文，荀爽認爲「在上當陰，今反爲陽，故曰知存而不知亡也」，亢極之位爲陰位，今以陽九居之，是不知所進退。荀爽並進一步指出，「進謂居五，退謂居二」，「進」即二上居五，而「退」則爲五下居二，二、五皆居聖人之位，所以「上聖人謂五，下聖人謂二」，能夠知所進退，仍是聖人之道而不失其正。[374]因此，這裡也可以看到荀爽的陽降說法，只不過，他爲了呼應經傳文義而作的詮解，並沒有爲陽降立下明顯的軌範和原則的規定。又，屯䷂卦《象傳》「屯，剛柔始交而難生，動乎險中，大亨貞」，虞翻注云，「乾剛坤柔，坎二交初，故始交」，認爲卦自坎來，以坎二交於初，而爲「始交」。荀爽進一步解釋，認爲「物難在始生，此本坎卦也」，以坎卦言此卦義。李鼎祚爲之作案語，云：

> 初六升二，九二降初，是剛柔始交也。交則成震，震爲動也，上
> 有坎，是動乎險中也。[375]

以初升而二降，剛柔交而成震，如此坎險在上，震動在下，是「動乎險中」。此一卦義，諸家以卦變的方向爲釋，仍可屬廣義的升降說，而其升降的模式，則爲陰升陽降。涉及卦變論升降者，荀氏之釋例尚繁，不再一一贅舉。從陰陽運動變化的精神言，卦變仍可屬升降的範疇，而荀氏涉論卦變之說者，多有言及陽降而陰升者。

---

[373] 見李鼎祚《周易集解》，卷一，頁6。

[374] 括弧引文，見李鼎祚《周易集解》，卷一，頁22。

[375] 虞、荀、李氏之言，見李鼎祚《周易集解》，卷二，頁38。

在陰升的方面，前面已引惠棟提到荀爽注坤《彖傳》「含宏光大，品物咸亨」時，認爲「坤初居乾四爲光」，即是一種陰升的方式。又如觀䷓卦六三《象傳》「觀我生進退，未失道也」，荀氏注云：

> 我，謂五也。生者，教化生也。三欲進觀於五，四既在前而三退，故未失道也。[376]

荀氏所言「三欲進觀於五」，即陰三欲上升於五位，此陰有欲升之性。

荀爽不排除陽降陰升的方式，只不過這種方式不像其陽升陰降之說那麼明確、使用的那麼頻繁，甚至定爲常道。因此，一般人所關注的仍在其陽升陰降的部份，特別是惠棟更爲具體的立爲定則，指出「陽在二者，當上升坤五」，「陰在五者，當降居乾二」，使後世學者對荀氏升降說的認識，很多都只侷限在這方面，對荀氏此一主張不能得到全面性的瞭解。

3. 荀虞二者升降之法不能等同

已如前述，惠棟肯定荀爽與虞翻在升降說的主張上，二者有高度的一致性，事實上，二者的主張有很大的差異存在。首先在六十四卦「成既濟定」的問題上，惠棟考索荀說，開宗明義提到「乾升坤爲坎，坤降乾爲離，成既濟定，則六爻得位」等言，這段話基本上肯定荀爽透過乾升坤降而成坎離，也成既濟卦，呼應荀爽釋《文言》所言「乾坤二卦，成兩既濟，陰陽和均，而得其正」之義。除此之外，惠棟也隱約認爲荀氏以乾坤二卦爻位之升降而成坎離兩卦，並爲上經之終；坎離進一步推配，而成既濟定，《易》卦終在正既濟之義，即所謂「成既濟定，則六爻得位」。張惠言認爲惠棟是有如此的看法，並且予以駁正：

> 荀氏之義，莫乎陽升陰降。惠徵士《易漢學》說之云：乾二升坤五爲君，坤五降乾二爲臣。乾升爲坎，坤降成離，成既濟定，則六爻得位。《繫辭》所謂「上下无常，剛柔相易」；乾《象》所謂「各正性命，保合太和」，乃利貞也。惠此說據荀《文言》注而言。其實荀氏六十四卦，皆無正既濟之義。其陽升於坤，又不主九二

一爻。[377]

的確，荀氏之說，並無刻意於正既濟之義，且其陽升於坤，也不單從九二爻而言。惠棟混同了荀爽與虞翻的說法，特別是將虞翻的諸卦既濟之主張，引爲荀爽也同有正既濟之義。事實上，荀爽言升降，並不廣論既濟之義，而論及「既濟」者，純就單一爻位之升降爲言；至於虞氏，其言之成既濟者，則在每爻正位成既濟，刻意的尋求爻位之正而成既濟。所以，在這方面，二者是不同的。

從升降說的內容言，荀爽的升降說，主要表現在其陽升陰降，特別是在二、五兩爻的變化上，如果從廣義的角度言，其一些卦變的論述，亦可屬之。至於虞翻，其升降說，則主要表現在其卦變、爻變方面，所含涉的內容甚爲繁富，還包括互體、旁通等原則的運用，最終皆使陰陽各得其正，歸於天地之正道。因此，荀爽之說，較虞氏爲單純爲嚴謹。二者絕非可以等同。

三、易尙時中說

（一）時中爲易道的核心思想

「時中」爲儒家的重要思想主張，也是《易》道的主體內涵，《易》所要表現的中心思想，可以用「時中」來概括；對此，惠棟作了精確的斷論與最佳的注腳，認爲「《易》道深矣，一言以蔽之，曰時中」，[378]賦予《周易》的核心精神所在。同時，惠棟認爲：

> 愚謂孔子晚而好《易》，讀之韋編三絕而爲之傳，蓋深有味于六十四卦三百八十四爻時中之義，故于《彖傳》、《象傳》，言之重，詞之復；子思作《中庸》，述孔子之意，而曰：君子而時中。孟子亦曰：孔子聖之時。夫執中之訓，肇于中天，時中之義，明于孔子，乃堯舜以來相傳之心法也。據《論語》堯曰章。其在豐《象》曰：天地盈虛，與時消息，在剝曰：君子尚消息盈虛，天行也。《文言》曰：知進

---

[377] 見張惠言《周易荀氏九家義》，頁280。

[378] 見《易漢學》，卷七，頁1215。

退存亡而不失其正者,其惟聖人乎。皆時中之義也。知時中之義,
其于《易》也,思過半矣。[379]

《周易》深含「時中」之義,孔子從六十四卦三百八十四爻中玩味體察,
掌握此一思想神髓,並闡揚述明於《易傳》之中,子思一脈相襲而作《中
庸》言「君子而時中」,以述孔子之意;乃至孟子,亦不忘孔聖之法,表
彰「時中」之義。此儒家相傳之心法,得以薪火相承;儒家的中心思想,
得以發揚而不絕。

「時中」從易學的思想體系中發展出來,是一種陰陽作用或運動所
期盼達到的理想狀態。這種陰陽作用下的狀態,作為事物存在發展的最
佳形式,它不是固定不變的,而是在陰陽感通、剛柔摩推中處於不停地
轉變遷移的運動變化,所以《易》道即是這種變化之道。《易》的卦爻,
本質上都是對天地萬物變化的狀摹比象描述,所謂「觀變於陰陽而立
卦」,「爻者,言乎變者也」,卦爻的陰陽之變,表現出天地萬物的消長生
息。吳澄曾說「一卦一時,則六十四時不同也;一爻一時,則三百八十
四時不同也」。[380]王弼在其《易略例》中也提到「卦者,時也;爻者,適
時之變者也」。[381]不論六十四卦,或是三百八十四爻,皆呈顯出不同的時
態,或是時空狀態。透過《易》之卦爻,來反映出持續不斷變化的時空
過程,並以其六十四卦與三百八十四爻來象徵客觀事物發展的不同時期
和不同階段情形,同時尋求最佳的時空場景,最理想的律則、最理想的
位置,即「時中」。作為主體的人,當依據客觀事物發展的不同時期和不
同階段,乃至所處的實際時空場景,採取相應的對策行動,掌握其主體
性——時中。因此,惠棟廣引《易傳》之言,如「天地盈虛,與時消息」,
「君子尚消息盈虛,天行也」,「知進退存亡而不失其正者,其惟聖人乎。
皆時中之義也」;以表達時中的意義。從務實的觀念言,也就是說,掌握
盈虛消息、進退存亡之道,充分地認識與運用變化之道與相應之道,人

---

[379] 見《易漢學》,卷七,頁 1217-1218。

[380] 見吳澄《吳文正集·記·時齋記》,卷四十。引自台北:台灣商務印書館《景印文淵閣
四庫全書·集部·別集類》,第一一九七冊,頁 430。

[381] 見王弼《易略例·明卦適變通爻》。引自樓宇烈校釋《王弼集校釋·易略例》,北京;
中華書局,1999 年 12 月 1 版 3 刷,頁 604。

的行止動靜與最佳時機相結合,「時止則止,時行則行,動靜不失其時」,[382]這就是「時中」的實質意義。

「時中」作為《易》道的核心思想,而易學家所建構的學說理論,必當在此核心的範疇內。在惠棟的認識裡,他高度肯定荀爽的易學思想,可以真正勾勒出與彰顯出此一《易》道思想,特別是荀爽的乾升坤降的主張,正是「時中」思想的最直接表述。雖然,惠棟並無明白的指出,然而考索荀爽易學,定作「易尚時中」之命題,已可見其心跡。藉由荀爽此一象數思維主張,來陳述易學思想中極具哲理的純粹思想,從這裡,我們不能否定惠棟易學的義理成份,我們也可以從其象數的內涵中見其義理的質性。

(二)爻位適時之變而為時中

從認識的範疇看「時中」,時中講求「隨時變易以從道」,是隨時而中,重在對「時」的掌握。《易》本在追求一種從「決疑」而「通變」的過程。「決疑」本身是一種由不知到知的理性預見活動。《周易》的卦爻辭和《彖傳》、《象傳》本質上都是對表示事物不同發展過程、階段的六十四卦和三百八十四爻的「時變」的認知和判斷。所以,「仰則觀象於天,俯則觀法於地,觀鳥獸之文與地之宜,近取諸身,遠取諸物」,體現的正是「時中」過程中對天地萬物客觀的感性認知和經驗類比的認識活動;而「探賾索隱,鉤深致遠」,「知微知彰,極數知來」,「知來藏往」,「彰往而察來」,「知幽明之故」等,皆體現了《周易》的理性思維。在「決疑」的基礎上,才能進一步「斷其吉凶」,也就是對客觀事物發展的規律性和必然性的「時」之正確認知和把握,才能預見或擇選與探取合理的生存行為。

時中即是趣時,而趣時即是變通,即「變通者,趣時者也」。時中體現的正是人的「適時之變」,即隨時而變通。「變通」可以視為「時中」義涵下的重要概念,《繫辭傳》有所謂「變通之謂事」、「變而通之以盡利」、「通其變使民不倦」、「通其變逐成天地之文」、「變則通,通則久」等;「變

---

[382] 見艮卦《彖傳》之文。

通」爲事物長久生存發展之道，即「隨時變易以從道」[383]的「時中」之道，也是《繫辭傳》所說的「唯變所適」的尋求適中、適時之道。「變通」爲「時中」的重要實質內涵。時中的實質在變通，而變通又含有「革故鼎新」適應外界新的變化的精神；所謂「生生之謂易」，「日新之謂盛德」，時中是以日新爲實質的生生變通內涵，透過生生日新、自強不息、變通順應的「時中」實踐中，達到《易》道的最佳境界。

惠棟掌握《易傳》思想體系中的核心觀念，「《易》尙時中」特別反映在《彖傳》與《象傳》上，他指出：

> 孔子作《彖傳》，言「時」者二十四卦，乾、蒙、大有、豫、隨、觀、賁、頤、大過、坎、恒、遯、睽、蹇、解、損、益、姤、革、艮、豐、旅、節、小過。言「中」者三十五卦，蒙、需、訟、師、比、小畜、履、同人、大有、臨、觀、噬嗑、无妄、大過、坎、離、睽、蹇、解、益、姤、萃、升、困、井、鼎、漸、旅、巽、兌、渙、節、中孚、小過、既濟、未濟。《象傳》言「時」者六卦，坤、蹇初六、井、革《大象》、節、既濟。言中者三十八卦。坤、需二五、訟、師二五、比、小畜、履、泰、同人、大有、謙、豫二五、隨、蠱、臨、復、大畜、坎二五、離、恒、大壯、晉、蹇、解、損、夬二五、姤、萃、困二五、井、鼎、震、艮、歸妹、巽二五、節、中孚、既濟、未濟。其言「時」也，有所謂時者、待時者、時行者、時成者、時變者、時用者、時義者。其言「中」也，有所謂中者、中正者、正中者、大中者、中道者、中行者、行中者、剛中柔中者。而蒙之彖，則又合時中而命之。[384]

惠棟在這裡，將《易傳》中特別是《彖傳》與《象傳》裡，有關言「時」言「中」所涉及到的卦，皆予以標明，表達的即是趣時變通、隨時而中的義涵；《易傳》的「時中」思想，雖以「中」爲理想，但亦以「時」爲其認識或實踐的基礎或主體。惠棟特別分辨「時」與「中」二者的區別，云：

> 蓋時者，舉一卦所取之義而言之也；中者，舉一爻所適之位而言之也。時無定而位有定，故《象》多言中少言時。乾九二言時舍，坤六三言時發，一見《文言》、一見《象傳》，蓋乾坤消息之卦，三二皆失位，二當升坤五，三以時發，故皆言時。然六位又謂

---

[383] 見程頤《伊川易傳·序》。引自台北：新文豐出版公司《大易類聚初集》第一輯，影印中華書局聚珍倣宋版《伊川易傳》，1983 年 10 初版，頁 795。

[384] 見《易漢學》，卷七，頁 1215-1216。

之六虛，唯爻適變，則爻之中亦無定也。[385]

惠棟在此概括指出，「時」是就一卦整體取義而言，而「中」則是一爻在其卦中所處之適應位置而言。這樣概括性的分別，是否恰當，仍有商榷的必要。因爲這種概括性的定義，消弱了「時中」本該可以更具豐富與廣度的哲學思想，同時也可能僵化了「時中」呈顯的多維意義與彈性思維。「時」既在趣時應變，求其變通，其關鍵的變化在於爻，就「爻」以言「時」之義，當是合理的；所以「時」非但就一卦取其義，也明確地就卦中之爻以論其時義；就「中」而言亦然，「中」既是就一爻在其卦中所處之適應位置而言，也是當從整體的一卦來考慮其適中之位置，它何嘗不是就卦就爻而言義？何以僅針對爻位而言。因此，惠棟的狹義論定，雖不失其理據，然倘能從廣義的視野看，思想的呈現與哲理的詮釋，則可以更爲豐富。

　　惠棟站在象數的立場，揭示了「《象》多言中少言時」，因爲「時無定而位有定」，所言極是；然而，《象傳》雖少言「時」，不因此而不重視「時」義，只不過以言「中」而述明掌握時變、應時之變的重要。《繫辭下》提到「八卦成列，象在其中矣，因而重之，爻在其中矣，剛柔相推，變在其中矣」，而「剛柔者，立本者也；變通者，趣時者也」。《易》理盡於吉凶，吉凶寓於象爻變動之中。卦爻之奇偶即表現出剛柔之性，而六十四卦三百八十四爻，則是剛柔二畫的往來推換所呈現的現況面貌。康熙御製《日講易經解義》提到，「則凡陰極變陽、陽極變陰，不即在此相推中乎。由是卦爻之中，時有消息，位有當否」，「必俟卦爻之動，而吉凶悔吝方始昭然。是吉凶悔吝固生乎卦爻之動者也」，「然所謂動者，亦因乎時而已。蓋六十四卦不外剛柔兩畫，方其未動，一剛一柔，各有定位，確不可移」。「然位有定而時無定，及其既動，則化裁推行，總非自主，非順乎時之自然，而趨乎時之不得不然者乎」。剛柔變化，有其定位，而順時亦本自然之律則，掌握時變，適時而爲，即擇「時之所宜然」者，這也就是「《易》之理不外乎一時」的重要道理所在。[386]《日講易經解義》

---

[385] 見《易漢學》，卷七，頁1216。
[386] 以上括弧內容見康熙御製《日講易經解義・繫辭下傳》，卷十七。引自台北：台灣商務

以陰陽變動的關係，論述到卦爻時位的精義，而惠棟言「時無定而位有定」，其語義皆同。陰陽因時而動，適時而變，所以「中者，舉一爻所適之位而言之」，所適之位，並不專主一卦六爻中的某一定爻位，也就是惠棟所言「唯爻適變，則爻之中亦無定也」的道理。因此，「爻者，適時之變者也」，廣義的「時中」內涵，表現於六十四卦三百八十四爻的每一爻之趨行之變，「時中」的本質分佈於三百八十四爻的每一爻，不必單指二、五爻；只不過二、五兩爻，在爻位的結構上與意義上，較具其特殊性，有較多的機會能成為或展現其適時適中之位。坤☷卦六三《象傳》云「含章可貞，以時發也」，六三非中爻，但「時發」而「可貞」，為吉象。又節䷻卦九二是「失時極」，雖居二位為中，卻中而無應，並沒有做到「時中」，所以是「凶」。故「時中」所處的爻位，並不一定是要二、五爻，其它爻位仍可處於「時中」的狀態，且縱使處於二、五爻之位，也未必能夠達到「時中」；爻位適時之變，爻之中並無定位，惠棟能夠真確的體察這個道理，不失其一時之大儒。

（三）中和的具體意義

《易》道的時中觀與傳統儒家的中和思想，皆同出一系，其同質性在於強調以協和的中道思想作為位天地、育萬物、安天下的理想價值。《易》道以一陰一陽的動態化交感平衡、協同運動所引起的創造宇宙生命的生生之道，其本質即是中和之道。這樣的中和之道，則反映在卦象爻位結構的崇尚中爻上；中爻，即處中位之爻，在由六爻構成的卦象中，二、五兩爻分居上下兩卦的中位，這中爻在形式的意義上，則在其位置結構處於最佳的不偏不倚、無過不及的平衡點或統一點上。因此，「處中」或「得中」，就意味著事物處於一種取佳的對立統一關係中，也意味著事物處於最佳的狀態中。如此，中爻往往象徵著吉利亨通。除了要「處中」、「得中」，最重要的是要達到能夠協和相應的狀態，也就是中和的境界，這也是《易》道時中觀的最高理想。時中包含了陰陽中和之道，為宇宙萬物變化發展的根本之道，是天地萬物新陳代謝的總規律；時中體現了

印書館《景印文淵閣四庫全書·經部·易類》，第三十七冊，頁649。

主體在實踐行為上主動適應宇宙變化發展的中和之道的態度。因此，在易學思想的「中時」範疇中，易學家更精細的強調「中和」的意義與其體現的價值。漢儒如此，荀爽更是如此，特別是荀爽提出升降說的理論，正可與之相呼應，這也是惠棟強調《易》尚時中特別針對中和而論，以及荀爽特別主張中和思想的重要因素。

　　關於「中和」所指之位，惠棟明白指出是專就二、五兩爻而言，他說：

> 位之中者，惟二與五，漢儒謂之中和；揚子《法言》曰：立政鼓眾，莫尚于中和。又云：甄陶天下，其在和乎？龍之潛亢，不獲其中矣。是以過則惕，不及中則躍，其近於中乎！注云：二五得中，故有利見之占。《大玄》曰：中和莫尚于五，故《象傳》凡言中者，皆指二五；二尚柔中，五尚剛中；五柔二剛，亦得无咎。二與四同功，而二多譽；三與五同功，而五多功，以其中也。爻辭于泰之六二，夬之九五，皆以中行言之。而益之三四，復之六四，亦稱中行。先儒謂一卦之中，非也。乾之三四，《文言》謂之不中，獨非一卦之中乎？竊謂益之中行，皆指九五。所謂告公用圭告公從者，五告之也。古者君命臣，上命下，皆謂之告。三者五所信也，故曰有孚；四者五所比也，故曰利用為依遷國。三為三公，四為諸侯，故或稱國，或稱公。復六四，中行獨復，《象》曰：中行獨復，以從道也。四得位應初，獨得所復，四非中而稱中行者，以從道也。其時中之義歟。[387]

依惠棟之見，漢代以降，儒者言《易》，以二、五為中已是普遍的共識，一般以二尚柔中，而五尚剛中，也就是陰居二位，而陽居五位，然而，「五柔二剛，亦得无咎」，也就是陰居五位，而陽屈就二位，二五相應，仍可得以无咎。因此，中位乃就三畫卦之中爻而言，至於宋儒所謂是指一卦之中言（三、四爻），惠棟認為是一種錯誤的說法，因為專指三、四爻為中，漢儒並無此說。揚雄（西元前53-西元18年）《法言》中表達中和是自然萬物發展之道，也是人類社會的理想治道，所以提出「立政鼓眾，

莫尚于中和」的思想觀點。同時也指出,「甄陶天下者,其在和乎！剛則
瓶,柔則壞。龍之潛亢,不獲其中矣。是以過中則惕,不及中則躍,其
近於中乎」;[388]揚雄認為中和是天地之道,也是聖人之道,理想的政治便
是中和政治,以中和為政治的最高法則。揚雄以「玄」作為宇宙萬物化
生的本體,「玄」生陰陽二氣,而陰陽消長以三分法的方式形成萬事萬物,
事物的運動以「九」為周期之數,遇九則變,周而復始,永無窮盡。其
《太玄》指出「中和莫盛于五」,是吸收《易》道的中和思想,也崇尚中
位,三分九贊為三小節,其中「二」、「五」、「八」贊分別為上、中、下
三小節的中贊,也是三分之中位。而「五」不僅是四、五、六贊構成的
小節之中,而且也是整個九贊之中,處於中體之中位,最為尊貴,也最
能體現無過與不及的中和之道。透過此一中和之道,勸戒君王於政治日
行中遵循此道,行中和之道則昌盛,逆中和之道則衰敗,所以中和之道
即統治之道。惠棟在此引揚雄思想為言,主要在強調中和思想為漢儒所
倡,包括董仲舒、王充等人,亦不乏其說。然而,特別要注意的是,揚
雄的中和觀,依準著傳統儒家思想的絕對陽尊之思想,其中位的表現方
式,與荀爽說迥異,不能全然相提並論。

從爻位的角度,惠棟對「中和」作了具體的定義,並且引漢歷與《說
文》之言為釋,云:

> 《易》二五為中和。坎上離下,為既濟。天地位,萬物育,中和
> 之效也。《三統歷》曰:陽陰雖交,不得中不生,故《易》尚中和。
> 二五為中,相應為和。《說文》曰:咊,相譍也。咊即和也,譍即
> 應也。[389]

又云:

> 中和於《易》為二五。《繫上》曰:易簡而天下之理得矣,天下之

理得而易成位乎其中，故言天地位。[390]

二、五爻爲「中」，且此二爻當一陰一陽相應而爲「和」。二、五爻位，實屬中位，大體上陰二陽五，爲居中得位，而單言中爻，則並無涉乎陽爻或陰爻的問題，也就是陰二陽五、陽二陰五、二五皆陰或二五皆陽，都算是居處於中。但是，若要既中且和，則必當處於中又要能夠陰陽相應，也就是不是陰二陽五，就是陽二陰五的狀態，所以屈萬里認爲，「其於爻也，凡二五稱中。蓋二居下體之中，五居上體之中。反對之後則二爲五，五爲二，仍不失爲中也」[391]這種中和觀，正是荀爽的主張，張惠言《周易荀氏九家義》：

> 荀以二五中位為中和，分言之或為中或為和，合之為中和，義无所別。二五之位，即為中正，不必五陽二陰。晉二《象》曰：受茲介福，以中正也。《九家注》云：五動得正中，故二受大福。《荀九家義》无爻變，其言五動者，謂卦自觀來，陰動而進居五，五爻荀注云：從坤動而來為离，其文正同，可知六五亦為中正也。[392]

張惠言認爲荀爽所言之中和，即上下卦之中的二、五爻位，中和之爻位，「不必五陽二陰」，張氏特別舉坤動而來爲離之離☲卦六五，雖陰爻處於五陽之位，但仍屬中正之德。然而，惠棟對荀爽的認知，卻稍異於張氏，他並無明白地認爲荀爽的中和觀「不必五陽二陰」，反而他肯定荀爽的升降說主要表現在乾升五坤降二的原則下，同樣地，他當也認爲荀爽的中和主張，必也在於五陽而二陰的居中得正又相應的嚴格規範下，才能臻於理想。

惠棟舉荀爽之言，論其中和的主張，例如：

> （師卦）《象》曰：能以衆正，可以王矣。荀註云：謂二有中和之德，而據羣陰，上居五位，可以王也。[393]

此段話前已引述。師☵卦二爻爲陽，陽二主升而上居五位，使居中得正，

---

[390] 見惠棟《易例》，卷一，頁953。

[391] 見屈萬里《先秦漢魏易例述評》，卷上，台北：學生書局，1975年3月初版，頁12。

[392] 見張惠言《周易荀氏九家義》，引自新文豐出版公司《大易類聚初集》，第十九輯，頁284。

[393] 見惠棟《易例》，卷一，頁951；《易漢學》，卷七，頁1213，同引。

是可以為王。在這裡，師卦陽二與陰五本是居中而又相應，已屬中和之象，荀氏卻求其陽尊陰卑的理想，所以仍使之作陰陽升降之轉換；事實上，師卦陽二陰五為中和，荀爽並不是不知道，他在註文的開宗明義指出「二有中和之德」，師卦九二已具中和之德，但處二陰之位，又為群陰所包，所以宜升五位以王天下。在這裡，惠棟忽略荀爽所理解的「二有中和之德」，而關注的仍是在陽二升五的方面，這個方面才是荀爽思想的主體內涵。又如《易例》有引而前面也已引述者：

> 泰九二曰：朋亡，得尚于中行。荀註云：中謂五，朋謂坤，朋亡
> 而下，則二得上居五，而行中和矣。[394]

泰▆卦九二處下卦之中非尊位，當上居五位，使得其正而能行中和。事實上，九二與六五本是居中而相應，具中和之德，毋須二五升降交換，才能行中和；荀爽過度呼應其升降說與陽尊陰卑的思想，使中和的條件，更趨嚴格，行中和之道，仍必須透過升降的手段才能達到。

荀爽認為「陽升陰降，天道行也」，「陽位成於五，五為上中。陰位成於二，二為下中。故《易》成位乎其中也」。陽之所以當升，陰之所以當降，是順應天道而行，並藉由此二五交位的陽升陰降，使爻復歸於中和的目標，這個目標，也就是孔子一脈的儒家之理想與中心價值；「中也者，天下之大本也；和也者，天下之達道也。致中和，天地位焉，萬物育焉」（《中庸》）。這個「中和」，一方面強調君臣上下的倫理尊卑貴賤之分，一方面又強調彼此的協同配合，井然有序。荀爽將此中和的思想，納入象數的模式中，作為卦爻升降的主要原則。

一卦之六爻，有位有中，五為陽位之中，二為陰位之中，故陽必升居五，陰必降至二，始得其所謂的「成位乎其中」。位是強調尊卑貴賤之分，如果陰陽皆能得位，「陰陽正而位當，則可以幹舉萬事」。中是強調彼此相應，協同配合的，如果陰陽皆能得中，則「陰陽相和，各得其宜，然後利矣」。[395]中和是卦爻升降或爻變所應當趨向的理想目標，也是判定卦爻升降或爻變是否正常的最高價值標準。這種以二、五為中和之位的

---

[394] 見惠棟《易例》，卷一，頁 951-952;《易漢學》，卷七，頁 1214，同引。字者。
[395] 見乾卦《文言》。

方式，使中和的關注焦點更爲集中，使中和的形成機制更爲明確，然而卻窄化了「中」的形成與運用；根據卦爻的特質，「卦者，時也，爻者，適時之變者也」，[396]時中或中和的本質或精神，是分佈在三百八十四爻的每一爻當中，而不必是單就二、五爻而言。荀爽以二、五爻強化中和之道，卻也減殺《易》道的變通之道。

四、九家逸象

　　惠棟考索荀爽易學，特別增列「九家逸象」，述明「九家逸象」雖未必然爲荀爽之說，但與荀爽之關係匪顯。他指出「《荀九家》逸象三十一，載見陸氏《釋文》，朱子采入《本義》」；[397]陸氏記載《荀爽九家集解》本於《說卦》後輯三十一個逸象，並爲朱子所重，而納於《本義》之中。惠棟並進一步引朱震之言：

　　朱子發曰：秦漢之際，《易》亡＜說卦＞，孝宣帝時，河內女子發老屋得《說卦》、古文老子，至後漢荀爽《集解》，又得八卦逸象三十有一。今考之六十四卦，其說若印圖鑰，非後儒所增也。[398]

已如前述，惠棟否定朱震之說，以《九家易》爲荀爽所彙集的，認爲《九家易》是六朝時期專宗荀爽之學的人所爲，但雖如此，這三十一個逸象，則「非後儒所增」，可以視爲荀爽的學說。

　　此三十一個逸象，包括乾有四個，坤有八個，震有三個，巽有二個，坎有八個，離有一個，艮有三個，兌有二個，[399]表列如下所示：

圖表 3-2-1　《九家易》三十一逸象一覽表

卦　名	逸　　　　　象
乾☰卦	爲龍、爲直、爲衣、爲言。
坤☷卦	爲牝、爲迷、爲方、爲囊、爲裳、爲黃、爲帛、爲漿。
震☳卦	爲玉、爲鵠、爲鼓。

---

[396] 見王弼《周易註》，卷十，「明卦適變通爻」條下。
[397] 見《易漢學》，卷三，頁 1125。
[398] 見《易漢學》，卷七，頁 1220。
[399] 見《易漢學》，卷七，頁 1118-1220。

巽☴卦	爲楊、爲鸛。
坎☵卦	爲宮、爲律、爲可、爲棟、爲叢棘、爲狐、爲蒺藜、爲桎梏。
離☲卦	爲牝牛。
艮☶卦	爲鼻、爲虎、爲狐。
兌☱卦	爲常、爲輔頰。

對於所輯之逸象，惠棟作了小注加以說明，以下舉其要，略作論述：

（一）在乾卦方面

1. 爲龍

惠棟引項安世曰：震之健也。[400]以震爲言，乃就乾初九而言。以乾爲龍，不應只就乾初而論。乾剛有龍象，六爻皆屬之。荀爽釋坤卦上六「龍戰于野」，指出：

消息之位，坤在于亥，下有伏乾，爲其于陽，故稱龍也。[401]

坤位在十月亥，亥居西北，屬乾方；《乾鑿度》有所謂「陽始於亥」，「乾剝之於西北，方位在十月」，[402]故坤處亥位，下有伏乾。故以乾爲龍，不單就「震之健」的乾卦初爻而言，惠棟此一引注，或顯片面。

2. 爲直

惠注作「項曰：巽之躁也」。[403]虞翻、《九家易》多以乾爲直，而惠棟引項氏作「巽之躁」，主要是根據巽爲「直繩」而來，然作「巽之躁」則與「直」義不恰。朱震《漢上易傳》云：

乾其動也直，巽爲繩直者，亦乾之直也。[404]

作注合宜。乾本爲直，巽作「繩直」，亦屬乾性，故不能以「爲直」作「巽之躁」，主客易位，於理不當。

3. 爲衣

---

[400] 見《易漢學》，卷七，頁1118。

[401] 見李鼎祚《周易集解》，卷二，頁31。

[402] 見《易緯乾鑿度》，卷上。引自日本京都市影印自武英殿聚珍版《古經解彙函‧易經乾鑿度》，1998年，頁480。

[403] 見《易漢學》，卷七，頁1218。

[404] 見朱震《漢上易傳》，卷九，《景印文淵閣四庫全書》本，第11冊，頁274。

惠注作「項曰：乾爲衣上服也，坤爲裳下服也」。[405]《繫辭下》云「黃帝、堯、舜垂衣裳而天下治，蓋取諸乾坤」，韓康伯認爲「垂衣裳以辨貴賤，乾尊坤卑之義也」；孔穎達也認爲「取諸乾坤者，衣裳辨貴賤，乾坤則上下殊體，故云取諸乾坤也」。[406]漢代多以衣裳表尊卑，揚雄《太玄》亦云「垂綃爲衣，襞幅爲裳」，[407]以垂綃爲奇故爲乾，而襞福爲偶故爲坤。所以《九家易》指出：

> 黃帝始制衣裳，垂示天下。衣取象乾，居上覆物。裳取象坤，在下含物也。

虞翻也詁訓云：

> 乾爲治，在上爲衣。坤下爲裳。乾坤，萬物之緼，故以象衣裳。
> 乾爲明君，坤爲順臣。百官以治，萬民以察，故天下治。[408]

宋代朱震、項安世等皆以「乾在上爲衣，坤在下爲裳」作訓，用以示「古者衣裳相連，乾坤相依，君臣上下同體也」，[409]所言爲是。

4. 爲言

惠注作「項曰：兌之決也。震之龍，巽之繩，兌之口，皆以乾爻故也」。[410]乾有「天行健」之德，故爲「行」。坤則爲「言」，故兌之爲「口」，巽之爲「號」，皆以坤柔取象。乾卦九二《文言》「庸言之信」，荀爽云「處和應坤，故曰信」；[411]「言」蓋就坤而言。《九家易》以乾爲「言」，不知所本之理安在，而項氏又以兌口爲乾爻，其象意殊不知所據爲何，惠氏不能引合理者爲言，僅能就宋儒既成之訓爲據，亦失當。[412]

（二）在坤卦方面

---

[405] 見《易漢學》，卷七，頁 1218。

[406] 引文見《周易注疏》，卷八，引自藝文印書館《十三經注疏》本，頁 167。

[407] 見揚雄《太玄‧玄捝》。引自司馬光《太玄集注》，卷九，北京：中華書局，1998 年 9 月北京 1 版 1 刷，頁 209。

[408] 荀爽、虞翻之訓，見李鼎祚《周易集解》，卷十五，頁 365。

[409] 見朱震《漢上易傳》，卷九，頁 274。

[410] 見《易漢學》，卷七，頁 1218。

[411] 見李鼎祚《周易集解》，卷一，頁 10。

[412] 朱震《漢上易傳》同以兌口訓乾言：「震聲、兌口，聲出於口也，所以能言者，出於乾陽也。」（卷九，頁 274。）

1. 為帛

惠棟於坤卦為「帛」之逸象下注云：

> 杜預注《左傳》曰：坤為布帛。朱震曰：帛當在布之下。項曰：
> 乾為蠶精而出於震，至巽離而有絲，至坤而成帛也。案八音離為
> 絲。[413]

惠棟並於《周易述》云：

> 坤為帛，《九家》《說卦》文。莊二十二年《春秋傳》曰：庭實旅
> 百奉之以玉帛。杜注云：坤為布帛，是也。鄭注〈聘禮〉曰：凡
> 物十日束，坤數十故云束帛。[414]

惠棟肯定杜預注《左傳》，以及鄭玄注《禮記・聘禮》，皆以坤為「布帛」。
並以項安世之言，蠶出絲於巽離，至坤時而成帛，是帛與巽離亦相關；
又指出八音離卦屬「絲」。事實上，虞翻亦以巽為「帛」，其釋賁☲卦六
五「束帛戔戔」時，指出「巽為帛、為繩，艮手持，故束帛，以艮斷巽，
故戔戔」。[415]李道平從文字結構觀之，指出「帛」從巾從白，巽為白，故
「為帛」。[416]巽、離為坤之長女、中女，「絲」、「帛」同性，所以《九家
易》、虞翻各取象義。

2. 為漿

惠棟於坤卦為「漿」注引項安世之言曰：

> 酒主陽，漿主陰，故坤為漿，坎震為酒，皆乾之陽也。[417]

兩漢易家多有以「酒」為逸象，少有以「漿」為言者。如需☵卦九五「需
于酒食」，荀爽指出「五互離，坎水在火上，酒食之象。需者，飲食之道，
故坎在需家為酒食也」。[418]荀爽以坎為酒食之象。又如坎☵卦六四「樽酒
簋，貳用缶」，虞翻指出「震主祭器，故有樽簋，坎為酒」，「坎酒在上，
樽酒之象」。[419]亦以「酒」作坎象。又，困☱卦九二「困于酒食」，李鼎

---

[413] 見《易漢學》，卷七，頁1218-1219。
[414] 見《周易述》，卷三，頁100。
[415] 見李鼎祚《周易集解》，卷五，頁122。
[416] 見李道平《周易集解纂疏》，卷四，頁251。
[417] 見《易漢學》，卷七，頁1219。
[418] 見李鼎祚《周易集解》，卷二，頁50。
[419] 見李鼎祚《周易集解》，卷六，頁151-152。

祚指出「二本陰位，中饋之職，坎為酒食」。[420]李氏亦本漢儒之說，以坎為酒食之象。酒漿同為酒食之類，強作陰陽之分，不知項氏所本為何。且，既以坎為「酒」為陽物，而坤為「漿」為陰物，那「酒」是否又何以視為乾象？紀磊於《九家逸象辨證》中認為「項氏酒陽漿陰之說，強為區別耳！至以震亦為酒，《易》无其象。」[421]所言極是。

「酒」與「漿」既非同字，必有所別。《周禮》中區分「三酒之物」與「四飲之物」。三酒之物包括事酒、昔酒、與清酒，皆屬酒屬之類；四飲之物則包括清、醫、漿、酏等四種，為別於酒類之飲物。「三酒」較「四飲」更具酒性；「酒」與「漿」，又以「酒」為正。[422]是知「酒」與「漿」有別。《周禮》賈公彥《疏》「酒正」云：

> 酒正辨四飲，則漿之政令亦掌之。今直言掌酒之政令，不言漿之政令者，但據酒之尊者而言，其實漿亦掌之。云「以式法授酒材」者，「式法」謂造酒法式，謂米麴多少及善惡也。酒材即米麴糵，授與酒人，使酒人造酒。既言兼掌漿人，則漿之法式及漿材亦授之。不言者，亦舉尊言也。[423]

又云：

> 漿，今之截漿也者，此漿亦是酒類，故其字亦從截從酉省。截之言載，米汁相載，漢時名為截漿，故云今之截漿也。[424]

---

[420] 見李鼎祚《周易集解》，卷九，頁 231。

[421] 見清紀磊《九家逸象辨證》。引自台北：新文豐出版公司《叢書集成續編》，第二十九冊，1989 年 7 月台 1 版，頁 492。

[422] 見《周禮注疏・天官冢宰下・酒正》，卷五。（引自台北：藝文印書館《十三經注疏》本，頁 77。）「三酒」與「四飲」之別，鄭玄注云：「事酒，有事而飲也。昔酒，無事而飲也。清酒，祭祀之酒。玄謂事酒，酌有事者之酒，其酒則今之醳酒也。昔酒，今之酋久白酒，所謂舊醳者也。清酒，今中山冬釀，接夏而成。」又云：「清，謂醴之沛者。醫，《內則》所謂或以酏為醴。凡醴濁，釀酏為之，則少清矣。醫之字從殹從酉省也。漿，今之截漿也。酏，今之粥。《內則》有黍酏。酏飲，粥稀者之清也。鄭司農說以《內則》曰：飲重醴，稻醴清糟，黍醴清糟，粱醴清糟，或以酏為醴，漿、水、臆。后致飲于賓客之禮，有醫酏糟。糟音聲與糟相似，醫與臆亦相似，文字不同，記之者各異耳，此皆一物。」（見《周禮注疏・天官冢宰下・酒正》，卷五，頁 77。）相較之下，「三酒」較「四飲」更具酒性；「酒」與「漿」相較，又以「酒」為正。

[423] 見《周禮注疏・天官冢宰下・酒正》，卷五，頁 76。

[424] 見《周禮注疏・天官冢宰下・酒正》，卷五，頁 77。

依賈氏之言，「酒」、「漿」同屬於「酒」，以其貴賤而有別，「酒」爲尊爲貴，而「漿」次之相對爲賤。因此，項安世以「酒主陽，漿主陰」，當以其貴賤之別而分；「酒」既爲尊，則屬陽性，而「漿」不若「酒」之尊，則爲卑、爲陰性。以禮而言，用之於逸象之別，確見其繁瑣。

（三）在震卦方面

1. 爲王

惠棟引項安世之言云「爲王者，帝出乎震」。[425]乾爲君，故爲王。震則爲帝、爲公、爲侯，不取「王」象。惠氏引項氏之言爲訓，固不當也。前節論述「虞氏逸象」已述明，不再贅言。

2. 爲鶬

惠注「吳澄本作鴻」。[426]「鶬」與「鴻」同禽異名，而「鶬」不同於「鶴」，宋儒多並爲一物，是誤。《九家易》取「鶬」爲震卦之象，蓋取「鶬」之善鳴而爲象意。然禽屬，漢儒大多取陰卦爲象，如巽、離諸卦。相關之論述，延後言之。

3. 爲鼓

惠棟引諸家言爲訓：

> 項曰：鶬古鶴字，爲鶬爲鼓，皆聲之遠聞者也，與雷同。鶬色正白，與鼛的同。《攷工記》曰：凡冒鼓必以啟蟄之日。鄭注云：蟄蟲始聞雷聲而動，鼓所取象。《太元》曰：三八爲木、爲東方、爲春，類爲鼓。注云：如雷聲也。[427]

案，《繫傳》有所謂「鼓之以雷霆」，震爲雷，故爲鼓，「鼓」、「雷」同象。漢代諸家，鄭注《攷工記》，乃至揚雄《太玄》，皆以「鼓」爲震卦之象，以其聲若雷動之狀。至若項安世云「聲之遠聞者也，與雷同」，所言亦爲是；然言「爲鶬爲鼓」，即認爲「鶬」亦屬震象，則有商榷之必要。震有爲「鳴」之象，雖「鶬」、「鶴」爲善鳴者，《經典釋文》指出，「鶴鳴，《草

木疏》云鶴鳴，聞八九里」，[428]但不因其善鳴而取物爲震象，震所取者乃其聲狀，而非其物；所以，虞翻注中孚☲卦九二「鳴鶴在陰」時，云「震爲鳴，訟、離爲鶴，坎爲陰夜，鶴知夜半，故鳴鶴在陰」，[429]取「鳴」爲震象，「鶴」爲離象。清晏斯盛《易翼宗》「鳴鶴在陰」注云，「鶴當秋而鳴，兌正秋也，又爲口，故取象鶴鳴九陽也，而居下卦之中，故曰在陰」；[430]取「鶴鳴九陽」爲兌象。《易》以「鶴」、「鴻」之屬，皆取坤柔之象而言，《說卦》取象可見一斑，故巽爲「雞」、離爲「雉」，從無取乾剛象者，項氏以聲遠聞、色同霜的釋之，似與象意未合。[431]

《繫傳下》「鼓之舞之以盡神」，虞翻注云：

神，易也。陽息震爲鼓，陰消巽爲舞，故鼓之舞之以盡神。

荀爽亦云：

鼓者，動也。舞者，行也。[432]

皆以震爲「鼓」爲「動」，巽爲「舞」爲「行」之象。揚雄《法言》云「鼓舞萬物者，其雷風乎」，[433]以鼓爲雷，即震之象；以舞爲風，即巽之象。陽初息震，震爲雷，雷聲動萬物，故言爲鼓。陰初消巽，巽爲風，風散動萬物，故言爲舞。風動萬物，有如行舞，故荀爽云「舞者，行也」；《左傳·隱五年》云，「夫舞，所以節八音而行八風」，此亦「舞者，行也」之證。

「鶴」與「鵠」本屬不同之二物，後儒常混爲一物，項安世、朱震即不辨二物而混爲一說。《說文》「鶴」作「鶴鳴九皋，聲聞于天」，「鵠」作「黃鵠也」解，爲不同之二禽。段玉裁「鶴」下注云：

---

[428] 見陸德明《經典釋文》，卷六，引自台北：台灣商務印書館《景印文淵閣四庫全書·經部·五經總義類》，第一八二冊，頁459。

[429] 見李鼎祚《周易集解》，卷十二，頁296。

[430] 見晏斯盛《易翼宗》，卷六，引自台北：台灣商務印書館《景印文淵閣四庫全書·經部·易類》，第四十三冊，頁458。

[431] 朱震《漢上易傳》取義於項氏同，云：「鵠古鶴字，震、離爲鶴，中孚九二是也。」（卷九，頁281。）朱氏取象意未明，同以「鶴」作震、離二卦之象，殊不知震象「善鳴」者，而在此爲「鶴」之善鳴，而「鶴」則爲離象。

[432] 虞、荀注文，見李鼎祚《周易集解》，卷十四，頁354。

[433] 見《法言·先知》。引自韓敬譯注《法言全譯》，成都：巴蜀書社，1999年9月1版1刷，頁135。

此見《詩‧小雅》毛曰：皋澤也，言身隱而名著也。《爾雅》無「鶴」。……後人鶴與鵠相亂。

段玉裁於「黃鵠也」注云：

「黃」，各本作「鴻」，今依元應書。李善＜西都賦＞注正。《戰國策》：黃鵠游於江海，淹於大沼，奮其六翮，而陵清風，賈生惜誓曰：黃鵠一舉兮知山川之紆曲，再舉兮知天地之圜方。凡經史言「鴻鵠」者，皆謂「黃鵠」也，或單言「鵠」，或單言「鴻」。[434]

段氏考「鵠」、「鶴」為分別二物，而「鵠」又稱「鴻」、或謂「鴻鵠」、「黃鵠」者。清代黃生《字詁》考「鵠」，云：

鵠，胡沃切。《說文》云：鴻鵠也。《廣韻》云：黃鵠，又射鵠。師古注相如賦云：水鳥。鶴，曷各切。《說文》：鳥名，鶴鳴九皋，聲聞于天。《廣韻》：似鵠，長喙，朱頂。《詩》注：似鸛，善鳴。據此，則鵠與鶴自是二種。然古人多以鵠字作鶴字用。[435]

黃氏之考，明「鶴」、「鵠」為二物，而二者與「鸛」又相似，並以善鳴見長。因其「善鳴」之性，宋儒藉以為震卦之象；此宋儒以「鶴」、「鵠」同物，象震卦，非漢儒之說。

（四）在巽卦方面

1. 為楊

巽象為「楊」，惠棟云：

朱震、項安世皆作「揚」，讀為稱揚之揚，非也。巽為木，故為楊。大過「枯楊生稊」，仲翔曰：巽為楊。不從手也。[436]

惠棟指直朱、項二氏之非，巽風雖有揚起之義，然《九家易》意在「木」字旁之「楊」，即楊柳之屬的「楊」，符合巽為「木」而為「楊」之象意。虞翻於大過䷛卦九二「枯楊生稊」，作了明白的詮釋，云：

---

[434] 以上引《說文》與段注，見段玉裁《說文解字注》，台北：黎明文化事業股份有限公司，1993 年 7 月 10 版，頁 153。

[435] 見黃生《字詁》，引自台北：台灣商務印書館《景印文淵閣四庫全書‧經部‧小學類‧訓詁之屬》，第二一六冊，頁 564。

[436] 見《易漢學》，卷七，頁 1219。

稊，穉也。楊葉未舒稱「稊」。巽為「楊」，乾為「老」，老楊故「枯」。[437]

以「稊」訓「穉」，《說文》云「穉，幼禾也」，[438]即「稊」之義，為草木初生之貌。《夏小正》云「柳稊」，又云「時有見稊」，[439]故虞氏以「楊葉未舒稱稊」為釋；至大過九五「枯楊生華」，虞氏並言「枯楊得澤，故生華矣」，[440]上卦為兌為澤，五爻居中得位，故能得澤而生華，於義甚恰。來知德《周易集注》云，「巽為楊，楊之象也。木生于澤下者楊獨多，故取此象」；「稊，木稚也。二得陰下，故言生稊」，「五得陰在上，故言生華」。[441]生稊、生華皆因得陰而生，巽為長女屬陰，得以生之。

2. 為鸛

巽象為「鸛」，惠引項安世、朱震之言為訓：

> 項曰：鸛，水鳥，能知風雨者。朱曰：震為鶴，鶴，陽禽也。巽為鸛，鸛，陰禽也。[442]

朱震《漢上易傳》詳云：

> 中孚九二，「鳴鶴在陰，其子和之」。上九，「翰音登于天」，用此象為鸛者，別於鶴也。震為鶴，陽鳥也。巽為鸛，陰鳥也。鶴感於陽，故知夜半；鸛感於陰，故知風雨。世傳鸛或生鶴，巽極成震乎。[443]

已如前述，「鶴」、「鸛」本非同物，朱震等宋儒強作一物解，且荀爽、《九家易》並無以「鶴」作為震卦之逸象，此亦朱、項之說。「鸛」字不見經傳，與「鶴」同類，亦當以坤柔取象。朱氏陽禽、陰禽之說，亦強為區

---

[437] 見李鼎祚《周易集解》，卷六，頁 146。

[438] 見段玉裁《說文解字注》，台北：黎明文化事業股份有限公司，1993 年 7 月 10 版，頁 324。

[439] 見戴德《大戴禮記·夏小正》，卷二，云：「柳稊，稊也者，發孚也。」又云：「時有見稊始收，有見稊而後始收，是小正序也。小正之序時也。」

[440] 見李鼎祚《周易集解》，卷六，頁 147。

[441] 見明來知德《周易集注》，卷六，北京：九州出版社，2004 年 6 月 1 版 1 刷，頁 356。

[442] 見《易漢學》，卷七，頁 1219。此惠氏引項安世《周易玩辭》之言。見項安世《周易玩辭》，卷十五，云：「鸛，水鳥，能知風雨者。《詩》曰：鸛鳴于垤。朱子發曰：震為鶴，鶴，陽禽也；巽為鸛，鸛，陰禽也。」

[443] 見《漢上易傳》，卷九，頁 286。

別，漢儒並無此說。關於中孚上九「翰音登于天，貞凶」，虞翻注云：

> 巽為雞，應在震，震為音，翰，高也，巽為高，乾為天，故「翰
> 音登于天」。失位，故「貞凶」。《禮》薦牲，雞稱翰音也。[444]

虞氏以「巽為雞」，為引《說卦》之象。震善鳴，故為「音」。《曲禮》云
「雞曰翰音」。體巽為雞，雞鳴必振其羽，故有翰音之象。漢魏《易》家
多本《說卦》以巽有雞象，虞氏、侯果同是，[445]而《九家易》作鸛象，
皆因雞、鸛皆禽屬而用之，非如朱震以陽禽、陰禽之分而取象。

恆☰卦九四「田无禽」，《象》曰「久非其位，安得禽也」，虞翻注云：

> 田為二也，地上稱田。无禽為五也。九四失位，利也上之五，己
> 變承之，故曰田无禽。言二五皆非其位，故《象》曰「久非其位，
> 安得禽也」。

虞氏此處所言之「禽」，乃就內巽而言，巽為雞稱禽，二在地上稱田。二
與五應，則巽禽為五則有之，而九四則「田无禽」。宋鄭剛中《周易窺餘》
則注云：

> 《說卦》巽為鶏，《九家易》巽為鸛，皆禽也。在地之上，田也。
> 《集傳》謂二應五，則巽禽為五所有，九四處非其位，待于上而
> 初不至，與初相易，則巽伏，安得禽哉![446]

所訓極是。「雞」、「鸛」皆禽屬，為巽卦之象，非必如朱氏作陰禽、陽禽
之分。

（五）在坎卦方面

1. 為宮

惠棟引朱、項之言云：

> 朱以為宮商之宮。項曰：宮與穴同象，皆外圍土而內居人，陷也，

---

[444] 見李鼎祚《周易集解》，卷十二，頁297。

[445] 侯果注中孚上九《象傳》「翰音登于天，何可長也」，云：「巽為雞，雞曰翰音。」（見
李鼎祚《周易集解》，卷十二，頁297。）

[446] 見鄭剛中《周易窺餘》，卷八，引自台北：台灣商務印書館《景印文淵閣四庫全書·經
部·易類》，第十一冊，頁499。

隱伏也，陽在中也。[447]

坎☵卦於漢魏《易》家之用，本有爲「宮」、爲「棟」、爲「穴」、爲「隱伏」之象。惟以「宮」爲象，取爲艮象者爲盛，如虞翻即是，虞釋觀卦六五，以「艮爲宮室，坤爲闔戶」；釋剝卦六五，以「艮爲宮室」；釋困卦六三，以「艮爲宮」；釋《繫傳》，亦以「艮爲宮室」。[448]《周易集解》載困卦六三《象傳》「入于其宮，不見其妻，不祥也」，《九家易》曰：

> 此本否卦，二四同功爲艮，艮爲門闕，宮之象也。六三居困而位不正，上困於艮，內无仁恩，親戚叛逆，誅將加身，入宮无妻，非常之困，故曰不祥也。[449]

「艮爲門闕」，實《說文》之言象，是「門闕」，故有「宮」象。此處以艮作「宮」象，不同於此輯三十一象中以坎爲「宮」象，不知何者爲正。

　　又，項安世云「宮與穴同象」，「宮」是否眞與「穴」同象，仍有待商榷。《繫傳》提到「上古穴居而野處，後世聖人易之以宮室，蓋取諸大壯」，蓋「穴」與「宮」當不同象，漢儒普遍以坎爲「穴」象，而艮爲「門闕」、爲「宮室」之象。

2. 爲律

惠棟注云：

> 《釋言》曰：坎，律銓也。樊光曰：坎卦水，水性平，律亦平，銓亦平也。坎爲水，故古刑法議讞之字皆從水。又爲律，師初六曰：師出以律。

惠氏引注良是。虞翻坎卦有作爲「罪」、爲「獄」之象，與刑律義同。《九家易》於師☷卦初六「師出以律」注云，「坎爲法律也」。[450]師卦下坎爲法律。

3. 爲可

坎卦爲「可」之逸象，惠棟云：

> 可當爲河，坎爲大川，故爲河。逸象出老屋，河字磨滅之餘，故

---

[447] 見《易漢學》，卷七，頁 1219。

[448] 諸象皆引自《周易集解》，不作詳注。

[449] 見李鼎祚《周易集解》，卷九，頁 232。

[450] 見李鼎祚《周易集解》，卷三，頁 58。

為可也。或云當為坷，《説文》曰：坷，坎坷也，古文省作可，亦
通。朱子發解可字，多曲説不可從。[451]

惠氏評朱震釋「可」，多為曲説不可從，所言極是。如朱氏釋豫▇▇卦上六
《象傳》「冥豫在上，何可長也」，云「上六動之三成巽，巽為長，四坎
為可，冥豫在上而不變，未有不反，何可言也」，[452]良為附會之説。又，
釋豐卦九三《象傳》「豐其沛，不可大事也，折其右肱，終不可用也」，
仍以坎為「可」釋之，[453]亦曲説難以成理。至於「可當為河」，坎本有「大
川」、「溝瀆」之象，故作為「河」象，符合坎象之性。虞翻釋泰▇▇卦九
二《象傳》，云「坎為大川、為河」，[454]以坎卦有為「河」之象。荀爽則
認「河出於乾」，即乾有「河」象，其釋泰▇▇卦九二「用馮河，不遐遺」，
云：

> 河出於乾，行於地中，陽性欲升，陰性欲承，馮河而上，不用舟
> 航。自地升天，道雖遼遠，三體俱上，不能止之，故曰不遐遺。[455]

《爾雅》云「河出崑崙墟」，《山海經》云「河出崑崙西北隅，虛山下基
也」，《史記·大宛列傳》亦云「河出崑崙」，其它如《漢書》、《論衡》等
漢儒著書，乃至地理書如《水經注》等，多有此説。《漢書·溝洫志》云
武帝時，「齊人延年上書言：河出昆侖，經中國，注勃海，是其地勢西北
高而東南下也」；[456]而《説卦》云「乾，西北之卦也」，河源出於西北，
故荀氏云「河出於乾」，以方位為言。因此，若《九家易》以「可」確當
為「河」，而荀氏此作「河出於乾」，則二者取象不同。

（六）離卦為「牝牛」之象

《九家易》以離▇▇卦作「牝牛」之象，惠棟注云：

> 見本卦。《春秋傳》曰：純離為牛。[457]

451　見《易漢學》，卷七，頁1219。
452　見朱震《漢上易傳》，卷二，頁65。
453　見朱震《漢上易傳》，卷六，頁194。
454　見李鼎祚《周易集解》，卷四，頁77。
455　見李鼎祚《周易集解》，卷四，頁77。
456　見《漢書·溝洫志》，卷二十九，頁1686。
457　見《易漢學》，卷七，頁1219。

「見本卦」，即離卦卦辭云「畜牝牛，吉」。虞翻於此注云：

> 畜，養也。坤為牝牛，乾二五之坤、成坎，體頤養象，故「畜牝牛，吉」。俗說皆以離為牝牛，失之矣。[458]

《說卦》以坤為「牛」、為「子母牛」，虞翻本《說卦》坤為「牛」象，而強為曲說離卦「畜牝牛」之「牝牛」為坤象，並廣以「牛」為坤象以釋《易》。此處，虞翻言「俗說皆以離為牝牛」，知漢代時期一般大都以離卦為牝牛之象。諸如既濟䷾卦九五《象傳》「東鄰殺牛，不如西鄰之時也」，崔憬注云：

> 居中當位於既濟之時，則當是周受命之日也。五坎為月，月出西方，西鄰之謂也。二應在離，離為日，日出東方，東鄰之謂也。離又為牛，坎水克離火，東鄰殺牛之象。[459]

又如，未濟卦九二「曳其輪，貞吉」，干寶注云：

> 坎為輪，離為牛，牛曳輪，上以承五命，猶東蕃之諸侯，共攻三監，以康周道，故曰貞吉也。[460]

又如，《禮記・坊記》「《易》曰東鄰殺牛，不如西鄰之禴，祭實受其福」，鄭玄注云：

> 東鄰謂紂國中也，西鄰謂文王國中也。此辭在既濟，既濟離下坎上，離為牛，坎為豕，西鄰禴祭，則用豕，與言殺牛而凶，不如殺豕受福，喻奢而慢，不如儉而敬也。[461]

此外，惠棟引《左傳》提到「純離為牛」，晉杜預注云：

> 《易》離上離下，離、畜牝牛，吉。故言「純離為牛」。[462]

---

[458] 見李鼎祚《周易集解》，卷六，頁153。

[459] 見李鼎祚《周易集解》，卷十二，頁305-306。

[460] 見李鼎祚《周易集解》，卷十二，頁308。「上以承五命」，即就二上應五而言。《史記・殷世家》云：「武王封紂子武庚祿父，乃令其弟管叔、蔡叔傳相武庚。武王既崩，管叔、蔡叔疑周公，乃與武庚作亂。周公以成王命，興師伐殷，殺武庚、管叔，放蔡叔，以武庚殷餘民，封康叔為衛君。」此即「東蕃之諸侯，共攻三監，以康周道」之事，平亂事，周道興，是「貞吉」。

[461] 見《禮記注疏・坊記》，卷五十一，引自台北：藝文印書館《十三經注疏本》，頁868。

[462] 見《左傳注疏・昭公五年》，卷四十三，引自台北：藝文印書館《十三經注疏本》，頁744。

由上舉數例，知漢魏以降，多以離卦具「牛」象，而爲普遍之認識。所以惠棟《九經古義》也對此象加以說明，云：

> 《左傳》卜楚丘曰：純離爲牛。離一陰居二陽之中，中美能黃，故六二謂之黃。離牝牛之象，畜之者育其類也。與《九家》合。

證明《九家易》以離爲「牝牛」之象，雖與《說卦》以坤爲「牛」異，但非《九家易》所獨爲妄用；而這種以離爲「牝牛」之象，從《左傳》時代，乃至漢代，已是一種普遍用象的認識，《說卦》以坤爲「牛」，或在《左傳》之後，故不能以《說卦》爲正，而認爲是離象爲非。

雖然，《九家易》於此以離爲「牝牛」之象，但《周易集解》於《說卦》以坤卦爲「子母牛」下，引《九家易》之言，云「土能生育，牛亦含養，故爲子母牛也」。[463]仍以坤卦有「牛」象。且《繫辭下》「觀鳥獸之文」下，荀爽亦云「乾爲馬，坤爲牛，震爲龍，巽爲雞之屬是也」；[464]亦視牛屬坤象。是坤、離二卦具「牛」象，爲《易》家所混用。

（七）在艮卦方面

1.爲鼻

艮卦爲「鼻」之象，惠棟注云：

> 管寧曰：鼻者天中之山。裴松之案，相書曰：鼻爲天中，有山象，故曰天中之山。[465]

此一注文見《三國志‧魏書‧方技傳》。[466]是漢魏時期，《易》家乃至方

---

[463] 見李鼎祚《周易集解》，卷十七，頁418。
[464] 見李鼎祚《周易集解》，卷十五，頁363。
[465] 見《易漢學》，卷七，頁1219-1220。
[466] 見《三國志‧魏書‧方技傳》云：「(何)晏謂(管)輅曰：『聞君蓍爻神妙，試爲作一卦，知位當至三公不？』又問：『連夢見青蠅數十頭，來在鼻上，驅之不肯去，有何意故？』輅曰：『夫飛鴞，天下賤鳥，及其在林食椹，則懷我好音，況輅心非草木，敢不盡忠。昔元凱之弼重華，宣惠慈和，周公之翼成王，坐而待旦，故能流光六合，萬國咸寧。此乃履道休應，非卜筮之所明也。今君侯位重山嶽，勢若雷電，而懷德者鮮，畏威者衆，殆非小心翼翼多福之仁。又鼻者艮，此天中之山，臣松之案：相書謂鼻之所在爲天中，鼻有山象，故曰「天中之山」也。高而不危，所以長守貴也。今青蠅臭惡，而集之焉。位峻者顛，輕豪者亡，不可不思害盈之數，盛衰之期。是故山在地中曰謙，雷在天上曰壯，謙則裒多益寡，壯則非禮不履。未有損己而不光大，行非而不傷敗。願君侯上追文王六爻之旨，下思尼父

術之士，皆以鼻爲艮象，視鼻者爲面之山。後儒皆沿用。今文獻可見，漢儒以虞翻特專以此象釋卦，如噬嗑䷔卦六二「噬膚滅鼻，无咎」，虞翻釋爲，「艮爲膚、爲鼻，鼻沒水坎中，隱藏不見，故噬膚滅鼻，乘剛，又得正多譽，故无咎」。[467]侯果於此爻《象傳》之注，亦以艮爲鼻。[468]又无妄䷘卦六三「无妄之災」文，虞翻亦以「艮爲鼻」；[469]萃䷬卦上六「齎咨涕洟」，虞翻亦謂「艮爲鼻」；[470]困䷮卦九五「劓刖，困于赤紱」，虞注「割鼻曰劓，斷足曰刖，四動時震爲足，艮爲鼻」；[471]巽䷸卦九三「頻巽，吝」，虞翻亦云「艮爲鼻」；[472]小過䷽卦《象傳》「喪過乎哀」，虞翻以「坤爲喪，離爲目，艮爲鼻，坎爲涕洟」。[473]是以艮爲「鼻」，固爲漢人所識者。

2. 為虎

艮卦爲「虎」之象，惠棟注云：

> 吳澄曰：履《象》六三、九四，頤六四，革九五，履、革皆無艮，艮不象虎也。項曰：艮主寅，虎寅獸。案：艮之上九丙寅，故項依以為說。京房以坤為虎刑。陸績以兑之陽爻為虎。先儒解《易》，皆取二象，不聞艮為虎也。虎當為膚字之誤也。仲翔注《易》云：艮為膚是也。[474]

依惠氏之見，歷來作虎象者，大都以坤卦或兑卦爲之，少有以艮卦象虎者，因此惠氏以虞翻有艮卦爲「膚」者，猜測「虎」字當「膚」字之誤。

《彖》《象》之義，然後三公可決，青蠅可驅也。』（鄧）颺曰：『此老生之常譚。』輅答曰：『夫老生者見不生，常譚者見不譚。』晏曰：『過歲更當相見。』輅還邑舍，具以此言語舅氏，舅氏責輅言太切至。輅曰：『與死人語，何所畏邪？』舅大怒，謂輅狂悖。歲朝，西北大風，塵埃蔽天，十餘日，聞晏、颺皆誅，然後舅乃服。」（見《三國志·魏書·方技傳》，卷二十九，頁820-821。）

[467] 見李鼎祚《周易集解》，卷五，頁117。

[468] 噬嗑六二《象》曰「噬膚滅鼻，乘剛也」。侯果曰：「居中履正，用刑者也。二互體艮，艮爲鼻，又爲黔喙，噬膚滅鼻之象也。乘剛，噬必深，噬過其分，故滅鼻也。刑刻雖峻，得所疾也。雖則滅鼻，而无咎矣。」（見李鼎祚《周易集解》，卷五，頁117。）

[469] 見李鼎祚《周易集解》，卷六，頁136。

[470] 見李鼎祚《周易集解》，卷九，頁224。

[471] 見李鼎祚《周易集解》，卷九，頁232。

[472] 見李鼎祚《周易集解》，卷十一，頁280。

[473] 見李鼎祚《周易集解》，卷十二，頁299。

[474] 見《易漢學》，卷七，頁1220。

此揣度之言，並無實據。

　　虞翻頻以坤爲「虎」釋卦，如乾☰卦《文言》「風從虎」，虞氏即云「坤爲虎，風生地，故從虎也」。[475]頤☶卦六四《象傳》「顚頤之吉，上施光也」，虞翻同以坤爲「虎」；[476]革☲卦九五「大人虎變，未占有孚」虞翻同作「坤爲虎」。[477]履☰卦卦辭「履虎尾」，虞氏云「坤爲虎，艮爲尾」，「俗儒皆以兌爲虎，乾履兌，非也。兌剛鹵，非柔也」。[478]此處，虞氏認爲坤具柔性，故以虎爲象，但知虎象威武，本當爲陽剛之象爲是，何以是柔象，與實物象意似有相舛。惠棟於《周易述》中指出：

> 郭璞《洞林》曰：朱雀西北，白虎東起。注云：离爲朱雀，兌爲白虎。白虎西方宿，兌正西，故云虎。《洞林》皆以兌爲虎，虞注此經云俗儒以兌爲虎，葢漢儒相傳以兌爲虎，虞氏斥爲俗儒，非是。[479]

惠氏駁斥虞氏對兌爲「虎」的反對立場，認爲以兌卦爲「虎」象，從天文方位的角度云，兌屬西方之卦，而西方正是白虎星宿所處之位，同《說文》云「虎，西方獸」，故漢儒以兌爲「虎」，仍可通恰。且，由虞翻之注文，可知漢儒以兌爲「虎」象，是一種普遍的認識。如革卦九五《象傳》「大人虎變，其文炳也」，宋衷注即以「兌爲白虎」。[480]又革卦上六《象傳》「君子豹變，其文蔚也」，陸績注「兌之陽爻稱虎，陰爻稱豹」。元代虞集《道園學古錄》提到「兌爲白虎，至雄至武，其德爲金，威怒執禦」。[481]以八卦配天文方位，兌象白虎之位，並以此象意釋卦，仍屬合宜。

　　京房、虞翻等以坤象「虎」，亦有理據；高誘注《淮南子》云：「虎，土物也」，[482]坤爲土，故爲「虎」。又《月令》云「仲冬之月虎始交」，《大

[475]　見李鼎祚《周易集解》，卷一，頁 13。
[476]　見李鼎祚《周易集解》，卷六，頁 144。
[477]　見李鼎祚《周易集解》，卷十，頁 243。
[478]　見李鼎祚《周易集解》，卷三，頁 69。
[479]　見惠棟《周易述》，卷二，頁 48。
[480]　見李鼎祚《周易集解》，卷十，頁 244。
[481]　見元虞集《道園學古錄》，卷二十六，引自台北：台灣商務印書館《景印文淵閣四庫全書・集部・別集類》，第一四六冊，頁 379。
[482]　轉引自惠棟《周易述》，卷四，頁 122。

戴禮記・公冠》云「虎七月而生」，[483]是交於復而生於姤。姤之一陰自坤來，故取坤卦爲「虎」。宋林希逸《竹溪鬳齋》所言，可以作爲其分歧之參考注解，「朱《易》言象於頤虎，曰：虞仲翔以坤、艮爲虎，馬融以兌爲虎，郭璞以兌、艮爲虎，三者異位而同象。坤爲虎，坤交乾也；艮爲虎，寅位也；天文尾爲虎，艮也；兌爲虎，參伐之次也；龍德所衝爲虎，亦兌也」。[484]

3. 爲狐

艮卦爲「狐」之象，惠棟注云：

> 吳澄本，作豹，非也。《左傳》秦伐晉，卜徒父筮之，其卦遇蠱曰：獲其雄狐，蠱艮爲狐。項曰：坎爲狐，取其心之險也。艮爲狐，取其喙之黔也。[485]

《九家易》以坎卦與艮卦同具有「狐」象，惠氏舉項安世之言作二卦用象之分別。其《周易述》中又作二者之分別，云：

> 僖十四年《春秋傳》曰：其卦遇蠱曰：獲其雄狐，蠱上體艮爲狐也。坎爲狐，取其形之隱也，艮爲狐取其喙之黔也。[486]

又云：

> 《九家說卦》曰：艮爲狐，狐狼皆黔喙之屬，故爲狐狼也。[487]

又云：

> 坎爲鬼，《說文》曰：狐者，鬼所乘，故爲狐。子夏曰：坎爲小狐。干寶亦云：坎爲狐也。[488]

坎爲水，水性多變，符合狐多疑之性；且坎爲鬼，具隱沒之意，亦符狐性。故坎爲「狐」。漢魏《易》家，多有以坎爲「狐」者，前節論虞翻易學已略作小述，除了《九家易》外，孟喜作「小狐」，《子夏傳》亦以「坎稱小狐」，王肅也指出「坎爲水、爲險、爲隱伏，物之在險穴居隱伏往來

---

[483] 見戴德《大戴禮記，公冠》，卷十三。又《孔子家語・執轡》，卷六，同文。

[484] 見宋林希逸《竹溪鬳齋十一藁續集・學記》，卷二十九，引自台北：台灣商務印書館《景印文淵閣四庫全書・集部・別集類》，第一一八五冊，頁851。

[485] 見《易漢學》，卷七，頁1220。

[486] 見惠棟《周易述》，卷十八，頁614。

[487] 見惠棟《周易述》，卷一，頁20。

[488] 見惠棟《周易述》，卷十八，頁614。

水間者，狐也」，同以「狐」爲坎象；又干寶釋未濟䷿卦「濡其尾」，亦云「坎爲狐」。是漢儒大多以坎爲「狐」象，合《說卦》所謂「坎，穴也，狐穴居」之象意。至於以艮作「狐」象者，除了《九家易》外，漢儒中最常用者當是虞翻：如屯䷂卦六三，虞氏以「艮爲狐狼」；解䷧卦九二，虞氏云「艮爲狐」等。至於以艮卦爲「狐」象，其義若在於「取其喙之黔」，「喙」形乃獸嘴長而突出者，可以如山形之凸，或合艮卦之象意，然而，此重點並不在於「喙」，而在於喙之「黔」，「黔」爲色黑者；取色黑爲象，作坎卦更爲適當，坎屬北方爲水，其色爲黑。既是如此，何以取作艮卦，令人費解。

（八）兌卦爲「常」之象

《九家易》以兌卦爲「常」之逸象，惠棟注云：

> 《九家》注曰：常，西方之神也。朱以爲當屬坤；項以爲當作商。皆臆說。[489]

陸德明《經典釋文》，以「常」爲西方之神，兌爲秋爲西，故合「常」爲西方之神之象意。至於朱震、項安世之說，爲臆說而無據，故不足盡信。明何楷《古周易訂詁》云：

> 象爻辭无取爲「常」象。陸德明引舊注云：常，西方神也。吳澄云：或曰「常」九旗之一，下二奇象通帛下垂，上一偶象分繫於杠。[490]

又，清翟均廉《周易章句證異》亦云：

> 常，西方神也。朱震曰：爲常，當屬坤脫簡，在此坤順得常，得主有常。項安世曰：晁以道云常即古文裳字。若然，則今坤之逸象既有裳矣，兌之爲常，意者其爲商之誤歟。商字出兌卦。吳澄曰：爲常，象爻詞无。或曰當爲裳；或曰當爲商；或曰常，九旗之一，下二奇象通帛下垂，上一耦象分繫于杠。[491]

---

[489] 見《易漢學》，卷七，頁 1220。

[490] 見何楷《古周易訂詁》，卷十四，引自台北：台灣商務印書館《景印文淵閣四庫全書·經部·易類》，第三十六冊，頁 370。

[491] 見翟均廉《周易章句證異》，卷十。引自台北：新文豐出版公司《大易類聚初集》，第

歷來對朱、項之說，並未能得其正解。至於吳澄所言之九旗之一者，九旗之說出於《周禮》。宋林之奇《尚書全解》云：

> 周禮司常掌九旗之物，名日月爲常，王建太常王者之旗，則畫日月於其上，昭其明也。[492]

九旗總爲何物，元梁益《詩傳旁通》云：

> 春官司常掌九旗之物，名各有屬，以待國事。日月爲常，交龍爲旂，通帛爲旜，雜白爲物，熊虎爲旗，鳥隼爲旟，龜蛇爲旐，全羽爲旞，析羽爲旌。[493]

九旗當中，以日月之象的「常」最爲尊貴，既是有此最爲尊貴之意者，何以取兌卦爲象，以乾爲象當最爲適切。因此，吳澄之說，或又臆說，與實不恰。拙自穿鑿：日月沒於西方，而「常」爲西方之神，艮又位西方，同於「西方」相涉，故艮卦取爲常象。附會之說，僅供參酌。

此外，考察《周易集解》所見荀爽與《九家易》用象，並進一步對照前述本於《說卦》所輯《九家易》三十一逸象，可以知其異同。以下二表爲《集解》所見荀爽與《九家易》所見八卦用象：

圖表 3-2-2　《周易集解》引荀爽用象一覽表

卦　名	逸　　象　　與　　出　　處
乾☰卦	燥也（乾《文言》注）；君卦也（乾九四《象》注；乾《文言》注）；乾純陽（乾《文言》注）；稱龍（坤上六爻注）；龍謂乾（乾《文言》注）；唱也（坤《文言》注）；乾堅（坤《文言》注）；霜乾（坤《文言》注）；乾君位（需上六爻注）；河出乾（泰九二爻注）；乾終始（恆《象傳》注）；爲久（恆九二《象》注）；父之謂（家人《象傳》注）；爲君子（夬九二爻注）；陸也（夬九五爻注）；爲晝（《繫上》注）；晝謂乾（《繫上》注）；乾巳（《繫上》注）；爲樂天（《繫上》注）；剛爲乾（《繫上》注）；乾陽（《繫上》注）；乾三十六（《繫上》注）。
坤☷卦	稱淵（乾九四《象》注）；溼也（乾《文言》注）；虎謂坤（乾《文言》注）；田謂坤（乾《文言》注）；陰卦也（坤《文言》注）；坤陰（《繫上》注）；坤純陰

十八輯，1983 年 10 月初版，頁 902。

[492] 見林之奇《尚書全解》，卷三十八。引自台北：台灣商務印書館《景印文淵閣四庫全書·經部·書類》，第五十五冊，頁 789。

[493] 見梁益《詩傳旁通》，卷六。引自台北：台灣商務印書館《景印文淵閣四庫全書·經部·詩類》，第七十六冊，頁 863。

	（乾《文言》注）；坤西南（坤彖注；解《彖傳》注）；坤亥（坤上六爻注；坤《文言》注；《繫上》注）；午至申坤（坤彖注）；和也（坤《文言》注）；坤至靜（坤《文言》注）；稱邑（訟九二《象》注；升九三爻注）；爲朋（泰九二爻注）；坤順從（否九五爻注；家人六二爻注）；坤終始（恆《彖傳》注）；地謂坤（升《象》注）；坤暗昧（升上六爻注）；冥也（升上六爻注）；坤蕃庶（晉《彖傳》注）；坤大難（明夷《彖傳》注）；母之謂（家人《彖傳》注）；西南謂坤（蹇《彖傳》注）；眾也（解《彖傳》注）；行師也（復上六爻注）；夜坤也（《繫上》注）；爲夜（《繫上》注）；柔爲坤（《繫上》注）；物謂坤（《繫上》注）；坤二十四（《繫上》注）。
震☳卦	爲動（屯《彖傳》注；艮九三爻注；《繫上》注）；震林（賁六五爻注）；雷也（解《彖傳》注）；機也（《繫上》注）；男謂震（《繫上》注）；卯震（《說卦》注）。
巽☴卦	爲岐（升六四爻注）；申命也（巽《象》注）；木謂巽（升《象》注）；陰巽也（井《彖傳》注）；蠱巽也（蠱《彖傳》注）；爲號令（巽《象》注）；女謂巽（《繫上》注）；爲知命（《繫上》注）。
坎☵卦	坎陽府（乾《彖傳》注）；險中也（屯《彖傳》注）；坎險（蹇《彖傳》注）；稱泥（需九三爻注）；爲酒食（需九五爻注）；坎臣職（需上六《象》注）；爲淵（訟《彖傳》注）；坎大川（謙初六爻注）；爲勞（謙九三爻注）；雨也（解《彖傳》注）；爲井（井彖注）；陽坎也（井《彖傳》注）；水坎也（井《彖傳》注）；坎下降（井六四爻注）；爲腎（艮九三爻注）；男謂坎（《繫上》注）；月坎也（《繫下》注）。
離☲卦	離陰府（乾《彖傳》注）；離陰卦（離《彖傳》注）；火也（離彖注）；射也（晉六五爻注）；離矢（晉六五爻注）；爲飛鳥（明夷初九爻注）；離飛（明夷初九爻注）；章明也（姤《彖傳》注）；離夏（姤《彖傳》注）；離南方（姤《彖傳》注）；女謂離（《繫上》注）。
艮☶卦	爲止（蠱上九《象》注）；東北艮也（蹇《彖傳》注）；爲山陸（中孚《彖傳》注）；艮豚（中孚《彖傳》注）；男謂艮（《繫上》注）；樞也（《繫上》注）；爲門（《繫上》注）。
兌☱卦	爲八月（臨彖注）；兌秋（小畜《彖傳》注）；西郊也（小畜《彖傳》注）；覓也（夬九五爻注）；兌柔（夬九五爻注）；爲有言（困《彖傳》注）；女謂兌（《繫上》注）；兌魚（中孚《彖傳》注）。

圖表 3-2-3　《周易集解》引《九家易》用象一覽表

卦　名	逸　　象　　與　　出　　處
乾☰卦	爲德（乾《彖傳》注）；乾純陽（乾《彖傳》注）；乾天道（乾《彖傳》注）；乾天德（乾《彖傳》注）；君卦也（乾《文言》注）；通謂乾（乾《文言》注）；乾升（泰六四《象》注）；子乾（姤《彖傳》注）；乾天河（蠱《彖傳》注）；始謂乾（《繫上》注）；乾元氣（《繫上》注）；乾息（《繫上》注）；爲遠天（《繫下》注）；覆物也（《繫下》注）；契也（《繫下》注）；乾上（《繫下》注）；乾居上（《繫下》注）；衣乾（《繫下》注）；爲眾物（《序卦》注）。
坤☷卦	爲諸侯（乾上九《象》注）；坤純陰（坤《彖傳》注）；陰出坤（坤六三爻注，三引）；坤柔順（坤《彖傳》注）；堅冰也（坤初六爻注）；坤亥（坤《文言》注）；坤降（泰六四《象》注）；爲亂（泰上六爻注）；爲邑國（謙上六《象》注）；邑坤（泰上六爻注）；爲行師（豫《彖傳》注）；坤地水（蠱《彖傳》注）；坤消（《繫

	上》注）；爲夜（《繫下》注）；含物也（《繫下》注）；書也（《繫下》注）；坤下（《繫下》注）；坤在下（《繫下》注）；裳坤（《繫下》注）；坤包藏（《說卦》注）。
震☳卦	稱乙（泰六五爻注）；爲建侯（豫《象傳》注）；爲子（隨初九爻注）；宮也（隨初九爻注）；爲雷聲（明夷初九爻注）；言謂震（明夷初九爻注）；爲行（《繫下》注）；爲木（《繫下》注）；震陽（《說卦》注）。
巽☴卦	爲命（泰上六爻注；否九四爻注）；命令也（泰上九《象注》）；命巽（履《象傳》注；泰上六爻注）；長也（泰《象傳》注）；巽巳（姤《象傳》注）；巽擘如（小畜九五《象》注）；爲權（《繫下》注）；爲近利（《繫下》注）；巽號令（《繫下》注）。
坎☵卦	爲血（屯上六爻注）；爲法律（師初六爻；注坎上六爻注；明夷六二《象》注）；爲聰（噬嗑上九爻注；噬嗑上九《象》注）；坎欲降（晉九四爻注）；爲馬（明夷六二爻注）；爲心（明夷六四《象》注）；汙也（渙九五爻注）；爲盜踈（《繫下》注）；爲衆水（《序卦》注）。
離☲卦	爲飛鳥（明夷六二爻注）；爲肉（鼎《象傳》注）；離盛大（姤《象傳》注）；離欲升（晉九四爻注）；反目也（小畜九三《象》注）；爲明（噬嗑上九《象》注）；離瓦缶（離九三爻注）。
艮☶卦	宮也（困六三《象》注）；艮虎（頤六四爻注）；爲上持（《繫下》注）；爲小木（《繫下》注）；重門也（《繫下》注）；艮手持（《繫下》注）；守禦也（《說卦》注）；爲犬（《說卦》注）；艮斗（《說卦》注）；艮數三（《說卦》注）。
兌☱卦	兌金（困初六爻注）；水也（鼎《象傳》注）。

陸氏所載《說卦》輯《九家易》三十一逸象，與今《集解》可見爽荀、《九家易》用象之比較，可以發現：

（一）《九家易》三十一逸象不見於《集解》中荀爽與《九家易》用象者，包括：乾爲直、坤爲迷、坤爲方、坤爲黃、坤爲帛、坤爲漿、震爲王、震爲鵠、震爲鼓、巽爲楊、巽爲觀、坎爲可、坎爲棟、坎爲叢棘、坎爲狐、坎爲蒺藜、坎爲桎梏、離爲牝牛、艮爲鼻、艮爲狐、兌爲常、兌爲輔頰等多達二十二個，佔了三十一個逸象的70%之極高比例。

（二）《九家易》三十一逸象見於《集解》中荀爽或《九家易》用象者，或是象義相近者，包括：

　　1.三十一個逸象中之乾爲「龍」，見於《集解》中之荀爽注文。

　　2.三十一個逸象中之乾爲「衣」，見於《集解》中之《九家易》注文。

3. 三十一個逸象中之坤爲「牝」，《集解》之荀爽注文作「母之謂」，象義相近。

4. 三十一個逸象中之坤爲「囊」，《集解》中《九家易》作「坤包藏」，象義相近。

5. 三十一個逸象中之坤爲「裳」，《集解》中《九家易》作「裳坤」，用象同。

6. 三十一個逸象中之坎爲「宮」，《集解》中荀爽注文云「坎陽府」，與之義近。

7. 三十一個逸象中之坎爲「法」，《集解》《九家易》作「法律」。

8. 三十一個逸象中之艮爲「虎」，《集解》《九家易》作「艮虎」。

（三）《九家易》三十一個逸象與《集解》中荀爽或《九家易》用象不同者，僅一個，即三十一個逸象中之乾爲「言」，《集解》中荀爽注文，以兌卦作「爲有言」，「言」之卦用不同。

由對照分析後，可以看到三十一個逸象，與《集解》所收錄的荀爽注文用象之相似者僅有三個，而不同者也有一個；因此，筆者懷疑此《九家易》三十一個逸象與荀爽的相關，此三十一個逸象所代表的《九家易》，是否真的可以視爲荀爽的學說，這仍是有待考量的。

惠棟考索「九家逸象」，述明「九家逸象」雖未必爲荀爽之說，但與荀爽關係匪顯。並且否定朱震認爲《九家易》爲荀爽所彙集的說法，主張《九家易》是六朝時期專宗荀爽之學的人所爲，且亦非後儒所增，可以視爲荀爽的學說。

惠棟論述《九家易》三十一個逸象，廣引宋代朱震《漢上易傳》與項安世《周易玩辭》之說爲釋，或有肯定，或有駁斥，一以考據實是爲定。歷來批評惠氏之學，認爲惠氏惟漢是好，對於宋人之說，皆一概不取；且認爲惠氏排拒宋學，漢宋對立由是生焉。此種批評不能視之全然客觀，以惠氏所處之時空處境，是復原漢學之最佳時機，漢學研究爲一時之顯學，而漢學多與宋人之說，不論在治學方法或是內容上，多有迥異之處，自然取捨，宋學必多廢而不用。然而，惠氏於此，考述《九家易》逸象，多以朱、項之說爲主，何來有不取宋人之說者？又何來刻意

排拒宋學？因此，此處可以作爲對厚誣者之駁證。

　　惠棟之釋象，精簡賅要，能有效引據前儒之說述明象義，並適時予以指正，如釋乾爲「衣」、坤爲「帛」、巽爲「楊」、坎爲「律」、坎爲「可」、離爲「牝牛」、艮爲「鼻」、艮爲「狐」、兌爲「常」等象，皆爲良例。然而，惠氏不輕下案語，故所引之文，則極爲重要，也代表了惠氏的意向，但每每顯示過於片面，未能詳爲述明，正其本來象義。如乾卦爲「龍」，惠氏引項安世作「震之健」，依項說乃單就初爻而言；乾卦六爻皆具龍象，非僅作「震之健」的初爻解。又如乾爲「直」，惠引項作「巽之躁」解，於理不當。又如乾爲「言」，以「兌之決」、「兌口」爲訓，不知何據。又如坤爲「漿」，分酒主陽、漿主陰，不知何據。又如震爲「鵠」、爲「鼓」，引項氏「鵠」作「鶴」，「鵠」又爲「鼓」，於理不當；不論「鵠」或「鶴」，乃至「鼓」，皆取其善鳴、聲響之性而爲象。又如巽爲「鸛」，非必如朱、項二氏分陰禽、陽禽而立說；《九家易》純就禽屬而言。又如艮爲「虎」，以「虎」當爲「膚」字之誤，純屬揣度之言，並無實據。諸釋象之例，皆有待商榷，或實爲惠棟之小失。

第三節　小結

　　惠棟「虞氏逸象」的輯成與解釋，對後來研究虞翻的逸象乃至其有關學說，提供了極大的幫助，讓學者得以進一步檢視虞翻使用逸象的實際情形，以及用象釋《易》的合宜狀況；並透過對虞翻逸象的瞭解，審度用象在易學思想詮釋上的價值。《周易》透過「仰以觀於天文，俯以察於地理」，「觀象繫辭」，而使「天下之理得」，所以用「象」，本是《周易》制作上的主要法源；而虞氏大量運用逸象，並且，這些逸象的使用，本身又大都符合《周易》經傳的實質意涵。用象在量化上的提高，藉由大量的用象而使各個卦爻的關係上更爲嚴密，或許在某種程度上是僵化、有附會的成分，但在詮釋的立場上，它未必不能視爲是一種根源於經傳而新建立的開創性的論述典範。並且，在哲學態度的表現上，逸象作爲某種符號或名象來運用於萬化之道的詮釋上，仍然有其基本的邏輯理

路。如何從這種象數的脈絡中，有更豐富的哲學性論述之突破，這是惠棟乃至後學所可以努力的部份。從接受學術多元發展的態度看，「義理」與「象數」應該可以同行而不悖的；倘有「義理」壁壘於「象數」的先備立場，若對虞氏逸象有跨越一步的認識，或許可以使立場改變，距離拉近。在抽象思維中，體驗具象，享受另類的邏輯情境。

虞翻倡論「月體納甲」之說，進而推言《易》象，認為「日月縣天，成八卦象」，「日月在天成八卦」，「三畫謂之象」，[494]日月運行於天，月受日照，日月懸天而成象，所以八卦為日月所成之象而生，皆以三畫成象而言，也就是八純卦所代表的象意，用以架構宇宙萬物之生成變化之道，乃至人事的吉凶休咎，用它來反映《易》道，是最恰當不過的。因此，虞氏廣用逸象，我們可以推測是原本於其「月體納甲」之說的用象之道，並且再藉由互體、升降、旁通、卦變、爻變等方法來取象。至於其用象造象，則亦皆有所據。惠棟考索虞氏逸象，知其用象並非肆意虛造、漫無根據，而是大都能本諸於經傳之義，並自有其理據，有其高度的系統性與合理性。虞氏逸象產生之原則，主要出於直接援引《周易》經傳本文或相近之義，或以經傳為據，而進一步的推衍而成。最主要的根據，則為《說卦》。另外，又以其之前《易》家之思想主張與用象而進一步推衍，又或因所處時代思想觀念所衍。逸象的使用，並不以虞翻為先；虞翻所用的諸多逸象，在其之前的漢代時期，已是一種普遍性的認識，只不過虞翻更有系統而周延的廣泛運用這些逸象罷了。

從經典中搜尋虞氏佚文，並擇選其逸象，本是一繁瑣之功夫，尤其是就始創者言，惠氏所成，自是難能可貴，雖有小失，仍不掩其功；在三百多個逸象中，雖小有不當，但大體合宜。並且，惠氏對於所輯之逸象下，皆作小注以釋之，大體見其精要而恰當之處，而所見之失，雖在所難免，仍有釐清之必要。對於方申、紀磊諸人，部份之指誤，實多有值得商榷之處，也見其人對虞說之認識未深，故讀者不宜視之為當然，以免誣言惠氏為舛，也對虞說混淆與不解。

---

[494] 見虞氏釋《繫辭上》「縣象著明，莫大乎日月」之注文。引自惠棟《易漢學》卷三，頁1111。

　　惠棟訓解虞氏逸象，主要徵引《周易》經傳與虞翻學說爲釋，不但可以相驗於虞翻用象多出於《周易》經傳之用象的合理性外，以虞說釋虞象，也最符合虞氏用象之本義。除此之外，也徵引諸家《易》說與有關經書典籍爲釋。用考據之態度，折衷採納，少立己意，廣引諸說爲言。然而，所釋過於簡要，或未盡其全意，部份象義，無法獲得較爲詳實的認識。且少數引用他說爲釋者，未必符合虞翻本意。同時，部份釋文，引自於虞言或他說者，未注明出處，有竊言之嫌。

　　惠氏論述虞翻所用之逸象，試圖使之表現的更爲明確化、絕對化，如在乾卦「君子」之逸象上，惠氏以「九三」表示「君子」，但在虞翻的運用上，「君子」之象，並不單就「九三」而言，也就是不專指「九三」一爻。如虞氏云「君子以朋友講習」，所表述的是兌卦「九二」；又如未濟的二、五爻，虞云「否二之五」，是「君子，否乾」，所言者當然是二爻與五爻，亦未涉「九三」一爻。虞氏用「君子」，所指的主要爲乾陽，或廣泛地針對乾卦而言，並未狹義的只就「九三」爻而立象。同樣的，乾卦「聖人」逸象的運用上，虞氏主要廣義的用於就乾卦卦德而言，若就爻位來看，虞氏確以初爻、五爻尤專，但並不能依惠氏單就五爻而言，惠氏過份片面依準《乾鑿度》之說。此外，乾「爲賢人」，惠氏專指「九二」；坤「爲積惡」者，惠氏專指「初六」；坤「爲密」者，惠氏專指「兌上爻」，離「爲黃」者，惠氏專指「六二」。乃至於如其《易例》所說的「初六、六四、上六爲小人」、「六二、六四爲君子」、「離四爲惡人」，[495]如此狹隘的認定，使逸象的運用和論述上，失去了較多的彈性空間，也使運用逸象在論述上造成扞格齟齬的情形，反而失去了用象應具有的嚴整性與合理性。在各卦運用了富繁而龐雜的逸象的情形下，惠氏試圖從各卦再推向各爻去尋找與細分更具象徵性的逸象，希望能夠得到某個逸象能夠代表某一爻，然而這樣的意圖，並未能全然符合虞翻的意志，也未必能符合漢魏《易》家釋《易》之本義。如此一來，諸如此類的說法，落入了自家之言的窘境。

　　惠棟考索荀爽的學說主張，在升降說方面，認識到荀爽的升降說，

有承於京房而來，而在目的上或是內涵上，仍有其差異存在；京房學說建立的目的，側重於陰陽災異的闡發，而荀爽則重於解說經義。在升降說的原則運用上，京房的升降，只要能符合其形式操作的合理運用原則，乃至符合其建構的合理性即可，無須過度受到《周易》本來的卦爻精神的制約，所以八宮卦次之法，陰陽皆可升降。但是，荀爽的升降主張，則必須受限於經傳的陽尊陰卑的基本精神之影響，使其升降說的重點，仍然置重於陽升陰降的方面，而不敢放開的去多元論述。

惠棟定位荀爽的升降說爲「乾升坤降」，明顯只採荀爽「陽升陰降」的主體內涵部份，扼殺了可能有的「陽降陰升」之陰陽運動變化的另一種方式，這是值得商榷的。荀爽的乾升坤降之升降說，非限於二、五兩爻的升降轉換，但是在陽升的方面，大抵都是升於九五的尊位，至於陰降的方面，則不全然降至六二之位，它可以由上而降至六四、六三，可以說陰降無定位；在這方面，惠氏的說法，並不全然符合荀爽的本意。又，惠棟肯定荀爽與虞翻二者升降說的高度的一致性，但事實上仍有很大的差異存在，惠棟非但沒有作釐清，反而混同二者，惠氏將虞翻的諸卦既濟之主張，引爲荀爽也同有正既濟之義，爲最明顯的例子。

惠棟詮釋「時中」的意涵，並概括指出「時」爲一卦整體取義而言，而「中」則是一爻在其卦中所處之適應位置而言。這樣概括性的分別，是否恰當，仍有商榷的必要。因爲這種概括性的定義，消弱了「時中」本該可以更具豐富與廣度的哲學思想，同時也可能僵化了「時中」呈顯的多維意義與彈性思維。在易學的「中時」思想中，特別強調「中和」的意義與其體現的價值，荀爽的升降說正可與之相呼應，肯定荀爽的中和主張，必在五陽而二陰的居中得正又相應的嚴格規範下，才能臻於理想。

惠棟考索「九家逸象」，述明「九家逸象」與荀爽之關係匪顯，主張《九家易》是六朝時期專宗荀爽之學的人所爲，且亦非後儒所增，可以視爲荀爽的學說。歷來批評惠氏之學，認爲惠氏惟漢是好，對於宋人之說，皆一槪不取，但惠氏於此，考述《九家易》逸象，多以朱、項之說爲主，故認爲惠氏刻意不取宋人之說、刻意排拒宋學，並非全然客觀。惠氏以復原漢學爲志，而漢學不論在方法或內容上，與宋人之說多有迴

異之處，自然取捨，宋學必多不用。惠氏並不真的刻意迴避宋學。

第四章　惠棟考索鄭玄《易》說之述評

　　鄭玄之治經，學有師承而不墨守家法，「囊括大典，網羅眾家，刪裁繁誣，刊改漏失」，[1]其博采廣攬，綜理異同，整齊諸學，折衷辨正，誠「如滄海之納江河，而復爲百川之所宗」，[2]得通儒之名，是當然之實。

　　鄭氏易學，繼承與會通西漢孟、焦、京、費、馬諸儒之學，也深諳《易緯》諸說，以嚴謹的治經的態度治《易》，詁訓《易》義，賡續《易經》宗旨。處於讖緯橫行、災異之說漫佈的學風下，其《易》著內容，雖融合今古文與讖緯之學，但仍遠不同於西漢易學和緯書普遍存在的占驗神秘特性，仍重在訓注《易》典，探尋聖籍本義。

　　注解《易》義在方法上的運用，鄭氏特重以小學疏通經義，尤重聲音，藉由知聲音之理，以明通假之故，進而得《易》之本旨，所以能「深得聲音之理，而又力能御之，故於詁易時，則沛乎游刃而有餘也」。[3]鄭氏易學內容，象數與義理並行，而特重象數之闡發。在《易》例之應用上，或沿襲前儒之慣用進而改造，或另制新例而標幟特色；其重要者，反映在爻位、互體、爻體、爻辰、五行，以及《易》象諸說。其經注繁富，《周易》等經典凡百餘萬言，[4]今多有殘缺亡佚，所存不全。其《易》作之著錄，《隋書·經籍志》有《周易》九卷，署名鄭注；又有《周易馬

---

[1] 見范曄《後漢書·鄭玄列傳》，卷三十五，頁 1213。

[2] 見胡自逢《周易鄭氏學》，台北：文史哲出版社，1969 年 8 月嘉新初版，1990 年 7 月文 1 版，頁 3。

[3] 見胡自逢《周易鄭氏學》，頁 3。

[4] 見《後漢書·鄭玄列傳》云：「凡玄所注，《周易》、《毛詩》、《儀禮》、《禮記》、《論語》、《孝經》、《尚書大傳》、《中侯乾象歷》。又著《天文七政論》、《魯禮禘祫義》、《六藝論》、《毛詩譜》、《駁許慎五經異義》、《答臨孝存周禮難》，凡百餘萬言。」（卷三十五，頁 1212。）

鄭二王四家集解》十卷；《新唐書》有《鄭氏注周易》十卷、《馬鄭二王集解》十卷。傳至宋代，《崇文總目》記載鄭作，僅稱《鄭氏易註》一卷，只存者爲＜文言＞、＜說卦＞、＜序卦＞、＜雜卦＞四篇；[5]爾後此作亦不復見，蓋亡佚於北宋、南宋之間。

　　鄭氏易學由鼎盛而浸衰，終至散亡的命運，南宋王應麟首開輯佚，成《周易鄭康成注》一卷。惠棟以漢學爲志，復原鄭《易》，承王氏所輯而後增補，作《新本鄭氏周易》三卷，誠其有功；爲其考索鄭《易》之最重要者。由於鄭《易》之不全，文獻之不足徵，已難窺其易學全豹，有清時期，申論其學者，不勝其數，早言而有功者，也當首推惠棟。惠棟考索鄭氏之學，表現在其《易》注輯佚之增補，以及較具爭議性的爻辰說之考察上。茲針對此二部份，作詳要之論述與評析。

第一節　鄭《易》之輯佚

一、王惠二家輯佚內容對照比較

　　隋唐以降，王弼之學抬頭，鄭學式微；兩宋之際，鄭學遂亡，王應麟開啓蒐羅殘闕之輯佚工作，惟創始不易，不免多見短失。其後志同者踵起，而以惠棟增輯《新本鄭氏周易》，信爲王氏之功臣，亦諸家之首功。[6]

---

[5] 見《周易註‧提要》云：「《鄭氏易註》至北宋尚存一卷，《崇文總目》稱存者爲＜文言＞、＜說卦＞、＜序卦＞、＜雜卦＞四篇。」（引自台北：台灣商務印書館景印文淵閣四庫全書第 7 冊，頁 202。）

[6] 南宋王應麟首開鄭《易》之輯佚，蒐采群籍，包括取至李鼎祚《周易集解》、陸德明《經典釋文》、鄭注《詩》、《禮》，以及孔安國、賈公彥《五經正義》注疏所引，然而絓漏滋多，未竟全功。繼其後者，明代有胡震亨、姚士粦，清代有惠棟、丁杰、袁陶軒、孫堂、孔廣林、張惠言與黃奭等，在王氏輯本的基礎上，踵事增華，不斷地加以增補與刊改。在增補方面，以惠棟增九十餘條爲首，姚士粦亦補二十五條爲次。在前儒之基礎上，益加整理補充者，張惠言《周易鄭荀注》三卷、臧庸《周易鄭注》十二卷（另附＜敘錄＞一卷）、袁鈞《易注九卷》、孔廣林《周易鄭注》十二卷、黃奭《周易注》一卷，均可視

惠棟之輯佚，《新本鄭氏周易》三卷，[7]＜提要＞云：

> 初王應麟輯鄭元《易註》一卷，……皆不著所出之書，又次序先後，閒與經文不應，亦有遺漏未載者，棟因其舊本，重為補正，凡應麟書所已載者，一一考求原本，註其出自某書，明其信而有徵，極為詳核，其次序先後，亦悉從經文釐定，復搜採群籍，上經補二十八條，下經補十六條，＜繫辭傳＞補十四條，＜說卦傳＞補二十二條，＜序卦傳＞補七條，＜雜卦傳＞補五條。……而考核精密，實勝原書，應麟固鄭氏之功臣，棟之是編，亦可謂王氏之功臣矣。[8]

孫堂《補遺》，於其書前序文云：

> 宋王應麟集鄭康成《易注》一卷，明姚士麟又增入二十五條，惠徵君棟因其摭采未備，復取而補正之，每條下注明元書出處，釐為三卷，較王氏元本共多九十二條，又作「十二月爻辰圖」、「爻辰所值二十八宿圖」，以闡明鄭學。[9]

該書為補王氏摭采之不足，對研究鄭康成的易學有莫大的幫助。其書成後，僅有雅雨堂刊本傳世，且尚有訛脫者，其後孫堂據惠氏所補，正其訛，補其脫，使之更為完備。依《提要》與《補遺》所見，惠棟增補較王氏多九十二條，並制作《易》圖以闡明鄭學。以下針對二家所輯全文，以表呈現，作一彼此參照比較與簡要說明。

為鄭氏之功臣，並為研究鄭《易》之重要材料。其中於王氏之後，惠棟之功為首，亦「信為王氏之功臣」。（參見胡自逢《周易鄭氏學》，頁 7-15；徐芹庭《兩漢十六家易注闡微》，台北：五洲出版社，1975 年 12 月初版，頁 361-362。）

7　《新本鄭氏周易》三卷，今主要傳本有雅雨堂《李氏易傳》附本，以及《四庫全書》本；今文淵閣四庫全書本又稱《增補鄭氏周易》。

8　見《新本鄭氏周易·提要》。引自台北：台灣商務印書館景印文淵閣四庫全書本第 7 冊，頁 147-148。

9　見《鄭氏周易注》孫堂《補遺》序文。（引自台北：新文豐出版社《叢書集成新編》第十四冊本，影印古經叢書本，1985 年元月初版，頁 598。）孫堂《補遺》一卷，重校併於惠氏本中，今傳本如《漢魏廿一家易注》本、《古經解彙函》本、《蜚衣館石印》本、《叢書集成》本等。

圖表 4-1-1　王惠二家鄭氏佚文參照說明表

條次[10]	釋詁對象[11]	王應麟原引佚文	惠棟增刪改易之佚文	說　明[12]
1	乾卦九二：見龍在田，利見大人。	九二：見龍在田，利見大人。二<u>於</u>三才爲地道，地上即田，故稱田也。九二利見九五之大人。	九二：見龍在田，利見大人。二于三才爲地道，地上即田，故稱田也。《集解》。九二利見九五之大人。《正義》。	惠氏增補出處；文出於《周易集解》與《周易正義》二處。
2	乾卦九三：君子終日乾乾，夕惕若，厲，无咎。	九三：君子終日乾乾。三<u>於</u>三才爲人道，有乾德而在人道，君子之象。	九三：君子終日乾乾，夕惕若，厲，无咎。三于三才爲人道，有乾德而在人道，君子之象。《集解》。惕，懼也。《釋文》。	1. 惠氏增補爻辭與出處。 2. 王氏僅引《集解》之鄭文，而《釋文》中「惕，懼也」言未引。惠氏增補。
3	乾卦九五：飛龍在天，利見大人。	九五：飛龍在天，利見大人。五於三才爲天道，天者清明無形而龍在焉，飛之象也。	九五：飛龍在天，利見大人。五於三才爲天道，天者清明无形而龍在焉，飛之象。《集解》。	王氏文末有「也」字，惠氏則無。查今本《周易集解》卷一有「也」字；明潘士藻《讀易述》卷一，引同。清初諸家所引，亦有「也」字。[13]疑惠氏誤闕。
4	乾卦上九：亢龍有悔。	上九：亢龍有悔。堯之末年，四凶在朝，是以有悔，未大凶也。	上九：亢龍有悔。堯之末年，四凶在朝，是以有悔，未大凶也。《正義》。	惠氏增補出處。
5	乾卦用九：見群龍无首，吉	用九：見群龍无首，吉。六爻皆體龍【一作乾】，群龍之象也。舜既受道，禹與稷契咎繇之屬，並在于朝。	用九：見群龍无首，吉。六爻皆體乾【一作龍】，群龍之象也。舜既受道【道一作禪】，禹與稷契咎繇之屬，並在于朝。《後漢‧郎顗傳注》、〈班固傳注〉。	「六爻皆體乾」句，「乾」字或作「龍」；「舜既受道」句，「道」字或作「禪」。惠氏皆標明二說。
6	乾卦《彖傳》：萬物資	萬物資始，乃統天。資，取也。統，本也。	萬物資始，乃統天。資，取也。統，本也。	惠氏增補出處。

---

[10] 依惠棟《新本鄭氏周易》輯文爲次序，條文爲惠氏所增者，並作括弧注明「惠增」。

[11] 表內釋詁對象之引文，以今之王弼注傳本爲準。

[12] 本說明欄內援引諸家之作，所用之版本，大抵依據台北：台灣商務印書館景印文淵閣四庫全書之版本，包括如唐李善《文選注》（第1329冊）、清沈廷芳《十三經注疏正字》（第192冊）、清查慎行《周易玩辭集解》（第47冊）、清李光地《周易折中》（第38冊）、清沈起元《周易孔義集說》（第50冊）、清程廷祚《大易擇言》（第52冊）等等，皆從四庫全書本，無法一一列明。後文所引，大致僅標明卷數及四庫全書之冊數，不再作詳細標明，以避免過於繁瑣。

[13] 查慎行《周易玩辭集解》卷一、李光地《周易折中》卷一、沈起元《周易孔義集說》卷一、程廷祚《大易擇言》卷一等，所引皆有「也」字。

	始,乃統天。		《釋文》。	
7	乾卦《彖傳》:大人造也。	大人造也。造,爲也。	大人造也。造,徂早反。造,爲也。《釋文》。	惠氏增補音訓與出處。
8 (惠增)	乾卦《文言傳》:君子體仁,足以長人。	（無）	《文言傳》君子體仁,足以長人。體,生也。《文選》二十四。	此佚文引自《文選注》二十四,陸士衡<贈顧交阯公真>。
9	乾卦《文言傳》:不成乎名。	不成乎名。當隱之時,以從世俗,不自殊異,无所成名也。	不成名。《釋文》。當隱之時,以從世俗,不自殊異,无所成名也。《集解》。	惠氏注明出處。今本《文言傳》與王氏所引作「不成乎名」,惠氏則據《釋文》作「不成名」。
10	乾卦《文言傳》:確乎其不可拔。	確乎其不可拔。拔,移也。	確乎其不可拔。確,堅高之貌。拔,移也。《釋文》	「確,堅高之貌」句,姚士粦增補,見胡震亨本;惠氏亦引。諸引文皆取之陸德明《釋文》卷二;又,《周易註疏》卷一,陸氏《音義》同引。
11 (惠增)	乾卦《文言傳》:閑邪存其誠。	（無）	閑邪以存其誠。《會通》晁氏云。	今本《文言傳》論乾卦九二爻,云「閑邪存其誠」。惠氏引董真卿《周易會通》卷一轉引晁氏之說,認爲鄭氏多「以」字。宋明以降諸家轉用,多有「以」字者。[14]
12	乾卦《文言傳》:聖人作。	聖人作。作,起也。	聖人作。作,起也。《釋文》。	惠氏增補出處。
13 (惠增)	乾卦《文言傳》:君子進德修業,欲及時,故无咎。	（無）	君子進德修業,及時,故无咎。《會通》晁氏云。	今本《文言傳》論乾卦九三爻,作「欲及時」,惠氏引董真卿《周易會通》卷一轉引晁氏之說,則以鄭氏無「欲」字。此蓋惠氏所本之不同。惠氏《周易述》卷十九從鄭氏之說。
14 (惠增)	乾卦《文言傳》:亢龍有悔,窮之災	（無）	亢龍有悔,窮志災也。《會通》晁氏云。	今本《文言傳》論乾卦云「亢龍有悔,窮之災也」。「之」,惠氏引董真卿《周易會通》轉引晁氏之說,以鄭作「志」字。

---

[14] 宋明以降,轉用《說卦》此言,而多「以」字者,如宋衛湜《禮記集說》(第117冊)卷五十一、朱子《論孟精義》(第198冊)卷十三、游酢《游廌山集》(第1121冊)卷一,以及明蔡清《易經蒙引》(第29冊)卷一中、張獻翼《讀易紀聞》(第32冊)卷一、章潢《圖書編》(第968冊)卷九、張吉《古城集》(第1257冊)卷四等,皆闡引爲「閑邪以存其誠」。

	也。			惠氏《周易述》卷十七，從鄭之言。
15（惠增）	乾卦《文言傳》：乾始能以美利利天下。	（無）	乾始而以美利利天下。《會通》晁氏云。	今本《文言傳》「始能」，惠氏引董真卿《周易會通》轉引晁氏之說，以鄭作「始而」。又，馮椅《厚齋易學》卷四十八云：「能，鄭作而。」段玉裁認為「能」與「而」古音同假，故可通用。[15]因此，古「能」字多有作「而」者，如劉向《說苑》「能」字皆作「而」，是一實例。鄭氏作「而」，或是古本。
16	坤卦初六：履霜，堅冰至。	履霜。履，讀為禮。	履霜，堅冰至。履，讀為禮。《釋文》。	惠氏增補爻辭與出處。
17（惠增）	坤卦初六《小象》：馴致其道。	（無）	馴致其道。馴，從也。《釋文》。	惠氏引《釋文》「馴」字之鄭注作「從也」。[16]司馬光《資治通鑑》卷一二八「亦直馴致」，胡省三《音註》云：「易曰：馴致其道。向秀曰：馴，從也。」是向秀同此訓。惠氏《九經古義·周禮古義》卷七，同引鄭作「馴，從也」。
18	坤卦六二：直方大。	六二。直也，方也，地之性。此爻得中氣而在地上，自然之性，廣生萬物，故生動直而且方。	六二：直方。直也，方也，地之性。此爻得中氣而在地上，自然之性，廣生萬物，故生動直而且方。《禮記·深衣正義》。	1.惠氏增補爻辭與出處。2.今本作「直方大」，惠氏作「直方」，去「大」字。惠氏《九經古義》卷一云：「熊氏《經說》云：鄭氏古《易》云：坤爻辭：履霜直方，含章括囊，黃裳元黃，協韻。故《象傳》、《文言》皆不釋大，疑大字衍。」[17]是惠氏疑「大」為衍字。
19	坤卦上六：龍戰于野。	龍戰于野。聖人喻龍，君子喻蛇。《儀禮注》。蛇龍，君子之類。	龍戰于野。聖人喻龍，君子喻蛇。《儀禮注》。蛇龍，君子之類。	王、惠所引皆同。所言見於《儀禮注疏·鄉射禮》卷五，賈公彥《疏》引鄭文，「聖人喻龍，君子喻蛇」文後尚接「是蛇龍總為君子之類也」句，王、惠

---

[15] 見段氏《說文解字注》九篇下，「而」字云：「古音能與而同假，而為能，亦假耐為能。」（台北：黎明文化事業股份有限公司，1974 年 9 月初版，1993 年 7 月 10 版，頁 458。）

[16] 陸氏《經典釋文》云：「馴，似遵反，向秀云：從也。徐《音訓》：此依鄭義。」是雖未直明鄭氏同訓此義，但知《音訓》認為向秀所云是依鄭氏之義。

[17] 孫堂《增補鄭氏周易》補遺中作案語，實引自惠氏《古義》所云。

				皆未引。宋代諸家多有引賈《疏》此一全文。[18]
20	坤卦《文言》：必有餘殃。	必有餘殃。殃，禍惡也。	必有餘殃。殃，禍惡也。《釋文》。	惠氏增補出處。
21	坤卦《文言》：為其嫌於无陽也，故稱龍焉。	慊于无陽。慊，讀如羣公慊之慊，古書篆作立心，與水相近。讀者失之，故作慊。潒，雜也。陰，謂此上六也。陽，謂今消息用事乾也。上六為蛇，得乾氣雜似龍。《釋文》云鄭作謙。	為其慊于陽也，《釋文》謂鄭作謙，訛。故稱龍焉。慊，讀如羣公慊之慊，古書篆作立心，與水相近。讀者失之，故作潒。潒，雜也。陰，謂此上六也。陽，謂今消息用事乾也。上六為蛇，得乾氣雜似龍。《詩‧采薇正義》。	1.惠氏增補傳辭與出處。 2.今本《文言》「嫌」字，王、惠引作「慊」；並註明《釋文》云鄭玄作「潒」為訛誤。[19]《集解》引《九家易》作「為其兼于陽也」。阮元《周易釋文校勘記》云：「閩、監本同，宋本嫌作慊，盧本謙改嫌。作『慊』而又有『潒』、『謙』或『嫌』者，以形近而誤。惠棟以古本皆作『兼』，而至王弼而誤改作『嫌』字，其《周易述》卷一、十九，以及《易漢學》卷四、《易例》卷下，皆作「兼」字。[20]
22（惠增）	屯卦《彖傳》：天造草昧，宜建侯而不	（無）	天造草昧，宜建侯而不寧。造，成也；草，草創；昧，昧爽也。《文選注》三十六。	此見《文選注》卷三十六，任彥升＜天監三年策秀才文三首＞注云：「天造草昧，宜建侯而不寧。鄭玄曰：造，成也；草，

---

[18] 宋魏了翁《儀禮要義》（第104冊）卷三、宋聶崇義《三禮圖集注》（第129冊）卷八，皆引鄭注全文。明徐元太《喻林》（第958冊）卷二十四，則同王、惠僅引「聖人喻龍，君子喻蛇」文。

[19] 見《釋文》卷二云：「鄭作潒，荀、虞、陸、董作嗛。」依《詩‧采薇正義》引鄭氏之言，以「慊」字為正，「古書篆作立心，與水相近。讀者失之，故作潒」。清宋翔鳳《周易考異》卷一云：「(陸氏)《音義》嫌，鄭作潒，荀、虞、陸、董作嗛。按鄭作潒者，是鄭所讀也。云荀、虞、陸、董作嗛，嗛字當是慊字之誤。嗛字通謙，於无陽於義愍合。」宋氏肯定以「慊」字為正，且引荀爽云：「消息之位坤在於亥，下有伏乾，為其兼於陽，故稱龍也。」認為「荀又讀慊為兼」，「慊」、「兼」二字通。（見宋氏《周易考異》，南菁書院《皇清經解續編》本，今採台北：新文豐出版公司所影並收錄於《大易類聚初集》第二十輯，1983年10月初版，頁586。後文所引，僅標明頁次，不再詳註。）宋氏之說，與惠氏相近，惟惠氏采古本作「兼」之說。

[20] 清李富孫《易經異文釋》云：「古本皆作兼，或作慊，王弼遂改作嫌，《說文》云：『慊，疑也。』則與嫌字後一義同。《坊記》注云：『慊或為嫌。』鄭讀為潒，潒，褋也，與兼字義略同，《荀子‧榮辱》注云：『嗛與慊同。』諸家皆以形相似而異。《九家易》云：『陰陽合居故曰兼。』」（見李氏《易經異文釋》卷二。南菁書院《皇清經解續編》本，今採台北：新文豐出版公司所影並收錄於《大易類聚初集》第二十輯，1983年10月初版，頁528。後文所引，僅標明頁次，不再詳註。）是以古本作「兼」或「慊」為正，而今本乃王弼之誤。惠氏《易漢學》卷四、《易例》卷下皆直斥王弼之非。

	寧。			草創；昧，昧爽也。」。
23 (惠增)	屯卦《大象》：君子以經綸。	（無）	君子以經論。謂論撰書禮樂施政事。《釋文》。《正義》曰：劉表、鄭玄以綸為論字。[21]	今本「綸」字鄭作「論」。見《釋文》卷二云：「經論。音倫，鄭如字，謂論撰書禮樂施政事。黃穎云：經論，匡濟也，本亦作綸。」《周易集解》中荀爽、姚信皆作「論」；又惠氏引孔穎達《正義》提及劉表亦作「論」。是知漢儒多作「論」字，今本作「綸」，乃王輔嗣之假借。元明以降，諸家多引惠氏所增之此文。[22]
24	屯卦六二：乘馬班如。	六二：乘馬般如。馬牝牡曰乘。	六二：乘馬般如。馬牝牡曰乘。《釋文》。	今本「班如」，王、惠二氏引《釋文》「鄭本作般」。蓋以「般」為本字，而「般」、「班」古音同，是用「班」字則同音假借。《太平御覽》卷八三三同作「般如」字。王樹枏《費氏古易訂文》中引《費氏易》亦作「般如」，並認為「班，古文作般」。[23]《說文》作「𩣡如」。[24]《帛書周易》作「煩如」。[25]
25	屯卦六二：匪寇昏媾。	冓，猶會也。	匪寇昏冓。冓，猶會也。《釋文》。	今本「媾」，鄭作「冓」。《釋文》：「馬云：重婚，本作冓，鄭云，猶會，本或作搆者，非。」依馬氏之見，古本

[21] 清沈廷芳《十三經注疏正字》卷一云：「疑誤。淪當論，字誤。案：劉說無考。《集解》述鄭註云：論，謂論撰書禮樂施政事。是本作論是也。」是「論」字，今本誤「淪」。

[22] 元明以降，諸家引說者，如元董真卿《周易會通》（第 26 冊）卷二：「君子以經綸。呂《音訓》論，今本作綸。陸氏曰：論音倫，鄭如字，謂論撰書禮樂施政事。黃穎云：經論，匡濟也，本亦作綸。晁氏曰：荀云經，常也；論，理也，便直作綸，非。」明何楷《古周易訂詁》（第 36 冊）卷九：「君子以經綸，古本作論。鄭康成謂論撰書禮樂施政事，或亦作倫。」清沈炳震《九經辨字瀆蒙》（第 194 冊）卷七：「君子以經綸。綸本作論。鄭讀如字，謂論撰書禮樂施政事。」清吳玉搢《別雅》（第 222 冊）卷一：「《釋文》作經論。論音倫，鄭如字，謂論撰書禮樂施政事。」清翟均廉《周易章句證異》（第 53 冊）卷五：「綸，鄭玄、荀爽、劉表、陸德明作論。鄭云：謂論撰書禮樂施政事。荀云：論，禮也。晁說之。從荀爽云：直作綸，非。惠棟從論。……綸字疑即論字之誤。」諸家所說，皆肯定以「論」字為正，為漢儒所慣用。

[23] 見王樹枏《費氏古易訂文》，台北：文史哲出版社，1990 年 11 月景印（光緒辛卯季冬文莫室）初版，頁 32-33。

[24] 引自明何楷《古周易訂詁》卷一：「鄭玄本作般如，《說文》作𩣡如。」

[25] 見鄧球柏《帛書周易校釋》，湖南：湖南人民出版社，2002 年 6 月 3 版 1 刷，頁 193。後文再引《帛書周易》文，皆本鄧氏本，故不再作詳注。

				當作「冓」字；王樹柟引《費氏易》亦作「冓」字。26惠氏《九經古義》卷二：「當作昏冓。从鄭本。」故其《周易述》皆作「昏冓」。《帛書周易》作「䦩厚」。音同而借。27
26	屯卦 六三：君子幾，不如舍	君子機，不如舍。駑牙也。	君子機，不如舍。機，駑牙也。《釋文》	今本「幾」，而王、惠引《釋文》為「機」。惠氏《易》依鄭說作「機」。《集解》引虞翻作「幾」。《帛書周易》亦作「幾」。28此皆家法不同之故。
27 (惠增)	屯卦六三《小象》：以從禽也。	（無）	以從禽也。從，于用反。《釋文》。	此惠氏引《釋文》卷二轉引鄭氏之音訓。
28	蒙：亨。匪我求童蒙，童蒙求我。初筮告。再三瀆，瀆則不告。	蒙：亨。匪我求童蒙，童蒙求我。初筮告。再三瀆，瀆則不告。蒙者，蒙蒙，物初生形，是其未開著之名也。人幼稚曰童，未冠之稱。亨者，陽也。互體震而得中，嘉會禮通，陽自動其中，德施地道之上，萬物應之而萌牙生，教授之師取象焉，脩道藝於其家，而童蒙者求為之弟子，非已乎求之也。弟子初問，則告之以事義，不思其三隅相況以反	蒙：亨。匪我求童蒙，童蒙求我。初筮告。再三瀆，瀆則不告。蒙者，蒙蒙，物初生形，是其未開著之名也。人幼稚曰童，未冠之稱。亨者，陽也。瀆，褻也。筮，問也。互體震而得中，嘉會禮通，陽自動其中，德施地道之上，萬物應之而萌牙生，教授之師取象焉，脩道藝于其家，而童蒙者求為之弟子，非已乎求之也。弟子初問，則告之以事義，不思其三隅相況以反解而筮者，此勤師而功寡，	此文約引自《公羊·定十五年》何休《疏》；何《疏》中無「未冠之稱」，此出於陸德明之說。陸氏於《周易註疏》卷二《音義》與《釋文》卷二同引「童」字之訓：「鄭云：未冠之稱。」又，《儀禮·喪服》云「記童子唯當室緦」，鄭氏《注》云：「童子，未冠之稱也。」又《禮記·玉藻》云「童子之節也」，鄭《注》同云：「童子：未冠之稱也。」29故此「未冠之稱」句，乃王、惠二氏置入於《公羊疏》引之中，非其所本有者。另外，「瀆，褻也。筮，問也」句，王氏無，為惠氏所增。惠氏蓋引自陸氏之說；《周易註疏》卷二《音義》：「筮，市制反，決也，鄭云：問告。」又：「瀆，音獨，亂也，鄭云：褻也。」《釋文》同引。惠氏將陸氏引鄭玄

26 見王樹柟《費氏古易訂文》，頁33。

27 鄧球柏《帛書周易校釋》云：「䦩，通行本作『婚』。䦩、婚，疊韻。……厚，通行本作『媾』，一本作『冓』，或作『搆』。媾、搆、冓，古音同。媾、厚，疊韻。」（頁194。）故古皆以音同而假借。

28 見鄧球柏《帛書周易校釋》，頁194。

29 引文見《儀禮註疏》卷十一，以及《禮記註疏》卷三十。

		解而筮者，此勤師而功寡，學者之災也。瀆筮則不復告，欲令思而得之，亦所以利義而幹事是也。	學者之災也。瀆筮則不復告，欲令思而得之，亦所以利義而幹事也。《公羊疏》、《釋文》。	「筮」、「瀆」二字之詁訓入於《公羊疏》文之中，且原「問告」之訓，惠氏改爲「問也」。以上諸增入，皆不宜；作者之原文，不宜擅入別文，應分別呈現說明。此皆引文之失。
29	蒙卦初六：用説桎梏。	初六：用説桎梏。木在足曰桎，在手曰梏。	初六：用説桎梏。木在足曰桎，在手曰梏。《周禮·大司寇疏》。	惠氏增補出處。出於《周禮·大司寇》賈公彥《疏》。陸氏《釋文》卷十一同此訓，但未注明出於鄭玄之說。又，《後漢書·黨錮列傳》卷九十七「並解桎梏」，唐章懷太子賢注，同引賈詁。又，桓寬《鹽鐵論·刺議》卷七，明張之象注，亦同引。
30	蒙卦九二：包蒙。	九二：包蒙。包當作彪；彪，文也。	九二：苞蒙。苞當作彪；彪，文也。《釋文》。	1.「包」字，今本、王應麟作「包」；宋本《釋文》作「苞」，惠棟從之。 2.嚴可均石《石經校文》云「毛居正《六經正誤》以苞爲誤」。是宋本原作苞，後人依毛說改作包，非是」。《費氏易》作「苞」。[30]阮元《校勘記》云：「岳本、閩、監、毛本同，（唐）石經包作苞。《釋文》出苞蒙。……古經典包容字多从艸。」[31]是漢儒多用「苞」字。 3.《晁氏易》認爲鄭氏「苞當作彪」。呂祖謙《古易音訓》亦引《晁氏易》云：「京房、鄭、陸績、一行皆作彪文也。」[32]是知漢書時期多有以「彪」爲正者。[33]王樹枏則又認爲「鄭所據《古文易》本作苞，而從今文家讀爲彪」，「晁氏直謂鄭作彪誤矣」。[34]
31	蒙卦六五《象傳》：順以	順以巽也。巽當作遜。	順以巽也。巽當作遜。《釋文》。	惠氏注明出處。清初諸家多引鄭氏云「巽當作遜」，如毛奇齡《仲氏易》卷五、晏斯盛《易

---

[30] 見王樹枏《費氏古易訂文》，頁 39。

[31] 阮元《校勘記》，見藝文印書館《十三經注疏》本《周易注疏》，頁 31。

[32] 此文轉引自元董真卿《周易會通》卷二，云：「呂《音訓》苞，今本作包。陸氏曰：鄭云苞當作彪，彪文也。晁氏曰：京房、鄭、陸績、一行皆作彪文也。」

[33] 古碑文亦見從「彪」者，如《司徒袁公夫人馬氏碑銘》有「蒙昧以彪」；胡廣《徵士法高卿碑》有「彪童蒙」；蔡邕《處士圉叔則碑》有「彪之用文」。是漢碑多用「彪」字。馬王堆《帛書周易》作「枹」字，（見鄧球柏《帛書周易校釋》，頁 136。）備參。

[34] 見王樹枏《費氏古易訂文》，頁 39-40。

	巽也。			翼說》卷七、沈廷芳《十三經注疏正字》卷一皆引。晏氏特明：「鄭註：巽當作遜，然古字通用，不必改遜。」
32 (惠增)	蒙卦上九：擊蒙。	（無）	上九：繫蒙。《釋文》。	今本蒙卦上九作「擊蒙」。惠氏引自《釋文》卷二云：「馬、鄭作繫。」董真卿《周易會通》卷二：「呂《音訓》擊，……晁氏曰：馬融、鄭、荀爽、一行作繫。」翟均廉《周易章句證異》卷一云：「擊，馬融、鄭玄作繫。晁說之曰：荀爽、一行作繫。毛奇齡曰：作繫者字形之誤。虞翻、王肅如字。《帛書周易》作「擊」字。[35]是「擊」、「繫」乃漢《易》二本之別。
33	需卦。	需讀爲秀。陽氣秀而不直上者，艮上坎也。	需讀爲秀。陽氣秀而不直上者，艮上坎也。《釋文》。	惠氏增補出處。
34 (惠增)	需卦：光亨，貞吉。	（無）	光亨貞吉。《釋文》云：鄭摠爲一句。	今本需卦云「光亨，貞吉」。
35	需卦《彖傳》：位乎天位。	位乎天位。音泣。	位音泣。乎天位。《釋文》。	惠氏增引出處。「音泣」王氏作本文大字，而惠棟作小注。
36	需卦《彖傳》：君子以飲食宴樂。	君子以飲食宴樂。宴，享宴也。	君子以飲食宴樂。宴，享宴也。《釋文》。	惠氏增引出處。
37 (惠增)	需卦九二：需于沙。	（無）	九二：需于沚。沚，接水者。《詩·鳧鷖正義》引作「沙」。	「沚」，今本作「沙」。惠氏《九經古義》考訂甚詳，認爲鄭氏所作之「沚」字，當作「沚」；且引《穆天子傳》與《象傳》，

---

[35] 見鄧球柏《帛書周易校釋》，頁 139。

[36] 見惠棟《九經古義》卷一云：「需于沙，鄭本沙作沚。棟案：沚當作沚，與沙同。《說文》云：沙，水散石也。从水从少，水少沙見。譚長說：沙或作沚。从沚。《穆天子傳》云：天子東征，南絕沙衍。辛丑，天子渴於沙衍，求飲未至，水少沙見，故《象》云：需於沙衍，或以衍屬下句，讀非也。郭璞云：沙衍水中有沙者。」惠氏所考，極爲詳審，宋翔鳳《周易考異》與其意同。（參見宋氏《周易考異》卷一，頁 587。）王樹枏認爲《費氏易》亦作「沚」，其案云：「沚爲沚字之誤，《說文》云：譚長說沙，或從沚，沚與沚形似，鄭蓋作沚，而陸氏誤以爲沚耳。」（見王樹枏《費氏古易訂文》，頁 43。）王氏

				認爲「沙」後有「衍」字。[36]明何楷《古周易訂詁》卷一亦云：「鄭康成本作沘，孟喜本沙下有衍字。」此當傳本之異。
38	需 卦 九三：致寇至。	致戎至。	致戎至。《釋文》。	1. 惠氏增補出處。 2. 今本「寇」字，王、惠引作「戎」字。《釋文》卷二云：「致寇，如字，鄭、王肅本作戎。」《集解》引虞翻注作「戎」。[37]阮元《校勘記》云：「古本亦作戎。」是以漢代古本，多作「戎」字。《帛書周易》同今本作「寇」字。[38]
39	訟卦。	辯財曰訟。	辯財曰訟。《釋文》。	惠氏增補出處。
40	訟 卦 卦辭：有孚窒。	有孚咥。咥，覺悔貌。	有孚咥。咥，覺悔貌。《釋文》。	1. 惠氏增補出處。 2. 今本「窒」字，王、惠引作「咥」字。《釋文》卷二：「窒，張栗反，徐得悉反，又得失反。馬作咥，云讀爲躓，猶止也。鄭云：咥，覺悔貌。」虞翻作「窒」。惠氏《周易述》卷九，亦作「咥」。馬衡《漢石經集存》作「憤」。徐芹庭《周易異文考》認爲「作窒者本字也」，「作咥者用假借義及引申義也」。[39]
41	訟 卦 九二：歸而逋其邑人三百戶。无眚。	九二：歸而逋其邑人三百戶。无眚。小國之下大夫，采地方一成其定稅三百家，故三百戶也。不易之田，休一歲乃種，再易之田，休二歲乃種，言至薄也。苟自藏隱，不敢與五相敵，則无災眚。眚，	九二：歸而逋其邑人三百戶。无眚。小國之下大夫，采地方一成其定稅三百家，故三百戶也。《雜記正義》。不易之田，休一歲乃種，再易之田，休二歲乃種，言至薄也。苟自藏隱，不敢與五相敵，則无災眚。《正義》。眚，過也。	此惠棟引自《禮記·雜記正義》與《釋文》。「眚，過也」句，王氏引作文末小注。

　本惠氏之說，皆依《說文》作「沘」字，所言成理。

[37] 李氏《集解》引虞翻注云：「離爲戎。」依虞氏之義，當亦作「戎」字。

[38] 見鄧球柏《帛書周易校釋》，頁 168。

[39] 見徐芹庭《周易異文考》，台北：五洲出版社，1975 年 12 月出版，頁 24。

		過也。	《釋文》	
42	訟卦九二《象傳》：患至惙也。	患至惙也。惙，憂也。	患至惙也。惙，陟劣反。惙，憂也。《釋文》。	惠氏增補音訓與出處。
43	訟卦九四：渝，安貞吉。	九四：渝，然也。	渝，安貞吉。渝，然也。《釋文》	惠氏增補爻辭與出處。
44	訟卦上九：或錫之鞶帶。	上九。鞶帶，佩鞶之帶。	或錫之鞶帶。鞶帶，佩鞶之帶。《周禮·巾車》疏	惠氏增補爻辭與出處。
45	訟卦上九：終朝三褫之。	三扡之。扡，徒可反。	終朝三扡之。扡，徒可反。《釋文》	今本作「褫」，王、惠引《釋文》作「扡」。[40]明熊過《周易象旨決錄》卷一：「褫，康成本作扡。晁以道曰：如扡紳之扡，乃得象意。吳幼清以褫與挮通訓拽。……荀、虞本曰褫。」潘士藻《讀易述》卷二、徐炘《徐氏筆精》卷二，論述亦近，並以荀爽、虞翻作「褫」字。惠氏《周易述》卷一作「扡」字。又，《九經古義》以「扡」、「褫」二字，字異而義同。[41]李富孫《易經異文釋》云：「錢氏曰：古讀褫如扡。《說文》褫讀若池，池即扡之譌。扡，奪聲相近。段氏曰：扡者褫之叚借字。」[42]依

---

[40] 見《釋文》卷二云：「褫，鄭本作扡，徒可反。」

[41] 參見《九經古義》卷一云：「終朝三褫之，《說文》云：褫，奪衣也，讀若池。鄭康成本作三扡之，音徒可反。棟案：《淮南·人間訓》云：秦牛缺遇盜扡其衣被。高誘曰：扡，奪也。是扡與褫，字異而義同。晁以道讀為扡紳之扡。楊慎以為終朝三扡之，以誇於人真小兒，強解事也。扡紳之扡，本作扡。見《說文》。」「扡」字，是否為「奪」義，王樹枏認為「扡」、「褫」二字為同音字，但義不同，云：「項安世《周易玩辭》引鄭注：三扡三加之也。是鄭注不以扡為奪。臧氏琳云：《說文》扡，曳也。《論語·鄉黨》加朝服扡紳，扡即扡之俗。馬融注：《易》以鞶為大帶。包咸注：《論語》以紳為大帶。是於大帶宜言扡，而非褫奪之義。楊慎《經說》亦謂上九上剛之極，本以訟而得鞶帶，不勝其矜，而終朝三扡以誇於人，故《象》曰：以訟受服。今以奪解之可乎？」（見王樹枏《費氏古易訂文》，頁46-47。）王氏質疑「扡」、「褫」二字之音義皆同，認為「扡」字不宜作「褫奪」之義解。

[42] 見李富孫《易經異文釋》卷一，頁531。

				李氏之見，蓋以「挖」字爲「襪」字之假借。
46	師卦。	軍二千五百人爲師，多以軍爲名，次以師爲名，少以旅爲名。師者，舉中之言。	軍二千五百人爲師，多以軍爲名，次以師爲名，少以旅爲名。師者，舉中之言。王氏。	惠棟注出王氏。實出於《毛詩注疏·棫樸》孔穎達《疏》引鄭氏之文。惠氏不察而作出於王氏。《周禮註疏·夏官司馬》卷二十八賈公彥《疏》同引。[43]
47	師卦卦辭：貞丈人吉	丈人能以法度長於人。丈之言長，能御衆，有正人之德。以法度爲人之長，吉而无咎，謂天子諸侯主軍者。	丈人吉。丈之言長，能御衆，有正人之德。以法度爲人之長，吉而无咎，謂天子諸侯主軍者。《春官·天府疏》、《釋文》。	惠棟於師卦卦辭云「丈人吉」，然王應麟則云「丈人能以法度長於人」，非卦辭卦辭。鄭玄之文，《周禮·春官·天府》卷二十、《夏官·司馬》卷二十八賈《疏》引述之。惠氏《九經古義》卷一、《周易述》卷二，同引「丈之言長」一文。
48	師卦初六：否臧凶。	初六：否臧凶。否，方有反。	初六：否臧凶。否，方有反。《釋文》。	「否，方有反」，王氏作本文，惠氏作小注。
49	師卦九二：王三錫命。	九二：王三賜命。	九二：王三賜命。《釋文》。	惠氏增補出處。今本「錫」字，王、惠依《釋文》作「賜」。是鄭《易》用「賜」作本字。「賜」、「錫」皆从易得聲，古籍多假「錫」爲「賜」。[44]
50	師卦九二《象傳》：承天寵也。	寵，光耀也。	承天寵也。寵，光耀也。《釋文》。	惠氏增補《象》辭與出處。
51	比卦初六：有孚	初六：有孚盈缶。爻辰在未，上值東井	初六：有孚盈缶。爻辰在未，上值東井，井之	惠氏增補出處：《毛詩·宛丘》卷十二孔穎達《正義》，以及《釋

---

[43] 明代馮復京《六家詩名物疏》卷二十六、何楷《古周易訂詁》卷二，同引鄭氏之文。

[44] 「錫」、「賜」同音通假，古籍多可見，《禹貢》「錫土姓」，《史記》作「賜土姓」，如《左傳·莊元年》：「王使榮叔來錫桓公命。」杜注：「錫，賜也。」《唐石經》亦作來賜字。《爾雅·釋詁》：「錫，賜也。」《離騷》「肇錫」，明代陳第《屈宋古音義》（第239冊）卷二注云：「錫，賜也。」《國語·周語上》引《詩·大雅》「陳錫載周」，三國吳韋昭注同。宋代蔡沈《書經集傳》（第58冊）卷四：釋《洪範》「天乃錫」云爲「錫，賜也。」《康熙字典》卷三十一：「《爾雅·釋詁》：賜也。《易》師卦：王三錫命。《書·堯典》師錫；帝曰傳錫也。《左傳·莊元年》：王使榮叔來錫，桓公命。註：錫，賜也。」段玉裁云：「凡經傳云錫者，賜之假借也。《公羊傳》：『錫者何，賜也。』是也。」是古籍以「錫」代「賜」，不可勝數；音假之故。

		盈缶。	井之水，人所汲。用缶，缶，汲器也。	水，人所汲。用缶，缶，汲器也。《詩·宛丘正義》。《釋文》。	文》卷二。又見《爾雅·釋宮》卷四「盎謂之缶」，宋邢昺《疏》同引鄭文。明何楷《古周易訂詁》卷二同引。
52	比卦九五：王用三敺，失前禽。	九五王用三敺，失前禽。王因天下顯習兵于蒐狩焉，驅禽而射之，三則已發，軍禮也。失前禽者，謂禽在前來者，不逆而射之，傍去又不射，唯背走者順而射之，不中亦已。是皆所以失之，用兵之法亦如之，降者不殺，奔者不禁，皆敵不殺，以仁恩養威之道。	九五王用三敺，失前禽。王因天下顯習兵于蒐狩焉，驅禽而射之，三則已法一作發，軍禮也。失前禽者，謂禽在前來者，不逆而射之，傍去又不射，唯背走者順而射之，不中則一作亦已。是皆所以失之，用兵之法亦如之，降者不殺，奔者不禁，背者不殺，加以仁恩，養威之道。《秋官·士師疏》、《左傳·桓四年正義》。	1. 王、惠引《周禮·秋官·士師》卷三十四賈《疏》引鄭氏云「王因天下顯習兵于蒐狩焉」，而《左傳正義》則作「王者習兵于蒐狩」。 2. 王氏文末云「皆敵不殺，以仁恩養威之道」，出於今《周禮·秋官·士師》卷三十四；然而惠氏云「背者不殺，加以仁恩，養威之道」，則不知出於何本，今《周禮註疏》未見。 3. 今本爻辭「驅」，王、惠引鄭氏之言作「敺」字，見陸德明《釋文》卷二，並云馬融作「驅」字。[45]此外，《集解》引虞翻亦作「敺」字。惠氏於《九經古義》卷一云：「王用三驅，鄭本作敺。案：《說文》驅，馬馳也，古文作敺，从支。《漢書》皆以敺為驅。康成傳《費氏易》，費直本皆古字，號古文《易》，當从是正。」是「敺」與「驅」，為古今字，而以「敺」字為古。
53	小畜。	小畜。畜，養也。	小畜許六反。《釋文》。。畜，養也。《釋文》。	惠氏增補出處與音訓。
54	小畜卦九三：輿說輻。	九三：輿說輻。謂輿下縛木，與軸相連，鉤心之木是也。輻，伏菟。	九三輿說輻。輻，伏菟。《釋文》謂輿下縛木，與軸相連，鉤心之木是也。王氏。	惠棟於「謂輿下縛木，與軸相連，鉤心之木是也」句後，注出於王應麟，實不察之誤。孫堂案語：「此條見《正義》。」[46]是見《周易正義》小畜卦之疏

---

45 見陸氏《經典釋文》卷二云：「三驅，匡愚反。徐云：鄭作敺。馬云：三驅者，一曰乾豆，二曰賓客，三曰君庖。」《周易註疏》卷三，陸氏《音義》同引。

46 孫堂語見《鄭氏周易注》，新文豐出版公司影印古經叢書本，收於《叢書集成新編》第十四輯，1985年元月初版，頁602。孔穎達《正義》所引，見今四庫本《周易註疏》卷三：「鄭注云：謂輿下縛木，與軸相連，鉤心之木是也。」又，《康熙字典》卷三十一，釋「鉤」字下亦同引鄭文。

				文，而非王應麟自見。清沈廷芳《十三經注疏正字・易》卷一，於「謂輿下縛木，與軸相連」條下案云：「『與軸』監本誤『輿軸』。」故「與軸」爲正。
55（惠增）	履卦卦辭：履虎尾，不咥人，亨。	（無）	履虎尾，不噬人，亨。噬，齧也。音誓。《文選》十。	今本履卦卦辭用「咥」，而《文選・西征賦注》卷十則引鄭氏作「噬」。按「咥」字本義爲笑貌，而「噬」字則有「齧」、「食」之義；[47]二字原義不同。用「噬」字較符卦辭辭意。故鄭氏用本字，而「咥」以古音近，爲假借用。明張獻翼《讀易紀聞》卷一，引論作「噬」字。
56	履卦上九：視履考詳。	（無）	視履考詳。履道之終，考正詳備。晁氏。	1.此惠棟引自晁氏之說。元董真卿《周易會通》同引晁氏言。[48] 2.今本履卦上九作「視履考詳」。「詳」，《釋文》、王肅本作「祥」；《書・君奭》「其終出于不祥」，以「祥」爲言。《漢石經》殘碑作「詳」。又《呂刑》「告爾祥刑」，《後漢書・劉愷傳》、鄭注「周禮」，「祥刑」皆作「詳刑」。又《春秋・昭十一年》「盟于祲祥」，服虔引「祥」亦作「詳」。又《史記・太史公自序》「陰陽之術大祥」，《漢書》作「詳」。是「祥」、「詳」古字通，

---

[47] 「咥」字之義，《說文》：「大笑也。」《詩・衛風》：「兄弟不知，咥其笑矣。」《毛傳》：「咥，咥然笑也。」《廣韻》：「笑也。」其義爲「笑」。至於「噬」之本義，《說文》：「噬，喙也。」《玉篇》：「齧，噬也。」揚雄《方言》：「噬，食也。」故以「食」、「齧」爲義。

[48] 見董真卿《周易會通》卷三：「呂《音訓》：考祥。陸氏曰：本亦作詳。晁氏曰：荀作詳，審也。鄭作詳，云：履道之終，考正詳備。」

[49] 見惠棟《周易述》卷二。「祥」、「詳」之用，清翟均廉《周易章句證異》考索云：「祥，鄭玄、荀爽本晁說之、虞翻、李鼎祚作詳。陸德明曰：祥，本亦作詳。鄭云：履道之終，考正詳備。荀云：詳，審也。虞云：詳，善也。乾爲積善，故考詳。惠棟曰：詳，古文祥。俞琰作『視履』句，『考祥其旋』句，作詳言，自視所履，詳審其旋。黃震、潘士藻、徐在漢『考祥其旋』句，祥，如字；黃云：旋旋踵踵。旋，潘云：考驗其吉祥于一念旋轉之間。徐云：考祥者，視也；其旋者，履也。吳澄『考祥其旋』句，作祥祭之祥，祥，祥祭；旋祥後復寢之時，言尙視所履于親喪之終；朱升作旁注，本之此說。毛奇齡謂升說不知所據；殆未閱澄書也。謹案：鄭玄、虞翻、王弼、孔穎達、李鼎祚、張子、程子、

				而鄭玄習用「詳」字。惠氏認爲「詳，古文祥」，以鄭玄之「詳」字爲古，有「考稽詳徵」之意。[49]
57	泰卦。	泰。通也。	泰。通也。《釋文》。	惠氏增補出處。
58	泰 卦《象》：后以財成天地之道，輔相天地之宜，以左右民。	后以財成天地之道。財，節也。輔相，左右助也。以者，取其順陰陽之節，爲出內之政，春崇寬仁，夏以長養，秋教收斂，多勑蓋藏，皆可以成物助民也。	后以財成天地之道，輔相天地之宜，以左右民。財，節也。輔相，左右助也。以者，取其順陰陽之節，爲出內之政，春崇寬仁，夏以長養，秋教收斂，多勑蓋藏，皆可以成物助民也。《集解》	惠氏增補《象》辭與出處。
59	泰 卦 初九：拔茅茹，以其彙，征，吉。	初九。彙，類也。茹，牽引也。茅，喻君有絜白之德，臣下引其類而仕之。茅，音苗。	初九：拔茅音苗茹，以其彙，征彙，音謂。吉。彙，類也。茹，牽引也。茅，喻君有絜白之德，臣下引其類而仕之。《（漢書）劉向傳》注。	1.「彙，類也。茹，牽引也。茅，喻君有絜白之德，臣下引其類而仕之」一文，據《漢書·劉向傳》注，非鄭玄之文，王應麟引之，而惠棟不察而沿之，故宜刪之。 2.《釋文》云：「彙古文作㝠，董作𧰼，出也；鄭云：勤也。」呂祖謙《古易音訓》云：「彙，董遇作𧰼，出也；鄭作𧰼，勤也。」清沈炳震《九經辨字瀆蒙》卷七，亦引《釋文》云：「以其彙，古文作㝠，董作𧰼，出也。」段玉裁《說文解字注》，認爲「㝠即彙之異者，彙，則假借字也。」惠棟《九經古義》卷二，亦引《釋文》謂：「彙，古文作㝠。」是以鄭玄對泰卦初九作「拔茅茹，以其𧰼」，不作「彙」，並訓「勤也」。
60	泰 卦 九二：包荒。	九二：荒讀爲康，虛也。	九二：苞荒。荒讀爲康，虛也。《釋文》	今本作「包荒」。惠棟引《釋文》作「苞荒」。清翟均廉《周易章句證異》卷一，云：「『包』，鄭玄作『苞』。陸德明曰：『包』本作『苞』。呂祖謙云：『苞』今作『包』。」又《漢石經》殘字亦作「苞」；《唐石經》同。此外，又有以「苞荒」合言者，

石介、王安石、蘇軾、楊時、郭忠孝、郭雍、朱震、朱子諸儒，俱作『視履考祥』句。」翟氏何以前引鄭玄、荀爽、虞翻、李鼎祚作「詳」字，而案語卻又認爲鄭玄、虞翻、李鼎祚等作「祥」，所據何在，並未作證實。

				如梁沈約《宋書·臧質列傳》卷七十四、宋王欽若等撰《冊府元龜·奏議》卷五九二、明梅鼎祚《西晉文紀》卷十六等，亦作「苞荒」。以「苞」合於古文本字。
61	泰卦六五：帝乙歸妹，以祉元吉。	六五：帝乙歸妹，以祉元吉。五爻辰在卯，春爲陽中，萬物以生，生育者嫁娶之，貴仲春之月，嫁娶男女之禮，福祿大吉。	六五：帝乙歸妹，以祉元吉。五爻辰在卯，春爲陽中，萬物以生，生育者嫁娶之，貴仲春之月，嫁娶男女之禮，福祿大吉。《周禮·媒氏疏》。	惠氏增補出處。《周禮·媒氏》卷十四，賈公彥《疏》，明指鄭氏之說。杜佑《通典·禮》卷五十九亦引該文，雖未明是鄭文，但知是鄭氏之說。又，明何楷《古周易訂詁》卷二同引。
62 (惠增)	泰卦上六：城復于隍。	（無）	上六：城復于隍。隍，壑也。《詩》韓奕《正義》。	鄭玄詁詮佚文見《毛詩註疏》卷三十五，孔穎達《正義》引鄭注所云；並且引《釋言》（《爾雅·釋言》）同云：「隍，壑也。」惠棟《周易述》卷二並指爲《釋言》云爲「隍，壑也」。《康熙辭典》亦引《釋言》同注。因此，孔氏引鄭注之言，或出於《爾雅》。
63	否卦九四：疇離祉。	九四：**畮**離祉。	九四：**畮**離祉。《釋文》。	《釋文》云「疇，鄭作古**畮**字」。《說文》以「**畮**」爲古文。惠氏《周易述》卷二用「**畮**離祉」，以「**畮**」字爲古；《九經古義》卷二：「否九四：疇離祉。當作**畮**。從鄭本。古文疇。見《說文》。」是二字爲古今字。[50]
64 (惠增)	否卦九五：休否。	（無）	九五：休否。休，美也。《文選》二十五。	否卦九五云「休否」。佚文引自《文選·謝靈運還舊園詩注》卷二十五。宋趙汝楳《周易輯

---

[50] 《爾雅·釋詁》：「疇，誰也。」《說文》：「**畮**，誰也。」李富孫《易經異文釋》卷二：「從**畮**爲古文疇。是鄭作**畮**與《說文》合。**畮**、疇，古今字。王逸《楚詞注》云：二人爲匹，四人爲疇。《國策》高注，《漢書》韋注，皆云：疇，類也。」（頁 535。）**畮**、疇義同而形異，爲古今字，而鄭之用字與《說文》同。惠氏慣用古字，其《易》著中皆用「**畮**」字。李富孫《易經異文釋》亦認爲「**畮**」字「爲古文疇，是鄭作**畮**與《說文》合。**畮**、疇古今字」。（見李氏《易經異文釋》卷一，頁 535。）王樹枏《費氏古易訂文》中，亦以「**畮**」字爲古文「疇」，並爲《費氏易》所用。（參見王樹枏《費氏古易訂文》，頁 69。）

				聞》卷二、俞琰《周易集說》卷十一、元陳應潤《周易爻變易縕》卷四、明來知德《周易集註》卷四，以及明魏濬《易義古象通》，皆引論「休，美也」。惠氏《周易述》卷四同引。
65	否卦九五：其亡，其亡，繫于苞桑。	繫于苞桑。猶紂囚文王於羑里之獄，四臣獻珍異之物，而終免於難，繫于苞桑之謂。	其亡，其亡，繫于苞桑。苞，植也。否世之人，不知聖人有命，咸曰[51]：其將亡矣，其將亡矣。而聖人乃自繫于植桑，不亡也。《文選》五十二。猶紂囚文王於羑里之獄，四臣獻珍異之物，而終免于難，繫于苞桑之謂。《集解》	1. 惠氏增補爻辭與出處。 2. 惠氏增引自《文選·曹元首六代論注》云「苞，植也」段，王氏則無。
66	同人卦卦辭：同人于野，亨。	同人于野，亨。乾為天，離為火，卦體有巽，巽為風，天在上，火炎上而從之，是其性同于天也。火得風，然後炎上益熾，是猶君在上施政教，使天下之人和同事之，以是為人和同者，君之所為也。故謂之同人。風行无所不徧，徧則會通之德大行。故曰同人于野，亨。	同人于野，亨。乾為天，離為火，卦體有巽，巽為風，天在上，火炎上而從之，是其性同于天也。火得風，然後炎上益熾，是猶人君在上施政教，使天下之人和同而事之，以是為人和同者，君之所為也。故謂之同人。風行无所不徧，徧則會通之德大行。故曰同人于野，亨。《集解》。	惠氏增補卦辭與出處。
67	同人卦六二：同人于宗。	六二。天子諸侯后夫人無子不出。	六二同人于宗。天子諸侯后夫人無子不出。《儀禮·士昏禮》疏、《詩》河廣《正義》。	惠氏增補爻辭與出處。文出於《儀禮注疏·士昏禮》卷二賈公彥《疏》，以及《禮記注疏·內則》卷二十七孔穎達《疏》。
68	同人卦九三：伏戎于莽。	九三。莽，叢本也。	九三：伏戎于莽。莽，叢本也。《釋文》	惠氏增補爻辭與出處。文出於陸德明《經典釋文》卷二，以及《周易注疏》卷三陸氏《音義》。
69	同人卦九四	九四。乘其庸。	九四：乘其庸。《釋文》。	今本「墉」字，王、惠引《釋

---

[51] 「咸曰」，原《文選注》作「咸云」，疑惠氏所改。

				文》作「庸」字。《晁氏易》以「庸」字爲古文，蓋古多用「庸」字，鄭玄所本從之，惠氏亦從之。[52]
70	大有卦卦辭：大有：元亨。	大有：元亨。六五體離處乾之上，猶大臣有聖明之德，代君爲政，處其位有其事而理之也。元亨者，又能長羣臣以善，使嘉會禮通。若周公攝政，朝諸侯于明堂是也。	大有：元亨。六五體離處乾之上，猶大臣有聖明之德，代君爲政，處其位有其事而理之也。元亨者，又能長羣臣以善，使嘉會禮通。若周公攝政，朝諸侯于明堂是也。《集解》。	惠氏增補出處。
71 (惠增)	大有卦六四《象傳》：明辯晢也。	（無）	明辯遰也。遰，讀如明星晢晢。《釋文》。	今《注疏》本、《漢石經》皆作「晢」。《周易集解》作「析」；虞翻云：「析之離故明辯析也。」從虞翻。《釋文》：「晢，王廙作晰，同音又作晢字，鄭本作遰，云：讀如明星晢晢。陸本作逝，虞作折。」《唐石經》亦作「晢」。宋翔鳳《周易考異》：「古文《易》作遰，博士《易》作逝，自鄭有明星晢晢之讀，至小王以後遂改作晢；虞據博士《易》改古文爲逝，而讀爲折，今傳其注中不著改字之由，魏人注經，其例不如漢儒之謹。……虞氏雖傳孟氏《易》，其改《易經》字多出後定，不可盡據爲孟氏古文也。」鄭玄作「遰」，讀如「晢」，從折得聲。不論「晢」、「折」、「晰」、「晢」、「逝」或「遰」字，古音悉相近。「大致以做晢、作晢者爲正字，作折，則或古文省也，作逝、作遰，則以古音相近而假借也。」[53]惠氏肯定鄭玄存用古字之功，以「遰」字爲古字所有，鄭氏

---

[52] 李富孫《易經異文釋》卷二云：「乘其墉，《釋文》云：墉，鄭作庸。《晁氏易》云：庸，古文。案：《詩》以作爾庸；《毛傳》云：庸，城也。《王制》：附於諸侯曰附庸。《正義》亦云：庸，城也。」（頁536。）以「庸」字爲古，省其从「土」，有城垣之義。

[53] 見徐芹庭《周易異文考》，台北：五洲出版社，1975年12月，頁37。

[54] 見《九經古義》卷二：「鄭康成不輕改經文，後儒無及之者，如《易》大有九四《象》：

				沿之。[54]
72	謙卦：亨。君子有終。	謙：君子有終。艮為山，坤為地。山體高，今在地下，其於人道，高能下下，謙之象。亨者，嘉會之禮，以謙為主。謙者，自貶損以下人，唯艮之堅固，坤之厚順，乃能終之，故君子之人有終也。	嗛：享，君子有終。艮為山，坤為地。山體高，今在地下，其於人道，高能下下，嗛之象。亨者，嘉會之禮，以嗛為主。嗛者，自貶損以下人，唯艮之堅固，坤之厚順，乃能終之，故君子之人有終也。《集解》	1. 今《周易》本、王氏引皆作「謙」字，而惠氏則改作「嗛」字。鄭玄是否用作「嗛」字，依今本《周易集解》卷四所引，實作「謙」字；倘《集解》所引，即鄭氏本字，則惠氏未 2. 依作本意，而斷然改易，實不恰當。 3. 惠氏作「嗛」，乃考漢代慣用此字，如《漢石經》作「嗛」；《釋文》卷二云「子夏作嗛」；《漢書·藝文志》云「合於《易》之嗛嗛」，顏師古《注》云「嗛與謙通」。此外，《文選·魏都賦》李善《注》、《漢書·司馬相如傳》、顏師古《注》，均謂「嗛」為古「謙」字。[55]另外，出土簡帛中，《帛書周易》亦作「嗛」，而《歸藏》則作「兼」。[56]不論「兼」、「謙」或「嗛」字，均從「兼」得聲，其義亦近。惠氏專用「嗛」字，以其為古。
73	謙卦《大象》：君子以裒多益寡。	抒多益寡。抒，取也。	君子以抒多益寡。抒，取也。《釋文》	1. 惠氏增補《象》辭與出處。 2. 今本「裒」字，《漢石經》同，而《唐石經》則作「襃」。王、惠作「抒」。《釋文》卷二：「裒，蒲侯反。鄭、荀、董、蜀才作抒，云：取也。《字書》作捊，《廣雅》云：捊，減。」[57]《玉篇》手部引作「捊」，云「猶減也」。李氏《集解》

明辨遭也，鄭注云：遭，讀如明星晢晢。」

[55] 顧藹吉《隸辨》云：「嗛，馮煥殘碑陰汝南過－子讓隸釋云：嗛即謙字。按《周易》謙卦，《釋文》：謙，子夏作嗛。《書·大禹謨》：謙受益，《古文尚書》作嗛。《漢書·藝文志》：《易》之嗛嗛，師古曰：嗛字與謙同。尹翁歸傳：然溫良嗛退，師古曰：嗛，古以為謙字。」（清代顧藹吉《隸辨》，卷二，引自京北：中華書局影印玉淵堂刊本。1986年4月1版，2003年12月北京第2刷，頁80。後文引顧氏之說，僅標明頁碼。）倪濤《六藝之一錄》，亦有相近之言。（倪濤《六藝之一錄》，見四庫全書本，第830冊，卷222。）因此，漢代多作「嗛」字，顏師古並認為「嗛」字與「謙」字同。

[56] 見鄭球柏《帛書周易校釋》，頁276。

[57] 元董真卿《周易會通》卷四，同引《釋文》此文。

				與引虞氏亦悉作「捊」。戴侗《六書故》認爲「裒即捊」。[58]徐芹庭考云,「裒、捊、掊,或音同,或義近,可以通用也」,且「裒亦與捊通」,「裒之爲裒,亦隸體之變」。[59]惠氏用《周易述》用作「捊」,並指出作「裒」字,乃俗本之訛誤。[60]
74	謙卦初六《象》:卑以自牧也。	初六。牧,養也。	卑以自牧也。牧,養也。《釋文》、《文選注》十六。	惠氏增補《象》辭與出處。文出於《釋文》卷二、《文選·潘安仁閒居賦注》卷十六。
75	謙卦六四:撝謙。	撝謙。讀爲宣。	六四撝謙。撝,讀爲宣。《釋文》	惠氏標明六四爻辭,並注明出於《釋文》。此音訓,王氏作爲小注。
76	豫卦:利建侯、行師。	坤,順也;震,動也。順其性而動者,莫不得其所,故謂之豫。豫,喜佚說樂之貌也。震又爲雷,諸侯之象。坤又爲眾,師役之象,故利建侯、行師。	坤,順也;震,動也。順其性而動者,莫不得其所,故謂之豫。豫,喜佚說樂之貌也。震又爲雷,諸侯之象。坤又爲眾,師役之象,故利建侯、行師矣。《集解》	惠氏標明出自《集解》。今《集解》卷四,於文末有「矣」字,惠氏同,而王氏無,當王氏所遺。
77	豫卦《彖傳》:而四時不忒。	忒,差也。	四時不忒。忒,差也。《釋文》	惠氏增補《彖》辭與出處。
78	豫卦《大象》:雷出地奮,豫。先王以作樂崇	靁出地奮。奮,動也。靁動於地,萬物乃豫也。	象曰:雷出地奮,豫。先王以作樂崇德,殷薦之上帝,以配祖考。奮,動也。雷動於地,萬物乃豫也。以者,取	1. 惠氏增補《象》辭與出處。 2. 王氏引文出於《詩·殷其靁正義》,[61]而惠氏另又增補「以者,……以配上帝是也」段,則依《周易集解》而補。

---

[58] 見宋戴侗《六書故》卷三十一:「鄭、荀、董、蜀才作捊,取也。《字書》作掊,《廣雅》云:掊,減。按:裒即捊,謂抔其多以益寡。」

[59] 參見李富孫《易經異文釋》,頁537。

[60] 見惠棟《周易述》卷十二:「《說文》曰:捊,引取也。鄭、荀、董遇、蜀才皆訓爲取;故云:捊,取也。俗作裒;《釋詁》曰:裒,多也。裒訓多,不得云裒多。俗本訛耳。」

[61] 疑王應麟所引,非同於惠棟引《集解》,而是引自《詩·殷其靁正義》,由引文以「靁」字可知。

	德，殷薦之上帝，以配祖考。		其喜佚動搖，猶人至樂，則手欲鼓之，足欲舞之也。崇，充也。殷，盛也。薦，進也。上帝，天帝也。王者功成作樂，以文得之者，作籥舞，以武得之者，作萬舞，各充其德而爲制，祀天地以配祖考者，使與天同饗其功也。故《孝經》云：郊祀后稷以配天，宗祀文王於明堂，以配上帝是也。《集解》	3.「以者，取其喜佚動搖，猶人至樂，則手欲鼓之，足欲舞之也。崇，充也。殷，盛也。薦，進也。上帝，天帝也」段，《文苑英華》卷七六二亦引，而其「上帝，天帝也」句，原《集解》作「上帝，天也」，奪一「帝」字，惠棟祥考而增補之。
79	豫卦六二：介于石。	六二砎于石。右八切，蓋謂唐砎也。	六二砎于石。砎，古八切。謂磨砎也。《釋文》	1.「古八切」，王氏誤作「右八切」，惠氏予以補正。 2.今本「介」字，王、惠皆作「砎」。《釋文》卷二：「音界，……古文作砎。鄭古八反，云：謂磨砎也。馬作扴，云：觸小石聲。」「砎」字爲古文，惠氏《九經古義》亦考定爲古文。[62]
80	豫卦六三：盱豫。	六三。盱，誇也。	六三：盱豫。盱，誇也。《釋文》	惠氏增補爻辭與出處。
81	豫卦九四：由豫，大有得，勿疑，朋盍簪。	九四：由豫。由，用也。簪，速也。	九四：由豫，大有得，勿疑，朋盍簪。由，用也。簪，速也。《釋文》	惠氏增補爻辭與出處。
82	豫卦上六：冥豫。	上六：冥豫。冥，讀爲鳴。	上六：冥豫。冥，讀爲鳴。《釋文》	「冥，讀爲鳴」句，王氏作小注，惠氏改爲本文。
83	隨卦：元亨利貞，无咎。	隨：元亨利貞，无咎。震，動也。兌，說也。內動之以	隨：元亨利貞，无咎。震，動也。兌，說也。內動之以德，外說之以言，則天下	1.惠棟標明出處。惠氏主要引自《周易集解》卷五。另，「震，動也。……故謂之隨也」段，早出於《左傳·襄

[62] 見惠棟《九經古義》卷二：「介于石，古文作砎。《釋文》、晉孔坦書云：砎石之易悟。」以「砎」爲古之正字。是《晉書·孔坦傳》云「砎石之易悟」，〈桓溫傳〉亦云「砎如石焉」，文皆從「石」作「砎」。王樹枏認爲「《說文》無砎字」，「砎蓋爲扴之異文」，以「扴」字爲古。（見王樹枏《費氏古易訂文》，頁76-77。）王氏之說，合於馬融作「扴」字。

	德，外說之以言，則天下之人，一作民。咸慕其行而隨從之，故謂之隨也。既見隨從，能長之以善，通其嘉禮，和之以義，幹之以正，則功成而有福，若无此四德，則有凶咎焉。	之民，咸慕其行而隨從之，故謂之隨也。既見隨從，能長之以善，通其嘉禮，和之以義，幹之以正，則功成而有福，若无此四德，則有凶咎焉。焦贛曰：漢高帝與項籍，其明徵也。《集解》、《左傳·襄九年》正義。	九年正義》(《春秋左傳注疏》卷三十)。惟《集解》引作「內動之以德」，《左傳正義》作「內動之爲德」，惠氏用《集解》；《集解》引作「則天下之人」，《左傳正義》作「則天下之民」，惠氏用《左傳正義》。宋李衡《周易義海撮要》亦引，惟略有小異。[63] 2.「焦贛曰……」段，王氏刪，惠氏補。既言焦贛之說，則不宜作鄭玄之文，當刪之。
84　隨卦《象傳》：君子以嚮晦入宴息。	（無）	君子以嚮晦入宴息。晦，宴也。猶人君既夕之後，入於宴寢而止息。《正義》。	此失文爲釋隨卦《象傳》「君子以嚮晦入宴息」。孫堂認爲「晦，宴也」之注，「宴」字當從宋本、毛本作「冥」，鄭玄應作「冥」爲是，因字形相近而訛。《爾雅·釋言》云「晦，冥也」；[64]翟玄注《公羊傳·僖十五年》、<成十六年>云「晦者何?冥也」；[65]《穀梁傳·僖十五年》義同；《說》云「夕者，冥也」，「冥從一，夜也」。鄭注「既夕之後」，與諸書同義，宜作「冥」字解。
85　隨卦初九：出門交有功。	出門交有功。震爲大塗，又爲日門，當春分陰陽之所交也。是臣出君門，與四方賢人交，有成功之象也。昔舜慎徽五典，五典克從，納于百揆，百揆時序，實于四門，四門穆穆，是其義也。	出門交有功。震爲大塗，又爲日門，當春分陰陽之所交也。是臣出君門，與四方賢人交，有成功之象也。昔舜慎徽五典，五典克從，內于百揆，百揆時序，實于四門，四門穆穆，是其義也。《集解》。	1. 惠氏增補出處。 2. 王氏作「納于百揆」，惠氏則作「內于百揆」。今本《集解》作「納」字，今本《尚書·舜典》亦或「納」。古書雖多有從「內」字或以「內」字爲古者，然而，倘鄭氏用「納」字，則不宜斷改。

---

[63] 宋李衡《周易義海撮要》（第13冊）卷二引：「震，動也。兌，說也。內動之以德，外說之以言，則天下之民，咸慕其行而隨從。既見隨從，能長之以善，通其嘉禮，和之以義，幹之以正，則功成而有福，无此四者，有凶咎焉。」其「咸慕其行而隨從」句末缺「之」字，且後又缺「故謂之隨也」句。又，《集解》作「若无此德，則有凶咎焉」，《撮要》作「无此四者，有凶咎焉」。又，「焦贛曰」段亦缺。

[64] 見《鄭氏周易注》，孫堂補遺序文，頁603。

[65] 翟玄注《公羊傳·僖十五年》：「晦者何?冥也。」<成十六年>同注。李道平《周易集解纂疏》，卷三，引爲「晦者，冥也」。(見北京：中華書局，1994年1版，1998年北京第2刷，頁211。)

86	蠱卦卦辭：先甲三日，後甲三日。	先甲三日，後甲三日。甲者，造作新令之日。先之三日而用辛也，欲取改過自新之義。後之三日而用丁也，取其丁寧之義。	先甲三日，後甲三日。甲者，造作新令之日。先之三日而用辛也，欲取改過自新之義。後之三日而用丁也，取其丁寧之義。《正義》。	惠棟增補出處。孫堂案云：「首句是《正義》，『先之』以下，是《正義序》。」[66]今孔穎達《正義》引鄭義，則文略同。[67]
87	臨卦：至于八月有凶。	臨，大也。陽氣自此浸而長大，陽浸長矣，而有四德，齊功於乾，盛之極也。人之情盛則奢淫，奢淫將亡，故戒以凶也。臨卦斗建丑而事，殷之正月也。當文王之時，紂爲无道，故于是卦爲殷家著興衰之戒，以見周改殷正之數，云：臨自周二月用事訖，其七月八月而遯卦受之，此終而復始，王命然矣。	至于八月有凶。臨，大也。陽氣自此浸而長大，陽浸長矣，而有四德，齊功於乾，盛之極也。人之情盛則奢淫，奢淫將亡，故戒以凶也。臨卦斗建丑而事，殷之正月也。當文王之時，紂爲无道，故于是卦爲殷家著興衰之戒，以見周改殷正之數，云：臨自周二月用事訖，其七月八月而遯卦受之，此終而復始，王命然矣。《集解》。	惠氏增補卦辭與出處。
88	觀卦：盥而不薦。	坤爲地爲眾，巽爲風。九五天子之爻，互體有艮，艮爲鬼門，又爲門闕，地上有木而鬼門宮闕者，天子宗廟之象也。盥而不薦。諸侯貢士於天子，鄉大夫貢士於其君，必以禮賓之，唯主人盥而獻賓，賓盥而酢主人，設薦俎則弟子也。	盥而不薦。坤爲地爲眾，巽爲風。九五天子之爻，互體有艮，艮爲鬼門，又爲宮闕，地上有木而鬼門宮闕者，天子宗廟之象也。《集解》。諸侯貢士於天子，卿大夫貢士於其君，必以禮賓之，唯主人盥而獻賓，賓盥而酢主人，設薦俎則弟子也。王氏。	1. 惠棟增補卦辭與出處。 2. 惠氏標明前段佚文出於《集解》卷五；後段佚文則注出王應麟，未詳察出處；實出於《儀禮注疏‧鄉飲酒禮》卷四賈公彥《疏》，其「鄉大夫」舊稱「卿大夫」，惠氏斷自改爲「卿大夫」。 3. 出於賈《疏》之言，王氏於該段前增「盥而不薦」句，以標明是鄭氏釋此句；實無增此文之必要，惠氏據刪。 4. 王氏誤將「宮闕」作「門

[66] 見《鄭氏周易注》孫堂補遺，頁603。

[67] 見《周易註疏》卷四，蠱卦卦辭孔穎達《疏》云：「鄭義以爲：甲者，造作新令之日。甲前三日，取改過自新，故用辛也。甲後三日，取丁寧之義，故用丁也。」孫堂所案，非實況。

				闕」，惠氏據改。
89	觀卦初六:童觀。	初六：童觀。童，稚也。	初六：童觀。童，稚也。《釋文》。	惠氏增補出處。
90	噬嗑卦《大象》:先王以明罰勑法。	勑法。勑，猶理也。	先王以明罰勑法。勑，猶理也。《釋文》	1. 惠氏增補《象》辭與出處。 2. 今本「勑」字，王、惠引作「勑」字。陸德明《釋文》卷二與《周易註疏》卷四《音義》同引:「勑法。恥力反，此俗字也。《字林》作勅。鄭云:勑，猶理也。一云:整也。」依陸氏所言，鄭玄似作「勑」字，王、惠所改，當因陸氏云「勑」為俗字之故，既屬鄭文，則不宜斷自改易。董真卿《周易會通》卷四同引陸氏之說，並云「呂《音訓》勑」。清顧藹吉《隸辨》否定陸氏之說，認為「勑」字非俗字，諸字書並無「勑」字，此《象》辭之言，當為「敕」字;[68]因此，也非「勑

---

[68] 清顧藹吉《隸辨》否定《釋文》認為「勑」字為俗字之說，云:「勑非俗字也。……諸字書既無勑字，并來字兩來為棗者，隸譌束為來，而乃謂變來為束;棗從重束，見於《說文》非從來也。……後人譌敕為敕，又譌束為來，轉轉相譌，遂以勞勑之勑為敕，而乃謂敕出於勑;從攵者，力之變，尤為荒謬。又以敕字非從約束之束，蓋未攷《說文》敕與勑為兩字也。敕之為勑，譌於後漢，說見《後華山廟碑》下;《易》噬嗑:先王以明罰勑法;《書‧皋陶謨》勑我五典五惇哉;《益稷》勑天之命;《康誥》惟民其勑，懋和多士勑殷命，終于帝;《詩‧楚茨》既匡既勑;敕皆作勑者，從石經之文也。正誤。譌為無稽之說，以攻《釋文》不足依據。」(見顧藹吉《隸辨》，頁 186。)嚴斥《釋文》之非。以字書無「勑」字;又「敕」與「勑」為兩字，敕之為勑，譌於後漢。今《易》噬嗑「先王以明罰勑法」，當是「敕」字之譌。

[69] 惠棟《九經古義》卷一考辨以「勑」字為正，云:「《釋文》作勅，恥力反，云:此俗字也。《字林》作勅。鄭云:勑，猶理也;一云整也。宋毛居正《六經正誤》(第 183 冊)云:勑法，監本誤作敕，舊作勑。紹興府注疏本、建安余氏本，皆作勑。伏觀高宗皇帝御書石經作勑法。鄭康成解勑為理，是漢以来作勑字也。顧氏《金石記》云:勑者自上命下之辭，前漢皆作敕，後漢始變為勑。《五經文字》曰:敕古勑字，今相承皆作勑。郭宗昌《金石史》以為從来旁力，別音賚。今《尚書‧皋陶謨》、《益稷》、《康誥》、《多士》、《詩‧楚茨》、《易》噬嗑《大象》之文，並作勑，又何說也？《周禮》樂師詔来瞽皋舞注云:来，勑也，勑爾瞽率爾衆工，奏爾悲誦，肅肅雝雝，毋怠毋凶。鄭康成，漢

				字，更不以「勑」字爲古，此惠氏之未察。[69]今觀漢魏諸書，多作「敕」字，並通作「飭」。蓋以「敕」字爲正，非「勑」字。[70]
91	噬嗑卦九四：噬乾肺。	九四噬乾肺。肺，簀也。	九四噬乾肺。肺，簀。《釋文》	惠本無「也」字，而《釋文》實有「也」字，蓋惠棟之遺漏，宜補。
92	噬嗑卦上九：何校滅耳，凶。	上九。離爲槁木，坎爲耳，木在耳上，何校滅耳之象也。	上九：何校滅耳，凶。离爲槁木，坎爲耳，木在耳上，何校滅耳之象也。《集解》	惠氏增補爻辭與出處。
93	噬嗑卦上九《象傳》：聰不明也。	聰不明也。目不明，耳不聰。	聰不明也。目不明，耳不聰。《釋文》。	惠氏增補出處。陸氏《音義》（《周易註疏》卷四）同引。惠氏《周易述》卷十二同引鄭文作詁訓。
94	賁卦：亨。小利有攸往。	賁。賁，變也，文飾之貌。賁，文飾也。离爲日，且，天文也。艮爲石，石，地文也。天文在下，地文在上，天地之文，相飾成賁者也。猶人君以剛柔仁義之道，飾成其德也。剛柔雜，仁義合，然後嘉會禮通，故亨也。卦互體坎、艮。艮止于上，坎險止於下，	賁：亨。小利有攸往。賁，文飾也。离爲日，天文也。艮爲石，地文也。天文在下，地文在上，天地二文，相飾成賁者也。一云：天地之文，交相而成，賁賁然也。猶人君以剛柔仁義之道，飾成其德也。剛柔雜，仁義合，然後嘉會禮通，故亨也。卦互體坎、艮。艮止于上，坎險止于下，夾震在	1. 惠氏增補爻辭，並詳明出處。 2. 「賁，變也，文飾之貌」文，別出於《釋文》。王氏置於引文之首，而惠氏則置於文末。 3. 王氏作「天地之文」，惠氏則作「天地二文」，並小注可另作「天地之文，交相而成，賁賁然也」。是惠氏載錄較詳。

人也，其訓來爲勑，又何哉？棟案：訓來爲勑，此先鄭之言，後鄭所不從，顏氏以爲康成誤矣。郭氏訓勑爲賚，蓋本張有《復古編》。案秦和鍾云：萬生是勑，或訓爲賴，是敕亦可讀爲賴，則敕亦非古字矣。古字省多借飭爲勑，或作飭，《漢菽文志》引《易》云：明罰飭法。《史記·五帝紀》云：信飭百官。徐廣曰：飭，古勑字。《雜卦》云：蠱則飭也。高誘《呂覽》注云：飭讀爲勑，勑，正也。離俗兒。」

[70] 《漢書·藝文志》：「《易》曰：先王以明罰敕法」《潛夫論·三式》：「噬嗑之卦，下動上明。其《象》曰：先王以明罰飭法。」《魏志·王朗傳》：「《易》稱敕法。」據此，今用「勑」字，漢魏言《易》，多作「敕」，亦未用「勑」字。又從字言，「勑」、「敕」本不同，《說文》「敕，誡也」，而「勑，勞也」；二字義本然不同。又，敕字又有作「飭」者，《說文》訓「致堅也」；《集韻·韻會》訓「蓄力切，音敕」；《玉篇》訓「謹貌」。是「飭」可以通作「敕」。因此，「敕」當爲本字，而用「勑」、「勑」者，皆當譌借之字。

		夾震在中，故不利大行，小有所之則可矣。	中，故不利大行，小有所之則可矣。《詩‧白駒正義》、《集解》。賁，變也，文飾之貌。《釋文》。	
95	賁卦《象傳》：无敢折獄。	折獄。折，斷也。	无敢折獄。折，斷也。《釋文》。	惠氏增補《象》辭與出處。
96	賁卦初九：賁其趾，舍車而徒。	初九：舍輿而徒。	初九：賁其趾，舍輿而徒。《釋文》。趾，足。同上。	「輿」字，今本作「車」。元熊良輔《周易本義集成》引程子之言作「輿」字。[71]惠氏《周易述》卷三、卷十二皆作「車」字。二字音義相近，古多通用。《漢石經》「車」作「轝」，即「輿」字。
97	賁卦初九《象傳》：義弗乘也。	（無）	義不乘也。晁氏。	今本賁卦初九《象》辭作「義弗乘也」，惠棟引晁氏之說作「義不乘也」，易「弗」字作「不」字。白居易原撰，宋孔傳續撰《白孔六帖》卷二十四亦作「不」字。[72]《儀禮注疏‧士昏禮》卷二鄭《注》：「古文弗為不。」是「古書二字多通用，亦聲相近」。[73]
98	賁卦六四：賁如，皤如。	六四：賁如，皤如。六四，巽爻也，有應於初九，欲自飾以適初，既進退未定，故皤如也。	六四：賁如，皤如。皤，音煩。《釋文》。六四，巽爻也，有應於初九，欲自飾以適初，既進退未定，故皤如也。《檀弓正義》。	1. 惠氏增補音訓與出處。 2. 王、惠引《釋文》為「皤」字，《禮記‧檀弓》孔穎達《正義》作「嶓」字，且今本也為「嶓」字。[74]二人改《正義》為「皤」字。《釋文》卷二：「嶓，白波反。《說文》云：

---

[71] 見元熊良輔《周易本義集成》（第 24 冊）卷一：「程子曰：趾在下，所以行也。君子修飾之道，守節處義，其行不苟，義或不當，則舍輿而徒，行衆人之所羞，而君子以為貴也。」

[72] 見《白孔六帖》（第 891 冊）卷二十四。《白孔六帖》為白居易原撰，宋孔傳續撰。

[73] 見李富孫《易經異文釋》卷二，頁 540。

[74] 李富孫《易經異文釋》卷二注明：「舊本蹯作嶓，非。」（見《易經異文釋》，頁 540。）肯定鄭玄作「蹯」字。

[75] 李富孫《易經異文釋》卷二引作「鄭、陸作蹯」。（見《易經異文釋》，頁 540。）不同

				老人貌。董音槃;云馬作足橫行曰皤。鄭、陸作燔,[75]音煩。荀作波。」胡煦《周易函書約註》卷五:「皤如。鄭、陸作蟠,荀作波,董音槃。」是諸家引鄭玄有作「蟠」、「皤」、「燔」字者,而王、惠改作「燔」字,蓋據《說文》與《元本》而改。[76]
99	賁卦六四:白馬翰如。	白馬翰如。謂九三位在辰,得巽氣爲白馬。翰,猶幹也。見六四適初未定,欲幹而有之。翰,白也。	白馬翰如。翰,寒案反。《釋文》。謂九三位在辰,得巽氣爲白馬。翰,猶幹也。見六四適初未定,欲幹而有之。《檀弓正義》。	1.惠氏增補音訓與出處。 2.「翰,白也」,爲王應麟引《釋文》之言。今《釋文》於「翰」字下云「鄭云:白也,亦作寒案反」。呂氏《音訓》所見《釋文》,當爲古本;引《釋文》亦云:「鄭云白也,又寒案反。」惟惠棟刪此「翰,白也」句,而孫堂、張惠言皆從惠氏。孫堂補遺云:「《釋文》引『翰,猶幹也』一句,一本作『翰,白也』,誤。」[77]孫堂據衕雨堂《釋文》作「翰,猶幹也」,而謂「翰,白也」爲誤,雅雨堂《釋文》乃惠棟所定,而惠棟單執《正義》「翰,猶幹也」一義,未納《釋文》訓「白」之義。實「翰」字固有「白」與「幹」二訓,而「寒案反」爲訓「幹」之音;至於訓「白」之義,可以直接回應經文「白馬」二字,故不得云誤。惠棟刪此「翰,白也」,實未詳察之誤。惠棟之後,黃奭從袁陶軒所輯「寒案反者,訓幹之音,是以白爲正訓,以幹爲旁訓」之義,復將「翰,白也」三字納入注文。
100	剝卦《彖傳》:不利	陰氣侵陽,上至于五,萬物零落,故	不利有攸往,小人長也。陰氣侵陽,上至于	1.惠氏增補《彖》辭與出處。

於今《釋文》作「燔」字。

[76] 阮元《周易釋文校勘記》:「《補宋本》蟠作燔,《閩本》作膰,《監本》、《盧本》作蟠。」《鄭氏周易注》孫堂《補輯》云「《元本》作燔」。(頁604。)蓋《元本》作「燔」,此爲王應麟、惠棟所據者。不論作「皤」、「燔」、「蟠」、「膰」,或是作「波」,皆音近而假借;諸家師承各異。

[77] 見《鄭氏周易注》,頁604。

	有攸往，小人長也。	謂之剝也。五陰一陽，小人極盛，君子不可有所之，故不利有攸往也。	五，萬物靈落，故謂之剝也。五陰一陽，小人極盛，君子不可有所之，故不利有攸往也。《集解》。	2.「靁」字，張惠言、黃奭從之。王應麟作「零」，而今《周易集解》亦作「零」。
101	剝卦初六：蔑，貞凶。	蔑，輕慢。	蔑，貞凶。蔑，輕慢。《釋文》	惠氏增補爻辭與出處。
102	剝卦六二：剝牀以辨	六二：剝牀以辨。足上稱辨，謂近膝之下，屈則相近，申則相遠，故謂之辨。辨，分也。	剝牀以辨。足上稱辨，謂近膝之下，屈則相近，信則相遠，故謂之辨。辨，分也。《集解》。	1. 王氏「申則相遠」，惠氏作「信則相遠」，今《集解》作「申」字。2.「屈則相近」之「屈」，《集解》舊作「詘」，今作「屈」。王應麟、惠棟既引自《集解》，蓋版本之不同而字異。3. 宋明以降，諸家所引，亦未一是。[78]
103	剝卦六四《象傳》：切近災也。	六四：切近災也。切，急也。	切近災也。切，急也。《釋文》。	惠氏無「六四」二字。補出處。
104	剝卦上九：小人剝廬。	小人剝廬。小人傲很，當剝徹廬舍而去。	小人剝廬。小人傲很，當剝徹廬舍而去。《天官・遺人疏》。	惠氏增補出處。「傲很」之「很」字，今本賈公彥《疏》引作「狠」字。「狠」字為正，作「很」當刻印之誤。
105	復卦卦辭：復，亨。	復，反也，還也。陰氣侵陽，陽失其位，至此始還反起於初，故謂之復。陽君象，君失國而還反，道德更興也。	復，亨。復，反也，還也。陰氣侵陽，陽失其位，至此始還反起於初，故謂之復。陽君象，君失國而還反，道德更興也。《春秋正義》。	所言《春秋正義》，實《左傳・襄二十八年正義》。
106 (惠增)	復卦卦辭：七日來復。	（無）	七日來復。建戌之月，以陽氣既盡；建亥之月，純陰用事。至建子之月，	此一佚文為注復卦卦辭「七日來復」之注文。宋章如愚《群書考索》續集卷三、宋魏了翁《周易要義・綱領》、明唐順之

[78] 如宋代丁易東《易象義》（第 21 冊）卷四、明熊過《周易象旨決錄》（第 31 冊）卷二、陳念祖《易用》（第 35 冊）卷二等，皆作「屈則相近，伸則相遠」。元董真卿《周易會通》（第 26 冊）卷五、明魏濬《易義古象通》（第 34 冊）卷四，皆作「屈則相近，申則相遠」。清翟均廉《周易章句證異》（第 53 冊）卷一則作「詘則相近，伸則相遠」。

			陽氣始生，隔此純陰一卦，卦主六日七分，舉其成數言之，而云七日來復。《正義序》。	《荊川稗編》卷四、清朱彝尊《經義考》卷十四等皆引，並明言此乃鄭康成引《易緯》之說而爲言。此一佚文爲姚士麟所補，實非惠棟所增輯。《易漢學》卷一同引，以六日七分之說，申明七日來復之義。
107	復卦《大象》：商旅不行。	商旅不行。資貨而行曰商，旅客也。	商旅不行。資貨而行曰商，旅客也。《釋文》。	惠氏增補出處。宋方實孫《淙山讀周易》卷七、元董真卿《周易會通》卷五同引。
108	復卦初九：无祗悔。	初九：无祗悔。祗，病也。	无祗悔。祗，病也。《釋文》。	惠氏無「初九」言。補出處。
109	復卦六三：頻復。	六三：卑復。	六三：顰復。《釋文》。	今作「頻」字。《釋文》以鄭作「顰」；惠棟從《釋文》；王作「卑」則從《晁氏易》。《古易音訓》云「卑」古文，「顰」今文。王弼、虞翻、侯果、孔穎達，訓「頻」爲「頻蹙」之「頻」；《尙氏學》云「頻，古文顰字」；知「頻蹙」即「顰蹙」。按「卑」、「頻」、「顰」古今字，義同。今以「頻」爲用，乃沿宋明以來之普遍用法；張子沈、項安世、俞琰、蘇軾、程子、楊萬里、郭雍、朱子、朱震、張浚、吳澄諸儒皆從「頻」字。
110 (惠增)	復卦六四：中行獨復。	（無）	六四：中行獨復。爻處五陰之中，度中而行，四獨應初。《漢上易傳》。	此一佚文爲鄭玄注復卦六四爻辭「中行獨復」之文。
111	復卦六五《象傳》：中以自考也。	六五：中以自考也。考，成也。	中以自考也。考，成也。《釋文》。	惠氏無「六五」言。補出處。
112	復卦上六：有災眚。	有災眚。異自內生曰眚，自外曰祥，害物曰災。	有裁眚。《釋文》。異自內生曰眚，自外曰祥，害物曰災。《釋文》。	今本作「災」字，王應麟亦從「災」；惠棟從《釋文》爲「裁」，未加改易。又孫堂《鄭氏周易注》補遺案：「裁」，《釋文》本作「灾」。實陸德明《釋文》明言：「灾，本又作災，鄭作裁。」

				案：《說文》栽，正字也；烖，或字也；災，籀文也。」故以「栽」字為最正。」
113	无妄。	无妄。妄，猶望。謂无所希望也。	无妄。妄，猶望。謂无所希望也。《釋文》。	惠氏增補出處。見《釋文》卷二云：「《說文》云：妄，亂也。馬、鄭、王肅皆云：妄，猶望。謂无所希望也。」元龍仁大《周易集傳》卷三、董真卿《周易會通》卷六、明何楷《古周易訂詁》卷三同引。
114 (惠增)	无妄卦《象傳》：无妄之往，何之矣。	（無）	无妄之往，何之矣。妄之言望，人所望宜正，行必有所望，行而无所望，是失其正，何可往也。《後漢書·李通傳》注。	此惠棟引自《後漢書·李通傳》卷四十五，唐章懷太子賢《注》，引鄭玄注无妄卦《象傳》「无妄之往，何之矣」之佚文。
115	无妄卦《象傳》：天命不祐。	祐，助也。	天命不右。右，助也。《釋文》。	惠棟標用自《釋文》，實陸德明作「不佑」，並云其「佑」字「本又作祐」；陸文並未明確指出鄭玄作「佑」字，又未嘗言及「右」字。王應麟諸經並皆用「祐」字，與今注疏本同。惠棟就全文而逕自取用「右」字。惠棟之依據，蓋以漢代慣用「右」字，鄭玄也不例外。馬融作「右」，謂「天命不右，行非矣」，[79]李鼎祚本於漢代諸家也作「右」，並引虞翻、《九家易》作「右」，如虞云「右，助也」。鄭玄注諸經，皆用「右」字，如《集解》泰卦《象傳》「以左右民」引鄭玄注云「左右，助也」。《毛詩注疏》卷一，「參差荇菜，左右流之」，鄭玄箋「左右，助也」；蘇轍《詩集傳》同訓「左右，助也」。呂祖謙《呂氏家塾讀詩記》卷二十五，引毛氏曰「右，助也」；卷二十九，引鄭玄云「右，助也」，引東萊同。宋嚴粲《詩緝》卷十八，訓云：「右，助也，右與有、侑通，皆助也。」宋王與之《周禮訂義》卷六十，引鄭玄

轉引自清翟均廉《周易章句證異》卷三，云：「佑，馬融作右，謂天不右行。李鼎祚作右，引虞翻曰：右，助也。馬君云：天命不右，行非矣。晁說之曰：馬非。陸德明曰：本又作祐。呂祖謙曰：今本作祐。」惠棟以「右」字訓用；《周易述》卷九同引馬融謂「天命不右，行非矣」。

				云「左右，助也」；明王志長《周禮註疏刪翼》卷二十二，亦同。《禮記・祭統》，鄭玄注云「右，助也」(見《禮記注疏》卷四十九)；宋衛湜《禮記集說》卷一一六，引鄭玄亦云「右，助也」。案都列歷歷為證，兩處用「右」，鄭玄更是不例外，並以「助」為訓。惠棟審明用字，可見其精確之一斑。並本「右」字，《周易述》卷二、卷九，注大有初九、无妄六三時，均云「右，助也」。
116	无妄卦六二：不菑畬。	六二：不菑畬。一歲曰菑，二歲曰新，三歲曰畬。	不菑畬。一歲曰菑，二歲曰新，三歲曰畬。王氏。	此一注文，惠棟未詳明出處，故注為王氏。實出於《詩・采芑正義》鄭箋；《爾雅・釋地疏》同引。
117	大畜卦：不家食，吉。	自九三至上九，有頤象居外，是不家食，吉而養賢。	不家食，吉。自九三至上九，有頤象居外，是不家食，吉而養賢。《表記正義》。	惠氏增補卦辭與出處。文出於《禮記・表記正義》。
118	大畜卦《彖傳》：輝光日新其德，剛上而尙賢。	輝光日新絕句，其德連下句，剛上而尙賢。	輝光日新絕句，其德連下句剛上而尙賢。《釋文》。	王應麟將「絕句」、「連下句」作本文，不妥；惠棟改為小注。由此鄭注可見諸家斷句之異。今普遍用王弼注之說法，故作「輝光日新其德，剛上而尙賢」。是王應麟、惠棟斷句同，而與王弼所斷不同。
119	大畜卦九三：良馬逐。	良馬。逐逐，兩馬走也。	良馬逐逐。逐逐，兩馬走也。《釋文》。	今《注疏》本僅一「逐」字，《周易集解》亦同。《釋文》引鄭玄言重字，宋魏了翁《周易要義》卷三下，也引鄭作「良馬逐逐」；《九經辨字瀆蒙》卷七，亦云「鄭本作逐逐」，與頤卦六四「其欲逐逐」義同。隋顏之推《顏氏家訓・書證》卷下，提到《易》云良馬逐逐，亦以重字為用。宋李昉等編《文苑英華》卷七二四，〈送陳留李少府歸上都序〉，云「天寶年中，……蓋良馬逐逐，在公之伯仲乎」，唐文此「良馬逐逐」為慣用之辭。故元本疑脫一「逐」字。
120	大畜卦九三：曰閑輿衛。	曰閑輿衛。曰習車徒。	曰閑輿衛。曰，人實反。曰習車徒。《釋文》。	惠氏補音注，並標明出處。
121	大畜卦六四：童牛之牿，元	六四：童牛之牿，元吉。巽為木，互體震，震	六四：童牛之牿，元吉。巽為木，互體震，震為牛之	王應麟小注為《周禮・秋官・大司寇疏》元文所附之小字，惠棟以非鄭玄所注，刪而不

	吉。	爲牛之足，足在艮體之中，艮爲手，持木以就足，是施楅。鄭志泠剛問，蒙初六注云，木在足曰桎，在手曰梏。今大畜六四施楅於足，不審桎梏手足定有別否，答曰：牛無手故以足言之。	足，足在艮體之中，艮爲手，持木以就足，是施楅。《大司寇疏》。	用。俗本用「童牛之牿」，《釋文》亦同。《說文》、《集解》引虞注、《九家易》、皆作「告」。賈公彥《疏》引鄭玄作「梏」，而魏鄭小同《鄭志‧答泠剛》卷上，同引鄭注全文，並作「梏」字。宋明來降，多有以「童牛之梏」爲用者，如宋趙彥肅《復齋易說》卷二、方聞一《大易粹言》卷四十六、衛湜《禮記集說》卷四十、元胡一桂《周易啓蒙翼傳》下篇、明來知德《周易集註》卷六等，均以「梏」爲正。惠棟精審其義，採鄭說，《九經古義‧周易古義》卷一特別指出「牿爲牛馬牢，非角也」，「鄭本作梏，謂施梏於前足，是也」，「今作牿者，非也」。
122	大畜卦六五：豶豕之牙。牙讀爲互。	六五：豶豕之牙。牙讀爲互。	六五：豶豕之牙。牙讀爲互。《釋文》。	「牙讀爲互」，王應麟作小注。今本《釋文》云：「牙，徐五加反，鄭讀爲互。」「互」、「互」同字。鄭氏以「牙」讀爲「互」，並有「互」之意。「牙」、「互」形近，古多有誤用，進而有「互牙古字通用」[80]之情形，其實是以形似相亂之故。
123	大畜卦上九：何天之衢。	上九。艮爲手，手上肩也。乾爲首，首肩之間荷物處。乾爲天，艮爲徑路，天衢象也。	上九：何天之衢。艮爲手，手上肩也。乾爲首，首肩之間荷物處。乾爲天，艮爲徑路，天衢象也。《後漢‧崔駰傳》注。	王應麟未明爻辭、出處，惠氏補之。
124 (惠增)	大畜卦上九《象傳》：道大行也。	（無）	道大行也。人君在上位，負荷天之大道。《文選》卷十一。	此佚文爲大畜卦上九《象傳》之鄭注。宋李衡《周易義海撮要》卷三，引陸敬輿：「上爲養賢之主，其德剛厚，能負荷天之大道，而致群賢之通泰也，衆賢遂志，治化日隆，道大行

---

[80] 宋陳祥道《禮書》（第130冊）卷七十六，清秦蕙田《五禮通考》（第135冊）卷四、六十六，皆言「互」「牙」古字通用。

				也。」清沈起元《周易孔義集說》卷七，同引。其義與鄭注相近。
125	頤卦卦辭：貞吉，觀頤，自求口實。	頤：貞吉，觀頤，自求口實。頤，口車輔之名也。震動於下，艮止於上，口車動而上，因輔嚼物以養人，故謂之頤。頤，養也。能行養則其幹事，故吉矣。二五離爻皆得中，離爲目，觀象也。觀頤，觀其養賢與不肖也。頤中有物者口實，自二至五有二坤，坤載養物，而人所食之物皆存焉，觀其求可食之物，則貪廉之情可別也。	頤：貞吉，觀頤，自求口實。頤，口車輔之名也。震動于下，艮止于上，口車動而上，因嚼物以養人，故謂之頤。頤，養也。能行養則其幹事，故吉矣。二五离爻皆得中，离爲目，觀象也。觀頤，觀其養賢與不肖也。頤中有物曰口實，自二至五有二坤，坤載養物，而人所食之物皆存焉，觀其求可食之物，則貪廉之情可別也。《集解》。	1. 王、惠所引相近，僅「離」與「离」、「於」與「于」之不同。 2.「口車動而上」之「上」字，《漢上易》作「止」。《左傳·襄二十八年正義》，「頤中」作「頤者」，「頤，養也」作「故謂頤爲養也」。此皆與王、惠所引稍異。
126	頤卦初九：觀我朵頤。	朵，動也。	觀我朵頤。朵，動也。《釋文》。	王、惠所引同。王未明爻辭、出處。
127 (惠增)	頤卦上九《象傳》：大有慶也。	（無）	大有慶也。君以得人爲慶。《漢上易傳》。	此佚文爲頤卦上九《象傳》鄭注。惠輯注明出自朱震《漢上易傳》卷三，又李衡《周易義海撮要》卷三，同引。
128 (惠增)	大過卦。	（無）	大過。陽爻過也。《漢上易傳》。	此佚文見於朱震《漢上易傳》卷三。清納喇性德編《合訂刪補大易集義粹言》卷三十二，亦引鄭注，並云「卦以四陽二陰，陽居用事之地，故曰大過」。惠棟《周易述》卷四，釋大過卦，云「大謂陽；大過，陽爻過也」，此亦轉用鄭氏之言。其卦旨在言卦中陽爻超過陰爻，喻事物剛大者過盛。
129	大過卦九二：枯楊生稊，老夫得其女	九二：枯楊生荑。枯，謂無姑山榆。荑木更生，謂山榆之實。以丈夫年過娶二	九二：枯楊生荑，老夫得其女妻。枯，音姑。謂無姑山榆。羊朱反。荑木更生，音夷。謂山	1.今傳本作「稊」字，王、惠同引《釋文》鄭注作「荑」；惠注明出處與字音。 2.惠棟《周易述》論述大過卦，作「枯

| | | 妻。 | 十之女，老婦年過嫁三十之男，皆得其子。 | 榆之實。《釋文》。以丈夫年過娶二十之女，老婦年過嫁三十之男，皆得其子。《詩·桃夭正義》。 | 楊生梯」，並認爲今本作「稊」，誤。肯定以「梯」作爲本字。[81]
3. 同鄭玄作「荑」者，如《文選·風賦》云「被荑黃」；《唐開元占經》卷一二，瞿曇悉達「竹木草藥占」云：「京房《易》侯曰：枯楊生荑，斷枯復生，六辟當之。」又唐李子卿〈功成作樂賦〉（引自《御定歷代賦彙》卷九十）、歐陽詢《藝文類聚》卷十八、宋祝穆《古今事文類聚》後集卷二十三，以及李昉《文苑英華》卷七十四，均作「枯楊生荑」。一九七三年十二月長沙馬王堆三號漢墓帛書《周易》，作「楷楊生荑」，同鄭玄用「荑」字。《後漢書·徐登傳》引《易》作「夷」；徐鍇云，「荑，夷聲」。
4. 宋明以降，《易》家大都作「梯」或「稊」。作「梯」者，如宋朱震《漢上易傳》卷三、林栗《周易經傳集解》卷三十二、朱熹《周易本義》卷一、易祓《周易總義》卷九、元保巴《周易原旨》卷三、解蒙《易精蘊大義》卷四、趙汸《周易文詮》卷一、明蔡清《易經蒙引》卷四下、林希元《易經存疑》卷四、楊爵《周易辯錄》卷二、黃道周《易象正》卷五、倪元璐《兒易外儀》卷八，乃至清方以智、黃宗炎、惠棟、玉心敬、王又樸、翟均廉等，均以「梯」爲用。至於作「稊」者益盛，如《子夏易傳》、魏王弼《周易註》、唐李鼎祚《周易集解》、史徵《周易口訣義》，宋代更火，如胡瑗《周易口義》、司馬光《溫公易說》、張載《橫渠易說》、蘇軾《東坡易傳》、程子《伊川易傳》、耿南仲《周易新講義》、鄭剛中《周易窺餘》、林栗《周易經傳集解》、李衡《周易義海撮要》、趙彥肅《復齋易說》、楊萬里《誠齋易傳》、馮椅《厚齋易學》等，明清亦不勝枚舉，不予贅述。今沿王弼注本作「稊」。
5. 宋呂祖謙《呂氏家塾讀詩記》卷四： |

130	坎　卦　六三：隱且枕。	六三：<u>檢且枕</u>。木在手曰檢，在首曰枕。	六三：<u>檢且枕</u>。木在手曰檢，在首曰枕。《<u>釋文</u>》。	今本「隱」字，王、惠依《釋文》作「檢」字。今本「隱」、「枕」二字，《釋文》指出鄭玄作「檢」作「枕」字，且云古文作「檢」作「沈」。[82] 惠氏以

右上欄續文：

「大過九二『枯楊生梯』，鄭康成《易》作『荑』，然則所謂『荑』者，凡草本根芽皆是，非獨茅也。」又，清姚炳《詩識名解》卷十四，訓《詩·幽風·七月》：「女桑自是小桑之稱，釋木，訓為荑桑。按『梯』桋與『荑』字不相通，傳《易》作『荑』，恐誤。《正義》又通『枯楊生梯』，為生荑以為葉之新生者，取合女桑，則尤誤矣。」皆以鄭康成作『荑』為誤。此鄭氏為荑之說，皆以其義不合。

6. 今本作「稊」，歷來皆為非者，亦蓋有其理據。如宋毛居正《六經正誤》卷一，云：「九二枯楊生梯，作稊，誤。案：梯字从木从弟。梯，稚也。木根再生，稚條也。音題；又他分反，階梯也。从禾者，亦音題，稊稗之稊，孟子五穀不熟，不如稊稗是也。」「稊」與「梯」二字義不盡相同，以「梯」為「稚」為再生之稚木，較合於《易》文原義。虞翻作「稊」，解為楊葉未舒之狀，與原義相近。惠棟《周易述》作「枯楊生梯」，並指明今本作「稊」，誤。

7. 諸字相通，或相借用者。《文選》李善注引《易》云「稊與荑同」，以「稊」與「荑」通用。宋戴侗《六書故》以「荑」亦借用「稊」、「梯」或「桋」。明方以智《通雅》卷四十二，云「荑梯字通」，「可知古人从弟夷之通」。《周易尚氏學》以「稊、荑同字」，「荑為木新生之條」。蓋諸字義近，同訓稚秀初木；陽雖固而濟以陰，故能成生發之功，譬如枯楊之生新木、老荑娶得幼妻，無不利而具生生不已之象。

				「檢」字爲鄭氏所用，卻未用「沈」字，仍用「枕」。且，惠氏《周易述》坎卦則用「險」、「枕」，與今本同；《集解》及所引虞翻、干寶悉同。用「險」字，顯然在此惠氏並且依古爲用之準據，而是依坎卦之險象爲據。至於「枕」字，李富孫提到惠氏則認爲「古文是讀爲沈溺之沈」；惠氏習改用古文，倘真如是之說，惠氏當用「沈」字才是，何以不用呢？[83]「枕」、「沈」、「玷」字，古音相近或作假借，而當以「枕」字爲正。
131	坎卦六四：樽酒，簋貳，用缶，納約自牖。	六四：樽酒，簋貳，用缶，納約自牖。六四上承九五，又互體在震上，爻辰在丑，丑上值斗，可以斟之象。斗上有建星，建星之形似簋也。貳，副也。建星上有弁星，弁星之形又如缶。天子大臣以王命出會諸侯，主國尊于簋副，設玄酒而用缶也。	六四：樽酒，簋貳，用缶，內約自牖。六四上承九五，又互體在震上，爻辰在丑，丑上值斗，可以斟之象。斗上有建星，建星之形似簋。貳，副也。建星上有弁星，弁星之形又如缶。天子大臣以王命出會諸侯，主國尊于簋副，設玄酒而用缶也。《詩·宛丘正義》。《禮器正義》。	1. 惠氏增補出處。 2. 今本「樽酒」，王、惠引作「尊酒」；「納約」，王如字，惠氏則作「內約」。惠氏詳考，以「尊」字爲正，《九經古義》卷一云：「案：樽，俗尊字。鄭注禮器引作尊，或又作罇，曹憲《文字指歸》云：檢字無此从缶从木者，《說文》云：字从酋寸，酒官法度也。今之尊卑從此，得名故尊。亦爲君父之稱。棟案：《說文》鐏，正字；尊，或字。」以「樽」爲俗字，而「鐏」（即「奠」字）爲正字，而「尊」爲或字。《帛書周易》即用作「奠」字。[84]段玉裁認爲酌酒必資於尊，以「尊」

枕，徐針鴆反，王肅針甚反。鄭玄云：木在首曰枕。陸云：閑礙險害之貌。《九家》作玷。溺字古文作沈。」

[83] 李富孫《周易異文釋》引《釋文》言如前注注文，並云：「《晁氏易》云：險按象數當作檢。枕，干寶作桉，安也。案：檢、險形聲相似。枕，《九家》作玷，亦聲之轉或假。玷爲墊。溺字，古文作沈，陸音直林反。」又云：「惠氏曰：古文是讀爲沈溺之沈。陸績云：枕，閑礙險害之貌。輔嗣注：枝而不安。同此意。晁氏引干作桉，或字之誤。」（見《周易異文釋》卷二，頁544。）李氏引惠棟之言，今惠氏《易》著未見。

[84] 見鄧球柏《帛書周易校釋》，頁162。

				字爲正，後而別製「罇」、「樽」字。[85]是以用「尊」字爲古，並符鄭氏之用。 3. 今本「納約」，王如字，惠氏則作「內約」。董真卿以京房與一行作「內」字。[86]古「納」字多作「內」，惠氏尊古，以「內」字爲用。[87]
132	坎卦九五：祇既平。	九五：祇既平。祇，當爲坻，小邱也。	九五：祇既平。祇，當爲坻，小丘也。《釋文》。	坎卦爻辭鄭訓。惠棟標明出於《釋文》，「祇」訓爲「小丘」，王應麟作「小邱」；以「小丘」爲正。[88]
133	坎卦上六：繫用徽纆，寘于叢棘，三歲不得，凶。	上六：繫拘也。爻辰在巳，巳爲虵，虵之蟠屈似徽纆也。三五互體艮，又與震同體。艮爲門闕，於木爲多節，震之所爲，有叢拘之，類門闕之內，有叢才多節之木，是天子外朝左右九棘之象也。外朝者，所以詢事之處	上六：繫用徽纆，寘于叢棘，三歲不得，凶。繫，拘也。爻辰在巳，巳爲蛇，蛇之蟠屈似徽纆也。三五互體艮，又與震同體。艮爲門闕，于木爲多節，震之所爲，有叢拘之，類門闕之內，有叢才多節之木，是天子外朝左右九棘之象也。外朝者，所	1. 王應麟誤將鄭玄訓「繫，拘也」作上六爻辭，云爲「上六：繫拘也」；惠棟正之，云「繫，拘也」。 2. 王氏作「虵」者，惠棟則作「蛇」；然王氏於《困學紀聞》卷九中作「巳爲蛇」，而惠氏於《易漢學》卷六，論＜鄭氏《易》＞，卻又作「巳爲虵」，知「蛇」、「虵」通用，惟以「蛇」字爲常。[89]

---

85 見段玉裁《說文解字注》云：「凡酌酒者，必資於尊，故引申以爲尊卑字，猶貴賤本謂貨物而引申之也。自專用爲尊卑字，而別製罇、樽爲酒尊字矣。」（台北：黎明文化事業公司，1974 年 9 月初版，1993 年 7 月 10 版，頁 759。）

86 見董真卿《周易會通》卷六云：「納，晁氏曰：京、一行作內，云內自約束。」

87 李富孫《易經異文釋》卷二云：「晁氏《易》云納，京、一行作內，云內自約束。《集解》引虞云：坎爲納。……案《周禮》鍾師納夏，注云：故書納作內。杜子春云：內當爲納。《書》百里賦納總，《漢・地理志》作內總。蓋古納字皆作內。《史》、《漢》猶然。《曲禮》注云：納，內也，義同。京、一行則不謂納字。」（見《易經異文釋》，頁 544。）是以古多以「內」字爲用，鄭、京、一行皆同。惠氏還原古本，亦作「內」字。

88 「祇既平」，有作「禔既平」者。《說文》：「禔，安福也，从示是聲，《易》曰：禔既平。」《釋文》：「京作禔，《說文》同，音支，又止支反，安也。」《集解》及所引虞氏注亦作「禔既平」。阮元《校勘記》：「《石經》、《岳本》，祇作祇是也。」當以「祇」爲正。「禔」从是聲，「祇」從氏聲，「是」、「氏」古音同在支部，則「禔」、「祇」以同音而通假。訓爲「小丘」，不宜作「邱」字。

89 「蛇」、「虵」二字通用，但以「蛇」字爲常，《說文解字》卷十四下，云：「四月陽氣已出，陰氣已藏，萬物見成文章，故巳爲蛇，象形，凡巳之屬，皆從巳。」作「蛇」；漢代何休《春秋公羊傳注疏》卷十五，作「蛇」；王充《論衡・言毒》卷二十三，云「辰

	也。左嘉右，平罷民焉；右肺右，達窮民焉。罷民，邪惡之民也。上六乘陽，有邪惡之罪，故縛<u>約</u>徽纆，寘于叢棘而後公卿以下議之，其害人者，置之圜土而施職事焉，以明刑恥之，能復者，上罪三年而赦，中罪二年而赦，下罪一年而赦，不得者，不自思以得正道，<u>終不自改而出諸圜土者殺故。</u>	以詢事之處也。左嘉右，平罷民焉；右肺右，達窮民焉。罷民，邪惡之民也。上六乘陽，有邪惡之罪，故縛<u>以一作約</u>徽纆。徽纆，寘于叢棘而<u>使一作後</u>公卿以下議之，其害人者，置之圜土而施職事焉，以明刑恥之，能復者，上罪三年而赦，中罪二年而赦，下罪一年而赦，不得者，不自思以得正道，<u>終不自改而出諸圜土者殺，故曰凶。《公羊疏》。</u>	3. 惠棟標明《公羊疏》，詳為＜宣元年疏＞。王氏未明。 4. 以「辰為龍，巳為蛇」之十二辰所肖之物，未必以鄭氏先用；王充《論衡‧物勢》、＜言毒＞、許慎《說文解字》卷十四下，乃至《月令正義》蔡邕所論所食者與非所食者之十二物，十二辰所肖之物，兩漢已習成。[90]
134	離卦《象傳》：明兩作離；大人以繼明 明兩作離。作，起也。	明兩作離；<u>大人以繼明照于四方</u>。作，起也。《釋文》。明兩者，取君明上下以明德相	離卦《象傳》鄭玄，王應麟僅引《釋文》之注，惠棟考索《文選‧謝宣遠張子房詩注》增補之。此外，丁杰引《漢上易傳》

為龍，巳為蛇，辰巳之位在東南」，亦作「蛇」。知兩漢典籍大都作「蛇」字。宋代則「蛇」、「虵」互見，除王應麟論著二字皆見外，如：宋朱震《漢上易傳》（第 1 冊）卷九，作「巳為蛇」；宋陸佃《埤雅》（第 222 冊）卷十，作「巳為蛇」；宋司馬光《類篇》（第 225 冊）卷四十二，同引《說文》亦作「蛇」；王明清《揮麈後錄》（第 1038 冊）卷三，作「巳為蛇」；葉廷珪《海錄碎事》（第 921 冊）卷二十一，則云「巳為虵，辰為龍」，以「虵」字為用。明清以降，亦大都作「蛇」字，如：明何楷《古周易訂詁》卷三，引鄭玄註，同作「巳為蛇」；盧之頤《本草乘雅半偈》（第 779 冊）卷十，同；清徐文靖《管城碩記》（第 861 冊）卷二十九，云「鄭氏曰：辰為龍，巳為蛇」，亦作「蛇」字；陳大章《詩傳名物集覽》（第 86 冊）卷五，亦作「巳為蛇」。顧炎武《日知錄》（第 858 冊）卷三十二，則作「巳為虵」。故歷來以「蛇」字為常用。

90 明王鏊《震澤集》（第 1256 冊）卷三十四，提到十二辰所肖之物的源起，二十八宿分布周天，以直十二辰，並由七曜統之，各有所象之物，「此十二肖之所始也」，蓋言十二肖布之於七曜之中，是術家所用，卻未明起於何時。宋王伯大編《韓文考異》（第 1073 冊）卷三十六，《毛穎傳》中，毛穎「佐禹治東方土，養萬物有功，因封于卯地，死為十二神」，然「其以十二物為十二神」，「未見所從來」；十二物若何？早在三代已見？未知所云。明徐應秋《玉芝堂談薈》（第 883 冊）卷二十一，引楊升菴慎曰：「子鼠丑牛十二屬之說，朱子謂不知所始，余以為此天地自然之理，非人能為之也。」以四時物象之變，以十二肖代之，亦未明源起何時。但知十二物援用，因天文之說昌明而有之，兩漢正值此成熟之時。鄭玄納之於爻辰說之中，或《易》象之中，十二肖入《易》，鄭氏已然見其端倪，是否全面納用十二肖，則難作斷言。有關此一命題，將於後文補述。

	照于四方。		承，其於天下之事，無不見也。《文選注》二十一。	卷三鄭注佚文，補於惠補之後，其文爲：「明明相繼而起，大人重光之象，堯舜禹文武之盛也。」[91]
135（惠增）	離卦初九：履錯然。	（無）	初九：履錯然。錯，七各反。《釋文》。	惠棟依《釋文》引鄭玄之注音。漢魏以降，多用此音注，如王弼《周易註》卷三，訓此卦「錯」字，云「錯，七各反，又七路反」；晉韓康伯《周易註》卷七、卷九，亦注作「錯，七各反」。所注或依鄭注而來。
136（惠增）	離卦六二：黃離，元吉。	（無）	六二：黃離，元吉。离，南方之卦，離爲火，土託位焉。土色黃，火之子，喻子有明德，能附麗於其[92]父之道，文王之一作大。子，發且一無此字。是也。[93]慎成其業，則吉矣。[94]《文選注》二十。《御覽》一百四十六。	唐徐堅《初學記》同引此文。明陳耀文《經典稽疑》卷下，引鄭康成《易》：「離，南方之卦。離爲火，土託位焉。土色黃，火之子，喻子有明德，能附麗於其父之道，文王之子，發且是也。」又，明彭大翼《山堂肆考》卷三十九：「「離，南方之卦。離爲火，土託位焉。土色黃，火之子，喻子有明德，能附麗於其父之道，順成其業，故吉也。」惠棟考佚，較前賢引文益詳。
137	離卦九三：不鼓缶而歌。	九三：不擊缶而歌。艮爻也。位近丑，丑上值弁星，弁星似缶。詩云：坎其擊缶。則樂器亦有缶。	九三：不擊缶而歌。《釋文》。艮爻也。位近丑，丑上值弁星，弁星似缶。詩云：坎其擊缶。則樂器亦有缶。《詩‧	1. 惠氏增補出處。 2. 今本「鼓」字，王、惠依《釋文》作「擊」字。蓋古「鼓」與「擊」字音義近而通假。[95]

---

[91] 朱震《漢上易傳》引鄭注「大人以繼明照于四方」，如上文所引。元胡震《周易衍義》（第 23 冊）卷八亦云：「明兩作離，作，起也。明明相繼而起，大人重光之象，如此舜之明繼堯之明，以啓之明繼禹之明，以武王之明繼文王之明……」文雖稍異於《漢上易傳》，亦未明屬鄭注，但義卻相同。此外，納喇性德編《大易集義粹言》（第 45 冊）卷三十四，同引《漢上易傳》之鄭注。

[92] 《文選注》無「其」字。

[93] 「文王之子」，「之」字《御覽》作「大」字。「發且是也」，「且」字《御覽》無。

[94] 「慎成其業，則吉矣」，《初學記》「慎」作「順」，「則」作「故」，「矣」作「也」。

[95] 《說文》云：「鼓，擊鼓也。从支豈，豈亦聲，讀若屬。」段玉裁《注》云：「與擊雙聲。《玉篇》云：「之錄切，擊也。」是以「鼓」、「擊」二字以音義相近而通假。如《詩》「弗鼓弗考」，《釋文》云：「鼓本或作擊。」《文選‧河陽縣作詩》注引作「擊」字。

			宛丘正義》。	
138 (惠增)	離卦九三：則大蠹之嗟，凶。	（無）	則大蠹之差。《釋文》云鄭無凶字。年踰一作餘。七十也。《詩·車鄰正義》、《禮記·射義正義》、《爾雅疏》。	今本爻辭作「嗟」，惠棟引鄭《易》作「差」。《說文》「嗟」字作「𧮂」云：「嗞也，从言差聲。」[96]徐鍇《說文繫傳》卷五云：「今俗從口作嗟。」李富孫《易經異文釋》云：「嗟，《說文》作𧮂，今作差，當从省。」[97]蓋「差」字爲「𧮂」或「嗟」字之省，同从差聲而通用。又，鄭無「凶」字，此則鄭氏一家之學，不然則後人之遺落。
139	離卦九四：突如其來如，焚如，死如，棄如。	九四：突如其來如。震爲長子，爻失正，又互體兌兌爲附決。子居明法之家而無正，何以自斷其君父之志也。突如，震之失正，不知其所。又爲巽，巽爲進退不知所從，不孝之罪，莫大焉，得用議貴之辟刑之，莫如所犯之罪。焚如，殺其親之刑。死如，殺人之刑。棄如，流宥之刑。	九四：㐬如其來如，焚如，死如，棄如。震爲長子，爻失正，又互體兌兌爲附決。子居明法之家而無正，何以自斷其君父之不忍也。㐬如，震之失正，不知其所如。又爲巽，巽爲進退不知所從，不孝之罪，莫大焉，得用議貴之辟刑之，若如所犯之罪。焚如，殺其親之刑。死如，殺人之刑。棄如，流宥之刑。《秋官·掌戮疏》。	1. 今本、王氏作「突」字，惠棟則依鄭玄原字。《說文》云：「云，不順忽出也，从到子，《易》曰：『突如其來如』，不孝子突出不容於內也。㐬，或从到古文子，即《易》突字。」《小徐本》云下有「𠫓即《易》突字也」六字；大徐本㐬字下有「即《易》突字」四字。《說文》突字段《注》：「倉頡之𠫓即《易》之突字，非謂倉頡時已見爻辭，正謂《周易》之突，即倉頡之𠫓也，此爻辭之用假借也。」《晁氏易》云「京、鄭皆作㐬」；《周禮·秋官疏》引鄭注同。惠棟校訂《周易集解》及所引荀爽《易》作「㐬」。《說文》水部流字下云：「㐬，突忽也。」段《注》云：「㐬之本義爲不順忽出也，引申爲突忽。」因此，用「𠫓」、「㐬」或「㐬」字，蓋爲本字，而「突」字則爲假借字。在此，惠棟忠於原作，知本字之正。

---

[96] 見《說文解字注》，台北：黎明文化事業公司，1974 年 9 月初版，1993 年 7 月 10 版，頁 100。

[97] 見李富孫《易經異文釋》卷二，頁 545。

				2. 王氏引作「其君父之志也」，而惠氏則作「其君父不忍也」；又，王氏引作「莫如所犯之罪」，而惠氏作「若如所犯之罪」。皆版本引用之異。
140	離卦六五《象傳》：離王公也。	麗王公也。	麗王公也。《釋文》。	今本「離」，王、惠二氏因《釋文》作「麗」字。98惠氏《周易述》卷十二云「離讀爲麗也」；蓋「離」、「麗」二字古音同，古籍往往通用。99
141	咸卦卦辭：亨，利貞，取女吉。	咸，感也。艮爲山，兌爲澤。山氣下，澤氣上，二氣通而相應，以生萬物，故曰咸也。其於人也，嘉會禮通，和順於義，幹事能正。三十之男，有此三德，以下二十之女，正而相親說，娶之則吉也。	咸：亨，利貞，取女吉。咸，感也。艮爲山，兌爲澤。山氣下，澤氣上，二氣通而相應，以生萬物，故曰咸也。其於人也，嘉會禮通，和順於義，幹事能正。三十之男，有此三德，以下二十之女，正而相親說，娶之則吉也。《集解》。	惠氏增補卦辭與出處。
142 (惠增)	咸卦《象傳》：二氣感應以相與。	（無）	二氣感應以相與。與，猶親也。《釋文》。	惠棟引自唐陸德明《經典釋文》卷二。事實上《周易注疏》卷六，於咸卦《象傳》中，孔穎達《疏》亦引「鄭云：與，猶親也」。
143	咸卦初六：咸其拇。	初六：拇。足大指也。	初六：咸其拇。足大指也。《釋文》。	《釋文》：「拇，茂后反，馬、鄭、薛云，足大指也。子夏作踇，荀作母，云陰位之尊。」《集解》引虞翻注：「母，足大

---

98 見陸氏《釋文》卷二：「離王公也。音麗，鄭作麗。王肅云：麗王者之後爲公。」此外，兌卦「麗澤」，《釋文》亦云「鄭作離」。是「離」、「麗」二字，鄭玄同用。

99 「離」、「麗」二字，古籍多通用者，如就《周易》本經言，《彖傳》云：「離，麗也。」《說卦傳》同云。歷代諸家注《易》之「離」字，亦作「離，麗也」，如王弼《周易註》卷三注離卦六五《象傳》「離公也」，又如韓康伯《周易註》卷八《繫辭下》「蓋取諸離」，又如朱子注離卦諸「離」字，皆云「麗也」。其它典籍亦同，如《太玄》卷三「五枝離如」，晉范望《注》云：「離，附麗也。」如《儀禮‧鄉飲酒》「歌魚麗」，《釋文》云：「麗，本或作離。」又朱子《詩經集傳》釋＜靜女＞「鴻則離之」、嚴粲《詩緝》釋「雉離于羅」與「不離于裏」，以及明陳第《屈宋古音義》釋「橘頌」「淑離不淫」等，皆訓「麗也」。相同之訓，不勝枚舉。

				指也。艮爲指，坤爲母，故咸其母。」晃氏曰「母，古文」；元董真卿《周易會通》卷七、卷八，同引晃氏之言，以「母」爲古文。惠棟校《集解》云「今本母爲拇，古文通」，並於《周易述》中，改易今本用「母」字。[100]
144	咸卦六二：咸其腓。	六二：腓。膞腸也。	六二：咸其腓。膞腸也。膊，市顗反。《釋文》。	惠氏所補，增注音與出處。
145	咸卦九五：咸其脢。	九五。脢，背脊肉也。	九五：咸其脢。脢，背脊肉也。《釋文》、《正義》。	增出處，惠氏所補較爲完整。
146	咸卦上六《象傳》：脤口說也。	上六：脤口說也。脤，送也。咸道極薄，徒送口言語言，相感而已，不復有志於其間。	脤口說也。脤，送也。《釋文》。咸道極薄，徒送口舌言語，相感而已，不復有志于其間。《正義》。	1. 增出處，惠氏所補較爲完整。 2. 今本「脤」字，王、惠所引，皆作「脤」字。《釋文》：「脤，徒登反，達也。《九家》作『乘』，虞作『脤』，鄭云：送也。」《周易註疏》卷六，孔穎達《正義》云：「鄭玄又作『脤』，脤，送也。」《說文》脤字，「送也」。《儀禮·公食大夫》「眾人脤羞者」，鄭注「『騰』當作『脤』」；《燕禮》「脤觚于賓」，鄭注「脤，送也。今文『脤』皆作『騰』」。是「脤」與「脤」通，亦通作「騰」，而鄭以「脤」字尤正。
147	恆卦卦辭：亨，无咎，利貞。	恆，久也。巽爲風，震爲雷，雷風相須而養物，猶長女承長男，夫婦同心而成家，久長之道也，夫婦以嘉會禮通，故无咎，其能和順幹事，	恆：亨，无咎，利貞。恆，久也。巽爲風，震爲雷，雷風相須而養物，猶長女承長男，夫婦同心而成家，久長之道也，夫婦以嘉會禮通，故无咎，其能和順	王應麟引鄭注，未明是注恆卦卦辭「亨，无咎，利貞」。惠棟補之，並補佚文出於《周易集解》。

見《周易述》卷五，咸卦初六作「咸其拇」，並注云：「母讀爲拇，足大指也。」用鄭、虞之說。又卷十三〈象下傳〉，亦用「母」字：「咸其母，志在外也。」

		所行而善矣。	幹事，所行而善矣。《集解》。	
148	恆卦初六：浚恒。	初六：濬恒。	初六：濬恒。《釋文》。	今本作「浚」字，而王、惠二氏引自《釋文》云「鄭作濬」。是「浚」、「濬」二字音義相近而通。李富孫云：「古文溶、濬二形，今作浚，義竝同。」古書二字多互用。[101]鄭作「濬」，為一家之學。
149	恆卦九三：不恆其德，或承之羞。	九三：或承之羞。爻得正，互體爲乾。乾有剛健之德，體在巽，巽爲進退不恆其德之象。又互體兌，兌爲毀折，是將有羞辱也。	九三：不恆其德，咸承之羞。《釋文》。爻得正，互體爲乾。乾有剛健之德，體在巽，巽爲進退不恆其德之象。又互體兌，兌爲毀折，是將有羞辱也。《緇衣正義》。	1. 今本爻辭作「或承之羞」，王應麟改《釋文》「咸承之羞」而從今本。惠棟還《釋文》鄭之原文作「咸承之羞」。 2. 李富孫《易經異文釋》：「《後漢·馬廖傳》注引鄭說仍作或解，當以字形相涉而異。」則以形似轉寫之誤。《論語·子路註疏》卷十三、《禮記·緇衣註疏》卷五十五，註引《易》言，皆作「或承之羞」。一九七三年馬王堆《帛書周易》，同今本作「或承之羞」。故「或承」較鄭作「咸承」爲正。惠氏忠於鄭氏原字。
150 (惠增)	恆卦六五：恆其德，貞；婦人吉，夫子凶。	（無）	六五：恆其德，貞；婦人吉，夫子凶。以陰爻而處尊位，是天子之女。又互體兌，兌爲和說，至尊主家之主，以和說幹家事，問正於人，故爲吉也。應在九二，又男子之象，體在巽，巽爲進退是無所定，而婦言是從，故云夫子凶也。《緇衣注》、《正義》。	此鄭注佚文見《禮記·緇衣正義》。此段佚文，王應麟未明此乃鄭注恆卦之文，故收於其輯文末之＜易論＞內。惠氏考實其出處，爲恆卦六五之注文。

---

[101] 李富孫《易經異文釋》卷三云：「案《釋言》：濬，深也。《書》濬川，《太史公自序》作浚川。《公羊·莊九年傳》曰：浚之者，深之也。眾經音義云：古文溶、濬二形，今作浚，義竝同。」（頁547。）王樹枏《費氏古易訂文》亦主古文「濬」字，今作「浚」。（頁134。）是古文「濬」與「浚」字音義近而互用。

151	恆卦上六：振恆。	上六：振恆。振，搖落也。	上六：振恆。振，搖落也。《釋文》。	惠氏增補出處。
152	遯卦卦辭：亨，小利貞。	遯，逃去之名也。艮為門闕，乾有健德，互體有巽，巽為進退，君子出門行，有進退逃去之象。二五得位而有應，是用正道，得禮見召聘，始仕他國，當尙謙謙小其和順之道。居小官，幹小事，其進以漸，則遠妬忌之害，昔陳敬仲奔齊辭卿是也。	遯：亨，小利貞。遯，逃去之名也。艮為門闕，乾有健德，互體有巽，巽為進退，君子出門行，有進退逃去之象。二五得位而有應，是用正道，得禮見召聘，始仕他國，當尙嗛嗛小其和順之道。居小官，幹小事，其進以漸，則遠妬忌之害，昔陳敬仲奔齊辭卿是也。《集解》。	1. 王應麟引鄭注，未明是注遯卦卦辭「亨，小利貞」。惠棟補之，並補佚文出於《周易集解》。 2. 「遯」，古「遯」字，惠棟用之。[102] 3. 王應麟作「謙謙」，惠棟則作「嗛嗛」。「謙」字，《漢石經》多作「嗛」；漢時多以「嗛」字爲用。顏師古《漢書・藝文志》注「嗛與謙通」；《漢書・司馬相如傳》注謂「嗛，古謙字」，李善《文選・魏都賦注》亦同。又《子夏易傳》、馬王堆《帛書周易》皆作「嗛」字。「嗛」字爲漢時所慣用。
153	遯卦九三《象傳》：有疾憊也。	九三。憊，困也。	有疾憊也。憊，困也。《釋文》。	王應麟引鄭注，未明是注遯卦爻辭內容。惠棟補之，並補佚文出於《經典釋文》。「憊，困也」，元董真卿《周易會通》卷七引馮椅云，同爲此言；康熙御製《日講易經解義》卷十四，同引，未明出於鄭注。此外，唐楊倞注《荀子・賦篇》卷十八，「往來惽憊通于大神」，同注「憊，困也」。蓋皆出於鄭氏。
154	遯卦九四：小人否。	九四。否，塞也。備鄙反。	小人否。備鄙反。否，塞也。《釋文》。	惠氏注文略作調整，並明出處。
155	大壯卦。	壯，氣力浸強之名。	大壯。壯，氣力浸強之名。《釋文》。	惠氏增補出處。
156	大壯卦九三：羸其角。	九三：羸其角。	九三：羸其角。《釋文》。	1. 惠氏增補出處。 2. 今本「羸」字，王、惠二氏依《釋文》云鄭作「纍」字。

---

[102] 李富孫《易經異文釋》認爲「遯」字「當爲遯之省變」，（李氏《易經異文釋》卷二，頁543。）故「遯」字並非爲古。

				《釋文》卷二云：「羸，律悲反，又力追反。下同。馬云：大索也。徐力皮反。王肅作縲，音螺。鄭、虞作纍。蜀才作累。張作藟。」是漢魏諸家有作「羸」、「縲」、「纍」、「累」，或「藟」者。作「纍」者爲本字；以「羸」爲「纍」者，此同音通假，而「縲」、「藟」者，爲別體字，「累」即「絫」之俗變。[103]惠棟《九經古義》卷一云：「馬融曰：羸，大索也。王肅本作縲，音螺。鄭、虞作纍。蜀才作累。張璠作藟。《說文》：纍，大索也；與馬訓同。則羸當爲纍。或古文以羸爲纍，所未詳也。」惠氏云以「羸」字爲「纍」，未詳其由；實聲假之故。[104]
157	大壯卦六五：喪羊于易。	六五：喪羊于易。音亦。謂佼易也。	六五：喪羊于易。音亦。謂佼易也。《釋文》。	惠氏增補出處。
158	大壯卦上六《象傳》：不詳也。	上六：不詳也。詳，善也。	不詳也。《釋文》。詳，善也。同上。	1. 王氏有「上六」二字，然「不詳也」非上六爻辭，而爲《象傳》，故不宜僅提「上六」。惠氏未言。又惠氏增補出於《釋文》。 2. 今本作「詳」。王、惠二氏依《釋文》卷二所云：「詳，審也。鄭、王肅作祥；善也。」鄭玄、王肅皆作「祥」字。《集解》引虞翻云「乾善爲詳」，則虞氏解用「詳」字。晁氏

---

[103] 參見李富孫《易經異文釋》卷三，頁 549。以及徐芹庭《周易異文考》，頁 69。

[104] 李富孫針對惠氏之「未詳」，提出批駁，認爲「惠氏未悟六書叚借之怡，故云未詳。《左傳》杜注曰：古字聲同皆相叚借。」（見李富孫《易經異文釋》卷三，頁 549。）因此，以「羸」爲「纍」，乃聲同而相叚借之故。王樹枏《費氏古易訂文》，認爲馬融、荀爽皆作「羸」，且鄭注《乾鑿度》亦作「羸」字，而「《釋文》言鄭作纍者，當是讀爲纍」，是鄭氏當本作「羸」，當源於《費氏易》。（見王樹枏《費氏古易訂文》卷二，頁 140-141）。王氏言之成理，備作參照。

				則云古文爲「祥」字。[105]二字古皆可通；用字之不同，蓋因所本之異。惠氏肯定古文爲「祥」字，然其《周易述》仍用「詳」字，蓋依虞翻之說。[106]
159	晉卦卦辭：康侯用錫馬蕃庶，晝日三接。	康侯。康，尊也，廣也。晝日三接音捷。。接，勝也。蕃庶。蕃發袁反。庶止奢反。，謂蕃遮禽也。	晉：康侯用錫馬蕃庶。康，尊也，廣也。《釋文》。蕃發袁反。庶止奢反。，謂蕃遮禽也。同上。晝日三接音捷。。接，勝也。王氏。	1. 王、惠佚文錯置不同，以惠氏爲順。 2.「接，勝也」一文，惠氏注出王氏，實未明察出於《釋文》卷二晉卦注文之誤。 3.《禮記注疏》卷二十八鄭注、《毛詩注疏》卷十六鄭箋，均云「捷，勝也」；又宋衛湜《禮記集說》卷七十一，云「鄭氏曰：接，讀爲捷；捷，勝也」。鄭以「捷」、「接」通，於其群經注文可證。《鄭氏周易注》孫堂補遺，案語：「此句見《釋文》、《集韻》及《群經音辯》，引並同。《禮‧內則》注：接讀爲捷，捷，勝也，與此訓合。《春秋左氏‧莊十二年》經，「宋萬弑其君，捷」。《公羊》、《穀梁》捷字皆作接，是接與捷古通。」孫堂此言，實引自惠棟《春秋左傳補註》之說。[107]
160	晉卦《象	明出地上，晉。	《象》曰：明出地	1. 惠棟引注內容較爲詳明，並

[105] 參見董真卿《周易會通》卷七所引：「呂《音訓》：詳。陸氏曰：詳，審也。鄭、王肅作祥，善也。晁氏曰：案古文祥字。」
[106] 參見惠棟《周易述》卷十三，釋「不詳也」云：「乾善至詳也，此虞義也。詳，古文祥。《釋詁》云：詳，善也。乾元善之長，一乾以至三乾，成爲積善。故云：乾善爲詳。上隔於四，不得三應，故不詳。三體乾也。」「詳」與「祥」同爲「善」之義，並以「祥」字爲古。然依虞氏之說，而用「詳」字。
[107] 惠棟《春秋左傳補註》卷一，於「（莊）十二年經，宋萬弑其君，捷」文，注云：「賈逵曰：《公羊》、《穀梁》曰接。案捷與接古字通。《易》晉卦曰：晝日三接，鄭注云：接，勝也。《禮‧內則》接以太牢注云：接讀爲捷，捷，勝也。音義皆同。」孫堂所言，實抄自惠詁。

	傳》：明出地上，晉；君子以自昭明德。	地雖生萬物，日出于上，其功乃著，故君子法之，而以明自照其德。	上，晉；君子以自照明德。地雖生萬物，日出於上，其功乃著，故君子法之，而以明自照其德。《集解》。	注出處。2.「君子以自照明德」之「照」字，今本作「昭」。《集解》引鄭、虞皆作「照」字。孔穎達《周易正義》云：「昭，周氏等為照，以為自照己身。老子曰：『自知者明』，用明以自照為明德。」「昭」、「照」音義同，漢儒多有通用。惠棟依鄭氏原字為「照」。
161	晉卦初六：晉如摧如。	初六：摧如。摧。讀如南山崔崔之崔。	初六：晉如摧如。摧，讀如南山崔崔之崔。《釋文》。	1.「讀如南山崔崔之崔」句，王氏誤作小注，惠氏改之。2.依鄭氏之注，「摧」有高大之義。[108]虞翻云「摧，憂愁也」；王弼云「退也」。諸家各以其意釋之，義皆不同。惠棟《周易述》訓為「摧，退也」，[109]同王弼之義。
162	晉卦六二：晉如愁如。	六二：愁如。愁，予小反。變色貌。	六二：晉如愁如。愁，予小反。愁，變色貌。《釋文》。	「愁，變色貌」句，王氏置於音注之後，為小字。惠氏易正。
163	晉卦九四：晉如鼫鼠。	九四：鼫鼠。詩云：碩鼠碩鼠，无食我黍。謂大鼠也。	九四：晉如鼫鼠。詩云：鼫鼠鼫鼠，无食我黍。謂大鼠也。《正義》。	1.王氏於《詩經》語，作「碩鼠」，而惠氏仍如爻辭作「鼫鼠」。2.元本經文及注，皆作「晉如鼫鼠」；《集解》引《九家易》及翟元本皆作「碩鼠」。《釋文》云《子夏傳》作『碩鼠』。《說文》鼫字「從鼠石聲」，碩字「從頁石聲」；「鼫」、「碩」二字同從石聲，義皆為鼠。《尚氏易》謂「音同通用」。
164	晉卦六五：失得勿恤。	六五：矢得勿恤。	六五：矢得勿恤。《釋文》。	今本「失」字，王、惠二氏引《釋文》作「矢」。《釋文》卷二云：「失得。如字。孟、馬、

---

108 《毛傳》云「南山崔崔」，「崔崔，高大也」。（見《毛詩注疏》卷八）歷來訓「崔崔」，皆有高大之義。鄭氏「摧」字引「南山崔崔之崔」作音訓，似又有「崔崔」之義。

109 參見惠棟《周易述》，卷五，頁148。

				鄭、虞、王肅本作矢。馬、王云：離爲矢。虞云：矢，古誓字。」《集解》及所引荀爽《易》悉作「矢」。《帛書周易》亦作「矢」。110據此，則漢魏諸儒多作「矢」字，惠氏以「矢」字爲正，故用之，《周易述》卷五云：「六居五爲失位，宜有悔也。五之正，故悔亡。《論語》：夫子矢之，孔安國註云：矢，誓也。矢、誓同物同音。故知矢爲古誓字。誓以著信，故云信。」惠氏依虞義而申說。因此，以「矢」字爲正，並爲兩漢《易》家所用，王弼斷改誤作「失」字，蓋「矢失以字形相涉而亂」，「若作失，於象數不合」。111
165	明夷卦：利艱貞。	明夷：利艱貞。夷，傷也。日出地上，其明乃光，至其入也，明則傷矣，故謂之明夷。日之明傷，猶聖人君子有明德而遭亂世，抑在下位，則宜自艱，无幹事政，以避小人之害也。	明夷：利艱貞。夷，傷也。日出地上，其明乃光，至其入地，明則傷矣，故謂之明夷。日之明傷，猶聖人君子有明德而遭亂世，抑在下位，則宜自艱，无幹事政，以避小人之害。《集解》。	「地」字，王氏誤作「也」字，惠氏據改。《集解》鄭注作「以避小人之害也」，王氏原引存「也」字，惠棟則無「也」字，蓋誤缺；宜補。
166 (惠增)	明夷卦《象傳》：以蒙大難。	（無）	以蒙大難。蒙，猶遭也。《釋文》。	此爲惠氏引陸德明《釋文》卷二新增之鄭氏佚文；惟陸氏引鄭注「蒙，猶遭也」文後，又云「一云，蒙，冒也」，不知此句是否同爲鄭文，或是陸氏別引它文之說。無句讀可明其文之歸屬。

---

110 見鄧球柏《帛書周易校釋》，頁372。
111 括弧所引，參見李富孫《易經異文釋》卷三，頁549。其所言「若作失，於象數不合」，乃引晁氏之說。宋翔鳳提到「漢魏《易》皆作矢，王弼乃改失」，則王弼以形近而誤。

167	明 夷 卦《彖傳》：文王<u>以</u>之。	文王<u>似</u>之。	文王<u>似</u>之。《釋文》。	1. 惠氏增補出處。 2. 今本「以」字，王、惠引《釋文》作「似」字。據《釋文》卷二所云：「鄭、荀、向作似之。」宋吳棫《韻補》卷三：「似，象也。《詩》：似續妣祖，《釋文》云：毛如字，嗣也。鄭讀如巳午之巳，《易》：箕子以之，鄭氏、荀氏皆作似。」則漢魏儒者如鄭玄、荀爽、向秀者，有作「似」字。且「似」、「巳」通用。惠棟《九經古義》卷二云：「『文王以之』、『箕子以之』，『以』讀爲『似』，古『似』字作『以』。」李富孫《易經異文釋》卷三認爲「似」字，《正義》直讀爲巳，並云：「《說文》巳午字，即訓爲巳然之巳，从反巳用也，以與巳古通。則以與似亦通。」因此，古「以」、「㠯」「似」、「巳」多有通用。[112]
168	明 夷 卦《彖傳》：箕子<u>以</u>之。	箕子<u>似</u>之。	箕子<u>似</u>之。《釋文》。	
169	明夷卦六二：明夷，<u>夷</u>于左股。	六二：明夷，<u>睇</u>于左股。旁視爲睇。六二辰在酉，酉是西方又下體離，<u>離</u>爲目。九三體在震，震東方，九三九在辰，辰得巽氣爲股。此謂六二有明德，欲承九三，故云睇于在股。	六二：明夷，<u>睇</u>于左股。旁視爲睇。六二辰在酉，酉<u>在一作是</u>。西方又下體<u>离</u>，<u>离</u>爲目。九三體在震，震東方，九三九在辰，辰得巽氣爲股。此謂六二有明德，欲承九三，故云睇于在股。《內則正	1. 王、惠所引，大體一致，惟惠氏增小注：「在」字一作「是」，王氏作「是」。惠氏並注出處。 2. 今本作「夷于左股」。《周易註疏》卷六，孔穎達《疏》云：「夷于之夷，如字，子夏作睇，鄭、陸（績）同，云旁視曰睇。亦作眱。」《釋文》卷二：「夷，如字。子夏作睇。鄭、陸同。京作眱。」董真卿《周易會通》卷七，云「九家無此夷

---

112 李富孫之說，見其《易經異文釋》卷三，頁549。許慎《說文》訓㠯（以）字，「用也，从反巳」，即「以」字之形與「巳」字相反，段玉裁《注》云：「與巳篆形勢略相反也。巳主乎止，㠯主乎行，故形相反，二字古有通用者。」（見《說文解字注》，頁753。）顧藹吉《隸辨》卷三：「《說文》㠯從反巳，《漢書》以皆作㠯，師古曰：㠯古以字。」（北京：中華書局，1986年4月第1版，2003年12月第2刷，頁87。）是「㠯」字爲古「以」字，而又與「巳」字相反，古又通用。且，「似」字，又讀爲「巳」。因此，古「以」、「㠯」「似」、「巳」多有通用。

				字,直云『明夷于左股』。《說文》云「睇,目小視也」;《玉篇》云「睇,目小視也」;《集韻》云「睇」字音「與睇同」,「睇,或作睇」。據此,李富孫《易經異文釋》云:「夷、弟古字相通,則睇與睇同,舊本或从省作夷」。[113]是以「夷」字漢儒有作「睇」、「睇」者。
170	明夷六二:用拯馬壯。	拯,承也。	用拯馬。拯,承也。《釋文》。	惠棟增補爻辭與出處。
171	家人卦初九:閑有家。	初九。閑,習也。	閑有家。閑,習也。《釋文》。	惠棟增補爻辭與出處。
172	家人卦六二:无攸遂,在中饋。	六二:中饋。饋,酒食也。	六二:无攸遂,在中饋。二爲陰爻,得正于內,五陽爻也,得正于外,猶婦人自修正于內,丈夫修正于外。无攸遂,言婦人无敢自遂也。爻體离,又互體坎,火位在下,水在上,飪之象也。饋,酒食也,故云在中饋也。《後漢書·楊震傳》注、〈王符傳〉注。	王氏僅引「饋,酒食也」一語,惠氏依《後漢書》增補之。
173	家人卦九三:家人嗃嗃。	九三。嗃嗃,苦熱之意。	家人嗃嗃。嗃嗃,苦熱之意。《釋文》。	惠棟增補爻辭與出處。
174	家人卦九三:婦子嘻嘻。	嘻嘻,驕佚喜笑之意。	婦子嘻嘻。嘻嘻,驕佚喜笑之意。《釋文》。	惠棟增補爻辭與出處。
175	家人卦九五:王假有家。	九五。假,登也。	王假有家。假,登也。《釋文》。	惠棟增補爻辭與出處。王弼《周易注》訓「至也」。陸德明《釋文》卷二云:「更白反,注同至也。鄭云登也。」則舊音讀如「格」。《尚氏學》引《尚書·堯典》「格于上下」,《孔傳》訓「格,至也」,是「格」、「至」互訓之證。鄭氏訓「登」,與「至」義相近。
176	睽卦	（無）	睽音圭。《釋文》。	惠氏引《釋文》作音訓。

---

[113] 見李富孫《易經異文釋》卷三,頁549。

（惠增）				
177	睽卦：小事吉。	睽，乖也。火欲上，澤欲下，猶人同居而志異也。故謂之睽。二五相應，君陰臣陽，君而應臣，故小事吉。睽，音圭。	睽：小事吉。睽，乖也。火欲上，澤欲下，猶人同居而志異也。故謂之睽。二五相應，君陰臣陽，君而應臣，故小事吉。《集解》。	惠棟增補卦辭與出處。王氏文後作音訓，惠氏移於卦名之下；如前欄所引。
178	睽卦　六三：其牛掣。	六三：其牛掣。牛角皆踊曰觢。	六三：其牛掣。牛角皆踊曰觢。《釋文》。	1. 惠氏增補出處。 2. 今本「掣」字，王、惠引《釋文》云鄭氏作「觢」字。《釋文》作「掣」字，並指出諸家有作「觢」「挈」「契」「觭」者。[114] 蓋以音義近而通，而依《說文》之言，以「觢」為本字，[115] 尤以「觢」、「觢」二字特同。因此，鄭氏所用為本字。[116] 惠氏詳考其字，其《易》著皆采《說文》用之「觢」字，並特別指明，除當作「觢」字外，或作鄭氏

---

[114] 見陸氏《釋文》卷二：「掣，昌逝反。鄭作觢，云：牛角皆踊曰觢。徐市制反。《說文》作觢，之世反，云角一俯一仰。子夏作契。《傳》云：一角仰也。荀作觭。劉本從《說文》，解依鄭。」

[115] 見許慎《說文解字》云：「一角仰也。從角 㓞聲。《易》曰：其牛觢。」（引自《說文解字注》，頁187。）

[116] 《爾雅・釋畜》云「皆踊觢」，陸氏《釋文》云：「觢字或作觢。」李富孫詳考云：「兩角豎者名觢。……是觢觢同字，故鄭作觢，義與觢同。王弼讀為牽掣之字，失之。段氏曰：鄭作觢，與《爾雅》、《說文》同。」（《易經異文釋》，卷三，頁551。）依李氏之見，以鄭氏作「觢」字，最符其本字本義。

[117] 惠棟睽卦皆用「觢」字（《周易述》卷五），認為以《說文》所用之「觢」字為正，並或可用鄭氏之「觢」字。所以以《九經古義》卷一特別明言：「睽六三：『其牛掣』，當作『觢』，從《說文》。或作觢，從鄭。」事實上，惠氏之言，並非臆說，其於《九經古義》卷一中，特作詳考，云：「睽六三：見輿曳，其牛掣。《說文》引作觢，云：一角仰也。從角㓞聲。鄭作觢，云：牛角皆踊曰觢。子夏作契。荀爽作觭。虞翻曰：牛角一低一仰故稱觢。《爾雅》牛屬云：角一俯一仰，觭。《字林》音丘戲反，云：一角低一角仰。樊光云：傾角曰觭。牛屬又云：皆踊觢。郭璞云：今豎角牛。《釋文》云：字亦作觢。《字林》音之女反，從虞翻說，當依荀氏作觭。從鄭氏說，當依《爾疋》作觢。張有《復古編》云：觢從角契省，別作觢，非。觢從角契，故《子夏傳》作契。觭，角一低一仰，

				所用之「犎」字，餘諸家之字，則不當。[117]
179 (增補)	睽卦上九：後說之弧。	（無）	後說之壺。《釋文》。	今本作「弧」，惠氏引陸德明之言作「壺」。《釋文》卷二云：「本亦作壺，京、馬、鄭、王肅、翟子玄作壺。」《集解》與所引虞翻注，亦作「壺」。董真卿《周易會通》引陸績注，「弧一作壺」。故漢儒有習用「壺」者。惠棟從古，《周易述》亦作「壺」字；《九經古義》特明作「壺」字尤正，云：「今作弧者，聲之誤也。《禮說》云：古說與設相通。虞云：猶置也。張弧者拒之如外寇，設壺者禮之若內賓，壺誤爲弧，失其義矣。」《公羊傳》注云「壺，禮器」，晁氏亦指明「陸希聲作壺是」。由是輔證，可明漢儒作「壺」爲正。惠棟考詁精確。
180	蹇卦《彖傳》：往得中也。中，和也。	往得中也。中，和也。	往得中也。中，和也。《釋文》。	惠氏增補出處。
181	蹇卦初六《象傳》：宜待也。	初六：宜待時也。	初六：宜待時也。《釋文》。	1. 惠氏增補出處。 2. 王、惠二氏皆作「初六」，當指初六爻辭，然實當是初六《象傳》之辭。此二者之未明。陸氏《周易註疏》卷七《音義》與《釋文》卷二同云：「宜待也。張本作宜時也。鄭本宜待時也。」《集解》及所引《虞氏易》亦悉作「宜待時也」。惠氏《周易述》依鄭、虞作「宜待時也」，並云「俗本脫時」；漢《易》當從鄭本，餘諸家之異蓋脫落之故。

故荀爽作觭。諸家無作掣者。王弼以爲其牛掣者，滯隔所在，不獲進是，讀爲牽掣之字，失之。」惠氏詳考諸字之義，以「觢」、「犎」字爲正，而王弼則未明字義而讀爲牽掣之字，實妄用之失。

182	蹇卦六四：往蹇，來連。	六四：往蹇，來連。連連如字。，遲久之意。	六四：往蹇，來連。連如字。連，遲久之意。《釋文》。	小注「連如字」三字，王、惠所置不同。惠又標明出處。
183	解卦《彖傳》：天地解而雷雨作，雷雨作而百果草木皆甲坼。	百果草木皆甲宅。木實曰果。皆讀如人倦之解。解謂坼呼呼，火亞反。，皮曰甲，根曰宅；宅，居也。	天地解而雷雨作，雷雨作而百果草木皆甲宅。木實曰果。解，讀如人倦之解。解謂坼嘒嘒，火亞反。，皮曰甲，根曰宅；宅，居也。《文選·蜀都賦注》。	1. 王、惠引鄭玄注，王氏作「呼」字，而惠氏則作「嘒」字。二字音同。 2. 惠氏易「皆」爲「解」，以「皆」字爲正。 3.《釋文》卷二云：「坼，勑宅反。《說文》云裂也。《廣雅》云分也。馬、陸作宅，云根也。」「坼」與「宅」字疊韻。李鼎祚《集解》及引荀爽《易》皆作「宅」字。是漢儒多作「宅」字，而王弼作「坼」，乃用假借字。《文選·蜀都賦》「百果甲宅」，亦作「宅」；並注引鄭玄注云：「皆讀如人倦之解。解謂坼嘒，皮曰甲，根曰宅；宅，居也。」則鄭確作「宅」字。惠棟精審古字，依準漢儒用「宅」字，《九經古義》卷一，援引鄭注，並下案語：「古文宅字作口，與坼相似，故誤作坼。馬、鄭皆从古文，非改坼爲宅也。」馬融、鄭玄皆從古文作「宅」。
184	損卦。	損。艮爲山，兌爲澤，互體坤。坤爲地，山在地上，澤在地下，澤以自損，增山之高也，猶諸侯損其國之富，以貢獻于天子，故謂之損矣。	損。艮爲山，兌爲澤，互體坤。坤爲地，山在地上，澤在地下，澤以自損，增山之高也，猶諸侯損其國之富，以貢獻于天子，故謂之損矣。《集解》。	惠氏增補出處。
185	損卦《彖傳》：二簋可用享。	二簋可用享。四以簋進黍稷於神也。初與二直，其四與五承上，故用二簋。四，巽爻也，巽爲木。五，離爻也，離爲日。日體圓，木器而圓，簋象也。	二簋可用享。四以簋進黍稷于神也。初與二直，其四與五承上，故用二簋。四，巽爻也，巽爲木。五，离爻也，离爲日。日體圓，木器而圓，簋象也。《考工記·旊人疏》、《少牢饋	1. 引文見《周禮·冬官·考工記下》與《詩·少牢饋食禮》賈公彥《疏》引。又《周禮·地官·舍人》賈《疏》引：「損卦以離巽爲之，離爲日，日圓，巽爲木，木器圓，簋象，是用木明矣。」《儀禮·少牢饋食禮》賈《疏》引：「離爲

			食禮疏》、《詩·權輿正義》。	日，日圓，巽爲木，木器象，是其周器有聞也。」諸引文均賈《疏》引，提爲「注云」，是何人「注云」並未明。孫志祖校嘉靖本云：「此約鄭《易注》義。陳刻張惠言校輯鄭《易注》云『初與二直』，『初』字誤，當爲『三』。」[118]是歷來將此佚文歸作鄭注，僅是推說，並非確斷之論。 2. 今本《彖傳》「亨」字，王氏如字；惠氏則作「亨」字。《漢石經》作「亨」，蜀才亦同。[119]又「簋」字，惠氏雖引作如字，然據《釋文》卷二所云，「簋，蜀才作軌」，惠氏同考，認爲鄭氏古文亦當作「軌」字。[120]
186	損卦《象傳》：君子以懲忿窒欲。	徵忿懫欲。徵，猶淸也。懫，止也。	君子以徵忿懫欲。徵，猶淸也。懫，止也。《釋文》。	1. 惠棟增補《象》辭與出處。 2. 今本作「懲忿窒欲」，王、惠引鄭注作「徵忿懫欲」。首先，「懲」、「徵」二字之用，陸氏《釋文》卷二：「徵，直升反，止也；鄭云：猶淸也。劉作懲（一本作瀓），云淸也。蜀才作澄（一本作證）。」《周易集解》作「徵」，引《虞氏易》亦作「徵」字。阮元《校勘記》：「虞本證作瀓，云舊本澄。據訓云淸也，則當作瀓。」「徵」、「懲」、「瀓」、「澄」、「證」皆音近，或假

---

[118] 轉引自李學勤主編《十三經注疏·周禮注疏》，北京：北京大學出版社，1999 年 12 月 1 版 1 刷，頁 1133。

[119] 見《釋文》卷二：「用享。香兩反，下同。蜀才許庚反。」依音訓則蜀才當作「亨」字。

[120] 參見《九經古義》卷一：「＜公食大夫禮＞云：設黍稷六簋于俎西，鄭氏注云：古文簋皆爲軌。《周禮·小史》云：叙昭穆之俎簋，注云：故書簋或爲几。鄭司農云几，讀爲軌，古文也。《說文》曰：古文簋或作匭，或作朹，蜀才依古文故作軌。又渙之九二云：渙奔其机，机亦古文簋。」

				借；所以，而漢儒多作「徵」字。[121]另外，「窒」、「愭」二字之用，《釋文》：「鄭、劉作愭。愭，止也。孟作恎，陸作耆，如字。」鄭玄、劉表作「愭」，訓為止；《說文》無「恎」、「愭」二字，而「窒」訓「塞也，從穴至聲」；《集韻》愭「脂利切」，即音至；「窒」、「恎」、「愭」同音。《說文》「慎」字，「眘，古文」，而段玉裁《注》云「寮字從此」；又，《說文》云「療，或從寮」，訓為「治」。由是，「眘」通假。蓋「窒」為本字，而「愭」與其它諸字，則以音同而通用。
187	損卦六五：或益之十朋之龜。	六五：十朋之龜。案《爾雅》云十朋之龜者，一曰神龜，二曰靈龜，三曰攝龜，四曰寶龜，五曰文龜，六曰筮龜，七曰山龜，八曰澤龜，九曰水龜，十曰火龜。	或益之十朋之龜。案《爾雅》云十朋之龜者，一曰神龜，二曰靈龜，三曰攝龜，四曰寶龜，五曰文龜，六曰筮龜，七曰山龜，八曰澤龜，九曰水龜，十曰火龜。《禮器正義》、《正義》。	惠棟增補爻辭與出處。引《爾雅》之言，出於〈釋魚〉，是否為鄭玄所引，《禮記正義》中，孔穎達並未明指出於鄭氏引自《爾雅》，是否確是鄭氏之引注，未成定說。又，《周禮注疏》卷二十四，賈公彥《疏》，以及《左傳注疏》卷五十一，孔穎達《疏》，亦引此《爾雅》之文。
188	益卦：利有攸往，利涉大川。	益：利有攸往，利涉大川。陰陽之義，陽稱為君，陰為臣。今一震一陽二陰，臣多於	益：利有攸往，利涉大川。陰陽之義，陽稱為君，陰稱為臣。今震一陽二陰，臣多於君矣。	1. 惠氏引「陰稱為臣」句，王氏無「稱」字，以《周易集解》有之，疑王氏誤闕。又末句，惠氏作「利涉大川

---

121 《說文》：「澂，清也，從水徵省聲。」是「澂」、「徵」音同。段玉裁《注》：「澂之言持也，持之之而後清。《方言》曰：『澄，清也。』澂、澄古今字。《周易》君子以徵忿，徵者澂之假借字。」據此，蓋以「澂」為本字，「澄」則為「澂」之俗字，而「徵」則又為「澂」之假借字，並為漢儒所慣用，鄭玄亦訓為「清也」。「懲」字，《說文》為「從心徵聲」，是「懲」、「徵」二字又同音，所以，段《注》云「古亦叚徵為懲」；《荀子・正論》：「凡刑人之本，禁暴惡惡且徵其來也。」《漢羊竇道碑》：「盜賊徵止。」是「徵」、「懲」通用之例證。因此，惠棟《九經古義》卷一舉證明訓：「《左傳・襄廿七年》云：以徵過也。杜氏云：徵，審也；清，徵也。案：懲當作徵，讀為徵；古懲字皆作徵。《史記》引《詩》曰：荊荼是徵。今《毛詩》及《孟子》皆作懲，非也。」「懲」字漢儒皆作「徵」。

		君矣。而四體巽之不應初，是天子損其所有以下諸侯也。人君之道，以益下爲德，故謂之益也。震爲雷，巽爲風，雷動風行，二者相成，猶人君出教令，臣奉行之，故利有攸往，利涉大川矣。	而四體巽之不應初，是天子損其所有以下諸侯也。人君之道，以益下爲德，故謂之益也。震爲雷，巽爲風，雷動風行，二者相成，猶人君出教令，臣奉行之，故利有攸往，利涉大川也。《集解》	也」，而王氏作「利涉大川矣」，王氏同於《集解》。 2.「而四體巽之不應初」句，王、惠均引《集解》而未詳考修訂，其「不」字，實當作「下」字；李衡《周易義海撮要》即作「下」字，是「而四體巽之下應初」爲正。
189	夬卦：夬：揚于王庭。	夬，決也。陽氣浸長至於五，五，尊位也，而陰先之，是猶聖人積德說天下，以漸消去小人，至於受命爲天子，故謂之夬。揚，越也。五互體乾，乾爲君，又居尊位，王庭之象也。陰爻越其上，小人乘君子罪惡，上聞于聖人之朝，故曰「夬，揚于王庭」。	夬：揚于王庭。夬，決也。陽氣浸長至于五，五，尊位也，而陰先之，是猶聖人積德說天下，以漸消去小人，至於受命爲天子，故謂之夬。揚，越也。五互體乾，乾爲君，又居尊位，王庭之象也。陰爻越其上，小人乘君子罪惡，上聞于聖人之朝，故曰「夬，揚于王庭」也。《集解》。	惠棟增補卦辭與出處。句末惠氏多一「也」字，今《集解》有「也」字。
190	夬卦九二：惕號，莫夜。	九二：惕號音号。，莫夜莫如字。莫，无也。无夜，非一夜也。	九二：惕號音号。《釋文》。，莫夜莫如字。同上。。莫，无也。无夜，非一夜。《釋文》。	1. 王、惠文句放置不一，惠氏爲正。「莫，无也。无夜，非一夜」句，王氏作小注，接於「莫如字」之後。 2. 鄭氏「莫」作「无」訓，《周易集解》卷七、八，虞翻注，同作「莫，无也」。此外《毛詩注疏》卷十八、二十二、二十四，鄭《箋》亦作「無」解；又《禮記注疏》卷八，鄭注亦同。鄭慣訓作「無」。「莫」作爲「暮」之本字時，則「暮夜」之義就較模糊了。今學者釋此言時，有多作深夜之義。惠棟依鄭、虞之義爲詮。
191	夬卦九三：壯于頄。	九三：壯于頄。頄，夾面也。	九三：壯于頄。頄，夾面也。《釋文》。	1. 惠氏增補出處。 2. 今本「頄」字，王、惠據《釋

頄。				文》言，鄭玄作「頯」，蜀才作「仇」。《釋文》並引翟云訓「頄」爲「面顴頰間骨」。[122]《說文》無「頄」字，釋「頯」云：「頯，權也。从頁夅聲。渠追切。」而段玉裁《注》云：「權者，今之顴字。」王弼《注》云：「頄，面權也。」是「頄」、「頯」二字同訓；然惠氏以《說文》無「頄」字，而從鄭作「頯」字。[123]
192 (惠增)	夬卦九四：其行次且。	（無）	其行趀趄。趀，七私反。趄，七餘反。《釋文》。	今本「次且」惠棟引鄭注作「趀趄」。《釋文》卷二云「次」，「本亦作趀，或作跤，《說文》及鄭作趀」；「且」，「本亦作趄，或作跙」；「王肅云：趀趄，行止之礙也」。《說文》云，「趀趄，行不進也。」「趀趄」，音義同「次且」。「趀趄」，爲本字，「次且」則古文從省。「趀」作「趑」，段《注》二字同在十五，部是古音相近而通假。又，劉向《新序》卷五，引《易》云「臀無膚，其行趑趄」；南唐徐鍇《說文繫傳》卷三，云：「趑趄，行不進也，從走次聲。臣鍇曰：《易》曰：其行趑趄也。」李昉等撰《御覽》卷三九四，云「《易》困卦曰：臀無膚，其行趑趄」。[124]「趑趄」與「趀趄」歷來普遍互用。作「次且者爲馬本」。[125]此外，《帛書周易》作

---

[122] 參見《釋文》卷二云：「頄，求龜反，顴也，又音求，又丘倫反。翟云：面顴頰間骨也。鄭作頯；頯，夾面也。王肅音龜。江氏音琴威反。蜀才作仇。」

[123] 關於蜀才作「仇」字；《說文》「夅讀如逵逵」，篆文作「馗」，《爾雅》音仇。所以蜀才作「仇」，以其音近而通。

[124] 《太平御覽》引作《易》困卦，實當爲夬卦九四爻辭。

[125] 宋翔鳳《周易考異》據陸德明《音義》引馬融云「次，卻行不前也」，而斷定作「次且」者爲馬氏所本。（參見宋氏《周易考異》卷二，頁599。）

				「鄁胥」,[126]同於《詩·有客》「有萋有且」的「萋且」。是以何辭最古,似難成定說。
193	夬卦 九五:莧陸。	莧陸,一名商陸。	九五:莧陸。莧陸,一名商陸。《釋文》、《正義》。	惠棟增補爻辭與出處。
194	姤卦:女壯,勿用取女。	遘,遇也。一陰承五陽,一女當五男,苟相遇耳,非禮之正,故謂之遘。女壯如是,壯健似淫,故不可娶,婦人以婉娩爲其德也。	遘:女壯,勿用取女。遘,遇也。一陰承五陽,一女當五男,苟相遇耳,非禮之正,故謂之遘。女壯如是,壯健似淫,故不可娶,婦人以婉娩爲其德也。《集解》。	1. 惠棟增補卦辭與出處。 2. 遘卦之「遘」字,《集解》用「姤」;惠氏雖注引自《集解》,但知古用此「遘」字,同於王氏所引。「姤」字,《說文》不載,「《古文易》作遘,鄭氏从之,王輔嗣改就俗,獨《雜卦傳》一字未改,此古文之僅存者」,[127]《唐石經》於《雜卦》亦作「遘」字。惠氏詳之,以「遘」字爲古爲正。 3. 惠氏引「壯健似淫」之「淫」字,王氏作「滛」,今《集解》本亦作「淫」。然而,惠氏於《周易述》卷十五,則又作「滛」;以惠氏用字精審,而「淫」、「滛」混用,不知惠氏所本爲何。
195	姤卦《象傳》:后以施命詰四方。		后以施命詰四方詰,起一反。。詰,止也。《釋文》。	1. 惠棟增補《象》辭與出處。今本《象傳》「詰四方」之「詰」,王、惠引《釋文》皆作「詰」字:「詰,鄭作詰,止也。王肅同。」查《尚書·呂刑》、《周禮·秋官·司寇》、《漢石經》、《漢書·刑法志》、《晉書·刑法志》、《魏書·刑罰志》、《隋書·經籍志》,以及荀悅《前漢紀》卷二十四,皆作「詰四方」。顧炎武《九經誤字》:「詰四方,《石經》、《監本》同。《釋文》詰,起一反,今本作詰,誤。」

---

[126] 見鄧球柏《帛書周易校釋》,頁321。
[127] 見李富孫《易經異文釋》卷三,卷553。

				是漢儒多作「詰」，並爲漢《易》之原文。惠棟尤尚「詰」字，同其父士奇所主；[128]棟並認爲「詰當從《說文》，京房作告，古文也。」「告」、「詰」爲古今字。
196	姤卦九五：以杞包瓜。	九五。杞，柳也。	以杞包瓜。包，百交反。杞，柳也。《釋文》。	惠棟增補爻辭與出處。「包」字，《釋文》引《子夏傳》作「苞」，《虞氏易》同；明周祈《名義考》卷九、元龍仁夫《周易集傳》卷五，同云「包與苞同」。惠棟《周易述》遘卦作「苞」。孔《疏》作「匏」。是「包」、「苞」、「匏」三字通用。
197	萃卦卦辭：亨，王假有廟。利見大人，亨，利貞；用大牲，吉，利有攸往。	萃：亨无亨字。。萃，聚也。坤爲順，兌爲悅，臣下以順道承事，其君悅德，居上待之，上下相應，有事而和通，故曰萃，亨也。假，至也。互有艮、巽；巽爲木，艮爲闕，木在闕上，宮室之象也。四本震爻，震爲長子，五本坎爻，坎爲隱伏，居尊而隱伏，鬼神之象。長子入闕升堂，祭祖禰之禮。故曰王假有廟也；離爲目，居正應五，故利見大人矣。大牲，牛也，言大人有嘉會時可幹事，必殺牛而盟，既盟則可以往，故曰利往。《集	萃：王假有廟。《釋文》。利見大人，亨，利貞；用大牲，吉，利有攸往。萃，聚也。坤爲順，兌爲說，臣下以順道承事，其君說德，居上待之，上下相應，有事而和通，故曰萃，亨也。案：《釋文》亨字疑衍。假，至也。互有艮、巽；巽爲木，艮爲闕，木在闕上，宮室之象也。四本震爻，震爲長子，五本坎爻，坎爲隱伏，居尊而隱伏，鬼神之象。長子入闕升堂，祭祖禰之禮。故曰王假有廟也；離爲目，居正應五，故利見大人矣。大牲，牛也，言大人有嘉會時可幹事，必殺牛而	1. 惠棟增補卦辭與出處。 2. 惠棟作「說」，王氏作「悅」字。今本《周易集解》作「悅」字。 3. 王氏「萃：亨」，「亨」字下小注「无亨字」，即指萃卦的卦辭「亨」字本當無。惠氏於鄭玄注文「故曰萃，亨也」中，小注「案：《釋文》亨字疑衍」，以「疑」言之，未敢輕言作斷論。「亨」字，《釋文》云：「王肅本同。馬、鄭、陸、虞等，並無此字。」然今《集解》本及所引虞、鄭之文，皆有「亨」字，或陸氏所見版本與李氏所見不同。宋明以降，據言「亨」字衍，以朱子《周易本義》卷二爲首，爾後董楷《周易傳義附錄》卷七下、俞琰《周易集說》卷七、元胡炳文《周易本義通釋》卷二、趙采《周

見惠士奇《惠氏易說》云：「后以施命詰四方，詰或作誥，傳寫之訛。鄭康成、王肅本皆作詰。《釋文》音起一反，止也，謂禁止奸慝。姤一陰生，姦慝將萌之象，故禁止之。《書》曰：度作詳刑，以詰四方。謂禁止四方之姦慝也。晉《易》亦作詰。」（引自台北：藝文印書館印《皇清經解易類彙編・惠學士易說》，卷二百一十一，頁364。）

		解》。	盟，既盟則可以往，故曰利往。《集解》。	易程朱傳義折衷》卷二十四、董真卿《周易會通》卷九等，皆據朱子之說而傳。《帛書周易》卒（萃）卦卦辭亦無「亨」字，[129]蓋可旁證漢代多有無「亨」字者。
198	萃卦《象傳》：君子以除戎器。	除戎器。除，去也。	君子以除戎器。除，去也。《釋文》。	惠棟增補《象》辭與出處。
199	萃卦初六：一握爲笑。	初六：一握。握當讀爲夫三爲屋之屋。	一握爲笑。握當讀爲夫三爲屋之屋。《釋文》。	惠棟增補爻辭與出處。
200	萃卦六二：孚乃利用禴。	六二。禴，夏祭名。	孚乃利用禴。禴，夏祭名。《釋文》。	惠棟增補爻辭與出處。
201	萃卦上六：齎咨涕洟。	上六。自目曰涕，自鼻曰洟。	齎咨涕洟。《釋文》。齎咨，嗟歎之辭也。自目曰涕，自鼻曰洟。《釋文》。	惠棟增補爻辭、鄭注文與出處。
202	升卦。	昇。昇，上也。坤地巽木，木生地中，日長而上，猶聖人在諸侯之中，明德日益高大也，故謂之昇。昇，進益之象也。	昇。《釋文》。昇，上也。坤地巽木，木生地中，日長而上，猶聖人在諸侯之中，明德日益高大也，故謂之昇。昇，進益之象也。《集解》。	1. 惠氏增補出處。 2. 今本升卦之「升」字，王、惠二氏，依《釋文》云「鄭本作昇」。然而《集解》引鄭氏作「升」字。李富孫云：「《說文》無昇字，爲徐鉉新坿，此後出之俗體。《玉篇》昇或升字。《乾鑿度》與鄭同。」[130]因此，「升」字當後出之俗體字。惠棟《周易述》不從鄭氏作「昇」字，而依「升」爲本字。《帛書周易》作「登」，[131]備參。
203	升卦六四：王用亨于岐山	王用亨于岐山。亨，獻也。亨，許兩反。	六四：王用亨于岐山。亨，許兩反。亨，獻也。《釋文》。	惠棟增補爻辭與出處。

129　見鄧球柏《帛書周易校釋》，頁325。
130　見李富孫《易經異文釋》卷四，頁555。
131　見鄧球柏《帛書周易校釋》，頁305。

| 204 | 困卦卦辭：亨。 | 坎爲月，互體離，離爲日，兌爲暗昧，日所入也。今上掩日月之明，猶君子處亂代，爲小人所不容，故謂之困也。君子雖困，居險能悅，是以通而无咎也。 | 困：亨。坎爲月，互體离，离爲日，兌爲暗昧，日所入也。今上弇日月之明，猶君子處亂代，爲小人所不容，故謂之困也。君子雖困，居僉能说，是以通而无咎也。《集解》。 | 1. 惠棟增補卦辭與出處。
2. 今本《周易集解》「君子處亂代」，其「代」字原當爲「世」字，避唐諱之故。又，《集解》「今上掩日月之明」，「掩」字，王應麟如字，惠氏作「弇」字，《周易述》困卦亦同，蓋依虞翻、荀爽之故。[132]又，《集解》「居險能悅」，王如字，惠作「居僉能说」。同年代程廷祚《大易擇言》卷二十五、趙繼序《周易圖書質疑》卷十，同引鄭注，云「君子雖困，居險能說」，用「說」字與惠氏同；惟惠氏用「僉」字，不知所據。 |
| 205 | 困卦九二：困于酒食，朱紱方來，利用亨祀。 | 九二：困于酒食，朱靺方來，利用亨祀。二據初辰在未，未爲土，此二爲大夫有地之象。未上值天厨，酒食象。困于酒食者，采地薄不足已用也。二與日爲體，離爲鎮霍。爻四爲諸侯有明德受命當王者，離爲火，火色赤。四爻辰在午時，離氣赤又 | 九二：困于酒食，朱靺方來，利用亨祀。二據初辰在未，未爲土，此二爲大夫有地之象。未上值天厨，酒食象。困于酒食者，采地薄不足已用也。二與日爲體，离爲鎮霍。爻四爲諸侯有明德受命當王者，离爲火，火色赤。四爻辰在午時，离氣赤爲朱，是也。文王將王天子，制用朱 | 1. 今本爻辭「朱紱」之「紱」字，《儀禮·士冠禮》云「朱韠」，以「紱」作「靺」，賈公彥《疏》，同作「靺」，爲祭服之屬，以飾異而別於「韠」。[133]鄭玄注《易緯乾鑿度》同作「靺」。《詩》云「朱芾斯皇，三百赤芾」，「赤芾在股，邪幅在下」，「靺」皆作「芾」字；王應麟《玉海》卷八十一，引《正義》作「朱靺方來」，並云《詩箋》「芾，太古蔽膝之象」，「靺韠但是蔽膝之象，其制則同，但尊祭服異其名耳」，與賈氏同詁。「朱芾斯皇」，「芾」《釋 |

<hr>

[132] 《經典釋文》云：「掩，本又作弇，於檢反。虞作弇。」又，《周易集解》引荀爽《易》亦作「弇」。「弇」、「掩」、「掩」三字音義皆同，故古可通用，因師法而異字。

[133] 《儀禮·士冠禮》卷一，賈公彥《疏》：「祭服謂之靺，其他服謂之韠。《易》困卦九二，困於酒食，朱靺方來，利用享祀，是祭服之靺也。又案明堂位云：有虞氏服靺，夏后氏山殷火周龍章，鄭云後王彌飾天子備焉，諸侯火，而下卿大夫山，士靺韋而已。是士無飾則不得單名靺，一名靺韐，一名縕靺而已。是靺有與韠異，以制同飾異。故鄭云：靺之制似韠也，但染韋爲靺之體，天子與其臣，及諸侯與其臣有異。」是「靺」與「韠」之較，以制同而飾異，以祭服謂之靺，其他服謂之韠。

		朱，是也。文王將王天子，制用朱靺，《士冠禮疏》。朱深云赤。	靺，《士冠禮疏》。朱深于赤。王氏。	文》作「韍」。《說文》：「市，韠也。天子朱市，諸侯赤市。」案，「市」、「芾」、「韍」、「靺」、「紱」皆同義。[134] 2. 王氏引鄭注作「朱深云赤」，而惠氏則作「朱深于赤」，並小注引自王氏；孫堂補遺作「朱深曰赤」。此語見《斯·斯干正義》，惟作「朱深云赤」。惠氏未察語出《詩正義》，而草注王氏，並改作「于」字，是其失。
206	困卦九五：劓刖。	九五。劓刖當爲倪仉。	九五：劓刖。劓刖當爲倪仉。《釋文》。	惠棟增補爻辭與出處。
207	井卦。	井，法也。坎，水也。巽木，桔橰也。互體離兌。離外堅中虛，瓶也。兌爲暗澤，泉口也。言桔橰引瓶下入泉口，汲水而出，井之象也。井以汲人，水无空竭，猶君子以政教養天下，惠澤无窮也。	井。坎，水也；巽木，桔橰也。互體离兌。离外堅中虛，瓶也。兌爲暗澤，泉口也。言桔橰引瓶，下入泉口，汲水而出，井之象也。井以汲人，水无空竭，猶君子以政教養天下，惠澤无窮也。《集解》。井，法也。《釋文》。	惠棟增補出處。「井，法也」句，王氏置於引文之前，而惠氏則置於文末。
208 (惠增)	井卦卦辭：汔至亦未繘井。	（無）	汔至亦未繘井。繘，綆也。《釋文》。	惠氏引《釋文》鄭玄注文。唐孔穎達《周易註疏》卷八疏，同云「繘，綆也」，蓋本於鄭詁。程朱以降，皆作此訓。惠氏《周易述》卷七：「鄭云：繘，綆也。《方言》曰：關西謂綆爲繘。郭璞注云：汲水索也。巽爲繩，故巽繩爲繘。」補鄭氏之訓。
209 (惠	井卦卦辭：羸其	（無）	羸其瓶。羸讀曰纍。《釋文》。	惠氏引鄭玄音訓佚文；《釋文》：「蜀才作累。鄭讀曰纍。」

---

[134] 徐芹庭《周易異文考》以「市爲古文，作靺者篆文，《詩經》作芾，《釋文》或作韍。皆假借字也。作紱則其俗字也」。備作參考。（見徐氏《周易異文考》，台北：五洲出版社，1975 年 12 月出版，頁 91。）

增)	瓶。			「羸」,《帛書周易》作「纍」字，[135]音同。
210	井卦九二：井谷射鮒，甕敝漏。	九二：井谷射鮒。九二，坎爻也；坎爲水，上直巽。生一，艮爻也；艮爲山，山下有井，必因谷水，所生魚無大魚，但多鮒魚耳。夫感動天地，此魚之至大，射鮒井谷，此魚之至小，故以相況。《文選・吳都賦注》。甕，停水器也。	九二：井谷射鮒，甕《釋文》。敝漏。九二，坎爻也；坎爲水，上直巽。九三，艮爻也；艮爲山，山下有井，必因谷水，所生魚無大魚，但多鮒魚耳。言微小也。夫感動天地，此魚之至大，射鮒井谷，此魚之至小，故以相況。《文選・吳都賦注》。甕，停水器也。《釋文》。	1. 惠棟增補爻辭與出處。 2. 王氏闕「言微小也」句，惠氏增補。 3. 王氏誤將「九三」作「生一」，惠氏改正。 4. 「甕」字，《說文》作「罋」。古時从瓦從缶之字往往相同，故「甕」、「罋」二字同義。
211	井卦九三：井渫不食。	井渫不食。謂已浚渫也，猶臣修正其身以事君也。	井渫不食。謂已浚渫也，猶臣修正其身以事君也。《文選・登樓賦注》。	惠氏增補出處。
212	革卦。	革。革，改也。水火相息而更用事，猶王者受命，改正朔，易服色，故謂之革。	革。革，改也。水火相息而更用事，猶王者受命，改正朔，易服色，故謂之革。《集解》。《釋文》。	惠氏增補出處。
213	鼎卦。	鼎。鼎，象也。卦有木火之用，互體乾、兌。乾爲金，兌爲澤；澤鍾金而含水，爨以木火，鼎亨熟物之象。鼎亨熟以養人，猶聖君興仁義之道，以教天下也。故謂之鼎矣。	鼎。鼎，象也。卦有木火之用，互體乾、兌。乾爲金，兌爲澤；澤鍾金而含水，爨以木火，鼎亨孰物之象。鼎亨孰以養人，猶聖君興仁義之道，以教天下也。故謂之鼎矣。《集解》。	1. 惠氏增補出處。 2. 王氏作「熟」字，而惠氏則作「孰」字。今《集解》本作「孰」字，故惠氏謹於原字。
214	鼎卦《象傳》：君子以正位凝命。	凝命。凝，成也。	君子以正位凝命。凝，成也。《釋文》。	惠棟增補《象》辭與出處。
215	鼎卦初六：鼎顛	初六：鼎顛趾。顛，踣也。趾，足也。無事曰	初六：鼎顛趾，利出否；得妾以其子，无	惠棟增補爻辭與出處。此鄭氏以禮釋《易》之典型例子。

135 見鄧球柏《帛書周易校釋》，頁 198。

	趾，利出否；得妾以其子，无咎。	趾，陳設曰足，爻體巽為股，初爻在股之下，足象也。足所以承正鼎也。初陰爻而柔，與乾同體，以否正承乾，乾為君，以喻君夫人事君，若失正禮，踣其為足之道，情無怨，則當以和義出之，然如否者，嫁於天子，雖失禮，无出道，廢遠之而已，若其无子，不廢遠之，后尊如故。其犯六出，則廢之遠之。子廢坤為順，又為子母牛，今在后妃之旁，側妾之例也。有順德，子必賢，賢而立以為世子又何咎也。	咎。顛，踣也。趾，足也。無事曰趾，陳設曰足，爻體巽為股，初爻在股之下，足象也。足所以承正鼎也。初陰爻而柔，與乾同體，以否正承乾，乾為君，以喻君夫人事君，若失正禮，踣其為足之道，情無怨，則當以和義出之，然如否者，嫁于天子，雖失禮，无出道，廢遠之而已，若其无子，不廢遠之，后尊如故。其犯六出，則廢之遠之。子廢坤為順，又為子母牛，今在后妃之旁，側妾之例也。有順德，子必賢，賢而立以為世子，又何咎也。《士昏禮疏》、《內則正義》、《御覽》一百四十五。	
216	鼎卦九二：我仇有疾。	九二：我仇有疾。怨耦曰仇。	我仇有疾。怨耦曰仇。《釋文》。	惠氏增補出處。引爻辭，王氏多「九二」字。
217	鼎卦九三：雉膏不食。	九三。雉膏，食之美者。	雉膏不食。雉膏，食之美者。《釋文》。	惠棟增補爻辭與出處。
218	鼎卦九四：鼎折足，覆公餗，其形渥。	九四：鼎折足，覆公餗，其刑屋。《釋文》「劓」。《周禮注》云「其刑劓」。糜謂之餗。震為竹，竹萌曰筍，筍者餗之為菜也。餗美饌，具八珍之食。鼎三足，三公象，若三公傾覆王之美道，屋中刑之。一云「臣下曠官，失君之美道，當刑之于屋	九四：鼎折足，覆公餗，其刑劓。音屋。《釋文》。糜謂之餗。震為竹，竹萌曰筍，筍者餗之為菜也。餗美饌，是一作具。八珍之食。鼎三足，三公象，若三公傾覆王之美道，屋中刑之。《天官‧醢人疏》、《秋官‧司烜氏疏》、《詩》韓奕《正義》。	1. 惠氏詳引出處。 2. 王氏小注一云「臣下曠官，失君之美道，當刑之于屋中」。並云「餗」一作「蔌」。惠氏則刪之。 3. 今本九四爻辭「其刑渥」之「渥」字，王氏作「屋」，惠氏作「劓」；惠氏本鄭玄之言。《周禮注疏》卷三十六，鄭《注》「屋讀如其刑劓之劓」，以音同而通用；賈公彥《疏》作「其刑屋」。《漢石

		「中」。「餗」一作「薪」。注：一薪爲八珍所用。		經》作「其刑劇」；荀悅《前漢紀·武帝三》卷十二、宋祁《新唐書》卷一四五等皆同。朱震《漢上易傳》卷五，云「其形渥，凶。鄭康成、虞仲翔本作其刑劓」，「師氏、子夏傳作握。蓋傳之久，字誤而音存也。王輔嗣作其形渥，易傳從輔嗣」。馮椅《厚齋易學》卷四，「劓」字「舊作渥或握，京謂刑在頄爲劓，從《九家》、京、鄭、一行」。《晁氏易》：「渥，京房、《九家》、一行；陸希聲作劓。薛云：古文作渥。」《帛書周易》作「其刑屋」。[136] 蓋「劓」、「渥」、「屋」音同而通假；漢代大多用「劓」字。 4. 今本爻辭作「形」字，王、惠引鄭氏作「刑」字，《九家》、京房、荀爽、虞翻、一行、陸希聲等皆作「刑」字。[137] 帛書《周易》亦作「刑」。漢代「刑」、「形」多混用。[138]
219	鼎卦六五：金鉉。	六五。金鉉，喻明道能舉君之官職也。	六五：金鉉。金鉉，喻明道能舉君之官職也。《文選·西征賦注》、《唐律義疏》。	惠棟增補爻辭與出處。
220	震卦卦辭：亨。	（王氏引文置於釋卦辭「震驚百里，不喪匕鬯」下。）	震：亨。震爲雷，雷動物之氣也。雷之發聲，猶人君出政教以動國中之人也，故謂之震。人君有善聲教，則嘉會之禮通矣。《集解》、	惠氏引此佚文，王氏置於釋「震驚百里，不喪匕鬯」之下。惠氏之區分爲善。

---

136 見鄧球柏《帛書周易校釋》，頁396。

137 《晁氏易》云：「形，《九家》、京、荀、虞、一行、陸希聲作刑。」易祓《周易總義》卷十四亦云：「《九家》、京、荀、虞以形爲刑。」先秦漢魏常以今「形」義之字作「刑」字。「形」、「刑」二字多互用，漢碑尤常可見。

138 李富孫《易經異文釋》，詳考「形渥」二字，肯定「古本多作刑劇，或通作形」。（參見李氏《易經異文釋》卷四，頁557。）

			《詩·召南正義》。	
221 (惠增)	震卦卦辭：震來虩虩。	（無）	震來虩虩。恐懼貌。《釋文》。	此惠氏引《釋文》新增之佚文。履卦「履虎尾愬愬」之「愬愬」，宋魏了翁《周易要義》卷一下云：「《子夏傳》云：恐懼貌。何休注《公羊傳》云：驚愕也。馬本作虩，音許逆反，云恐懼也。《說文》同《廣雅》，云懼也。」又「震來虩虩」之「虩虩」，卷二云：「虩，許逆反。馬云恐懼貌，鄭同，荀作愬愬。」是漢儒馬、鄭、荀、何諸家，乃至《子夏傳》皆作恐懼之貌解。宋明學者多沿之。[139]
222	震卦卦辭：笑言啞啞。	啞啞。樂也。	笑言啞啞。樂也。《釋文》。	惠棟增補卦辭與出處。
223	震卦卦辭：震驚百里，不喪匕鬯。	震驚百里，不喪匕鬯。震為雷，雷動物之氣也。雷之發聲，猶人君出政教以動國中之人也，故謂之震。人君有善聲教，則嘉會之禮通矣。驚之言警戒也。雷發聲聞於百里，古者諸侯之象。諸侯之出教令，能驚戒其國疆之內。則守其宗廟社稷，為之祭主，不亡其匕與鬯也。人君於祭之禮，匕牲體薦鬯而已，其餘不親為也。升牢於俎，君匕之，臣載之。鬯，秬酒芬芳條鬯，因名焉。	震驚百里，不喪匕鬯。驚之言驚戒也。雷發聲聞于百里，古者諸侯之象。諸侯之出教令，能驚戒其國疆之內。《詩·召南正義》。則守其宗廟社稷，為之祭主，不亡其匕與鬯也。人君於祭之禮，尚一作匕。牲體薦鬯而已，其餘不親為也。一云「其餘不足觀也」。《特牲饋食禮疏》。升牢於俎，君匕之，臣載之。鬯，秬酒芬芳條鬯，因名焉。《集解》。	1. 惠棟增補卦辭與出處。 2.「震為雷，……則嘉會之禮通矣」段，惠棟另作分出，已如前文所述。 3. 王氏作「警戒」，惠氏作「驚戒」。

---

[139] 宋趙善譽《趙氏易說》卷四、馮椅《厚齋易學》卷三十六、李過《西谿易說》卷十一、趙汝楳《周易輯聞》卷五、元李簡《學易說》卷五、陳櫟《定宇集》卷五等諸家《易》著，皆云「虩虩，恐懼貌」，當引自漢儒詁訓。

224	震卦六二：億喪貝。	六二：億喪貝。十萬曰億。<u>於力反。</u>	億喪貝。<u>億，於力反。</u>十萬曰億。《釋文》。	1. 惠棟增補出處。 2. 音注位置不同。
225	震卦六三：震蘇蘇。	六三。蘇蘇，不安也。	六三：<u>震蘇蘇</u>。蘇蘇，不安也。《釋文》。	惠棟增補爻辭與出處。
226	震卦上六：震索索，視矍矍。	上六。索索，猶縮縮，足不正也。矍矍，目不正。	上六：<u>震索索，視矍矍</u>。索索，猶縮縮，足不正也。矍矍，目不正。《釋文》。	惠棟增補爻辭與出處。
227	艮卦卦辭：艮其背。	<u>艮之言很也</u>。艮爲山，山立峙各於其所，无相順之時，猶君在上，臣在下，恩敬不相與通，故謂之艮也。	艮其背。艮爲山，山立峙各於其所，无相順之時，猶君在上，臣在下，恩敬不相與通，故謂之艮也。《集解》。艮之言很也。《釋文》。	1. 惠棟增補卦辭與出處。 2. 「艮之言很也」句，王、惠所置不同，以惠氏爲善。
228	艮卦九三：艮其限，列其夤。	九三。限，要也。列其<u>腰</u>。	九三：艮其限，<u>列其腰</u>。《釋文》。限，要也。《釋文》。	1. 惠棟增補爻辭與出處。「列其腰」句，爲九三爻辭，王氏置於注文之後，是王氏未察之誤。 2. 今本作「列其夤」，王、惠作「列其腰」。《周易註疏》卷九，陸德明《音義》云：「夤，引真反。馬云夾脊肉也。鄭本作腰，徐又音胤，荀作腎，云互體有坎，坎爲腎。」其《經典釋文》同云。王弼《周易注》作「列其夤」。《周易集解》引《虞氏易》作「裂其夤」。元董真卿《周易會通》卷十引《晁氏易》云：「孟、京、一行作胭，鄭作腰。」《說文》云「䏐，夾脊肉也」，即作「䏐」字。《帛書周易》作「肥」，疑今之「肥」字。[140]是諸家作字各異，而音義相近。
229	漸卦初六：鴻漸。	初六。干，謂大水之傍，故停水處者。	初六：鴻漸于干。干，謂大水之旁，故停水處。	1. 惠棟增補爻辭與出處。 2. 《毛詩注疏》卷九、十八，

---

[140] 見鄧球柏《帛書周易校釋》，頁114。

	于干。		者。《詩·伐檀正義》、<斯干正義>、《釋文》。	孔穎達《疏》作「大水之傍」，宋明以降大都從此說。[141]亦有作旁字者，如宋段昌武《毛詩集解》卷十八，則引鄭注作「旁」字，又《康熙辭典》亦作「旁」。[142]二字互用。
230	漸卦九三：夫征不復，婦孕不育。	九三：婦孕不育。九三上與九五互體為離，離為大腹，孕之象也。又互體為坎，坎為大夫，坎為水，水流而去，是夫征不復也。夫既不復，則婦人之道顛覆，故孕而不育。孕，猶娠也。	夫征不復，婦孕不育。九三上與九五互體為离，离為大腹，孕之象也。又互體為坎，坎為丈夫，坎為水，水流而去，是夫征不復也。夫既不復，則婦人之道顛覆，故孕而不育。《郊特牲正義》。孕，猶娠也。《釋文》。	1. 惠棟增補爻辭與出處。 2. 王氏引作「坎為大夫」，「大」為「丈」字之誤。漸卦九三爻辭謂「夫征不復」，「夫」即為人丈夫者，故以「坎為丈夫」為正。歷來引鄭注皆作「坎為丈夫」，如《禮記註疏》卷二十五孔穎達《疏》、宋楊復《儀禮經傳通解續》卷二十八下、明熊過《周易象旨決錄》卷四、潘士藻《讀易述》卷九、陳祖念《易用》卷四等，皆作「丈」字。惠棟補正。
231	歸妹卦六三：歸妹以須。	六三：歸妹以須。須，有才智之稱。天文有須女，屈原之姊名女須。姊，一作妹。	六三：歸妹以須。須，有才智之稱。天文有須女，屈原之姊名女須。《詩·桑扈正義》。	此佚文惠棟引自孔穎達《毛詩正義》作「屈原之妹」。然，此文又見賈公彥《周禮·冢宰疏》，「有才智之稱」句，無「有」字，「屈原之妹」作「屈原之姊」；賈《疏》作「姊」有據，如王逸《楚辭注》云「女須屈原姊」，則是一證。
232	歸妹上六：女承筐，无實。	上六：女承筐，无實。宗廟之禮，主婦奉筐米。《士昏禮》云：婦入三月，而後祭行。	女承筐，无實。宗廟之禮，主婦奉筐米。王氏。《士昏禮》云：婦入三月，而後祭行。《詩·葛屨正義》。	1.「女承筐」之「筐」字，《釋文》：「曲亡反，鄭作匡。」王、惠引作「筐」字，不符鄭玄原本。 2.惠棟小注出處，云為王氏，實出於《儀禮·特饋食禮疏》；惠氏未明察。

---

[141] 宋明以降作「傍」字者，如宋范處義《詩補傳》卷十七、呂祖謙《呂氏家塾讀詩記》卷二十、嚴粲《詩緝》卷十九，均引鄭注作「傍」字。

[142] 《御定康熙辭典》卷九云：「《詩·小雅·秩秩斯干傳》，干，潤也，又水涯也。《易》漸卦，鴻漸于干，註干謂大水之旁，故停水處者。」引鄭《易》作「旁」。此外，又如明馮復京《六家詩名物疏》卷二十三，亦同；清余蕭客《古經解鉤沉》卷二下，亦同。

233	豐卦《象傳》：日中則昃，月盈則食。	（無）	日中則昃，月盈則食。言皆有休已，無常盛也。《公羊疏》。	此佚文惠氏引自《公羊疏》卷二十六。又余蕭客《古經解鉤沉》卷二下，引作「言皆有休已，無常盛同」，其「同」字，不同於惠氏引作「也」字。
234	豐卦初九：遇其配主。	初九：遇其妃主。嘉耦曰妃。	初九：遇其妃主。嘉耦曰妃。《釋文》。	1. 惠氏增補出處。 2. 今本初九爻辭作「配」字，王、惠二氏依《釋文》云「鄭作妃」。《集解》引虞翻云：「妃嬪，謂皿也。」是虞翻亦作「妃」。朱震《漢上易傳》引孟喜亦同。李富孫《易經異文釋》認爲「『妃』爲正字，『配』假借字」，且「古『配』讀爲『妃』」。[143]惠氏《九經古義》卷二特別提到：「豐初九：遇其配主，當作妃，以鄭、虞。」惠氏《周易述》缺豐卦，然其意仍當從鄭、虞而作「妃」字。是漢代諸家，大多作此字。[144]
235	豐卦初九：雖旬无咎。	雖曰无咎。初修禮上朝四，四以匹敵恩厚待之，雖留十旬不爲咎，正以十日者，朝聘之禮，止於主國以爲限，聘禮畢歸，大禮曰旬而稍爲稍，旬之外爲稍，久留非常。	雖旬无咎。初脩禮上朝四，四以匹敵恩厚待之，雖留十旦不爲咎，正以十日者，朝聘之禮，止于主國以爲限，聘禮畢歸，大禮曰旬而稍，旬之外爲稍，久留非常。《詩·有客正義》。	1. 今本初九爻辭「雖旬无咎」之「旬」字字，《釋文》云：「旬，如字，均也，荀作均，劉昞作鈞。」《帛書周易》「雖旬」作「唯旬」。十日爲旬，「旬」有作「均」、「鈞」者，未見作「曰」者，王氏恐誤。另外，王氏作「十旬」者，亦非，當爲「十日」。 2. 今本《毛詩》孔穎達《正義》作「修」字，惠氏作「脩」字。

---

[143] 參見李富孫《易經異文釋》卷四云：「《釋詁》曰：妃，合也。又訓匹對，媲義同。《說文》云：妃，匹也。配，酒色也。《詩·皇矣疏》引某氏云：天立厥妃。今《毛詩》作配。是妃爲正字，配假借字。惠氏士奇曰：古配讀爲妃。虞注亦曰：妃嬪。蓋配，古妃字，非改配爲妃也。《大戴》：配以及配，《禮記》作妃，古今字。段氏曰：妃，本上下通僃，後人以爲貴僃耳。配當是妃省聲，故假爲妃字。」（見李書，頁559。）
[144] 《帛書周易》作「肥」字。（見鄧球柏《帛書周易校釋》，頁246。）蓋「肥」音近於「妃」而通假。

236	豐卦 六二：豐其蔀。	六二：豐其蔀。蔀，小席。	六二：豐其蔀。蔀，小席。《釋文》。	惠氏增補出處。今本「蔀」字，王、惠引自《釋文》作「菩」字。[145]《說文》無「蔀」字，於「菩」則云：「菩，艸也，从艸音聲。」「蔀」字，字書有作草、小席之義；[146]《易》家亦有作小草之義。是二字音同義近而通用。晁氏則認爲「菩」爲古文「蔀」字。[147]「蔀」字後出，惠氏以其當然爲古。《帛書周易》作「剖」字；備參。[148]
237	豐卦 九三：豐其沛。	九三：豐其芾。芾，祭祀之蔽膝。	九三：豐其芾。一作芾。芾，祭祀之蔽膝。《釋文》。	今本九三爻辭作「豐其沛」，「沛」字，王氏作「芾」，惠氏作「芾」，並小注作「芾」。《周易註疏》卷九，陸德明《音義》云：「沛，本或作旆，謂幡幔也。又普貝反，姚云滂沛也，王廙豐蓋反，又補賴反，徐普蓋反，子夏作芾，《傳》云小也。鄭、干作韋，云祭祀之蔽膝。」《說文》卷七下云：「市，韠也，古衣蔽前而已。」又云：「韍，篆文市，从韋从犮。」段《注》云：「韍，或借芾爲之，如《詩·侯人》、〈斯干〉、〈采菽〉是也。或借沛爲之，如《易》豐其沛；一作芾，鄭云：蔽膝是也。芾與沛蓋本用古文作市，而後人改之。」蓋「沛」、「芾」、「旆」、「市」、「韠」、「韍」、「韋」等字，皆因音義近而通用。又，

---

[145] 見《釋文》卷二云：「蔀，音部。王廙同蒲戶反。王肅普苟反。《暑例》云：大暗之謂蔀。馬云：蔀，小也。鄭、薛作菩，云小席。」

[146] 「蔀」字之義，《廣韻》云：「蔀，小席也。」《集韻》則云：「草也。」宋楊簡《楊氏易傳》卷十七：「蔀，草也。馬云：蔀，小也。蔀雖豐亦小矣。」丁易東《易象義》卷七亦云：「蔀，草也。豐其蔀，草木之盛者也。」

[147] 轉引自董真卿《周易會通》卷十，云：「晁氏曰：案菩古文蔀字。」

[148] 見鄧球柏《帛書周易校釋》，頁248。

				《帛書周易》作「蓚」，草名，義與前諸字異，備作參考。[149]
238	豐卦九三：日中見沬。	日中見昧。	日中見昧。《釋文》。	今本「沬」字，王、惠引自《釋文》作「昧」字。《釋文》云：「沬。徐武蓋反，又亡對反，微昧之光也。《字林》作昧，亡太反，云斗杓後星。王肅云：音妹。鄭作昧。服虔云：日中而闇也。《子夏傳》云：昧，星之小者。馬同。薛云：輔星也。」《漢書‧五行志》劉歆作「昧」字；〈王商傳〉、〈王莽傳〉同。《晁氏易》云：「《九家》、虞亦作昧。」《廣韻》「十三末」引同。[150]是漢代諸家多作「昧」；子夏、馬、薛、《字林》、王肅等皆言星，而鄭、服則謂昏昧之義。王弼作「沬」，以「沬」爲微昧之明。是二字聲義相近而通。惠棟於《周易集解》評注時，認爲日中見斗，是日食之象，即漢儒以日中見沬，則爲日食。所評良然。《帛書周易》作「茉」字，音假；備參。
239	豐卦九三：折其右肱。	折其右肱。三，艮爻。艮爲手，互體爲巽，巽又爲進退，手而便于進退，右肱也，猶大臣用事于君，君能誅之，故无咎。	折其右肱。三，艮爻。艮爲手，互體爲巽，巽又爲進退，手而便于進退，右肱也，猶大臣用事于君，君能誅之，故无咎。《儀禮‧觀禮疏》。	惠氏增補出處。
240	豐卦上	闃其無人。闃，無人	闃其無人。闃，無人	惠氏增補出處。

---

[149] 帛書引文見鄧球柏《帛書周易校釋》，頁 289。「蓚」字訓：宋吳仁傑《離騷草木疏》卷二，「蓚」字云：「蓚蘱槁而節離，王逸《註》：蓚草秋生，今南方湖澤皆有之。洪慶善云：蓚，音煩，《淮南子》云：路無莎蓚，註云：蓚狀似葴，《上林賦》薛莎青蓚，張楫曰：青蓚似莎，生江湖，雁所食。」明盧之頤《本草乘雅半偈》卷八：「蓚即青蓚，一名大莎，《說文》以爲青蓚似蓏，但大小有異，生江湖，爲鴈所食。」清吳景旭《歷代詩話》卷十三云：「蓚音煩，《九歌》登白蓚兮騁望，注云：蓚草秋生，今南方湖澤皆有之，似莎而大，鴈所食也。」蓋「蓚」音「煩」，草名，秋天生，爲雁所食者。

[150] 諸書所見，轉引自李富孫《易經異文釋》卷四，頁 559。

	六：闚其无人。	貌。	貌。《釋文》。	
241	豐卦上六《象傳》：天際翔也。	天際翔也。際當爲瘵；瘵，病也。	天際祥也。《釋文》。際當爲瘵；瘵，病也。《釋文》。	《周易註疏》卷九，陸德明《音義》：「際如字，鄭云當爲瘵；瘵，病也。翔，鄭、王肅作祥。」元董真卿《周易會通》卷十：「呂《音訓》際，陸氏曰：如字。鄭云：當爲瘵，病也。翔，陸氏曰：鄭、王肅作祥。晁氏曰：孟亦作祥，云天降惡祥。」《集解》本及所引虞翻、孟喜《易》皆作「天降祥也」。由諸家所引，知漢儒皆作「祥」，惠棟所引爲是。
242	豐卦上六《象傳》：自戕也。	自戕也。戕，傷也。	自戕也。戕，傷也。《釋文》。	1.「戕，傷也」，王氏引作小注。以惠氏爲宜。 2.今本《象傳》作「自藏也」。陸德明《經典釋文》卷二：「藏，如字。衆家作戕，慈羊反。馬、王肅云：殘也。鄭云：傷也。」《漢書》卷二十七下，「後闇戕吳子」，顏師古注：「戕，傷也。」蓋漢儒多作「戕」，鄭氏亦同。清翟均廉《周易章句證異》、胡煦《周易函書約註》，均認爲鄭玄作「藏」，是誤。[151]
243	旅卦初六：旅瑣瑣，斯其所取災。	初六。瑣瑣，猶小小也。爻互體艮，艮小石，小小之象。三爲聘客，初與二其介也。介當以篤實之人爲之，而用小人瑣瑣然。客主人爲言，不能辭曰非禮，不能對	初六：旅瑣瑣，斯其所取災。瑣瑣，猶小小也。爻互體艮，艮小石，小小之象。三爲聘客，初與二其介也。介當以篤實之人爲之，而用小人瑣瑣然。客主人爲言，不能辭曰非禮，	惠棟增補爻辭與出處。「爻互體艮」句，魏了翁《儀禮要義》引賈《疏》作「爻互艮」，無「體」字；察今本《儀禮註疏》中之賈《疏》，仍作「爻互體艮」，確有「體」字，殊不知魏氏所本爲何。[152]

---

[151] 清翟均廉《周易章句證異》卷六：「藏，陸德明云：衆家作戕。馬融云：戕，殘也。王肅同。鄭玄云：藏，傷也。按虞翻作藏。」胡煦《周易函書約註》卷十一，亦云「鄭作藏」。蓋翟氏據引《釋文》，並增溢鄭注「藏」字而誤。胡氏則不知所本。

[152] 今胡自逢《周易鄭氏學》引魏氏之言，按云「體」字當爲衍文，而「互」字疑爲「在」字之誤。胡氏援魏氏之說，是未明今本孔《疏》而誤。

		曰非禮，每者不能以禮行之，則其所以得罪。	不能對曰非禮，每者不能以禮行之，則其所以得罪。《儀禮·聘禮疏》	
244 (惠增)	兌卦《象傳》：麗澤兌。	（無）	離澤兌。離，猶併也。《釋文》。	惠氏引陸德明之言，爲鄭氏新增佚文。《釋文》卷二云：「麗澤，如字。麗，連也；鄭作離，云：猶併也。」今「麗」字，鄭作「離」，蓋二字一音之轉，義可兼通。離卦《象傳》云「離，麗也」；王弼《周易注》卷三、八，亦訓「離，麗也」；孔穎達《正義》卷三、五、六、十二、十三，同訓計五次；歷代學者作此訓者，不勝枚舉。又訓「麗，離也」者，如《集解》卷八引虞翻訓睽卦「麗乎明」之「麗」，作「麗，離也」；劉熙《釋名》卷八，有同訓；魏張揖《廣雅》卷五，亦有同訓。由前引，「離」、「麗」二字之互訓可證。
245	兌卦九四：商兌。	九四：商兌。商，隱度也。	九四：商兌。商，隱度也。《釋文》。	惠棟增補出處。
246 (惠增)	渙卦九五：渙汗其大號。	（無）	渙汗其大號。號，令也。《文選》三。	此佚文爲渙卦九五鄭注之文。引自《文選注》卷三。
247	節卦《象傳》：節以制度，不傷財，不害民。	節以制度。空府藏則傷財，力役繁則害民，二者奢泰之所致。	節以制度，不傷財，不害民。空府藏則傷財，力役繁則害民，二者奢泰之所致。《後漢書·王符傳》注。	惠棟增補《象》辭與出處。
248	中孚卦卦辭：中孚，豚魚吉。	豚魚吉。三辰在亥，亥爲豕，爻失正，故變而從小名言豚耳。四辰在丑，丑爲鼈、蟹；鼈、蟹，魚之微者。爻得正，故變而從大名言魚耳。互體兌，兌爲澤，四上值天淵。二	中孚，豚魚吉。三辰在亥，亥爲豕，爻失正，故變而從小名言豚耳。四辰在丑，丑爲鼈、蟹；鼈、蟹，魚之微者。爻得正，故變而從大名言魚耳。孚體孚一作三。兌，兌爲澤，四上值天淵。二五皆坎	1. 惠棟增補卦辭與出處。 2. 「孚」字惠氏作小注：孚一作三。明何楷《古周易訂詁》卷六，以及清余蕭客《古經解鉤沉》卷二下，均作「三」。徐文靖《管城碩記》卷二十四，引其部分內容。 3. 《易緯稽覽圖》云：「……三辰在亥爲豕，爻失正，故變

	五皆坎爻，坎爲水，二浸澤則豚利，五亦以水灌淵則魚利。豚、魚以喻小民也，而爲明君賢臣恩意所供養，故吉。	爻，坎爲水，二浸澤則豚利，五亦以水灌淵則魚利。豚、魚以喻小民也，而爲明君賢臣恩意所供養，故吉。《詩·無羊正義》。	而爲小名言豚。四辰在丑爲鼈，鼈魚之微者，爻爲正變以其大節言魚，三體兌爲澤，四値天淵，二五皆坎爻如水，水以水度侵澤所養故吉。互體是震，震爲木，二爻巽爲風，木在水上，而風行之。……」所言近於此則佚文。
249	中孚卦《象傳》：乘木舟虛也。	乘木舟虛也。舟謂集板，如今目空木大爲之曰虛。	乘木舟虛也。舟謂集板，如今目空木大爲之曰虛。《詩·谷風正義》。	惠棟增補出處。語出於孔穎達《毛詩正義》卷七。
250	小過卦卦辭：亨利貞。	中孚爲陽，貞于十一月子，小過爲陰，貞于六月未，法于乾坤。	小過：亨，利貞。中孚爲陽，貞于十一月子，小過爲陰，貞于六月未，法于乾坤。王氏。	惠棟增補卦辭與出處，惟惠氏云出於王氏。案，此條爲《易緯乾鑿度》文，《漢上易傳》誤引，王又爲《漢上易》所誤，而惠棟未察明其出處，以定爲王氏之言。
251	小過卦卦辭：不宜上。	不宜上。上如字。，謂君也。	不宜上。上，如字，謂君也。《釋文》。	惠氏增補出處。「如字」，王氏作小注，惠氏則列爲本文。
252 (惠增)	小過六五《象傳》：密雲不雨，已上也。	（無）	密雲不雨，已尙也。《釋文》。尙，庶幾也。《釋文》。	此惠棟引自《釋文》之佚文。《釋文》卷二：「已上也，並如字。上，又時掌反，注同。鄭作尙，云庶幾也。」鄭玄作「尙」字，訓爲「庶幾」；此訓義鄭氏一以貫之，如《禮記·檀弓上》「尙行夫子之志乎哉」，鄭《注》「尙，庶幾也」；《毛詩》鄭《箋》、《儀禮》鄭《注》皆同。歷代諸家訓「尙」字，多同此釋。此外，「尙」字又有作「止」者，則字誤之非。[153]
253	既濟卦。	既濟。既，已也，盡也。濟，度也。	既濟。既，已也，盡也。濟，度也。《釋文》。	惠棟增補出處。
254	既濟卦六	六二。茀，車蔽也。	六二：婦喪其茀。茀，	惠棟增補爻辭與出處。

---

[153] 清任啓運《周易洗心》卷四：「上，鄭作尙，郭、京謂上當作止，非。」是郭象、京房作「止」字，義似不妥。

			車蔽也。《釋文》。	
	二：婦喪其 茀。			
255	既濟卦三爻 傳：憊也。	九三：憊。劣弱也。	憊也。劣弱也。《釋文》。	惠棟增補出處。王、惠引辭略 異。
256	既濟卦六 四：繻有 衣袽。	繻有衣袽。繻音須。	繻有衣袽。繻音須。《釋 文》。	惠棟增補出處。
257	既濟卦九 五：東鄰 殺牛，不 如西鄰之 禴祭。	九五：東鄰殺牛，不 如西鄰之禴祭。互體 爲坎，又互體爲離。 離席爲日，坎爲月， 日出東方，東鄰象； 月出西方，西鄰象 也。《坊記疏》云：東 鄰謂紂國中也，西鄰 謂文王國中也。既濟 離下坎上，離爲牛， 坎爲豕，西鄰禴祭， 則用豕。與言殺牛而 凶，不如殺豕受福， 喻奢而慢，不如儉而 敬也。與《易》注不 同。禴，夏祭之名。	九五：東鄰殺牛，不如 西鄰之禴祭。互體爲 坎，又互體爲离。离爲 日，坎爲月，日出東 方，東鄰象；月出西 方，西鄰象。《坊記正 義》。禴，夏祭之名。 王氏。	1. 王應麟列《坊記》孔穎達《疏》 　作小注。惠棟以未涉鄭注而 　刪。 2.「東鄰象」與「西鄰象」之 　句末，孔穎達《正義》均有 　「也」字，即「東鄰象也」 　與「西鄰象也」，故宜補。 3.「禴，夏祭之名」文，惠氏 　未察，小注出於王氏，實出 　於《詩・天保正義》。
258	未濟卦 辭：小狐 汔濟。	汔，幾也。	小狐汔濟。汔，幾也。 《釋文》。	惠棟增補卦辭與出處。
259	《繫辭上 傳》：天尊地 卑，乾坤定 矣。卑高已 陳，貴賤位 矣。	君臣尊卑之貴賤，如 山澤之有高卑也。	天尊地卑，乾坤定矣。 卑高已陳，貴賤位矣。 君臣尊卑之貴賤，如山 澤之有高卑也。《樂記 正義》。	惠棟增補《繫傳》傳辭與出處。
260	《繫辭上 傳》：動靜 有常，剛 柔斷矣。	動靜。雷風也。	動靜有常，剛柔斷矣。 雷風也。陽動陰靜，剛 柔之斷。同上（《樂 記正義》)、《穀疏》、《公 羊疏》。	惠棟增補《繫傳》傳辭、鄭注 與出處。「雷風也」，鄭玄在訓 「動靜」二字，惠氏僅列「雷 風也」，未明鄭氏所訓，故宜依 《樂記正義》，於「雷風也」前 加入「動靜」二字。
261	《繫辭上 傳》：方以類 聚，物以羣	類聚，羣分。謂水火 也。	方以類聚，物以羣分。 謂水火也。同上（《樂 記正義》)。	惠棟增補《繫傳》傳辭與出處。

	分。		
262	《繫辭上傳》：在天成象。	成象。日月星辰也。	在天成象。日月星辰也。同上（《樂記正義》）。	惠棟增補《繫傳》傳辭與出處。
263	《繫辭上傳》：在地成形。	成形。謂草木鳥獸也。	在地成形。謂草木鳥獸也。同上（《樂記正義》）、御覽三十九。	惠棟增補《繫傳》傳辭與出處。
264 (惠增)	《繫辭上傳》：八卦相盪。	（無）	八卦相蕩。《釋文》。	今本作「盪」字。《釋文》卷二：「眾家作蕩。馬云：除也。韓云：相推盪。」又，《集解》及所引《虞氏易》均作「蕩」。《禮記·月令》「仲冬，諸生蕩」，鄭《注》云：「蕩謂物動萌芽也。」《說文》以「盪」為「滌器」，而《廣韻》並云：「滌盪，搖動貌。」蓋以「蕩」為本字，後義近而互用。清顧藹吉《隸辨》卷三釋「蕩」字云：「《隸釋》云：以盪為蕩。按《爾雅》釋川盪，盪，邢昺《疏》云：盪、蕩音義同，《易·繫辭》八卦相盪，《釋文》云：盪，眾家作蕩。《漢書·郊祀志》盪盪如繫風捕景，蕩亦作盪。」惠棟《易》皆作「蕩」，《九經古義·周易古義》卷二：「案：《說文》盪為滌器，當從諸家作蕩。後漢惟《蔡湛碑》以盪為蕩，從俗作也。《釋名》云：蕩，盪也，排盪去穢垢也。則知盪非古字。」《周易述》卷十八詳云：「蕩，俗作盈，六經无盪字，蓋始于後漢，韓伯以為推盪，俗訓也。」是惠棟察稽甚詳，以「蕩」為古為本。宋翔鳳與惠氏同意，「按當時以韓伯《注》續王弼《易注》，故《音義》《繫辭》以下皆用韓本。據此知眾家作蕩，唯韓作盪」。[154]
265	《繫辭上傳》：乾以易知。	乾以易知。音亦。	乾以易知。易，音亦。《釋文》。	惠氏增補出處。
266	《繫辭上傳》：三極之道也。	三極之道也。三極，三才也。	三極之道也。三極，三才也。《釋文》。	惠氏增補出處。

---

[154] 見宋翔鳳《周易考異》卷二，頁 603。

267 (惠增)	《繫辭上傳》：君子居則觀其象而玩其辭。	（無）	君子居則觀其象而翫其辭。《釋文》。	今本「玩」字，惠棟引《釋文》鄭氏作「翫」字。《集解》本及所引虞翻注，也作「翫」。惠氏本「翫」作古字，《周易述》卷十五引《說文》釋「翫」字云：「翫，習厭也。故云翫習也。」《帛書周易》作「妧」字，備作參考。[155]
268	《繫辭上傳》：震无咎者存乎悔。	震无咎。震，懼也。	震无咎者存乎悔。震，懼也。《釋文》。	惠棟增補《繫傳》傳辭與出處。以「震」訓「懼也」，古多有之，如《國語・周語上》「玩則無震」，韋昭注「震，懼也」；〈晉語〉「莫不震動」、〈楚語〉「滯久不震」，注也同。《太玄經》卷一「震自衛也」，晉范望注亦同。
269 (惠增)	《繫辭上傳》：《易》與天地準。	（無）	《易》與天地準。準，中也，平也。《釋文》。	此惠氏引自《釋文》卷二：「天地準，如字。京云：準，等也。鄭云：中也，平也。」
270	《繫辭上傳》：原始反終。	原始及終。	原始及終。《釋文》。	1. 惠氏增補出處。 2. 今本「反」字，王、惠二氏引《釋文》作「及」字；《釋文》卷二云：「反終，鄭、虞作及終。」又李鼎祚《周易集解》亦作「及」。是知漢《易》以降，有作「反」、「及」二本者；或因形近而誤所致。[156]
271	《繫辭上傳》：精氣爲物，遊魂爲變，是故知鬼神之情狀，與天	精氣爲物，遊魂爲變。精氣，謂七八也。遊魂，謂九六也。七八，木火之數；九六，金水之數。木火用事而物生，故曰精氣爲物。	精氣爲物，遊魂爲變，是故知鬼神之情狀，與天地相似，故不違。精氣，謂七八也。遊魂，謂九六也。七八，木火之數；九六，金水之數。木火用事而物生，	王氏所引之文出於《禮記・樂記正義》，其小注者，則出於《集解》；亦即惠氏所引者，爲《集解》之文。

---

[155] 見鄧球柏《帛書周易校釋》，頁485。「妧」字，《廣雅・釋詁一》：「妧，好也。」《廣韻・換韻》：「妧，好兒。」《字彙・女部》：「妧，女好貌。」故本義爲女子美好貌。今爲「玩」字之假借。

[156] 李富孫《易經異文釋》卷五云：「案《樂記》：克殷反商。注云：反當爲及，及與反以字形相似而淆耳。」（頁564。）「反」、「及」二字，常因形近而相互淆用。

		地相似，故不違。	金水用事而物變，故曰遊魂爲變。遊魂謂之鬼，物終所歸；精氣謂之神，物生所信也。言木火之神生物東南，金水之鬼終物西北。二者之情，其狀與春夏生物，秋冬終物相似。一云二物變化，其情與天地相似，故無所差違之也。	故曰精氣爲物。金水用事而物變，故曰遊魂爲變。精氣謂之神，遊魂謂之鬼。木火生物，金水終物。二物變化，其情與天地相似，故无所差違之也。《集解》、《樂記正義》。	
272	《繫辭上傳》：而道濟天下。	道濟天下。道，當作導。	而道濟天下。道，當作導。《釋文》。	惠棟增補《繫傳》傳辭與出處。李富孫認爲「文義作導尤通」。[157]二字古多通用。
273	《繫辭上傳》：範圍天地之化。	範圍。範，法也。	範圍天地之化。範，法也。《釋文》。	惠棟增補《繫傳》傳辭與出處。
274	《繫辭上傳》：故君子之道鮮矣。	故君子之道尟矣。	故君子之道尟矣。尟，少也。《釋文》。	1. 王氏未列鄭注，惠氏增補之。 2. 今本《繫辭》作「鮮」字，王、惠引《釋文》卷二作「尟」。《釋文》云：「鮮，鄭作尟，馬、鄭、王肅云：少也。」《集解》本亦作「尟」。依《說文》所訓，當以「尟」爲本字，作「鮮」乃通假字。[158]惠氏《周易述》作尟，卷十七：「尟亦作尠，《釋詁》曰：尠，寡也。郭注云：謂少。故云：少也。俗作鮮。」《帛書周易》作「鮮」字。[159]《汗簡》云：「尟，本古文鮮字。」

---

[157] 見李富孫《易經異文釋》卷五，頁 564。

[158] 《說文》「尟」字云：「尟，是少也，尟，俱存也。从是少。」「鮮」字云：「鮮魚也，出貉國。」段《注》云：「鮮乃魚名，經傳乃假爲新鱻字，又假爲尟少字，而本義廢矣。」－故以「少」爲義者，當以「尟」爲本字，而「鮮」爲假借字，後二字皆相通。

[159] 見鄧球柏《帛書周易校釋》，頁 494。

[160] 轉引自李富孫《易經異文釋》卷五，頁 564。

				[160]二字漢代已互用。
275	《繫辭上傳》：藏諸用。	臧諸用。臧，善也。	臧諸用。臧，善也。《釋文》。	1. 惠氏增補出處。 2. 今本「藏」字，王、惠二氏引《釋文》作「臧」字。[161]《漢書‧翼奉傳》卷七十五亦引作「臧」。《漢書‧禮樂志》云「臧于禮官」，顏師古云：「古書懷藏之字，本皆作臧，《漢書》例為臧耳。」是《漢書》多有以「臧」字為「藏」字。《說文》無「藏」字。今作「藏」為俗字，而古本當作「臧」。[162]因此，阮元《校勘記》認為「臧、藏，古今字」。因此，鄭氏用「臧」字，當是古來原有之字。
276	《繫辭上傳》：言天下之至賾，而不可惡也。	言天下之至賾。賾，當為動。	言天下之至嘖，而不可惡也。惡，烏落反。《釋文》。	1. 惠棟增補《繫傳》傳辭、音訓與出處。王氏小注「賾，當為動」，惠氏則置於後句「言天下之至嘖，而不可亂也」之鄭訓。 2. 今本「賾」字，王氏亦同，惠氏則作「嘖」字。然惠氏作「嘖」，非鄭玄之用，《釋文》云：「鄭本作至賾，云：賾，當為動。」故惠氏改易鄭氏之嘖，此是失當。許慎《說文‧敘》云「知天下之至嘖而不可亂也」，知許氏用「嘖」字。「賾」、「嘖」漢儒多有互用，惟各家取義各有不同。惠氏《九經古義‧周易古義》卷二，考「嘖」字云：「《九家》作冊，京房、許慎皆作嘖。棟案：經賾字皆當作嘖。後漢《范式碑》云：探嘖研機。楊子《太玄

---

[161]　參見《釋文》卷二云：「藏，鄭作臧，云：善也。」
[162]　參見李富孫《易經異文釋》卷五：「班《書》皆以臧為藏。＜魏相傳＞：臧器於身，今亦作藏，俗字。此古本當作臧，故鄭訓為善。」（頁564。）

				經》云：陰陽所以抽嘖。嘖，情也。定四年《左氏傳》云：嘖有煩言，賈達曰：嘖，至也。《正義》云：《易·繫辭》云：聖人有以見天下之賾，謂見其至深之處，賾亦深之義也。是古皆作嘖。《釋名》曰：冊，賾也。是冊與賾通。」依惠氏之見，「嘖」是古字，後與「賾」、「冊」字通用。有「情」、「至」、「深」，乃至「初」之義。[163]《帛書周易》作「業」字，非通假之字，乃作「德業」解。[164]
277	《繫辭上傳》：言天下之至賾，而不可亂也。	(「嘖，當爲動」句，王氏小注置於前欄之文。)	言天下之至嘖，而不可亂也。嘖，當爲動。《釋文》。	此惠棟依《釋文》而增補者。「賾」、「嘖」之用，已如前述。
278	《繫辭上傳》：樞機之發，榮辱之主也。	樞機之發，榮辱之主也。樞，戶樞也。機，弩牙也。戶樞之發，或明或闇，弩牙之發，或中或否；以譬言語之發，或榮或辱。	樞機之發，榮辱之主也。樞，戶樞也。機，弩牙也。戶樞之發，或明或闇，弩牙之發，或中或否；以喻君子之言，或榮或辱。一云：以譬言語之發有榮有辱。《禮記·曲禮正義》《左傳·襄二十五年正義》。	惠棟增補出處，並作小注。王引文「以譬言語之發」句，惠氏作「以喻君子之言」，並將王氏之句，引作小注。
279	《繫辭上傳》：慎斯術也。	慎斯術也。術，道。	慎斯術也。術，道。《釋文》。	惠氏增補出處。
280	《繫辭上傳》：有功而不德。	有功而不置。置當爲誌。	有功而不置。置當爲德。一作誌。《釋文》。	1.「置當爲誌」句，王氏引用小注；惠氏作鄭注本文，爲「置當爲德」，並小注「德」字「一作誌」。 2.今本作「德」字。《釋文》卷二：「鄭、陸、蜀才作置，鄭云：

[163]　《周易述》卷十六、十七、二十、二十一，「嘖」字，惠棟又訓作「初」之義。又《易例》卷下，「諸例」下，引虞註云「嘖謂初」。故「初」之義，蓋從虞氏。
[164]　見鄧球柏《帛書周易校釋》，頁499。

			置當爲德。」惠氏《九經古義‧周易古義》卷二考「有功而不置」云：「鄭云：置當爲德，晁氏曰：案德古文類置字，因相亂。」《周易述》卷十五，釋嗛卦之言，云：「置，古文德字，從直心，傳寫訛爲置，故云置當爲德。」故鄭氏所見之本用「置」字，鄭氏認爲當爲「德」字。是「德」字古本作「悳」，與「置」字形相近，故或有錯用。[165]《帛書周易》作「有功而不德」。[166]
281	《繫辭上傳》：君不密則失臣，臣不密則失身，幾事不密則害成。	（無）	君不密則失臣，臣不密則失身，幾事不密則害成。幾，微也。密，靜也。言不愼于微而以動作，則禍變必成。《公羊疏》。	此惠棟引《公羊‧文六年疏》。
282	《繫辭上傳》：冶容誨淫。	野容誨淫。言妖野容儀。飾其容而見於外曰野。教誨淫泆。	野容誨淫。飾其容而見於外曰野。言妖野容儀，教誨淫泆。《釋文》。《後漢‧崔駰傳注》。	1.「言妖野容儀」句，王氏作小注，惠氏則置於本文。「飾其容而見於外曰野」句，出於《後漢書注》，句前有「謂」字；「言妖野容儀，教誨淫泆」句，出於《釋文》，句末有「也」字。宜補。 2.今本《繫辭》「冶」字，王、惠皆作「野」。《漢石經》作「冶」字。《釋文》卷二：「冶，音也。鄭、陸、虞、姚、王肅作野，言妖野容儀，教誨淫泆也。」二字同音而通。《太平廣記》作「蠱容誨婬」。「冶」字《說文》段《注》：「《易》野容誨淫，陸德明本作冶容，按野、冶皆蠱之假借也，張衡賦言妖

---

[165] 李富孫《易經異文釋》云：「古道德字作悳，與置字形似，亦易相亂。盧氏曰：置、德古通用。《大戴》哀公問五義云：躬行忠信，其心不置。《荀子》：哀公言忠信而心不德。」（見李氏書卷五，頁566。）是二字因相亂而互用。

[166] 見鄧球柏《帛書周易校釋》，頁500。

			蠱，今言妖冶。」依段氏之見，是「野」、「冶」二字皆假借，而鄭氏作「野」。
283	《繫辭上傳》：大衍之數五十，其用四十有九。	大衍之數五十，其用四十有九。天地之數，五十有五，以五行氣通，凡五行減五，大衍又減一，故四十九也。衍，演也。撢取也。天一生水於北，地二生火於南，天三生木於東，地四生金於西，天五生土於中。陽无耦，陰无配，未得相成，地六成水於北，與天一并。天七成火於南，與地二并。地八成木于東，與天三并。天九成金於西，與地四并。地十成土於中，與天五并也。大衍之數，五十有五，五行各氣并，氣并而減五，惟有五十，以五十之數，不可以爲七八九六，卜筮之占以用之，更減其一，故四十有九也。《月令正義》。	大衍之數五十，其用四十有九。天地之數，五十有五，以五行氣通，凡五行減五，大衍又減一，故四十九也。《正義》。衍，演也。撢取也。《釋文》。天一生水于北，地二生火于南，天三生木于東，地四生金于西，天五生土于中。陽无耦，陰无配，未得相成，地六成水于北，與天一并。天七成火于南，與地二并。地八成木于東，與天三并。天九成金于西，與地四并。地十成土于中，與天五并。大衍之數，五十有五，五行各氣并，氣并而減五，惟有五十，以五十之數，不可以爲七八九六，卜筮之占以用之，更減其一，故四十有九也。《月令正義》。	惠棟增補《繫傳》傳辭與出處。王氏「於」字，惠氏作「于」。王氏「與天五并也」句，惠氏無「也」字。「天地之數，……故四十九也」段，引自孔穎達《周易正義》卷十一；康熙《御製月令輯要》卷一，論大衍之數，同引鄭氏此文；《佩文韻府》卷三十七之五，引同。「衍，演也。撢，取也」段，引自《釋文》卷二。餘引自《禮記·月令正義》。
284	《繫辭上傳》：天數五，地數五，五位相得而各有合。	天數五，地數五，五位相得而各有合。天地之氣各有五。五行之次，一曰水，天數也；二曰火，地數也；三曰木，天數也；四曰金，地數也；五曰土，天數也。此五者，陰无匹，陽无耦，故又合之地六爲天一匹也，天七爲地二耦也，地八爲天三匹	天數五，地數五，五位相得而各有合。天地之氣各有五。五行之次，一曰水，天數也；二曰火，地數也；三曰木，天數也；四曰金，地數也；五曰土，天數也。此五者，陰无匹，陽无耦，故又合之地六爲天一匹也，天七爲地二耦也，地八爲天三匹也，天九爲地四耦也，地十爲天五匹也。二五陰陽	惠氏增補出處。文出於孔穎達《春秋左傳正義》卷四十五。

		也，天九爲地四耦也，地十爲天五匹也。二五陰陽各有合，然後氣相得施化行也。	各有合，然後氣相得施化行也。《春秋正義》。	
285	《繫辭上傳》：以制器者尙其象。	以制器者尙其象。此者存於器象，可得而用，一切器物及造立皆是。	以制器者尙其象。此者存于器象，可得而用，一切器物及造立皆是。《春官・太卜疏》。	惠棟增補出處。王氏「於」字，惠氏作「于」。
286	《繫辭上傳》：聖人之所以極深而研幾也。	研機。機當作幾。幾，微也。	聖人之所以極深而研機也。機當作幾。幾，微也。《釋文》。	1. 惠棟增補《繫傳》傳辭與出處。 2. 今本《繫辭》「幾」字，鄭氏時本爲「機」，注作「幾」。《漢石經》作「機」。《帛書周易》作「達幾」。[167]《釋文》卷二：「幾，本或作機。鄭云：機當作幾。幾，微也。」惠氏《周易述》卷十六：「機當爲幾，鄭義也。古文作機，鄭讀爲幾。幾謂初爻，初爻尙微，故曰幾，微也。」依惠氏之見，古文作「機」，鄭作「幾」。李富孫云：「幾、機二字，義本異，古或通借用之。惠氏曰：《范式碑》作研機，是古《易》皆作機，今王弼本直作鄭所訓字，失其本矣。」[168]是古《易》皆用「機」字，鄭氏從古而訓「幾」義；王弼直用「機」字，爲非。
287	《繫辭上傳》：著之德圓而神。	著之德圓而神。著形圓而可以立變化之數，故謂之神也。	著之德圓而神。著形圓而可以立變化之數，故謂之神也。《少牢饋食禮疏》。	惠氏增補出處。文見《儀禮・少牢饋食禮疏》卷十六。宋楊復《儀禮經傳通解》續卷十八、魏了翁《儀禮要義》卷四十七，同引鄭氏此文。
288 (惠增)	《繫辭上傳》：神武而不殺者	（無）	神武而不殺者夫。殺，所戒反。《釋文》。	增補鄭氏音訓，惠氏引自《釋文》。

---

[167] 見鄧球柏《帛書周易校釋》，頁507。
[168] 見李富孫《易經異文釋》卷五，頁567。

	夫。			
289 (惠增)	《繫辭上傳》:《易》有太極。	（無）	《易》有太極。極中之道，淳和未分之氣也。《文選》十九。	此引自《文選注》卷十九，張茂先＜勵志詩＞。
290	《繫辭上傳》:兩儀生四象。	四象。布六於北方以象水，布八於東方以象木，布九於西方以象金，布七於南方以象火。	兩儀生四象。布六于北方以象水，布八于東方以象木，布九于西方以象金，布七于南方以象火。王氏。	此條惠氏引自王氏，未察明出自何處，故作小注作「王氏」。朱震《漢上易傳·叢說》亦引此鄭氏注文，亦未明其出處。此文實出於《易緯乾鑿度》鄭注，故不宜視爲鄭氏之佚文。另外，此文可以作爲鄭氏太極生次說的重要資料。
291 (惠增)	《繫辭上傳》:以定天下之吉凶，成天下之亹亹者，莫大乎蓍龜。	（無）	定天下之吉凶，成天下之亹亹者，莫善乎蓍龜。凡天下之善惡，及沒沒之眾事，皆成定之，言其廣大無不包也。《公羊疏》。	1. 此見何休《公羊傳·定八年疏》。今本「莫大乎蓍龜」，而《疏》作「莫善乎蓍龜」。鄭氏於注文中，並未明是用「善」或「大」；而《禮記·禮運》鄭注則確作「善」字。此或鄭氏所本之不同。 2. 作「善」字者，又如《漢書·藝文志》引《易》作「莫善於」；《白虎通·蓍龜》作「莫善乎」；何休同；《儀禮·士

---

169 諸如賈公彥《疏》云:「凡草之靈，莫善於蓍，凡蟲之知，莫善於龜也。」皆用「莫善」字。

170 見鄧球柏《帛書周易校釋》，頁511。

171 即陸德明《經典釋文》卷二所云。

172 惠氏《周易述》卷十六，益作詳注，云:「娓从尾。尾，微同物、同音。王弼曰:『娓娓，微妙之意。』故云『陰陽之微』。《管子》曰:『矗濁，甕能存，而不能亡者也;伏闇，能存而能亡者，蓍龜與龍是也。存故定天下之吉凶，亡故成天下之娓娓。乾爲蓍者，蓍數百，乾爻三十六，三爻一百八，略其奇五。故乾爲百數與蓍合，故乾爲蓍。乾五變之坤成大有體离。离爲龜，月生震初，初尙微，故成天下之娓娓者。《白虎通》曰:『聖人獨見先睹必問蓍龜何?』或曰:『清微無端緒，非聖人所及，聖人亦疑之。』《尙書》曰:『女則有疑。』謂武王也，是成天下娓娓之事也。上皆言大，此獨稱善者，陰陽之微，即乾坤之元。元者，善之長，故莫善乎蓍龜也。娓娓，鄭氏作亹亹，云『猶沒沒也』。凡天下之善惡，及沒沒之眾事，皆成定之，言其廣大无不包也。訓亹亹爲沒沒者，《釋詁》曰:『亹亹，矖沒，勉也。』郭氏云:『矖沒猶黽勉，尋冤，黽勉。古作密勿，《詩》:黽勉從事。』《韓詩》作密，勿密矖沒。勿古今字，亹沒同訓，故云『亹亹，猶沒沒也』。」由此詁訓，可以體現惠氏詁證之細，尤對「娓娓」之訓詳明。又，尤其引作「密勿」者，《帛書周易》作「勿勿」，(鄧球柏《帛書周易校釋》，頁510。) 可以爲輔證。

				冠禮》賈《疏》、《文選注・廣絕交論》、李氏《集解》皆同，[169]虞翻注作「莫善於」；《帛書周易》亦作「莫善乎」。[170]漢董真卿《周易會通》卷十二：「莫善乎蓍龜，今本作莫大，陸氏曰：[171]本亦作莫大。」實漢代多作「善」字。 3.「亹亹」字，《說文》無「亹」字；徐鉉《長箋》雜增字義云：「亹，字書所無，《易》：亹亹，當作娓。」據此，「亹」似又作「亹」，而《易》中此形之字，當作「娓」字。惠氏《易》著皆作「娓娓」。《周易述》卷十六云：「娓娓者聖人則之知存知亡而不失其正也。」備作參考。[172]
292	《繫辭上傳》：河出圖，洛出書，聖人則之。	河出圖，洛出書，聖人則之。《春秋緯》云：河以通乾出天苞，洛以流坤吐地符，河龍圖發，洛龜書成。河圖有九篇，洛書有六篇。	河出圖，洛出書，聖人則之。《春秋緯》云：河以通乾出天苞，洛以流坤吐地符，河龍圖發，洛龜書成。河圖有九篇，洛書有六篇也。《集解》。	惠棟增補出處。文末惠氏多一「也」字，確本於《集解》。此文又見《周易注疏》卷十一、《毛詩注疏》卷二十三，孔穎達《疏》引。
293	《繫辭上傳》：又以尚賢也。	有以尚賢也。	有以尚賢也。《釋文》。	1. 惠氏增補出處。 2. 今本作「又」字，而王、惠依《釋文》作「有」字。《集解》及所引《虞氏易》同。惠氏《儀禮古易》中詳考二字，並引鄭注《儀禮・鄉射禮》云：「古文有作又。」注《禮記・內則》云：「有讀爲又。」箋《詩經・長發》云：「有之言又也。」是二字古今字，音義相通。[173]依鄭氏之

173 見《九經古義》卷九：「『唯君有射於國中』，注云：『古文有作又。』《汗簡》云：『《古文尚書》有作又。』《石鼓戊文》云一作甲文。云：『澫澫又魚。』董逌曰：『又通作有。』《秦惠王詛楚文》云：『又』。秦嗣王義作『有』。古文又，又作有。《周易・繫辭》曰：『履信思乎順，又以尚賢也。』《鄭氏易》『又』作『有』。《詩・長發》云：『有虔秉鉞』，《箋》

				詁訓，晃氏云：「又，古文有字，今文當作有。」[174]以「又」字爲古，而今文作「有」字。惠氏《周易述》卷二，論大有卦時，引《繫辭》用「又」字。
294	《繫辭下傳》：古者包犧氏之王天下也。	包犧。包，聚也。鳥獸全具曰犧。	<u>古者包犧氏之王天下也。包，取一作聚。也。鳥獸全具曰犧。《釋文》。</u>	1. 惠棟增補《繫傳》傳辭與出處。 2. 王氏作「聚」字，惠氏作「取」字，並小注「一作聚」。
295 (惠增)	《繫辭下傳》：黃帝、堯、舜垂衣裳。	（無）	黃帝、堯、舜垂衣裳。始去羽毛。《公羊疏》。金天氏、高陽、高辛遵黃帝之道，無所改作。《春官·大司樂疏》。	此惠棟引自何休《公羊傳注疏》卷四，以及《周禮注疏》卷二十二，賈公彥《疏》。「金天氏」，今四庫本賈《疏》無「氏」字。
296	《繫辭下傳》：蓋取諸乾、坤。	蓋取諸乾、坤。乾爲天，其色元，坤爲地，其色黃。<u>但土無正位，託於南方，南方色赤，黃而兼赤，故爲纁也。</u>	蓋取諸乾、坤。乾爲天，其色<u>玄</u>，坤爲地，其色黃。《王制正義》。	1. 王氏「但土無正位，託於南方，南方色赤，黃而兼赤，故爲纁也」一文，主在訓冕服，惠氏刪而不錄。[175] 2. 所引佚文，《周官》鄭注「凡冕服玄衣纁裳」文，用作詮言，既是「玄衣」，所言當是「色玄」，王氏不宜作「色元」。《周禮·司服疏》、《禮記·王制正義》、《詩·七月正義》皆作「玄」字。玄者，即色黑，此在明《周禮》色黑之冕服。[176]

云：『有之言又也。』」《內則》：『凡養老五帝憲三王有乞言』，《注》云：『有讀爲又。』」《戰國策》：『公子他謂趙王曰今又』。案：兵劉錢本『又』作『有』。《說文》云：有者，不宜有也。从月又聲。《春秋傳》曰：日有食之。」蓋以「又」爲古，二字互用。

[174] 轉引自李富孫《易經異文釋》卷五，頁 569。

[175] 正氏引「但土無正位，託於南方」句，出於《周禮·司服疏》；「南方色赤，黃而兼赤，故爲纁也」句，出於《禮記·王制正義》。惠氏皆刪而不錄。

[176] 明王志長《周禮註疏刪翼》卷十三：「凡冕服皆玄上纁下，大裘者黑羔裘也，玄衣之下用黑羔裘，取其同色也。凡冕服皆玄上纁下，何也？《易》曰：黃帝、堯、舜垂衣裳而天下治，蓋取諸乾、坤。乾爲天，其色玄，坤爲地，其色黃。但土旺于季夏，南方屬火，其色赤。黃而兼赤爲纁，故裳用纁也。《玉藻》曰：衣正色，裳間色。鄭注云：謂冕服玄上纁下是也。自黃帝始備。」是知冕服玄上纁下，即衣上裳下，衣正色爲黑，裳間色爲黃而兼赤。

| 297 | 《繫辭下傳》：重門擊柝，以待暴客。 | 重門擊柝。豫，坤下震上，九四體震，又互體有艮，艮為門，震曰所出，亦為門，重門象。艮又為手，巽爻也，應在四，皆木也。手持二木以相敲，是為擊柝。擊柝為守備警戒也。四又互體為坎，坎為盜，五離爻為甲胄戈兵，盜謂持兵，是暴客也。又以其卦為豫有守備，則不可自逸。 | 重門擊柝，以待寇客。《釋文》。豫，坤下震上，九四體震，又互體有艮，艮為門，震曰所出，亦為門，重門象。艮又為手，巽爻也，應在四，皆木也。手持二木以相敲，是為擊柝。擊柝為守備驚戒也。四又互體為坎，坎為盜，五離爻為甲胄，持戈兵，是寇客也。又以其卦為豫有守備，則不可自佚。《天官·宮正疏》。 | 1. 王氏引「盜謂持兵，是暴客也」文，惠氏作「盜甲胄，持戈兵，是寇客也」。今本《周禮·天官·宮正疏》，賈氏云為王氏所本。
2. 今本《周官》作「重門擊柝，以待暴客」，王氏從之，惠氏則改作「重門擊柝，以待寇客」。「柝」字，依字書所述，與「柝」、「𣜩」字音義皆同，以「柝」為本字，而古典籍皆有互用之情形。[177]故《易》有「柝」「柝」二本。[178]今《周易集解》與其所引《九家易》作「柝」，而惠氏同用，乃考據其本字而易用之。至於「寇」字，今本與王氏作「暴」字。《釋文》：「暴，鄭作寇。」《集解》與所引《九家易》、干寶等亦作「寇」。清翟均廉《周易章句證異》：「暴，鄭作寇，荀、《九家易》、干寶、李鼎祚同。惠棟從寇。按：朱彝尊、毛奇齡引鄭作寇。」 |

---

[177] 《說文》卷六木部：「𣜩，夜行所擊者，从木橐聲。《易》曰：重門擊𣜩。」又云：「柝，判也从木庐聲，《易》曰：重門擊柝，他各切。」南唐徐鍇《說文繫傳》卷十一：「柝，判也，從木庐聲，《易》曰：重門擊柝。臣鍇曰：柝亦𣜩也。」《廣韻·十九》卷五：「柝，擊柝，《漢書》曰：宮中衛城門擊刁斗傳五更衛士，周廬擊柝，亦作柝。𣜩，上同。」段玉裁《說文解字注》於「柝」字下云：「𣜩下引《易》重門擊𣜩，𣜩之本義也，引經言轉注也；此引《易》擊柝者，𣜩之借字也，引經言假借也。《易》有異文，兼引之而六書明矣。」是「𣜩」為本字，而「柝」、「柝」皆通用。《左傳·哀七年》：「魯擊柝聞于邾。」《漢書·王莽傳》引作「柝」。《周禮·天官·宮正》「夕擊柝而比之」，鄭云：「柝，戒守者所擊也。」賈《疏》引鄭《易》：「手持二木以相敲，是為擊柝」，即上文王氏欄內所引。又《秋官·脩閭氏》云「比國中宿互𣜩者」，鄭氏注云：「謂行夜擊𣜩。」已見鄭氏「柝」、「𣜩」互用。《釋文》認為「柝字又作𣜩」，《文選·齊竟陵王行狀注》云「𣜩與析同」。是以依段氏之見，「𣜩」為本字，而「柝」、「柝」為借字。宋翔鳳亦認為「是正字，是段藉，故《說文》兩存之」。（見宋氏《周易考異》卷二，頁606。）

[178] 《易》除有作「柝」、「𣜩」者，《帛書周易》則作「尺」字。（參見鄧球柏《帛書周易校釋》，頁528。）

[179] 參見鄧球柏《帛書周易校釋》，頁528。

				二字音義悉同，漢儒大抵用「虦」字。另外，《帛書周易》作「旅客」，其義與「暴」、「虦」不同。[179]
298 (惠增)	《繫辭下傳》：後世聖人易之以棺椁，蓋取諸大過。	（無）	後世聖人易之以棺椁，蓋取諸大過。大過者，巽下兌上之卦。初六在巽，體巽爲木，上六位在巳，已當巽位，巽又爲木，二木在外以夾四陽，四陽キ體爲二乾，乾爲君爲父，二木夾君父一作是。，棺椁之象。《檀弓正義》。	1. 此條佚文，王應麟置於其＜易贊＞之後，並未明爲訓《繫辭下傳》「後世聖人易之以棺椁」之言。惠氏增補之。 2. 語出《禮記・檀弓正義》，然《正義》並未直言是鄭氏之說。
299	《繫辭下傳》：上古結繩而治。	結繩爲約，事大，大其繩；事小，小其繩。	上古結繩而治。結繩爲約，事大，大結其繩；事小，小結其繩。《正義》。	惠棟增補《繫傳》傳辭與出處。王氏無二「結」字。孔穎達《周易正義》卷十二，有「結」字；孔序《正義》則無二「結」字。又《周易集解》卷十五引《九家易》曰：「古者无文字，其有約誓之事，事大大其繩，事小小其繩。結之多少，隨物衆寡，各執以相考，亦足以相治也。」其字、義近於鄭氏所云。
300	《繫辭下傳》：後世聖人易之以書契。	書契。書之於木，刻其側爲契，各持其一，後以相考合。	後世聖人易之以書契。書之于木，刻其側爲契，各持其一，後以相考合。《書正義》。	惠棟增補《繫傳》傳辭與出處。文出於《書・序正義》。唐張鷟《龍筋鳳髓判》卷三，明劉允鵬注，同引此文。又，錢澄之《四間易學》亦引，惟作「民之於木」與「書之於木」異。[180]
301	《繫辭下傳》：陽一君而二民，君子之道也；陰二君而	一君二民，君子之道也；二君一民，小人之道也。一君二民，謂黃帝、堯、舜，謂地方萬里，爲方千里者百，中國之民，居	陽一君而二民，君子之道也；陰二君而一民，小人之道也。一君二民，謂黃帝、堯、舜，謂地方萬里，爲方千里者百，中國之民，居七	惠棟增補《繫傳》傳辭與出處。文見《禮記・王制正義》；今《王制正義》作「夷狄」，王氏同，而惠氏作「四裔」，不知所本爲何。[181]

---

[180] 見錢澄之《四間易學》卷八云：「案《書序》註云：民之於木，刻其側爲契，各持其一，後以相考合，書契以爲言也。」引作「民之於木」，今本爲「書之於木」。

[181] 《毛詩・角弓注疏》卷二十二，孔穎達《疏》：「是凶危之地，謂四方荒裔遠處，即九州之外也。文十八年《左傳》曰：投諸四裔，以禦魑魅。是四裔之文，即羽山東裔，崇

	一民，小人之道也。	七千里，七七四十九，方千里者四十九，夷狄之民，居千里者五十一，是中國夷狄，二民共事一君。二君一民，謂三代之末，以地方五千里，一君有五千里之土，五五二十五，更足以一君二十五，始滿千里之方五十，乃當堯、舜一民之地，故云二君一民。	千里，七七四十九，方千里者四十九，四裔之民，居千里者五十一，是中國四裔，二民共事一君。二君一民，謂三代之末，以地方五千里，一君有五千里之土，五五二十五，更足以一君二十五，始滿千里之方五十，乃當堯、舜一民之地，故云二君一民。《王制正義》。	
302（惠增）	《繫辭下傳》：君子知微知章。	（無）	君子知微知章。知微，謂幽昧；知章，謂明顯也。《文選·西征賦注》。	此文引自《文選·西征賦注》卷十，僅題「《周易》注曰」，未明出於鄭玄之注，惠氏引此作爲鄭氏佚文，不知所據爲何？倘未有明據可證爲鄭文，此段宜刪。
303	《繫辭下傳》：男女構精。	男女覯精。覯，合也。男女以陰陽合其精氣。	男女覯精。覯，合也。男女以陰陽合其精氣。《詩·草蟲正義》。	1. 惠氏增補出處。此出於《毛詩·草蟲》孔穎達《正義》引鄭注之言。 2. 今本「構」字，多有作「搆」字者，如《子夏易傳》、韓康伯《周易註》、李鼎祚《周易集解》及引虞氏注等，歷代《易》家亦多沿用。「構」、「搆」二字，蓋因形近而通用。鄭氏作「覯」字。李富孫考源其字，認爲「鄭所據

山南裔，三危西裔，幽州北裔是也。九州之外而言，幽州者，以州界甚逺，六服之外，仍有地屬之故，繫而言焉。」江永《春秋地理考實·文公》卷二：「渾敦、窮奇、檮杌、饕餮，投諸四裔，以禦螭魅。杜注：渾敦謂驩兜，窮奇謂共工，檮杌謂鯀。按饕餮杜不言，三苗缺也。《疏》：《舜典》云：流共工于幽州，放驩兜於崇山，竄三苗於三危，殛鯀於羽山。孔安國云：幽州北裔，崇山南裔，三危西裔，羽山東裔，在海中。」是知「四裔」指羽山、崇山、三危、幽州等諸夷族。徐鍇《說文繫傳》卷十六：「裔，衣邊也，故謂四裔。」以四裔爲四方之族。元龍仁夫《周易集傳》卷六，釋既濟卦九三「高宗伐鬼方」，云「夷方本无專指」，而《左傳》所指「投諸四裔」者，即指鬼方而言。「四裔」之義，後儒皆以夷狄外族之通稱。惠氏此處引鄭氏之文，不同於今本「夷狄」而作「四裔」，義同而詞異，通指邊族，然不知所本爲何。

				《易》作覯，今皆作構，蓋失之矣」。[182]以「覯」當爲正字，而後代用「構」字，概失其正。惠氏《易微言》卷上作「搆」字，蓋依李鼎祚《集解》與虞氏之說。
304	《繫辭下傳》:因貳以濟民行。	因貳以濟民行。貳當爲式。	因貳以濟民行。貳當爲式。《釋文》。	惠氏增補出處。
305	《繫辭下傳》:損德之脩。	損德之脩也。脩，治也。	損德之脩也。脩，治也。《釋文》。	惠氏增補出處。
306	《繫辭下傳》:困德之辨也。	困德之辨也。辨，別也。遭困之時，君子固窮，小人窮則濫，德于是別也。	困德之辨也。辨，別也。遭困之時，君子固窮，小人窮則濫，德于是別也。《集解》。	惠氏增補出處。
307	《繫辭下傳》:益長裕而不設。	益長裕而不設。設，大也。雜物算德，算，數也。《周禮·攷工》曰:中其莖，設其後。	益長裕而不設。設，大也。《周禮·攷工》曰:中其莖，設其後。《攷工》桃氏疏。	王氏有「雜物算德，算，數也」文，此文不宜置於其中，當另立一文，惠氏據刪，而另作一文。（見下欄）
308	《繫辭下傳》:若夫雜物撰德。	（王氏併於前欄之文）	若夫雜物算德。算，數也。《釋文》。	1. 此一佚文王氏併於前欄「益長裕而不設」條中。 2. 今本作「雜物撰德」，王、惠二氏作「雜物算德」。《釋文》卷二:「撰，鄭作算，云數也。」漢儒諸家皆作「撰」，惟鄭氏作「算」。音義皆近而互用。[183]
309	《繫辭下傳》:則居可知矣。	居可知矣。居，音基。	則居可知矣。居，音基，辭也。	惠棟增補《繫傳》傳辭與詁訓。今本《釋文》卷二釋此「居」字:「鄭、王肅音基，辭。」孫堂案:「舊本《釋文》，辭下無也字。王應麟《集注》及抱經

---

[182] 見李富孫《易經異文釋》卷六，頁574。

[183] 李富孫《易經異文釋》云:「《周禮·大司馬》:撰車徒，鄭注云:撰讀曰算。算車徒，謂數擇也。撰、算，音之轉。撰與選亦通，《論語》:何足算也。《漢·車丞相傳》贊作選，選、撰皆从巽聲，與算義竝相近。」（卷六，頁576。）因此，「撰」、「算」二字，音義皆近而互用。

				堂校正《釋文》，並無辭字。」[184]《春秋左傳注疏》卷二十五，「以棄魯國，國將若之何？誰居後之人必有任是夫國棄矣」，杜預《注》：「居，辭也。言後人必有當此患。」陸德明《音義》：「居，音基。」是杜氏之訓義與鄭氏同。惠氏《周易述》卷十八亦云：「居音基，居，辭，鄭、王肅義也。」惠氏從《釋文》之言。
310	《繫辭下傳》：知者觀其彖辭。	知者觀其彖辭。彖辭，爻辭也。	知者觀其彖辭。彖辭，爻辭也。《釋文》。	惠氏增補出處。
311 (惠增)	《繫辭下傳》：當文王與紂之事耶。	（無）	當文王與紂之事耶。據此言，以《易》文王所作，斷可知矣。《左傳·昭二年正義》。	此惠氏引自《左傳·昭二年》卷四十二，孔穎達《正義》所云；又，《左傳·序正義》亦云：「以《易》文王所作」句，本當爲「以《易》是文王所作」，惠氏闕「是」字；宜補。
312	《繫辭下傳》：成天下之亹亹者。	亹亹，汲汲也。	成天下之亹亹者。亹亹，沒沒也。《釋文》。	陸德明《釋文》卷二：「亹亹，亡偉反，鄭云：汲汲也；王肅云：勉也。」《周易註疏》卷十二，陸德明《音義》同引。董真卿《周易會通》卷十三，則引鄭氏注作「沒沒也」。惠氏《周易述》卷十六：詳作考證：「鄭氏作亹亹，云『猶沒沒也』。凡天下之善惡，及沒沒之眾事，皆成定之，言其廣大无不包也。訓亹亹爲沒沒者。《釋詁》曰：『亹亹，蠠沒，勉也。』郭氏云：『蠠沒猶黽勉，尋免，黽勉。古作密勿，《詩》：黽勉從事。』《韓詩》作密，勿密蠠沒。勿古今字，亹沒同訓，故云『亹亹，猶沒沒也』。」又《詩·大雅·文王》「亹亹文王，令聞不已」《箋》云：「勉勉乎不不倦。」

				《禮記·禮器》「君子逢亹亹焉」，注云「勉勉也」。此皆證「亹亹」猶言「勉勉」，亦猶言「沒沒」。惠氏用「沒沒」為是，陸氏、王氏作「汲汲」俱誤。
313(惠增)	《繫辭下傳》:人謀鬼謀。	（無）	人謀鬼謀。鬼謀，謂謀卜筮於廟門是也。《士冠禮疏》。	此惠氏引自《儀禮·士冠禮》卷一孔穎達《疏》。
314(惠增)	《繫辭下傳》:愛惡相攻。	（無）	愛惡相攻。惡，烏落反。《釋文》。	此明姚士粦引自《釋文》卷二:「愛惡，烏路反，注同。鄭烏洛反。」《釋文》原「洛」字，姚氏改作「落」。惠氏據引。
315	《說卦傳》:昔者聖人之作《易》也。	昔者聖人。謂伏犧、文王也。	昔者聖人之作《易》也。謂伏犧、文王也。《尚書》孔序《正義》。	惠棟增補《說卦傳》傳辭與出處。
316	《說卦傳》:參天兩地而倚數。	參天兩地而倚數。天地之數備於十，乃三之以天，兩之以地，而倚託大演之數五十也，必三之以天，兩之以地者，天三覆，地二載，必極於數，庶幾得吉凶之審也。	參天兩地而倚數。天地之數備於十，乃三之以天，兩之以地，而倚託大演之數五十也，必三之以天，兩之以地者，天三覆，地二載，必極於數，庶幾得吉凶之審也。《正義》。	惠氏增補出處。見孔穎達《周易正義》卷十三。
317	《說卦傳》:發揮於剛柔。	揮，揚也。	發揮于剛柔。揮，揚也。《釋文》。	惠棟增補《說卦傳》傳辭與出處。
318(惠增)	《說卦傳》:窮理盡性以至於命。	（無）	窮理盡性以至于命。言窮其義理，盡其人之情性，以至于命，吉凶所定。《文選注》六十。	此惠棟引自《文選·陸士衡弔魏武帝文注》卷六十。其注文「吉凶所定」句後又接「又曰:研喻思慮」此亦當為鄭氏之注文。宜補。
319(惠增)	《說卦傳》:兼三才而兩之。故《易》六畫而成卦。	（無）	兼三才而兩之。故《易》六畫而成卦。三才，天、地、人之道。六畫，畫六爻。《士冠禮疏》。	此惠棟引自《儀禮·士冠禮》卷一孔穎達《疏》。
320	《說卦傳》:雷風相薄。	雷風相薄。薄，入也。	雷風相薄。薄，入也。《釋文》。	惠氏增補出處。見《釋文》卷二云:「相薄，旁各反。陸云:相附薄也。馬、鄭、顧云:薄，

				入也。」惠氏詮此「雷風相薄」，探鄭氏之說，以乾入坤而言入。[185]
321（惠增）	《說卦傳》：萬物出乎震，震東方也。齊乎巽，巽東南也；齊也者，言萬物之絜齊也。離也者，明也，萬物皆相見，南方之卦也；聖人南面而聽天下，嚮明而治，蓋取諸此也。坤也者，地也，萬物皆致養焉，故曰致役乎坤。兌，正秋也，萬物之所說也，故曰說言乎兌。戰于乾，乾西北之卦也，言陰陽相薄	（無）		萬物出乎震，震東方也。齊乎巽，巽東南也；齊也者，言萬物之絜齊也。離也者，明也，萬物皆相見，南方之卦也；聖人南面而聽天下，嚮明而治，蓋取諸此也。坤也者，地也，萬物皆致養焉，故曰致役乎坤。兌，正秋也，萬物之所說也，故曰說言乎兌。戰于乾，乾西北之卦也，言陰陽相薄也。坎者，水也，正北方之卦也，勞卦也，萬物之所歸也，故曰勞乎坎。艮東北之卦也，萬物之所成終而所成始也，故曰成言乎艮。萬物出於震，雷發聲以生之也。齊於巽，相見於離，風搖動以齊之也。絜，猶新也。萬物皆相見，日照之使光大，萬物皆致養焉。地氣含養，使有秀實。萬物之所說，草木皆老，猶以澤氣說成之。戰言陰陽相薄。西北，陰也，而乾以純陽臨之，猶君臣對合也。坎，勞卦也，水性勞	1. 此惠氏引自朱震《漢上易傳》卷九與李光地《周易折中》卷三十六，二本中之用字，略與惠氏引有異。又程廷祚《大易擇言》卷三十六、朱軾《周易傳義》卷十二，同引此文，且蓋引自《漢上易傳》。 2. 惠氏所引，並不完全。引文末句「皆艮之用事也」後，依黃奭引宋李衡《周易義海撮要》卷九，認為宜接以下之文：「坤不言方，神之養物，不專此時也。兌不言方而言正秋者，秋分也。兌言秋分，則震為春分，坎為冬至，離為夏至，乾為立冬，艮為立春，巽為立夏，坤為立秋可知。兌言正秋者，正時也。離言聖人南面而聽天下，嚮明而治。則餘卦亦可以類推矣。戰乎乾，言陰陽相薄而乾勝也。」《撮要》之文，是否全屬鄭氏之作，尚待商榷，但知所引「坤不言方，神之養物，不專此時也」文，確有他引之文與之相近；《周易註疏》孔穎達《疏》：「坤不言方者，所言地之養物，不專一也」。魏了翁《周易要義》卷九、明熊過《周易象旨決錄》卷七，同引孔《疏》此文，並明言鄭注。此段小文，確是鄭文，宜補。又，朱震《漢上易傳》

也。坎者，水也，正北方之卦也，勞卦也，萬物之所歸也，故曰勞乎坎。艮東北之卦也，萬物之所成終而所成始也，故曰成言乎艮。		而不倦，萬物之所歸也。萬物自春出生於地，多氣閉藏，還皆入地。萬物之所成終而所成始，言萬物陰氣終，陽氣始，皆艮之用事也。《漢上易》九卷。《周易折中》。	亦云：坤不言方，坤之養物，不專此時也。兌不言方而言正秋者，臣曰兌言正秋秋分也於兌言秋分則震爲春分坎爲多至離爲夏至乾爲立多艮爲立春巽爲立夏坤爲立秋可知言正秋者正時也離言聖人南面而聽天下嚮明而治則餘卦亦可以類推矣戰乎乾言陰陽相薄而乾勝也」。文中「臣曰」之前數句，確乎鄭氏之文，而既以「臣曰」爲稱，當是朱氏自言，不宜作鄭文；故《撮要》之引文，多有與「臣曰」之言相近，當非鄭文。[186]
322 (惠增)	《說卦傳》：神也者，眇萬物而爲言者也。	（無）	神也者，眇萬物而爲言者也。共成萬物，物不可得而分，故合謂之神。《漢上易》。	1. 此惠氏引自朱震《漢上易傳》卷九。此外，李衡、董真卿、熊過、張獻翼、蔡清、潘士藻、胡廣、何楷，皆同引鄭玄此文，而熊氏、潘氏、何氏「共成萬物」句前有「乾坤」二字。[187] 2. 傳文「妙」字爲今傳本，惠氏作「眇」，是否爲鄭氏之本意，不能斷言。《釋文》卷二：「妙，王肅作眇，音妙，董云：眇，成也。」《說文》無「妙」字，其「眇」云：「眇，一目視也。从目少。」段《注》

---

[186] 胡自逢《周易鄭氏學》中，以黃奭引《義海撮要》全文作鄭氏之佚文。（胡氏《周易鄭氏學》，台北：文史哲出版社，1990 年七月文一版，頁 85。）拙案：內文所引述，除「坤不言方，神之養物，不專此時也」數句外，餘有待商榷。又孔《疏》「坤不言方者，所言地之養物，不專一也」，亦屬鄭文；其字稍異。

[187] 見宋李衡《周易義海撮要》卷九、元董真卿《周易會通》卷十四、明熊過《周易象旨決錄》卷七、張獻翼《讀易紀聞》卷六、蔡清《易經蒙引》卷十二上、潘士藻《讀易述》卷十五、胡廣《周易傳易大全》卷二十四、何楷《古周易訂詁》卷十四，皆同引鄭氏此文；而熊氏、潘氏、何氏「共成萬物」句前有「乾坤」二字。此外，清錢澄之《田間易學》卷九、查慎行《周易玩辭集解》卷十，亦引鄭氏此文，並於「共成萬物」句前有「乾坤」二字。

| | | | | 云「眇即妙也」，古人以「眇」爲言，即「妙」字之用。[188]董真卿《周易會通》卷十四作「眇」：「呂音訓妙，陸氏曰：如字。王肅作眇，音妙。董云：眇，成也。晁氏曰：眇，古文妙字。」惠棟《九經古義》卷二：「妙，王肅本作眇，音妙。董遇曰：眇，成也。棟案：妙字近老莊語，後儒遂有真精妙合之說，當从王子雍本作眇，陸士衡《文賦》云：眇眾慮而爲言。蓋用《說 |

---

[188] 見段玉裁《說文解字注》四篇上云：「眇訓小目，引申爲凡小之稱，又引申爲微妙之義。《說文》無妙字，眇即妙也。《史記》：戶說以眇論，即妙論也。《周易》：眇萬物而爲言。陸機賦，眇眾慮而爲言，皆今之妙字也。」（台北：黎明文化事業公司，1993 年 7 月 10 版，頁 136。）蓋漢代皆假「眇」爲「妙」字。

[189] 徐芹庭先生《周易異文考》中，肯定「眇」字可以通假爲「妙」字。並且認爲漢代並非真無「妙」字之用，如《老子》云：「眾妙之門。」《莊子·寓言》云：「自吾聞子之言，九年而大妙。」《漢書·李夫人傳》：「妙麗善舞。」《三老袁君碑》：「朕以妙身。」皆用「妙」字。所以，「是妙字，自古有之，疑《說文》失收」；進一步斷言「妙爲本字，眇爲借字」。同時，也認爲《釋文》僅言王肅作「眇」字，而讀爲「妙」者，「正言王肅假眇爲妙也，《釋文》不言孟、京、馬、鄭、荀、劉」，「明孟、京、馬、鄭、荀、劉皆作妙也」。肯定漢《易》以「妙」爲正，作「眇」則假借字。因此，指出惠棟作「眇」字之說，實屬失察。（參見徐氏《周易異文考》，台北：五洲出版社，1975 年 12 月出版，頁 156。）徐氏考證之說，言之成理，然惠氏之言，亦有所據，非徒臆說。李富孫《易經異文釋》云：「《荀子·王制》曰：王者仁眇天下，義眇天下，威眇天下。《史記·貨殖傳》云：雖戶說以眇諭。《索隱》：音妙。〈漢元帝紀〉：贊窮極幼眇。師古曰：幼眇讀曰要妙。〈麻律志〉、〈藝文志〉注云：眇讀曰妙。《九歌》云：美要眇之宜修。（拙案：李氏所引《九歌》語，當爲「美要眇兮宜修」，「之」字非。《藝文類聚》卷七十一、《太平御覽》卷七七〇，均引作「妙兮」。「眇」字，李善等《六臣註文選》卷三十二，注：「眇，妙。」元祝堯《古賦辯體》卷一云「音妙」；清蔣驥《山帶閣註楚辭》卷二：「眇，同妙。」）《鄭固碑》：清眇冠乎群彥。古無妙字，皆即以眇爲妙也。……段氏曰：《說文》眇訓小目，引申爲凡小之偁，又引申爲微妙之義。《說文》無妙字，眇即妙也。蔡邕題《曹娥碑》有幼婦之言知妙，字漢末有之，許書不錄者，晚出之俗字也。」（見《易經異文釋》卷六，頁 575。）依李氏所考，許慎時期尚無「妙」字，「妙」字乃漢末晚出者，而以「眇」字爲正。互參惠、李二氏之言，皆認爲《說文》之前無「妙」字，然徐氏所指確有其字，班固時用之，《莊子·寓言》亦見，並不代表「眇」、「妙」二字早已同時出現，至少在《楚辭》、《史記》時期，並無「妙」字之用。故考其原字，以「眇」爲正，是合理之說；然而，《釋文》並未書明鄭玄用「眇」字，不宜直截斷說。

				卦》不作妙字，此其證也。」依惠氏之見，似以漢代無「妙」字，而以「眇」字爲用；同時，以「眇」字爲古。所以惠氏理所當然作「眇萬物而爲言」了。[189]
323	《說卦傳》：莫盛乎艮。	莫盛乎艮。<u>盛音成</u>，裹也。	莫盛乎艮。<u>盛音成</u>。盛，裹也。<u>《文釋》。</u>	「盛音成」之音訓，王氏作本文，而惠氏作小注。
324 (惠增)	《說卦傳》：故水火不相逮。	（無）	故水火相逮。《釋文》。	引文出於《釋文》卷二：「水火不相逮。音代。鄭、宋、陸、王肅、王廙，无不字。」據此，漢《易》有作「水火不相逮」者。惠氏本鄭玄，作「水火相逮」。[190]
325	《說卦傳》：兌爲羊。	兌爲羊。其畜好剛鹵。	兌爲羊。其畜好剛鹵。《夏官·羊人序官疏》。	此文見《周禮·夏官·司馬》卷二十八，賈公彥《疏》引。明何楷《古周易訂詁》卷十四同引。惠氏《周易述》卷二十同引敘義。
326 (惠增)	《說卦傳》：兌爲口。	（無）	兌爲口。上開似口。《漢上易》。	引自朱震《漢上易傳》卷九。
327 (惠增)	《說卦傳》：乾爲天。	（無）	乾爲天。天清明无形。《漢上易》。	引自朱震《漢上易傳》卷九。王應麟《六經天文編》卷上亦引。惠氏《周易述》卷七引作井卦之闡釋。

---

[190] 清翟均廉《周易章句證異》卷十：「鄭玄、宋衷、陸績、王廙、李鼎祚諸儒皆无不字；董楷有不字；吳澄云：无不字者非；毛奇齡云：有不字者誤。」引諸家之說，有「不」與否，眾說紛紜，莫衷一是。惠棟《周易述》卷二十、《易漢學》卷三、《九經古義》卷二，皆作「水火相逮」。今徐芹庭先生則認爲以「水火不相逮」爲正，「蓋水者坎也，坎爲月；火者離也，離爲日，日月不相及，始能維持太陽系運行之軌道，否則日月相及，則軌道亂，而地球其或毀矣。」自然物理現象雖是如斯，然日月相繫，關係密切，又何嘗不可說「水火相逮」或「水火相及」呢？明代章潢《圖書編》卷二云：「自兩卦反易互觀之，乾坤正觀爲地天泰，反觀爲天地否，則是乾坤交而神妙乎萬物者也。坎離正觀爲火水未濟，反觀爲水火既濟此之謂水火不相逮也。艮巽正觀爲澤山咸，反觀爲雷風恒，此之謂雷風不相悖也。震兌左觀爲雷風益，右觀爲山澤損，此之謂山澤通氣也。此八卦先天方圖相交之用，周易之反對本此，此後天所以爲方圖也。」以水火不相逮而成既濟卦，是不種吉象之卦。故「不」字之有無，各有其執說，而鄭玄去「不」字，惠棟沿之。

328 (惠增)	《說卦傳》：爲瘠馬。	（無）	爲瘠馬。凡骨爲陽，肉爲陰。同上。	引自朱震《漢上易傳》卷九。惠氏《周易述》卷二十同引。
329 (惠增)	《說卦傳》：爲龍。	（無）	爲龍。龍讀爲尨，取日出時色雜也。《漢上易》。	引自朱震《漢上易傳》卷九，並云：「虞翻曰：尨蒼色，震東方，故爲尨，舊作龍。」所以，古多以「尨」作「龍」，「龍」讀爲「尨」。[191]三字音同。惠氏作「龍」，《九經古義》卷二云：「是古尨字皆作龍，讀爲尨。」
330 (惠增)	《說卦傳》：爲專。	（無）	爲專。專，市戀反。《釋文》。	此惠氏引自《釋文》卷二：「爲專，王肅音孚，干云花之通名。鋪爲花貌謂之藪，本又作專，如字，虞同。姚云：專一也。鄭，市戀反。」鄭氏音訓「市戀反」，即作「專」字。《集解》及其引《虞氏易》悉作「專」字。雖鄭氏作「專」，然惠氏推求古字，以「專」字爲本。[192]
331 (惠增)	《說卦傳》：爲大塗。	（無）	爲大塗。國中三道曰塗。震上值房心，塗而大者，取房有三塗焉。《漢上易》。	引自朱震《漢上易傳》卷九。「取房有三塗焉」，亦有作「有三塗爲長子」者。[193]
332 (惠增)	《說卦傳》：爲萑	（無）	爲萑葦。竹類。《漢上易》。	引自朱震《漢上易傳》卷九。《爾雅》訓同。[194]

---

[191] 見《周禮注疏》卷二十七，「尨車萑蔽」，賈公彥《疏》云「故書尨作龍」。又，佚名《周禮集說》卷八釋「龍」，云「鄭司農讀爲尨」。知鄭氏以「龍」音「尨」、「尨」。古「尨」、「龍」二字尤多混用。

[192] 參見惠氏《九經古義》卷二：「爲專。虞本作專，云陽在初隱靜未出，觸坤故專，則乾靜也。專，延叔堅說以專爲專，大布，非也。案：專，王肅音孚，干寶云花之通名。鋪爲花兒謂之藪，棟謂專當作專，專古布字，見《說文》延篤說是也。張有《復古編》云：專，布也。从寸甫，別作專，非芳無切。棟案：秦銘勳鐘專字作專，是秦以来始从方也。裴松之云：古數字與專相似，寫書者多不能別，古數字亦作數，从寸不从万，汗簡云古文數作專，故或作專。《易經》古文十不存一，閒有存者，又經傳寫謬誤，訓詁家不能博攷遺文，隨事釋義，致使三代遺文瞀然莫攷，是可慨也。」惠氏以古多从方之字，即用「專」字爲是。

[193] 參見宋代馮椅《厚齋易學》卷四十七：「鄭康成曰：國中三道曰塗，震直房心，有三塗爲長子。」又，丁易東《易象義》卷六：「國中三道曰塗，震直房心，有三塗也，爲長子。」二見於《漢上易》所引略有所異。

[194] 元解蒙《易精蘊大義》卷十一、清毛奇齡《仲氏易》卷三十、沈起元《周易孔義集說》卷二十，同訓爲「竹類」。

增)	葦。			
333 (惠 增)	《說卦 傳》：爲反 生。	（無）	爲反生。生而反出也。 《漢上易》。	引自朱震《漢上易傳》卷九。
334 (惠 增)	《說卦 傳》：爲繩 直，爲 工。	（無）	爲繩直，爲墨。晁氏 云。	此惠氏引自《晁氏易》云：「鄭 作爲墨。」
335	《說卦 傳》：其于 人也爲寡 髮。	其于人也爲宣髮。宣 髮，取四月靡草死， 髮在人體，猶靡草在 地。	其於人也爲宣髮。宣 髮，取四月靡草死，髮 在人體，猶靡草在地。 《攷工車人疏》。	1. 惠氏增補出處。文出於賈公 彥《周禮·攷工車人疏》卷 四十二，引鄭玄注文。 2. 今本「寡」字，惠氏以鄭氏 作「宣」字。《釋文》云：「寡 髮，如字。本又作宣。黑白 雜爲宣髮。」虞翻並作「宣」， 認爲「爲白故宣髮」。「寡」、 「宣」二字義近可通，而李 富孫則認爲「宣當爲古說」。 ¹⁹⁵惠棟《周易述》卷二十，用 「宣髮」；《九經古義》並考 「宣髮」爲正。¹⁹⁶
336	《說卦 傳》：爲廣 顙。	爲黃顙。	爲黃顙。《釋文》。	今本作「廣」。《釋文》云：「廣， 鄭作黃。」《集解》及所引《虞 氏易》亦作「廣」。《公羊·襄 二十年》陳侯之弟光；《左傳》 作「黃」；《風俗通》云「黃， 光也」。因此，「黃、廣聲之轉，

---

¹⁹⁵　參見李富孫《易經異文釋》卷六云：「《釋文》：宣本或作寡。注云：頭髮皓落曰宣。是
宣當爲古說。《輟耕錄》云：人之年壯而髮斑白者，俗曰算髮，以爲心多思慮所致。《本
草》云：蕪菁子壓油塗頭能變蒜髮。則亦可作蒜。算、蒜與宣皆聲相近。」（頁 577。）
「宣髮」本義爲頭髮斑白，即虞翻之義。宋翔鳳與惠、李同意，認爲「宣、寡義得兩通」，
「鄭爲宣不作寡」，且虞亦作「宣髮」。（參見宋氏《周易考異》卷二，頁 607。）

¹⁹⁶　參見惠棟《九經古義》卷二云：「巽爲寡髮，《釋文》云：寡又作宣。虞翻曰：爲白故
宣髮。馬君以宣爲寡髮，非也。棟案：《攷工》曰：車人之事半矩謂之宣。鄭康成曰：
頭髮皓落曰宣。《易》巽爲宣髮。鄭《易》注云：宣髮，取四月靡草死，髮在人體，猶
靡草在地。」惠氏以「宣」爲正，故用之。

¹⁹⁷　參見李富孫《易經異文釋》卷六，頁 577。

¹⁹⁸　今徐芹庭《周易異文考》云：「廣，黃音近形似，其或鄭氏以通假言之歟，抑後人轉寫
錯誤邪，《集解》及所引《虞氏易》皆作廣，則作廣顙者漢《易》之正文也，作黃顙者

			又字形相涉」，[197]故通用。[198]惠氏《周易述》作「廣顙」，並依虞翻之言作詁訓。[199]
337 (惠增)	《說卦傳》：為矯輮。	（無）	為矯輮。《釋文》。	引《釋文》作「矯輮」，同今本。[200]
338 (惠增)	《說卦傳》：為月。	（無）	為月。臣象也。《文選·月賦注》。	此惠氏引《文選·月賦注》卷十三。《欽定詩經傳說彙纂》卷三亦引。[201]
339 (惠增)	《說卦傳》：為電。	（無）	為電。取火明也。久明似日，暫明似電也。《集解》。	此惠氏引《周易集解》卷十七。《庾子山集》卷四，「離光初繞電，震氣始乘雷」句，倪璠《註》同引。
340	《說卦傳》：為乾卦。	為乾卦。乾當為幹。陽在外能幹正也。	為乾卦。乾當為幹。董遇本作幹。陽在外能幹正也。《釋文》。	惠氏增小注。小注「董作幹」，亦引自《釋文》卷二。惠氏《九經古義》卷二：「乾卦，乾當作幹，從鄭氏。董遇作幹，《列子》云：木葉幹殼，注云：幹音乾。」以鄭氏從古《易》，作「幹」字。
341 (惠增)	《說卦傳》：為鱉、為蟹、為蠃、為蚌、為龜。	（無）	為鱉、為蟹、為蠃、為蚌、為龜。皆骨在外。《攷工梓人疏》。	此引自《周禮·冬官·考工記·梓人》卷四十一，賈公彥《疏》所云。元熊忠《古今韻會舉要》卷二十七亦引。惠氏《周易述》卷二十同引。
342	《說卦》：為科上槁。	為科上槁。	為科上槁。科上者，陰	1. 王氏僅列傳辭「為科上槁」，

非假借字，則後人傳鈔之誤也。」（見徐氏《周易異文考》，台北：五洲出版社，1975年12月出版，頁160。）認為漢《易》以「廣顙」為正，而鄭氏作「黃顙」，蓋傳鈔之誤。

[199] 參見惠棟《周易述》卷二十：「為廣顙者，虞云：變至三坤為廣，四動成乾為顙，故為廣顙。」

[200] 參見《釋文》卷二云：「矯，紀表反，一本作撟，同。輮，如九反，王肅奴又反，又女九反，又如又反，馬、鄭、陸、王肅本作此。宋衷、王廙作揉。宋云：使曲者直，直者曲為揉，京作柔，荀作橈。」諸家用字有異，皆以音同而義近。

[201] 《欽定詩經傳說彙纂》卷三云：「鄭氏康成曰：日君也，月臣象也。君道當光明如日，而月有虧盈，君失臣道而任小人，大臣專恣則日如月。然臣不遇於君，猶不忍去厚之至也。」此引明示鄭氏之說。以日月作君臣之象者，又如揚雄《太玄·從銳至事》卷二，云「初一日，幽嬪之月，冥隨之基」，晉范望《注》云「日，君象也」，「月，臣象也」。又《太平御覽》卷四，「王其舒朔而月見東方謂之側匿，側匿則侯王其肅」句下小注，云「日君象也，月臣象也」。以月作臣下之義，古書多可見。

傳》：爲科上槁。		在内爲疾。《漢上易》。	而惠氏則依《漢上易傳》卷九，引鄭氏之注言「科上者，陰在内爲疾」；納喇性德《大易集義粹言》同引。 2. 今本傳辭「槁」字，王、惠皆作「櫜」。據陸氏所云而作；《釋文》卷二：「槁，苦老反。鄭作櫜，干作熇。」案：「槁」字，《說文》作「櫜」；《周禮·小行人》注云「故書槁爲櫜」，清秦蕙田《五禮通考》、江永《禮書綱目》同引，並云：「鄭司農云：櫜當爲槁，謂槁師也。」[202]此「槁」字又有作「犒」者。[203]「槁」、「櫜」形近義同而通。又干寶作「熇」字者，蓋「槁、熇竝从高聲，熇訓火熱，與槁義亦相近」，故通。[204]
343 (惠增)	《說卦傳》：爲徑路。	（無）	爲徑路。田間之道曰徑路。艮爲之者，取山間鹿兔之蹊。《初學記》二十四。	此惠氏引自唐徐堅《初學記》卷二十四，「馬跡」一詞引鄭玄之注。又佚者著《錦繡萬花谷》後集卷二十五＜道路＞同引。[205]
344 (惠增)	《說卦傳》：爲指。	（無）	爲小指。晁氏云。	董真卿《周易會通》卷十四云：「爲指。晁氏曰：鄭作爲小指。」翟均廉《周易章句證異》卷十

---

202 見秦蕙田《五禮通考》卷二五一、江永《禮書綱目》卷三十三，同引，云：「小行人，若國師役則令槁襘之注：故書槁爲櫜。鄭司農云：櫜當爲槁，謂槁師也。」

203 如清沈廷芳《十三經注疏正字》卷二十七云：「以襘禮節疏則命犒襘之。命經作令，犒作槁。註：故書槁爲櫜。櫜當爲犒，謂犒師也。」《欽定周官義疏》卷三十八，同作「犒」字。是《周官》經文，本有作「犒」者。二字音形皆近而通假。

204 參見李富孫《易經異文釋》卷六，頁 577。

205 《錦繡萬花谷》爲宋代之著，今作者未詳。其書包括《前集》四十卷、《後集》四十卷，與《續集》四十卷，不著撰人名氏。書前有自序，題淳熙十五年十月一日，是著作之時。宋孝宗時，陳振孫《書錄解題》載此書作《錦繡萬花谷》四十卷、《續》四十卷，而無《後集》。黃虞稷《千頃堂書目》所載，則《前集》、《後集》、《續集》外，又有《別集》三十卷。

206 清李富孫《易經異文釋》云：「鄭以上云小石，故此亦作小指。疏云：爲陽卦之小者是也。」（卷六，頁 578。）認爲依鄭氏之行文，前有「小石」之語，後則當然作「小指」；

				亦指晁氏云鄭作小指。[206]
345	《說卦傳》：爲黔喙之屬。	爲黔喙。謂虎豹之屬，貪冒之類，取其爲山獸。	爲黔喙之屬。謂虎豹之屬，貪冒之類，取其爲山獸。《漢上易》。《釋文》。	此引自《漢上易傳》與《釋文》卷二。又宋魏了翁《周易要義》卷九、元董真卿《周易會通》卷十四同引。《釋文》云：「黔，其廉反，徐音禽。王肅，其嚴反；鄭作黚，謂虎豹之屬，貪冒之類。」「黔」、「黚」字形相近，音義皆同而互通。[207]
346 (惠增)	《說卦傳》：爲羊。	（無）	爲陽。今本羊。此陽謂爲養无家女行賃炊爨，今時有之，賤于妾也。《漢上易》，晁氏同。	此惠氏引自《漢上易傳》卷九與晁氏之說。今本作「羊」，鄭氏「作陽」。《集解》本同虞氏作「羔」，並云「羔女使皆取位賤，故爲羔」。《漢上易傳》云：「羊，鄭康成本作陽，虞翻本作羔，今從鄭。」《晁氏易》云：「鄭作陽，云此陽謂養无家女賃炊爨，今時有之賤於妾也。」又俞琰《周易集說》卷三十八、熊過《周易象旨決錄》卷七、潘士藻《讀易述》卷十五、何楷《古周易訂詁》卷十四皆同引《漢上易傳》之說。《周易註疏》卷十三＜考證＞引《仲氏易》：「羊，鄭氏本作陽，陽蓋無家女行賃炊爨，賤於妾者。」案：《漢書・武帝紀》「陽石公主」，師古注云：「陽字或作羊。」《古今人表》「樂陽」，《釋名》云：「羊，陽也。」是「羊」、「陽」

且艮卦亦屬陽卦之小者，故言「小」者。徐芹庭《周易異文考》認爲「諸本悉作指，恐鄭氏《易》作小指者乃後人傳鈔之誤，且作指，義較廣」，「是漢《易》以作小指爲正」。（台北：五洲出版社，1975 年 12 月出版，頁 163。）二說備參。

[207] 「黔」、「黚」二字，《說文》云：「黔，黎也。从黑今聲，秦謂民爲黔首，謂黑色也，周謂之黎也。《易》曰：爲黔喙。」而「黚」則作「淺黃黑色」之義。《集韻》「黔」字爲「其淹切」。《廣雅》「黔」、「黚」皆作「黑也」。《廣韻》：「巨金切，黔，黑而黃，又巨炎切。黚，黃黑色，又巨炎切。」是二字，其形相近，音義皆同。

[208] 李富孫認爲「羊與陽當爲聲誤」，「此字當爲廝養之養，其作羊作陽，皆養字聲近之誤」。（參見李氏《易經異文釋》卷六，頁 578。）認爲「羊」、「陽」皆非本字，以「養」字

音同而通假。[208]

347 (惠增)	《序卦》:物生必蒙,蒙者蒙也,物之穉也。	（無）	物生必蒙,故受之以蒙,蒙者蒙也,物之穉也。蒙,幼小之貌。齊人謂萌爲蒙也。《集解》。	此惠氏引自《周易集解》,其卷二、卷十七同引鄭氏此說。俞琰《周易集說》卷三十九、何楷《古周易訂詁》卷一同引。王氏將鄭注此「蒙,幼小之貌。齊人謂萌爲蒙」文,作爲蒙卦之注。惠氏改正爲《序卦》之注文。
348	《序卦》:物穉不可不養也。	物穉不可不養也。言孩稚不養則不長也。	物穉不可不養也。言孩稚不養則不長也。《集解》。	惠氏增補出處。
349	《序卦》:飲食必有訟,故受之以訟。	飲食必有訟,言飲食之會恒多諍也 一作諍。。	飲食必有訟,故受之以訟。訟猶爭一作諍。也,言飲食之會恒多爭也。《集解》。	惠棟增補傳辭與出處。二者小注位置不同。王氏作「諍」字,惠氏則作「爭」。
350 (惠增)	《序卦》:履而泰,然後安,故受之以泰。	（無）	履然後安,故受之以泰。晁氏云。	此惠氏引晁氏之說。所引鄭氏之說,脫「而泰」二字。
351 (惠增)	《序卦》:有大者不可以盈。	（無）	有大有不可以盈。晁氏云。	此惠氏引自晁氏之說。又,《子夏易傳》卷十作「大有不可以盈」,句首闕「有」字。翟均廉《周易章句證異》卷十一云:「鄭玄作:有大有不可以盈本晁説之,李鼎祚作:有大不可以盈无者字。」李氏「大」字後闕「有」字。
352	《序卦》:有大而能謙必豫,故受之以豫。	故受之以豫。言國既大而能謙德,則于政事恬逸。雷出地奮逸,豫行出而喜樂之意。	有大而能嗛必豫,故受之以豫。言同既大而有嗛德,則於政事恬豫。雷出地奮豫,豫行出而喜樂之意。《集解》。	今本《周易集解》卷四云:「鄭玄曰:言國既大而能謙,則於政事恬豫。雷出地奮逸,豫行出而喜樂之意。」而《周易集解》卷十七又云:「鄭玄曰:言同既大而有謙德,則於政事恬逸,雷出地奮豫,豫行出而喜樂之意。」同書而二出處之鄭文略有不同。惠氏大抵從卷十七所言,惟「則於政事恬逸」

爲正。一說備參。

				句,「逸」字仍作「豫」。
353	《序卦》:豫必有隨。	豫必有隨。喜樂而出,人則隨從。孟子曰:吾君不游,吾何以休;吾君不豫,吾何以助。此之謂也。	豫必有隨。喜樂而出人則隨從。孟子曰:吾君不游,吾何以休;吾君不豫,吾何以助。此之謂也。《正義》。	惠氏增補出處。語出孔穎達《周易正義》卷十三引鄭氏之文。
354	《序卦》:可觀而後有所合。	可觀而後有所合。《易乾鑿度》曰:陽起于子,陰起于午,天數天分,以陽出離,以陰入坎;坎爲中男,离爲中女,太乙之行,出從中男,入從中女,因陰陽男女之偶爲終始也。	可觀而後有所合。《易乾鑿度》曰:陽起於子,陰起於午,天數大分,以陽出离坎;坎爲中男,离爲中女,太乙之行,出從中男,入從中女,因陰陽男女之偶爲終始也。王氏。	1. 惠氏未察此文出於《易緯乾鑿度》卷下鄭注,而《後漢書·崔駰傳》卷八十二,唐章懷太子賢《注》,以及王欽若《冊府元龜》卷七六九,皆有援引。既是《易緯》鄭注,則此非屬佚文,宜刪。 2. 原王氏作「天數天分」,惠氏考索從正,爲「天數大分」。是惠氏對文句之細察。
355	《序卦》:致飾然後亨則盡矣。	致飾然後亨。亨,許兩反。	致飾然後亨則盡矣。亨,許兩反。《釋文》。	惠氏增補傳辭與出處。
356 (惠增)	《序卦》:有无妄然後可畜。	（無）	有无妄物然後可畜。項安世《周易玩辭》,晁氏同。	此惠氏引自晁氏之說,與項安世《周易玩辭》卷十六。又翟均廉《周易章句證異》卷十一亦引。[209]今本無「物」字,鄭玄增。
357	《序卦》:故受之以大過。	故受之以大過。以養賢者宜過于厚。	故受之以大過。以養賢者宜過于厚。《正義》。	惠氏增補出處。語出孔穎達《周易正義》卷十三引鄭氏之文。
358	《序卦》:夫婦之道可以不久也。	夫婦之道不可以不久也。言夫婦當有終身之義,夫婦之道謂咸恒也。	夫婦之道不可以不久也。言夫婦當有終身之義,夫婦之道謂咸恒也。《集解》。	惠氏增補出處。
359 (惠增)	《序卦》:物不可以久居	（無）	物不可以終久於其所,故受之以遯。晁氏云。	此惠氏引自晁氏之說;「終久於其所」言,今本作「久居其所」。俞琰《周易集說》卷三十九與

[209] 翟均廉《周易章句證異》卷十一云:「有无妄物然後可畜。本晁説之、項安世。李鼎祚同。廉案:今本脱物字。」依翟氏之見,認爲李氏《集解》原應有「物」字,不知何因而脱。

其所，故受之以遯。			董真卿《周易會通》卷十四，同引晁氏云鄭玄之說。又馮椅《厚齋易學》卷四十九亦引。蓋鄭氏之言，乃漢《易》之別本。
360(惠增)	《序卦》：主器者莫若長子。	（無）	主器者莫若長子。謂父退居田里，不能備祭宗廟。長子當親視滌濯鼎俎，是也。《曲禮正義》。	此惠氏引自《曲禮正義》，即今四庫本《禮記註疏‧曲禮上》卷一，孔穎達《疏》。
361(惠增)	《雜卦》：屯見而不失其居。	（無）	屯見而不失其居。見如字。《釋文》。	此引自《釋文》卷二，陸氏云：「見。賢遍反，注及下皆同。鄭如字。」用此「見」字與今本同。不足作為鄭氏佚文。《釋文》考引諸家之說，此處何以僅提「鄭如字」，是否別本有他字（如「現」字）之用，不可得知。
362(惠增)	《雜卦》：損益盛衰之始也。	（無）	損益衰盛之始也。《釋文》。引見《會通》，今《釋文》無之。	今本「損益盛衰」，而佚文為「損益衰盛」；惠氏依《周易會通》引《釋文》之說，以鄭玄、虞翻作「衰盛」，[210]惟今本《釋文》無其說。李鼎祚《周易集解》與所引虞氏之說，作「衰盛」；虞氏並云：「損，泰初益上，衰之始。益，否上益初，盛之始。」說明損自泰來，為衰之始；而益自否來，為盛之始。故用作「衰盛」為是。[211]
363(惠增)	《雜卦》：兌見而巽伏也。	（無）	兌說而巽伏也。晁氏云。	今本「兌見」，惠氏引《晁氏易》作「兌說」。《雜卦》作此，僅鄭氏一說，是漢《易》之別本。《周易集解》卷十二，釋中孚卦《大象傳》，引王肅之說云：「王肅曰：三四在內，二五得中，兌說而巽順，故孚也。」其「兌說而巽順」與鄭氏「兌說而巽伏也」義相近。備作參

---

[210] 見董真卿《周易會通》卷十四：「呂《音訓》盛衰，陸氏曰：鄭、虞作衰盛。」是鄭玄、虞翻作「衰盛」。

[211] 李富孫《易經異文釋》考釋亦認為作「衰盛」為是。（參見是書卷六，頁578。）

				考。
364	《雜卦》：蠱則飭也。	蠱則飭也。	蠱則飭也。《釋文》。	惠氏增補出處。見《釋文》云：「飭，鄭、王肅作飾。」《集解》及所引《虞氏易》、《唐石經》悉作「飾」。歷來故書，二字多有通用者，如《月令》「飭喪紀」，《淮南子·時則》作「飾」；《月令》又「天子乃厲飾執弓」，孔穎達《正義》云「俗本作飭」；《樂記》「復亂以飭歸」，《樂書》作「飾歸」；《穀梁·莊二十四年》「斷自脩飭」，陸德明《音義》云「一本作飾」；《莊子·漁父》「飾禮樂」，《釋文》云「飾本作飭」；宋童宗說等注柳文＜朗州員外司户薛君妻崔氏墓誌＞「潔服飭容而終」，云「飭一本作飾」；又注＜斬曲几文＞「謹飾度」，亦云：「一本作飭」。明周復俊輯陳子昂＜梓州射洪縣武東山陳居士碑＞文，於「有純德恭已飭行」句下注：「一本作飾」。[212] 是二字从食聲，義亦相近，古籍往往通用。
365 (惠增)	《雜卦》：大過顛也。	（無）	大過顛也。自此以下卦音不協，似錯亂失正，弗敢改耳。晁氏云。	此惠氏引自《晁氏易》。翟均廉《周易章句證異》卷十二同引晁氏之說。
366 (惠增)	《雜卦》：小人道憂也。	（無）	小人道消也。晁氏云。	今本「道憂」，惠氏引《晁氏易》作「道消」。今《周易集解》與虞氏易均作「道消」。此言夬卦，李道平認為「夬言君子之決小人，故君子道長，小人道

---

212 參見宋童宗說、張敦頤等注《柳河東集注》卷十三，＜朗州員外司户薛君妻崔氏墓誌＞中「潔服飭容而終」句注：「飭一本作飾。」又於卷十八，＜斬曲几文＞中「謹飾度」句注：「一本作飭。」明周復俊編《全蜀藝文志》卷四十七，輯陳子昂＜梓州射洪縣武東山陳居士碑＞文，於「有純德恭已飭行」句下注云：「一本作飾。」是「飾」、「飭」二字之互通，宋明以降仍行。

213 見李道平《周易集解纂疏》，北京：中華書局，1994 年 3 月第 1 版，1998 年 12 月北京

			消也」。[213]夬卦以剛決柔，即以君子之象決小人之象；五陽剛決一陰柔，故「小人道消」。因此，作「小人道消」似較佳。惠氏校訂《集解》，乃至《周易述》釋卦爻義，均用「道消」。[214]從字音言，二字屬尤侯、蕭宵二部，古音並通。[215]

二、主要貢獻與缺失

惠棟之增補輯佚，主要之貢獻與缺失，茲分述於下。

（一）貢獻方面

1.王氏無而惠氏新增之佚文：約計八十七條，包括：

　　條 10：《文言傳》君子體仁，足以長人。體，生也。《文選》二十四，

　　條 11：閑邪以存其誠。《會通》晁氏云。

　　條 13：君子進德脩業，及時，故无咎。《會通》晁氏云。

　　條 14：亢龍有悔，窮志災也。《會通》晁氏云。

　　條 15：乾始而以美利利天下。《會通》晁氏云。

第 2 刷，頁 736。

[214] 惠氏《周易述》卷四，釋復卦卦辭，云：「故君子道長，謂往成乾，故利有攸往也。荀氏：至五也。利往居五，亦謂陽息至五，得位得中，則君子道長，小人道消，非謂初居五也。陽息至五成夬，《雜卦》曰：夬，決也，剛決柔也。君子道長，小人道消也。知義與虞同也。」又卷五釋大壯卦，云：「以大壯陽息之卦，息至五體夬，夬上爲小人，故《雜卦》曰：夬，決也，剛決柔也。君子道長，小人道消也。是上爲小人也。」又卷九釋泰卦，云：「君子至謂五。《乾鑿度》以泰三爲君子，謂陽得位也。剝五爲小人以陰失位也。泰五失位，與剝五同，故亦爲小人。陽息至道消，陽息至三，故君子道長至五成夬，故小人道消。《雜卦》曰：夬，決也，剛決柔也。君子道長，小人道消，義並同也。」又卷十釋夬卦，云：「陽息成乾，內外體備，故乾體大，成陽爲君子，陰爲小人。《雜卦》曰：夬，決也，剛決柔也。君子道長，小人道消，故以決小人。四月乾成，卦終于上，終乾之剛，故乃終也。」惠氏依虞氏之說，以乾坤消息云君子小人之道長道消。

[215] 參見李富孫《易經異文釋》云：「案古尤侯部音轉入蕭宵肴豪部，故此二字古音竝通，是消亦可與柔協。」（卷六，頁 579。）

條 17：馴致其道。馴，從也。《釋文》。

條 22：天造草昧，宜建侯而不寧。造，成也；草，草創；昧，昧爽也。《文選注》三十六。

條 23：君子以經綸。謂綸撰書禮樂施政事。《釋文》。《正義》曰：劉表：鄭玄以綸爲論字。

條 27：以從禽也。從，于用反。《釋文》。

條 32：上九：繫蒙。《釋文》。

條 34：光亨貞吉。《釋文》云：鄭擻爲一句。

條 37：九二：需于沚。沚，接水者。《詩·兔罝正義》引作「沙」。

條 55：履虎尾，不嚙人，亨。嚙，齧也。音嚌。《文選》十。

條 56：視履考詳。履道之終，考正詳備。晁氏。

條 62：上六：城復于隍。隍，壑也。《詩》韓奕《正義》。

條 64：九五：休否。休，美也。《文選》二十五。

條 71：明辯遰也。遰，讀如明星晢晢。《釋文》。

條 84：君子以嚮晦入宴息。晦，宴也。猶人君既夕之後，入於宴寢而止息。《正義》。

條 97：義不乘也。晁氏。

條 106：七日來復。建戌之月，以陽氣既盡；建亥之月，純陰用事。至建子之月，陽氣始生，隔此純陰一卦，卦主六日七分，舉其成數言之，而云七日來復。《正義序》。

條 110：六四：中行獨復。爻處五陰之中，度中而行，四獨應初。《漢上易傳》。

條 114：无妄之往，何之矣。妄之言望，人所望宜正，行必有所望，行而无所望，是失其正，何可往也。《後漢書·李通傳》注。

條 124：道大行也。人君在上位，負荷天之大道。《文選》卷十一。

條 127：大有慶也。君以得人爲慶。《漢上易傳》。

條 128：大過。陽爻過也。《漢上易傳》。

條 135：初九：履錯然。錯，七各反。《釋文》。

條 136：六二：黃離，元吉。离，南方之卦，離爲火，土託位焉。土色黃，火之子，喻子有明德，能附麗於其父之道，文

王之－作大。子，發旦－無此字。是也。慎成其業，則吉矣。《文選注》

二十。《御覽》一百四十六。

條138：則大耋之差。《釋文》云鄭無凶字。年踰－作餘。七十也。《詩‧車鄰正義》、《禮記‧

射義正義》、《爾雅疏》。

條142：二氣感應以相與。與，猶親也。《釋文》。

條150：六五：恆其德，貞；婦人吉，夫子凶。以陰爻而處尊位，
是天子之女。又互體兌，兌為和說，至尊主家之主，以
和說幹家事，問正於人，故為吉也。應在九二，又男子
之象，體在巽，巽為進退是無所定，而婦言是從，故云
夫子凶也。《緇衣注》、《正義》。

條166：以蒙大難。蒙，猶遭也。《釋文》。

條175：王假有家。假，登也。《釋文》。

條176：睽音圭。《釋文》。

條179：後說之壺。《釋文》。

條192：其行趦趄。趦，七私反。趄，七餘反。《釋文》。

條208：汔至亦未繘井。繘，綆也。《釋文》。

條209：羸其瓶。羸讀曰虆。《釋文》。

條221：震來虩虩。恐懼貌。《釋文》。

條233：日中則昃，月盈則食。言皆有休已，無常盛也。《公羊疏》。

條244：離澤兌。離，猶併也。《釋文》。

條246：渙汗其大號。號，令也。《文選》三。

條252：密雲不雨，已尚也。《釋文》。尚，庶幾也。《釋文》。

條264：八卦相蕩。《釋文》。

條267：君子居則觀其象而翫其辭。《釋文》。

條269：《易》與天地準。準，中也，平也。《釋文》。

條281：君不密則失臣，臣不密則失身，幾事不密則害成。幾，微
也。密，靜也。言不慎于微而以動作，則禍變必成。《公羊
疏》。

條288：神武而不殺者夫。殺，所戒反。《釋文》。

條289：《易》有太極。極中之道，淳和未分之氣也。《文選》十九。

條 291：定天下之吉凶，成天下之亹亹者，莫善乎蓍龜。凡天下之善惡，及沒沒之眾事，皆成定之，言其廣大無不包也。〈公羊疏〉。

條 295：黃帝、堯、舜垂衣裳。始去羽毛。〈公羊疏〉。金天氏、高陽、高辛遵黃帝之道，無所改作。〈春官·大司樂疏〉。

條 298：後世聖人易之以棺椁，蓋取諸大過。大過者，巽下兌上之卦。初六在巽，體巽為木，上六位在巳，巳當巽位，巽又為木，二木在外以夾四陽，四陽牛體為二乾，乾為君為父，二木夾君父－作是··，棺椁之象。〈檀弓正義〉。

條 302：君子知微知章。知微，謂幽昧；知章，謂明顯也。〈文選·西征賦注〉。

條 311：當文王與紂之事耶。據此言，以《易》文王所作，斷可知矣。〈左傳·昭二年正義〉。

條 313：人謀鬼謀。鬼謀，謂謀卜筮於廟門是也。〈士冠禮疏〉。

條 314：愛惡相攻。惡，烏落反。〈釋文〉。

條 318：窮理盡性以至于命。言窮其義理，盡其人之情性，以至于命，吉凶所定。〈文選注〉六十·

條 319：兼三才而兩之。故《易》六畫而成卦。三才，天、地、人之道。六畫，畫六爻。〈士冠禮疏〉。

條 321：萬物出乎震，震東方也。齊乎巽，巽東南也；齊也者，言萬物之絜齊也。离也者，明也，萬物皆相見，南方之卦也；聖人南面而聽天下，嚮治，蓋取諸此也。坤也者，地也，萬物皆致養焉，故曰致役乎坤。兌，正秋也，萬物之所說也，故曰說言乎兌。戰于乾，乾西北之卦也，言陰陽相薄也。坎者，水也，正北方之卦也，勞卦也，萬物之所歸也，故曰勞乎坎。艮東北之卦也，萬物之所成終而所成始也，故曰成言乎艮。萬物出於震，雷發聲以生之也。齊於巽，相見於离，風搖動以齊之也。絜，猶新也。萬物皆相見，日照之使光大，萬物皆致養焉。地氣含養，使有明而秀實也。萬物之所說，草木皆老，猶以

澤氣說成之。戰言陰陽相薄。西北，陰也，而乾以純陽
臨之，猶君臣對合也。坎，勞卦也，水性勞而不倦，萬
物之所歸也。萬物自春出生於地，冬氣閉藏，還皆入地。
萬物之所成終而所成始，言萬物陰氣終，陽氣始，皆艮
之用事也。《漢上易》九卷·《周易折中》。

條 322：神也者，眇萬物而爲言者也。共成萬物，物不可得而分，
故合謂之神。《漢上易》。

條 324：故水火相逮。《釋文》。

條 326：兌爲口。上開似口。《漢上易》。

條 327：乾爲天。天清明无形。《漢上易》。

條 328：爲瘠馬。凡骨爲陽，肉爲陰。同上。

條 329：爲龍。龍讀爲尨，取日出時色雜也。《漢上易》。

條 330：爲專。專，市戀反。《釋文》。

條 331：爲大塗。國中三道曰塗。震上值房心，塗而大者，取房有
三塗焉。《漢上易》。

條 332：爲萑葦。竹類。《漢上易》。

條 333：爲反生。生而反出也。《漢上易》。

條 334：爲繩直，爲墨。晁氏云。

條 337：爲矯輮。《釋文》。

條 338：爲月。臣象也。《文選·月賦注》。

條 339：爲電。取火明也。久明似日，暫明似電也。《集解》。

條 341：爲鼈、爲蟹、爲蠃、爲蚌、爲龜。皆骨在外。《攷工梓人疏》。

條 343：爲徑路。田間之道曰徑路。艮爲之者，取山間鹿兔之蹊。
《初學記》二十四。

條 344：爲小指。晁氏云。

條 346：爲陽。今本羊。此陽謂爲養无家女行賃炊爨，今時有之，賤
于妾也。《漢上易》，晁氏同。

條 343：物生必蒙，故受之以蒙，蒙者蒙也，物之稺也。蒙幼小之
貌齊人謂萌爲蒙也。《集解》。

條 350：履然後安，故受之以泰。晁氏云。

條 351：有大有不可以盈。_{晁氏云。}

條 356：有无妄物然後可畜。_{項安世《周易玩辭》，晁氏同。}

條 359：物不可以終久於其所，故受之以遯。_{晁氏云。}

條 360：主器者莫若長子。謂父退居田里，不能備祭宗廟。長子當
　　　　親視滌濯鼎俎，是也。_{《曲禮正義》。}

條 361：屯見而不失其居。見如字。_{《釋文》。}

條 362：損益衰盛之始也。_{《釋文》。引見《會通》，今《釋文》無之。}

條 363：兌説而巽伏也。_{晁氏云。}

條 365：大過顛也。自此以下卦音不協，似錯亂失正，弗敢改耳。
　　　　_{晁氏云。}

條 366：小人道消也。_{晁氏云。}

惠氏所補，爲繼王氏之後增補最多者。所增佚文，對進一步研究與瞭解
鄭氏之易學，有極大的貢獻。

2.繼王氏之後，精覈詳審，可以作爲研究鄭氏易學思想之重要輯本。
輯本內容材料，可以呈現鄭氏以下之重要思想：

(1) 將鄭氏＜易贊＞移置卷首，以表易含三義：鄭玄在《繫辭傳》
與《易緯》的啓發下，對「易」義新作定義，[216] ＜易贊＞所言，即鄭氏
對「易」之精簡而概括之詮釋：

> 易之爲名也，一言而函三義。簡易，一也；變易，二也；不易，
> 三也。故《繫辭》云：「乾坤其易之縕耶。」又曰：「易之門户耶。」
> 又曰：「夫乾，確然示人易矣；夫坤，隤然示人簡矣。」「易則易
> 知，簡則易從。」此言其易簡之法則也。又曰：「其爲道也屢遷，

---

[216] 《易傳》對「易」之含義提出「生生之謂易」之概括，「易」具有生生不息、人化流行
的本質。《易緯》則進一步推求「易」義，《乾鑿度》云：「易者，易也，變易也，不易
也。」《乾坤鑿度》也提到：「易名有四義，本日月相銜，又易者，又易，易定。」主要
反映出「易」是生物之本原；也象徵日月往來的變易現象，世界上的一切皆在變化，而
「變易也者，其氣也」（《乾鑿度》），是一種氣化變易的宇宙觀。同時，「易」又有「不
易」之義，即不易其位，也就是永恆不變之位，宇宙自然與轉諸於人事，皆有其恆常不
變者，特別是相對關係上的地位之不變。這樣的「易」義，影響了鄭玄對「易」義所作
的新解。

變動不居，周流六虛，上下无常，剛柔相易，不可為典要，唯變所適。」此言從時變易，出入移動者也。又曰：「天尊地卑，乾坤定矣。卑高以陳，貴賤位矣。動靜有常，剛柔斷矣。」此言張設布列不易者也。據茲三義而說，《易》之道廣矣大矣。[217]

簡易之理存於天地之間，萬物的生成變化，既易且簡，是乾坤以知簡易，「乾知大始，坤作成物，乾以易知，坤以簡能，易則易知，簡則易從」，[218]宇宙自然的化生，有其易簡之性，根本上言是「一陰一陽之謂道」。鄭氏釋「易」函三義，基本上是以《繫辭》為據，引文立說，亦皆《繫辭》之言，相對地與緯書所言有所差別，特別是以「簡易」取代了《易緯》的「易」義，是一種對緯書思想的改造與創新。[219]

(2)爻辰說：惠棟根據鄭玄《周禮・太師注》，作「十二月爻辰圖」，並依《月令注》作「爻辰所值二十八宿圖」，置於輯本之末，同時駁朱震《漢上易傳》對鄭氏爻辰說認識之誤，藉以釐清鄭氏爻辰說易為人淆舛之處，並且強調爻辰說為鄭氏易學思想的重要地位，代表著鄭氏易學的主要特色，讓學者對鄭學爻辰說有第一時間的認識。關於此說，將於後文詳述。

(3)五行說：鄭氏佚文中，論述其五行思想的重要條文，包括：

條284：天數五，地數五，五位相得而各有合。天地之氣各有五。

---

[217] 見《新本鄭氏周易・鄭氏周易贊》，頁148。

[218] 見《繫辭上傳》。

[219] 胡自逢認為：「康成惟以『易簡』二字代緯文之『易』字，蓋乾以易知，坤以簡能，易簡之則，於乾坤之法象見之矣，故又益簡字以增足緯辭，其意（緯意）得以愈見彰著也。而簡易之要義，緯文佼易（鄭注，佼易者，寂然无為之謂）清淨，不煩不撓句，亦頗著見。蓋佼易清淨以立易簡之則；不煩不撓，則簡易之施為及其績效也，於人事治理可以見之；而无思无為之旨，大傳已先之矣。」（見胡自逢《周易鄭氏學》，頁151。）胡氏論述鄭《易》之淵源，也強調鄭氏所言三義與緯書的內在聯繫。事實上「易」與「簡易」在內涵上仍有其顯著的差異存在。《易緯》的「易」，是一種具有「通情無門」、「藏神無內」的萬物因之以生的宇宙本源，與老子的「道」或「無」相近。至於鄭氏的「簡易」，並無宇宙本源之超越涵涵，更無老子「道」的那般寂然無為之特質，而是陳述天地萬物生成的簡易形式，認為天地萬物的生成衍化，可以簡單的模式形成或表示，或是萬物的生成，本然存在著簡易的特性。因此，鄭氏之概念，比較傾向於認識論的意義。（參見姜廣輝主編《中國經學思想史》第二卷，北京：中國社會科學出版社，2003年9月1版1刷，頁536-537。）

五行之次，一曰水，天數也；二曰火，地數也；三曰木，
天數也；四曰金，地數也；五曰土，天數也。此五者，
陰无匹，陽无耦，故又合之地六爲天一匹也，天七爲地
二耦也，地八爲天三匹也，天九爲地四耦也，地十爲天
五匹也。二五陰陽各有合，然後氣相得施化行也。（春秋正
義）。」

此條乃鄭氏以五行思想來解說「天地之數」。[220]鄭氏認爲天數爲奇爲陽，
地數爲偶爲陰。天地事物皆遵循一陰一陽之道，單獨之陰或陽，則無化
生之能。天地之數與五行方位相配時，亦當陰陽結合。即天一配地六爲
水，地二配天七爲火，天三配地八爲木，地四配天九爲金，天五配地十
爲土；如此，五行之行的化生萬物即可通過天地之數的形式，充份地體
現出來。

> 條271：精氣爲物，遊魂爲變，是故知鬼神之情狀，與天地相似，
> 故不違。精氣，謂七八也。遊魂，謂九六也。七八，木
> 火之數；九六，金水之數。木火用事而物生，故曰精氣
> 爲物。金水用事而物變，故曰遊魂爲變。精氣謂之神，
> 遊魂謂之鬼。木火生物，金水終物。二物變化，其情與
> 天地相似，故无所差違之也。（集解）、（樂記正義）。

此條乃鄭氏透過五行之數所代表的卦氣說與七八數不變、九六數變的原
則，來解釋《繫辭上傳》之文。八爲春爲木，七爲夏爲火；春種夏長，
春夏木火用事而生長萬物，所以「精氣爲物」，「謂七八也」。九爲秋爲金，
六爲多爲水；秋收多藏，萬物由生長鼎盛而漸至收藏衰亡，這種秋多的
變化，遠比春夏成長來的明顯，故「游魂爲變」，即此時節爲游魂的性質
而變化，所以是九六之數。依鄭氏所見，五行之數七八九六本於天地之
數，而此四數即反映四時的生息循理之自然規律。

> 條283：大衍之數五十，其用四十有九。天地之數，五十有五，

---

[220] 《繫辭上傳》云：「天一，地二，天三，地四，天五，地六，天七，地八，天九，地十。
天數五，地數五。」此十個自然之數，即稱之爲「天地之數」。關於以五行解釋「天地
之數」，除了此條佚文外，鄭氏訓注《乾鑿度》（卷下）時，亦多有詳言。

以五行氣通，凡五行減五，大衍又減一，故四十九也。
〈正義〉．衍，演也。撲，取也。〈釋文〉．天一生水于北，地二
生火于南，天三生木于東，地四生金于西，天五生土于
中。陽无耦，陰无配，未得相成，地六成水于北，與天
一并。天七成火于南，與地二并。地八成木于東，與天
三并。天九成金于西，與地四并。地十成土于中，與天
五并。大衍之數，五十有五，五行各氣并，氣并而減五，
惟有五十，以五十之數，不可以為七八九六，卜筮之占
以用之，更減其一，故四十有九也。〈月令正義〉。」

此條佚文主要是在解說《繫辭上傳》的「大衍之數」，提出「大衍之數」
源自於「天地之數」的觀點。[221]運用五行說的觀點來論述，尤重於藉五
行之數的陰陽結合來解說「五十有五」；依鄭玄之說，北方天一地六和為
七，東方天三地八和為十一，南方天七地二和為九，西方天九地四和為
十三，中央天五地十和為十五，五方之和為五十五。同時，「大衍之數五
十」是來自「天地之數五十有五」；「大衍之數」本來同於「天地之數五
十有五」，但因為五行之氣各有相并（如水之生數一與成數六相并於北），
故從「五十有五」中減去五，而後乃有「大衍之數五十」。

(4)互體說與爻體說：王應麟於《周易鄭康成注》自序中強調「鄭
康成學《費氏易》，為注九卷，多論互體」，且同書《四庫提要》也提到
「元註多言互體」，[222]是鄭氏擅長於以互體解《易》。王、惠所輯佚文，
言互體者不勝枚舉。如條 28 言「互體震而得中」；條 66 言「卦體有巽」；
條 88 言「互體有艮」；條 94「卦互體坎、艮」等等。互體說，於京房時

<hr>

[221] 在鄭玄之前，對於「大衍之數五十」的說法，主要有京房提出：「五十者，謂十日、十
　　二辰、二十八宿也，凡五十，其一不用者，天之生氣將欲以虛來實，故用四十九焉。」
　　馬融也提出：易有太極，謂北辰也。太極生兩儀，兩儀生日月，日月生四時，四時生五
　　行，五行生十二月，十二月生二十四氣，北辰居位不動，其餘四十九，轉運而用也。」
　　（見《周易注疏》卷十一，孔氏《正義》。）《易緯乾鑿度》所言亦近於京氏之說：「大
　　衍之數五十，所以成變化而行鬼神也，日十干者，五音也。辰十二者，六律也。星二十
　　八宿者，七宿也。凡五十所以閡物而出之者也。」鄭氏所云，不取諸前說，而與之相異，
　　專以五行解說「天地之數」的基礎下，來論述「大衍之數」。
[222] 見王應麟《周易鄭康成註·提要》，頁 130。

已明確提出，鄭氏承之爲釋《易》之常例。爻體說同樣爲鄭氏釋《易》之重要體例，在佚文中出現的次數也十分地頻繁。這部份的介紹，將移至後文考索「爻辰說」時，再多詳述。

3.全面注明佚文出處：王應麟所著之佚文，全未標明出處，惠棟針對書中所輯，一一詳加考求原本，注明出處。同段文字，有出於多處者，亦皆能釐正注明。例如條 1 鄭釋乾卦九二爻辭，前段「二于三才爲地道，地上即田，故稱田也」，惠氏注明出於李氏《周易集解》；後段「九二利見九五之大人」，惠氏注明出於孔穎達《周易正義》。又如條 5 鄭釋乾卦用九之文，惠氏注明出於唐太子李賢《後漢書‧郎顗傳注》與＜班固傳注＞。又條 28 鄭釋蒙卦卦辭之文，惠氏注明出於《公羊疏》與《釋文》。條 41，惠氏注出於《雜記正義》、《周易正義》、《釋文》等三處。三百多條佚文，惠氏大抵皆能準確注明出處。

4.釐定經傳次序與增訂佚注的經傳文字：王氏所輯篇次凌亂，與經傳多有不相應者，一卦之內，六爻先後，亦紊其自然之序，特別是《繫辭傳》所輯，益加雜亂。惠氏依經文前後，詳覈釐定其次序，使之井然。如條 347，王氏將鄭注「蒙，幼小之貌。齊人謂萌爲蒙也」文，作爲蒙卦之注文，惠氏改爲釋《序卦》「物生必蒙，故受之以蒙，蒙者蒙也，物之穉也」之注文。條 47，王氏引鄭氏之佚文，作爲釋師卦「丈人能以法度長於人」文，然此文非師卦卦爻辭，惠氏改正作釋師卦卦辭「丈人吉」。條 220，震卦卦辭注文，王氏所置不當，惠氏改置「震：亨」之下爲宜。條 307、308，王氏將《繫辭下傳》「益長裕而不設」、「雜物算德」二文，與鄭氏注文混雜一併，惠氏區分爲二條，使之清晰可辨。王氏引鄭氏佚文，每每短引經傳之文，如條 16、條 43、條 44、條 50、條 58、條 59、條 65、條 67 等等，此種情形十分頻繁， 不一一列述；惠氏能予適當增補，方便讀者之閱讀與資料之檢索。

5.補正王氏之誤字：王氏所輯，每有誤字，如條 88，王氏誤將「宮闕」作「門闕」，惠氏據改。條 79，王氏「古」字，誤作「右」字，惠

氏予以改正。條132，王氏作「小邱」，惠氏改作「小丘」爲正。如條210，王氏誤將「九三」作「生一」，惠氏改正。條149，王氏作恆卦九三爻辭作「或」字，同今本，惠氏則依《釋文》改作「咸」字。條165，王氏誤作「也」字，惠氏改正爲「地」字。條235，王氏誤作「十旬」，惠氏改正爲「十日」。條241，王氏誤作「翔」字，惠氏改正爲「祥」。條354，王氏誤將「大」字作「天」字，惠氏詳察予以改正。

6.更置王氏引文，以及將王氏附於卷末＜易論＞之文，考正後入於注文序列中：如條95，「賁，變也，文飾之貌」文，別出於《釋文》；王氏置於引文之首，而惠氏則置於文末，以惠氏所置較爲適當。條207，將王氏所引「井，法也」文，置於末句。條227，原王氏引文「艮之言很也」句置於文首，惠氏改置於末爲宜。條150，「以陰爻而處尊位」段文，王應麟未明此乃鄭注恆卦之文，故收於其輯文末之＜易論＞內；惠氏考實其出處，爲恆卦六五之注文。如條298，王氏原將「大過者，巽下兌上之卦。初六在巽，體巽爲木，上六位在巳，巳當巽位，巽又爲木，二木在外以夾四陽，四陽乒體爲二乾，乾爲君爲父，二木夾君父一作是，棺椁之象」一文置於＜易論＞中，惠氏考明其爲鄭玄釋《繫辭下傳》「後世聖人易之以棺椁，蓋取諸大過」之文。

7.注明二說與增補音訓：凡佚文有二說者，皆悉標明，如條5乾卦用九鄭氏注文「六爻皆體乾」之「乾」字，惠氏注明一作「龍」；「舜既受道」之「道」字，注明一作「禪」。條52，「法」字，注明一作「發」；「則」字一作「亦」。條94，「天地二文，相飾成賁者也」文，惠氏注明一作「天地之文，交相而成，賁賁然也」，載錄較爲詳明。條136，「文王之子」之「之」字，惠注一作「大」；「發旦」之「旦」字，惠亦注「一無此字」。條169，「在」字，惠注一作「是」。條237，「韋」字，惠注一作「芾」。條248，「乒」字，惠注一作「三」。條278，「以喻君子之言，或榮或辱」文，惠氏另作小注云，一作「以譬言語之發，有榮有辱」。條280，「置」字下，惠氏注明一作「誌」。條294，「取」字下，惠氏注明一作「聚」。條298，「父」字下，惠氏注明一作「是」。增補音訓者，如

條 7、條 42、條 48、條 53、條 59、條 99、條 120、條 129、條 276 等等。

8.王本所引不足或奪字而增補者：如條 2 鄭釋乾卦九三爻辭，王本所引爲「三于三才爲人道，有乾德而在人道，君子之象」，惠氏注明出於《集解》，並增引「惕，懼也」，且注明出於陸氏《經典釋文》。如條 10，惠氏同姚士粦增補「確，堅高之貌」。條 28，惠氏增補「瀆，褻也；筮，問也」句。條 54，惠氏增補「輹，伏」句。條 65，引《文選注》「苟，植也……」段，以補王氏之缺。條 134，王應麟僅引《釋文》之注，惠棟考索《文選・謝宣遠張子房詩注》增補之。條 210，王氏闕「言微小也」句，惠氏增補。條 78，惠氏增補「以者……」一段文字。條 172，惠氏依《後漢書》增補「二爲陰爻」段。條 78，原《周易集解》奪一「帝」字，惠氏據補。條 188，王氏奪「稱」字，惠氏據補。條 189，王氏奪「也」字，惠氏據補。條 210，王氏奪「言微小也」句，惠氏據增。條 292，王氏奪「也」字，惠氏據補。

（二）缺失方面

1.注明出處上之缺誤：部文條文未能考明出處者，則小注作出於「王氏」。如條 46，注出王氏，實出於孔穎達《毛詩正義》引鄭氏之文。條 54，注出王氏，實出於《周易正義》。如條 88，實出於《儀禮注疏・鄉飲酒禮》卷四賈公彥《疏》，惠氏未明而注出王氏。條 116，惠氏作出於「王氏」，實出於《詩・采芑正義》鄭箋；《爾雅・釋地疏》同引。條 232，惠氏注出「王氏」者，實出於《儀禮・特饋食禮疏》。條 250，惠氏注出「王氏」者，實出於《易緯乾鑿度》文。條 257，「禴，夏祭之名」文，惠氏未察，小注出於「王氏」，實出於《詩・天保正義》。條 290，惠氏未明出處，作小注云出於「王氏」；惠氏本於王氏，而王氏又因朱震《漢上易傳》，然此文實出於《乾鑿度》鄭注，不宜視爲鄭氏《易》注之佚文。條 354，惠未察該文出於《乾鑿度》卷下鄭注，而小注云出於「王氏」；該文不宜視爲鄭氏《易》注之佚文。條 86，惠注出於《正義》，不夠精詳，實前句出於《正義》，後出於《正義序》。

2.王氏本誤而未改者：條250，朱震《漢上易傳》誤引《乾鑿度》文，王氏同誤，以鄭氏《易緯》之注爲《易》注，惠氏亦不明而注作王氏所引，實不察之失。如條163王應麟、胡孝轅誤改「碩鼠」爲「鼫鼠」，惠氏同誤。條17，姚士粦誤以向秀之訓直作鄭訓，雖《音訓》云向秀本於鄭氏，然並無明文可證以直用，故不宜直用爲鄭氏之訓，惠氏同誤。如條59，非鄭氏之文，王應麟誤引，而惠棟不察而從之。條28，末句王氏多「是也」二字，惠氏去「是」字而留「也」字，「也」字本無，當去之；同條，「未冠之稱」句，出於《禮記‧玉藻》鄭注，王、惠皆注入於《公羊疏》鄭文之中。條188，「不」字當爲「下」，王氏引《集解》同誤，惠氏亦同，宜改正，或注明《集解》用「不」字之誤。

3.逕改經文或原出處之文：如易「謙」爲「嗛」，易「納」爲內，易「熟」爲「孰」，易「互」爲「𠄔」，易「烹」爲「亨」，易「離」爲「离」，雖與古文合，然未必即爲鄭氏之原文。特別像條25，易今本「媾」字，而云鄭作「冓」；惠氏引自《釋文》，而《釋文》云馬融本作「冓」，並無明言鄭氏作「冓」字者。條115，《釋文》本作「祐」字，王應麟同，惠氏以漢代慣用「右」，而擅自改易。條152，易「遯」字爲「𨔵」字，認爲「𨔵」字爲古，用己意之字，非鄭氏之文。條183，易「皆」字爲「解」字，以「皆」字爲正。條185，易「享」爲「亨」，以蜀才之用爲鄭字。條276、277，易「賾」爲「嘖」字；按《釋文》所云，鄭作「賾」字，而惠氏考以「嘖」爲古字，故擅自改易鄭氏作「嘖」字。條322，易《說卦傳》「妙」字爲「眇」，並無確切證據可以斷言鄭氏作「眇」，《釋文》僅言王肅作「眇」字，故不宜以己意爲鄭意。宜以小字注明當作某，不可逕改經字。如條88，《儀禮‧鄉飲酒禮》賈公彥《疏》作「鄉大夫」，惠氏擅自改爲「卿大夫」，雖舊稱爲「卿大夫」，亦不宜直改，可以加注說明。

4.誤刪或缺引奪字者：如條99，惠氏未能詳察，而刪王氏原有之「翰，白也」文。如條19，引自《儀禮‧鄉射禮》賈公彥《疏》引文後尚接「是蛇龍總爲君子之類也」句，王、惠皆未引；宋代諸家多有引賈《疏》此

一全文，疑王、惠皆缺漏。條 91，「也」字，《釋文》實有，王氏引同，
惠氏缺漏。如條 3，王氏本有「也」字，惠氏奪之。如此之類尚多。如
條 18，「直方大」，惠氏疑「大」字爲衍而奪之。條 257，惠氏奪「也」
字。條 260，惠氏奪「動靜」二字。

　　此外，亦有誤引者，如條 83，「焦贛曰……」文，王氏刪而不用，
惠氏增補；既言焦贛之說，則不宜作鄭玄之文，當刪之。又，置＜易贊
＞於卷首，雖有凸顯鄭氏思想之義，然失古人綴序於卷末之素。

　　總之，惠氏之失，首在改易作者原文，改易原文，必以明據，不可
因嗜古求古而爲之；其次爲出處未能考明，而轉作「王氏」之言，且引
鄭注《乾鑿度》作爲鄭氏《易》注，此不察之失；其它誤字或奪字，則
爲其小疵。雖見其多有所失，仍瑕不掩瑜，無毀其功，對鄭學之保殘完
缺，多有貢獻。除了多增佚文與增補出處外，在文字的審辨上，尤可見
其細心取捨之一面，博蒐詳稽，並可引發後學對鄭氏《易》本之關注。
　　從輯本中看惠氏用字，惠氏在推用古字上，可見其精審核實之處，
如條 264：今本作「八卦相盪」，而考鄭氏作「八卦相蕩」。雖《釋文》
僅云「眾家作蕩」，「韓云：相推盪」，未明言鄭氏作「蕩」字，然考索《集
解》及所引《虞氏易》均作「蕩」，並云：

> 《說文》盪爲滌器，當从諸家作蕩。後漢惟《蔡湛碑》以盪爲蕩，
> 从俗作也。《釋名》云：蕩，盪也，排盪去穢垢也。則知盪非古字。
> 蕩，俗作盈，六經无盪字，蓋始于後漢，韓伯以爲推盪，俗訓也。
> 223

是惠棟察稽甚詳，以「蕩」爲古爲本，在推求古字古義上，仍具有科學
實證之精神，而非妄自生說。因此，惠氏進一步體察鄭氏《易》本用字，
肯定鄭玄存續古字，並欲平後人對鄭氏之誣評，《九經古義》云：

> 凡經字誤者，當仍其舊作某字讀若某，所以尊經也。漢時惟鄭康
> 成不輕改經文，後儒無及之者。如《易》大有九四《象》：「明辨

---

223 引文見惠氏《周易古義》卷二、《周易述》卷十八。詳細考文，參見前表條 264。

遯也」，鄭注云：「遯，讀如明星皙皙」。《繫辭》：「言天下之至賾
而不可惡也」，「言天下之至賾而不可亂也」，鄭于下句注云：「賾
當為動。」「勞而不伐，有功而不置」，鄭云：「置當為德。」晁氏
曰：案德古文類置，字因相亂。聖人之所以極深而研機也，《范式
碑》云：探賾、研機。是《古易》皆作機。鄭云：機當為幾；幾，
微也。今王弼本直作鄭所訓字，失其本矣。後儒謂鄭氏好改字，
吾未之敢信也。[224]

鄭氏源其所本，作為用字之取捨，而非好改經文。今人總以保存完整的
王弼本爲典式，作爲研《易》之主要依準，卻不思考王弼乃後起者，之
前的漢代《易》家，雖傳本缺舛甚多，但就時序先後言，當較爲古，較
近於原本。且傳本之差別，不能偏執一方以爲正。今傳王弼本經傳之文
與鄭玄佚文相較，有百餘則用文相異，詳細請參見【附件四】；蓋二家所
本殊異甚夥，而以鄭玄所用爲古，並多本之費氏、馬融之法，其詁證字
義，多可正王弼之誤。惠氏所考，提供我們得以再次認識鄭學，或許在
態度上與評價上，有會所改變。

第二節　爻辰說

　　鄭玄以爻辰解說經傳，爲其易學之重要特色，蓋其爻辰之法，雖首
開風氣，然有所先承。鄭氏承接與運用西漢《易》家的爻辰說，經過鎔
新鑄舊的整合與再造，建構一個嶄新而有系統的爻辰學說，作爲工具或
方法引進《周易》的思想詮釋中。鄭氏此一新制或主張，雖未必能符原
始《周易》的真正本意，但從對思想發展或詮釋建構的歷史向度來看，
也是一個重要的積極進路，特別是在象數易學的發展史上，鄭氏的爻辰
說仍有其代表性的意義存在。

　　以鄭氏在經學學術史上的崇高成就，其易學主張本應相對也會受到
重視和青睞才對，然而不然；在重要易學發展傳承的歷程，鄭氏《易》

---

[224] 見惠棟《九經古義》卷二，頁 378-379。

說，特別是爻辰的主張，往往被排拒於千里之外。惠棟考索鄭《易》，指出「王輔嗣解《易》不用爻辰，孔氏《正義》黜鄭存王」[225]的偏狹不當之作法，這種對待，對鄭玄而言，是極爲不公平的。魏晉時期以義理作爲主流價值，王弼融攝老莊思想入《易》，有意地剝除各種象數之說，鄭氏的爻辰主張自然無法幸免，特別是曾經叱吒風雲於一時，在寖微失勢後，也隨之將成爲刻意被復歸於平靜的冷落對象，並在後代一直延續中。唐代孔穎達奉勑撰立《周易正義》，則黜鄭崇王而爲正宗；同時代的李鼎祚成《周易集解》，博采已佚的漢魏象數易學，成爲代表漢魏象數易學的經典輯著，卻獨不取鄭氏爻辰說。明清以降，常有對鄭氏爻辰說提出批駁者，如焦循《易圖略》嚴厲斥其「謬悠非《經》義」，[226]顯見經學家對其說非議之深。復以其《易》作佚闕不全，不能窺其全貌，因此更容易被忽略。惠棟根據《周禮》、《禮記》、《詩經》等典籍中的注疏所遺留下的片語支言，經過一番湊合，並製成「十二月爻辰圖」與「爻辰所值二十八宿圖」，爻辰之說大抵得以續存。

一、源於《易緯》而立說

鄭玄易學，其最顯著的特點，即以爻辰說解釋《周易》經傳文字，而其爻辰法，根據惠棟所引，主要根源於《易緯》，特別是《乾鑿度》的貞辰之說而另爲創制。《繫辭傳》提到「乾坤，其《易》之縕耶」！「乾坤，其《易》之門耶」！乾坤爲《易》卦之主，爲萬化之源。《乾坤鑿度》將乾坤二卦視爲天、人之門，以《易》始於乾而爲開闢元氣的天德之所，且「天德兼坤」，坤「德配在天」，「萬物蠢然俱受蔭育」，合德而無疆。[227]鄭氏深刻體會乾坤二卦立於《易》之主位，因此，建立一套以爻辰論卦之說，將乾坤十二爻之爻辰視爲產生《周易》其它六十二卦百七十二爻之爻辰的根本。

---

[225] 見《易漢學》卷六，頁 1207。

[226] 見焦循《易圖略》。引自李一忻點校焦氏《易學三書》，北京：九州出版社，2003 年 12 月 1 版 1 刷，頁 156。

[227] 參見《易緯乾坤鑿度》卷上，頁 466。

惠棟引《乾鑿度》與鄭注云：

> 乾，陽也；坤，陰也，並治而交錯行。乾貞於十一月子，左行，陽時六。康成注云：貞，正也。初爻以此為正。次爻左右著，各從次數之。坤貞於六月未，乾坤，陰陽之主，陰退一辰，故貞於未。右行，陰時六，以順成其歲。歲終，從於屯蒙。歲終，則從其次屯蒙、需訟也。[228]

又云：

> 陰卦與陽卦同位者，退一辰以未為貞，其爻右行，間時而治六辰。陰陽同位，陰退一辰，謂左右交錯相避。[229]

鄭氏爻辰法僅以乾坤二卦為二，不同於京氏用八純卦。是否同於《易緯》的貞辰之說，惠棟在考索鄭玄爻辰法時，特別肯定源出於《乾鑿度》，並與之相同。《乾鑿度》以月作為基礎，言占驗推軌、卦曆相配之法，明白推定「天道左旋，地道右遷，二卦十二爻而期一歲」的十二爻辰說，也就是以爻配辰而為月。太陽由西向東運行，是順時鐘方向，而地道則為由東向西的逆時鐘方向，這種認識是合於事實的現象，[230]藉由這種天文實證現象，配合卦爻辰以推曆法。《乾鑿度》並詳云：

> 歲終，次從於屯蒙。屯蒙主歲，屯為陽，貞於十二月丑，其爻[231]左行，以間時而治六辰；蒙為陰，貞於正月寅，其爻右行，亦間時而治六辰，歲終則從其次卦。陽卦以其辰為貞，其爻左行，間辰而治六辰。……泰否之卦，獨各貞其辰，共比[232]辰左行相隨也。中孚為陽，貞於十一月子；小過為陰，貞於六月未，法於乾坤。三十二歲期而周，六十四卦，三百八十四爻，萬一千五百二十析，復從於貞。[233]

---

228 見《易漢學》卷六，頁1196。惠氏引「以順成其歲」，《乾鑿度》實作「以奉順成其歲」；引「從於屯蒙」，《乾鑿度》實作「次從於屯蒙」。惠氏闕「奉」、「次」字。

229 見《易漢學》卷六，頁1196。

230 天旋地動、天左旋等說法，由來已早。漢代論天，有所謂蓋天說、渾天說與宣夜說，皆肯定天左旋的看法。詳說可參見《周髀算經》、張衡《靈憲》、《渾儀》，以及《晉書·天文志》等。緯書言盛，如《尚書考靈曜》、《春秋緯元命苞》、《春秋運斗樞》等等。

231 原作「丑與」，據張惠言《易緯略義》改為「其爻」。

232 原作「北」，據張惠言《易緯略義》改為「比」。

233 見《乾鑿度》卷下，頁489-490。

將六十四卦，依目前通行之卦序，兩兩爲一組，六十四合三十二組代表
三十二年，則二卦十二爻爲一年，每爻主一月。十二爻與十二個月的相
配，以卦屬陰陽爲原則，三十二組卦當中，每組第一卦爻爲陽，第二卦
爻爲陰，二二相耦，一爲陽卦，一爲陰卦，二卦相配而期一歲。確定月
建十一月建子的次序，則十二月建丑，一月建寅，乃至十月建亥。三十
二年一週期，始於乾坤二卦而爲第一組，乾坤十二爻爲三十二年之第一
年的十二個月，至既濟與未濟二卦，則爲週期中的最後一組（第三十二
年），其十二爻則爲第三十二年的十二個月。一週期之後，再終而復始，
重新由乾坤二卦爲另一週期的開始。惠棟考索結果，以鄭氏依《易緯》
之說l而制作，其中乾卦六爻配子、寅、辰、午、申、戌等六地支與京氏
同，而坤卦初爻至上爻則依序配未、酉、亥、丑、卯、巳，這與京氏在
次序上就有不同；此外，乾坤二卦十二爻除了配十二地支外，另配一歲
十二個月，而爲所謂的「乾坤爻辰圖」，圖式如下：

圖表 4-2-1　鄭氏乾坤爻辰圖(一)

乾卦				坤卦		
九月	——	戌		四月	－－	巳
七月	——	申		二月	－－	卯
五月	——	午		十二月	－－	丑
三月	——	辰		十月	－－	亥
正月	——	寅		八月	－－	酉
十一月	——	子		六月	－－	未

以建子 11 月爲始，依序排列乾坤二卦十二爻，所建爻辰另作圖示如下：

圖表 4-2-2　鄭氏乾坤爻辰圖(二)

月份	11月	12月	1月	2月	3月	4月	5月	6月	7月	8月	9月	10月
支屬	子	丑	寅	卯	辰	巳	午	未	申	酉	戌	亥
卦名	乾	坤	乾	坤	乾	坤	乾	坤	乾	坤	乾	坤
爻位	初九	六四	九二	六五	九三	上六	九四	初六	九五	六二	上九	六三

乾坤二卦，以陽氣始生於十一月子，陰氣始生於五月午，子午位皆陽辰，
依「陽卦以其辰爲貞，陰卦與陽卦同位者，退一辰以爲貞」之例，乾貞
於十一月子，坤則貞於六月未，何以退一辰而爲未，乃陰卦右行，爲逆

數，故退一辰爲未而非巳。這一方面，除了同於《乾鑿度》所言，也同於漢代律歷的普遍主張，[234]更同於京房所謂的「建子陽生，建午陰生」，「陰從午，陽從子，子午分行」的說法。[235]鄭氏對此乾坤十二爻配十二辰的排序，並非肆意的杜撰圓說，本有其理路與內在的根據，所根據的是當時天文歷法等自然科學知識而來。原本十一月值隆冬，將是陰盛之時，而五月也是陽氣最盛的時刻，然而，漢人的理解上，在陰氣最盛之時產生陽氣，而在陽氣最盛之時產生陰氣，所以才會有十一月爲陽而五月爲陰之情形。由於陰氣避諱與陽氣相沖，故不言五月產生陰氣，而言生於六月。這就是鄭氏之所以云「乾坤，陰陽之主，陰退一辰，故貞於未」的原因。[236]天道左旋，乾爲天，故左行，左行爲順，故乾卦初爻貞於子，依序而配如前述六陽時，而地道右遷，坤爲地，故右行，右行爲逆，故坤卦初爻貞於未，依序而配如前述六陰時，如此，乾坤二卦十二爻，兩相反對，交叉並行，故云「並治而交錯行」。

　　鄭玄以乾坤十二爻主十二辰，並視《周易》其它六十二卦的爻辰爲乾坤十二爻辰所派生。其聯繫的關係爲逢陽爻從乾爻所值，逢陰爻從坤爻所值。以泰卦六五爲例，六五陰爻從坤卦六五爲卯；坎卦上六爲陰爻，從坤卦上六爲巳；困卦九四爲陽爻，從乾卦九四爲午；明夷卦九三爲陽爻，從乾卦九三爲辰。鄭氏以乾坤十二爻辰爲核心，以秦漢以降的天文歷法之自然科學知識爲背景，有系統地建立六十四卦的爻辰說。這樣的爻辰主張，基本上與其注解《易緯》，並對《易緯》的認識有密切關係，

---

[234] 例如《漢書・律歷志》云：「十一月，乾之初九，陽氣伏於地下，始著爲一，萬物萌動，……六月，坤之初六，陰氣受任於太陽，繼養化柔，萬物生長，楙之於未。……正月，乾之九三（宋祁曰：九三當作九二），萬物棣通……。」乾卦初九，爲陽氣之始生於十一月子，坤卦初六，則爲陰氣楙於六月未。這樣的說法，爲兩漢以降貞辰之說的共同法則。

[235] 見《京氏易傳》卷下。引自郭彧《京氏易傳導讀》，山東：齊魯書社，2002 年 10 月 1版 1 刷，頁 133。

[236] 《乾鑿度》云：「乾坤，陰陽之主也。陽始於亥，形於丑，乾位在西北，陽祖微據始也。陰始於巳，形於未，據正立位，故坤位在西南，陰之正也。」鄭玄注云：「陽氣始於亥，生於子，形於丑，故乾位在西北也。」又云：「陰氣始於巳，生於午，形於未，陰道卑順，不敢據始以敵，故立於正形之位。」表現在易學上，子午不相沖，「若在沖也，陰則退一辰」。故爻辰乾初爻始於子，而坤初爻不始於午而始於未，乾坤二卦自初爻到上爻，分別表現出陽氣與陰氣由微而顯、由弱而強、由小而大的變化。

從思想發展的演進言，可以視爲《乾鑿度》的延續與開展。惠棟引《乾鑿度》來論述與建構鄭玄的爻辰說，並據以構製爻辰圖式，大抵認爲鄭氏的爻辰說，主要源於《乾鑿度》，且在內容的論述上，也與《乾鑿度》相近，肯定鄭氏之說是《乾鑿度》貞辰思想的解讀與擴伸，二者關係密不可分。

二、左右行之理解

　　鄭玄的爻辰思想，既源自《乾鑿度》，則其「天左行、地右行」的法則，當然也是本於《乾鑿度》，惠棟在考索鄭學時是如是認爲的。也就是說，天左行以乾卦六爻納六陽支，亦即「陽時六」，其順序爲：子、寅、辰、午、申、戌；地右行以坤卦六爻納六陰支，亦即「陰時六」，其順序爲：未、酉、亥、丑、卯、巳。然而，鄭氏的爻辰次序果真如《乾鑿度》之說？事實上鄭玄理解下的爻辰左右行之說，與《乾鑿度》在理解與運則上，是有極大的差異存在。

　　兩漢《易》說，早有涉足爻辰者，大概京房是個典型的例子，已如前述，京房的納支主張可以視爲爻辰說。京氏以乾卦由初至上爻納六陽支，爲左行順數之序：子、寅、辰、午、申、戌；復以坤卦六爻分別納六陰支，爲右行逆數之序：未、巳、卯、丑、亥、酉。這樣的順逆之序，歷來爲無任何疑議的普遍理解。這樣的次序，相照於鄭氏之爻辰之序，則不相同。倘如惠棟所理解的《乾鑿度》是如此一斑（同鄭氏之序），則鄭氏與《乾鑿度》同屬而相異於京氏之說。

　　然而，《乾鑿度》的論述主張，值得細觀與釐清。首先，惠氏引《乾鑿度》云「乾貞於十一月子，左行，陽時六。坤貞於六月未，右行，陰時六，以順成其歲」，十二地支分屬乾坤二卦爲「陽時六」與「陰時六」，這是很明確而無爭疑議的；「陽時六」的次序爲：子、寅、辰、午、申、戌，是左行的順取之數。而「陰時六」的次序，則爲歷來所爭論的焦點；坤卦六辰的排序，有兩組不同的次序：

　　　　一是逆數之序，即未、巳、卯、丑、亥、酉；
　　　　另一是順數之序，即未、酉、亥、丑、卯、巳。

依惠棟的理解，認爲《乾鑿度》取的是順數之序：未、酉、亥、丑、卯、巳，鄭玄的坤辰之說，即出於此。[237]然而，歷來學者有不同於惠棟之說者，認爲《乾鑿度》坤卦六爻取的是「右行」的逆數之序：未、巳、卯、丑、亥、酉。黃宗羲《易學象數論》明白指出：

> 陽卦左行，陰卦右行，兩卦以當一歲。前爲陽，後爲陰；左行者其次順數，右行者其次逆數；皆間一辰。[238]

黃氏清楚地區隔「左行」與「右行」的差異，「左行」者取順數之次，而「右行」者則取逆數之次。也就是說，《乾鑿度》所云之「左行」與「右行」本來就有其差別性或分別性存在，也就是區分出其方向或次序的不同。「左行」或「右行」的觀念，乃源於傳統的天文知識。實際的日月星辰之天體運行，每日皆是由東向西的視運動，也就是「左行」；而大地（地球）相應於天體，則自西向東迎合天體的運動，也就是所謂的「右行」。所以《乾鑿度》才有提出「天道左旋，地道右遷」的自然觀，[239]融於爻辰之說，當然「左行」與「右行」在方向次序上就有不同了。這種不同，即黃氏所謂的「陽時六」左行取其順數：子、寅、辰、午、申、戌；「陰時六」右行取其逆數：未、巳、卯、丑、亥、酉。以爻辰圖示則當爲：

圖表 4-2-3　黃宗羲乾坤爻辰圖(一)

---

[237] 今人朱伯崑言《乾鑿度》的爻辰說，將鄭玄爻辰說與《乾鑿度》爻辰說視爲同一學說，即同於惠棟所云之「陰時六」的順序。（參見朱伯崑《易學哲學史》第一卷，北京：華夏出版社，1995 年北京 1 版 1 刷，頁 182-186。）晚近學者劉慧珍同惠、朱之言，坤卦六辰同采順數，即未、酉、亥、丑、卯、巳；且屯蒙所主爻辰，二卦亦皆取順數，其蒙卦爻辰由初至上爻依序爲：寅、辰、午、申、戌、子。需訟以降諸卦同理。（見劉慧珍《漢代易象研究》，台北：輔仁大學中國文學研究所博士論文，1997 年，頁 466-471。）此以鄭氏之說凌於《乾鑿度》之上，混同二者。

[238] 見黃宗羲《易學象數論·乾坤鑿度二》卷四。引自《黃宗羲全集》第九冊，浙江：浙江古籍出版社，1992 年 12 月 1 版，1993 年 11 月 2 刷，頁 140。

[239] 這種「天道左旋，地道右遷」的天體運行的自然觀，爲先秦兩漢時期在天文歷法高度發達下的普遍性知識。緯書引其自然現象或自然科學知識言災異，多有論及，如《春秋緯·元命苞》也提到「天左旋，地右動」。左右的區分，表明了天地的對應性，從方向的角度言，它是一種可以形成交集的對應，倘天與地是在同一方向下驅動，則永遠在平行線上，不能形成互動的關係。

乾卦			坤卦		
九月	——	戌	八月	— —	酉
七月	——	申	十月	— —	亥
五月	——	午	十二月	— —	丑
三月	——	辰	二月	— —	卯
正月	——	寅	四月	— —	巳
十一月	——	子	六月	— —	未

以建子 11 月爲始，依建子 11 月爲始，乾坤二卦十二爻，所建爻辰另作
圖示如下：

圖表 4-2-4　黃宗羲乾坤爻辰圖(二)

月份	11月	12月	1月	2月	3月	4月	5月	6月	7月	8月	9月	10月
支屬	子	丑	寅	卯	辰	巳	午	未	申	酉	戌	亥
卦名	乾	坤	乾	坤	乾	坤	乾	坤	乾	坤	乾	坤
爻位	初九	六四	九二	六三	九三	六二	九四	初六	九五	上六	上九	六五

黃氏充份地掌握「左行」與「右行」的本根上之不同，符合《乾鑿度》
所強調的乾左行、坤右行之「並治而交錯行」的法則。[240]然而，假如依
照惠棟的說法，「陽時六」的次序爲：子、寅、辰、午、申、戌，是左
行的順取之數，而「陰時六」的次序也是左行的順數之序：未、酉、亥、
丑、卯、巳；如此一來，天地陰陽皆取順數之序，並未合於自然的運則，
也未合於《乾鑿度》的本意。

　　因此，在乾坤左右行的理解上，惠棟認爲《乾鑿度》乾貞於子，左
行子、寅、辰、午、申、戌，坤貞於未，右行未、酉、亥、丑、卯、巳，
與鄭注《周禮·春官·太師》十二律相生圖合，並謂宋儒朱子發「十二
律圖」以坤貞于未而右行（未、巳、卯、丑、亥、酉）之說爲謬，故云
鄭氏爻辰本於《乾鑿度》。[241]惠氏未能細察而誤解了《乾鑿度》的說法，

---

[240] 黃氏並進一步推衍六十四卦的貞辰主歲之情形，作成「乾坤鑿度主歲卦」，圖示如【附
　　件五】，卑供參佐。（參見黃宗羲《易學象數論·乾坤鑿度二》卷四。引自《黃宗羲全集》
　　第九冊，浙江：浙江古籍出版社，1992 年 12 月 1 版，1993 年 11 月 2 刷，頁 146-148。）
[241] 王昶《春融堂集·乾鑿度主歲卦解》，亦同惠氏之說。

其乾坤俱爲左行，與《乾鑿度》之「乾左行，坤右行」的基本法則不符。
張惠言在《周易鄭氏義》中批評惠氏的說法，認爲：

> 惠定宇作爻辰圖，謂乾貞於子左行，子、寅、辰、午、申、戌；
> 坤貞於未右行，未、酉、亥、丑、卯、巳。引《周禮》鄭注十二
> 律相生之次證之，謂朱子發圖未、巳、卯、丑、亥、酉爲右行者
> 誤，今謂不然。經于泰否言共比辰，左行相隨，則餘卦云左右行
> 者不相隨，可知惠云坤貞於未，若從巳向卯，是爲左行，然則否
> 貞於申，從酉向戌，何以得爲左行？蒙貞於寅，若如惠例，當從
> 辰向午，何以得爲右行乎？凡言左右，各從其本位言之耳。十二
> 律之位，乾坤相並俱生，乃《易》參天兩地六畫之位，故交錯相
> 隨，不必與此爲一。《火珠林》八卦六位，乾子、寅、辰、午、
> 申、戌；坤，未、巳、卯、丑、亥、酉，蓋本此也。[242]

詳細指出《乾鑿度》左右行配用十二辰於六十四卦三十二年的基本原
則，《火珠林》也是如此，因此，「惠又以爲此即《乾鑿度》貞于子而左
行，坤貞于未而右行，則非《乾鑿度》自論六十四卦貞歲之法」，《乾鑿
度》與鄭玄之說，在左行右行上根本是不同的，「彼（《乾鑿度》）乾坤
左右行，此（鄭玄）乾坤皆左行也」。[243]此外，焦循《易圖略》直指惠
氏之非，認爲「鄭康成以爻辰說《易》，本於《乾鑿度》，而實不同」，「乾
所以貞子，坤所以貞未，此本京氏《易》」，也就是實質地符合「左行陽
時六，右行陰時六」的原則。[244]又，徐昂《釋鄭氏爻辰補》於論述「爻
辰左行右行辨正」中，也依黃宗羲的說法；黃元炳《卦氣集解》中云「卦
氣與貞辰之相關」，同樣取黃宗羲之說。[245]劉玉建《兩漢象數易學研究》，
討論鄭氏爻辰說時，特別申說鄭說與《乾鑿度》的異同，大抵肯定黃宗
羲的看法，並且認爲《乾鑿度》不同於鄭玄之說，而與京房的爻辰同。

---

[242] 見張惠言《易緯略義》卷一。引自上海古籍出版社《續修四庫全書》本，第40冊，頁
547。

[243] 見張惠言《周易鄭氏義·略例》。引自《大易類聚初集》第十九輯，影印庚申補刊《皇
清經解》本，台北：新文豐出版公司，1983年10初版，頁261。

[244] 見焦循《易圖略》。引自李一忻點校焦氏《易學三書》，北京：九州出版社，2003年12
月1版1刷，頁151-152。

[245] 見黃元炳《卦氣集解》，台北：集文書局，1977年8月出版，頁52-59。

246

　　《乾鑿度》以乾坤二卦爲首，十二爻左右行，相間以成其歲，歲終則次轉由屯☵☷蒙☵二卦主歲屯蒙二卦所建爻辰如下：

圖表 4-2-5　《乾鑿度》屯蒙所值十二爻辰

月份	12 月	1 月	2 月	3 月	4 月	5 月	6 月	7 月	8 月	9 月	10 月	11 月
支屬	丑	寅	卯	辰	巳	午	未	申	酉	戌	亥	子
卦名	屯	蒙	屯	蒙	屯	蒙	屯	蒙	屯	蒙	屯	蒙
爻位	初九	初六	六二	上九	六三	六五	六四	六四	九五	六三	上六	九二

　　屯卦於卦氣值十二月丑，故屯初貞於十二月丑，屯爲陽卦，其爻左行，以間時而治六辰，初至上爻依序爲丑、卯、巳、未、酉、亥。蒙卦於卦氣值正月寅，故蒙初貞於正月寅，蒙爲陰卦，其爻右行，初至上爻依序治六辰爲寅、子、戌、申、午、辰。屯蒙歲終，從其次卦，即需、訟二卦主歲。需貞辰於二月卯，訟貞辰於三月辰，推法同於屯、蒙二卦。歲終則師、比二卦值歲；師值四月巳，比值五月午，師以四月巳爲貞而順行，比以午爲貞而逆行。其他各卦亦據此法而推。至於鄭玄的爻辰說，屯☵☷蒙☵二卦所建爻辰皆取順數，圖示如下：

圖表 4-2-6　鄭玄屯蒙所值十二爻辰

月份	12 月	1 月	2 月	3 月	4 月	5 月	6 月	7 月	8 月	9 月	10 月	11 月
支屬	丑	寅	卯	辰	巳	午	未	申	酉	戌	亥	子
卦名	屯	蒙	屯	蒙	屯	蒙	屯	蒙	屯	蒙	屯	蒙
爻位	初九	初六	六二	九二	六三	六三	六四	六四	九五	六五	上六	上九

相較於《乾鑿度》，鄭玄理解下的《乾鑿度》蒙卦爻辰，同取順數，故二者爻辰明顯不同。

　　六十四卦中，《乾鑿度》特別指出，除了乾坤二卦外，泰、否二卦，以及中孚、小過二卦之推辰法亦有其特例。按照《乾鑿度》言「泰否之卦，獨各貞其辰，共比辰左行相隨也」，鄭玄注云：

246　見劉玉建《兩漢象數易學研究》，廣西：廣西教育出版社，1996 年 9 月 1 版 1 刷，頁 405-408。

　　泰否獨各貞其辰，言不用卦次，……泰貞於正月，否貞於七月，
　　六爻皆泰得否之乾，否得泰之坤。比辰左行，謂泰從正月至六月
　　皆陽爻，否從七月至十二月皆陰爻，否泰各自相從。[247]

也就是泰卦由初至上爻分別納寅、卯、辰、巳、午、未，否卦由初至上
爻分別納申、酉、戌、亥、子、丑。以爻辰圖示如下：

圖表 4-2-7　鄭玄泰否所值十二爻辰

泰卦			否卦		
六月	−−	未	十二月	——	丑
五月	−−	午	十一月	——	子
四月	−−	巳	十月	——	亥
三月	——	辰	九月	−−	戌
二月	——	卯	八月	−−	酉
正月	——	寅	七月	−−	申

《乾鑿度》云泰否二卦，特別皆作「左行相隨」的順數之序，不同於其
一般左行、右行相次的原則。惠棟特別提到泰否二卦所主之爻辰，並製
作「泰否所貞之辰異于地卦圖」，如下圖所示：

圖表 4-2-8　泰否所貞之辰異于地卦圖

惠氏同時並舉《乾鑿度》與鄭玄言，且作小注與案語云：

---

247 見《乾鑿度》卷下，頁 490。

《乾鑿度》曰：泰否之卦，獨各貞其辰，其共北辰，左行相隨也。康成云：言不用卦次，泰當貞於戌，否當貞於亥。戌，乾體所在；乾上九。亥，又乾消息之月。荀爽曰：消息之位，坤在於亥，下有伏乾。干寶曰：戌亥，乾之都也。京房曰：戌亥，乾本位。《詩緯》亦以乾為天門在亥也。泰否乾坤，體氣相亂，故避而各貞其辰，謂泰貞於正月，否貞於七月，六爻者，泰得否之乾，否得泰之坤。之乾之坤，謂泰變乾，否變坤也。又云：北辰共者，否貞申右行，則三陰在西，三陽在北，泰貞寅左行，則三陽在東，三陰在南。此坤卦西南得朋，東北喪朋之一說。是則陰陽相比，共復乾坤之體也。否九四在亥，至泰九三而乾體備。泰六四在巳，至否六三而坤體全。乾位在亥，坤位在未。今云巳者陰實始于巳，不敢敵陽，故立於正形之位。案鄭于主歲卦注云：北辰左行謂泰從正月至六月，此月陽爻，否從七月至十二月，此月陰爻，否泰各自相隨。此說與圖不合。故鄭于卷末言否泰不比及月，先師不改，故亦不改也。[248]

惠氏「泰否所貞之辰異于地卦圖」所現，是其對鄭玄泰否所主爻辰之理解，與《乾鑿度》本意相合，所言者當然也是鄭玄對於《乾鑿度》的認識，更是鄭玄自己所理解建構的爻辰說，沒有左行、右行的明顯區隔，基本上雖是對《乾鑿度》的再詮釋，卻是與《乾鑿度》不同的；泰否主爻辰是《乾鑿度》左右分行的特例，非《乾鑿度》的一般原則，[249]在這方面，惠氏對鄭玄解釋，則與《乾鑿度》同。可惜惠棟在理解此一特例的同時，不能進一步的詳審《乾鑿度》的一般軌範，瞭解《乾鑿度》與鄭玄之說有其基本上的差異；原本可以透過《乾鑿度》此一特例，得以

---

[248] 見《易漢學》卷六，頁 1209-1210。

[249] 黃宗羲《易學象數論》提到《乾鑿度》「以兩卦獨得乾坤之體，故各貞其辰而皆左行」，其理解正確。中孚與小過二卦，《乾鑿度》認為「中孚為陽，貞於十一月子；小過為陰，貞於六月未，法於乾坤」；中孚之貞於十一月子，固無可疑，然小過則正月卦，依例當退一辰而貞於二月卯，但今云貞於六月未，並非其應然之辰，且法於乾坤，又不知何據？故黃宗羲斥之，「蓋諸卦皆一例，惟乾、坤、泰、否、中孚、小過六卦不同，此是作者故為更張，自亂其義」。（參見黃氏《易學象數論‧乾坤鑿度二》卷四。引自《黃宗羲全集》第九冊，浙江：浙江古籍出版社，1992 年 12 月 1 版，1993 年 11 月 2 刷，頁 141。）建構學說主張，未執其一，更作特例，自顯其不周延處，亦亂其「左行」、「右行」的本義與原則，是小疵之所在。

還原《乾鑿度》的本來面貌，得以清楚鄭玄與《乾鑿度》的根本差異，可惜惠氏並未能掌握。

總之，從左右行的理解，可以看出《乾鑿度》的乾坤貞辰序列，以及掌握「天左行，地右動」的原則，與京房的主張是相同的，而鄭玄的說法，則不同於前二者。惠氏認為鄭玄之說與《乾鑿度》同，是認識上的誤舛。

三、鄭玄爻辰說所涵攝的重要內容

已如前述，鄭玄的爻辰說，以乾坤為首，將二卦十二爻配十二地支，並推至其它六十二卦，也就是六十四卦三百八十四爻均主月納辰。然而，鄭玄並未僅僅於此，他同時將秦漢時期包括像《呂氏春秋》、《禮記·月令》、《淮南子》，乃至《周禮·天官》等天文、地理、歷律，以及西漢易學思想普遍盛行的卦氣主張所采用者，納入於其爻辰說當中。除了十二支、十二月外，又如四時、四方、五行、十二律、十二生肖、二十四節氣、二十八宿等，合而建立相配對應的關係。

惠棟考索鄭氏爻辰說，作「十二月爻辰圖」與「爻辰所值二十八宿圖」，如下表所示：

圖表 4-2-9　十二月爻辰圖　　　圖表 4-2-10　爻辰所值二十八宿圖

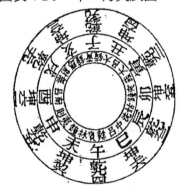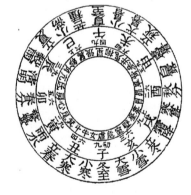

合二圖可以看到其所涵攝配應之內容，以圖式呈現，包括：

圖表 4-2-11　爻辰配位、呂律、節氣與二十八宿

卦名	乾	坤	乾	坤	乾	坤	乾	坤	乾	坤	乾	坤
爻位	初九	六四	九二	六五	九三	上六	九四	初六	九五	六二	上九	六三
主月	十一	十二	正	二	三	四	五	六	七	八	九	十
地支	子	丑	寅	卯	辰	巳	午	未	申	酉	戌	亥
得氣	坎氣	艮氣	艮氣	震氣	巽氣	巽氣	離氣	坤氣	坤氣	兌氣	乾氣	乾氣
方位	正北	北	東	正東	東	南	正南	南	西	正西	西	北
四時	冬	冬	春	春	春	夏	夏	夏	秋	秋	秋	冬
十二呂律	黃鍾	大呂	太簇	夾鍾	姑洗	中呂	蕤賓	林鍾	夷則	南呂	無射	應鍾
二十四節氣	冬至大雪	大寒小寒	雨水立春	春分驚蟄	穀雨清明	小滿立夏	夏至芒種	大暑小暑	處暑立秋	秋分白露	霜降寒露	小雪立冬
二十八宿[250]	女虛、危	斗、牛	箕、尾	心、房、氐	亢、角	軫、翼	張、星、柳	鬼、井	參、觜	畢、昴、胃	婁、奎	壁、室

　　對於十二地支與四方、四時，乃至與十二月份的相配關係，早為秦漢時期在天文歷法上的基本知識，並為兩漢象數《易》家所廣泛使用。至於二十四節氣的運用，早在《淮南子・天文訓》，以及孟喜的卦氣說，已有具體明確的論述。二十八宿之相配，《淮南子・天文訓》已有完整之論述，將十二辰、十二次與之作了相配應，以圖式呈現如下：[251]

---

[250] 十二辰相配於二十八宿，李開《惠棟評傳》作子辰值虛危，丑辰值斗牛女，寅辰值尾箕，卯辰值氐房心，辰辰值角亢，巳辰值翼軫，午辰值星張，未辰值鬼柳，申辰值觜參井，酉辰值昴畢，戌辰值婁胃，亥辰值室壁奎。（見李開《惠棟評傳》，江蘇：南京大學出版社，1997 年 7 月 1 版 1 刷，頁 229-230。）其引說未盡正確；二十八宿分布周天，以直十二辰，每辰二宿，而子、午、卯、酉則三。正確內容參照拙製表格末欄所示，不復贅列。

[251] 見《淮南子・天文訓》：「太陰在寅，歲名曰攝提格，其雄為歲星，舍斗、牽牛，以十一月與之晨出東方，東井、輿鬼為對。太陰在卯，歲名曰單閼，歲星舍須女、虛、危，以十二月與之晨出東方，柳、七星、張為對。太陰在辰，歲名曰執除，歲星舍營室、東壁，以正月與之晨出東方，翼、軫為對。太陰在巳，歲名曰大荒落，歲星舍奎、婁，以二月與之晨出東方，角、亢為對。太陰在午，歲名曰敦牂，歲星舍胃、昴、畢，以三月與之晨出東方，氐、房、心為對。太陰在未，歲名曰協洽，歲星舍觜嶲、參，以四月與之晨出東方，尾、箕為對。太陰在申，歲名曰涒灘，歲星舍東井、輿鬼，以五月與之晨出東方，斗、牽牛為對。太陰在酉，歲名曰作鄂，歲星舍柳、七星、張，以六月與之晨出東方，須女、虛、危為對。太陰在戌，歲名曰閹茂，歲星舍翼、軫，以七月與之晨出東方，營室、東壁為對。太陰在亥，歲名曰大淵獻，歲星舍角、亢，以八月與之晨出東方，奎、婁為對。太陰在子，歲名曰困敦，歲星舍氐、房、心，以九月與之晨出東方，胃、昴、畢為對。太陰在丑，歲名曰赤奮若，歲星舍尾、箕，以十月與之晨出東方，觜

圖表 4-2-12　十二次十二辰歲名圖　　　圖表 4-2-13　十二次與二十八宿對應圖

由二圖相對照，知《淮南子》所言十二辰配二十八宿，與惠氏所制鄭玄「爻辰所值二十八宿圖」同。鄭玄的《易》說，同樣將這些內容作普遍性的運用。其它幾個有關的內容，以下特別提出說明。

（一）十二律的運用

十二律與支月相配，早在《淮南子・天文訓》中已闡明，即建子十一月爲黃鐘，十二月丑爲大呂，正月寅爲太蔟，二月卯爲夾鐘，三月辰爲姑洗，四月巳爲中呂，五月午爲蕤賓，六月未爲林鐘，七月申爲夷則，八月酉爲南呂，九月戌爲無射，十月亥爲應鐘。[252]宋代朱震在《漢上易

觜、參爲對。」(（引自劉文典《淮南鴻烈集解》，北京：中華書局，1989 年 5 月 1 版，1997 年 1 月北京 2 刷，頁 117-120。）早在殷虛甲骨之中，已有十二支之用。將十二支用於天區的劃分即爲十二辰。正北子，正東爲卯，正南爲午，正西爲酉。十二辰與十二次的劃分方向適爲相反。沿天球之赤道，自北向西、向南、向東之順序爲星紀、玄枵、娵訾、降婁、大梁、實沈、鶉首、鶉火、鶉尾、壽星、大火、析木，此爲右旋。戰國時設有一個與歲星（即木星）運行速度相同（十二年一週天），方向相反的稱爲「太歲」，又名「歲陰」或「太陰」，按十二辰方向進行，每年行一辰，稱「歲星爲陽，右行於天；太歲爲陰，左行於地」，之後又演繹爲「太歲爲雄，歲星爲雄」。十二辰、十二次與與二十八宿相配應即如內文二圖所示。二圖引自張其成《易經應用大百科》（下篇），台北：地景企業股份有限公司，1996 年 5 月初版，頁 36。

[252] 見《淮南子・天文訓》云：「黃鍾爲宮，宮者，音之君也，故黃鍾位子，其數八十一，主十一月，下生林鍾。林鍾之數五十四，主六月，上生太蔟。太蔟之數七十二，主正月，下生南呂。南呂之數四十八，主八月，上生姑洗。姑洗之數六十四，主三月，下生應鍾。

傳》中，據鄭注《周禮·太師》作「律呂起於多至之氣圖」與「十二律相生圖」，[253]如下所示：

圖表4-2-14　律呂起於多至之氣圖　　　　圖表4-2-15　十二律相生圖

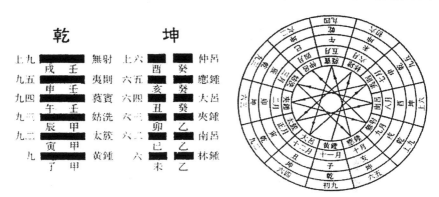

在乾坤十二爻主十二辰的次序方面，朱震對鄭玄爻辰的理解爲：乾卦六爻自初至上，依序爲子、寅、辰、午、申、戌；坤卦六爻自初至上，依序則爲未、巳、卯、丑、亥、酉。乾起於子而終於戌，與鄭氏之義相符而無異議，然坤起於未而終於酉，則與鄭義相違；朱氏所云之坤卦的爻辰，實合於《乾鑿度》的配置，卻不合鄭氏之說。因此，惠棟透過十二律相生之說，以正朱震之誤。惠氏云：

> 《易緯》之說，與十二律相生圖合。鄭于《周禮·太師》注云：「黃鍾，初九也，下生林鍾之初六，林鍾又上生太蔟之九二，太蔟又下生南呂之六二，南呂又上生姑洗之九三，姑洗又下生應鍾之六三，應鍾又上生蕤賓之九四，蕤賓又上生大呂之六四，大呂又下生夷則之九五，夷則又上生夾鍾之六五，夾鍾又下生無射之上九，無射又上生中呂之上六。」韋昭注《周語》云：「十一月黃鍾，乾

初九也；十二月大呂，坤六四也；正月太簇，乾九二也；二月夾
鍾，坤六五也；三月姑洗，乾九三也；四月中呂，坤上六也；五
月蕤賓，乾九四也；六月林鍾，坤初六也；七月夷則，乾九五也；
八月南呂，坤六二也；九月無射，乾上九也；十月應鍾，坤六三
也。」鄭氏注《易》，陸績注《太玄》，皆同前說，是以何妥《文
言》注，以初九當十一月，九二當正月，九三當三月，九四當五
月，九五當七月，上九當九月也。宋儒朱子發作《十二律圖》，六
二在巳，六三在卯，六五在亥，上六在酉，是坤貞于未而左行，
其誤甚矣。今作圖以正之。[254]

朱震以《乾鑿度》的陽左行、陰右行之順逆次序，理解爲鄭氏之次序；
鄭氏的左行與右行，並無順逆之別，只是陽月、陰月的前後相次罷了，
因此，惠棟藉此匡正朱氏之誤謬。[255]同時，由惠氏之案語，可以看出其
考索佐證之詳，引韋昭之《國語・周語》注、陸績《太玄》注，以及何
妥《文言》注，輔以斧正。韋氏諸家之言，蓋出於鄭氏之學，非《乾鑿
度》本然之說。

　　另外，惠氏認爲「《易緯》之說，與十二律相生圖合」，此說則誤解
了《乾鑿度》的說法，所以焦循《易圖略》中提到「自爲鄭氏一家之
學非本之《乾鑿度》，亦不必在於月律也」；「惠氏棟謂《乾鑿度》之說，
與『十二律相生圖』合，引鄭氏上生下生之序，此亦非也」。[256]焦氏之說，
直截認爲鄭氏之學非本於《乾鑿度》，仍有可議之空間，然對惠氏錯誤的
批評，則仍屬允恰。十二律與乾坤十二爻的相配，早在劉歆、班固時儼
然已成。《漢書・律歷志》班固論述劉歆《三統歷》時云「黃鐘，初九之
數也」，「黃鐘初九，律之首，陽之變也。因而六之，以九爲法，得林鐘
初六，呂之首，陰之變也」。班固進一步解說「三統」之義：

---

[254] 見《易漢學》卷六，頁109。

[255] 張惠言《周易鄭氏義》肯定惠氏之考證，並在此一基礎上，進一步指出朱震爻辰說在
配音律方面的錯誤，其誤主要爲「朱誤以南呂在巳，以中呂在酉」，「朱誤應鍾爲夷鍾」，
「朱誤夾鍾爲應鍾」。（參見張氏《周易鄭氏義・略例》。引自《大易類聚初集》第十九
輯，影印庚申補刊《皇清經解》本，台北：新文豐出版公司，1983年10初版，頁260。）

[256] 見焦循《易圖略》。引自李一忻點校焦氏《易學三書》，北京：九州出版社，2003年12
月1版1刷，頁155-156。

十一月，乾之初九，陽氣伏於地下，始著爲一，萬物萌動，鐘於太陰，故黃鐘爲天統，……六月，坤之初六，陰氣受任於太陽，繼養化柔，萬物生長，楙之於未令，種剛彊大，故林鐘爲地統，……正月，乾之九三，[257]萬物棟通，族出於寅，人奉而成之，仁以養之，義以行之，令事物各得其理。寅，木也，爲仁，其聲商也，爲義，故太族爲人統。

班固並以「此三律之謂矣，是爲三統，其於三正也，黃鐘子爲天正，林鐘未之衝丑爲地正，太族寅爲人正」。[258]班固沿襲劉歆「三統」之說，以乾坤卦爻配十二支與十二律，這樣的論述，事實也可以視爲爻辰的理論主張，雖然片面，但基本上與鄭氏所言相近。因此，鄭氏之說，蓋有因於劉氏等前儒之言；與其說鄭氏此十二律配爻辰之說，源之於《乾鑿度》，還不如說是本於劉歆、班固律歷之論。

（二）十二生肖納卦之說

十二生肖又稱十二屬相，源於何時，未可考知，然早在《詩經》、《左傳》已有零碎的記載，而漢晉時期王充《論衡・物勢》、蔡邕《月令問答》、葛洪《抱朴子・登涉》等典籍之論述，則較具全面。趙翼在《陔餘叢考》中肯定明代學者陸深所提源於北俗，且起於東漢；然而一九七五年湖北雲夢睡虎地出土的秦竹簡《日書・盜者》已較早記載了十二生肖，表明十二生肖在那個時代已流行且被運用於占卜之中，只不過其十二生肖與後來王充與今日所認定的不同。[259]

---

[257] 案《漢書・律歷志》考證，宋祁認爲「九三當作九二」，故以「九二」爲正。

[258] 以上班固諸引文，見《漢書・律歷志》，卷二十一上，頁961。

[259] 清人趙翼在其《陔餘叢考》中，對有關生肖的各種說法進行評述，認爲明代學者陸深《春風堂隨筆》裡所言生肖起於北狄風俗的說法較爲合理並指出生肖之說起於東漢，漢以前未有言及者。（見趙翼《陔餘叢考》，卷三十四，台北：世界書局，1970年6月3版，頁7。）然而，一九七五年沛北雲夢睡虎地秦簡《日書・盜者》完整地記載十二生肖，並用以說明不同日子的小偷相貌與某種動物有相似之處，云：「盜子，鼠也。……多鼠鼷孔午郢。者丑，牛也。……多徐善趮以未。寅，虎也。……多虎奸貜豹申。卯，兔也。……多兔竈陸突垣義酉。……辰，盜者男子，青赤色。……多獲不圖射亥戌。巳，蟲也。……多西蓝亥曰。午，鹿也。……未，馬也。……名建章丑吉。申，環也。……名責環貉豺干都寅。酉，水也。……名多酉起嬰。戌，老羊也。……名馬童舜惡辰戌。

　　十二生肖運用於易學之中，則漢代《易》家之說，已可見其端倪，特別是鄭玄的爻辰說。惠氏引《乾鑿度》與鄭注云：

　　（《乾鑿度》）孔子曰：復，表日角。注云：表者人體之章識也。名復者，初震爻也。震之體在卯，日於出陽，又初應在六四，於辰在丑，為牛，牛有角。復，人表象。[260]

復䷗卦初九與六四相應，六四爻辰在丑，並以丑辰相屬為牛。可以看到鄭氏引用十二屬相之牛配於丑辰。惠氏進一步引王充、《九家易》、王應麟之言：

　　王充《論衡》曰：寅，木也，其禽虎也。戌，土也，其禽犬也。丑、未，亦土也，丑禽牛，未禽羊也。木勝土，故犬與牛羊為虎所伏也。亥，水也，其禽豕也。巳，火也，其禽蛇也。子，亦水也，其禽鼠也。午，亦火也，其禽馬也。水勝火，故豕食蚖；火為水所害，故馬食馬鼠屎而腹脹。又云：酉，雞也。卯，兔也。申，猴也。東方，木也，其星倉龍也。西方金，其星白虎也。南方，火也，其星朱鳥也。北方，水也，其星元（玄）武也。天有四星之精，降生四獸之體，以四獸驗之，以十二辰之禽效之。

　　《九家易》注《說卦》曰：犬近奎星，蓋戌宿直奎也。

　　王伯厚曰：吉日庚午，既差我馬，午為馬之證也。季冬出土牛，丑為牛之證也。《說文》亦謂巳為蚖，象形。[261]

依所引王充之言，十二屬相之配如表下所示：

亥，豕也。……名豚孤夏谷□亥。」（見王子今《睡虎地秦簡《日書》甲種疏證》，湖北教育出版社，2003年2月1版1刷，頁448-449。）該簡書多以干支論事，其十二支配肖，配辰缺，然云「青赤色」，當為龍屬；又云「蟲」者，即言蛇；環即猿、猴；水又可能為雉、雞之屬；然午鹿、未馬、戌羊的搭配，與今所云者相異。

[260] 見《易漢學》卷六，頁1204。

[261] 見《易漢學》卷六，頁1204-1205。其引王應麟之說，見《困學記聞·天道》卷九，其全文為：「吉日庚午，既差我馬，午為馬之證也。季冬出土牛，丑為牛之證也。蔡邕《月令》論云：十二辰之會五時，所食者必家人所畜，丑牛、未羊、戌犬、酉雞、亥豕而已。其餘虎以下非食也。《月令正義》云：雞為木，羊為火，牛為土，犬為金，豕為水，但陰陽取象多塗，故午為馬，酉為雞不可一定也。十二物見《論衡·物勢篇》。《說文》亦謂巳為蛇，象形。」

圖表4-2-16　十二辰配十二生肖圖

地支	子	丑	寅	卯	辰	巳	午	未	申	酉	戌	亥
方位	正北	北	東	正東	東	南	正南	南	西	正西	西	北
十二生肖	鼠	牛	虎	兔	龍	蛇	馬	羊	猴	雞	狗	豬
四獸	玄武	玄武	蒼龍	蒼龍	蒼龍	朱雀	朱雀	朱雀	白虎	白虎	白虎	玄武
五行	水	土	木	木	土	火	火	土	金	金	土	水

王充已明確將十二辰相配於十二生肖，並且呼應二十八宿與四方之獸。

　　鄭氏云應在六四爻，為屬牛丑時，合於王充之說。此外，《乾鑿度》又言「遯，表日角連理」，鄭玄又注云：

　　　　名遯者，以离爻也。离為日，消卦，遯主六月，於辰未，未為羊，有角。

　　　　當兌之上，兌為口，虎唇又象焉。[262]

明白地指出「遯主六月，於辰未，未為羊」，亦合於王充之十二屬相說。又，《增補鄭氏周易》中，惠氏引《公羊·宣元年》疏，坎卦上六鄭注云「爻辰在巳，巳為蛇，蛇之蟠屈似徽纆也」，[263]巳辰屬蛇，同合王充之說。因此，我們可以肯定鄭氏已將十二生肖納配十二辰，並引作釋《易》之例。同時，惠氏也旁引《九家易》云「犬近奎星」，而戌辰宿奎，亦合於王充所言戌辰、五行土象、其禽為犬之說。又旁引王應麟《困學紀聞》所言午辰屬馬、丑辰屬牛、巳為蛇象，同合於王充之說。這裡另外特別說明惠氏引《九家易》之說；《九家易》已將十二生肖、十二辰配二十八宿，是否為是配之始？明代王鏊《震澤集》云：

　　　　或問十二辰所肖何謂也？曰：是非吾儒之所講也。雖然嘗聞之於人，二十八宿分布周天，以直十二辰，每辰二宿，子、午、卯、酉則三，而各有所象。女，土蝠；虛，日鼠；危，月燕；子也。室，火猪；壁，水貐；亥也。奎，木狼；婁，金狗；戌也。胃，土雉；昴，日雞；畢，月烏；酉也。觜，火猴；參，水猨；申也。井，木犴；鬼，金羊；未也。柳，土獐；星，日馬；張，月鹿；

262　《乾鑿度》與鄭注文，見《易緯乾鑿度》卷下。引自日本京都市影印自光緒戊子夏月武英殿聚珍版《古經解彙函·易緯八種》，1998年，頁495。

263　見《增補鄭氏周易》卷上，頁160。

午也。翼，火蛇；軫，水蚓；巳也。角，木蛟；亢，金龍；辰也。
氐，土貉；房，日兔；心，月狐；卯也。尾，火虎；箕，水豹；
寅也。斗，木獬；牛，金牛；丑也。天禽地曜，分直于天，以紀
十二辰，而以七曜統之。此十二肖之所始也。[264]

依王鏊之見，十二辰所肖之物的源起，與二十八宿分布周天，並直以十
二辰，是有密切相關的，此即十二肖之所始，卻未明起於何時。然而從
惠氏所考鄭玄爻辰說，並制作「十二月爻辰圖」與「爻辰所值二十八宿
圖」二圖，且鄭玄不論是詁訓《乾鑿度》，或是《易》卦之釋義，亦將十
二辰與十二生肖合說，因此，綴合這些有限的內容，也不難可以聯繫出
鄭玄時期，已將爻辰合十二生肖與二十八宿而爲新說。雖未見其全貌，
但已可循其軌跡。這是惠棟考索鄭玄爻辰說給我們的導引與啓示。

（三）十二辰納八卦卦氣之說

　　傳統的八卦方位，源起於《說卦傳》中的八卦方位說，也就是宋人
所說的「文王後天八卦方位」，這樣的八卦方位，在兩漢卦氣說盛行的時
期，與十二地支有著普遍對應的關係。然而配辰後另得一卦氣，則似以
鄭玄較具系統化。

　　徐昂在其《釋鄭氏爻辰補》中，[265]對鄭玄八卦配十二辰，乃至配辰
得卦氣，建立了嚴密的體系，以方位言，將八純卦同《易緯》分四正、
四維之卦，而分配於十二辰，其中坎、離、震兌四正卦各配一辰，乾、
坤、艮、巽四維卦各配二辰；同時十二辰的次序，依文王八卦方位的次
序相配：

圖表 4-2-17　十二辰配四維四正圖

坎	艮	震	巽	離	坤	兌	乾
四正卦	四維卦	四正卦	四維卦	四正卦	四維卦	四正卦	四維卦
北	東北	東	東南	南	西南	西	西北

---

[264] 見王鏊《震澤集・答問》，卷三十四。引自台灣商務四庫全書本第 1256 冊，頁 502。
[265] 參見徐昂《釋鄭氏爻辰補》，卷一。引自嚴靈峯編輯《無求備易經集成》，第 148 冊，
　　台北：成文出版社有限公司，頁 7-10。

子	丑、寅	卯	辰巳	午	未、申	酉	戌亥

這種分配之法，顯然是受到卦氣說的影響。鄭氏創制解《易》新例爻體說，[266]並以爻體主爻辰，即以乾坤六子主爻分配八辰：

$\qquad$在乾卦方面：初九、九四震爻，辰在卯。

$\qquad\qquad\qquad$九二、九五坎爻，辰在子。

$\qquad\qquad\qquad$九三、上九艮爻，辰在丑。

$\qquad$在坤卦方面：初六、六四巽爻，辰在辰，或在巳。

$\qquad\qquad\qquad$六二、六五離爻，辰在午。

$\qquad\qquad\qquad$六三、上六兌爻，辰在酉。

並且，合卦氣之說，乾坤二卦十二爻主十二辰得卦氣，其情形爲：

圖表4-2-18　乾坤十二爻辰得卦氣圖

乾坤	乾　卦						坤　卦					
爻位	初九	九二	九三	九四	九五	上九	初六	六二	六三	六四	六五	上六
主辰	子	寅	辰	午	申	戌	未	酉	亥	丑	卯	巳
得氣	坎氣	艮氣	巽氣	離氣	坤氣	乾氣	坤氣	兌氣	乾氣	艮氣	震氣	巽氣

---

[266] 爻體說是鄭氏新立之釋《易》體例，張惠言在《周易鄭氏義》中首稱其爲「爻體說」。「爻體」之「爻」，爲一卦之某一爻，而「體」則指八經卦（三畫卦），或是重卦後的八純卦之卦體。爻體指某一爻可以代表某一卦體，同時也代表某一卦之卦義。以震卦言，二陰一陽，初爻爲陽，故凡初、四爻爲陽者，可以稱爲「震爻」，該爻也因此具有震卦之義；以坎卦言，同樣二陰一陽，二爻爲陽，故凡二、五爻爲陽者，可以稱爲「坎爻」，該爻也同樣具有坎卦之義；以艮卦言，以三、上爻爲陽者，稱「艮爻」；又以巽卦言，二陽一陰，初爻爲陰，凡初、四爻爲陰者，可以稱爲「巽爻」；以離卦言，二、五爻爲陰者，爲「離爻」；以兌卦言，三、上爻爲陰者，爲「兌爻」。乾坤生六子，由六子主爻體。鄭玄釋《易》，廣泛運用爻體之說，也參附於爻辰說中以申卦義。今見鄭《易》佚文，乃至《易緯》鄭注中，每可見其爻體之說，劉玉建《兩漢象數易學研究》，於鄭氏爻體說中，彙集鄭氏運用爻體說計三十一處，（見劉玉建《兩漢象數易學研究》，廣西：廣西教育出版社，1996 年 9 月 1 版 1 刷，頁 392-394。）又，《詩・宛丘正義》引鄭氏釋離卦九三「不擊缶而歌」，云「艮爻也」。可見鄭氏以爻體釋《易》，爲其常例。鄭氏爻體說，源於《說卦傳》乾坤父母卦統六子之說，並依《易》例以少綜眾的卦主原則，轉化而爲爻體說。因此，「鄭玄的爻體說便是對這種卦主說的強化及運用，也是對傳統卦主說在新的意義上的豐富與發展」。（見劉氏《兩漢象數易學研究》，頁 395。）

初九辰在子，得坎氣，九二辰在寅，得艮氣，餘十爻辰如上表所云。鄭玄特別重視以此法釋《易》。如離卦九三爻辭「不鼓缶而歌」，惠氏引《詩正義》中之鄭玄佚注云：

> 艮爻也。位近丑，丑上值弁星，弁星似缶。[267]

鄭氏直云艮爻位近於丑辰，惠氏並作案語：

> 案「位近丑」，據《周天玉衡圖》也。丑為大寒，艮為立春，故云近也。[268]

指出鄭玄訓「位近丑」，是據緯書之言，是否如此，未可斷言，但知此等思想觀念，確為兩漢讖緯所有，如《孝經授神契》即有類似之記載。[269]此外，《周易集解》釋《繫辭下傳》「六爻相雜，唯其時物也」，引干寶云「一卦六爻，則皆雜有八卦之氣」，「以午位名離，以子位名坎」，[270]所言者亦同於鄭玄以爻辰論八卦卦氣，且午位離氣、子位坎氣，與鄭氏之說同。

爻辰配合卦氣之說，為鄭玄作為詁訓《易》義之重要根據與內容。可見之釋例，後文亦作呈現，俾供參考輔證。

四、鄭氏爻辰說之佚文

（一）佚文之蒐整

鄭玄以爻辰說為其解經的重要方式，更是其易學之重要特色，惠棟引《鄭氏易》佚文、《易緯》鄭注與《易正義》所見先儒之言。[271]

---

[267] 見惠棟《易漢學》卷六、《增補鄭氏周易》卷上，同引。鄭氏佚文出於《詩‧宛丘正義》。

[268] 見《易漢學》卷六，頁1202。

[269] 《孝經授神契》云：「斗指周天玉衡六間曰：大寒後十五日，斗指艮為立春，後十五日，斗指寅，為雨水。後十五日，斗指甲，為驚蟄。後十五日，斗指卯，為春分。後十五日，斗指乙，為清明。後十五日，斗指辰，為穀雨。」（引自安居香山、中村璋八輯《緯書集成》中冊，河北：河北人民出版社，1994年12月1版1刷，頁953。）明白指出丑時在大寒後十五日，斗指艮爻之時為立春。

[270] 見李鼎祚《周易集解》卷十六，台北：台灣商務印書館，1968年12月台版1刷，1996年12月2刷，頁391-392。

[271] 惠氏所謂先儒者，「謂康成、何妥諸人也」，並且認為「孔氏《正義》黜鄭存王，故有是說」。（見《易漢學》卷六，頁1207。）也就是說，其所引孔穎達《正義》云先儒者，

1. 引《鄭氏易》佚文者，計十三則，包括：[272]

(1)坤《文言》曰：陰疑於陽，必戰，為其嫌於陽王弼俗本陽上有无字。也。注云：嫌讀如羣公溓之溓。古書篆作立心，與水相近，讀者失之，故作嫌。詩正義所引有訛字，今改正。溓，雜也。字書無訓溓為雜者，古訓之亡其來久矣。陰謂此上六也，陽謂今消息用事乾也。上六為蛇，上六在巳。得乾氣，雜似龍。《詩正義》。《繫辭》曰：觀鳥獸之文。陸績曰：朱鳥、白虎、蒼龍、玄武，四方、二十八宿，經緯之文。

案：此則爻辰說論及十二生肖與卦氣。坤卦上六在巳爲蛇，得乾氣；乾爲龍，故其得乾氣，則雜似龍。此爲爻辰合卦氣之釋例。

(2)比初六，有孚盈缶。注云：爻辰在未，上值東井，井之水，人所汲用。缶，汲器。《詩正義》引《春秋元命包》曰：東井八星主水衡。

案：此則以比☵☷卦初六爻辰在未。比卦坎上坤下，下體爲坤，坤卦初爻爲未，所以云比卦初六爻辰在未。

(3)泰六五，帝乙歸妹，以祉元吉。注云：五爻辰在卯，春為陽中，萬物以生，生育者嫁娶之實，仲春之月，嫁娶男女之禮，福祿大吉。《周禮疏》。

案：鄭玄注此泰☷☰卦，云六五爻辰在卯，倘依惠棟所言的泰否之貞辰法，並對照其「泰否所貞之辰異于地卦圖」，泰卦六五所貞當爲五月辰午，顯然於鄭氏此注所主之「五爻辰在卯」不符。惠棟所云泰否之貞辰法，爲鄭玄對《乾鑿度》的注解與詮釋，與其爻辰說並不相涉。泰卦上坤下乾，六五爻居上體坤，坤卦六五爻辰在卯，此即泰卦六五所辰。卯辰二月，才是「仲春之月」，「春爲陽中，萬物以生」之時。

(4)蠱上九，不事王侯，高尚其事。注云：上九艮爻，艮為山，辰在戌，得乾氣，父老之象，是臣之致事，故不事王侯，是不得事君，君猶高尚其所為之事。《禮記正義》。

案：蠱☶☴卦上艮下巽，上九居艮體之上，艮爲乾子，故以乾爲辰，乾卦上九爻辰在戌。因此，鄭氏注此蠱卦上九云爲「辰在戌，得乾氣」。

所指的是鄭玄、何妥這些人。在此，同時認爲何妥也主張爻辰之說。

[272] 引《鄭氏易》佚文十三則，見《易漢學》卷六，頁 1200-1203。

此又為爻辰合卦氣之釋例。

(5)賁六四，白馬翰如。注云：謂九三位在辰，得巽氣，為白馬。六四，巽爻也。翰，猶幹也。見六四適初未定，欲幹而有之。《禮記正義》。

案：賁䷕卦鄭氏注用九三爻，而不用六四爻；為乾卦九三爻辰在辰，得巽氣。不用六四，以六四適上卦之初而未定，退而以下卦之上為幹。

(6)大過。注云：大過者，巽下兌上之卦，初六在巽體，巽為木，上六位在巳，巳當巽位。巽爻為木，二木在外，以夾四陽，四陽互體為二乾，乾為君為父，二木夾君父，是棺椁之象。《禮記正義》。

案：大過卦䷛，上六為坤爻在巳，且上六為巽位，初六同之，夾二乾君父，故為棺椁之象。此卦含爻辰、爻體與四爻互體說之釋例。

(7)坎六四，尊酒簋，貳用缶，納約自牖。注云：六四上承九五，又互體在震。上爻辰在丑，丑上值斗，可以斟之象。斗上有建星，建星六星在南斗北。賈逵曰：古黄帝、夏、殷、周魯惡，冬至日在建星。建星，即今斗星也。康成注《月令》云：建星在斗上。建星之形似簋。貳，副也。建星上有弁星，石氏星經謂之天弁，在建近河。弁星之形又如缶，天子大臣以王命出會諸侯，主國尊于簋，副設玄酒而用缶也。《詩宛邱正義》。

案：坎䷜卦二至四互體為震，其上爻即坎卦六四爻，即坤卦六四爻辰在丑；丑辰值二十八宿中之斗、牛二宿，故注鄭云「丑上值斗，可以斟之象」。

(8)坎上六，繫用徽纆。注云：繫，拘也。爻辰在巳，巳為虵。虵，蟠屈似徽纆也。《公羊疏》。

案：坎卦上六爻辰在巳，屬相為蛇，已如前述。

(9)離九三，不鼓缶而歌。注云：艮爻也，位近丑，丑上值弁星，弁星似缶。詩云：坎其擊缶，則樂器亦有缶。《詩正義》。

案：惠棟作案語認為鄭氏說是據《周天玉衡圖》，已如前述。離䷝卦九三為艮爻，所以艮爻爻辰在丑。又，「丑上值弁星」，弁星為古星座名，屬斗宿，符合丑辰值牛、斗二宿之原則。此十二辰配文王後天八卦方位、二十八宿之釋例。

(10)明夷六二，明夷睇於左股。注云：旁視為睇，六二辰在酉，酉在西方。又下體離，離為目。九三體在震，震，東方。九三又在

辰，辰得巽氣爲股，<small>亦據《周天玉衡圖》，巽近辰也</small>。此謂六二有明德，欲承九三，故云睇于左股。<small>《禮記正義》</small>。

案：明夷䷣卦六二，在乾坤十二爻辰中主酉，對應於方位爲西方。九三體在震，即三至五互體震，並爻辰在辰而得巽氣。此鄭氏以爻辰、互體、方位與卦氣論卦爻之釋例。

（11）困九二，困于酒食，朱紱方來，利用亨祀。注云：二據初辰在未，未爲土，此二爲大夫有地之象。<small>案未上值柳，柳爲朱鳥嗉天之廚，宰主尚食，和滋味</small>。困于酒食者，采地薄不足已用也。二與日爲體離，爲鎮霍。爻四爲諸侯，有明德受命當王者，離爲火，火色赤。<small>四爻九四</small>。辰在午時，離氣赤又朱也。文王將王，天子制朱紱。<small>《儀禮疏》</small>。

案：惠氏認爲「鄭此注本《乾鑿度》」，所本者爲何，並未明言，蓋認爲其爻辰說是本諸於《乾鑿度》，然觀《乾鑿度》並無此爻辰之說，當是鄭玄依自作之爻辰說而自爲注。困䷮卦九二據初六，於十二爻辰在未，五行屬土，四獸屬朱雀，所以惠氏案云朱鳥。又，九四於十二爻辰在午，即乾九四午辰得離氣。鄭氏釋此困卦九二，以爻辰配五行、卦氣而論。

（12）中孚云：中孚豚魚吉。注云：三，辰爲亥，爲豕，爻失正，故變而從小名言豚耳。四辰在丑，丑爲鼈蟹。<small>鄭注《月令》云：丑爲鼈蟹。《正義》云：案陰陽式法，丑爲鼈蟹</small>。鼈蟹魚之微者，爻得正，故變而從大名言魚耳。三體兌，兌爲澤，四上值天淵。<small>丑上值斗，天淵十星在天鼈東，一曰大海，主灌漑清渠之事，大鼈在斗東</small>。二五皆坎爻，坎爲水，水浸澤則豚利，五亦以水灌淵，則魚利，豚魚以喻小民也，而爲明君賢臣恩意所供養，故吉。<small>《詩正義》</small>。[273]

案：鄭氏論中孚䷼卦「三，辰爲亥」，即乾坤十二爻辰六三爲亥，屬相爲豬。又言「四辰在丑」，即六四之爻辰。此爻辰配十二生肖之釋例。

（13）《說卦》震爲大塗。注云：國中三道曰塗，震上值房心，塗而大者，取房有三塗焉。<small>朱《漢上易》</small>。

案：震䷲卦方位在東值卯辰，且卯辰又值房、心二宿。此爻辰配二十八

---

[273] 鄭氏注文，又見鄭注《稽覽圖》。

宿之釋例。

2. 引自《易緯》鄭注者有三則，[274]包括：

(1)孔子曰：復表日角。注云：表者，人體之章識也。名復者，初震
爻也。震之體在卯，日於出陽，又初應在六四，於辰在丑，為牛，
牛有角。復，人表象。

案：此則前文已引作說明，是爻辰配十二屬相之釋例。鄭氏云「震之體
在卯」，即是後天八卦方位配辰之說。

(2)夬，表升骨履文。注云：名夬者，五立於辰。據消息也。爻辰在申。在
斗魁所指者。三月斗建辰。又五，於人體當艮卦，艮為人。於夬亦手體
成。艮為手。其四則震爻也，為足，其三猶艮爻□□□□□□七曜
之行起焉。七者屬文，北斗在骨，足履文。夬人之表象明也。

案：鄭玄云夬▆卦「五立於辰」，惠氏小注云為據消息卦而說，夬卦於十
二地支之五為辰，又云「爻辰在申」，即夬卦九五爻辰為申。倘鄭氏
所指之「五」為爻位，則不當立於「辰」，而當立於惠棟所言之「申」，
此則鄭氏之誤。倘鄭氏所指之「五」為十二消息之五位，則為三月辰，
如此惠氏小注「爻辰在申」則多餘，因為與之不相涉；然而又何以為
斗魁所指？因為牛、斗值十二月丑。此鄭注惠注皆有淆亂而不解者。

(3)剝表重童古瞳字明御名元。注云：名剝者五□也。五離爻，離為日，
童子□□六五，於辰又在卯。卯，酉屬也。剝離，人表童焉。

案：鄭注六五「於辰又在卯」，即乾坤十二爻辰六五在卯。

3. 引自《易正義》者有二則，[275]包括：

(1)乾九二，見龍在田。《正義》曰：先儒以為九二當太蔟之月，陽
氣見地，一作發見。則九三為建辰之月，九四為建午之月，九五為建
申之月，為陰氣始殺，不宜稱飛龍在天。上九為建戌之月，羣陰
既盛，上九不得吉與時偕極，於此時陽氣僅存，何極之有。先儒
此說，於理稍乖，此乾之陽氣漸生，似聖人漸出，宜據十一月之

---

274 引《易緯》鄭注三則，見《易漢學》卷六，頁1204-1206。
275 引孔穎達《周易正義》二則儒者之言，見《易漢學》卷六，頁1206-1207。

至建巳之月已來，此九二當據建丑建寅之間，於時地之萌芽初有
出者，即是陽氣發見之義。乾卦之象，其應然也。

案：惠棟以孔氏《正義》所云先儒爲鄭玄、何妥諸人。所言「九二當太
蔟之月」，太蔟爲指寅正月律，[276]合於乾卦九二爻辰在寅；九三至上九四
爻所建之月，亦合於鄭玄乾卦此四爻之爻辰。此爻辰合十二律說之釋例。

(2)《文言》曰：終日乾乾，與時偕行。《正義》曰：先儒以爲建辰
之月，萬物生長，不有止息，與天時而俱行，若以消息言之，是
建寅之月，三陽用事，三當生物之初，生物不息，同於天時，故
言與時偕行。

案：乾卦九三「終日乾乾，與時偕行」，爻辰在辰。

4.《易緯通卦驗》鄭注與其爻辰合說

除了惠氏上述所列之外，《易緯通卦驗》論八卦卦氣中，鄭注多以爻
辰合說，如：

(1)冬至坎始用事，而主六爻，初六巽爻也，巽爲木，如樹木之狀，
巽象。

(2)小寒於坎直九二，九二得寅爻，木也。……坎九二陽爻也，爲午，
爻不至，故令脉虛喉脾。字誤也，當爲喉痺。時方陰，陰閉塞人
爻，通人之爻，爻通者喉，喉病爲痺。手太陰脉起手大指內側，
上貫呪唾散鼻中。

(3)大寒於坎直六三，六三得亥爻，水也。……坎六三，陰爻也，屬
足不至，故令人脉虛，虛則足煩，爻逆本舌爲病，此三平在震中，
震爲驚恐也，足少陰脉起於足上繫。

(4)立春於坎直六四，六四，巽爻得木。……坎六四，陰爻也，屬足
也，爻不足，故令足脉虛。立春不至者，寒得其節也，疫癘寒赤
病，此當與火同爲足少陰脉。

(5)雨水於坎直九五，九五辰在申，得坤爻。……坎九五陽爻，於脉

276　先秦兩漢以十二辰配十二律呂爲：太蔟正月寅，夾鍾二月卯，姑洗三月辰，中呂四月
巳，蕤賓五月午，林鍾六月未，夷則七月申，南呂八月酉，無射九月戌，應鍾十月亥，
黃鍾十一月子，大呂十二月丑。已如前述。

宜爲手太陽，云少陽似誤。心痛坎也。手太陽脉起爲手小指端，上頤下目，內皆雨水，以後爲陽脉者。雨水，木炁也，其盛爲肝，肝侯在目，木炁於目則勞，勞故病，言脉亦當爲於太陽也。

(6)驚蟄於坎直上六，上六得巳炁。巳，火也。……坎上六陰爻，屬足炁不至，故命之脉虛，寒炁乘病，癉寒也。上六得巽之炁，爲白，又爲寡髮而白，是老人也。太陽脉起足小指端至前兩板齒。

(7)春分於震直初九，初九辰在子，震爻也，如積鵠之象。[277]

(8)清明震直六二，六二震在酉，得兌炁，爲南白，互體有艮，故北黃也。

(9)穀雨於震直六三，六三辰在辰，得乾炁。……六三兌爻也。

(10)立春於震九四，九四辰在午也。午爲火，互體坎，炁相亂也，故紫赤色皆如珠也。……四互體艮，艮在丑，故牛畜病也。

(11)小滿於震直六五，六五辰在卯，與震木同位，震木可曲可直。五六離爻，亦有互體坎之爲輪也。

(12)芒種於震直上六，上六辰在巳，又得巽炁。

(13)夏至離用事，位直初九，辰子也。

(14)小暑於離直六二，六二離爻也，爲南黃，互體巽，巽爲故北黑也。

(15)大暑於離直九三，九三辰在辰，得巽炁。離爲火，故南赤，巽木故北倉。[278]

(16)立秋於離直九四，辰在午，又互體巽。

(17)處暑於離直六五，六五辰在卯，得震炁，震爲故南黃也。

(18)白露於離直上九，上九艮爻也，故北黃，辰在戌得乾炁，君成，故南黑也。

(19)秋分於兌直初九，初九震爻。

(20)寒露於兌直九二，九二辰在寅，得艮炁，形似冠纓者，艮象

---

[277] 引文(1)至(7)，見《易緯通卦驗》卷下，引自日本京都市影印自光緒戊子夏月武英殿聚珍版《古經解彙函・易緯八種》，1998 年，頁 543-544。後引文亦同此影本。

[278] 引文(8)至(15)，見《易緯通卦驗》卷下，頁 545-546。

也。……九二，坎爻也，爲脊炁不至，疵疼也。

(21)霜降於兌直六三，六三兌爻爲羊。

(22)立冬於兌直九四，九四辰在午。

(23)小雪於兌直九五，九五兌爻，得坎炁，故黑。九五坎爻，故耳病也，辰在申，炁得故腹痛。

(24)大雪於兌直上六，上六辰在巳，得巽炁。[279]

以上《通卦驗》鄭注諸引文，以坎、離、震、兌四正卦合四六二十四爻配二十四節氣，並合爻辰、五行、五色、十二生肖，以及天象變化，包括晷影的長短、各節氣中雲之名稱與形狀、當至之風等，結合人體臟腑、經絡與氣應疾病而論，當卦氣進退不合其時，則人體必當感應所罹患的疾病。以下特別針對爻位、節氣、方位等諸項作一統計表，俾作參考。

圖表 4-2-19　四正卦爻辰節氣諸元配置表

四正	爻位	節　氣	方位	爻辰	得氣	出氣色	配爻	五行
坎卦	初六	冬至11月中	北	未	坤氣	坎黑	巽爻	土
	九二	小寒12月節		寅	艮氣		坎爻	木
	六三	大寒12月中		亥	乾氣		兌爻	水
	六四	立春正月節	東北	丑	艮氣	艮黃	巽爻	木
	九五	雨水正月中		申	坤氣		坎爻	木
	上六	驚蟄2月節		巳	巽氣		兌爻	火
震卦	初九	春分2月中	東	子	坎氣	震青	震爻	水
	六二	清明3月節		酉	兌氣		離爻	金
	六三	穀雨3月中		亥	乾氣		兌爻	水
	九四	立夏4月節	東南	午	巽氣	巽青	震爻	火
	六五	小滿4月中		卯	震氣		離爻	木
	上六	芒種5月節		巳	巽氣		兌爻	火
離卦	初九	夏至5月中	南	子	坎氣	離赤	震爻	水
	六二	小暑6月節		酉	兌氣		離爻	金
	九三	大暑6月中		辰	巽氣		艮爻	土
	九四	立秋7月節	西南	午	離氣	坤黃	震爻	火
	六五	處暑7月中		卯	震氣		離爻	木
	上九	白露8月節		戌	乾氣		艮爻	土
	初九	秋分8月中	西	子	坎氣	兌白	震爻	水

---

[279] 引文(16)至(24)，見《易緯通卦驗》卷下，頁 547-548。

兑卦	九二	寒露9月節		寅	艮氣		坎爻	木
	六三	霜降9月中		亥	乾氣		兑爻	水
	九四	立冬10月節	西北	午	離氣	乾白	震爻	火
	九五	小雪10月中		申	坎氣		坎爻	金
	上六	大雪11月節		巳	巽氣		兑爻	火

由上表所示，鄭玄詁訓《易緯通卦驗》二十四節氣的物候徵驗，均以爻辰之說作爲闡釋之依據。上表於五行方面，坎卦六四爻辰在丑，五行本當爲土，然鄭注以巽爻得木象，故作木；坎卦九五爻辰在申，申五行配金，然鄭以節氣在雨水，雨水爲木氣，故亦作木。在「得氣」與「配爻」方面，兑卦九五，鄭注先云「小雪於兑直九五，九五兑爻，得坎氣」，後又云「九五坎爻」，「辰在申」；先云「九五兑爻」爲誤，張惠言認爲「兑當爲坎」，孫詒讓亦言「《寶典》引正作坎」，[280]即當以坎爻爲正。又，鄭云之「得坎氣」亦誤，九五爻辰在申，當以得坤氣爲正。

（二）重要意涵

1.惠棟針對鄭玄爻辰說的佚文資料之彙集，有助於對鄭氏易學思想之研究與認識，也提供後來學者研究上的關注點，張惠言的《周易鄭氏義》中之有關研究，即繼惠棟的延續。

2.惠棟提供我們對鄭氏爻辰說的內涵有較能夠進快速而全面性瞭解的直接材料。爻辰說爲鄭氏解釋《易》義的重要模式或方法，並且常與互體、爻體併合論卦。這種釋卦之例，爲鄭氏易學的最大特色。

3.今日我們對鄭氏爻辰說的理解，包括以爻辰配五行、方位、卦氣、十二律呂、十二生肖，乃至二十八宿等，都可以從這些資料中得到最直接的證實。

4.鄭玄的爻辰說或與《易緯》有密切的關係，但二者絕不等同，《乾鑿度》除了乾坤二卦直接配爻辰外，其它六十二也直接以爻辰配說，二卦配爲一年，三十二組卦則循環爲三十二年；然而，鄭玄之說，並未將

---

280 張、孫所言，轉引自安居香山、中村璋八輯《緯書集成》上冊，《易緯通卦驗》卷下，河北：河北人民出版社，1994年12月1版1刷，頁243。

其它六十二卦各自作爻辰配說，而是依準於乾坤二卦的爻辰，也就是以乾坤二卦十二支所組成的唯一之一組爻辰作爲論述其它這六十二卦的根據。這樣的認識，我們可以從這些材料中得到證實。

5.透過對《易緯通卦驗》卦氣說的認識，鄭玄同以坎、離、震、兌四正卦二十四爻主一年二十四節氣，這種值法與孟喜卦氣說相同；然而，鄭氏以爻辰、爻體之說作爲闡發節氣變化與徵候之義，這方面則與《通卦驗》、孟喜不同，這是鄭氏所新創。同時，藉由爻辰節氣的徵驗，賦予災異譴告之義，以及感應於人體以各種不同屬性之疾病，申述因陰陽氣應不合而生，爻辰說的運用，使這樣的說法更臻合理。可以由前引的資料，得到這樣的體認。

第三節　小結

鄭玄爻辰說與京氏《易》與《乾鑿度》或有承繼或密切聯繫的關係，但並不表示三者之說相同而混爲一談；倘三者所論相同，則鄭氏僅是傳述者罷了，然而，實質上三者所言互異，鄭氏創爲新說，建立其在象數易學史上的獨樹特色和重要貢獻。鄭氏爻辰說有其之獨具特色，鄭氏特重於乾坤二卦，以乾坤爲一切創生之源，亦是《易》卦之首，將乾坤十二爻辰作爲《易》卦爻辰說之本，亦即乾坤外之六十二卦，同本於乾坤十二爻辰。六十四卦三百八十四爻，凡陽爻者取乾卦相應爻位所值之支辰，凡陰爻則取坤卦相應爻位所值之支辰；若強分主從關係，則乾坤十二爻爲主，餘六十二卦三百七十二爻則依主而從之。這樣的爻辰說，與京房、《易緯》之貞辰法有別。京房納支之法，以八純卦爻辰作爲整個爻辰說之基礎，間接體現《易傳》所謂「八卦相重」而生六十四卦的思想，也就是八純卦爲主，而餘諸卦爻辰則從之而生。二者取卦的基礎上，是截然不同的。[281]另外，《乾鑿度》的貞爻法，視六十四卦爲一大系統，而

---

[281] 京房的納支貞辰之法，已如前一章節所述。京氏將陽四卦中乾震二卦初爻始於子，坎初爻始於寅，艮初爻始於辰；陰四卦則坤初爻始於未，兌初爻始於巳，離初爻始於卯，

六十四卦之每一卦皆各自獨立爲子系統，卦與卦並列平等，無從屬的關係；將六十四卦分三十二對，每對二卦十二爻配十二辰主一年十二月，六十四卦合三十二年爲一大周期。這樣的方式，與鄭氏、京氏之說皆不同。特別是鄭玄有注《易緯》的背景，不同因此而混同二者之說，二者所立，實相異其趣。

單就乾坤十二爻辰的次序言，鄭氏之說不同於京氏與《乾鑿度》。乾卦六辰依初至上爻取順數爲：子、寅、辰、午、申、戌，三家皆同而無異議，然坤卦六爻自初至上爻配辰，則鄭氏與京氏、《乾鑿度》不同；鄭氏同乾卦取順數爲未、酉、亥、丑、卯、巳，而京氏與《乾鑿度》則本於「天左旋，地右動」的原則，坤卦六爻辰取逆數爲：未、巳、卯、丑、亥、酉。鄭氏不同於二者，而其二者所取次序則相同。倘言乾坤天地之別，則有順逆之分似較爲合理，鄭氏二卦皆取順數，顯示其間的無分別性。鄭氏詁訓《乾鑿度》而不同於斯，別作詮釋，是誤讀下的詮釋結果，抑或知其所言，而強作另解，則不能斷言。然鄭氏再詮釋下的新的內容，已屬鄭氏的再創之說，雖未必標新，卻是鄭氏所獨有。鄭氏釋《易緯》而不同於《易緯》，非僅此一例，故書細察，多可采尋，典型的例子則如針對《乾鑿度》言「太易」而「太初」而「太始」而「太素」之宇宙萬物生成理論的那段話之論述，對於《乾鑿度》言「一變而爲七，七變而爲九，九者，氣變之究也，乃復變爲一」，鄭氏卻言其「乃復變爲一；一變誤耳，當爲二……」，其演變的歷程，明顯與《乾鑿度》有所扞格。鄭氏於此，並未詳明《乾鑿度》之深意，其改易《乾鑿度》之說，亦未見更能周延而精到，無後出轉精之功。此或鄭氏之小疵，但不因此而掩其治經上的偉大成就。

從應用與目的的角度言，京房的貞辰之說，主要是用於其納甲筮法

巽初爻始於丑。將十二支依次納入八純卦中，陽四卦納支逆行取順數，而陰四卦納支順行而取逆數。其它諸卦皆可視爲由八純卦內外卦交錯而成，故其爻辰外卦取八純卦外卦，內卦取八純卦內卦。以屯䷂卦爲例，外卦爲坎，內卦爲震，其爻辰外卦同坎卦外卦，內卦同震卦內卦；又以否䷋卦爲例，否卦外卦爲乾，內卦爲坤，其爻辰外卦同乾卦外卦，內卦則同坤卦內卦。其餘諸卦以此類推。京氏之法，以八純卦爲基礎而推衍立說，視八純卦爲萬化之本，不同於鄭氏之爻辰說，獨重於乾坤二卦。因此，二者在這方面上是截然不同的。

的占筮系統中，藉由爻辰與五行的生剋沖合，來斷決天時人事。《易緯》與鄭玄的爻辰之法，主要是用於注經。《易緯》雖有注經之實，然而卻也存在著強烈歷法與災異之內涵；至於鄭玄之爻辰說，廣泛地運用於《周易》經文的解釋。三者在目的上有其顯著的差異。

透過惠棟的考索，得以進一步深刻瞭解鄭玄的爻辰說。其說涉及四方、五行、十二肖、二十八宿等內容，由此爻辰說揭示卦象與卦辭間、爻象與爻辭間的聯繫，豐富與擴展了象數《易》的應用內容。兩漢時期，從董仲舒以降，天人感應與陰陽五行思想的高度自覺發展，經學家們接受這種普遍的思想氛圍之影響下，不斷地企圖建構一套人與宇宙自然關係的聯結圖式，惠氏準擬出的鄭玄爻辰說之「鄭氏十二月爻辰圖」與「爻辰所值二十八宿圖」，以爻辰納支爲基礎，並與律呂、星宿共構成天人交感下的宇宙圖式，並使《周易》的思想，通向實際的人事吉凶成敗，建立普遍性的規範；經由五行生剋的關係、乾坤父母卦與六子卦的爻體屬性、實際的自然節候變化，以及《易》卦在比應承乘與卦變互體的卦爻關係之一般性通則來作爲判準的依據。因此，鄭玄的爻辰說，並非僅以詁解經文的唯一標的，也期盼塑成完整的理論基礎，進一步達到通經致用的目的。

鄭玄的學術成就與學問內容，主要以注經爲主，其治經的方法與態度則在會通古今家法和齊魯學風，並接受讖緯之學的時代性學風的影響，融入與綜合多元的內容於其所治之諸經中；在治《易》方面，鄭玄並不以建構新的易學思想主張爲職志或目標，而是當然地在詁訓其所接受的多元材料，然而在這樣會通下所呈現的治《易》成果，特別是在惠氏以降諸儒所考索下的爻辰說等思想，清晰地呈現易學發展從西漢到東漢的轉變情形，其成果代表著東漢易學家透過《周易》所建構出的重要之宇宙圖式，其中雖多有服務於占驗災異，但其邏輯性與科學性仍不能在義理意義下以有色的眼光而予以否定。同樣地，惠棟在這方面的成就，雖大多是資料的檢索與彙集，以及宋明以來一些見解的釐清，某種程度地賦予鄭氏思想的再現或再造，所以也不宜全盤地否定。